कुमार निर्मलेन्दु

बिहार के शेखपुरा जिलान्तर्गत सादिकपुर नामक गाँव में 21 अक्टूबर, 1967 को जन्म। ढाई दशकों से राजकीय सेवा में। वर्तमान में उत्तर प्रदेश खाद्य एवं रसद विभाग में राजपत्रित अधिकारी के रूप में कार्यरत। साहित्य एवं संस्कृति सम्बन्धी विषयों पर पत्र-पत्रिकाओं में अनियमित लेखन। 'राजकमल प्रकाशन समूह' के लोकभारती प्रकाशन से 5 पुस्तकें प्रकाशित—(1) 'मगधनामा', (2) 'प्रयागराज और कुम्भ', (3) 'कौशाम्बी', (4) 'दिनकर : एक पुनर्विचार'; और (5) कश्मीर : इतिहास और परम्परा'। उपकार प्रकाशन, आगरा से 'सामान्य हिन्दी, रूपरेखा, व्याकरण एवं प्रयोग' शीर्षक पुस्तक भी प्रकाशित। प्रो. कृष्ण कुमार सिंह के साथ मिलकर 'प्रेमचन्द : जीवन-दृष्टि और संवेदना' नामक पुस्तक का सम्पादन (नई किताब प्रकाशन, दिल्ली); और 'यात्रा' नामक अनियतकालीन साहित्यिक लघु-पत्रिका का सम्पादन। वर्ष 2019-20 के 'महावीर प्रसाद द्विवेदी पुरस्कार' से सम्मानित।

वर्तमान पता : जिला आपूर्ति अधिकारी, गाजीपुर-233001 (उत्तर प्रदेश)

स्थायी पता : 5/114, विराम खण्ड, गोमती नगर, लखनऊ-226010

ई-मेल : kumarnirmalendu@gmail.com

कुमार निर्मलेन्दु

मगधनामा

मगध के इतिहास की एक कथात्मक यात्रा

लोकभारती पेपरबैक्स

प्रथम पेपरबैक संस्करण : 2019
संशोधित एवं परिवर्द्धित द्वितीय संस्करण : 2023

लोकभारती पेपरबैक्स : उत्कृष्ट साहित्य के लोकप्रिय संस्करण

लोकभारती प्रकाशन
पहली मंजिल, दरबारी बिल्डिंग, महात्मा गांधी मार्ग
प्रयागराज-211 001

वेबसाइट: www.lokbhartiprakashan.com
ईमेल : info@lokbhartiprakashan.com

शाखाएँ : 1-बी, नेताजी सुभाष मार्ग, दरियागंज
नई दिल्ली-110 002
अशोक राजपथ, साइंस कॉलेज के सामने
पटना-800 006
36 ए, शेक्सपियर सरणी, कोलकाता-700 017

ग्राफिक ऑफसेट
प्रयागराज द्वारा मुद्रित

मूल्य: ₹ 600

MAGADHNAMA
Magadh Ke Itihas ki Ek Kathatmak Yatra
by Kumar Nirmalendu

ISBN : 978-93-88211-61-1

अपने

पूज्यश्चरण पिता और स्नेहमयी माँ

को

सादर

सश्रद्धा

समर्पित

पूर्वपीठिका

अपने इतिहास से परिचित होना या अपने गौरवशाली अतीत के बारे में पढ़ना, सुनना और जानना अपने आप में एक सुखद अनुभव है। केवल आत्ममुग्ध होने के लिए ही नहीं, बल्कि अतीत की गलतियों की पुनरावृत्ति से बचने के लिए भी यह आवश्यक है। अपने गौरवशाली अतीत के अध्ययन से जो मानसिक ऊर्जा और आत्मबल प्राप्त होता है, वह मनुष्य की जीवनयात्रा को सुगम बना देता है। अपने पूर्वजों के उज्ज्वल चरित का परिचय पाकर मनुष्य अपनी जीवनशैली को युग की आवश्यकता के अनुरूप परिमार्जित करने के प्रयास कर सकता है। रवीन्द्रनाथ ठाकुर ने ठीक ही कहा था कि अपने आत्मोत्कर्ष के युगव्यापी ऐश्वर्य को यदि अच्छी तरह न समझा जाए तो वह अनादृत एवं अपरिचित रहने के कारण क्रमश: जीर्ण होकर विलुप्त हो जाता है।

हमारे प्राचीन साहित्य में आर्य-अनार्य संघर्ष के कई उदाहरण मिलते हैं। जनमेजय का नागयज्ञ उसी संघर्ष की एक बानगी है। युधिष्ठिर के बाद परीक्षित हस्तिनापुर के राजा बने। वे अर्जुन के पौत्र और अभिमन्यु के पुत्र थे। नाग नामक एक अनार्य जाति के तक्षक नामक एक सरदार द्वारा परीक्षित का वध कर दिया गया। नाग वस्तुत: एक पहाड़ी जनजाति थी। संस्कृत भाषा में 'नग' शब्द का अर्थ है—पहाड़; और इस प्रकार 'नाग' का अर्थ हुआ-पहाड़ी। अथर्ववेद (4/2/6) में तक्षक नाग को ब्राह्मण कहा गया है। 'नीलमत पुराण' में नीलनाग को ब्राह्मण-ऋषि कश्यप का पुत्र बताया गया है। इन बातों से प्रतीत होता है कि नाग कुल का सम्बन्ध ब्राह्मणों से भी था।

बहरहाल, तक्षक के हाथों अपने पिता की हत्या का समाचार सुनकर जनमेजय के मन में बदले की आग भड़क उठी। नाग जाति के नाश के लिए जनमेजय ने तक्षशिला नगर में सोमश्रवा की पुरोहिताई में एक यज्ञ का आयोजन किया। अनार्यों में खलबली मच गई। तब, एक ब्राह्मण पिता और नागवंशी माता से उत्पन्न आस्तीक सामने आए। उनके प्रयास से नागयज्ञ को बीच में ही रोक दिया गया। दरअसल, यह संघर्ष-विराम था। जो भी हो, उसी नागयज्ञ के दौरान

वेदव्यास के कहने पर उनके शिष्य वैशम्पायन ने पहली बार 'महाभारत' की कथा सुनाई थी।

'महाभारत' जनमेजय के भरतवंशी पूर्वजों का इतिहास है। जनमेजय ने वैशम्पायन से कहा था कि मैं अपने पूर्वजों के महान चरित को सुनकर कभी तृप्त नहीं होता। इच्छा होती है कि उन्हें बस सुनता रहूँ। अत: उनके दिग्विजय के बारे में विस्तार से बताइए। (महाभारत; सभापर्व 23/11) और ऐसा हो भी क्यों नहीं। अन्यत्र कहा भी गया है कि जो व्यक्ति अपने पूर्वजों के इतिहास से अनभिज्ञ है, वह उस कुलटा-पुत्र के समान है, जो यह नहीं जानता कि उसके पिता कौन हैं ?

स्वजातिपूर्वजानां तु यो न जानाति सम्भवम्।
स भवेत् पुंश्चलीपुत्र सदृश: पितृवेदक:।।

कौटिल्य के 'अर्थशास्त्र' में राजा की दिनचर्या के प्रसंग में कहा गया है कि दिन के पूर्वार्द्ध में वह हस्ति, अश्व, रथ, प्रहरण विद्याएँ सीखे और दिन के उत्तरार्द्ध में इतिहास का श्रवण करे। मौर्यकाल में इतिहास को जानना-सुनना इतना महत्त्वपूर्ण माना जाता था कि वेतनभोगी अधिकारियों के प्रसंग में कार्तान्तिक (फलित ज्योतिषी), नैमित्तिक (उपद्रव पर नजर रखनेवाला), मौहूर्तिक (शुभ मुहूर्त बतानेवाले), सूत, मागध एवं पुरोहित के साथ ही पौराणिक (पुराणवेत्ता) को भी नियुक्त करने को कहा गया है। उस समय इन अधिकारियों का महत्त्व इतना अधिक था कि इन सब को वेतन के रूप में एक हजार पण (स्वर्ण मुद्राएँ) दिए जाने को कहा गया है।

''कार्तान्तिक-नैमित्तिक-मौहूर्तिक-पौराणिक-सूतमागधा: पुरोहितपुरुषा:
सर्वाध्यक्षाश्च साहस्त्रा:।''

(अर्थशास्त्र, 5/3, भृत्यभरणीयम्)

पौराणिक का एकमात्र कार्य राजा को इतिहास और पुराण की कथाएँ सुनाना हुआ करता था।

प्राचीन काल में मगध की चौहद्दी इस प्रकार थी—उत्तर में गंगा नदी, पश्चिम में सोन नद, पूर्व में अंग प्रदेश और दक्षिण में छोटानागपुर के जंगल। यानी ऐतिहासिक युग के आरम्भ में पटना से लेकर गया तक के भूभाग को मगध कहा जाता था। पुराने जिलों के अब कई खण्ड हो गए हैं। अत: हम कह सकते हैं कि आधुनिक बिहार प्रान्त के पटना, नालन्दा, जहानाबाद, गया, नवादा, औरंगाबाद, लक्खीसराय, शेखपुरा एवं जमुई के अतिरिक्त झारखण्ड प्रान्त के हजारीबाग, गिरीडीह, धनबाद, कोडरमा और अंशत: पलामू जिले तक मगध का विस्तार है। इस सम्पूर्ण भूभाग की बोली 'मगही' है। मगही दरअसल 'मागधी' शब्द का तद्भव

रूप है। मोटे तौर पर हम कह सकते हैं कि फिलहाल जिन क्षेत्रों में मगही बोली जाती है, वह मगध का पारम्परिक क्षेत्र है।

मग नामक जाति को धारण करने के कारण पूर्वोत्तर भारत में गंगा के किनारे स्थित एक प्राचीन प्रदेश को मगध कहा गया है। आचार्य पाणिनि 'मगध' शब्द से परिचित थे। अष्टाध्यायी (4/1/70) से संकेत मिलता है कि मग आदि शक पाणिनि के समय के पहले मगध में बस चुके थे। विशाखदत्त कृत 'मुद्राराक्षस' में उल्लिखित घटनाओं का सम्बन्ध मुख्यत: मगध की राजधानी कुसुमपुर से है। 'कुसुमपुर' पाटलिपुत्र का दूसरा नाम है। भट्टनारायण कृत 'वेणीसंहार' और अनंगहर्ष मायुराज कृत 'तापसवत्सराज' नाटकों में भी मगध का उल्लेख है। कालिदास ने 'रघुवंश' में मगध देश की राजधानी पुष्पपुर का वर्णन किया है। मल्लिनाथ ने कालिदास कृत रघुवंश की टीका में पुष्पपुर को पाटलिपुत्र बताया है।

भारतवर्ष के इतिहास में मगध की राजधानी पाटलिपुत्र का विशेष महत्त्व रहा है। पाँचवीं शताब्दी ई. पू. से लेकर छठी शताब्दी ई. तक यह नगर भारत की राजनीतिक शक्ति का सर्वप्रमुख केन्द्र बना रहा। करीब एक हजार वर्ष के बृहद् कालखण्ड तक पाटलिपुत्र को राजधानी बनाकर कई राजवंशों के राजाओं ने मगध के देशव्यापी विशाल साम्राज्य पर शासन किया। दरअसल, यूरोप के प्राचीन इतिहास में जो स्थिति रोम की है, वही भारत के प्राचीन इतिहास में पाटलिपुत्र की है। यहाँ कई क्रान्तियाँ हुईं, देशी-विदेशी आक्रमणकारियों के कई आक्रमण हुए, कई बार आन्तरिक विद्रोह भी हुए, लेकिन अपनी अदम्य जिजीविषा के कारण इसकी राजनीतिक शक्ति कभी नष्ट नहीं हुई।

पाटलिपुत्र मगध के प्राचीन जनपद की राजधानी थी। यहाँ के महत्त्वाकांक्षी राजाओं ने मगध को महाजनपद बनाया, और फिर भारत के तत्कालीन कई छोटे-बड़े जनपदों को जीतकर एक विशाल साम्राज्य की स्थापना की। यहाँ के कई प्रतापी सम्राटों ने आसेतु-हिमालय सम्पूर्ण भारतवर्ष पर शासन किया। राजनीतिक वर्चस्व के साथ ही मगध की धरती धर्म, भाषा, कला और संस्कृति के क्षेत्र में भी अग्रणी रही है।

भारतवर्ष की प्राक्कालीन अनेक ऐतिहासिक घटनाएँ मगध में ही घटित हुईं। प्राचीन भारतीय साहित्य में न केवल उन घटनाओं का यथार्थ वर्णन मिलता है, बल्कि उनमें से कई प्रसंगों पर प्रकाश डालनेवाले पुरावशेष भी उपलब्ध हैं, जो तत्कालीन सांस्कृतिक जीवन का प्रामाणिक परिचय देते हैं। मगध क्षेत्र से प्राप्त ऐतिहासिक एवं पुरातात्त्विक प्रमाणों से पता चलता है कि पुरातनकाल में वहाँ का जनजीवन बहुत उन्नत और कलामय था।

प्रसिद्ध वैयाकरण आचार्य हेमचन्द्र ने अपने 'शब्दानुशासन' के एक सूत्र (7/3/6) के उदाहरण में यह कहा है कि सांकस्य और पाटलिपुत्र नगरों में से पाटलिपुत्र के निवासी बहुत अधिक सम्पन्न हैं। (संकाश्यकानां पाटलिपुत्रकाणां च पाटलिपुत्रका आढ्यतमा:।) इससे ज्ञात होता है कि हेमचन्द्र के समय (यानी बारहवीं शताब्दी ई.) में पांचाल देश के प्रमुख नगर सांकस्य का वैभव क्षीण हो रहा था, जबकि पाटलिपुत्र का वैभव यथावत था।

मगध क्षेत्र में गिरिव्रज सबसे पुराना राजधानी नगर है। थोड़े विस्तार के बाद यह गिरिव्रज नगर राजगृह के नाम से प्रसिद्ध हुआ। सम्राट अजातशत्रु के उत्तराधिकारी उदयन के समय में मगध की राजधानी राजगृह से पाटलिपुत्र स्थानान्तरित की गई। डॉ. काशीप्रसाद जायसवाल ने लिखा है कि ''पाटलिपुत्र देश मात्र के ममत्व और उसकी सार्वजनिकता का केन्द्र रहा है।'' परन्तु दुर्भाग्यवश आज स्वयं मगध के लोग अपनी गरिमा और अपने ऐतिहासिक योगदान को भुला बैठे हैं। अपने स्वर्णिम अतीत के विस्मरण के कारण, भारत के अन्य हिस्सों की तरह, मगध के लोग भी छोटे-छोटे समूहों में बँटकर सतही समस्याओं में उलझे हुए हैं। यह एक कटु सत्य है कि आज मगध के लोग सामाजिक, राजनैतिक और आर्थिक दृष्टि से बहुत पिछड़े हुए हैं। शिक्षा और औद्योगिक विकास के क्षेत्र में हम बहुत पीछे छूट गए हैं। इस पिछड़ेपन से निजात पाने के लिए क्षुद्र स्वार्थ और वैचारिक संकीर्णताओं से मुक्त होना जरूरी है। हमें अपनी हीनता और दीनता को त्यागना होगा। इसके लिए लोगों में आत्मगौरव का भाव जगाना जरूरी है। हमें अपने गौरवशाली अतीत को याद करते हुए वर्तमान जटिलताओं से जूझना होगा। रामधारी सिंह दिनकर ने लिखा है—

यह टूटा प्रासाद सिद्धि का, महिमा का खँडहर है;
ज्ञानपीठ यह मानवता की तपोभूमि उर्वर है।
इस पावन गौरव समाधि को सादर शीश झुका।
कोमले धीरे-धीरे गा! (मगध-महिमा)

परन्तु मगध की गौरवगाथा इतनी विशद है कि उसके वर्णन के लिए कई बृहदाकार ग्रन्थ रचने की आवश्यकता होगी। मगध के इतिहास के बारे में बहुत कुछ लिखा भी गया है। फिर भी मैंने मगध का एक सरल, संक्षिप्त, प्रामाणिक एवं रोचक शब्दचित्र उकेरने का प्रयास किया है। ऐसा करने के पीछे एकमात्र उद्देश्य यह है कि हमारी विश्व-प्रसिद्ध मातृभूमि देदीप्यमान हो—''सा नो माता भारती भूर्विभासताम्।''

अपने अतीत को जानने के लिए प्राय: हम अपने प्राचीन साहित्य के धूल-धूसरित पृष्ठों को पलटते हैं। या कभी शिलालेख, गुहालेख, स्तम्भलेख, भोजपत्रालेख,

ताड़पत्रालेख, ताम्रपत्रालेख आदि तमाम साधनों की उँगली थामकर अपने इतिहास को टटोलते हैं। बहरहाल, मैंने अनेकत्र बिखरी सामग्रियों को एक शृंखला में पिरोने की चेष्टा की है। प्रस्तुति की रोचकता के लिए ऐतिहासिक घटनाओं को यथासम्भव कथासूत्र में बाँधने की कोशिश की गई है। जिनके पास अनेक सन्दर्भ-ग्रन्थों में यत्र-तत्र बिखरी ऐतिहासिक सामग्री को देखने-पढ़ने का अवकाश नहीं है, उनके लिए मेरा यह विनम्र प्रयास निश्चित रूप से उपादेय होगा।

दरअसल, एक मधुकीट की भाँति मैंने प्रामाणिक ग्रन्थ-पुष्पों से पराग ग्रहण करके उसको आपके लिए एकत्र किया है। प्रत्याशा के अनुरूप 'मधु' बन पाया है या नहीं, यह निर्णय तो सुधी पाठक ही करेंगे।

बहरहाल, राज्य संग्रहालय, लखनऊ के पुस्तकालय से मुझे यथेष्ट सन्दर्भ-सामग्री सुलभ हुई। इसके लिए मैं मित्रवर डॉ. आनन्द कुमार सिंह, निदेशक, उत्तर प्रदेश संग्रहालय निदेशालय एवं राज्य संग्रहालय, लखनऊ के प्रति आभार व्यक्त करता हूँ। पुस्तक लिखने के दरम्यान बन्धुवर डॉ. आनन्द वर्द्धन, असिस्टेंट प्रोफेसर, डेल्ही इन्स्टीट्यूट ऑफ हेरिटेज रिसर्च एण्ड मैनेजमेण्ट, नई दिल्ली द्वारा समय-समय पर कई महत्त्वपूर्ण सुझाव दिए गए, जिसके लिए मैं उनके प्रति भी आभार व्यक्त करता हूँ। राजकमल प्रकाशन समूह के श्री रमेश ग्रोवर एवं श्री आमोद महेश्वरी का मैं विशेष रूप से आभारी हूँ, जिन्होंने बहुत रुचि लेकर अल्पावधि में इस पुस्तक को प्रकाशित कर आप सभी तक पहुँचाने का उद्यम किया है।

इन पंक्तियों का लेखक इस पुस्तक की मौलिकता का दावा बिलकुल नहीं करता है। परन्तु इतना अवश्य कहना चाहता है कि मौलिकता विचार की नहीं, अपितु प्रस्तुति की होती है। साहित्य में जो कुछ भी आपको मौलिक प्रतीत होता है, वह दरअसल ऐसी चोरी है जो अब तक पकड़ी नहीं गई है। (All that is original, is undetected theft.) और क्या कहूँ ? किमधिकम्।

जनवरी, 2019 ई.

—कुमार निर्मलेन्दु

द्वितीय संस्करण की भूमिका

'मगधनामा' का द्वितीय संस्करण आपके हाथों में है। पाठक-समुदाय ने प्रथम संस्करण का जिस प्रकार स्वागत किया, वह मेरे लिए संतोष का विषय है। समयाभाव के कारण पहले संस्करण में मगध के इतिहास के कई पक्षों पर मैं उस रूप में अपनी बात नहीं रख पाया था, जिस रूप में रखने की मेरी इच्छा थी। बावजूद इसके इस पुस्तक को पाठक-समुदाय ने पसंद किया।

स्वभावतः प्रकाशन के साल भर बाद से ही मैं इसके विभिन्न अध्यायों को संशोधित-परिवर्द्धित करने की दिशा में सक्रिय हो गया था। द्वितीय अध्याय में 'कीकट प्रदेश' एवं 'व्रात्य और मगध' उपशीर्षकों के अंतर्गत नवीन सामग्री प्रस्तुत की गई है। तीसरे अध्याय में महाजनपदों के बारे में विस्तार से उपयोगी जानकारी दी गई है। चौथे अध्याय में बार्हद्रथ राजवंश के बारे में, पाँचवें अध्याय में राजगृह के बारे में, तेरहवें अध्याय में पाटलिपुत्र नगर के बारे में और 19वें अध्याय में नालन्दा एवं वहाँ स्थित महाविहार के बारे में नई जानकारियाँ दी गई हैं। आठवें अध्याय में अश्वघोष कृत 'बुद्धचरित' के आधार पर नई सामग्री प्रस्तुत की गई है। 16वें अध्याय में बिन्दुसार एवं अशोक के बारे में और 17वें अध्याय में शुंगों के बारे में नए तथ्य जोड़े गए हैं। कण्व-काल और गुप्त-काल के मध्यवर्ती दौर के बारे में और कोट क्षत्रिय राजवंश के बारे नई जानकारियाँ दी गई हैं। 'मगध में धर्म और आस्था' शीर्षक अध्याय को नए सिरे से प्रायः दुबारा लिखा गया है। 'मगध के बाभन' शीर्षक अध्याय में भी नई सामग्री जोड़ी गई है। अंतिम अध्याय में 'विदेशी यात्रियों की नज़र में पटना' नामक एक नया उपशीर्षक जोड़ा गया है। विस्तार से बचने के लिए परिशिष्ट के कुछ अंश इस संस्करण में हटा दिए गए हैं।

कुल मिलाकर, संशोधन-परिवर्द्धन के बाद यह पुस्तक पहले की अपेक्षा अधिक सार्थक एवं सुगठित रूप में प्रस्तुत है। मुझे ऐसा लगता है कि सामान्य पाठकों और इतिहास के विद्यार्थियों के लिए 'मगधनामा' का यह नया संस्करण अपेक्षाकृत अधिक उपयोगी होगा।

मकर संक्रांति, 2023 ई.

—कुमार निर्मलेन्दु

मगध का आत्मकथ्य

मैं मगध हूँ। गंगा के दक्षिण-पश्चिमी तट पर स्थित एक गौरवशाली भारतीय भूभाग। बात चाहे शक्ति और शौर्य की हो या आध्यात्मिक ज्ञान, मानव प्रेम एवं करुणा की—पूरे भारतवर्ष में मेरी बराबरी करनेवाला कोई नहीं है। समय की शिला पर मेरे गौरवशाली अतीत की अनगिन कहानियाँ स्वर्णाक्षरों में अंकित हैं। मैं बहुत दिनों तक वैदिक आर्य-संस्कृति के प्रभाव से मुक्त रहा हूँ। अथर्ववेद साक्षी है कि उस दौर में मैं व्रात्य-सभ्यता का केन्द्र हुआ करता था।

वैसे, आगे चलकर च्यवन और दधीचि जैसे ऋषियों का जन्म मेरी ही धरती पर हुआ। च्यवन आयुर्वेद के आचार्य थे। देवताओं के वैद्य अश्विनीकुमारों ने च्यवन के लिए एक दिव्य आयुर्वेदिक औषधि का निर्माण किया था; जिसका सेवन करके वृद्ध च्यवन युवा हो गए थे। प्रतिष्ठान के चन्द्रवंशी राजा पुरूरवा और उर्वशी के पुत्र आयु का जन्म से लेकर किशोरावस्था तक पालन-पोषण च्यवनाश्रम में च्यवन और उनकी पत्नी सुकन्या ने ही किया था।

च्यवन के पुत्र दधीचि ने ब्रह्मा की पुत्री देवी सरस्वती से विवाह किया था। दधीचि और सरस्वती के पुत्र का नाम सारस्वत था। कहते हैं कि सतयुग में ही कई बार वेदों का संकोच और विकास हुआ। 'महाभारत' के शल्यपर्व में वर्णित कथा के अनुसार एक बार अनावृष्टि के कारण ऋषिगण देश के बाहर रहने को विवश हुए। अपनी परम्परा से कट जाने के कारण लोग वेदों को विस्मृत कर बैठे। तब दधीचि और उनके पुत्र सारस्वत ने ही अन्य ऋषियों को वेद पढ़ाकर वैदिक परम्परा को पुनर्जीवित किया था।

भारत के पौराणिक साहित्य में दधीचि के त्याग की कथा बड़े आदर के साथ वर्णित है। वृत्र नामक असुर के अन्त के लिए जब देवताओं ने दधीचि से उनकी अस्थियाँ माँगी तब उन्होंने योगबल से अपने प्राण त्यागकर अपनी हड्डियाँ देवताओं को दान कर दी थीं। दधीचि की हड्डियों से ही 'वज्र' नामक आयुध का निर्माण हुआ था; देवराज इन्द्र ने उस वज्र से ही वृत्रासुर का वध किया था। भगवान विष्णु और शिव के धनुष भी दधीचि की हड्डियों से ही बनाए गए थे।

वैदिक ऋषि दीर्घतमा मामतेय, उनका पुत्र काक्षीवान और काक्षीवान की विदुषी पुत्री घोषा 'बृहत्तर मगध'[1] की धरती पर ही उत्पन्न हुए थे। वैदिक संस्कृति के विकास में इन सभी का महत्त्वपूर्ण योगदान रहा है। अथर्ववेद की रचना मेरी ही धरती पर हुई। विष्णुपुराण (4/24/61) के अनुसार सबसे पहले मगध के राजा विश्वस्फटिक ने वर्णों की परम्परा आरम्भ करके आर्य सभ्यता का प्रवर्तन किया था।

ऐतिहासिक युग के पूर्व पौराणिक युग में मगध में बृहद्रथ-जैसे शक्तिशाली और प्रतापी राजा हुए, जिनके पास तीन अक्षौहिणी[2] सेना थी। आगे मगधराज जरासन्ध के काल में उनकी शक्ति की बराबरी करनेवाला पूरी दुनिया में कोई नहीं था।

मथुरा का राजा कंस मगधराज जरासन्ध का दामाद था। इस नाते मगध की प्रजा कंस के प्रति सहानुभूतिशील थी। इस बात का संकेत पतंजलि के 'महाभाष्य' से मिलता है। उसमें कृष्ण और वासुदेव शब्द का प्रयोग कई बार हुआ है, लेकिन हर जगह 'महाभारत' के वीर योद्धा, अर्जुन के सहचर और कंस के घातक के रूप में। उन सब प्रसंगों में वृष्णि-वंश के नायक के रूप में उनका उल्लेख किया गया है। मगध में कृष्ण के पक्षधर तो थे ही, कंस के पक्षधर भी थे। पतंजलि ने कहा है कि नाटक में कंस का वध होने के समय कंस-समर्थकों के चेहरे उदासी से काले पड़ जाते हैं (महाभाष्य 2/2/24); और कृष्ण-भक्तों के मुख क्रोध से लाल हो जाते हैं। इससे यह पता चलता है कि पतंजलि-काल में कंस के समर्थकों की संख्या कम सही, लेकिन विद्यमान अवश्य थी।[3]

कुरुवंशियों के बाद भारत में एक शक्तिशाली साम्राज्य स्थापित करने का श्रेय मगध को ही दिया जा सकता है। इन्द्रप्रस्थ और अयोध्या के प्रभाव का ह्रास होने के बाद पाटलिपुत्र बहुत दिनों तक भारत की राजधानी बना रहा। भारतीय इतिहास में जैसे प्रतिष्ठान (महाराष्ट्र) अपनी द्रुतगामी पदाति सेना के लिए प्रसिद्ध था, मगध अपनी गज-सेना और अश्वसेना के लिए प्रसिद्ध था।[4]

मेरी धरती पर तेईसवें तीर्थंकर पार्श्वनाथ को तत्त्वज्ञान हुआ, चौबीसवें तीर्थंकर वर्द्धमान महावीर को कैवल्य ज्ञान प्राप्त हुआ; और गौतम सिद्धार्थ को बुद्धत्व की प्राप्ति हुई। वर्द्धमान महावीर का सम्बन्ध मगध के राजपरिवार से भी था। वे मगध-सम्राट अजातशत्रु के मौसेरे भाई थे। मगध की धरती पर एक ओर शूरवीरों की तलवारों की झंकार गूँजी; तो दूसरी ओर पूरी दुनिया को प्रेम, सत्य और अहिंसा का सन्देश देनेवाले बुद्ध और महावीर की अमृतवाणी भी मुखरित हुई। महावीर ने राजगृह में पहला सामूहिक उपदेश दिया; और राजगृह के समीप पावापुरी में राजा संस्थिपाल के राजभवन में उनका देहान्त हुआ। कुल चौबीस जैन तीर्थंकरों में से

दो को छोड़कर अन्य सभी ने मेरी धरती पर ही निर्वाण प्राप्त किया। यह सब मगध की धरती पर ही घटित हुआ।

उत्तर-वैदिक काल में वैदिक ब्राह्मण-धर्म के विरुद्ध उपनिषदों का विद्रोह हुआ। पर उपनिषदों का विद्रोह वेदों और ब्राह्मणों के विरुद्ध अभिजात क्षत्रिय वर्ग का विद्रोह था। वेद और उपनिषद्--दोनों की भाषा छान्दस (संस्कृत) थी। संस्कृत वस्तुतः आभिजात्य भाषा रही है। पर जब हीन-वर्गीय विद्रोह ने आन्दोलन का रूप ले लिया, तब जैनों-बौद्धों ने अपने संगठनों के द्वार हीन-वर्गों के लिए भी खोल दिए। महावीर और बुद्ध स्वयं अभिजात वर्ग के थे। परन्तु उनकी चेतना हीन-वर्गोन्मुख थी। इसीलिए उन्होंने जहाँ ब्राह्मणों के वर्णाश्रम धर्म का विरोध किया, वहीं उनकी भाषा देववाणी-संस्कृत पर भी कुठाराघात किया। संस्कृत-छान्दस् के स्थान पर उन्होंने प्राकृत और पालि को अपनाया। महावीर और बुद्ध भी राजकुलोत्पन्न थे, पर वे उपनिषद् के अभिजातकुलीय जानपद (जनपदीय) राजाओं की भाँति संस्कृत में अपने प्रवचन नहीं करते थे। बल्कि जनभाषा में उपदेश देते थे। उन्होंने समझ लिया था कि आन्दोलन की प्रेरणा में शब्द सहायक होता है; लेकिन शब्द ऐसा नहीं कि वह प्रवचन रूप में पूज्य-मात्र रहे, बल्कि ऐसा कि वह बात जिनसे कही जाए, उनके द्वारा समझी जाए और उनको आगे आने के लिए प्ररित करे। जनभाषा--प्राकृत और पालि--उस दौर में स्वाभाविक रूप से जनान्दोलन की वाणी बनी।[5] बुद्ध और महावीर ने ब्राह्मण पुरोहितों और उनकी भाषा छान्दस (संस्कृत) को अस्वीकार किया। बुद्ध ने मगध की भाषा मागधी (पालि) में और महावीर ने यहाँ की बोली अर्धमागधी प्राकृत में उपदेश दिए थे। उन दिनों, छठी सदी ई. पू. में पालि मध्यदेश के शिष्ट जनों की भाषा थी, जबकि प्राकृत मगध के निम्न-वर्ग की भाषा थी।

मेरी धरती पर महान खगोलविद आर्यभट पैदा हुए, तो अप्रतिम गद्यकवि बाणभट्ट भी। मेरी ही धरती पर चाणक्य और कामन्दक जैसे कूटनीति-दक्ष आचार्य हुए; तो जीवक और धनवन्तरि जैसे आयुर्वेद के आचार्य भी। बिम्बिसार, अजातशत्रु, उदयिन, कालाशोक, महापद्मनन्द, चन्द्रगुप्त मौर्य, अशोक, पुष्यमित्र शुंग, चन्द्रगुप्त प्रथम, समुद्रगुप्त, चन्द्रगुप्त द्वितीय विक्रमादित्य जैसे प्रतापी राजाओं की एक लम्बी शृंखला है, जिनकी जन्मदात्री होने पर किसी को भी गर्व हो सकता है। मगध आयुर्वेद के मर्मज्ञ शाकद्वीपीय मगों और विषविद्या में पारंगत माहुरी जाति के लोगों की कर्मभूमि है।[6]

मगध के सम्राट अशोक ने सम्पूर्ण भारतवर्ष में सत्य-अहिंसामूलक धर्म का प्रचार किया; और सत्य-अहिंसा के सन्देश को व्यापक रूप से फैलाने के लिए

विदेशों में अपने धर्मदूत एवं प्रचारक भेजे; जैसे—(1) सीरिया, जहाँ उस समय एंटिओकस थियोस का शासन था, (2) मिस्र, जहाँ उस समय टॉलेमी फिलाडेल्फस का शासन था, (3) साइरीन, जहाँ उस समय मेगस नामक राजा का शासन था, (4) मेसेडोनिया, जहाँ उस समय एंटिगोनस गोनेटस का शासन था। उसने अपने पुत्र महेन्द्र और पुत्री संघमित्रा को आध्यात्मिक-दिग्विजय के लिए सिंहलद्वीप (श्रीलंका) भेजा था। अशोक के इस महान कार्य से संसार ने पहली बार यह अनुभव किया था कि राजनीति और राज्य-विस्तार केवल स्वार्थ की पूर्ति के लिए ही नहीं, बल्कि विश्व-कल्याण एवं आध्यात्मिक उन्नयन के लिए भी हो सकता है। इस प्रकार, अशोककालीन मगध ने सारे संसार को शान्ति, सत्य और अहिंसामूलक सच्ची उन्नति का उपहार दिया था। अशोक की इस महान सांस्कृतिक-विजय के सामने सिकन्दर की स्वार्थलोलुपता भरी विश्वविजय तुच्छ है।

सिकन्दर द्वारा पश्चिमोत्तर भारत की विजय पानी के बुलबुले की तरह अल्पजीवी सिद्ध हुई। विजेता के लौटते ही भारत की जनता उस घटना को ऐसे भूल गई, मानो वह कोई बुरा सपना हो। मगध के वीर राजा चन्द्रगुप्त मौर्य ने सिकन्दर के यूनानी उत्तराधिकारियों को भारत-भूमि से निकाल बाहर किया। इसके बाद यूनानियों ने भारत से मधुर सम्बन्ध बनाए रखे। भारत की प्रतिष्ठा इतनी बढ़ी कि यूनान, मिस्र आदि देशों से मेगास्थनीज, डाइमेकस, डायोनिसियस आदि राजदूत मगध राजदरबार में आते रहे।

प्रथम शताब्दी ई. में कश्मीर में आयोजित चतुर्थ बौद्ध संगीति को सफल बनाने के लिए कुषाण सम्राट कनिष्क तत्कालीन सर्वश्रेष्ठ बौद्ध विद्वान अश्वघोष को मगध की राजधानी पाटलिपुत्र से कश्मीर ले गए थे। गुप्तकाल में 539 ई. में चीन के सम्राट वु ने बौद्ध ग्रंथों की खोज में चीनी विद्वानों का एक दल मगध भेजा था। मगध के तत्कालीन राजा जीवितगुप्त ने उनका अभिनंदन किया था; और अनेक बौद्ध ग्रंथों सहित भिक्षु परमार्थ को उस दल के साथ चीन भेजा था।

लोक-कल्याण हमारी परम्परा का अटूट हिस्सा रहा है। पाँचवीं शताब्दी ई. में चीनी धर्मयात्री फाहियान भारत आया था। उसने तीन वर्षों तक पाटलिपुत्र में रहकर रेवत नामक बौद्ध विद्वान से संस्कृत एवं पालि भाषा की शिक्षा प्राप्त की थी। उसने पाटलिपुत्र का वर्णन एक वैभवशाली नगर तथा ख्यातिलब्ध शिक्षा केन्द्र के रूप में किया है। पाँचवीं से 11वीं शताब्दी ई. तक नालन्दा महाविहार की ऐसी ख्याति थी कि देश-विदेश के ज्ञान-पिपासु लोग ज्ञान प्राप्त करने के लिए वहाँ आते थे। यहाँ के आचार्यों की कुल संख्या 1500 थी, जिनमें से 1000 सूत्र-निकायों में पारंगत थे,

शेष 500 अन्य विषयों में दक्ष थे। ह्वेनत्सांग ने लिखा है—"नालन्दा महाविहार की इतनी ख्याति थी कि लोग अपनी प्रसिद्धि के लिए यह कह देते थे कि वे नालन्दा से पढ़कर आए हैं।" यानी सातवीं शताब्दी ई. में नालन्दा महाविहार का विद्यार्थी होना बहुत ही प्रतिष्ठा-सूचक (स्टेटस सिम्बल) था।

फाहियान ने मगध देश की बहुत प्रशंसा की है। मगध में उसने पाटलिपुत्र के अलावा गया, नालंदा और राजगीर की भी यात्रा की थी। उसने लिखा है, "मध्य मंडल के देशों में मगध में ही सबसे अधिक विशाल नगर और कस्बे हैं।"

फाहियान की मगध यात्रा के समय तक अशोक का राजप्रासाद खँडहर हो चुका था, लेकिन पाटलिपुत्र अब भी एक बड़े नगर के रूप में विद्यमान था। उस समय उसने पाटलिपुत्र में वहाँ के लोगों द्वारा संचालित एक ऐसा चिकित्सालय देखा था, जहाँ रोगियों का नि:शुल्क इलाज होता था। वहाँ इलाज के लिए पूरे देश से रोगी आते थे। मरीजों को चिकित्सा ही नहीं, भोजनादि भी नि:शुल्क उपलब्ध कराया जाता था। कुम्रहार के उत्खनन के क्रम में एक 'आरोग्य विहार' (चिकित्सालय) के भग्नावशेष मिलने से फाहियान के कथन की पुष्टि होती है। अभिलेखीय साक्ष्यों के अनुसार उस चिकित्सालय का संचालन गुप्तकाल के प्रसिद्ध चिकित्सक धन्वन्तरि द्वारा किया जाता था।

छठी शताब्दी ई.पू. में वैशाली के वज्जि गणराज्य के साथ मगध का संघर्ष हुआ। उसके दृष्टिगत गंगा के दक्षिणी तट पर स्थित पाटलिग्राम में मगध के सम्राट अजातशत्रु ने एक दुर्ग बनवाया था। वह पाटलिग्राम शीघ्र ही पाटलिपुत्र नगर में रूपान्तरित हो गया। और फिर हमारा पाटलिपुत्र नगर पाँचवीं शताब्दी ई.पू. के बाद से लेकर शताब्दियों तक पूरे देश की राजधानी रहा है। परन्तु सातवीं शताब्दी ई. में चीनी यात्री ह्वेनत्सांग के भ्रमण के समय पाटलिपुत्र का अधिकांश भाग खँडहरों में बदल चुका था। नौवीं शताब्दी ई. में बंगाल के राजा धर्मपाल ने पाटलिपुत्र के गौरव को लौटाना चाहा। उन्होंने अपने राज्यकाल के 32वें वर्ष (811 ई.) में पाटलिपुत्र में दरबार लगाया था। पौण्ड्रवर्द्धन में उन्होंने जो चार गाँव दान दिए थे, उससे सम्बन्धित दानपत्र पाटलिपुत्र में ही बनाया गया था। इस प्रकार, प्रारम्भिक पाल युग में पाटलिपुत्र का अस्तित्व राजधानी के रूप में बना हुआ था। लेकिन इसके बाद सन् 1541 ई. तक पाटलिपुत्र के बारे में कोई उल्लेखनीय वृत्तान्त नहीं मिलता है। बहरहाल, 1541 ई. में शेरशाह ने 5 लाख रुपये खर्च करके पटना (पाटलिपुत्र) में एक किला बनवाया था।

इतिहास का चक्र देखिए! छठी शताब्दी ई.पू में प्राचीन पाटलिपुत्र का उदय एक साधारण दुर्ग के निर्माण के साथ हुआ था; और इतिहास की आँखों

से ओझल होने के पूर्व 1541 ई. में वहाँ एक और किला बनवाया गया। पाटलिपुत्र का इतिहास इन दो किलों के निर्माण के मध्यवर्ती कालखण्ड का इतिहास है।

यद्यपि इसकी पहचान राजधानी के रूप में समाप्त हो गई थी, तथापि राजनीति, अर्थ, कला एवं धर्म के क्षेत्र में यह मध्ययुग तथा ब्रिटिशकाल में भी एक महत्त्वपूर्ण केन्द्र बना रहा; और आधुनिक भारत में बिहार प्रान्त की राजधानी के रूप में पुनर्प्रतिष्ठित हुआ।

'व्यवहारभाष्य' नामक एक जैन-ग्रन्थ में मगधवासियों को अन्य देशवासियों की अपेक्षा अधिक बुद्धिमान कहा गया है। वे लोग किसी बात को संकेतमात्र से समझ लेते थे, जबकि कोसलवासी उसे देखकर, पंचालवासी उसे आधा सुनकर और दक्षिण-देशवासी उसे पूरा सुनकर ही समझ पाते थे।[7] जो भी हो, मगध का सांस्कृतिक एवं राजनैतिक गौरव किसी भी क्षेत्र के लिए ईर्ष्या का कारण बन सकता है। सच पूछा जाए तो छठी शताब्दी ईसा पूर्व से लेकर पाँचवीं शताब्दी ईस्वी के अन्त तक मगध का इतिहास ही वस्तुतः भारत का इतिहास है।

अशोक के राज्यकाल में पाटलिपुत्र से जारी होने वाली राजाज्ञा का पालन बंगाल की खाड़ी से लेकर अरब सागर के बीच के सम्पूर्ण भूभाग तक और दक्षिण में ब्रह्मगिरि से लेकर उत्तर-पश्चिम में गन्धार के आगे ईरान के सीमान्त प्रदेश तक होता था। एक धर्म, एक भाषा और एक लिपि के माध्यम से अशोक ने पूरे देश को एक सूत्र में पिरो दिया था। ऐसा करके उसने यह सिद्ध कर दिया था कि यदि शासन-सत्ता के पास प्रबल इच्छाशक्ति हो तो भौगोलिक दूरियाँ बेमानी हो जाती हैं।

कालचक्र तेज गति से घूम रहा है। देखते ही देखते गंगा में न जाने कितना पानी बह गया! आज अचानक पीछे मुड़कर, इतिहास के धुँधलके में झाँकने की इच्छा हुई। बस इसीलिए अपने अतीत के कुछ सुनहरे पन्नों को खोलकर बैठ गया हूँ .....।

सन्दर्भ एवं टिप्पणी

1. आगे चलकर अंग मगध का ही एक भाग हो गया था। मगध के परम्परागत भूभाग से परवर्ती भूभाग को पृथक् दिखाने के उद्देश्य से यहाँ 'बृहत्तर मगध' पदबन्ध का प्रयोग किया गया है।
2. भारतीय गणना के अनुसार 'अक्षौहिणी' सेना की सबसे बड़ी इकाई थी। इसका शाब्दिक अर्थ है—रथों के समूह से युक्त सेना। (अक्ष = रथ; ऊहिनी = समूह से युक्त) भारतीय युद्धकला में सेना के चार अंग माने गए हैं—रथ के आरोही, हाथी के आरोही, घोड़े के आरोही और पदाति (पैदल सैनिक)। 'महाभारत' के आदिपर्व के अनुसार भारत की चतुरंगिनी सेना की सबसे छोटी इकाई का नाम 'पत्ति' था। 'पत्ति' में एक रथ, एक हाथी, तीन घोड़े और

पाँच पैदल सैनिक होते थे। 'पत्ति' के ऊपर क्रमशः सेनामुख, गुल्म, वाहिनी, पृतना, चमू, अनीकिनी और अक्षौहिणी होते थे। अक्षौहिणी को छोड़कर बाकी सभी अपने पूर्ववर्ती से तिगुने होते थे। एक अनीकिनी में तीन चमू, एक चमू में तीन पृतना, एक पृतना में तीन वाहिनी, एक वाहिनी में तीन गुल्म और एक गुल्म में तीन पत्ति होते थे। जबकि दस अनीकिनी की एक अक्षौहिणी सेना होती थी। यानी एक अक्षौहिणी में 21870 रथारोही, 21870 गजारोही, 65610 अश्वारोही और 109350 पैदल सैनिक होते थे। (काशी नागरीप्रचारिणी सभा हिन्दी विश्वकोश, भाग 1, पृ. 70)

3. डॉ. प्रभुदयाल अग्निहोत्री, 'पतंजलिकालीन भारत', पृ. 554; बिहार राष्ट्रभाषा परिषद, पटना; 1962 ई.।
4. डॉ. राजबली पाण्डेय, विक्रमादित्य, पृ. 21; चौखम्बा विद्याभवन, वाराणसी; 1960 ई.।
5. बैजनाथसिंह विनोद; 'मगध : इतिहास और संस्कृति'; पृ. 15-16; जैन संस्कृति संशोधन मण्डल, वाराणसी; 1954 ई.।
6. माहुरी जाति के लोग 'माहुर' (विष) सम्बन्धी विद्या के विशेषज्ञ रहे हैं। परन्तु अब ये लोग अपने परम्परागत ज्ञान को भूल चुके हैं। औरंगजेब के समय में मथुरा से आकर ये लोग मगध क्षेत्र में बस गए। वर्तमान में ये लोग एक वैश्य समुदाय के रूप में मगध क्षेत्र में आबाद हैं।
7. डॉ. ओम प्रकाश प्रसाद, 'बिहार : एक ऐतिहासिक अध्ययन', पृ. 79; राजकमल प्रकाशन, नई दिल्ली; 2013 ई.।

विषय-क्रम

अध्याय 1

मगध : उत्कर्ष और जययात्रा

उत्पत्ति की कहानी

मगध की उत्पत्ति के बारे में वाल्मीकि रामायण में एक कथा वर्णित है। विश्वामित्र एक धर्मात्मा राजा थे। उनके पिता का नाम गाधि और पितामह का नाम कुशनाभ था। चन्द्रवंशी क्षत्रिय राजा गाधि के पुत्र विश्वामित्र ने ब्राह्मणत्व प्राप्त किया और उनके वंशज ब्राह्मण हुए, जो कौशिक गोत्री कहलाए।

एक बार विश्वामित्र एक अक्षौहिनी सेना के साथ महर्षि वशिष्ठ के आश्रम पहुँचे। उनको देखकर वशिष्ठ बहुत प्रसन्न हुए और कहा कि ''राजन्! मैं तुम्हारा और तुम्हारी सेना का विधिपूर्वक सत्कार करना चाहता हूँ।'' विश्वामित्र ने कहा कि ''आपके स्नेहपूर्ण वचनों से ही मेरा सत्कार हो गया है। अत: अब मुझे जाने की अनुमति दें।'' परन्तु वशिष्ठ के आग्रह करने पर उन्होंने कहा कि ''जैसी आपकी इच्छा।''

आश्रम में कामधेनु नामक एक अलौकिक गाय थी। चितकबरे रंग की उस दिव्य गाय के सामने जो भी कामना की जाती थी, वह उसे तुरन्त पूरा कर देती थी। वशिष्ठ ने कामधेनु से कहा कि ''आश्रम में पधारे अतिथियों को षड्रस भोजनों में से जो-जो पसन्द हो, वह उपलब्ध करा दो।'' कामधेनु ने क्षण-भर में समस्त अतिथियों की इच्छा के अनुरूप भोजन सामग्री जुटा दिया। विश्वामित्र उस गाय के अलौकिक प्रभाव को देखकर चमत्कृत तो हुए ही, उनके मन में लोभ भी आ गया। उन्होंने वशिष्ठ से कहा कि एक लाख गाएँ लेकर वे कामधेनु गाय उन्हें दे दें। परन्तु वशिष्ठ ने यह कहकर कामधेनु को देने से मना कर दिया कि उनका जीवन-निर्वाह उसी पर निर्भर है। मगर विश्वामित्र अड़ गए और कामधेनु को बलपूर्वक अपने साथ ले जाने लगे।

तभी कामधेनु उन सभी को झटककर वशिष्ठ के पास आकर खड़ी हो गई; और करुण स्वर में पूछा कि ''क्या आपने मुझे त्याग दिया है, जो ये सैनिक मुझे

बलपूर्वक घसीटकर ले जा रहे हैं?'' वशिष्ठ ने कहा कि शक्ति के कारण मदान्ध होकर यह राजा तुमको घसीटकर ले जाना चाह रहा है। कामधेनु ने कहा कि ''यदि ऐसा है तो आप मुझे आज्ञा दें। इस दुष्ट राजा का अभिमान अभी खण्डित कर देती हूँ।'' यह सुनकर वशिष्ठ ने कामधेनु को शत्रु-सेना को नष्ट करनेवाले सैनिक उत्पन्न करने का आदेश दिया। फिर क्या था! कामधेनु के हुँकार करते ही पह्लव जाति के सैंकड़ों वीर योद्धा उत्पन्न हो गए।[1]

वे पह्लव वीर शत्रु-सेना का नाश करने लगे। परन्तु विश्वामित्र ने कई प्रकार के अस्त्रों का प्रयोग करके पह्लव वीरों का संहार कर दिया।[2] विश्वामित्र द्वारा उन पह्लवों के संहार को देखकर कामधेनु ने यवनमिश्रित शक जाति के भयंकर वीर उत्पन्न किए। कामधेनु के हुंकार से सूर्य के समान तेजस्वी काम्बोज पैदा हुए। इतना ही नहीं, कामधेनु के थन से शस्त्रधारी बर्बर प्रकट हुए। फिर कामधेनु के योनि से यवन, शकृदेश (गोबर करने के स्थान) से शक, रोमकूपों से म्लेच्छ, हारीत और किरात प्रकट हुए।[3]

उन सब वीरों ने मिलकर पैदल, हाथी, घोड़े और रथ सहित विश्वामित्र की सम्पूर्ण सेना का संहार कर दिया। तभी विश्वामित्र के सौ पुत्रों ने वशिष्ठ पर आक्रमण कर दिया। परन्तु वशिष्ठ ने अपने हुंकार से उन सब को जलाकर भस्म कर दिया।

अपनी सेना और अपने पुत्रों का विनाश देखकर विश्वामित्र ग्लानि से भर गए। संयोगवश उनका एक पुत्र जीवित रह गया था। उसी को राजपाट सौंपकर वे वन को चले गए। हिमालय क्षेत्र में तप करके महादेव से उन्होंने धनुर्वेद के ज्ञान सहित कई दिव्य अस्त्र प्राप्त किए। उन दिव्यास्त्रों की सहायता से उन्होंने वशिष्ठ के आश्रम पर पुनः आक्रमण किया। परन्तु वशिष्ठ ने अपने ब्रह्मदण्ड से विश्वामित्र के दिव्यास्त्रों को विफल कर दिया। विश्वामित्र पराजित हुए; और उन्होंने मान लिया कि ब्रह्मतेज से प्राप्त होनेवाला बल ही वास्तविक बल है। उन्होंने कहा कि ''क्षत्रिय के बल को धिक्कार है। ब्रह्मतेज से प्राप्त होनेवाला बल ही वास्तव में बल है; क्योंकि आज एक ब्रह्मदण्ड ने मेरे सभी अस्त्रों को नष्ट कर दिया है।''[4]

अब उन्होंने श्रेष्ठता प्राप्त करने के लिए महान त प करने का निश्चय किया। वे अपनी पत्नी के साथ दक्षिण दिशा में जाकर तपस्या करने लगे। घोर तपस्या के बाद ब्रह्मा ने उनको दर्शन दिए और कहा कि आपकी तपस्या के प्रभाव से मैं आपको सच्चा राजर्षि घोषित करता हूँ। 'विष्णु रत्नकोष' नामक एक प्राचीन ग्रन्थ में ऋषियों के सात भेद किए गए हैं—ब्रह्मर्षि, देवर्षि, महर्षि, परमर्षि, काण्डर्षि,

श्रुतर्षि और राजर्षि। ये सभी क्रम से अवर (जूनियर) होते थे। अर्थात राजर्षि सबसे कनिष्ठ और ब्रह्मर्षि सबसे श्रेष्ठ होता था।

ब्रह्मा की इस घोषणा को सुनकर विश्वामित्र बहुत दुखी हुए। उन्होंने सोचा था कि वे ब्रह्मर्षि पद के अधिकारी होंगे, किन्तु उनको ऋषियों में कनिष्ठतम यानी राजर्षि ही स्वीकार किया गया। इसलिए वे पुनः तपस्या में लीन हो गए।

उस समय अयोध्या में त्रिशंकु नामक एक इक्ष्वाकु वंशीय राजा का शासन था। उल्लेखनीय है कि कोसल के राजा त्रय्यारुण के पुत्र के जन्म के बाद उसका नाम रखा गया-सत्यव्रत। लेकिन इस नाम में दोष होने के कारण वंशपुरोहित वशिष्ठ के आग्रह पर राजकुमार सत्यव्रत का नामकरण त्रिशंकु कर दिया गया।

राजा त्रिशंकु के मन में अचानक एक विचित्र विचार आया। उनकी इच्छा हुई कि वह यज्ञ करके सशरीर स्वर्ग पहुँचे। वशिष्ठ को बुलाकर उनके समक्ष उन्होंने अपनी इच्छा व्यक्त की। वशिष्ठ ने कहा कि सृष्टि के नियमों के प्रतिकूल होने के कारण सशरीर स्वर्ग जाना असम्भव है। परन्तु राजा त्रिशंकु ने तो मन बना ही लिया था। इसलिए वे महर्षि वशिष्ठ के उन सौ पुत्रों के पास गए, जो तपस्या कर रहे थे। उन गुरुपुत्रों ने भी ऐसा यज्ञ करने से इंकार कर दिया। तब त्रिशंकु ने कहा कि "मैं बहुत उम्मीद लेकर आप सभी के पास आया था, परन्तु आपने मुझे निराश किया। अब मैं किसी अन्य ऋषि के पास जाऊँगा।" त्रिशंकु की यह बात वशिष्ठ-पुत्रों को चुभ गई; और उन्होंने उसको चाण्डाल हो जाने का शाप दे दिया। रात बीतते ही राजा त्रिशंकु के शरीर का रंग नीला पड़ गया। राजा को चाण्डाल के रूप में देखकर उनके साथ आए मन्त्री और अन्य लोग उनका साथ छोड़कर भाग गए।

दुखी त्रिशंकु अकेले ही विश्वामित्र की शरण में पहुँचे। त्रिशंकु ने कहा कि "मुझे मेरे गुरु और गुरुपुत्रों ने ठुकरा दिया है। परन्तु मैंने भी ठान लिया है। मैं इसी विद्रूप शरीर के साथ स्वर्ग जाना चाहता हूँ। मैंने कई यज्ञ किए हैं, किन्तु उनका समुचित फल मुझे नहीं मिला है। मैं क्या करूँ ?" राजा को इस दीन-हीन अवस्था में देखकर विश्वामित्र का हृदय द्रवित हो उठा। उन्होंने राजा को आश्वस्त करते हुए कहा कि "तुम चिन्ता न करो। गुरु के शाप से मिले इसी रूप में मैं तुम्हें स्वर्ग भेजने के लिए तैयार हूँ।"

विश्वामित्र ने सैकड़ों ऋषियों-मुनियों को एकत्र करके विधिपूर्वक एक विशेष यज्ञ आरम्भ किया। वे स्वयं याजक (अध्वर्यु) बने; और अपने तपबल से उन्होंने त्रिशंकु को सशरीर स्वर्ग भेज दिया। उसको स्वर्गलोक में आया देखकर समस्त देवताओं सहित इन्द्र ने कहा कि "तुम्हारे लिए स्वर्ग में कोई स्थान नहीं

है। तुम गुरु के शाप से नष्ट हो चुके हो। अत: पृथ्वी पर नीचे मुँह किए गिर जाओ।''[5]

इन्द्र के इतना कहते ही त्रिशंकु स्वर्ग से नीचे गिरने लगे। इस दौरान निरुपाय होकर वे विश्वामित्र को कातर स्वर में पुकारने लगे। अपने प्रयास को विफल होता देखकर और त्रिशंकु की पुकार सुनकर विश्वामित्र को क्रोध आ गया। उन्होंने कहा कि ''राजन्! वहीं ठहर जाओ।'' विश्वामित्र ने मन्त्रशक्ति से उनको आकाश में ही रोक लिया। अब इन्द्र की शक्ति के कारण वे ऊपर जा नहीं सकते थे और विश्वामित्र की शक्ति के कारण नीचे गिर नहीं सकते थे। अत: अधोमुख होकर अन्तरिक्ष में ही लटक गए।

कहते हैं, अन्तरिक्ष में उल्टा होकर लटके त्रिशंकु के मुख से गिरी लार से कर्मनाशा नामक नदी की उत्पत्ति हुई। सनातन हिन्दू कर्मनाशा को अपवित्र मानते हैं। ऐसी मान्यता है कि इस नदी में स्नान करने से मनुष्य द्वारा पहले से अर्जित पुण्य का नाश हो जाता है। अत: इस नदी के पार जानेवाले को पाप का भागी माना जाता था। काशी की ओर से मगध जाने के लिए कर्मनाशा नदी को पार करना पड़ता था। वैदिक आर्यजन कर्मनाशा के उस पार के पूर्वी भाग को शनिचर का छाया-क्षेत्र मानते थे। उत्तर-वैदिक काल में मगध एक निषिद्ध क्षेत्र था। यह अलग बात है कि आगे चलकर राम, कृष्ण और बुद्ध के सांस्कृतिक अभियान के परिणामस्वरूप मगध का गया क्षेत्र वैदिक और अवैदिक दोनों परम्पराओं के शिखर तीर्थ के रूप में प्रसिद्ध हुआ।

पौराणिक मान्यताओं के अनुसार त्रिशंकु के रथ की छाया जिस क्षेत्र में पड़ी, वह देश मगध के नाम से जाना गया।

बौद्ध विद्वान बुद्धघोष के अनुसार 'मगध' नामक एक क्षत्रिय जाति की निवासभूमि के कारण यह क्षेत्र मगध कहलाया। बुद्धघोष ने अपने ग्रन्थ 'परमत्थ जोतिका' में मगध के नामकरण के सम्बन्ध में एक अन्य बात कही है। चेतिय नाम के राजा ने झूठ बोलना शुरू किया। अपने इस कृत्य के कारण वह धरती में धँसने लगा। यह देखकर उसके पास खड़े सभी लोगों ने एक स्वर में कहा—'मा गधं पविस।' (गड्ढे में प्रवेश मत करो) फिर भी राजा चेतिय धरती में प्रवेश कर गया। तभी राजा ने देखा कि कुछ लोग धरती को खोद रहे हैं। धरती में धँसते जा रहे राजा ने उन लोगों से कहा कि तुम लोग गड्ढा मत करो—'मा गधं करोय।' इस घटना के बाद उस प्रदेश का नाम मगध पड़ गया। 'परमत्थ जोतिका' में वर्णित इस कथा से पता चलता है कि 'मगध' पालि भाषा का शब्द है, जबकि सामान्यत: इसे संस्कृत भाषा का शब्द माना जाता है।

मगध की व्युत्पत्ति

नस्ल, भाषा और संस्कृति के आधार पर इतिहास में एक समुदाय को 'आर्य' कहा गया है। इससे एक सांस्कृतिक समुदाय का बोध होता है। आर्य शब्द संस्कृत के 'ऋ' धातु से बना है। अलग-अलग गणों में जो 'ऋ' धातु पाई जाती है, वह प्राय: गत्यर्थक है। इस प्रकार, आर्य शब्द का अर्थ है गतिशील या घुमक्कड़। आर्यों को स्थायी घर बनाकर रहना पसन्द नहीं था। वे अक्सर भ्रमणशील रहते थे; और जहाँ उनके पशुओं के लिए चारे तथा अपने लिए भोजन की उपलब्धता हो, वहाँ मण्डप (तम्बू) बनाकर रहते थे। आगे चलकर सप्तसिन्धु प्रदेश सहित पूरे आर्यावर्त में उन्होंने अपने लिए स्थायी घर तो बना लिए, किन्तु यज्ञ-अनुष्ठान के लिए मण्डप की अनिवार्यता को बनाए रखा। आज भी यज्ञ-अनुष्ठान के लिए हम मण्डप अवश्य बनाते हैं। आगे चलकर 'आर्य' शब्द श्रेष्ठता का वाचक बन गया। तब से 'आर्य' शब्द से भद्र, कुलीन एवं स्वतन्त्र व्यक्ति का बोध होता है।

आर्यों को लेकर इतिहासकारों में मतभेद है। इस सन्दर्भ में दो स्पष्ट खेमे बने हुए हैं। एक खेमा राष्ट्रवादी इतिहासकारों का है, दूसरा वामपन्थी इतिहासकारों का। आर्य-विषयक विवाद की शुरुआत पश्चिमी विद्वानों ने की। पश्चिमी विद्वान दुनिया की प्रत्येक श्रेष्ठ बात और विचार का सम्बन्ध पश्चिम से जोड़ने के पक्षपाती रहे हैं। उनको लगता रहा है कि भारत एक आदिम मनोभावापन्न देश है। यहाँ जो भी हीन तत्त्व है, वह इनका स्वयं का है; किन्तु इनके पास जो भी श्रेष्ठ है, वह पाश्चात्य देशों से आया है। दुर्भाग्यवश भारत के मार्क्सवादी इतिहासकारों ने पाश्चात्य विद्वानों के पूर्वाग्रह-युक्त दृष्टिकोण का ही अनुगमन करते हुए भारत को आर्यों का मूलस्थान मानने से परहेज किया है; और आर्यों को भारत के बाहर का सिद्ध करने की भरपूर कोशिश की है।

पाश्चात्य और मार्क्सवादी इतिहासकारों ने आर्यों के सबसे पुराने समूह को 'आद्य हिन्द-यूरोपीय समुदाय' कहा है। नस्ल, भाषा और संस्कृति के आधार पर बना यह समुदाय धीरे-धीरे कई इकाइयों में बँट गया; और इसके सदस्य यूरोप एवं एशिया में फैल गए। 1800 ई. पू. के बाद आर्यों की छोटी-छोटी टोलियाँ कई चरणों में भारत आईं; और पश्चिमोत्तर भारत से दक्षिण-पूर्व की ओर बढ़ते हुए देश में जहाँ-तहाँ बसती चली गईं।

शुरू में आर्य लोग आधुनिक अफगानिस्तान के इलाके में आकर बसे; और उसको 'ब्रह्मवर्त' नाम दिया। उत्तर-वैदिक काल में जब उनका क्षेत्र-विस्तार सप्तसिन्धु प्रदेश से लेकर गंगा घाटी के मैदान तक हो गया, तब इस सम्पूर्ण भूभाग को उन्होंने 'आर्यावर्त' के नाम से सम्बोधित किया। आर्य जिस क्षेत्र में बसते थे

या जहाँ उनका आवर्त्त था (यानी जहाँ उनकी घनी आबादी थी), उसको आर्यावर्त कहा गया। आर्यावर्त का प्रथम उल्लेख 200 ई. के आसपास रचे गए 'मनुस्मृति' में मिलता है। मनुस्मृति के अनुसार आर्यावर्त हिमालय से लेकर विन्ध्य पर्वत तक और पूर्वी समुद्र से लेकर पश्चिमी समुद्र तक फैला हुआ था।

आर्य विदेशी धरती से भारतभूमि पर आए और पश्चिमोत्तर भारत के सप्तसिन्धु प्रदेश में आकर बसे, यह विवाद का विषय हो सकता है; लेकिन यह कहा जा सकता है कि आर्य शुरू में भारत के सप्तसिन्धु प्रदेश में आबाद थे और बाद में भारत के पूर्वी और दक्षिणी भाग में बसते चले गए।

प्रव्रजन और पुनर्वासन की इसी प्रक्रिया में आर्यों का एक समूह मगध में आकर बस गया। मगध में बसनेवाली आर्यों की इस आरम्भिक शाखा का नाम 'मग' था। प्राचीन भारतीय साहित्य में 'मग' शब्द के दो पाठान्तर भी मिलते हैं—'सग' और 'मद'। 'सग' सम्भवत: 'शक' शब्द का प्राकृत रूपान्तर है, जबकि 'मद' शब्द 'माद' का रूपान्तर है। जहाँ तक 'माद' की बात है, यह एक ईरानी जाति थी, जिसका उल्लेख असीरिया के नौवीं शताब्दी ई. पू. के अभिलेखों में मिलता है। प्राचीन काल में ईरानी पुरोहितों को फारसी भाषा में 'मगुस' कहा जाता था; और मग शब्द इस 'मगुस' का संस्कृत रूप है। पुराणों में 'मग' शब्द की व्युत्पत्ति इस प्रकार बताई गई है—

म —मकर —सूर्य
ग —गच्छतीति

मग अर्थात 'सूर्य का अनुगमन करनेवाले' यानी सूर्य की उपासना करनेवाले।

ईरानी भाषा का 'मगुस' शब्द यूनानी में 'मगि', 'मागि' या 'मेगास' के रूप में प्रयुक्त हुआ है। बाइबिल में इस शब्द का प्रयोग 'पूरब के विद्वान जन' के अर्थ में हुआ है, जो ईसा मसीह के जन्म के बाद महान भविष्यवाणी करने के लिए उनके पिता के पास पहुँचे थे।

पुराणों में उल्लिखित 'मगा: ब्राह्मणभूयिष्ठा:' से मग लोगों के स्वरूप का संकेत मिलता है। भूयिष्ठ का शाब्दिक अर्थ है—अत्यन्त महत्त्वपूर्ण। इस प्रकार मग एक महत्त्वपूर्ण ब्राह्मण वर्ग सिद्ध होता है। 'मग' ब्राह्मणों की एक शाखा थी, जो सूर्य के उपासक के रूप में जानी जाती थी। इस मग जाति की भूमि होने के कारण ही उत्तर-पूर्वी भारत में गंगा के दक्षिण में स्थित जनपद का नाम 'मगध' पड़ा। 'मगध' का शाब्दिक अर्थ है—'मगों को धारण करनेवाला'। (मग + ध)

'ईरान' शब्द की व्युत्पत्ति 'आर्यानाम्' अर्थात 'आर्यों का (देश)' से हुई है।[6] इस क्षेत्र को प्राचीनकाल में 'ऐर्यायण' कहा जाता था। मार्क्सवादी इतिहासकार

जिसको आर्यों के भारत आगमन का काल कहते आए हैं, उस समय (यानी 1800 ई.पू. में) भारत और ईरान की सीमाएँ मिली हुई थीं। दोनों के धर्म और रीति-रिवाज में भी बहुत भिन्नता नहीं थी। धर्म में भिन्नता तब हुई, जब जरथुस्त्र ने एक नया धर्म चलाया। "ई.पू. 1400 के आसपास के मितन्नी अभिलेखों से पता चलता है कि एक आर्यभाषा में भारतीय-आर्य देवताओं की उपासना करनेवाले लोग ईरान की उरमिया झील के पास बसे हुए थे। ईरान में इन्हीं इन्द्र, वरुण, मित्र आदि देवताओं की उपासना होती थी, परन्तु ई.पू. छठी सदी के अन्तिम समय में जरतुश्त ने इनको बहिष्कृत कर दिया।"[7] मौर्यों के पहले गन्धार और भारत के कुछ अन्य पश्चिमोत्तर भाग ईरानी साम्राज्य के अधीन हुआ करते थे। फिर मौर्य-काल में ईरानी राज्य का कुछ भाग भारत में मिला लिया गया। तक्षशिला विद्या का केन्द्र था, इसलिए निश्चित रूप से ईरान के विद्यार्थी भी वहाँ आते होंगे। मौर्यों के बाद शकों के शासनकाल में भी ईरान और भारत के कुछ भूभाग एक ही राज्य के अन्तर्गत थे। इस प्रकार, ईरान में इस्लाम के उद्भव और प्रसार के पहले तक भारत और ईरान की सांस्कृतिक भावभूमि एक समान थी।

अत: एक अनुमान यह भी है कि मगध के मगों की कोई शाखा प्राचीनकाल में ही ईरान चली गई; और वहाँ उसने अपने मूल भारतीय नाम मग को 'मगुस' या 'मगि' के रूप में सुरक्षित रखा।

शकस्थान और शकद्वीप

वैवस्वत मनु के नौ पुत्र थे। उन्हीं में से एक पुत्र नरिष्यन्त के वंशज भारत के बाहर मध्य-एशिया चले गए; और शक के नाम से प्रसिद्ध हुए।[8] वेदव्यास कृत 'महाभारत' में शकों के चार जनपदों का उल्लेख किया गया है—मग, मशक, मानस और मन्दग। 'भविष्य पुराण' में मगों को ब्राह्मण, मशकों को क्षत्रिय, मानसों को वैश्य और मंदगों को शूद्र की श्रेणी में रखा गया है। 'विष्णु पुराण' के अनुसार 'मग' शाकद्वीपी ब्राह्मणों का एक उपनाम है। भारत में आज भी शाकद्वीपी ब्राह्मणों को 'मग' कहा जाता है। मानवविज्ञानी शेरिंग के मतानुसार 'शाकद्वीपी' मगध के आदि-निवासी ब्राह्मण हैं। शाकद्वीपी नामक यह ब्राह्मण जाति 'मगद्विज' या 'सूर्यद्विज' भी कहलाती थीं। ये लोग सूर्य के उपासक तो थे ही, इन्द्रजाल रचने में भी सिद्धहस्त थे।

'भारतीय भुवनकोश' नामक एक प्राचीन ग्रन्थ में 'शाकद्वीप' का वर्णन मिलता है। शाकद्वीप का सम्बन्ध 'क्षीरोद समुद्र' के साथ भी जोड़ा गया है। 'कास्पियन सागर' का पुराना नाम 'क्षीर सागर' था। इतालवी व्यापारी एवं यात्री 'मार्कोपोलो'

(1254-1324 ई.) के समय तक कास्पियन सागर को 'क्षीरवान्' कहा जाता था।[9] लगता है, शक मूलत: कास्पियन सागर के आसपास के रहनेवाले थे। प्राचीन काल में यूरेशिया द्वीप में डेन्यूब नदी से लेकर आल्ताई पर्वत-श्रेणी तक फैली भूमि पर शक जाति के लोग आबाद थे। दूसरी सदी ई.पू. के उत्तरार्द्ध में चीन के 'यू-ची' कबीले ने शकों को वहाँ से दक्षिण की ओर खदेड़ दिया। बाध्य होकर शक लोग कुछ समय के लिए ईरान के पूर्वी भाग में आकर बस गए। अत: पूर्वी ईरान के उस क्षेत्र को 'शकस्थान' (सीस्तान) कहा जाने लगा। 'शक-स्थान' कहने से शकों की बस्ती का बोध होता है। कुछ समय बाद वे लोग बलुचिस्तान के रास्ते सिन्धु नदी के निचले काँठे में आकर बस गए। सिन्धु नदी के तट पर स्थित शकों के इस निवासस्थान को भारतीय साहित्य में 'शकद्वीप' कहा गया है।

'गरुड़ पुराण' के अनुसार मगों को भारत में लाकर बसाने का श्रेय श्रीकृष्ण के पुत्र साम्ब को है। वे जाम्बवान् के दौहित्र (नाती) और जाम्बवती के गर्भ से उत्पन्न श्रीकृष्ण के 10 पुत्रों में से एक थे। भविष्यपुराण के अनुसार वे बहुत सुन्दर थे; और उन्होंने बलदेव से अस्त्रविद्या सीखी थी। दुर्वासा ऋषि के शाप से वे कोढ़ी हो गए थे। बाद में नारद ऋषि के परामर्श से सूर्य (मित्र) की उपासना करके वे रोगमुक्त हुए। महाभारत के युद्ध में जरासन्ध से इनका युद्ध हुआ था। उनकी दो पत्नियाँ थीं—दुर्योधन की पुत्री लक्ष्मणा तथा श्वफलक की पुत्री वसुन्धरा। (भागवत पुराण, 10/68/1-3, 39-42) साम्ब ने चन्द्रभागा नदी के तट पर साम्बपुर नामक एक नगर बसाया था। साम्बपुर को 'मूलस्थान' भी कहा जाता था। मूलस्थान' को अब मुलतान कहते हैं, जो वर्तमान में पाकिस्तान के पंजाब प्रान्त में स्थित है।

साम्ब ने अपने रोग के निवारण के लिए सिन्धु नद और चन्द्रभागा नदी के संगम पर मूलस्थान (मुल्तान) में एक सूर्य मन्दिर बनवाया।[10] प्राचीन चन्द्रभागा तीर्थ में सूर्य-पूजन सम्बन्धी अनुष्ठान को पूरा करने के लिए योग्य पुरोहितों की खोज की गई। आर्यावर्त में उपयुक्त पुरोहित नहीं मिलने के कारण शकद्वीप से 18 मग ब्राह्मणों को बुलवाया गया, जो जरशब्द (जरशस्त) के अनुयायी थे। कहते हैं, इसके बाद ही भारत में सूर्य की तान्त्रिक पूजा-पद्धति का सूत्रपात हुआ।

'भविष्य पुराण' के ब्राह्मपर्व में भी यह कथा दुहराई गई है। उसके अनुसार श्रीकृष्ण के पुत्र साम्ब को कुष्ठ रोग हो गया था। उनके इलाज के लिए शकद्वीप के मग ब्राह्मणों को बुलवाकर सूर्य-सम्बन्धी अनुष्ठान कराना आवश्यक था। अत: विष्णु के वाहन 'गरुड़' को शकद्वीप भेजा गया। वे वहाँ के 18 मग ब्राह्मणों को अपने साथ लेकर आए, जिन्होंने सूर्यदेव की विधिवत पूजा करके साम्ब को निरोग

कर दिया। स्वस्थ होने के बाद साम्ब ने नारद की सलाह पर शकद्वीप की यात्रा की; और मूलस्थान में एक भव्य सूर्य मन्दिर का निर्माण करवाया।

सूर्यदेव के प्रति कृतज्ञता व्यक्त करने के लिए साम्ब ने मगध क्षेत्र में कई सूर्य मन्दिर बनवाए, जिनमें गया, देव, पण्डारक और बड़गाँव के सूर्य मन्दिर उल्लेखनीय है। आगे चलकर सूर्य-प्रतिमा की स्थापना एवं अनुष्ठान-पूजन मग पुरोहितों द्वारा ही किया जाने लगा। वराहमिहीर के अनुसार सूर्य-मन्दिर के पुजारी के पद पर शाकद्वीपीय ब्राह्मण को ही नियुक्त किया जाना चाहिए। (बृहत्संहिता, 60/19) आज भी मगध क्षेत्र में गया के आसपास शाकद्वीपी मग ब्राह्मण बड़ी संख्या में बसे हुए हैं। गन्धार और मथुरा में बनी कई सूर्य-प्रतिमाओं में सूर्यदेव को वैसे ही बूट (जूते) पहने दिखाया गया है, जैसे बूट शक जाति के योद्धा पहनते थे। अलबेरूनी के अनुसार उसके समय में मग नामक पारसीक पुरोहित भारत में मौजूद थे।

मग जाति और संस्कृति

शाकद्वीपीय मगों को विदेशी मूल का ब्राह्मण समझा जाता रहा है। शाकद्वीपीय कहे जानेवाले मग-ब्राह्मणों को प्राचीन साहित्य और अभिलेखों में याजक, भोजक, तारक, वर्णक, भिषग्, देवलक आदि कहा गया है। डॉ. माताप्रसाद त्रिपाठी ने लिखा है कि ''भारतीय स्वाधीनता-प्राप्ति के एक-दो दशकों बाद तक हमारे सरयूपारीण ब्राह्मण-समाज में भी, विशेषतः कोशल-काशी-मगध क्षेत्र में, संस्कृत-शिक्षा और आयुर्वेद का अविनाभाव सम्बन्ध रहा है।

हमारे कुल में न केवल निःशुल्क संस्कृत-शिक्षा दी जाती थी, अपितु दैहिक त्रिदोष-शमन के लिए कई महत्त्वपूर्ण आयुर्वेदिक औषधियों का निर्माण व उनका निःशुल्क वितरण किया जाता था। घर के आसपास जड़ी बूटियों की बाड़ी होती थी। यह मात्र परम्परा का निर्वाह न था वरन् यह एक लोक-कल्याणकारी सत्कार्य था। कहने की आवश्यकता नहीं कि संस्कृत-वाङ्मय, आयुर्वेद, ज्योतिष व नक्षत्र-विद्या तथा विविध आभिचारिक आगमिक कृत्यों में जो मागी मत में मूलतः रही है, सांस्कृतिक अन्तरावलम्बन की प्रक्रिया में उक्त प्रवृत्तियाँ न्यूनाधिक रूप से पूरे भारतीय समाज में व्याप्त होती गई, विशेषकर कोसल-मगध-क्षेत्र में। आश्चर्य की बात यह है कि रूढ़िगत आचार-व्यवहार में भेदमूलक विरोध के स्वर भी यहीं मुखरित हुए। इसका प्रबल कारण सम्भवतः सुदूर अतीत के यथार्थबोध से कट जाना अथवा अनभिज्ञ होना था। मग-ब्राह्मण और व्रात्य-जन ऐसे ही उदाहरण हैं जिनके अभिज्ञान की समस्या विद्वज्जनों में आज तक विद्यमान रही है। कुतर्क और

रूढ़िग्रस्तता के कारण ही ब्राह्मण समाज का अध:पतन होता गया और शाश्वत मूल्यों की अक्षुण्ण धारा भी टूटी।''[11]

प्रो. विश्वम्भरशरण पाठक के अनुसार 'ओझाई की क्षुद्र' आजीविका और निम्न चित्त-वृत्ति के व्यक्ति से लेकर उच्च अध्यात्म-स्थिति सम्पन्न परिव्राजकों तक की भिन्न श्रेणियों का ब्राह्मणत्व प्राची में मिलता है। इस ब्राह्मणत्व का इतिहास इस क्षेत्र में काफी पुराना है—यह कम से कम अथर्ववेद के काल तक तो जाता ही है। यह ब्राह्मणत्व सप्तसिन्ध-प्रदेश के उदीच्य ब्राह्मणों से पूर्णतया समीकृत नहीं किया जा सकता। इसकी अपनी अलग पहचान है; और इसकी प्राच्यदेश में अथर्ववेद से निरन्तर प्रवहमान परम्परा दिखाई देती है।[12] इस कथन की पुष्टि प्रो. गोवर्धनराय शर्मा के इस मत से होती है जिसमें वे कहते हैं कि ऋग्वेदीय संस्कृति गोधूम (गेहूँ) आधारित थी, जबकि अथर्ववेदीय संस्कृति व्रीहि संस्कृति थी। तीसरी और दूसरी सहस्त्राब्दि ई. पू. की इन दोनों संस्कृतियों का अध्ययन करके प्रो. गोवर्धनराय शर्मा ने यह सिद्ध किया है कि इस काल में विन्ध्य और समीपवर्ती गांगेय क्षेत्र धान्य के उत्पादन का केन्द्र था और यहीं से इसका प्रसार भारत के विभिन्न क्षेत्रों, पूर्वी एवं दक्षिणी भागों में हुआ। धान और कृष्णलोहित के विस्तार का मानचित्र एक ही है। दूसरी ओर सप्तसिन्धु और सरस्वती का प्रदेश, जो सैन्धव सभ्यता का मूल क्षेत्र था, गेहूँ के उत्पादन और उपयोग का केन्द्र था। इस विवेचन ने प्राच्य क्षेत्रीय अथर्ववेदीय संस्कृति का मूल, ईसा पूर्व द्वितीय-तृतीय सहस्त्राब्दि स्थिर किया और उसकी समकालीनता सिन्धु घाटी की सभ्यता के साथ निर्णीत की।[13]

अरुर्मघ का उत्तर-पद मघ और अवेस्ता का मग समानार्थक हैं। पौरोहित्य से जीविका चलानेवालों को मघ कहा जाता था और जो भिषग् (अर्थात : रक्तस्राव के चिकित्सक) थे उनको 'अरुर्मघ' कहा जाता था। 'मग' की मूल अवधारणा आर्यों के ही एक वर्ग विशेष को व्यक्त करती है और ऋग्वेदीय पद 'मघ' से उसकी पहचान की जा सकती है।

प्राक्-ऋग्वेदीय या प्राक् भारत-ईरानी युग में एक ऐसा वर्ग आर्यों के बीच में ही उभर रहा था जो देव-पूजक तो था, लेकिन वैदिक यज्ञ-परम्परा की धारा से कटा हुआ था। देव-पूजन या देव-सेवा-कार्य के कारण वह 'मघ' कहलाता था। इस कार्य के लिए उसे जो दक्षिणा मिलती थी, उसे भी 'मघ' कहा जाने लगा। सम्भवत: इसीलिए ऋग्वैदिक काल में 'मघ' शब्द से अधिकांशतया धन अर्थ का बोध होता है। 'मघ' का सम्प्रदाय-बोधक अर्थ, यद्यपि ईरान में जरथुस्त्रीय मत के विधिवत प्रचार-प्रसार के कम से कम एक हजार वर्ष पहले प्रचलित हो चुका था। शुरू में बहिष्कार करके बाद में जरथुस्त्रीय विचारधारा ने न केवल इसे स्वीकार किया

बल्कि इसके प्रसार में प्रमुख भूमिका निभाई। ब्राह्मण ग्रन्थों में इसे इन्द्र-विरोधी यतियों, असुरों या ब्राह्मणों से सम्बद्ध बताया गया है; इसलिए मघ-मग वैदिक कर्मकाण्डीय आर्य-धर्म से असम्बद्ध होकर भी आर्यों की ही एक अन्य परम्परा का संकेत करते हैं।[14]

मग जिन्हें हम शाकद्वीपीय ब्राह्मण के रूप में जानते हैं, विदेशी न होकर स्वदेशी धारा के अंग रहे है। यह वर्ग 'मिथ्र' (मित्र) नाम से 'सूर्य एवं अग्नि' की उपासना करता था। शुरुआती दौर में द्वन्द्व की प्रक्रिया से गुजरते हुए ही बाद में इन्होंने अपना शास्त्र विकसित किया।

मगों को अभारतीय मानते हुए यह कहा जाता है कि मग और उनकी परम्परा का भारत में प्रवेश छठी शताब्दी ई.पू. के उत्तरार्द्ध में, ईरानी सम्राट साइरस द्वारा भारत पर किए गए आक्रमण के बाद हुआ। 'मग' शब्द की भाषा-वैज्ञानिक अर्थवत्ता पर गम्भीरतापूर्वक विचार करने पर यह प्रतीत होता है कि मग शब्द न तो आयातित है; और न ही अभारतीय। अरुर्मघ स्पष्टत: मगों के प्राचीन स्वरूप की याद दिलाते हैं। वे आर्यों के ही एक वर्ग-विशेष के ब्राह्मण होकर भी अलग समझे जाते रहे।

इस परम्परा के मूल इष्टदेवता भले ही 'मिथ्रं (मित्र), सिंह, मिहिर—सूर्य' रहे हों, पर इस परम्परा को सूर्योपासना परम्परा कहकर सीमित नहीं किया जा सकता क्योंकि इसने भारतीय धर्म और समाज के इतिहास में ज्ञान-विज्ञान विषयक कई धाराओं का प्रसार किया। शाकद्वीपीय मग ब्राह्मणों को बोलचाल की भाषा में अक्सर 'साकलदीपी ब्राह्मण' कहा जाता है।

अत्रि स्मृति के अनुसार दस प्रकार के ब्राह्मण थे—[15]

(1) देव-ब्राह्मण (जो प्रतिदिन स्नान, सन्ध्या, जप, होम, देव-पूजन एवं अतिथि-सत्कार करता हो)

(2) मुनि-ब्राह्मण (जो वन में रहकर कन्द, मूल एवं फल पर जीता हो और प्रतिदिन श्राद्ध करता हो)

(3) द्विज-ब्राह्मण (जो वेदान्त पढ़ता हो, सभी प्रकार के अनुरागों एवं आसक्तियों को त्याग चुका हो और सांख्य एवं योग के विषय में निमग्न हो)

(4) क्षत्र-ब्राह्मण (जो युद्ध करता हो)

(5) वैश्य-ब्राह्मण (जो कृषि, पशुपालन और व्यापार करता हो)

(6) शूद्र-ब्राह्मण (जो लाख, नमक, रंग, दूध, घी, मधु, मांस आदि बेचता हो)

(7) निषाद-ब्राह्मण (जो चोरी-डकैती करता हो, चुगली करता हो और मांस-मछली खाता हो)

(8) पशु-ब्राह्मण (जिसे यज्ञोपवीत को लेकर अहंकार हो, लेकिन वह ब्रह्म के विषय में कुछ भी न जानता हो)

(9) म्लेच्छ-ब्राह्मण (जो कुओं, तालाबों और बागीचों को क्षति पहुँचाता हो)

(10) चाण्डाल-ब्राह्मण (जो क्रूर, मूर्ख और निर्दिष्ट क्रिया-संस्कारों से अनभिज्ञ हो)।

अपरार्क ने देवल को उद्धत करते हुए ब्राह्मणों के आठ प्रकार बताए हैं-[16]

(1) जाति-ब्राह्मण (जो ब्राह्मण कुल में उत्पन्न तो हुआ हो, लेकिन वेद का कोई भी अंश न पढ़ा हो)

(2) ब्राह्मण (जिसने वेद का कोई अंश पढ़ा हो)

(3) श्रोत्रिय (जिसने छह अंगों सहित किसी एक वैदिक शाखा का अध्ययन किया हो; और ब्राह्मणों के छह कर्तव्यों का पालन करता हो)

(4) अनूचान (जिसे वेद-वेदांगों के अर्थ ज्ञात हों, जिसका हृदय पवित्र हो और जो अग्निहोत्र करता हो)

(5) भ्रूण (जो वेद-वेदांगों में पारंगत होने के साथ ही यज्ञ करता हो; और यज्ञ के बाद बचे अन्न को प्रसाद के रूप में खाता हो)

(6) ऋषिकल्प (जिसे सभी प्रकार का लौकिक एवं वैदिक ज्ञान हो; और जिसका मन संयमित हो)

(7) ऋषि (जो अविवाहित, सत्यवादी एवं सदाचारी हो; और वरदान या शाप देने का अधिकारी हो)

(8) मुनि (जो अनासक्त एवं निवृत्त हो। जिसकी दृष्टि में सोने और मिट्टी का मोल बराबर हो)।

उक्त सूचियों में 'मग' नाम नहीं है। सम्भवत: पहली सूची में 'द्विज' कहकर काम चलाया गया हो, क्योंकि मागी वाङ्मय में मगों को मग-द्विज, देव-द्विज या सूर्य-द्विज कहा गया है। अंग्रेजी का 'मैजिक' शब्द 'मग' से ही निकला है। मग मूलत: प्राकृतिक चिकित्सक थे। आभिचारिक (मैजिकल) कृत्यों का व्यापक प्रसार मगों द्वारा ही हुआ। सूर्य और अग्नि की पूजा करनवाले मगों को ज्योतिष का ज्ञान स्वाभाविक रूप से रहा होगा।

कोणार्क, कालप्रिय और मूलस्थान 'मागी परम्परा के तीन पुराने सौर केन्द्र' थे। ये तीन केन्द्र सूर्य के क्रमश: तीन चरणों--उदयगत, मध्याह्नगत एवं अस्तगत स्वरूपों--को व्यक्त करते थे।

मग-ब्राह्मण उत्तरी भारत में विशेष रूप से पूर्वी उत्तर प्रदेश और पश्चिमी बिहार के मध्य फैले हुए हैं। इस परिक्षेत्र में मगहर से मगध तक इन ब्राह्मणों के

कई गाँव हैं। ''यद्यपि ये लोग अत्यन्त भव्य गोत्र धारण करते हैं, तथापि गोत्रों को उचित महत्त्व नहीं देते। शाकद्वीपी ब्राह्मण लगभग 90 'पुरों' (ग्राम्य आस्पदों) में विभक्त हैं। एक पुर के लोग भिन्न गोत्रों के होते हुए भी परस्पर विवाह-सम्बन्ध नहीं करते।''[17]

सन्दर्भ और टिप्पणी

1. तस्य तद् वचनं श्रुत्वा सुरभिः सासृजत् तदा।
   तस्या हुंभारवोत्सृष्टाः पह्लवाः शतशो नृप।। (वाल्मीकीय रामायण, बालकाण्ड, सर्ग 54)
2. पह्लवान् नाशयामास शस्त्रैरुच्चावचैरपि।
   विश्वामित्रार्दितान् दृष्ट्वा पह्लवांशतशतस्तदा।।
   भूय एवासृजद् घोरांछकान् यवनमिश्रितान्।
   तैरासीत् संवृता भूमिः शकैर्यवनमिश्रितैः।। (वही, सर्ग 54)
3. योनिदेशाच्च यवनाः शकृदेशाच्छकाः स्मृताः।
   रोमकूपेषु म्लेच्छाश्च हारिताः सकिरातकाः।। (वही, सर्ग 55)
4. धिग् बलं क्षत्रियबलं ब्रह्मतेजोबलं बलम्।
   एकेन ब्रह्मदण्डेन सर्वास्त्राणि हतानि मे।। (वही, सर्ग 56)
5. त्रिशंको गच्छ भूयस्त्वं नासि स्वर्गकृतालयः।
   गुरुशापहतो मूढ पत भूमिमवाक्शिराः।। (वही, सर्ग 60)
6. दामोदर धर्मानन्द कोसम्बी, अनुवादक : गुणाकर मुले; 'प्राचीन भारत की संस्कृति और सभ्यता', पृ. 101; राजकमल प्रकाशन, नई दिल्ली; 1993 ई.।
7. वही, पृ. 104
8. आचार्य बलदेव उपाध्याय, पुराण विमर्श, पृ. 362; चौखम्बा विद्याभवन, वाराणसी, 1987 ई.।
9. वासुदेवशरण अग्रवाल, 'भारत सावित्री', पृ. 449; सस्ता साहित्य मण्डल प्रकाशन, नई दिल्ली, 2011 ई.।
10. प्राचीनकाल में पंजाब में बहनेवाली चिनाब नदी को चन्द्रभागा कहा जाता था। तुर्क हमलावरों द्वारा चन्द्रभागा के तट पर स्थित सूर्य मन्दिर को नष्ट कर दिया गया। संयोगवश चन्द्रभागा नामक एक दूसरी छोटी-सी नदी उड़ीसा में बहती हुई समुद्र में जाकर मिलती है। अतः तुर्कों के आक्रमण से ध्वस्त हुए मुल्तान के प्राचीन चन्द्रभागा तीर्थ को उत्कल (उड़ीसा) में स्थानान्तरित कर दिया गया। 1250 ई. में इसी स्थान पर कोणादित्य नामक सूर्य मन्दिर बनवाया गया। इस स्थान को नवीन चन्द्रभागा तीर्थ मान लिया गया। उड़ीसा में कोणादित्य मन्दिर स्थापित होने के कारण यह स्थान कोणार्क कहलाया। आदित्य और अर्क दोनों का अर्थ सूर्य होता है।
11. डॉ. गीता राय के शोधग्रन्थ 'शाकद्वीपीय मग संस्कृति' की भूमिका
12. देवेन्द्रनाथ शुक्ल की पुस्तक 'ब्राह्मण समाज का ऐतिहासिक अनुशीलन' की प्रो. विश्वम्भरशरण पाठक द्वारा लिखित भूमिका से उद्धृत

13. प्रो. गोवर्धन राय शर्मा, भारतीय संस्कृति : पुरातात्त्विक आधार, पृ. 96
14. डॉ. गीता राय, 'शाकद्वीपीय मग संस्कृति' का प्राक्कथन
15. डॉ. पाण्डुरंग वामन काणे, धर्मशास्त्र का इतिहास भाग-1, पृ. 153; उ. प्र. हिन्दी संस्थान, लखनऊ; 1992 ई.।
16. वही, पृ. 153
17. देवेन्द्रनाथ शुक्ल कृत 'ब्राह्मण समाज का ऐतिहासिक अनुशीलन', पृ. 276; वितरक : विश्वविद्यालय प्रकाशन, वाराणसी; 1990 ई.।

अध्याय 2

मगध की प्राचीनता

कीकट प्रदेश

'मगध' नाम बाद का है; इस प्रदेश का पुराना नाम 'कीकट' है। आचार्य हेमचन्द्र सूरि (1089-1172 ई.) के कोशग्रन्थ 'अभिधान चिन्तामणि' के अनुसार मगध और कीकट समानार्थी शब्द हैं—'कीकटा मगधाह्वया:।' कीकट का सर्वप्रथम उल्लेख ऋग्वेद में हुआ है।

किं ते कृण्वन्ति कीकटेषु गावो नाशिरं दुह्ने न तपन्ति धर्मम्।
आ नो भर प्रमगन्दस्य वेदो न नैचाशाखं मघवन् रन्धया नः।

(ऋग्वेद 3/53/14)

इस मंत्र के अनुसार कीकट देश के लोग धर्मरहित एवं क्रियाहीन हैं। वे लोग खेती नहीं करते हैं; केवल गायें पालते हैं। वे याग-यज्ञ भी नहीं करते हैं। वे लोग निम्न शाखा (नैचशाख) यानी निम्न श्रेणी के मनुष्य हैं। उनका राजा प्रमगंद भी निंदनीय है। इस मंत्र में मघवन् (इंद्र) से प्रार्थना की गई है कि चूँकि कीकट देश के निवासी न तो गायों से पर्याप्त दूध निकालते हैं, न उनसे (सोमयाग के लिए) घी निकालते हैं, इसलिए उनकी गायों को हमारे पास ले आओ; और ब्याज पर धन उधार देनेवाले कीकटों की धन-संपत्ति छीनकर हमें दे दो।

आचार्य यास्क (5वीं सदी ई.) के अनुसार कीकट एक अनार्य देश था। "कीकटा नाम देशोऽनार्य विशेषः। कीकटाः किंकृताः। किं क्रियाभिरिति प्रेप्सा वा।" (निरुक्त 6/32) वायुपुराण में मगध को ही कीकट देश बताया गया है; और प्रसिद्ध भाष्यकार श्रीधर ने कीकट को गया से समीकृत किया है। सम्भवतः कीकट नामक अनार्य जाति मगध क्षेत्र में निवास करती थी। इसलिए पुराणों में कीकट प्रदेश को पाप-भूमि कहा गया है।

मगध बहुत दिनों तक आर्यावर्त की मान्य परिधि के बाहर था। पुराणकाल में भी मगध को कीकट कहा जाता था। यद्यपि इस प्रदेश को अपवित्र समझा जाता था;

तथापि यहाँ स्थित गया और राजगृह पवित्र तीर्थ के रूप में पूजित थे।[1] वृहद्धर्मपुराण में भी कीकट को अनिष्टकारी देश माना गया है, किन्तु उस देश में स्थित कर्णदा और गया को अपवाद बताया गया है।[2] श्रीमद्भागवतपुराण में कुछ अपवित्र (या अनार्य) देशों में कीकट (मगध देश) की गणना की गई है। महाभारत काल में भी ऐसी ही मान्यता प्रचलित थी। पाण्डवों की तीर्थयात्रा के प्रसंग में यह वर्णित है कि वे जब मगध की सीमा में प्रवेश करने जा रहे थे, तब उनके सहयात्री ब्राह्मण वहाँ से लौट गए। सम्भव है कि इस मान्यता का आधार वैदिक सभ्यता का मगध क्षेत्र में देर से पहुँचना रहा हो। अथर्ववेद (5/22/14) से यह सिद्ध होता है कि अंग और मगध वैदिक सभ्यता के प्रसार और प्रभाव के बाहर थे।

पुराणों के अनुसार कीकट देश में ही बुद्धावतार हुआ था। बुद्ध वैदिक धर्म-परम्परा के प्रबल विरोधी थे। उनके प्रयास से मगध वेद-विरोधी बौद्ध धर्म का केन्द्र बन गया था। सम्भवतः इसलिए भी पुराणों में मगध को अपवित्र कहा गया है।

ऋग्वेद में जिन अनार्य जातियों का उल्लेख है, उसमें अज, यक्षु, कीकट, पिशाच और शिश्रु प्रमुख हैं। ऋग्वेद में अनार्यों के प्रति घृणा प्रदर्शित करते हुए उनको दस्यु, अनासः (चपटी नाकवाले), अदेवयु (देवताओं के प्रति उदासीन रहनेवाले), शिश्नदेवः (लिंग की उपासना करनेवाले), मृध्रवाक् (विरोधी या अनुचित भाषा बोलनेवाले) और कृष्णकाय (काले-कलूटे) तक कहा गया है। परन्तु उस ज़माने में कीकट जाति के लोग अपने गोधन (पशु-सम्पदा) के लिए प्रसिद्ध थे।

इस प्रदेश के लिए मगध नाम का सर्वप्रथम उल्लेख अथर्ववेद में मिलता है :

गन्धारिभ्यो मूजवद्भ्योऽङ्गेभ्यो मगधेभ्यः ।
प्रैष्यन् जनमिव शेवधिं तक्मनं परिदद्मसि ।। (अथर्ववेद 5/22/14)

अर्थात्—हे ज्वरनाशन देव! तुम तक्मन (ज्वर) को गन्धारि (गन्धार), अंग तथा मगध के निवासियों के पास उसी प्रकार सरलता से भेजते हो, जिस प्रकार किसी व्यक्ति या कोष को एक स्थान से दूसरे स्थान पर भेजा जाता है।

ऐसा लगता है कि उत्तर-वैदिक काल में कीकट नामक इस प्रदेश में जब मग जाति के लोग आबाद हुए या उनका प्रभाव बढ़ गया, तब इस प्रदेश को 'मगध' कहा जाने लगा। यही कारण है कि मगध क्षेत्र में रचे गए अन्तिम वेद 'अथर्ववेद' में 'मगध' शब्द का सबसे पहला उल्लेख मिलता है।

अथर्ववेद के अलावा वाल्मीकीय रामायण, महाभारत, पाणिनि कृत 'अष्टाध्यायी' आदि कई प्राचीन ग्रन्थों में मगध का उल्लेख है। अयोध्या के राजगुरु वसिष्ठ ने मंत्री सुमंत को जिन धार्मिक राजाओं को निमंत्रित करने को कहा था, उनमें

मगध के राजा भी सम्मिलित थे। मगधराज सभी शास्त्रों के ज्ञाता थे (आदिकांड, 13वाँ सर्ग)। रामायण में उल्लिखित है कि राजा दशरथ ने अपनी प्रिय रानी कैकेयी के कोप को शांत करने के प्रयास के दौरान उन्हें मगध में बनी वस्तुएँ उपहार में देने की बात भी कही थी। रामायणकाल में सीता की खोज में किष्किन्धा-नरेश सुग्रीव ने विनत नामक एक वानर-यूथपति के नेतृत्व में वानरों का एक दल मगध भेजा था।[3] 'महाभारत' के सभापर्व में मगध की चर्चा विस्तार से की गई है। कालिदास ने 'रघुवंश' (1/31) में उल्लेख किया है कि रघु के पिता राजा दिलीप ने मगधनरेश की कन्या सुदक्षिणा से विवाह किया था।

पृथु नामक एक पौराणिक राजा के नाम पर ही इस धरती को पृथ्वी कहा गया है। उसका पिता वेन एक पापी राजा था, इसलिए वह ऋषियों का कोपभाजन बना। परन्तु पृथु वैन्य अपने पिता के विपरीत एक धार्मिक मनोवृत्तिवाला राजा था। महाभारत के शान्तिपर्व (58/122) और वायुपुराण (62/147) के अनुसार पृथु ने मगध-भूमि मागधों को और आनूप भूमि सूतों को दान में दी थीं। इससे दो बातें स्पष्ट होती हैं-—(1) पृथु वैन्य के काल में मागध और सूत नामक जातियाँ अस्तित्व में आ गई थीं; और (2) मगध पर पृथु का अधिकार रहा होगा। गौरतलब है कि मागध और सूत पुरातन आर्य इतिहास और पुराणों के गायक थे।

प्राचीन जैन ग्रन्थों में मगध

जैन धर्म के प्राचीन ग्रन्थों में 'मगह' का उल्लेख है। मगध एक संस्कृत शब्द है; और मगह उसका प्राकृत रूप है। बौद्ध-ग्रन्थों और जैनसूत्रों में मगध को एक प्राचीन देश माना गया है। 'प्रज्ञापना सूत्र', 'सूत्रकृतांग' और 'स्थानांग' नामक ग्रन्थों में 'मगह' को आर्य (श्रेष्ठ) जनपद कहा गया है। आचारांग में 'मगहपुर' और राजगृह का उल्लेख है। 'निशीथ सूत्र' में उल्लेख है कि जब तीर्थंकर महावीर साकेत में धर्म प्रचार कर रहे थे, तब उन्होंने कहा था कि जैनों का चरित्र और ज्ञान मगध तथा अंग देश में सुरक्षित रह सकता है। इस प्रकार, श्रमण-संस्कृति में मगध को पवित्र माना गया है।

वैदिक-धर्म के प्रभाव से मुक्त

प्राचीन मगध देश में वैदिक धर्म का प्रभाव नहीं के बराबर था। उत्तर-वैदिक ग्रन्थ 'शतपथ ब्राह्मण' में कहा गया है कि कोसल एवं विदेह में ब्राह्मण-धर्म मान्य नहीं था; और मगध में तो एकदम अमान्य था। दरअसल, मगध में वैदिक आर्य लोग बहुत बाद में आकर बसे। अत: काफी समय तक वह वेदों में निर्दिष्ट ब्राह्मण-धर्म के प्रभाव से मुक्त रहा। इसके कारण दीर्घकाल तक यह प्रदेश आर्यों के आदर्श

आचरण की दृष्टि से अच्छा नहीं समझा जाता था। आरम्भिक चरण में वैदिक परम्परा का पालन नहीं करने के कारण आर्यों ने मगध को 'व्रात्यों (पतितों) का देश' कहा है। बुद्ध के काल तक मगध क्षेत्र वैदिक क्रियाओं की दृष्टि से देश के पश्चिमी भाग की तुलना में पिछड़ा हुआ था। अत: मगध को 'अशुद्ध चित्तवाले लोगों की भूमि' माना जाता था।[4] परन्तु पुराणों में कीकट प्रदेश में स्थित होने के बावजूद गया तीर्थ को पवित्र माना गया है—

कीकटेषु गया पुण्या नदी पुण्या पुन:पुना।
तीर्थानामुत्तमं तीर्थं पुण्यो राजगिरिस्तथा।
च्यवनस्याश्रमं पुण्यो पुण्यं राजगृहं वनम्।। (स्कन्द पुराण)

कीकट प्रदेश में गया तीर्थ, पुनपुन नदी, च्यवन ऋषि का आश्रम[5] और राजगृह का वन पवित्र हैं। वायुपुराण के एक श्लोक में भी यह बात दुहराई गई है।

मुगलकालीन कवि तुलसीदास ने राम के वनगमन के पूर्व हुए कैकेई और राम के संवाद के प्रसंग में मगध के अपावन और गया तीर्थ के पावन होने का उल्लेख किया है। उन्होंने लिखा है कि कपटपूर्ण होने के बावजूद कैकेई के मुख से कहे गए शुभ वचन राम को वैसे ही लगे, जैसे अपावन मगध क्षेत्र में स्थित होने के बावजूद गया आदि तीर्थ बहुत शुभ हैं।

लागहिं कुमुख बचन सुभ कैसे। मगह गयादिक तीरथ जैसे।।
रामहि मातु बचन सब भाए। जिमि सुरसरि गत सलिल सुहाए।।

(रामचरितमानस; अयोध्याकाण्ड, 42/4)

तुलसीदास अन्यत्र यह भी कहते हैं कि—

"बसि कुसंग चह सुजनता ताकी आस निरास।
तीरथहू को नाम भो गया मगध के पास।"

अर्थात—बुरे व्यक्ति की संगति के कारण अच्छा व्यक्ति भी बदनाम हो जाता है; जिस प्रकार मगध में स्थित होने के कारण पवित्र विष्णुपद का नाम 'गया' पड़ गया है। दरअसल, 'गय' नामक एक असुर (गयासुर) के नाम पर मगध के उस नगर को 'गया' कहा गया है। तुलसीदास के उपर्युक्त दोहे का आशय यह है कि मगध की अपावन भूमि पर स्थित होने के कारण भगवान विष्णु के नाम से सम्बद्ध तीर्थ को गयासुर नामक असुर का नाम मिला है।

व्रात्य, मागध, सूत और लिच्छवि जातियों का निवासस्थान होने के कारण मगध-अंग प्रदेश वैदिक परम्पराओं की दृष्टि से हीन माना जाता था। बौद्ध ग्रन्थ 'ललितविस्तर' के अनुसार मगध के राजवंश के मातृ एवं पितृ कुल अशुद्ध थे।

प्राचीन काल में वैदिक धर्मनिष्ठ ब्राह्मण मगध और वैशाली में निवास करना पापमय और अनुचित मानते थे।

प्राचीन बिहार के सामाजिक जीवन में क्षत्रिय वर्ग प्रबल था। मिथिला के जनक, सिद्धाश्रम (बक्सर) के विश्वामित्र, अंग के राजा रोमपाद और गया के अमूर्तरया गय--ये सभी बिहार के ज्ञानी-मानी क्षत्रिय थे; और तत्कालीन समाज की बागडोर इन्हीं के हाथों में थी। महाभारत युद्ध के बाद ब्राह्मण वर्ग ने पूर्वी भारत में फैलना शुरू किया और बुद्ध के प्रादुर्भाव के थोड़ा पहले तक उन्होंने मगध में अपनी स्थिति दृढ़ कर ली। इसके बाद वैदिक धर्मोपासक ब्राह्मण निर्द्वन्द्व होकर मगध में बसने लगे। बुद्धकाल में प्रभावशाली और धनाढ्य ब्राह्मण मगध में वैदिक धर्म के प्रचार-प्रसार में लगे हुए थे। मगध में कई जगह उन्होंने अपने गुरुकुल भी स्थापित कर रखे थे।

मगध के 'गया' में बहुत पहले से लोग आबाद रहे हैं। उत्तर प्रदेश के मिर्जापुर और वाराणसी के अतिरिक्त बिहार के चिराँद (सारण) और गया में नवपाषाण एवं ताम्रपाषाण-युगीन स्थल होने के पुरातात्त्विक प्रमाण मिले हैं। इससे पता चलता है कि उत्तरी भारत में वाराणसी, चिराँद और गया बहुत पुराने वास-स्थल हैं। प्रसिद्ध खगोलविद् वराहमिहिर (505-587 ई.) ने 'बृहत्संहिता' नामक एक विश्वकोश की रचना की थी। 'बृहत्संहिता' के चौदहवें अध्याय में भारतवर्ष के नौ प्रभागों का ब्यौरा दिया गया है। इसमें पूर्वी प्रभाग के अन्तर्गत कोसल, मिथिला, काशी सहित मगध का भी उल्लेख किया गया है।

यूनानी इतिहासकार डियोडोरस के अनुसार मगध के राजधानी नगर 'पालिबोथ्रा' (पाटलिपुत्र) की स्थापना 'हेराकल्स' ने की थी। अलेक्जेंडर कनिंघम के अनुसार 'हेराकल्स' से उसका आशय सम्भवत: श्रीकृष्ण के बड़े भाई बलराम से है; लेकिन भारतीय स्रोतों से इस बात की पुष्टि नहीं होती है। कनिंघम लिखते हैं कि वायुपुराण के अनुसार कुसुमपुर या पाटलिपुत्र नगर की स्थापना बुद्ध के समकालीन अजातशत्रु के पौत्र उदयाश्व ने की थी, परन्तु 'महावंश' के अनुसार उदयिन अजातशत्रु का पुत्र था। विभिन्न स्रोतों से प्राप्त तथ्यों का समाहार करते हुए कनिंघम ने कहा है कि पाटलिपुत्र नगर का निर्माण-कार्य अजातशत्रु के राज्यकाल में आरम्भ हुआ था, जो उदय के राज्यकाल में 450 ई.पू. में पूरा हुआ।[6]

यूनानी भूगोलवेत्ता एवं इतिहासकार स्ट्रेबो (63 ई.पू.-23 ई.), रोमन भूगोलवेत्ता प्लिनी (23-79 ई.) और यूनानी इतिहासकार एरियन (92.-175 ई.) के मतानुसार प्राचीन काल में पाटलिपुत्र के लोगों को 'प्राशी' कहा जाता था। इसको आधुनिक लेखकों ने प्राय: संस्कृत शब्द 'प्राच्य' अर्थात् 'पूर्वी' के साथ समीकृत किया है। लेकिन कनिंघम के अनुसार 'प्राशी' शब्द 'पलाश्य' या 'पराश्य' का ग्रीक रूपान्तर

है, जिसका अर्थ है—पलाश या पराश के लोग। कनिंघम कहते हैं कि पलाश या पराश ही मगध की राजधानी पालिबोथ्रा का वास्तविक और प्रचलित नाम था। मगध की राजधानी को यह नाम सम्भवतः पलाश के फूलों के आधार पर मिला है, जो ह्वेनत्सांग की मगध-यात्रा के समय तक उस प्रदेश में प्रचुरता से उत्पन्न होता था।''[7] यह अकारण नहीं है कि अथर्ववेद, जिसकी रचना मगध में हुई थी, में भी पलाश को उत्तम वृक्ष बताते हुए उसकी स्तुति की गई है।[8] ह्वेनत्सांग ने पाटलिपुत्र को 'पुष्पपुर' या 'कुसुमपुर' कहा है; और कालिदास की नाट्य-कृतियों में भी पाटलिपुत्र नगर को 'पुष्पपुर' कहा गया है। सम्भवतः प्राचीनकाल में फूलों और फुलवारियों की बहुतायत के कारण पाटलिपुत्र नगर को पुष्पपुर और कुसुमपुर कहा जाता था।

पाँचवीं सदी ई. में भारत आए चीनी धर्मयात्री फाहियान के यात्रा-विवरण से पता चलता है कि उस समय अशोक का राजभवन नष्ट हो चुका था, लेकिन पाटलिपुत्र नगर अच्छी स्थिति में था। वह लिखता है कि मगध देश के नगर मध्य-भारत के अन्य राज्यों की तुलना में बड़े हैं; और यहाँ के लोग सम्पन्न हैं। फिर सातवीं सदी ई. में भारत आए एक अन्य चीनी धर्मयात्री ह्वेनत्सांग अपने यात्रा-विवरण में कहता है कि ''कुसुमपुर (पाटलिपुत्र) नगर बहुत पहले ही उजड़ चुका था, केवल दीवारें बची हुई थीं।'' ह्वेनत्सांग के समय मौर्यों के राजधानी नगर पाटलिपुत्र के खँडहर 12 से 14 मील की परिधि में फैले हुए थे। ह्वेनत्सांग के अनुसार उसकी यात्रा के समय मगध का विस्तार लगभग 833 मील (5000 ली) तक था। उसके उत्तर में गंगा नदी, पश्चिम में वाराणसी, पूर्व में हिरण्य पर्वत (मुंगेर) और दक्षिण में कर्ण-सुवर्ण या सिंहभूम था।[9] ह्वेनत्सांग के यात्रा-विवरण 'सियुकि' के अनुसार सातवीं सदी ई. में उसकी यात्रा के समय तक मगध का गया नगर भी उजाड़ हो चुका था। वह कहता है कि ''यह नगर प्राकृतिक रूप से सबल (यानी पथरीला) है, जहाँ कुछ ही लोग निवास कर रहे हैं। यहाँ ब्राह्मणों के लगभग 1000 परिवार आबाद हैं।''

व्रात्य और मगध

अथर्ववेद की व्रात्य-ऋचा में मागधों का 'व्रात्य' के रूप में उल्लेख है। आर्य होते हुए भी आर्य संस्कृति की मान्य परिधि से बाहर रहने के कारण मागधों को 'व्रात्य' समझा जाता था। व्रात्य का अर्थ है—संस्कार-भ्रष्ट या मिश्रित जाति। वैदिक धर्म में पूर्णतः दीक्षित न होने के कारण ही ब्राह्मण-साहित्य में मगधवासियों के प्रति उपेक्षा का भाव देखने को मिलता है। परम्परागत वैदिक धर्म को चुनौती देने के कारण क्षत्रियों के इक्ष्वाकु वंश में उत्पन्न किन्तु मगध के केन्द्रीय भाग में स्थित बोधगया में बुद्धत्व प्राप्त करनेवाले महात्मा बुद्ध को भी तत्कालीन ब्राह्मण-ग्रंथों में 'व्रात्य क्षत्रिय' कहा गया है।

श्रमण संस्कृति में व्रत धारण करने के कारण भी श्रमणों को व्रात्य कहा गया है। जैन-निर्ग्रन्थ भी व्रात्य थे। वे वेदों को प्रमाण नहीं मानते थे। वे याग-यज्ञ और पशु-हिंसा का विरोध करते थे। तपस्या से आत्मशोधन में विश्वास करते थे। इसीलिए उनको व्रात्य कहा गया है। मगध प्रदेश व्रात्यों की साधनाभूमि था। जैन अनुश्रुतियों के अनुसार जैनों के चौबीस तीर्थंकरों में से बीस का निर्वाण यहीं हुआ था। इससे स्पष्ट है कि वैदिक याग-यज्ञों को अमान्य कर व्रत और तपस्या पर बल देनेवाले व्रात्यों का पीठस्थान मगध था। इसलिए अथर्ववेद में व्रात्यों का प्रियधाम प्राची दिशा को कहा गया है और मागधों को उनका मित्र बताया गया है। (अथर्ववेद, 15/2/1-5) लाट्यायन श्रौतसूत्र (8/6/28) और कात्यायन श्रौतसूत्र (22/4/22) में इस बात का उल्लेख है कि व्रात्य धन या तो पतित ब्राह्मण को दिया जाए या मगध के ब्राह्मण को दिया जाए। इससे स्पष्ट है कि मागध-ब्राह्मण लोग अवैदिक-श्रमण विचारधारा से बहुत जल्दी प्रभावित हो जाते थे; और वैदिक याग-यज्ञ को बहुत आसानी से त्याग देते थे। प्राचीन जैन-ग्रन्थों में इसका उल्लेख है कि मगध के अनेक ब्राह्मणों ने जैन धर्म को स्वीकार किया। महावीर के प्रथम शिष्य और प्रमुख गणधर इन्द्रभूति गौतम मागध-ब्राह्मण ही थे।

व्रात उन लड़ाकू जातियों की संज्ञा थी, जिनका आर्यों के साथ संघर्ष होता रहता था और जो लूट-मार करके निर्वाह करती थीं। ऋग्वेद में आर्य योद्धाओं को 'व्रातसाहः' कहा गया है। महाभारत में दार्वाभिसार और दरद् जनपद के निवासियों को व्रात कहा गया है। व्रात्यस्तोम विधान से इन व्रात्यों का आर्यीकरण किया जाता था और उन्हें उपयुक्त वर्णों में समाहित कर लिया जाता था।

पंचविंश-ब्राह्मण (17/4) में व्रात्यों का विस्तृत वर्णन है। उसमें कहा गया है कि वे अदीक्षित होते हुए भी 'दीक्षितावाच्' बोल सकते थे। वे कठिन शब्दों का सुगम उच्चारण भी करते थे। प्राकृत में संयुक्त वर्णों का जो सरलीकरण हो गया था, संभवतः यहाँ उसी की ओर संकेत किया गया है। तैत्तिरीय-ब्राह्मण (3/4/1/1) में उल्लेख है कि मगध के लोग अपनी तेज आवाज के लिए प्रसिद्ध थे। ऐतरेय आरण्यक में उन्हें गायक बताया गया है, इसीलिए बाद में 'मागध' शब्द का अर्थ ही हो गया--गवैय्या। ब्रह्मपुराण में उल्लेख है कि एक मागध (चारण) द्वारा सम्राट पृथु की प्रशंसा में गाये गए गान से पृथु इतने प्रसन्न हुए कि उन्होंने उस मागध को मगध-प्रदेश दान में दे दिया। मनुस्मृति में मागधों को भ्रमणशील गायक और वाणिज्य-व्यापार में संलग्न कहा गया है। हालाँकि, 'पंचविंश-ब्राह्मण' में कहा गया है कि वे कृषि या वाणिज्य नहीं करते थे; और घुमंतू जीवन व्यतीत करते थे (व्रतति अटति इति व्रात्यः)। मनुस्मृति (10/22, 47) तथा गौतमधर्मशास्त्र (4/17)

में 'मागध' का अर्थ मगध का निवासी नहीं, बल्कि वैश्य जाति के पुरुष और क्षत्रिय जाति की स्त्री से उत्पन्न वर्णसंकर बताया गया है। उनमें लिच्छवियों तथा मल्लों को राजन्य व्रात्यों की संतान बताया गया है। मनु ने संस्कारहीन मनुष्यों के लिए कई बार 'व्रात्य' शब्द का प्रयोग किया है। इन बातों से स्पष्ट है कि मगध के व्रात्य जन वैदिक-संस्कारों से रहित थे और उन्हें धीरे-धीरे आर्य-संस्कृति में दीक्षित करने का प्रयत्न किया जा रहा था।

मागधों के प्रति घृणा

ऋग्वैदिक-आर्य मगध और यहाँ के निवासियों से इतना चिढ़ते थे कि हमेशा उनको क्षति पहुँचाने का प्रयास करते रहते थे। अथर्ववेद (5/22/14) के अनुसार आर्यों द्वारा 'ज्वर' (बीमारियों) को उत्तर में गन्धार और पूरब में अंग एवं मगध भेजा गया था। दरअसल, घृणा का भाव जब बहुत गहरा हो जाता है तब व्यक्ति अपने शत्रु को येन-केन-प्रकारेण मार डालना चाहता है या उन्हें सरापता रहता है। मगध के प्रति वैदिक आर्यों की घृणा का स्तर कुछ ऐसा ही है। चूँकि शक्तिशाली मागधों को प्रत्यक्ष युद्ध में हरा पाना सम्भव नहीं है, इसलिए वैदिक आर्य ऐसा सोचते हैं कि मगध, अंग आदि के लोग बीमारियों से ग्रस्त होकर मर जाएँ। अथर्ववेद के सन्दर्भित प्रसंग में दरअसल यही भाव व्यक्त हुआ है। यजुर्वेद में पुरुषमेध (पुरुषों की बलि दिए जानेवाला यज्ञ) के लिए उपयुक्त जातियों की एक तालिका दी गई है। इस तालिका में कुछ 'अतिक्रुष्ट' (हल्ला करनेवाली) जातियों का उल्लेख है; और उसमें मागध जाति भी सम्मिलित हैं। यानी मागधों को नरबलि के योग्य समझा जाता था।

मनुस्मृति में करीब छह दर्जन जातियों की और ब्रह्मवैवर्त पुराण में सौ से अधिक जातियों की उत्पत्ति अन्तर्जातीय रक्त-मिश्रण से बताई गई है। आरम्भ में उच्च वर्ण के लोग अपने से निम्नतर वर्ण की स्त्रियों के साथ विवाह करने के लिए स्वतन्त्र थे। ब्राह्मण-ग्रन्थों और उपनिषदों में पिता के वर्ण के अनुसार ही पुत्र का वर्ण निर्धारित होता था, माता चाहे किसी वर्ण की हो। 'ऐतरेय ब्राह्मण' में कवष को दासी-पुत्र होने के बावजूद ब्राह्मण बताया गया है। जाबाला नामक दासी के पुत्र सत्यकाम को, जिसके पिता का कोई अता-पता न था, हारीतद्रुम ने ब्राह्मण रूप में अपना शिष्य स्वीकार किया था। यह कथा छान्दोग्य उपनिषद में वर्णित है।

सत्यकाम जाबाल की कथा

सत्यकाम नामक एक बालक विद्या अध्ययन के लिए ऋषि हारीतद्रुम के आश्रम पहुँचा। ऋषि ने उसका परिचय पूछा। परन्तु वह बालक अपने पिता का नाम नहीं जानता था। वह लौटकर अपनी माता के पास आया और पूछा कि 'माँ बताओ, मेरे पिता कौन हैं?' उसकी माता चिन्ता

में पड़ गई। फिर उसने सच-सच बता दिया कि—"मैं अपनी युवावस्था में आश्रमों में विभिन्न ऋषियों की सेवा करती थी। उन्ही दिनों उन ऋषियों के संसर्ग से तुम उत्पन्न हुए। अत: मेरे लिए यह बता पाना सम्भव नहीं है कि उनमें से तुम्हारे पिता कौन हैं।" सत्यकाम सत्यवादी था। उसने आचार्य के पास पहुँचकर अपनी माता द्वारा कही गई पूरी बात बता दी। हारीतद्रुम उस बालक की सत्यवादिता से बहुत प्रसन्न हुए। उन्होंने यह मानकर कि कोई ब्राह्मण-पुत्र ही ऐसा सत्यवादी हो सकता है, जाबाल को अपना शिष्य बना लिया। वह बालक आगे चलकर 'सत्यकाम जाबाल' के नाम से प्रसिद्ध हुआ।

शुरू में अन्तर्जातीय विवाह अनुमन्य थे; और ऐसे विवाह से उत्पन्न सन्तान को पिता के वर्ण का ही माना जाता था। परन्तु स्मृतियों (धर्मशास्त्रों) एवं गृह्यसूत्रों के काल तक आते-आते अनुलोम एवं प्रतिलोम विवाहों के आधार पर मिश्रित जातियों के उद्भव की धारणा दृढ़ होने लगी।

धर्मसूत्रकारों में बौधायन (छठी सदी ई. पू.) का नाम अग्रगण्य है। उनके धर्मसूत्र में आर्यावर्त की भौगोलिक सीमा निर्धारित करते हुए कहा गया है कि "विनशन (जहाँ सरस्वती नदी अदृश्य हुई थी) के पूर्व, कालकवन के पश्चिम, हिमालय के दक्षिण और परियात्र के उत्तर में आर्यावर्त स्थित है।" बौधायन के समय में आर्येतर प्रदेशों में आर्य संस्कृति का विस्तार हुआ। बौधायन ने अवन्ति (मालवा), अंग (उत्तर-पूर्वी बिहार), मगध (दक्षिणी बिहार), सुराष्ट्र (गुजरात), दक्षिणापथ, उपावृत्त, सिन्ध और सौवीर (दक्षिणी पंजाब) के निवासियों को 'मिश्रित जाति' (संकीर्णयोनि) का बताते हुए उनकी निन्दा की है।[10] बौधायन की टिप्पणी से पता चलता है कि वर्णसंकर जातियाँ आर्यावर्त की मुख्यभूमि के चारों ओर की बाहरी पट्टी में रहती थीं।

हिन्दुओं की सामाजिक संस्थाओं, परस्पर क्रिया-व्यवहार और धार्मिक कर्मकाण्ड सम्बन्धी नियमों के विवरण देनेवाले ग्रन्थों को 'धर्मसूत्र' कहा गया है। उनमें निम्न जाति की स्त्री के साथ उच्च जाति के पुरुष के विवाह को 'अनुलोम विवाह' और उच्च जाति की स्त्री के साथ निम्न जाति के पुरुष के विवाह को 'प्रतिलोम विवाह' कहा गया है। यद्यपि उन ग्रन्थों में उच्च वर्ण के पुरुषों को निम्न वर्ण की स्त्रियों से विवाह करने की अनुमति दी गई है, तथापि उच्च वर्ण की स्त्रियों के साथ निम्न वर्ण के पुरुषों के विवाह को निन्दनीय माना गया है।

अनुलोम एवं प्रतिलोम विवाह के परिणामस्वरूप उत्पन्न होनेवाले सन्तान को वर्णसंकर और मिश्रित जाति का बताया गया है। ऐसा कहकर प्रतिलोम विवाह की प्रवृत्ति को हतोत्साहित करने का प्रयास किया गया। प्राचीन भारतीय विधिग्रन्थों में लगभग एक दर्जन वर्णसंकर जातियों की उत्पत्ति का विवरण दिया गया है।

क्र.	पिता का वर्ण	माता का वर्ण	वर्णसंकर सन्तान की जाति	जिस धर्मसूत्र में उक्त वर्णसंकर जाति का उल्लेख है
1	शूद्र	क्षत्रिय	क्षतृ	बौधायन धर्मसूत्र
2	शूद्र	वैश्य	मागध	बौधायन धर्मसूत्र
3	शूद्र	ब्राह्मण	चाण्डाल	बौधायन धर्मसूत्र, वशिष्ठ धर्मसूत्र
4	ब्राह्मण	शूद्र	पारशव, निषाद	बौधायन धर्मसूत्र, गौतम धर्मसूत्र
5	क्षत्रिय	शूद्र	यवन, उग्र	बौधायन धर्मसूत्र, गौतम धर्मसूत्र
6	वैश्य	शूद्र	करन, रथकार, सूत	बौधायन धर्मसूत्र, गौतम धर्मसूत्र
7	निषाद	शूद्र	पुल्कस	बौधायन धर्मसूत्र
8	शूद्र	निषाद	कुक्कुटक	बौधायन धर्मसूत्र
9	ब्राह्मण	वैश्य	अम्बष्ठ	-

'महाभारत' के अनुशासनपर्व अध्याय में पन्द्रह पुरानी संकर जातियों का उल्लेख करते हुए, चार नई संकर जातियों के नाम गिनाए गए हैं।

क्रम	पिता का वर्ण	माता का वर्ण	वर्णसंकर सन्तान की जाति	जिस ग्रन्थ में उक्त वर्णसंकर जाति का उल्लेख है।
1	**ब्राह्मण**	मागध	मंस	महाभारत
2	**क्षत्रिय**	मागध	स्वादुकार	महाभारत
3	**वैश्य**	मागध	क्षौद्र	महाभारत
4	**शूद्र**	मागध	सौगन्ध	महाभारत

धर्मसूत्रों में शूद्र पिता और क्षत्रिय माता से उत्पन्न सन्तान को 'क्षतृ', जबकि शूद्र **पिता और वैश्य माता से उत्पन्न सन्तान** को मागध कहा गया। जबकि 'महाभारत' **के अनुशासन पर्व के अनुसार, मागध माता और** क्रमशः **ब्राह्मण**, क्षत्रिय, वैश्य **एवं शूद्र वर्ण के पिता से उत्पन्न सन्तान को मंस, स्वादुकार, क्षौद्र और सौगन्ध** कहा गया **है। महाभारत में 'व्रात्य' का उल्लेख अपने कर्मों से च्युत द्विजों के** रूप

में ही नहीं किया गया है, बल्कि क्षत्रिय स्त्री और शूद्र पुरुष से उत्पन्न सन्तान को भी व्रात्य कहा गया है; और उसको चाण्डालों की श्रेणी में रखा गया है। इस प्रकार प्रतिलोम विवाह से उत्पन्न होनेवाली जिस वर्णसंकर जाति को बौधायन धर्मसूत्र में 'क्षतृ' कहा गया है, उसको महाभारत में 'व्रात्य' कहा गया है। महाभारत में वैश्य माता और शूद्र पिता से उत्पन्न सन्तान को 'वैद्य' कहा गया है, जबकि बौधायन धर्मसूत्र में ऐसे वर्णसंकर सन्तान को 'मागध' कहा गया है।

अमरसिंह कृत 'अमरकोश' में 'माहिष' नामक एक नई जाति का उल्लेख किया गया है। यहाँ वैश्य माता और क्षत्रिय पिता से उत्पन्न सन्तान को माहिष कहा गया है। अमरकोश में वर्णसंकरों और अस्पृश्यों को शूद्र जाति का ही अंग माना गया है। इस ग्रन्थ में शूद्र वर्ग में दस संकर जातियों की गणना की गई है—करण, अम्बष्ठ, उदग्र (उग्र), मागध, माहिष, क्षतृ, सूत, वैदेहक, रथकार और चाण्डाल।

प्राचीन भारत में जातियों का परस्पर-मिश्रण एक स्वाभाविक क्रिया रही है। 'महाभारत' और पुराणों में वर्णित ब्राह्मण या क्षत्रिय और नाग या शूद्र या दास जातियों के परस्पर विवाह की कथाओं से इसकी पुष्टि होती है। ब्राह्मण कवि राजशेखर ने चौहान कन्या अवन्तिसुन्दरी से विवाह किया था। कुछ आर्यों को अवश्य ही अपने वर्ण का अभिमान था; और काले दासों या अनार्यों के संसर्ग से दूषित होने से बचने के लिए परवर्ती काल में उन्होंने अपनी जाति में ही विवाह करने की प्रथा शुरू की। फिर भी 'ब्राह्मण ग्रन्थों' में गौर-वर्णवाले ब्राह्मणों की अपेक्षा बुद्धिमान और प्रतिभाशाली कृष्णवर्णवाले ब्राह्मणों का उल्लेख अधिक मिलता है।

भारतवर्ष में कोई भी जाति रक्त-शुद्धता का दावा नहीं कर सकती। भारत की सामाजिक संरचना के ताने-बाने में अनेक मानव-परिवार प्राचीन काल से ही परस्पर घुले-मिले थे। उपनिवेश-विजय, व्यापार, धार्मिक यात्रा, सामाजिक सम्बन्ध आदि कारणों से भारत की विभिन्न जातियाँ एक-दूसरे के सम्पर्क में आईं; और जातीय प्रतिबन्धों एवं वर्जनाओं के बावजूद उनके रक्त का प्रचुर मिश्रण हुआ। महाभारतकाल तक आते-आते जाति-मिश्रण का एक दौर पूरा हो चुका था। इसके बाद शुद्ध जाति का पता लगाना बहुत मुश्किल था।

अनार्य भाषा, जाति एवं सामाजिक दृष्टिकोण का सामूहिक रूप से आर्यीकरण होने के साथ-साथ अनार्य सरदारों को क्षत्रिय वर्ण में और उनके पुरोहितों को ब्राह्मण वर्ण में सम्मिलित कर लिया गया। ज्यों-ज्यों यह आर्यीकरण पुराना होता गया त्यों-त्यों उन उच्च वर्णों के साथ अनार्यों का एकीकरण पूर्ण होता गया। डॉ. सुनीति कुमार चटर्जी के अनुसार कुछ बाहरी जातियाँ भी परवर्ती युगों में उच्च वर्णों में सम्मिलित कर ली गईं; जैसे 'शाकद्वीपीय' कहलानेवाले ब्राह्मण। ये ईसा की

प्रारम्भिक शताब्दियों में आए हुए 'शक' थे, जो शकद्वीप या शकस्थान से आए थे। ये 'मिहिर-पूजक' ईरानी पुरोहित थे; और इन्होंने प्राचीन आर्यों की सूर्य-पूजा को पुनः प्रतिष्ठित किया था।[11]

अनुलोम एवं प्रतिलोम विवाह और उससे विकसित वर्णसंकरत्व भारत में जातियों के प्रचुरोद्‌भव का सबसे बड़ा कारण रहा है। प्राचीन भारतीय विधिग्रन्थों में प्रतिलोम विवाह को हतोत्साहित करने के लिए मिश्रित जातियों को अस्पृश्य जातियों की श्रेणी में रखा गया था। परन्तु यदि इस अवधारणा को वर्तमान की कसौटी पर कसें तो इसका एक अलग रूप दिखाई देगा। जहाँ स्त्रियाँ स्वतन्त्र होकर अपना पेशा चुनती हैं, वैसे प्रगतिशील शहरी सम्भ्रान्त लोगों के बीच में अन्तर्जातीय विवाह विरल नहीं है। ऐसे अन्तर्जातीय विवाहों से अब किसी नई जाति का निर्माण नहीं होता, बल्कि सीमित स्तर पर ही सही, स्थापित जाति-व्यवस्था में दरार पड़ती है।

मगध के प्रति दुर्भाव

हिन्दुओं की पारिवारिक कर्मकाण्ड सम्बन्धी शास्त्रीय नियमावली को 'गृह्यसूत्र' कहा गया है। इनकी रचना धर्मसूत्रों से पहले हुई थी। गृह्यसूत्रों में कहीं भी शूद्रों को दीक्षा-संस्कार से वंचित रखने की बात नहीं कही गई थी, परन्तु 'आपस्तम्ब धर्मसूत्र' में शूद्रों को उपनयन और वेदों के अध्ययन की अनुमति नहीं दी गई। उसमें यहाँ तक कहा गया कि यदि वेदपाठ करते समय वहाँ कोई शूद्र, विशेषकर चाण्डाल आ जाए, तो वेद-पाठ रोक देना चाहिए। 'शांखायन गृह्यसूत्र' में भी यही बात कही गई है। 'आपस्तम्ब धर्मसूत्र' में स्त्रियों और शूद्रों को अथर्ववेद के परिशिष्ट के अध्ययन की अनुमति दी गई है। अथर्ववेद के परिशिष्ट में नृत्य, संगीत, कला और दैनिक जीवन से सम्बन्धित विद्याओं का परिचय दिया गया है।

भारतीय परम्परा में 'वेद' को विधि और धर्म का मूल स्रोत माना गया है। वशिष्ठ का मत है कि शूद्र धर्म-सम्बन्धी कोई भी विषय जानने के पात्र नहीं हैं। गौतम का मत है कि यदि कोई शूद्र वेद की ऋचाओं का पाठ करे तो उसकी जीभ काट लेनी चाहिए; और यदि ऋचाओं को याद कर ले तो उसके शरीर के दो टुकड़े कर देने चाहिए। इस प्रकार के कठोर प्रतिबन्ध का उद्‌देश्य मात्र इतना रहा होगा कि शूद्रों को उस विधि से एकदम अपरिचित रखा जाए, जिसके द्वारा वे शासित होते हैं।

'बौधायन धर्मसूत्र' (1/1/2) में मगध सहित कुछ अन्य प्रदेशों के लोगों को वर्णसंकर होने के कारण अपवित्र और हेय बताया गया है। दरअसल, सप्तसिन्धु प्रदेश के बाहर जहाँ कहीं भी आर्यों को अपने धर्म एवं संस्कृति के विरुद्ध किसी

प्रकार का विरोधी स्वर सुनाई पड़ा, उस क्षेत्र की उन्होंने भरपूर निन्दा की है। वायुपुराण में भी मगध और अंग को निन्दनीय स्थान माना गया है।

पहली नज़र में 'मागध' एक स्थानवाची शब्द है; और उसका सामान्य अर्थ 'मगध का निवासी' होता है। परन्तु स्मृति-ग्रन्थों में शूद्र पिता और वैश्य माता से उत्पन्न सन्तान को 'मागध' कहा गया है। स्मृतिग्रन्थों की परिभाषा के अनुसार 'मागध' मिश्रित रक्त-सम्बन्ध वाली एक वर्णसंकर जाति है। वैदिक साहित्य के अध्ययन से ऐसा प्रतीत होता है कि वैदिक आर्यों ने मगध और उसके निवासियों को अपमानित करने का कोई भी अवसर अपने हाथ से जाने नहीं दिया है।

आरम्भ में 'मागध' शब्द का अर्थ 'राजवंशों का स्तुतिपाठक'[12], 'चारण' या 'भाट' था, लेकिन बाद में इसका एक अन्य अर्थ 'व्यापारी' भी प्रचलित हो गया। मगध 'सार्वभौम राजतन्त्र' और साम्राज्य की परिकल्पना को साकार करके राष्ट्र की जयगाथा लिखनेवाला 'आदि चारण' तो है ही, अपनी रत्नगर्भा धरती की कोख में छिपे बहुमूल्य धातुओं का 'पुरातन व्यापारी' भी है।

कालिदास की दृष्टि में मगध

कालिदास ने 'रघुवंश' महाकाव्य के छठे सर्ग में विदर्भ की राजकुमारी इन्दुमति के स्वयंवर का वर्णन किया है। स्वयंवर के दौरान राजवंशों की कथा जाननेवाली रनिवास की प्रतिहारी सुनन्दा राजकुमारी इन्दुमती को सबसे पहले मगध-नरेश के सामने ले जाती है। फिर उनका परिचय देती हुई कहती है—''ये राजा बड़े पराक्रमी हैं और अपनी शरण में आनेवाले की सदा रक्षा करते हैं। अपनी प्रजा को सुख देकर इन्होंने बहुत यश अर्जित किया है। इनका नाम परन्तप है और ये व्यवहार में भी 'परन्तप' (यानी शत्रुओं को ताप देनेवाले) हैं।'' वह आगे कहती है—''जैसे तारों, ग्रहों और नक्षत्रों से भरी होने के बावजूद रात को चाँदनी-रात तभी कहते हैं जब चन्द्रमा खिला हुआ हो, ठीक वैसे ही यद्यपि इस संसार में हजारों राजा हैं, तथापि इनके रहने के कारण ही यह पृथ्वी राजवन्ती (राजा-वाली) कहलाती है। इन्होंने यज्ञ पर यज्ञ करके इन्द्र को अपने यहाँ आमन्त्रित कर इतना बिठाए रखा कि इन्द्राणी के सिर की चोटी कल्पवृक्ष के फूलों का श्रृंगार न होने से पीले गालों पर झूलने लगी। (यानी इन्द्र प्राय: मगधराज के यज्ञ में बैठे रहते थे। उधर इन्द्रलोक में पति के पास नहीं रहने के कारण इन्द्राणी ने श्रृंगार करना ही छोड़ दिया था।)'' फिर सुनन्दा ने यह कहा कि—''यदि तुम इनके साथ विवाह करना चाहो तो अवश्य कर लो क्योंकि विवाह करके जब तुम इनके साथ इनकी राजधानी पुष्पपुर (पाटलिपुत्र) पहुँचोगी तब झरोखों में बैठी वहाँ की स्त्रियों को तुम्हारी सुन्दरता देखकर बहुत सुख मिलेगा।''

इन्दुमति स्वयंवर-प्रकरण में भारत के विभिन्न भागों के राजाओं के ऐश्वर्य का बखान किया गया है। परन्तु उस स्वयंवर-सभा में पधारे मगध-नरेश परन्तप के अतिरिक्त किसी अन्य राजा को कोई विशिष्ट उपमा नहीं दी गई है। उस प्रकरण में 'नक्षत्र तारा ग्रह संकुलैपि, ज्योतिष्मती चन्द्रमसैव रात्रौ' के साथ 'राजन्वतीम् आहु अनेन भूमिम्' कहकर मगध-नरेश को राजाओं का सिरमौर कहा गया है।

सन्दर्भ एवं टिप्पणी

1. कीकटेषु गया पुण्या पुण्यं राजगृहं वनम्। (वायुपुराण 108/73)
2. तत्र देशे गया नाम पुण्यदेशोस्ति विश्रुतः। नदी च कर्णदा नाम पितृणां स्वर्गदायिनी।। (वृहद्धर्मपुराण 26/47।)
3. वाल्मीकीय रामायण, किष्किन्धा काण्ड, सर्ग सं. 40
4. पातु रहोसि मगधेसु पुव्वे धम्मो असुद्धो समलेहि चित्तितो। (महावग्ग)
5. च्यवन का आश्रम मगध क्षेत्र में देवकुण्ड के पास स्थित था। देवकुण्ड अब देवकुर के नाम से जाना जाता है। यह महाकवि बाणभट्ट का जन्मस्थान भी है। यह बिहार के औरंगाबाद जिले में स्थित है।
6. "Diodorus attributes the foundation of the city to Herakles, by whom he may perhaps mean Bala-Rama, the brother of Krishna, but this early origin is not countenanced by the native authorities. According to the Vayu Purana the city of Kusumpuṛa or Pataliputra was founded by Raja Udayaswa, the grandson of Ajatasatru, who was the well-known contemporary of Buddha; but the 'Mahawanso', makes Udaya the son of Ajatasatru. ..... I conclude that the building of the city of Pataliputra was actually begun in the reign of Ajatasatru, but was not finished until the reign of his son, or grandson, Udaya, about B.C. 450." Alexander Cunningham, The Ancient Geography of India, Page 382, Indological Book House, Varanasi; 1963
7. "Strabo and Pliny agree with Arrian in calling the people of Palibothra by the name of Prasii, which modern writers have unanimously referred to the Sanskrit 'prachya' or eastern. But it seems to me that 'Prasii' is only the Greek form of 'Palasiya' or 'Parasiya', a 'man of Palasa' or 'Parasa', which is an actual and well-known name of Magadha, of which Palibothra was the capital. It obtained this name from the 'Palasa', or Butea frondosa, which still grows as luxuriantly in the province as in the time of Hwen Thsang. The common form of the name is Paras, or when quickly pronounced Pras, which I take to be the true original of the Greek Prasii." Alexander Cunningham, The Ancient Geography of India, Page 382-383; Indological Book House, Varanasi; 1963
8. अथर्ववेद के काण्ड 6 के सूक्त 15 का हिन्दी भावानुवाद : "हे सोमपर्णोत्पन्न पलाश! तुम औषधियों में श्रेष्ठ हो। अन्य वृक्ष तुम्हारे सेवक हैं। जो हमें क्षीण करना चाहता है, वह शत्रु तुम्हारी कृपा से स्वयं क्षीण हो जाए। (1) जो सगोत्र या अन्य गोत्रवाला शत्रु हमें क्षीण करना चाहता है, उन दोनों प्रकार के शत्रुओं की तुलना में हम पलाश के समान श्रेष्ठ हों। (2) जैसे पलाश उत्तम माना जाता है, जैसे अन्य ओषधियों की अपेक्षा सोम को पुरोडाश (यज्ञ में दी जानेवाली आहुति) आदि में प्रयुक्त किया जाता है, वैसे ही सगोत्रियों में हम श्रेष्ठ हों।

9. A. Cunningham, The Ancient Geography of India, Page 383; Indological Book House, Varanasi; 1963

10. अवन्तयोऽङ्गमगधा: सुराष्ट्रा दक्षिणापथा:।
उपावृत्सिन्धु सौवीरा एते संकीर्णयोनय:।। (बौधायन धर्मसूत्र; 1/1/2)

11. सुनीति कुमार चटर्जी, 'भारतीय आर्यभाषा और हिन्दी', पृ. 19-20; राजकमल प्रकाशन, नई दिल्ली, 2004 ई.।

12. मगध का एक अर्थ 'स्तुतिपाठ करनेवाला' है। ''मगध्यन्ते इति मगधा:। मगध याञ्चायाम्।'' 'अष्टाध्यायी' के धातुपाठ में इसका एक अर्थ दिया गया है : ''मगध् परिवेष्टने, नीचादास्ये इति अन्ये।'' इससे प्रतीत होता है कि 'मगध्' धातु का नीचादास्यात्मक अर्थ उस देश में याचना करनेवाले तथा वंश-स्तुति गानेवाले लोगों के आधार पर निश्चित किया गया होगा। ('राजवाड़े लेख-संग्रह', सम्पादक : लक्ष्मण शास्त्री जोशी, हिन्दी अनुवादक : वसन्त देव; पृ. 102-103; साहित्य अकादेमी, नई दिल्ली की ओर से शिवलाल अग्रवाल एंड कम्पनी प्रा. लि., आगरा; 1964 ई.।)

अध्याय 3

मगध महाजनपद

राज्याधारित राज

ऋग्वैदिक समाज एक 'वंश समाज' (कबीलाई समाज) था, जबकि उत्तरवैदिक समाज राज्याधारित राजों (किंग्डम्स) वाला समाज था। एक ऐसा समूह जिसका कोई एक पूर्वज रहा हो, वंश कहलाता है। वंश कई छोटे-छोटे समूहों में बँटा होता था। कई सगोत्री समूहों को मिलाकर एक कुल बनता था।

बौद्ध-ग्रन्थ दीघनिकाय के 'अटानटिय-सुत्त' के अनुसार कुरु देश में ऐसे लोग रहते थे, जो न तो किसी वस्तु को अपना कहते थे और न ही किसी स्त्री को अपनी सम्पत्ति मानते थे। वहाँ निजी सम्पत्ति की भावना का विकास नहीं हुआ था; और मुक्त यौनाचार प्रचलित था। पुराणों में भी कहा गया है कि प्राचीन काल में विवाह संस्था का अभाव था और बच्चे सम्भोग की इच्छा के कारण पैदा होते थे। महाभारत के 'शान्तिपर्व' के अनुसार प्राकृतिक अवस्था के आरम्भिक चरण में राज्य नामक संस्था नहीं थी। कौटिल्य के अनुसार वैराज्य कहे जानेवाले कुछ देशों में राजपद था ही नहीं। यानी जब निजी सम्पत्ति नहीं थी, तब राजा भी नहीं होते थे।

कृषि-कौशल के विकास के बाद मनुष्य अपनी आवश्यकता से अधिक उत्पादन करने में समर्थ हुआ। खेत आपस में बाँट लिए गए और उनकी मेड़बन्दी शुरू हो गई। लेकिन अन्न और खेतों पर कब्जे के लिए छीना-झपटी शुरु हो गई। 'महावस्तु' के अनुसार इस अवस्था में 'महाखत्तिय' (खेत-रक्षक) पद का सृजन हुआ। पुराणों के अनुसार जीवन-निर्वाह के साधनों के जुट जाने के बाद लोगों को चार वर्णों में बाँट दिया गया। 'वायु पुराण' में कहा गया है कि ब्रह्मा ने वर्णाश्रम स्थापित किया, लेकिन लोग स्वधर्म का पालन करने के बदले आपस में झगड़ने लगे। वर्णों के आपसी संघर्ष को रोकने के लिए वे सब मनु के पास गए। तब मनु ने प्रियव्रत और उत्तानपाद नामक दो राजा उत्पन्न किए। दण्ड के बिना अराजकता को रोक पाना सम्भव नहीं था। इसलिए तभी से राजा दण्डधारी होने लगे। दण्ड

(लाठी) शक्ति का प्रतीक है। जिसके पास शक्ति हो उसकी बात सभी को स्वीकार्य होती है। इस प्रकार, विभिन्न ग्रन्थों में राज्य-निर्माण सम्बन्धी अलग-अलग विचार व्यक्त किए गए हैं।

'ऐतरेय ब्राह्मण' के अनुसार देवासुर संग्राम के दौरान असुर विजयी हो रहे थे। सुरों ने विचार करके यह समझ लिया कि उनकी पराजय का मूल कारण उनमें राजा का न होना है। जबकि असुरों का एक राजा था। अत: सुरों ने भी अपने नेतृत्व के लिए सोम को अपना पहला राजा बनाया।

बृहदारण्यक उपनिषद् में राज्य-निर्माण की प्रक्रिया का वर्णन किया गया है। आदिकाल में एकमात्र ब्रह्म ही विद्यमान था। अकेला होने के कारण ब्रह्म विभूतियुक्त (महत्त्वपूर्ण) कार्य करने में असमर्थ था। अत: उसने क्षत्र (राज्य) का निर्माण किया। फिर उसने देवताओं के राजा इन्द्र, जलचरों के राजा वरुण, रोगों के राजा मृत्यु, पशुओं के राजा रुद्र, वर्षा के राजा पर्जन्य, पितरों के राजा यम, प्रकाश के राजा ईशान इत्यादि का सृजन किया।

'शतपथ ब्राह्मण' के अनुसार लोगों में धन-सम्पदा और स्त्रियों को बलपूर्वक छीनने की प्रवृत्ति शुरू होने के बाद देवताओं ने लोगों के संरक्षण के लिए राजा का सृजन किया। अराजक अवस्था में परिवार और सम्पत्ति की सुरक्षा सम्भव नहीं है। अत: लोगों ने राजा की खोज की; और उसके साथ एक अनुबन्ध किया। उन्होंने तय किया कि यदि राजा उनकी धन-सम्पत्ति और स्त्रियों की रक्षा करेगा तो वे बदले में अपनी सम्पत्ति का कुछ भाग उसको दे देंगे। यजुर्वेद के नौवें अध्याय में राज्याभिषेक सम्बन्धी कृत्यों के प्रसंग में उपस्थित जनता के सामने पुरोहित राजा को सम्बोधित करते हुए कहता था-''हे प्रस्तावित राजन्, मैं कृषि के विकास के लिए, धन ऐश्वर्य के लिए, जनकल्याण के लिए और सबके पोषण के लिए तुम्हारा अभिषेक करता हूँ।''

बौद्ध-ग्रन्थ 'दीघनिकाय' के अनुसार इस प्रकार जो व्यक्ति शासक के रूप में चयनित हुआ, उसने क्रमश: तीन उपाधियाँ धारण कीं—महासम्मत, खत्तिय और राजा। सभी लोगों द्वारा चुने जाने के कारण 'महासम्मत' कहलाया, सभी के खेतों का स्वामी होने के कारण 'खत्तिय' कहलाया; और धर्म द्वारा लोगों को आकर्षित करने के कारण 'राजा' कहलाया। अथर्ववेद में कहा गया है कि सबका प्रियपात्र होने के कारण वह राजन्य अर्थात् राजा बना।[1]

वैदिक राजा की उत्पत्ति यज्ञ से मानी गई है। वैदिक काल के आरम्भ में आर्य राजा का मूल कर्तव्य अपने अधीनस्थ जनसमुदाय के प्राण, धन, स्वतन्त्रता और मान-मर्यादा की रक्षा करना था। परन्तु उत्तर-वैदिक काल के बाद राजा का स्वरूप

मात्र वीर योद्धा का नहीं रहा। अब राजाओं से प्रजापालक और प्रजारंजक होने की अपेक्षा की जाने लगी।

गुप्तकाल तक आते-आते राजा को भगवान का अवतार मानने का विचार दृढ़ हो गया। 'शतपथ ब्राह्मण' के अनुसार, जिस व्यक्ति का राज्याभिषेक होता है वह 'होता' (पुरोहित) और विष्णु (देवता) दोनों का स्वरूप एकसाथ धारण कर लेता है। अथर्ववेद में राजा के आसन को 'विष्णुपद' कहा गया है। तैत्तिरीय ब्राह्मण की एक कथा में कहा गया है कि प्रजापति ने इन्द्र को देवताओं का राजा बनाने की इच्छा प्रकट की। राजपद का अधिकारी बनने के लिए इन्द्र ने प्रजापति से उनका तेज प्रदान करने का अनुरोध किया। उस तेज को प्राप्त करने के बाद इन्द्र देवराज बन गया, जबकि वह देवताओं में छोटा था। यजुर्वेद के अनुसार वैदिक आर्यों के प्रथम राजा इन्द्र का राज्याभिषेक सोम द्वारा सम्पन्न किया गया।

जब ब्रह्मा ने मनु वैवस्वत को शासन सँभालने को कहा तो उन्होंने यह कहते हुए इनकार कर दिया कि दुष्ट और झूठे लोगों पर शासन करना कठिन कार्य है। लोगों ने मनु से कहा कि यदि वे राजा का पद ग्रहण कर उनकी रक्षा करें तो बदले में सभी प्रजाजन अपनी आधी पशु-सम्पदा, आधी स्वर्ण-सम्पदा और अपने अन्न-भण्डार का दसवाँ भाग बलि (कर) के रूप में देने को तैयार हैं। इस आश्वासन के बाद मनु ने राजपद स्वीकार कर लिया। वाल्मीकि कृत रामायण में मनु को 'आदि राजा' (अर्थात प्रथम राजा) कहा गया है।[2] कौटिल्य ने भी मनु को मनुष्यों का प्रथम राजा माना है।[3]

वायुपुराण में प्रथम राजा स्वायंभुव मनु को ही वर्ण और सदाचार के नियमों की स्थापना का श्रेय दिया गया है। परन्तु 'शतपथ ब्राह्मण' में पृथु को प्रथम राजा बताया गया है। 'समरांगण सूत्रधार' नामक ग्रन्थ के अनुसार अपने राज्याभिषेक के समय प्रथम राजा पृथु ने घोषणा की कि ''मैं स्वधर्म, वर्णधर्म और आश्रमधर्म की स्थापना करूँगा और राजदण्ड से उन्हें कार्यान्वित करूँगा।'' प्रथम आनुश्रुतिक[4] राजा पृथु के नाम पर ही इस धरती को 'पृथ्वी' कहा गया है।

उत्तर-वैदिक काल में लोगों के पास उतनी ही भूमि थी, जितनी भूमि पर वे अपने परिवार के सदस्यों की मदद से खेती-बाड़ी कर सकते थे। परिजनों की कार्यक्षमता से अधिक भू-सम्पदा को सँभाल पाना सम्भव नहीं था। परन्तु छठी सदी ई.पू. में गंगा घाटी के निचले मैदानों में लोहे के फालयुक्त हलों के प्रयोग के कारण बड़े-बड़े खेत बनाए गए। अब लोगों के पास इतनी अधिक भू-सम्पदा आ गई कि उसको केवल अपने परिजनों की मदद से जोत-बो पाना सम्भव नहीं रहा। यही कारण है कि सबसे पहले बुद्धकाल में समृद्ध परिवारों को खेती के लिए दासों

और श्रमिकों की आवश्यकता महसूस हुई। प्राचीन पालि-ग्रन्थों में ऐसे दो उदाहरण मिलते हैं, जिनसे प्रमाणित होता है कि प्राचीन मगध में दो विशाल कृषि-प्रक्षेत्र (फार्म) विद्यमान थे। इन विशाल कृषि-फार्मों के मालिक अधिकतर ब्राह्मण थे। इन विशाल कृषि-फार्मों पर दासों और मजदूरों के बिना खेती कर पाना सम्भव नहीं था। मौर्यकाल में कृषि को राज्य के नियन्त्रण में ले लिए जाने के कारण कृषि-कार्यों में दासों और मजदूरों को लगाना आवश्यक हो गया।

शूद्र वर्ण के लोगों ने कृषि-श्रमिकों के रूप में कोसल और मगध के जंगलों को कृषि-योग्य बनाने में महत्त्वपूर्ण भूमिका निभाई। कौटिल्य के 'अर्थशास्त्र' में कहा गया है कि नई बस्तियों को आबाद करने और परती भूमि को खेती योग्य बनाने के लिए शूद्र श्रमिक लगाए जाएँ। कृषि-कार्य के अलावा शूद्र वर्ण के लोगों ने शिल्पियों के रूप में विक्रय योग्य वस्तुएँ बनाईं। उन वस्तुओं का व्यापार आरम्भ हुआ। इस प्रक्रिया के कारण कई छोटे-बड़े नगर बसे और क्रमशः विकसित होते गए।

राजनैतिक एकता का सूत्रपात

'ऐतरेय ब्राह्मण' के अनुसार वैदिककाल में आर्यों का फैलाव दूर-दूर तक हो चुका था। ऋग्वैदिक काल में आर्यों का राजनैतिक आधार जनपद नहीं, बल्कि 'जन' था। उत्तर-वैदिक काल में जनपदों का विकास हुआ; और राज्य की कल्पना भौगोलिक आधार पर होने लगी। छठी शताब्दी ई. पू. तक आते-आते राज्य और दृढ़ होने लगे। फलतः कई छोटे-छोटे जनपदों को मिलाकर महाजनपदों ने आकार ग्रहण किया।

छठी शताब्दी ई. पू. में भारतवर्ष (जम्बू द्वीप) तीन मण्डलों, पाँच प्रदेशों और सोलह महाजनपदों में विभक्त था। तीन मण्डलों के नाम थे—महामण्डल, मध्यमण्डल और अन्तमण्डल। जबकि पाँच प्रदेशों के नाम थे—उत्तरापथ, दक्षिणापथ, अपरान्तक, प्राच्य और मध्यम देश। सरस्वती और दृषद्वती नदियों के बीच के प्रदेश को ब्रह्मवर्त कहा जाता था जबकि कुरु, मत्स्य, पंचाल और शूरसेन की समतल भूमि को ब्रह्मर्षिदेश कहा जाता था।

विनयपिटक के अनुसार पूर्व दिशा में कंजंगल (कंकजोल, सन्थाल परगना), अग्निकोण में सलिलावती नदी, दक्षिण में सेतकण्णिक निगम, पश्चिम में थूण (थानेश्वर) नामक ब्राह्मण गाँव और उत्तर में उसीरध्वज पर्वत के बीच के भूभाग को 'मध्यम देश' कहा जाता था। यानी वर्तमान सन्थाल परगना को छोड़कर शेष झारखण्ड प्रदेश को ही बुद्धकाल में मध्यम देश कहा जाता था।

आज के बिहार और झारखण्ड प्रान्त में बुद्धकालीन निम्नलिखित भूभाग पड़ते थे—

क) मगध : दक्षिणी बिहार में गया से पटना तक।

ख) अंगुत्तराप : विनयपिटक के अनुसार अंग के उत्तर में 'अंगुत्तराप' नामक एक छोटा जनपद था। यह मुंगेर के पास बहनेवाली गंगा के उत्तर का भूभाग था। यह पश्चिम में वैशाली से लेकर पूर्व में सहरसा जिले तक फैला था। पूर्व की ओर इसकी सीमा पुण्ड्र (पूर्णियाँ) से लगती थी। अंगुत्तराप जनपद के 'आपण निगम' नामक गाँव में बुद्ध ने एक मास तक प्रवास किया था। 'आपण निगम' सहरसा जिले का बनगाँव नामक स्थान था। बौद्ध ग्रन्थों में वैसे छोटे बाजारों को 'आपण' कहा गया है जहाँ व्यापारियों द्वारा बेचने के लिए सामान्य उपयोग की वस्तुएँ उपलब्ध होती थीं। इन गाँवों में आम, जामुन, केला, ईख, महुआ, मधु, धान आदि खूब होता था।

ग) कंजंगल : सन्थाल परगना में कंकजोल के आसपास का क्षेत्र।

घ) सुह्य : इसमें झारखण्ड प्रान्त के धनबाद, बाकुड़ा और मानभूम जिले सम्मिलित थे।

ङ) पुण्ड्र : यह पूर्वी बिहार के पूर्णियाँ तथा पश्चिम बंगाल के दिनाजपुर, राजशाही, रंगपुर, नदिया, बीरभूम, बर्दमान और मिदनापुर तक फैला हुआ था। पुण्ड्र संस्कृत भाषा का शब्द है, जिसका अर्थ है गन्ना। प्राचीनकाल में उस क्षेत्र में गन्ने का अधिक उत्पादन होता होगा।

च) सेतकण्णिक : यह हजारीबाग जिले के पूर्वी भाग में स्थित था।

छ) प्रत्यन्त प्रदेश : इसके अन्तर्गत झारखण्ड और हजारीबाग जिले का कुछ भाग सम्मिलित थे। इसको सीमान्त देश भी कहा जाता था।

ज) भर्ग : इसका अधिकांश क्षेत्र उत्तर प्रदेश के मिर्जापुर जिले में स्थित था, किन्तु बिहार के शाहाबाद जिले का दक्षिणी पहाड़ी इलाका भी भर्ग के अन्तर्गत था। बुद्धकाल में शाहाबाद को 'करुष' कहा जाता था। भर्ग प्रदेश का उल्लेख 'मज्झिम निकाय' और पाणिनि के 'अष्टाध्यायी' में भी है।

झ) आलवी : यह कोई स्वतन्त्र क्षेत्र न होकर मगध में ही अन्तर्निहित था, लेकिन महत्त्वपूर्ण होने के कारण इसका उल्लेख अलग से मिलता है। 'मज्झिम निकाय' के अनुसार यह बिहार के अरवल जिले से लेकर आरा तक फैला हुआ था।

ञ) अल्लकप्प : इसके अन्तर्गत सारण जिले का भूभाग आता था। यह सरयू नदी से पूरब और मही नदी से पश्चिम गंगा तट तक फैला हुआ था। बुद्धकाल में यहाँ बुली जाति का नियन्त्रण था।

ट) वृज्जि (वज्जि) : यह उत्तरी बिहार में स्थित था।

ठ) पिप्पलीकानन : यह नेपाल की तराइयों में स्थित था। बिहार के पूर्वी एवं पश्चिमी चम्पारण जिले का तीन चौथाई भाग इसमें सम्मिलित था। यहाँ मोरिय जाति के लोगों का प्रभाव था। नाम में कानन शब्द जुड़े होने से स्पष्ट है कि यह क्षेत्र घने वनों से ढका रहा होगा।

ड) विदेह (मिथिला) : बुद्धकाल में मिथिला का क्षेत्रफल सीमित था। इसके अन्तर्गत सीतामढ़ी, दरभंगा, मधुबनी और नेपाल का तराई क्षेत्र सम्मिलित था। उपनिषद-काल में यह क्षेत्र ज्ञान का एक प्रमुख केन्द्र था।

प्राचीन काल में भारतीय जनमानस में सांस्कृतिक एकता का भाव तो था, किन्तु देश में राजनैतिक एकता का अभाव था। भारत में राजनैतिक एकता का सूत्रपात मगध साम्राज्य के गठन के साथ होता है। भारत में एकतन्त्र अपने पूरे तामझाम के साथ सबसे पहले मगध और कोसल में स्थापित हुआ था।

सोलह महाजनपद

बुद्धकालीन भारत में सोलह महत्त्वपूर्ण राज्य थे। उन सोलह राज्यों को 'अंगुत्तरनिकाय' एवं 'ललितविस्तर' नामक प्राचीन बौद्ध-ग्रन्थों में 'महाजनपद' कहा गया है। प्राचीन काल में ग्रामों और नगरों के समूह को जनपद कहा जाता था। महाजनपद का आशय बड़े राज्य से है। जैन-ग्रन्थ 'भगवतीसूत्र' में भी सोलह जनपदों का उल्लेख किया गया है—अंग, बंग, मगह, मलय, मालव, अच्छ, वच्छ, कोच्छ, पाढ, लाढ, वज्ज (वृज्जि), मोली, कासी, कोसल, अवाह और संयुत्तर। लेकिन इन जनपदों के नाम बौद्ध ग्रन्थों में उल्लिखित नामों से भिन्न हैं। पाणिनि के 'अष्टाध्यायी' के अनुसार एक जनपद में बसनेवाले सभी लोग आपस में 'सजनपद' कहलाते थे।

राजनैतिक दृष्टि से दो प्रकार के जनपद थे—एक संघ और दूसरे एकराज। संघ-शासनवाले जनपदों में क्षत्रियगण का राज्य था। एकराज जनपदों में, जहाँ एक व्यक्ति राजा होता था, स्थिति यह थी कि जनपद के राजा का नाम और जनपद के प्रत्येक नागरिक क्षत्रिय के पुत्र का नाम एक-जैसा होता था। जैसे पंचाल क्षत्रिय का पुत्र पांचाल कहलाता था और पंचाल जनपद के राजा भी पांचाल ही कहलाते थे। प्राचीन साहित्य में माद्री, पांचाली, गान्धारी आदि जो नाम मिलते हैं वे जनपद-स्वामी क्षत्रियों की पुत्रियों के थे।[5] 'अंगुत्तरनिकाय' में वर्णित तत्कालीन सोलह महाजनपद निम्नलिखित थे—

(1) **गन्धार :** पाकिस्तान के पेशावर एवं रावलपिण्डी जिले और अफगानिस्तान के कन्दहार प्रान्त में स्थित था। कन्दहार या कन्धार वस्तुतः 'गन्धार' शब्द का रूपान्तर है। प्राचीन काल में गन्धार की राजधानी पुष्कलावती थी। पुरानी मान्यताओं के अनुसार श्रीराम के भाई भरत के पुत्र पुष्कल ने पुष्कलावती नगर की स्थापना की थी। प्राचीन ग्रीक ग्रन्थों में इस नगर को 'प्यूसेलोइटिस' कहा गया है। वर्तमान में यह नगर पाकिस्तान के खैबर-पख्तनख्वा प्रान्त के चारसद्दा जिले में स्थित है। बाद में तक्षशिला[6] नगर को गन्धार की राजधानी बनाया गया। 326 ई.पू. में सिकन्दर के आक्रमण के समय गन्धार की राजधानी तक्षशिला ही थी।

ऋग्वेद में भी गन्धार का उल्लेख है। उसमें गन्धार की भेड़ों की भाँति रोयेंवाला[7] उपमा देकर यह बताया गया है कि आर्य लोग गन्धार की बड़े बालोंवाली भेड़ों का उपयोग करते थे। पाणिनि ने अष्टाध्यायी के एक सूत्र (4/1/69) में इस जनपद के पुराने नाम 'गान्धारि' का उल्लेख किया है। अथर्ववेद (5/22/14) में भी 'गन्धारि' नाम का उल्लेख किया गया है। गन्धार के कम्बल को पाण्डुकम्बल कहा जाता था, जो पाणिनि के अनुसार रथ मढ़ने के काम आते थे। (अष्टाध्यायी, 4/2/11)

तक्षशिला से काबुल नदी तक का प्रदेश ही प्राचीन काल में गन्धार कहलाता था। तक्षशिला का विद्यापीठ प्राचीन काल में ज्ञान का एक महत्त्वपूर्ण केन्द्र था। पौराणिक राजा नहुष ययाति के वंश (द्रुह्यु वंश) की पाँचवीं पीढ़ी में गन्धार नामक एक राजा हुए। कहते हैं कि अंगार के पुत्र गन्धार के नाम पर ही इस प्रदेश का नाम गन्धार रखा गया। पाणिनि के समय से लेकर हूणों के समय तक तक्षशिला नगर की प्रमुखता बनी रही।

(2) **कम्बोज :** कश्मीर का लद्दाख, तिब्बत और अफगानिस्तान का सीमावर्ती भाग; और पामीर के पठार तक का भूभाग प्राचीन काल में कम्बोज कहलाता था। वंक्षु वहाँ की मुख्य नदी थी। पाणिनि के समय में यह एकराज जनपद था। यहाँ के राजा और क्षत्रिय कुमार दोनों ही 'काम्बोज' कहलाते थे। प्राचीन काल में कम्बोज की राजधानी द्वारका थी, जिसे वर्तमान समय में दरवाज कहा जाता है।[8] दरवाज अफगानिस्तान के बदख्शाँ में स्थित है। जयचन्द्र विद्यालंकार के अनुसार कम्बोज का मुख्य भाग अब ताजिकिस्तान के अन्तर्गत आता है, पर वास्तव में वह अफगानिस्तान का एक भाग है।[9]

प्राचीन काल में भारत के उत्तर-पश्चिम का यह भाग अच्छी नस्ल के घोड़ों के लिए प्रसिद्ध था। वाल्मीकि रामायण (बालकाण्ड, 6/22) में कहा गया है कि कम्बोज, वाह्लीक और वनायु देश के श्रेष्ठ घोड़े अयोध्या में उपलब्ध थे। 'महाभारत' के अनुसार युधिष्ठिर के राजसूय यज्ञ के अवसर पर काम्बोजों ने उन्हें

कल्माष और तित्तिर नस्ल के 300 उत्तम घोड़े भेंट किए थे।

'महाभारत' (सभापर्व 27/23; शान्तिपर्व 207/43) में कहा गया है कि अर्जुन ने उत्तर दिशा की अपनी दिग्विजय-यात्रा के दौरान दरदों के साथ ही काम्बोजों को भी पराजित किया था। कालिदास कृत 'रघुवंश' के अनुसार राजा रघु ने कम्बोज को भी जीता था। 'हरिवंशपुराण' (13/763-764; 14/775-783) में कहा गया है कि काम्बोज जाति के लोग पहले क्षत्रिय थे; लेकिन सगर के आदेश पर उन्हें पतित घोषित किया गया और उनका सिर यवनों की भाँति मूँड़ दिया गया।

(3) **अस्सक (अश्मक)** : गोदावरी-तट पर स्थित इस प्रदेश का उल्लेख बौद्ध साहित्य में कई स्थानों पर मिलता है। 'सुत्तनिपात' में अस्सक को गोदावरी नदी के किनारे का क्षेत्र बताया गया है। उत्तर-पूर्व की ओर यह महाजनपद वर्तमान झारखण्ड प्रदेश के सिंहभूम जिले तक फैला हुआ था। इसकी राजधानी प्रतिष्ठान (पोतन/पौदन्य) थी, जिसको अब पैठान कहा जाता है। अश्मक नामक राजा का उल्लेख वायुपुराण (88/177-178) और महाभारत में है। 'अश्मको नाम राजर्षि: पौदन्यं योन्यवेशयत्। 'महाभारत' के आदिपर्व के अनुसार राजा कल्मषपाद के पुत्र अश्मक के नाम पर इस जनपद का नाम पड़ा था। शिवदत्त (शिवदास) कृत 'वेतालपंचविंशति' नामक कथा-श्रृंखला के नायक राजा त्रिविक्रमसेन की राजधानी प्रतिष्ठान ही थी।[10]

'महागोविन्दसूत्तन्त' नामक ग्रन्थ में अस्सक के राजा ब्रह्मदत्त का उल्लेख है। 'अष्टाध्यायी' (4/1/173) में भी अश्मकों का उल्लेख है। सोननन्दजातक में अस्सक को अवन्ती से सम्बन्धित कहा गया है।

(4) **वत्स :** यह प्रयागराज के आसपास का क्षेत्र था। इसकी राजधानी कौशाम्बी थी। पौराणिक अनुश्रुतियों के अनुसार काशी के राजा प्रतर्दन के पुत्र वत्स ने 'वत्स' राज्य की स्थापना की थी। महाभारत युद्ध के बाद गंगा नदी की बाढ़ में हस्तिनापुर नगर नष्ट हो गया। तब कुरु वंश के निचक्षु नामक राजा ने यमुना नदी के किनारे स्थित कौशाम्बी को अपनी राजधानी बनाया था। निचक्षु राजा जनमेजय के बाद की पीढ़ी में उत्पन्न हुए थे। वत्स में उदयन नामक प्रसिद्ध राजा हुए। भास के संस्कृत नाटक 'स्वप्नवासवदत्ता' में अवन्ति की राजकुमारी वासवदत्ता और वत्सराज उदयन की प्रेमकथा का वर्णन किया गया है।

(5) **अवन्ति :** यह मध्य प्रदेश के मालवा क्षेत्र में स्थित था। उत्तर-पूर्व की ओर यह झारखण्ड प्रान्त के पलामू जिले तक फैला हुआ था। अवन्ति राज्य के दो भाग थे। उत्तरी अवन्ति की राजधानी उज्जयिनी और दक्षिणी अवन्ति की राजधानी महिष्मती थी। हैहय वंश यादव-कुल की एक शाखा थी। ये लोग नर्मदा के तट पर

बसे हुए थे। हैहय वंश में महिष्मन्त नामक एक राजा हुए। उन्हीं के नाम पर दक्षिणी अवन्ति की राजधानी को महिष्मती नाम दिया गया था।

बुधस्वामिन् (5वीं शताब्दी ई.) कृत 'बृहत्कथाश्लोकसंग्रह' नामक ग्रन्थ के अनुसार अवन्तिराज महासेन प्रद्योत के निधन के बाद उनका पुत्र गोपाल गद्दी पर बैठा। लेकिन पितृहन्ता होने के अपयश के कारण उसने राजपाट त्याग दिया। तब उसका भाई पालक राजा बना। उसने भी राज्य त्याग दिया, तब गोपाल का पुत्र अवन्तिवर्द्धन अवन्ति के सिंहासन पर बैठा।

अवन्ति के राजा प्रद्योत महात्मा बुद्ध और मगध-नरेश बिम्बिसार के समकालीन थे। पालि-ग्रन्थों में उनकी क्रूरता के किस्से वर्णित हैं। अपनी क्रूरता के कारण वे 'चण्ड प्रद्योत' के नाम से कुख्यात थे। बाद में अपने अमात्य महाकात्यायन की प्रेरणा से उन्होंने बौद्ध धर्म को अपना लिया।

मौर्यकाल में उज्जयिनी एक प्रान्तीय राजधानी थी। उस समय मौर्य राजकुमारों को ही प्रान्तीय शासक नियुक्त किया जाता था। मगध का राजा बनने के पहले अशोक अवन्ति का प्रान्तीय शासक रह चुका था। पहली सदी ई.पू. में उज्जयिनी मालव गणराज्य की राजधानी थी। वहाँ के गणमुख्य विक्रमादित्य ने 57 ई.पू. में शकों पर विजय प्राप्त करने के बाद 'विक्रम संवत्' नामक एक संवत् चलाया था। गुप्तकाल में चन्द्रगुप्त द्वितीय विक्रमादित्य ने उज्जयिनी को अपने साम्राज्य की द्वितीय राजधानी बना दिया था।

(6) **शूरसेन :** कुरु जनपद के पश्चिम में यमुना नदी के किनारे स्थित था। अब इसे ब्रज-मण्डल या ब्रज-भूमि कहा जाता है। वसुदेव और कुन्ती के पिता शूरसेन के नाम के आधार पर इसका नामकरण किया गया था। इसकी राजधानी मथुरा थी। शूरसेन यदु-जन का जनपद था, इसीलिए यहाँ के शासकों का वंश यादव कहलाता था। शूरसेन जनपद अपने ऊबड़-खाबड़ धूल-धूसरित मार्गों, अनैतिक कार्यों और यक्षों के कारण बदनाम रहा है।

(7) **चेदि :** विदर्भ के राजा चिदि के वंशजों ने चम्बल (चर्मण्वती) और केन (शुक्तिमती) नदियों के बीच में चेदि राज्य की स्थापना की। यह बुन्देलखण्ड क्षेत्र में स्थित था। इसकी राजधानी शक्तिमती थी। जातकों में वर्णित सोत्थवती दरअसल, शक्तिमती का ही पालि रूप है। महाभारत काल में शिशुपाल यहाँ का राजा था। पाणिनि के 'अष्टाध्यायी' में चेदि को 'चिति' कहा गया है। चेदि वंश भी यादवों की ही एक शाखा है।

(8) **मल्ल :** यह राज्य वृज्जि के पश्चिम और कोसल के पूर्व में स्थित था। इसके अन्तर्गत आधुनिक उत्तर प्रदेश के गोरखपुर, देवरिया एवं कुशीनगर जिले का

क्षेत्र सम्मिलित था। यह एक गणराज्य था, जिसकी राजधानी कुशीनगर (कुशीनारा) थी। मल्ल जनपद दो भागों में विभक्त था—एक कुशीनगर में, दूसरा पावा में।

(9) **कुरु :** प्राचीनकाल में इन्द्रप्रस्थ (दिल्ली) से हस्तिनापुर (मेरठ) तक फैला हुआ गंगा-यमुना के बीच का भूभाग कुरु जनपद कहलाता था। इसकी राजधानी हस्तिनापुर थी। यह नगर राजा सुहोत्र के पुत्र हस्ति के नाम पर बसाया गया था। पाणिनि ने 'अष्टाध्यायी' में इस नगर को 'हास्तिनपुर' कहा है।

इस जनपद के संस्थापक सम्भवत: वैदिककालीन 'पुरु' जन थे। ये लोग भरत जन के नाम से भी प्रसिद्ध थे। कुरु शासकों का सम्बन्ध पुरूरवा द्वारा स्थापित ऐल या चन्द्र वंश से था। आगे चलकर पश्चिम कुरु या कुरु-जांगल की एक अलग राजधानी इन्द्रप्रस्थ हो गई थी, जो यमुना नदी के किनारे स्थित थी। इन्द्रप्रस्थ के स्थान पर ही वर्तमान दिल्ली बसी हुई है।

(10) **पंचाल :** यह कुरु जनपद के दक्षिण में स्थित था। उत्तर प्रदेश के कन्नौज, बरेली, बदायूँ एवं फर्रुखाबाद जिले तक इसका क्षेत्र-विस्तार था। 'अष्टाध्यायी' में पंचाल जनपद का उल्लेख 'प्रत्यग्रथ' नाम से किया गया है। पंचाल की दो शाखाएँ थीं—उत्तरी पंचाल और दक्षिणी पंचाल। उत्तरी पंचाल की राजधानी अहिच्छत्र और दक्षिणी पंचाल की राजधानी काम्पिल्य थी। काम्पिल्य नाम का प्रथम उल्लेख यजुर्वेद की तैत्तिरीय संहिता में 'काम्पिल' के रूप में मिलता है। सम्भवत: पुराणों में वर्णित पंचाल-नरेश भृम्यश्व के पुत्र कपिल के नाम पर पंचाल के राजधानी-नगर का नाम काम्पिल्य रखा गया था। पंचाल शासकों का सम्बन्ध पुरूरवा द्वारा स्थापित ऐल या चन्द्र वंश से था। 'शतपथ ब्राह्मण' के अनुसार पंचाल जन का पुराना नाम कृवि था। सम्भव है आगे चलकर चार अन्य छोटे जन उनके साथ आ मिले हों और इसलिए वे पंचाल नाम से प्रसिद्ध हुए हों। उत्तरवैदिक काल में पंचाल एक प्रमुख विद्या-केन्द्र था। दक्षिण पंचाल के प्रथम राजा अजमीढ़ का पुराणों में उल्लेख किया गया है। महाभारतकाल में उत्तर-पंचाल में राजा द्रुपद का राज था। द्रुपद की पुत्री द्रौपदी पंच-पाण्डवों की पत्नी थी। द्रोणाचार्य ने द्रुपद को पराजित करके उत्तर-पंचाल का प्रदेश छीन लिया था। ऐतिहासिक युग में पंचाल जनपद कान्यकुब्ज के नाम से प्रसिद्ध हुआ।

"जनपद-काल में कुरु-पंचाल विशुद्ध भाषा, यज्ञ-सम्बन्धी नियम, धर्म, शील और आचार की दृष्टि से आदर्श जनपद माने जाते थे। यह इस बात की ओर संकेत करता है कि ये प्राचीन आर्यजनों के प्रतिनिधि थे।"[11]

(11) **मत्स्य :** यह राजस्थान के वर्तमान अलवर, भरतपुर एवं जयपुर तक फैला हुआ था। इसकी राजधानी विराटनगर (बैराट) थी। बैराट अशोक के अभिलेख

के लिए प्रसिद्ध है। यहाँ ईंटों का बना एक मौर्यकालीन मन्दिर है, जिसको उत्तरी भारत का प्राचीनतम मन्दिर माना गया है।

(12) **वृज्जि :** यह उत्तरी बिहार के वैशाली, मुजफ्फरपुर, हाजीपुर, समस्तीपुर, पूर्वी चम्पारण, पश्चिमी चम्पारण और अंशतः सारण जिले तक फैला हुआ था। वृज्जि-संघ की राजधानी वैशाली थी। पाणिनि ने वज्जि के लिए 'वृज्जि' शब्द का प्रयोग किया है।[12] 'वज्जि' दरअसल, वृज्जि का पालि रूप है। भारत में गणतन्त्रात्मक शासन-प्रणाली का सूत्रपात वृज्जि में ही हुआ था। बुद्धकाल में नादिका, अश्वपुर, उक्काचेल, कोटिग्राम, गिंजिकावसथ, हस्तिग्राम, भण्डग्राम और आम्रग्राम वृज्जि महाजनपद के प्रमुख ग्राम थे। बुद्ध के महापरिनिर्वाण के तीन साल बाद 480 ई.पू. में मगधराज अजातशत्रु ने वृज्जि को जीतकर मगध साम्राज्य में मिला लिया था।

वैशाली का सर्वप्रथम उल्लेख वाल्मीकि कृत रामायण के बालकाण्ड में मिलता है। जब विश्वामित्र के साथ राम और लक्ष्मण सिद्धाश्रम (आधुनिक बक्सर) से जनक का धनुष-यज्ञ देखने मिथिला जा रहे थे, रास्ते में उन्हें वैशाली नगर मिला था। उस समय उस नगर को 'विशाला' कहा जाता था। रामायण के अनुसार अलम्बुषा एवं इक्ष्वाकु के पुत्र विशाल ने वैशाली नगर की स्थापना की थी।[13] विशाल के पुत्र का नाम हेमचन्द्र और उनके पुत्र का नाम सुचन्द्र था। सुचन्द्र के पुत्र धूमाश्व, उनके पुत्र सृंजय और उनके पुत्र सहदेव हुए। सहदेव के पुत्र कुशाश्व, उनके पुत्र सोमदत्त और उनके पुत्र काकुत्स्थ हुए। काकुत्स्थ के पुत्र का नाम सुमति था। मिथिला जाते समय विश्वामित्र ने राम को बताया था कि अभी सुमति ही विशाला के राजा हैं। विश्वामित्र के आगमन की सूचना मिलते ही राजा सुमति ने स्वयं आकर उनकी अगवानी की थी।

विशाल से लेकर सुमति के राज्यकाल तक वैशाली अजेय मानी जाती थी। सुमति के बाद पुराणों में किसी राजा के नाम का उल्लेख नहीं है। सम्भवतः सुमति के राज्यकाल के बाद राजतन्त्रीय शासन-व्यवस्था छिन्न-भिन्न हो गई; और सातवीं शताब्दी ई.पू. के अन्तिम चरण में यहाँ गणतन्त्रात्मक शासन की शुरुआत हुई। वैशाली का गणतन्त्र वैयक्तिक स्वतन्त्रता के सिद्धान्त पर आधारित था, जिसके प्रत्येक सदस्य को राजा कहा जाता था। यह एक कुलीन गणतन्त्र था। राजन्यों का गणतन्त्र होने के कारण उसको 'राजन्यशब्दोपजीवी संघ' भी कहा जाता था। वृज्जि-संघ अपनी न्याय-प्रणाली के लिए प्रसिद्ध था। बुद्ध ने बौद्ध-मठों का संगठनात्मक ढाँचा वृज्जि-प्रशासन का अनुकरण करके ही खड़ा किया था।

प्राचीन काल में चार देशों में प्रजातन्त्रात्मक या गणतन्त्रात्मक शासन था— भारत, यूनान, इटली और ट्यूनीसिया। अलेक्जेंडर कनिंघम, रीज़ डेविड्स और

काशीप्रसाद जायसवाल के अनुसन्धान के बाद यह स्पष्ट हो गया कि वैशाली का गणतन्त्र एथेंस (यूनान), रोम (इटली) और कार्थेज (ट्यूनीसिया) के प्रजातन्त्र से पुराना है।

वैशाली का गणतन्त्र बुद्ध की मृत्यु के तीन वर्ष बाद ही नष्ट हो गया; और वह मगध साम्राज्य का हिस्सा बन गया। इसके बाद वृज्जि शब्द का प्रयोग मात्र तीन स्थान पर मिलता है—पाणिनि की 'अष्टाध्यायी', कौटिल्य के 'अर्थशास्त्र' और ह्वेनत्सांग के यात्रा-वृत्तान्त में। ह्वेनत्सांग की भारत-यात्रा (629-645 ई.) के समय वृज्जि दरभंगा के उत्तर में स्थित जनकपुर तक सिमटकर रह गए थे।

प्राचीन काल में इस क्षेत्र में शैवों एवं वैष्णवों के मध्य साम्प्रदायिक संघर्ष भी हुए। सोनपुर का हरिहर क्षेत्र उसी संघर्ष का प्रतीक है। ''वैशाली नाम के बारे में पालि ग्रन्थों में लिखा है कि दीवारों को तीन बार हटाकर उसको विशाल करना पड़ा, इसलिए नगर का नाम वैशाली पड़ा।''[14] एक तिब्बती अनुश्रुति के अनुसार गौतम बुद्ध के पिता शुद्धोधन की पत्नियाँ माया और महामाया वृज्जि कन्या थीं।[15] भिक्षुणी-संघ की स्थापना वैशाली में ही हुई थी।

मगध साम्राज्य के दुर्बल होने के बाद वैशाली में दुबारा संघराज्य स्थापित हो गया। तीसरी शताब्दी ई. के आरम्भ में वैशाली के लिच्छवियों के एक दल ने नेपाल को जीत कर वहाँ लिच्छवि राजवंश की स्थापना की। नेपाल में लिच्छवि वंश के राजाओं ने 879 ई. तक राज किया। उसी वंश के तीसरे शासक पशुप्रेक्षदेव ने काठमाण्डू में पशुपतिनाथ मन्दिर की स्थापना की। नेपाल की तराई में रहनेवाले थारू जनजाति के लोग गैर-थारू लोगों को 'वजी' कहते हैं। यह वजी शब्द वृज्जि का थारू अपभ्रंश प्रतीत होता है; और तराई-क्षेत्र में प्राचीन वृज्जि-शासन का स्पष्ट संकेत है। अलेक्जेंडर कनिंघम ने वर्तमान बसाढ़ के रूप में प्राचीन वैशाली की पहचान की है।

(13) **अंग :** मगध के पूरब में स्थित यह महाजनपद बिहार के मुंगेर एवं भागलपुर जिले तक फैला था। बुद्धकाल में अंग की राजधानी चम्पा नगरी थी, जो गंगा और चम्पा नामक नदियों के संगम पर स्थित थी। यह नगर चम्पक-लताओं से घिरा हुआ था। चम्पा नगर को मालिनी और कालचम्पा भी कहा जाता था। बुद्धकाल में चम्पा भारत के छह प्रमुख नगरों में सम्मिलित था।। अंगनगर या चम्पा का उल्लेख 'बुद्धचरित' (27/11) में भी है। बुद्धकाल में अंग तथा मगध में राजसत्ता के लिए शत्रुता रही। अपने ऐश्वर्य काल में अंग के राजाओं का मगध पर भी अधिकार था, जैसा कि 'विधुरपण्डित जातक' के उस उल्लेख से पता चलता है जिसमें मगध की राजधानी राजगृह को अंगदेश का एक नगर बताया गया है।

लेकिन इस स्थिति को बदलने में अधिक समय नहीं लगा; और मगध के राजा बिम्बिसार ने अंगराज ब्रह्मदत्त को मारकर अंग को मगध में मिला लिया। जैनग्रन्थों में बिम्बिसार के पुत्र कूणिक अजातशत्रु को अंग और चम्पा का शासक बताया गया है। मौर्यकाल में अंग राज्य निश्चित रूप से मगध साम्राज्य के अन्तर्गत था।

महाभारत के सभापर्व में अंग और बंग का एक संयुक्त राज्य के रूप में उल्लेख है। मत्स्य पुराण में अंग के मूल-पुरुष को 'दानवर्षभ:' कहा गया है; और वायु पुराण में अंग का सम्बन्ध निषादों से जोड़ा गया है।

कालिदास कृत 'रघुवंश' (6/27) के 'इन्दुमति स्वयंवर-प्रकरण' में मगधराज के ठीक बाद अंगराज का उल्लेख किया गया है। इससे प्रतीत होता है कि गुप्तकाल में अंग देश की प्रतिष्ठा मगध से कुछ ही कम थी।

एक बार ध्यान में लीन शिव की तपस्या भंग करने के उद्देश्य से कामदेव ने पुष्पबाण चलाया। इससे कुपित होकर महादेव ने अपनी तीसरी आँख खोल दी। उनकी क्रोधाग्नि से कामदेव भस्म हो गए। कामदेव की पत्नी रति विलाप करने लगी। द्रवित होकर उन्होंने कामदेव को जीवनदान तो दिया, किन्तु उसके भस्म हो चुके अंग का दान नहीं दिया। तभी से 'काम' देह-रूप में नहीं, बल्कि भाव-रूप में विद्यमान रहने लगे। अंगविहीन होने के कारण कामदेव को अनंग कहा गया। बहरहाल, अनंग के अंग का भस्म जहाँ गिरा, वह स्थान अंग कहलाया।

अंग देश का प्रथम उल्लेख अथर्ववेद में मिलता है—''गन्धारिभ्यो मूजवद्भ्योऽङ्गेभ्यो मगधेभ्य:। प्रैष्यन् जनमिव शेवधिं तक्मानं परिद्द्मसि।'' (अथर्ववेद, 5/22/14) इस निन्दामूलक कथन से प्रतीत होता है कि अथर्ववेद के रचनाकाल (उत्तरवैदिक काल) तक मगध की तरह ही अंग भी आर्य-सभ्यता की परिधि के बाहर था। महाभारतकाल में अंग और मगध एक ही राज्य के दो भाग थे। उसमें मगधराज जरासन्ध के पिता वृहद्रथ को ही अंग का शासक बताया गया है।[16] वैदिक काल की स्थिति के विपरीत, महाभारत के समय, अंग आर्य-सभ्यता के प्रभाव में आ गया था। महाभारत एवं मत्स्यपुराण के अनुसार अंग राज्य की स्थापना आनव वंशीय राजा बलि और सुदेष्णा के पुत्र अंग ने की थी। जबकि ऐतरेय ब्राह्मण (8/22) के अनुसार अंग राज्य का संस्थापक अंग-वैरोचन था।

अनु के वंशज आनव कहलाए। अनु सम्राट नहुष ययाति के पुत्र थे। अंग के चार भाई थे—बंग, कलिंग, पुण्ड्र और सुह्य। इन चारों ने अपने-अपने नाम पर राज्य की स्थापना की। जरासन्ध के समय में अंग में राजा विश्वजित का शासन था। महाभारत के अनुसार राजकुमार दुर्योधन ने कर्ण को अंग का राजा बनाया था।

चम्पा बारहवें जैन तीर्थंकर वासुपूज्य स्वामी का जन्मस्थान है। विरज जिन का जन्म भी यहीं हुआ था, जिन्होंने 'लंकावतार सूत्र' की रचना की थी। महावीर ने चम्पा में तीन चातुर्मास वास किया था।

द्वितीय शताब्दी ई. में अंग की राजधानी चम्पा के लोगों का सुवर्णभूमि से घनिष्ट सम्बन्ध था। उन्होंने 192 ई. में सुवर्णभूमि (वियतनाम) में एक राज्य की स्थापना की और उसका नाम भी चम्पा ही रखा था। सुवर्णभूमि के चम्पा राज्य की राजधानी इन्द्रपुर थी।

(14) **काशी :** यह गंगा और गोमती के बीच का प्रदेश था। इसके अन्तर्गत वाराणसी जिले का भूभाग आता था। पाणिनि के गणपाठ में वाराणसी को काशी जनपद की राजधानी बताया गया है। 'काशी' शब्द 'काश्' धातु से बना है, जिसका शाब्दिक अर्थ है—चमकना। स्कन्द पुराण के अनुसार, यह नगरी निर्वाण के मार्ग को प्रकाशित करती है। काशी नगरी को अविमुक्त, आनन्दकानन, श्मसान, महाश्मसान आदि नामों से भी सम्बोधित किया गया है। कुछ पुराणों के अनुसार शिव द्वारा कभी नहीं त्यागे जाने के कारण इसको 'अविमुक्त' कहा गया है। अवि (अर्थात् पाप) से मुक्ति प्रदान करने के कारण भी इस नगर को अविमुक्त कहा गया है। यह नगर शिव को आनन्द प्रदान करता है, इसलिए इसको 'आनन्दकानन' कहा गया है। मत्स्य एवं पद्म पुराणों में काशी को 'श्मसान' कहा गया है।

युवंजय जातक में काशी को रम्म (रम्य), उदय जातक में सुरुन्धन, चुल्लसुतसोम जातक में सुदस्सन (सुदर्शन) और सोणन्दन जातक में ब्रह्मवद्धल कहा गया है। भारत का एक प्राचीन ज्ञानपीठ होने के नाते काशी का ब्रह्मवद्धल नाम सार्थक है। खण्डहाल जातक में इसको पुष्फावती (पुष्पवती) कहा गया है, जिसका अर्थ है—फूलों का नगर। 'जातक अट्ठकथा' के अनुसार काशी के राजाओं को 'ब्रह्मदत्त' कहा जाता था। 'ब्रह्मदत्त' वहाँ के राजाओं का कुलनाम था। पुराणों और 'महाभारत' में भी 100 ब्रह्मदत्तों का उल्लेख है।

काशी उत्तरापथ के व्यापार की सबसे बड़ी मण्डी थी। वहाँ कला-कौशल का बहुत विकास हुआ। पाणिनि के गणपाठ में काशि देश की वस्तुओं को 'काशीय' कहा गया है। बुद्धकाल में उत्कृष्ट वस्तुओं (विशेषकर वस्त्रों) को 'कासिक' (काशी में बनी हुई) कहा जाता था। काशी का एक अन्य नाम वाराणसी है, इसलिए वहाँ बने वस्त्रों को 'वाराणसेय्यक' भी कहा जाता था। बौद्ध त्रिपिटक साहित्य में कासिक वस्त्र, कासिक चन्दन आदि शब्दों का कई स्थानों पर प्रयोग किया गया है। पतंजलि के 'महाभाष्य' में कहा गया है कि व्यापारी सार्थवाह काशी नगरी को

'जित्वरी' भी कहते थे। जित्वरी का अर्थ है—विजय दिलानेवाली या मनोकामना पूर्ण करनेवाली।

गंगा की दो सहायक नदियों वरणा (वरुणा) और असी के संगम पर बसे होने के कारण इस नगर का नाम वाराणसी रखा गया था। महाभारत में वरणा को 'वराणसी' कहा गया है। इसलिए इसके तट पर बसा नगर वाराणसी कहलाया।

वाल्मीकि कृत 'रामायण' के उत्तरकाण्ड में प्रतिष्ठान के राजा पुरूरवा और पुरु को 'काशिराज' भी कहा गया है। हरिवंश पुराण में पुरूरवा के पुत्र आयु के एक वंशज शुनहोत्र का उल्लेख है। शुनहोत्र के तीन पुत्र थे—काश, शल एवं गृत्समद। काश के नाम पर ही 'काशि' शाखा का उदय हुआ। काश के वंश में धन्वन्तरि नामक एक राजा हुए। धन्वन्तरि के पौत्र का नाम दिवोदास था। दिवोदास के बाद वाराणसी का कई बार विध्वंस हुआ और फिर उसको नए सिरे से बसाया गया। वायुपुराण के अनुसार 'शिव के एक गण निकुम्भ के शाप के कारण वाराणसी नगर उजड़ गया था।' फिर राजा दिवोदास के पौत्र अलर्क ने वाराणसी नगर को दुबारा बसाया था।

ह्वेनत्सांग के अनुसार वरणा नदी के उत्तर-पूर्व में लगभग दस ली (दो मील) की दूरी पर मृगदाव (सारनाथ) का संघाराम था। उस समय संघाराम में करीब 1500 हीनयानी भिक्षु रहते थे। बोलचाल की भाषा में वाराणसी को 'बनारस' कहते हैं।

(15) **कोसल :** अवध परिक्षेत्र को कोसल कहा जाता था। इसकी राजधानी पहले साकेत (अयोध्या) थी। परन्तु बुद्धकाल में यहाँ की राजधानी श्रावस्ती हो गई थी। ऋग्वेद, सामवेद एवं यजुर्वेद (यानी वेदत्रयी) में न तो कोसल का उल्लेख है और न ही उसकी राजधानी अयोध्या का। अयोध्या का प्रथम उल्लेख अथर्ववेद में मिलता है; जबकि कोसल का प्रथम उल्लेख उत्तर-वैदिक ग्रन्थ 'शतपथ ब्राह्मण' में मिलता है। 'शतपथ ब्राह्मण' में सदानीरा (गण्डक) नदी को कोसल और विदेह (मिथिला) प्रदेश की सीमा बताया गया है। भारत के पूर्वी भाग में स्थित होने के कारण यह प्रदेश उन विपत्तियों से बचा रहा, जिनसे पश्चिमी भारत के प्रदेश परेशान रहे। बाहर से आनेवाली युद्धप्रिय जातियों और आक्रमणकारियों को भी कोसल की ओर बढ़ने का साहस नहीं हुआ। सम्भवत: इसीलिए इसकी राजधानी का नाम 'अयोध्या' रखा गया था। पुराणों एवं वाल्मीकि रामायण के अनुसार अयोध्या की स्थापना मनु वैवस्वत ने की थी। प्रो. रामशरण शर्मा के अनुसार यह वैभवशाली नगर आठवीं शताब्दी ई. में महत्त्वहीन हो चुका था।[17]

'बावरी जातक' के अनुसार छठी शताब्दी ई.पू. में श्रावस्ती नगर दो प्रमुख व्यापारिक मार्गों के संगम पर स्थित था। 'दिव्यावदान' (3/55-56) में कहा गया है

कि राजगृह से श्रावस्ती जानेवाले राजमार्ग पर राजा अजातशत्रु ने नाव का एक पुल बनवाया था। प्रमुख व्यापारिक मार्ग पर बसे होने के कारण बुद्धकाल में श्रावस्ती नगर का बहुत महत्त्व था।

शाक्यों की राजधानी कपिलवस्तु कोसल राज्य के अन्तर्गत थी। आधुनिक बिहार के सारण एवं सीवान जिले तक कोसल महाजनपद का विस्तार था। गण्डक नदी को कोसल महाजनपद की पूर्वी सीमा माना जाता था। पुराणों के अनुसार इक्ष्वाकु वंश के श्रावस्त नामक राजा ने श्रावस्ती की स्थापना की थी। (वैवस्वत मनु —इक्ष्वाकु —विकुक्षि —पुरंजय —सुयोधन —पृथु —विष्वगश्व —आर्द्र —युवनाश्व —श्रावस्त)

मनु के नौ पुत्र थे, जिनमें इक्ष्वाकु सबसे बड़े थे। इक्ष्वाकु ने मध्यदेश में अयोध्या को राजधानी बनाकर राज्य किया। पुराणों के अनुसार इक्ष्वाकु के एक हजार पुत्र थे, जिनमें विकुक्षि ज्येष्ठ थे और निमि सबसे प्रसिद्ध थे। विकुक्षि का नाम शशाद भी था। उन्होंने अयोध्या राज्य का उत्तराधिकार प्राप्त किया था। विकुक्षि के पुत्र पुरंजय ने 'ककुत्स्थ' उपाधि धारण की थी। राजा युवनाश्व के पुत्र श्रावस्त ककुत्स्थ की छठी पीढ़ी में उत्पन्न हुए थे। उन्होंने ही श्रावस्ती नगर की नींव डाली, जो बाद में उत्तर-कोसल को राजधानी बनी। वायुपुराण के अनुसार राजा श्रावस्त के पौत्र कुवलयाश्व ने धुन्धु नामक असुर का संहार करके 'धुन्धुमार' उपाधि धारण की थी। कुवलयाश्व की कुछ पीढ़ियों के बाद मान्धाता नामक एक प्रतापी राजा हुए। भागवतपुराण के अनुसार मान्धाता ने दस्युओं का संहार करके 'त्रसदस्यु' की उपाधि धारण की थी। कोसल के राजाओं में राजा त्रिशंकु के पुत्र हरिश्चन्द्र एकराट सम्राट हुए।

(16) **मगध :** दक्षिणी बिहार में पटना से लेकर गया तक इसका क्षेत्र-विस्तार था। इसकी राजधानी पहले गिरिव्रज, फिर राजगृह और बाद में पाटलिपुत्र हो गई थी। बुद्धकाल में सेनानीग्राम, उरुविल्व, चातुमा, अम्बखण्ड (अपसड़), मोरनिवाप, खाणुमत, एकनाला ग्राम, नाहाण, चुन्दद्धोला, रोहितवस्तुका, पाटलिग्राम, अग्गलाव, यष्टिवन (जेठियन), बहुपुत्रक (सिलाव) और नालन्दा मगध महाजनपद के महत्त्वपूर्ण ग्राम थे।

अन्य शासन-क्षेत्र

सोलह महाजनपदों के अतिरिक्त कुछ अन्य शासनक्षेत्र भी थे, जो स्थानीय जातियों द्वारा शासित थे; जैसे पश्चिम में शिवि, सौवीर, मद्र, यौधेय, कुकुर; तथा उत्तर में बुलिय, कानाम, कोलिय, मोरिय और शाक्य। सोलह महाजनपदों

सहित इन सभी राज्यों में गणाधीन, राजाधीन, सचिवायत्त, उभयायत्त, वैराज्य, भोज्य आदि कई प्रकार के शासनतन्त्र प्रचलित थे। ऐसा लगता है कि जम्बूद्वीप (भारत) उस समय कई प्रकार के शासनतन्त्रों का प्रयोग करके अपने सर्वाधिक अनुकूल शासनतन्त्र की खोज में था। इन तन्त्रों में राजतन्त्र और गणतन्त्र प्रमुख थे। वैशाली का गणतन्त्र कोसल और मगध के राजतन्त्रों से किसी भी प्रकार कम नहीं था। परन्तु, एक ओर राजतन्त्रों की राजनीतिक शक्ति और दूसरी ओर अपने पारस्परिक अन्तर्द्वन्द्व के कारण गणतन्त्र लगातार दुर्बल होते जा रहे थे। कोसल शाक्यों के उन्मूलन के प्रयास में था और मगध वृज्जि पर अपनी दृष्टि गड़ाए हुए था।

प्राचीन भारत में तीन अन्य प्रमुख राज्यों का विवरण निम्नानुसार है—

(1) **विदेह :** यह उत्तरी बिहार का मिथिला क्षेत्र था, जिसकी राजधानी मिथिला थी। वाल्मीकि रामायण के अनुसार मिथिला राजवंश के संस्थापक निमि थे। निमि के पुत्र का नाम मिथि और पौत्र का नाम जनक प्रथम था। मिथि के नाम पर ही विदेह को मिथिला भी कहते थे। मुरारि मिश्र कृत 'अनर्घराघव' नाटक में मिथिला को विदेह की नगरी कहा गया है। 'जनक' विदेह के राजाओं की सामान्य उपाधि थी। पुराणों के अनुसार सीरध्वज जनक सीता के पिता थे।

'शुक्ल यजुर्वेद' की रचना याज्ञवल्क्य ने मिथिला में की थी। उनकी दो विदुषी पत्नियाँ थीं—मैत्रेयी एवं कात्यायनी। उन्होंने 'याज्ञवल्क्यस्मृति' नामक एक स्मृतिग्रन्थ की रचना की थी। इस ग्रन्थ के अनुसार ही हिन्दुओं की सम्पत्ति में उत्तराधिकार का निर्णय होता था। बृहदारण्यक उपनिषद् के अनुसार राजा जनक द्वारा आयोजित एक आध्यात्मिक सभा में कुरु, पंचाल आदि प्रदेशों के कई वेदज्ञ विद्वान एकत्र हुए थे। इस सभा में गार्गी नामक एक ब्रह्मवादिनी विदुषी भी सम्मिलित थी। वहाँ हुए शास्त्रार्थ में याज्ञवल्क्य ने सभी विद्वानों को पराजित किया था।

सांख्य दर्शन के प्रवर्तक कपिल का आश्रम मिथिला में ही था। न्याय दर्शन के प्रवर्तक गौतम भी मिथिला निवासी थे। अहल्या उनकी पत्नी थी, जो कामासक्त इन्द्र द्वारा छली गई। अपने पति ऋषि गौतम के शापवश वह पाषाण-शिला बन गई थी। विश्वामित्र के साथ मिथिला जा रहे राम की चरण-धूलि पाकर वह स्त्री रूप में लौटी और उसका उद्धार हुआ। अहल्या के पुत्र शतानन्द मिथिला-नरेश जनक सीरध्वज के पुरोहित थे।

बौद्धकाल तक आते-आते मिथिला के राजतन्त्र का अन्त हो गया और वह वृज्जि गणराज्य का एक अंग बन गया।

बुद्ध और महावीर के समय में भी कौशिकी से लेकर वैशाली के निकट-पूर्व तक का प्रदेश विदेह कहलाता था। वैदिक साहित्य में लिच्छवियों का उल्लेख नहीं होने; और बुद्धकाल में भी विदेह की भौगोलिक व्याप्ति से स्पष्ट है कि सदानीरा से कौशिकी नदी तक का प्रदेश विदेह ही था। वहाँ की सदानीरा-तटवर्ती लिच्छवि शाखा विदेह राजतन्त्र से विद्रोह करके अलग हुई; और बाद में कौटिल्य के 'अर्थशास्त्र' में उल्लिखित कराल जनक या विष्णुपुराण में उल्लिखित कृत के समय में विद्रोह करके वे राजतन्त्र से मुक्त हुए। इस विद्रोह को सदानीरा-तटवाले लिच्छवियों ने ही प्रारम्भ किया, जिन्होंने बाद में राजतन्त्र को अस्वीकार करके गणतन्त्र की स्थापना की। कौटिल्य के अर्थशास्त्र के अनुसार विदेह के अन्तिम राजा (जनक) कराल थे, जबकि विष्णु-पुराण के अनुसार अन्तिम जनक कृत थे।

(2) **कलिंग :** दक्षिण उड़ीसा का पुराना नाम कलिंग था। उत्तरी उड़ीसा को प्राचीन काल में उत्कल या उत्कलिंग (उत्तर कलिंग) कहते थे। कलिंग का उल्लेख 'उत्तराध्ययन सूत्र', 'महागोविन्द सूत्र', 'अष्टाध्यायी' (4/1/170) तथा 'बौधायन धर्मसूत्र' (1/1/30-31) में है। प्रो. सिलवाँ लेवी, जीन प्रेजीलस्की आदि पाश्चात्य इतिहासकारों के अनुसार कलिंग, तोषल, कोसल आदि नाम आस्ट्रिक भाषा के हैं। आस्ट्रिक जाति के लोग भारत में द्रविड़ों से भी पहले से बसे हुए थे। 'महाभारत' में कलिंग देश को वैतरणी नदी के किनारे स्थित बताया गया है।[18] उड़ीसा की वैतरणी नदी कलिंग की उत्तरी सीमा थी; और इसकी दक्षिणी सीमा पर गोदावरी बहती थी, जो इसे आन्ध्र-देश से अलग करती थी।

महाभारत काल में वहाँ के राजा चित्रांगद थे।[19] जातकों और 'महाभारत' के उद्योगपर्व में कलिंग की राजधानी दन्तपुर[20] बताई गई है। जबकि महाभारत के शान्तिपर्व (4/3) में राजपुर को कलिंग की राजधानी बताया गया है। रोम के प्राचीन इतिहास-लेखक प्लिनी (प्रथम शती ई.) ने कलिंग की राजधानी परथालिस नगर को बताया है। इसकी राजधानी कलिंगनगर भी हो सकती है, जो राजमहेन्द्री पर्वतमाला के मध्य में स्थित थी। 'कलिंगनगर' का उल्लेख खारवेल के अभिलेख में है जो प्रथम शताब्दी ई. में कलिंग का राजा था। इसको वंशधारा नदी के तट पर बसे हुए मुखलिंगम् नगर (शिशुपालगढ़ के निकट) से समीकृत किया गया है। अपने शासन के प्रथम वर्ष में कलिंग-नरेश खारवेल ने कलिंग नगर के प्रवेश-द्वारों एवं परकोटों की मरम्मत कराई थी। कलिंग को चोड़-नरेश गंगदेव (1077-1147 ई.) ने भी अपनी राजधानी बनाया था। हाथीगुम्फा अभिलख से प्रतीत होता है कि मगधराज नन्द ने कलिंग के एक भाग को जीत लिया था।

मगधराज अशोक के शासनकाल में कलिंग की राजधानी तोषलि थी। डी. आर. भाण्डारकर के अनुसार तोषलि वस्तुतः धौली है, जो भुवनेश्वर के पास स्थित है। वहाँ अशोक का एक शिलालेख भी मिला है।

गुप्तकाल में कलिंग की राजधानी पिष्ठपुर थी। यह बात पिष्ठपुर और सिंहपुर पर राज करनेवाले मगध-कुल के एक तत्कालीन अभिलेख में अंकित है। इस मगध-कुल के प्रारम्भिक शासकों में से एक था शक्तिवर्मन। उसके बाद चन्द्रवर्मन और उसका पुत्र विजयनन्दिवर्मन वहाँ के शासक हुए थे। विजयनन्दिवर्मन ने अपना कुलनाम मगध-कुल से बदलकर शालंकायन-कुल रख लिया था। यह बात स्कन्दगुप्त के समय या उसके बाद हुई होगी। विजयनन्दिवर्मन के एक उत्तराधिकारी (विजयदेववर्मन) ने अश्वमेध यज्ञ किया था। इससे स्पष्ट है कि उसने पूर्ण स्वतन्त्रता की घोषणा कर दी थी।

जब परवर्ती वाकाटकों ने कलिंग पर विजय प्राप्त कर ली, तब वे गुप्तों के सम्बन्धियों या उत्तराधिकारियों के रूप में भी अपना अधिकार स्थापित करना चाहते थे; और देश के इस भाग के स्वामी होने का अपना पुराना अधिकार भी जताते थे। उनका यह अधिकार-स्थापन अवश्य ही शालंकायनों के मुकाबले में होता होगा। यह मगध-कुल शायद वही था जिसे समुद्रगुप्त या उसके उत्तराधिकारी ने करद सामन्त के रूप में नियुक्त किया था। ये लोग ब्राह्मण थे, जो मगध से वहाँ भेजे गए थे। इस कुल के आरम्भिक राजा अपने आज्ञापत्र संस्कृत में जारी करते थे। इस कुल के प्रथम शासक का नाम गुह रहा होगा, क्योंकि वायुपुराण और ब्रह्माण्डपुराण में इसी नाम का उल्लेख है। विष्णुपुराण में कलिंग का कई बार उल्लेख है—''कलिंगदेशादभ्येत्य प्रीतेन सुमहात्मना।'' (वि.पु., 3/7/36); ''कलिंग माहिष महेन्द्र भौमान् गुहा भोक्ष्यन्ति।'' (वि.पु., 4/24/65) इससे पता चलता है कि गुप्तकाल के पूर्व कलिंग में गुह लोगों का राज्य था।

श्रीलंका में प्रचलित 'दाठावंस' नामक एक ग्रन्थ में बुद्ध के दाँत से सम्बन्धित कई अनुश्रुतियाँ हैं। यह ग्रन्थ चौथी शताब्दी ई. में रचा गया था। इसमें कहा गया है कि कलिंग का शासक गुह (गुह-शिव) समस्त भारत (जम्बूद्वीप) के उस सम्राट का करद सामन्त था, जो पाटलिपुत्र से शासन करता था। गुह वैदिक-धर्म का उपासक था। वह समुद्रगुप्त के प्रतिनिधि के रूप में कलिंग प्रदेश पर शासन करता था।[21]

कालिदास ने 'रघुवंश' में उत्कल के दक्षिण में कलिंग का वर्णन किया है।[22] रघु की जय-यात्रा में कलिंग के वीरों ने रघु का डट कर सामना किया था। उनके पास विशाल गज-सेना थी। 'रघुवंश' में कलिंग-नरेश हेमांगद की गजसेना का सुन्दर वर्णन है।[23] कौटिल्य कृत 'अर्थशास्त्र' में कलिंग के हाथियों को श्रेष्ठ माना

गया है। मगधराज अशोक ने 261 ई. पू. में कलिंग को जीता था। कलिंग अभियान में लगभग एक लाख लोग मारे गए थे। इस भयानक नरसंहार को देखने के बाद अशोक ने बौद्ध धर्म अपनाकर शेष जीवन अहिंसावाद के प्रचार में बिताने का संकल्प किया था।

(3) **सौवीर :** यह दक्षिणी पंजाब में स्थित था और प्राचीनकाल में इसकी राजधानी रोरुक थी। डॉ. वासुदेवशरण अग्रवाल के अनुसार वर्तमान सिन्ध प्रदेश ही प्राचीन काल में सौवीर कहलाता था। रोरुक का वर्तमान नाम रोड़ी है, जो सक्खर के पास सिन्ध नदी के तट पर स्थित है। 'बौधायन धर्मसूत्र' में यहाँ के निवासियों को वर्णसंकर (संकीर्ण योनि) कहा गया है। 'महाभारत' के सभापर्व के अनुसार युधिष्ठिर के राजसूय यज्ञ में सिन्धु देश के घोड़े और सौवीर के हाथी उपहार में दिए गए थे। रुद्रदमन के जूनागढ़ शिलालेख में सिन्धु-सौवीर को एक साथ जीतने की बात कही गई है। सौवीर सिन्धु के पूर्व में स्थित था। महाकवि भास ने 'अविमारक' शीर्षक संस्कृत नाटक में सौवीर के राजकुमार अविमारक और वैरन्त्यनगर की राजकुमारी कुरंगी की प्रेमकथा का वर्णन किया है। 'अग्निपुराण' के अनुसार सौवीर-नरेश के पुरोहित मैत्रेय ने देविका नदी के तट पर विष्णु का एक मन्दिर बनवाया था। सम्भवतः यहाँ मुलतान के सूर्य मन्दिर के बनाए जाने का संकेत है। विष्णु द्वादश आदित्यों में से एक हैं; और मुलतान के सूर्य मन्दिर में सूर्य के साथ ही विष्णु की प्रतिमा भी स्थापित की गई थी।

बुद्धकालीन बिहार में सभ्यता के चार मुख्य केन्द्र थे—मगध, वैशाली, अंग और मिथिला। उस समय भारत के राज्यों में मगध की बराबरी करनेवाला कोई नहीं था। आरम्भिक दौर में भारत के चार राज्य—काशी, कोसल, वृज्जि और मगध शक्तिशाली माने जाते थे। राजनैतिक वर्चस्व के लिए लगभग एक सदी तक इन चारों के बीच परस्पर संघर्ष हुआ; लेकिन अन्ततः मगध की जीत हुई। बड्ढकी सूकरजातक के अनुसार 'करुष' (पुराना शाहाबाद जिला) पहले काशी प्रान्त का भाग था, परन्तु बाद में वह मगध में मिल गया। मगध ने अपनी जययात्रा लगातार जारी रखी; और वह आर्यावर्त की राजनैतिक एवं सांस्कृतिक गतिविधियों का केन्द्र बन गया।

भारत का प्रथम साम्राज्य

साम्राज्य कहलाने की दो अनिवार्य शर्तें हैं—(1) बृहद् विजय-अभियान तथा व्यापक क्षेत्रीय नियन्त्रण; और (2) भिन्न सांस्कृतिक समूहों पर प्रभुत्व। परन्तु कई

बार अति-उत्साह में 'लघुराज्य' (किंगडम) को भी 'साम्राज्य' (एम्पायर) कह दिया जाता है। दक्षिण भारत के सातवाहन और विजयनगर राज्य को इसी क्रम में साम्राज्य कहा गया है, जबकि ये दोनों लघुराज्य थे।

प्राचीन भारत में अनेक सामान्य राजाओं ने आत्म-प्रशस्तिपरक भारी-भरकम उपाधियाँ धारण की थीं। पुराने अभिलेखों में वैसे आत्ममुग्ध राजाओं की प्रशस्तियाँ भरी पड़ी हैं। उन उपाधियों के कारण भ्रमित होकर उनके लघुराज्य को भी साम्राज्य मान लिया गया है। इसके विपरीत मौर्यवंशीय महान शासक अशोक ने अपने अभिलेखों में अपने को मात्र 'राजा मागधे' (मगध का राजा) कहा है। अशोक अपने को मगध का सम्राट नहीं, बल्कि राजा कहता है।

प्राचीन ग्रन्थों में आ-समुद्र राज्य के अधिपति को चक्रवर्ती कहा गया है। "चक्रवर्ती राज्य का विचार लोगों में ई.पू. 570 या इससे कुछ पहले से फैल रहा था। बुद्ध ने जो अपने धार्मिक साम्राज्य का नामकरण 'धर्मचक्र' किया था, वह राजनैतिक परिभाषा के अनुसार ही था।"[24] एक राजा के समुद्र तक विस्तृत साम्राज्य का भाव सबसे पहले मगध में ही उत्पन्न हुआ था, क्योंकि वहाँ से बंगाल की खाड़ी तक विजय के लिए खुला हुआ मैदान था। दोआब के आर्यजनों के विपरीत वहाँ अनार्य जातियों का निवास था; और उन अनार्यों को हिन्दू साम्राज्यवादी लोग नैतिक दृष्टि से अपने लिए बाधक नहीं समझते थे।

काशीप्रसाद जायसवाल कहते हैं कि "साम्राज्य शब्द ऐसे कई राज्यों के समूह का सूचक है जो किसी एक बड़े राज्य के अधीन हों। आधुनिक शब्दावली में इसे संघ-साम्राज्य-प्रणाली (Fedral Imperial System) कह सकते हैं। 'ऐतरेय ब्राह्मण' के अनुसार प्राची दिशा के शासकों ने अपना साम्राज्याभिषेक कराया था, अर्थात प्राची या मगध में इस साम्राज्य प्रणाली का केन्द्र था। प्राची में जरासन्ध के वंशजों का राज्य था, इतिहास में जिसका उल्लेख उसके पूर्वज बृहद्रथ के नाम से है। महाभारत में कहा गया है कि जरासन्ध ने सम्राट का पद प्राप्त किया था। जरासन्ध उस संघ संस्था का प्रधान सम्राट था और चेदि का राजा शिशुपाल उसका सर्वप्रधान सेनाध्यक्ष था। इस विवरण से हमें यह पता चलता है कि उस संघ में कई स्वतन्त्र राज्य सम्मिलित थे। महाभारत के पहले पर्व में हमें यह लिखा मिलता है कि बहुत से राजा मिलकर स्वतन्त्रतापूर्वक एक सम्राट का निर्वाचन करते हैं और उसे उस पद पर अभिषिक्त करते हैं। सभापर्व की अन्य बातों से यह ध्वनि निकलती है कि राजाओं ने आत्मरक्षा के विचार से यह प्रथा चलाई थी। पर जरासन्ध ने उसकी अवहेलना करके अन्य राजाओं को दासत्व की स्थिति में ला दिया था।"[25]

आज से करीब ढाई हजार साल पहले मगध के हर्यक वंश के शासकों ने भारत के प्रथम साम्राज्य की आधारशिला रखी। इसके बाद, सम्पूर्ण भारतवर्ष के एकीकरण का प्रथम प्रयास भी मगध ने ही किया। राजनैतिक दृष्टि से एकीकृत भारत का स्वप्न सर्वप्रथम चाणक्य नामक 'मागध ब्राह्मण' ने देखा और उसके शिष्य चन्द्रगुप्त मौर्य ने उस स्वप्न को साकार किया। भारतीय संसद के सामने चन्द्रगुप्त मौर्य का एक चिन्तनरत चित्र बना हुआ है, जो राष्ट्रीय एकता की प्राचीन भारतीय परम्परा की याद दिलाता है।

गंगा घाटी का बढ़ता महत्त्व

ऋग्वेद के नदीसूक्त में भारतवर्ष की कई नदियों का उल्लेख है—

इमं मे गंगे यमुने सरस्वति शुतुद्रि स्तोमं सचता परुष्ण्या।
असिक्न्या मरुद्धधे वितस्तयार्जीकीये शृणुह्या सुषोमया।।

(ऋग्वेद, 10/75/5)

ऋग्वैदिक आर्य गंगा, यमुना, सरस्वती, सतलज (शुतद्रु), रावी (परुष्णी), चिनाब (असिकनी), मरुवर्द्धन, झेलम (वितस्ता), सिन्धु (सुषोमा) आदि नदियों से परिचित थे। मरुवर्द्धन नदी कश्मीर में बहती है। इस उद्धरण से स्पष्ट है कि ऋग्वैदिक आर्यों को गंगा से पूरब की किसी नदी के बारे में कोई जानकारी नहीं थी।

प्राग्वैदिक और ऋग्वैदिक भारत में सिन्धु एवं सरस्वती नदी-घाटी समस्त राजनैतिक, आर्थिक एवं सांस्कृतिक गतिविधियों का केन्द्र हुआ करती थी। अनुश्रुतियों के अनुसार एक बार चौदह वर्ष लम्बा सूखा पड़ा, जिसके भयंकर परिणाम हुए। सरस्वती नदी सूख गई, सामाजिक व्यवस्था छिन्न-भिन्न हो गई और वेद की ऋचाएँ लोगों की स्मृतियों से ओझल हो गईं। उत्तर-वैदिक काल में सरस्वती नदी के सूख जाने के बाद स्वाभाविक रूप से गंगा घाटी का महत्त्व बढ़ गया। जो गौरवशाली स्थिति पहले सरस्वती नदी-घाटी की थी अब वह गंगा घाटी के मैदान को सुलभ हुई। यह महत्त्वपूर्ण स्थिति अब तक बनी हुई है।

मगध का इतिहास जितना उज्ज्वल है, उसका भूगोल उतना ही विशिष्ट है। यह गंगा के दक्षिण-पश्चिम में स्थित है। गंगा यहाँ की धरती को अपने जल से पवित्र करती आई है। परन्तु बुद्धकाल के पहले से ही मगध को पश्चिमोत्तर भारत की अपेक्षा हीन और 'पाप भूमि' माना जाता रहा है। वैदिक ग्रन्थों में पूर्वाग्रह-ग्रस्त होकर मगध के लोगों का चित्रण बहुत भद्दे ढंग से किया गया है।

ऋग्वेदोत्तर काल में भारत के पश्चिमोत्तर भाग (सप्तसिन्धु प्रदेश) में बसे आर्यों ने पूर्व एवं दक्षिण दिशा में आगे बढ़ना शुरू किया। सप्तसिन्धु सात नदियों

का प्रदेश था। ये सात नंदियाँ थीं—सिन्धु, कुभा (काबुल), वितस्ता (झेलम), असिकनी (चेनाब), परुष्णी (रावी), विपाशा (व्यास) और शतद्रु (सतलज)। गौरतलब है कि सभी आर्य पूर्व की ओर नहीं बढ़े। पुरु जन ई.पू. चौथी सदी के अन्त तक पंजाब में टिके रहे। वैसे उन्हें भी दूर के प्रदेशों में अपनी शाखाएँ भेजकर उपनिवेश स्थापित करने पड़े; क्योंकि उनके मूल प्रदेश में बहुत अधिक पशुचारी लोगों का भरण-पोषण नहीं हो सकता था। रेगिस्तान के कारण दक्षिण की ओर विस्तार सम्भव नहीं था। पूर्व की ओर यमुना के निकट बहुत ही घने जंगल थे। उन जंगलों को लोहे के औजारों से परिश्रमपूर्वक साफ किए बिना कोई उपाय नहीं था। अब आगे बढ़ने के दो ही रास्ते थे : एक, पंजाब और गंगा की घाटी के बीच के निम्न जलविभाजक पर सँकरी पट्टी; और दूसरा, हिमालय की तराई के किनारे-किनारे, जहाँ उथली भूमि को आग से भली-भाँति साफ किया जा सकता था।

इसी क्रम में आर्यों की मुख्य बस्तियों की स्थापना शृंखलाबद्ध रूप से नेपाल की तराई के साथ ही दक्षिणी नेपाल में हुई; और फिर यह शृंखला बिहार के चम्पारण जिले में दक्षिण की ओर मुड़कर गंगा नदी के उत्तरी तट तक जा पहुँची।

'शतपथ ब्राह्मण' की कथा

वेदों के चार भाग हैं—संहिता, ब्राह्मण, आरण्यक और उपनिषद। ब्रह्म का एक अर्थ है—यज्ञ। अत: यज्ञ सम्बन्धी विषय का प्रतिपादन करनेवाले वैदिक ग्रन्थों को 'ब्राह्मण' कहा गया। दूसरे शब्दों में, वेदों का वह गद्यात्मक भाग जो वैदिक यज्ञों के लिए वेदमन्त्रों के प्रयोग के नियमों के विवरण देता है, उनकी व्याख्या करता है; और उनकी उत्पत्ति बताता है, 'ब्राह्मण' कहलाता है। इनमें कर्मकाण्डों और बलियों के विषय में विस्तृत विवरण मिलता है। वैदिक टीकाकार सायण के अनुसार प्रत्येक ब्राह्मण आठ विषयों की चर्चा करता है—इतिहास, पुराण, विद्या, उपनिषद्, सूत्र, श्लोक, व्याख्या एवं अनुव्याख्या। प्रत्येक वैदिक संहिता के अलग-अलग ब्राह्मण ग्रन्थ हैं। ऋग्वेद संहिता के दो ब्राह्मण हैं—ऐतरेय एवं कौषीतकी। यजुर्वेद संहिता के भी दो ब्राह्मण हैं—कृष्ण यजुर्वेद का तैत्तिरीय और शुक्ल यजुर्वेद का शतपथ। जबकि अथर्ववेद संहिता का एकमात्र ब्राह्मण है गोपथ। 'शतपथ' एक विशाल ब्राह्मण ग्रन्थ है। इसमें 'शत पथ' अर्थात सौ अध्याय हैं। बाद के वैदिक साहित्य के अधिकतर ग्रन्थों का सम्बन्ध पश्चिम गंगा घाटी (कुरु-पांचाल क्षेत्र) से है, जबकि शतपथ ब्राह्मण का सम्बन्ध उत्तरी बिहार से है। पुनर्जन्म के सिद्धान्त का उल्लेख सबसे पहले शतपथ ब्राह्मण में ही किया गया था।

वैदिक आर्य पहले पंजाब में रहे, पर बाद में कुरुक्षेत्र का प्रदेश बहुत दिनों तक उनका अड्डा बना रहा। आबादी की अधिकता, जलवायु-परिवर्तन या विजय की स्वाभाविक इच्छा से आर्य आगे बढ़े और इस बढ़ाव में ऋक् और अथर्ववेद के पथकृतों ने बड़ा काम किया। अग्नि के साथ 'पथकृत्' शब्द का व्यवहार होने से शायद उत्तर भारत में वैदिक संस्कृति के प्रतीक 'यज्ञ' के बढ़ाव की ओर इशारा है। पथकृत् के रूप में अग्नि का उल्लेख शायद वनों को जलाकर मार्ग-पद्धति कायम करने की ओर भी इशारा करता है। एक बहुत बड़े पथकृत् विदेघ माथव थे, जिनकी कहानी शतपथ-ब्राह्मण में सुरक्षित है। कहानी यह है कि सरस्वती के किनारे वैदिक धर्म की पताका फहराते हुए अपने पुरोहित गौतम राहुगण तथा वैदिक धर्म के प्रतीक--अग्नि--के साथ विदेघ माथव आगे चल पड़े। नदियों को सुखाते हुए तथा वनों को जलाते हुए वे तीनों सदानीरा (आधुनिक गण्डक) के किनारे पहुँचे। कथा-काल में उस नदी के पार वैदिक संस्कृति नहीं पहुँची थी, पर शतपथ के समय, नदी के पार ब्राह्मण रहते थे तथा विदेह वैदिक संस्कृति का एक केन्द्र बन चुका था। विदेघ माथव के समय में सदानीरा के पूर्व में खेती नहीं होती थी और जमीन दलदलों से भरी थी, पर शतपथ के समय वहाँ खेती होती थी। कथा के अनुसार, जब विदेघ माथव ने अग्नि से उसका स्थान पूछा तो उसने पूर्व की ओर इशारा किया। शतपथ के समय सदानीरा कोसल और विदेह के बीच सीमा बनाती थी।[26]

वेबर के अनुसार, उपर्युक्त कथा में आर्यों के पूर्व की ओर बढ़ने के एक के बाद दूसरे पड़ाव दिए हुए हैं। पहले-पहल आर्यो की बस्तियाँ पंजाब से सरस्वती तक फैलीं। इसके बाद उनकी बस्तियाँ कोसलों और विदेहों की प्राकृतिक सीमा सदानीरा तक बढ़ीं। कुछ दिनों तक तो आर्यों की सदानीरा के पार जाने की हिम्मत नहीं पड़ी, पर शतपथ के युग में वे नदी के पूर्व में पहुँचकर बस चुके थे।

उपर्युक्त कथा में सरस्वती से सदानीरा तक विदेघ माथव के पथ के बारे में और कुछ नहीं कहा गया है। शायद यह सम्भव भी नहीं था, क्योंकि सरस्वती और सदानीरा के बीच के मार्ग, यानी आधुनिक उत्तर प्रदेश में उस समय आर्य नहीं बसे थे तथा बड़े नगर और मार्ग तब तक नहीं बने थे। पर इस बात की पूरी सम्भावना है कि विदेघ माथव ने जो रास्ता जंगलों के बीच काट-छाँट और जलाकर बनाया वही रास्ता ऐतिहासिक युग में गंगा के मैदान में श्रावस्ती से वैशाली तक का रास्ता हुआ।[27]

विदेघ माथव सरस्वती नदी के तट से पूरब की ओर चले। फिर कोसल के रास्ते सदानीरा (गण्डक) नदी को पार करके पूर्व दिशा में आए और वहीं बस गए। उत्तर-पूर्वी भारत में यह आर्यों का प्रथम उपनिवेश था। इस अभियान के अग्रदूत

विदेघ माथव की ऐतिहासिक स्मृति को स्थिर रखने के लिए सदानीरा और कौशिकी के बीच के प्रदेश को विदेह कहा गया। यह विदेह ही आगे चलकर मिथिला और तीरभुक्ति (तिरहुत) के नाम से प्रसिद्ध हुआ।

अग्नि वैश्वानर के इस पूर्वी-अभियान का ऐतिहासिक महत्त्व और सांकेतिक अर्थ है। इससे दो बातें स्पष्ट होती हैं—(1) विदेघ माथव आर्यों के पूर्वी अभियान के नायक थे। और (2) उन्होंने सारस्वत प्रदेश से जाकर पूरब की ओर कौशिकी नदी तक के प्राच्य प्रदेश में आर्य संस्कृति के प्रतीक अग्नि वैश्वानर की प्रतिष्ठा की। यानी विदेघ माथव ने आर्यों के पूर्वी-विस्तार की नींव रखी।

परवर्ती काल में भी मिथिला में यज्ञवाद प्रबल रहा। उदाहरण के लिए ऐक्ष्वाक निमि के सहस्रवर्षीय सत्र (विष्णु पुराण 4/5/1) और जनक द्वारा किए गए बहुदक्षिणा यज्ञ (बृहदारण्यक 3/1) जैसे महायज्ञों को रखा जा सकता है। जातकों में भी विदेहराजों के यज्ञ-यजन का उल्लेख है।

उस समय सम्पूर्ण विदेह राज्य वनों से आच्छादित था। इस भूभाग को बौद्ध-ग्रन्थों में 'अंगुत्तराप' कहा गया है। अंगुत्तराप का शाब्दिक अर्थ है—अंग के उत्तर का जल। उस समय विदेह का यह इलाका जलमग्न और दलदली रहा होगा। आर्यों के दल ने सप्तसिन्धु प्रदेश से पूरब की ओर बढ़ते हुए, वनों को जलाकर साफ किया और वहाँ की आर्द्र एवं दलदली भूमि को रहने और खेती करने के योग्य बनाया। इस क्रम में उन्होंने मिथिला तक वैदिक संस्कृति का प्रसार किया। विदेह की राजधानी मिथिला में जनकों की परम्परा स्थापित हुई, जो दीर्घकाल तक चली, लेकिन गौतम बुद्ध के पहले ही समाप्त हो गई।

गंगा के दक्षिणी तट पर मगध बसा हुआ था। मगध के बलशाली निवासियों के प्रतिरोध के कारण आर्य संस्कृति को यहाँ भली-भाँति स्थापित कर पाना सम्भव नहीं हुआ। अत: गंगा के उत्तरी तट तक ही आर्यों की वैदिक संस्कृति का प्रभाव था। गंगा के दक्षिणी भाग में अपना प्रभाव स्थापित करने में विफल रहने के कारण उन्होंने मगध को निन्दनीय बता दिया।

'शतपथ ब्राह्मण' में वर्णित कथा यह भी बताती है कि आर्य किसान और योद्धा आग की मदद से जंगलों को साफ करते थे; और वहाँ नई बस्तियाँ बसाकर खेती-बाड़ी करते थे। भारत में 1000 ई.पू. के आसपास लोहे की खोज हुई। प्राचीन साहित्य में इस नए धातु को 'कृष्ण अयस' या 'श्याम अयस' (काली धातु) कहा गया है। अब धातुकर्मियों ने लोहे की मदद से ऐसे उपकरण (कुल्हाड़ी आदि) बनाए, जिससे घने जंगलों को आसानी से साफ किया जा सकता था। लोहे से बने शस्त्रास्त्रों से उनकी मारक क्षमता भी बढ़ गई।

चित्रित धूसर मृद्भाण्ड (पी.जी.डब्लू.) संस्कृति का सम्बन्ध लोहे के व्यवहार के आरम्भ, कृषि के विस्तार और वैदिक आर्यों के प्रसार के साथ जोड़ा जाता है। चूँकि आर्य गण्डक (सदानीरा) नदी के आगे नहीं बढ़ सके, इसलिए चित्रित धूसर मृद्भाण्ड (पी.जी.डब्लू.) संस्कृति का प्रसार बिहार में नहीं हो सका। बिहार में लोहा सामान्यत: एन.बी.पी. के साथ यानी छठी सदी ई.पू. से मिलता है। वैसे यह भी सम्भव है कि मगध की मिट्टी की नमी के फलस्वरूप मिट्टी के भीतर नष्ट हो जाने के कारण इस क्षेत्र में लोहे के पुराने प्रमाण नहीं मिल पाए हों। प्रो. रामशरण शर्मा के अनुसार धूसर मृद्भाण्ड का सम्बन्ध हिन्द-ईरानियों के साथ और चित्रित धूसर मृद्भाण्ड का सम्बन्ध भारत में आर्यों के साथ जोड़ा जाता है। भारत में लाल और काले रंग के बर्तन, गेरुआ रंगवाले बर्तन, धूसर बर्तन, धूसर चित्रित बर्तन इत्यादि को आर्यों का बर्तन माना गया है। इन बर्तनों के प्रचलन का समय 1800 ई.पू. से 900 ई.पू. के बीच है। इन सभी प्रकार के बर्तनों में धूसर रंग के बर्तनों के आर्य-बर्तन होने की सम्भावना अधिक है।[28]

आर्य समूहों द्वारा बिहार के चम्पारण से दक्षिण की ओर लिया गया मोड़, दरअसल, कच्चे धातुओं के प्राकृतिक भण्डारों तक पहुँचने का एक दूरगामी प्रयास था। कच्चे धातुओं के विशाल भण्डार राजगृह की पहाड़ियों के उस पार स्थित थे। यही कारण है कि गंगा के दक्षिण में आर्यों की पहली बस्ती राजगृह में ही बसी। यह 700 ई.पू. के आसपास की बात है।

उत्तर-वैदिककाल में कुरु-पांचाल क्षेत्र आर्य संस्कृति की धुरी बन गया था। शीघ्र ही गंगा-यमुना के तटवर्ती मध्यदेश ने महत्त्वपूर्ण स्थान प्राप्त कर लिया। कोसल, काशी और मिथिला आर्य संस्कृति के नए केन्द्र के रूप में उभर रहे थे। धीरे-धीरे हिमालय और विन्ध्याचल के बीच का सम्पूर्ण भूभाग आर्यों के अधीन हो गया। राजनैतिक एवं सांस्कृतिक प्रसार का क्रम जारी था। परन्तु उस समय भी मगध, अंग, पुण्ड्र, कलिंग, शबर, पुलिन्द और आन्ध्र आर्यों की मान्य परिधि के बाहर थे।

सन्दर्भ और टिप्पणी

1. सोऽरज्यत ततो राजन्योऽजायत। (अथर्ववेद, 15/1(8)/1)
2. आदिराजो मनुरिव प्रजानां परिरक्षिता। (वाल्मीकीय रामायण, बालकाण्ड 6/4)
3. मात्स्यन्यायाभिभूता: प्रजा मनुं वैवस्वतं राजानं चक्रिरे। (कौटिल्य, अर्थशास्त्र)
4. आनुश्रुतिक का अर्थ है—अनुश्रुतियों या दन्तकथाओं के अनुसार।
5. वासुदेवशरण अग्रवाल, 'पाणिनीकालीन भारतवर्ष', पृ. 59; चौखम्बा विद्याभवन, वाराणसी; 2014 ई.।

6. तक्षशिला अब पाकिस्तान के पंजाब प्रान्त के रावलपिण्डी जिले में स्थित है।
7. रोमशा गन्धारीणामिवाविका: (ऋग्वेद, 1/126/7)
8. डॉ. मोतीचन्द्र, 'सार्थवाह', पृ. 11; बिहार राष्ट्रभाषा परिषद, पटना, 1953 ई.।
9. जयचन्द्र विद्यालंकार, 'भारतीय इतिहास की रूपरेखा', भाग 1, पृ. 51; हिन्दुस्तानी एकेडेमी, प्रयाग; 1933 ई.।
10. एक ढोंगी भिक्षु क्षान्तिशील के कहने पर राजा त्रिविक्रमसेन कृष्ण चतुर्थी की रात में श्मसान जाकर वहाँ सीशम के वृक्ष पर टँगे वेताल-आवेशित शव को लाने गए थे। इसी दौरान वेताल ने राजा विक्रम को पच्चीस कहानियाँ सुनाई थी। इसीलिए उस कथाक्रम को वेतालपचीसी कहा जाता है।
11. डॉ. धीरेन्द्र वर्मा, मध्यदेश, पृ. 17; बिहार राष्ट्रभाषा परिषद, पटना, 1955 ई.।
12. मद्रवृज्जयो: कन्। (अष्टाध्यायी 4/2/31)
13. पुराणों में विशाल को इक्ष्वाकु के छोटे भाई नाभाग का पुत्र बताया गया है।
14. राहुल सांकृत्यायन, 'पुरातत्त्व निबन्धावली', पृ. 14; किताब महल, प्रयाग; 1958 ई.।
15. राधाकुमुद मुखर्जी, 'हिन्दू सभ्यता', पृ. 205 पर उद्धृत; राजकमल प्रकाशन, नई दिल्ली
16. अंगं वृहद्रथं चैव मृतं सृंजय शुश्रुम। (महाभारत, शान्तिपर्व, 29/35)
17. रामशरण शर्मा, भारत के प्राचीन नगरों का पतन, पृ. 153; राजकमल प्रकाशन, नई दिल्ली; 2006 ई.।
18. एते कलिंगा: कौन्तेय यत्र वैतरणी नदी। (महाभारत, आरण्यक पर्व, 114/4)
19. कलिंग विषए राजन् राज्ञश्चित्रांगदस्य च। (महाभारत, शान्तिपर्व 4/2)
20. उड़ीसा के गंजाम जिले में चिकाकोल के पास लांुगल्य (लांगुलिनी) नदी के तट पर स्थित दन्तवक्र किले को ही प्राचीन दन्तपुर समझा जाता है।
21. काशीप्रसाद जायसवाल, 'अन्धकारयुगीन भारत', हिन्दी अनुवादक : रामचन्द्र वर्मा; पृ. 236-238; नागरीप्रचारिणी सभा, काशी; 1957 ई.।
22. उत्कलादर्शित पय: कलिंगाभिमुखोययौ। (कालिदास, 'रघुवंश', 4/38)
23. अथांगदाश्लिष्टभुजंभुजिष्या हेमांगदं नाम कलिंगनाथम्। (कालिदास, 'रघुवंश', 6/53-54)
24. काशीप्रसाद जायसवाल, हिन्दी अनुवादक : रामचन्द्र वर्मा; 'हिन्दू राज्यतन्त्र', द्वितीय भाग, पृ. 168; विश्वविद्यालय प्रकाशन, वाराणसी; 2016 ई.।
25. वही, पृ. 166-167
26. डॉ. मोतीचन्द्र, सार्थवाह, पृ. 38; बिहार राष्ट्रभाषा परिषद, पटना, 1953 ई.।
27. डॉ. मोतीचन्द्र, सार्थवाह, पृ. 39; बिहार राष्ट्रभाषा परिषद, पटना, 1953 ई.।
28. रामशरण शर्मा, 'आर्य संस्कृति की खोज', पृ. 22-23; सारांश प्रकाशन, नई दिल्ली; 1995 ई.।

अध्याय 4

मिथकीय युग में मगध

अथर्ववेद की रचनाभूमि : मगध

वेद चार हैं—ऋग्वेद, यजुर्वेद, सामवेद और अथर्ववेद। चार वेदों में से अन्तिम, अथर्ववेद की रचना मगध में हुई थी। इस वेद की प्रधानतः नौ शाखाएँ हैं—पैप्लाद, शौनक, दामोद, तोत्रायन, जामल, ब्रह्मपालाश, कुनखा, देवदर्शी और चरणविद्या। पतंजलि ने भी अथर्ववेद की नौ शाखाओं की बात कही है। परन्तु वर्तमान में उसकी दो ही शाखाएँ उपलब्ध हैं—पैप्लाद और शौनक। इन दोनों शाखाओं में से शौनक शाखा अधिक प्रसिद्ध है। शौनक-शाखावाले अथर्ववेद की संहिता (मन्त्रभाग) में कुल बीस काण्ड (भाग) हैं। उन काण्डों को 38 प्रपाठकों में बाँटा गया है। इनमें कुल 730 सूक्त और 6000 मन्त्र हैं।

यज्ञ विधान को भली-भाँति सम्पन्न करने के लिए संहिताओं के चार भाग किए गए थे। यज्ञ में 'होता' या 'होतृ' (प्रधान पुरोहित) ऋग्वेद का पाठ करता था। होता के तीन सहायक पुरोहित होते थे—अध्वर्यु, उदगाता और ब्रह्मा। 'अध्वर्यु' यजुर्वेद का, 'उदगाता' सामवेद का और 'ब्रह्मा' अथर्ववेद का पाठ करता था। चूँकि 'ब्रह्मा' पुरोहित द्वारा अथर्ववेद का पाठ किया जाता था, इसलिए अथर्ववेद को ब्रह्मवेद, अमृतवेद और आत्मवेद भी कहा जाता है। 'ब्रह्म' का एक अर्थ यज्ञ भी होता है और यक्ष भी। परन्तु यहाँ 'ब्रह्म' का आशय यज्ञ से ही है। यह वस्तुतः आत्मज्ञान का वेद है। इसको पढ़कर मनुष्य अपने में निहित समस्त शक्तियों के ज्ञान और प्रयोग को समझकर सफल जीवन व्यतीत कर सकता है; और इसको ईश्वर की प्राप्ति का साधन भी बना सकता है।

अथर्ववेद एक सामासिक शब्द है, जो दो शब्दों—अथर्वत् और वेद से बना है। अथर् का अर्थ है—अग्नि। जो अग्नि को धारण करता है या उसे प्रज्ज्वलित करता है, वह अथर्वत् (अथर्वाद्) है। ऐसा प्रतीत होता है कि प्रागैतिहासिक काल में अथर्ववेद का सम्बन्ध उन पुरोहितों, ओझाओं और मन्त्रवेत्ताओं से था, जो अग्नि प्रज्ज्वलित करना जानते थे। अथर् यानी अग्नि का चयन करने के कारण एक

वैदिक ऋषि और उनके वंशज अथर्वन् (अथर्वा) कहलाए। ब्राह्मण ग्रन्थों में अथर्वा ऋषि को औषधियों का विशेषज्ञ कहा गया है; और अथर्ववेद को औषधशास्त्र का भंडार।

इस वेद की रचना अथर्वा (या अथर्वन्) नामक ऋषि ने की थी, इसलिए इसका नाम अथर्ववेद है। ऋग्वेद के अनुसार इसी ऋषि ने संघर्षण द्वारा अग्नि को उत्पन्न किया। इन्होंने ही यज्ञ करने की प्रथा चलाई। सर्वप्रथम इन्होंने ही यज्ञों द्वारा वह मार्ग तैयार किया, जिससे मनुष्यों और देवताओं के बीच सम्बन्ध स्थापित करना सम्भव हुआ। मान्यता थी कि यज्ञ की पवित्र अग्नि यज्ञकर्ता द्वारा आहुति में दी गई सामग्रियों (हवि) को अपने धुएँ के साथ उड़ाकर ले जाती है; और सम्बन्धित देवता तक पहुँचा देती है। इसीलिए अग्नि को 'हव्यवाहन' कहा गया है। अथर्वा ऋषि ने अलौकिक एवं पारलौकिक शक्तियों की सहायता से विरोधी असुरों को अपने वश में कर लिया था। ब्रह्मविद्या की शिक्षा इन्हें ब्रह्मा से प्राप्त हुई थी। इसी अथर्वा ऋषि द्वारा अंगिरा एवं भृगु के वंशजों को मन्त्र मिले, इसलिए उसकी संहिता को 'अथर्ववेद', 'भृग्वंगिरस वेद' या 'अथर्वांगिरस वेद' कहा गया है।

इस वेद का पुराना नाम 'अथर्वांगिरस' ही है। इस शब्द में अथर्वन् और अंगिरस् नामक दो प्राचीन ऋषिकुलों के नाम समाहित हैं। पहला शब्द अथर्वन् पवित्र दैवी मन्त्रों से सम्बन्ध रखता है और दूसरा शब्द टोना-टोटका आदि मोहन मन्त्रों से। अथर्ववेद में वर्णित अभिचारी विषयों के कारण धर्मसूत्रों और स्मृतियों में उसका उल्लेख अनादर के साथ किया गया है। आपस्तम्ब धर्मसूत्र और विष्णुस्मृति में इस वेद के प्रति उपेक्षा व्यक्त की गई है। परन्तु डॉ. भगवतशरण उपाध्याय के शब्दों में "अथर्ववेद सावधि संस्कृति, धर्म, विश्वास, रोग, ओषधि, उपचार आदि का विश्वकोश है। विषयों की अगणित विविधता उसकी-सी अन्य किसी वेद में नहीं है। यह सही है कि उसमें जादू, झाड़-फूँक के मन्त्र, शत्रु, रोग, दैत्य आदि के निवारण के लिए प्रभूत मात्रा में संकलित हैं, परन्तु इनके अतिरिक्त उसका प्रचुर विस्तार उन सारे विषयों से सम्बन्धित है जिन्हें आज विज्ञान का पद मिला हुआ है। ज्योतिष, गणित और फलित, रोगनिदान और चिकित्सा, स्वास्थ्य-विज्ञान, यात्रा-निदान, राज्याभिषेक आदि पर तो वह पहला प्रामाणिक ग्रन्थ है, न केवल भारत का बल्कि संसार का।"[1]

वैदिक परम्परा में मानव जीवन का अन्तिम लक्ष्य मोक्ष बताया गया है, पर जब तक मनुष्य पहले तीन पुरुषार्थों--धर्म, अर्थ और काम--को पूरा नहीं कर लेता तब तक मोक्ष का दावा करना असंगत है। इसलिए अथर्वाचार्य ने इस वेद में मानव जीवन के लिए आवश्यक सब प्रकार की विद्याओं और साधनों का ज्ञान भर दिया

है। अथर्वकार ने मनुष्य को धर्म, नीति एवं सच्चरित्रता के नियमों की शिक्षा देने के साथ ही उन विधियों का भी ज्ञान प्रदान किया है जिसकी सहायता से वे दुष्टों द्वारा किए जानेवाले अनिष्टकारी उपायों का प्रतिकार कर सकें।

ऐतरेय ब्राह्मण, शतपथ ब्राह्मण, वृहदाण्यक, गौतम धर्मसूत्र, बौधायन धर्मसूत्र, मनुस्मृति, भगवद्गीता आदि में प्रायः वेद-त्रयी (तीन वेद) का प्रयोग मिलता है। परम्परागत रूप से 'वेद त्रयी' में ऋग्वेद, सामवेद एवं यजुर्वेद की गणना की गई है। ऋक् पद्यात्मक वैदिक रचना है, यजुः गद्यात्मक वैदिक रचना है जबकि साम गीतात्मक वैदिक रचना है। वेद-त्रयी को अत्यन्त पवित्र माना गया है। परवर्ती वैदिक परम्परा में 'वेद चतुष्टय' पद का व्यवहार होता है। संख्या में चार होने के कारण उनको 'वेद-चतुष्टय' कहा गया है, जबकि वैदिक ऋचाओं के पद्यात्मक (ऋक्), गीतात्मक (साम) और गद्यात्मक (यजुः) तीन रूप होने के कारण उन्हें 'वेद त्रयी' कहा गया है। यज्ञ में ऋग्वेद, सामवेद एवं यजुर्वेद के आधार पर ही कर्मकाण्ड किया जाता है। अथर्ववेद के ज्ञाता ब्रह्मा का यज्ञ में कोई कर्म-विधान नहीं होता है; वह मौन रहकर यज्ञ का साक्षी बनता है। इसलिए भी अक्सर 'वेद त्रयी' पद का प्रयोग किया जाता है।

अथर्ववेद में चारों वेदों का सार है। अतः यह एक श्रेष्ठ वेद है। 'गोपथ ब्राह्मण' में कहा गया है—

श्रेष्ठो हि वेदस्तपसोऽधिजातो
ब्रह्मज्ञानं हृदये सम्बभूव। (गो. ब्रा. 1/9)
एतद्वे भूयिष्ठं ब्रह्म यद् भृग्वंगिरसः।
येऽङ्गिरयः स रसः। येऽथर्वाणस्तद् भेषजम्।
यद् भेजम् तद्मृतम्। यदमृतं तद् ब्रह्म।। (गो. ब्रा. 3/4)

ऋक्, साम एवं यजुः नामक वेदों का सम्बन्ध श्रौत (वैदिक) यज्ञों से है, जबकि अथर्ववेद का सम्बन्ध जन्म, विवाह, अन्त्येष्टि आदि गृह्य कर्मकाण्डों और राजाओं के मूर्धाभिषेक-सम्बन्धी कर्मकाण्ड से है। नाट्यशास्त्र में भरतमुनि ने नाट्य की उत्पत्ति बताते हुए कहा है कि ब्रह्मा ने ऋग्वेद से पाठ्य, सामवेद से गीति, यजुर्वेद से अभिनय तथा अथर्वेद से रसों को लेकर नाट्य की रचना की। अथर्ववेद में कई रस समाहित हैं। उसमें जीवन की छवि भी है और परमतत्त्व का दर्शन भी।[2]

अथर्ववेद में मन्त्र, टोटके, आशीर्वाद एवं प्रार्थनाएँ हैं जिनसे देवताओं को प्रसन्न किया जा सकता है; साथ ही, भूत, प्रेत, पिशाच आदि आसुरी शक्तियों एवं मनुष्यों को शाप दिया जा सकता है; या नष्ट किया जा सकता है। इन प्रार्थनात्मक स्तुतियों को 'ब्रह्माणि' कहा गया है। इसमें औषधों (दवाओं) और जादू-टोने द्वारा

मनुष्य के उपचार का सर्वप्रथम उल्लेख मिलता है। इस वेद में 6333 गन्धर्वों का उल्लेख है। गन्धर्वों को औषधों और वनस्पतियों का विशेषज्ञ बताया गया है। गन्धर्वों का मुख्य कार्य देवताओं के लिए सोमरस तैयार करना था।

ऋक्, साम और यजुष् नामक वेदों में उपास्य देवों के प्रति प्रेम का भाव मिलता है, जबकि अथर्ववेद में उपासक अपने देवताओं से कुछ भयभीत लगता है। अथर्ववेद में अन्धविश्वास की प्रवृत्ति दिखाई पड़ती है। जहाँ अन्य तीनों वेद इस लोक या परलोक में सुख प्राप्ति के उपाय बताते हैं और धर्मपालन की शिक्षा देते हैं, अथर्ववेद ब्रह्मज्ञान भी देता है और मोक्ष के उपाय भी बताता है।

अथर्ववेद के तेरहवें काण्ड तक मुख्य रूप से प्रार्थनाएँ और भूत, प्रेत, पिशाच, असुर, राक्षस, डाकिनी, शाकिनी, वेताल आदि से रक्षा करनेवाले मन्त्र हैं। इसमें उन मन्त्रों के प्रयोग की विधियाँ विस्तार से बताई गई हैं। इस काण्ड में जादू-टोने, सर्पों एवं अन्य हिंसक प्राणियों से बचने की विधियाँ बताई गई हैं। बीमारियों से बचने के उपाय भी बताए गए हैं। इसमें सन्तान एवं जनसामान्य की रक्षा, विशेष प्रकार की औषधियों में विशेष गुणों के आवाहन, मारण, मोहन, उच्चाटन, वशीकरण आदि प्रयोगों की सफलता के लिए मन्त्र एवं प्रार्थनाएँ हैं। सम्पत्ति एवं व्यापार में वृद्धि के मन्त्र भी हैं। चौदहवें काण्ड में विवाह की रीतियों का वर्णन है। अठारहवें काण्ड में अन्त्येष्टि क्रिया की विधियों और पितरों के श्राद्ध की रीतियों का वर्णन है। बीसवें काण्ड में इन्द्र देवता के स्तुतिपरक और सोमयाग हेतु उपयोगी सूक्तों का संग्रह है। ऋक्, साम एवं यजुर्वेद प्रायः सम्पन्न वर्ग के वेद हैं, जबकि अथर्ववेद जनता का वेद है।

मातृभूमि-प्रेम या राष्ट्रप्रेम का पहला पाठ अथर्ववेद में ही मिलता है। इसके 'पृथिवी सूक्त' में मातृभूमि के प्रति भारतीय भावना का अद्वितीय वर्णन किया गया है। इसमें कहा गया है—यह पृथ्वी हमारी माता के समान है और हम सब इसके पुत्र हैं। (माता भूमिः पुत्रो अहं पृथिव्याः) इसमें पृथ्वी को औषधियों की माता कहा गया है। (विश्वस्वम् मातरमोषधीयम्) 'पृथिवी सूक्त' में कहा गया है कि यह पृथ्वी अनेक धर्मों के अनुयायी और अनेक भाषाओं को बोलनेवाले मनुष्यों को धारण करती है। (जनं बिभ्रती बहुधा विवाचसं। नानाधर्माणं पृथिवी यथौकसम्।।) विश्व सभ्यता के उषाकाल में ही मानवता के विकास की दृष्टि से इतनी महत्त्वपूर्ण बात अथर्ववेद के रचनाकार ने कह दी थी। उन्होंने स्पष्ट कर दिया था कि यह धरती किसी विशेष धर्म को माननेवाले, किसी विशेष भाषा को बोलनेवाले या किसी विशेष जाति से सम्बन्धित लोगों के लिए नहीं है। जैसे माँ अपने सभी बच्चों के प्रति वात्सल्य का समान भाव रखती है, उसी प्रकार पृथ्वी अपनी समस्त सन्तानों के प्रति

समभाव रखती है, चाहे वे किसी धर्म, जाति या प्रजाति के हों। उसके लिए सबका अपना-अपना महत्त्व है। अथर्ववेद के माध्यम से इस सार्वजनीन समदृष्टि का प्रथम उद्घोष मगध की धरती पर ही हुआ।

अथर्ववेद के पन्द्रहवें मण्डल में व्रात्यों का वर्णन किया गया है। व्रात्य प्रकरण में कुल अठारह ऋचाएँ हैं। इन ऋचाओं का सार यही है कि व्रात्य मूलत: आर्य थे; और आर्यों के प्रव्रजन के आरम्भिक दौर में वैदिक संस्कृति का संदेश लेकर माथव विदेह से काफी पहले मगध के सुदूर क्षेत्रों में जहाँ-तहाँ बस गए थे। परन्तु तथाकथित आर्य-व्रात्य जन मगध के मूल निवासी अनार्य जनसमूह के साथ इतना घुल-मिल गए थे कि उनकी स्वतन्त्र पहचान सम्भव न थी। इस सामाजिक प्रक्रिया ने आगे चलकर आर्यों एवं अनार्यों के मिश्रण से एक ऐसी संश्लिष्ट संस्कृति को जन्म दिया, जो जनसमुदाय को अपने अंक में समेटने के लिए व्याकुल थी। उसके सामने न तो किसी शास्त्रीय विधान का बन्धन था; और न उनको रास्ता दिखाने के लिए कोई सुदृढ़ सांस्कृतिक परम्परा ही मौजूद थी। धर्म के प्रति उनके मन में एक सहज आस्था थी, किन्तु उनकी मिश्रित संस्कृति के कारण ब्राह्मण शास्त्रों द्वारा अनुमोदित वैदिक धर्म के द्वार उनके लिए बन्द थे।

लोकपर्व छठ की अर्घ्यभूमि

इसी सांस्कृतिक पृष्ठभूमि में आर्यों की सूर्योपासना की शास्त्रोक्त परम्परा से कुछ भिन्न रूप में सूर्य के 'सविता' रूप की पूजा शुरू हुई। पौराणिक ग्रन्थों में सूर्य के बारह रूप माने गए हैं—धातृ, मित्र, अर्यमन्, रुद्र, वरुण, सूर्य, भाग, विवश्वन, पूषन्, सविता, त्वष्टा और विष्णु। सूर्य हिन्दुओं के पंचदेवों में से एक हैं। ऋग्वेद में सूर्य को 'जगत् की आत्मा' कहा गया है। जबकि सूर्योपनिषद में सूर्य को ब्रह्मा, विष्णु और रुद्र का रूप कहा गया है। ऋग्वैदिक काल में यह माना जाता था कि सूर्य बीमारियों को दूर भगाते हैं। (ऋग्वेद 1/35/9) भारतीय समाज में शुरू से ही सूर्य को आरोग्य प्रदान करनेवाला एक प्रत्यक्ष देवता माना जाता रहा है।

भारतीय परम्परा के अनुसार सूर्य की दो पत्नियाँ हैं—ऊषा और प्रत्यूषा। सूर्य की पहली किरण को ऊषा और आखिरी किरण को प्रत्यूषा कहते हैं। ऊषा और प्रत्यूषा सूर्य की पत्नी होने के साथ ही उनकी दो प्रमुख शक्तियाँ भी हैं। मगध क्षेत्र में कार्तिक और चैत्र मास की शुक्लपक्ष षष्ठी व सप्तमी के दिन सूर्य के साथ ही अघोषित रूप से उनकी दोनों शक्तियों ऊषा और प्रत्यूषा की सश्रद्धा पूजा की जाती थी।

कार्तिक एवं चैत्र मास के शुक्लपक्ष षष्ठी को मगध में 'सूर्य-षष्ठी' का व्रत रखे जाने की परम्परा बहुत पुरानी है। सूर्य-षष्ठी के अवसर पर मनाए जानेवाले

लोकपर्व को 'छठ पर्व' कहा जाता है। छठ सूर्यदेव की उपासना से कहीं अधिक उनकी शक्तियों की उपासना का एक लोकपर्व है। प्रमुख रूप से सूर्यदेव की दोनों शक्तियों ऊषा एवं प्रत्यूषा की उपासना किए जाने के कारण सूर्य-षष्ठी पर्व को मगध क्षेत्र में सामान्यतः 'छठ मैया की पूजा' के नाम से जाना जाता है।

प्राचीन काल से ही 'छठ मैया' मगध क्षेत्र में लोककल्याणकारी देवी के रूप में पूजित हैं। कार्तिक शुक्लपक्ष षष्ठी को अस्ताचलगामी सूर्य को अर्घ्य देते हुए छठ-व्रती सूर्य और प्रत्यूषा की पूजा करते हैं, जबकि शुक्लपक्ष सप्तमी को उदयाचल सूर्य को अर्घ्य देते हुए छठ-व्रती सूर्य और ऊषा की उपासना करते हैं। पूरी दुनिया में सब जगह उगते हुए सूर्य को ही नमस्कार करने का चलन रहा है। डूबते हुए सूर्य को भी सश्रद्धा प्रणाम करने की एक अद्भुत परम्परा मगध की धरती पर ही शुरू हुई।

सूर्योपासना भारत ही नहीं, अपितु विश्व के अनेक देशों एवं धर्मों में प्राचीनतम उपासना पद्धति के रूप में प्रचलित रही है। परन्तु छठ कोई शास्त्रीय पर्व न होकर एक लोकपर्व है। मगध की इस लोकपूजा में न तो पुरोहितों द्वारा मध्यस्थता किए जाने की आवश्यकता थी; और न ही कठिन वेद मन्त्रों को उच्चरित करने का आग्रह था। यही कारण है कि छठ पर्व के बहाने समाज का हरेक छोटा-बड़ा, उँचा-नीचा, सवर्ण-अवर्ण, विद्वान-अपढ़ स्त्री-पुरुष मानो एक सांस्कृतिक छत्र की छाया में अपनी धार्मिक चेतना को स्वर देने लगा। हमारे उत्साही जन-समुदाय को लोक धर्म की एक ऐसी ही आधारभूमि की आवश्यकता थी, जिसको स्वीकार करना सहज भी था और सरल भी।

छठ व्रत में न तो कठिन कर्मकाण्डीय विधान थे; और न राजसूय या वाजपेय-जैसे यज्ञों की तरह बड़ा खर्च था। प्रत्येक अमीर-गरीब आदमी कार्तिक शुक्लपक्ष षष्ठी को अस्ताचलगामी भगवान सूर्य और अगले दिन सप्तमी को ब्राह्म-मुहूर्त में उदयाचल सूर्य को अर्घ्य देकर छठ मैया से दीप्त काया, धन-धान्य और सुख-शान्ति का वरदान पा सकता था।

मगध के कुछ हिस्से में 'चैती छठ' मनाने की परिपाटी भी रही है, जो चैत्र मास की शुक्लपक्ष षष्ठी को मनाया जाता है। रोजगार की तलाश में अपनी पैतृक भूमि से मगध के लोगों के विस्थापन के कारण उनकी सांस्कृतिक धरोहर को देश-देशान्तर में फैलने का अवसर मिला। इसी क्रम में मगध की इस धार्मिक परम्परा का क्षेत्र के बाहर भी पर्याप्त विस्तार हो गया है। जिन-जिन क्षेत्रों में मगध की बेटियाँ बहू के रूप में गईं, छठ की परम्परा का उन क्षेत्रों में विस्तार होता चला गया। भारतवर्ष में कार्तिक को वैसे भी पवित्र मास माना गया है। इस मास की शुक्लपक्ष षष्ठी को

भारतवर्ष के विभिन्न भागों में जलस्रोतों के किनारे अब छठ के पवित्र गीत सुनाई पड़ने लगे हैं।

यह लोकपर्व ऊर्जा के अनन्त स्रोत सूर्य की प्राकृतिक शक्तियों के प्रति आदर एवं कृतज्ञता प्रकट करने का एक आध्यात्मिक विधान है। भारत में ऋग्वैदिक काल से ही प्रकृति के विविध रूपों और उसकी शक्तियों को पूजने की परम्परा रही है। लेकिन जहाँ दूसरी जगह धर्म को जटिलताओं से भर दिया गया था, मगध में उसको सरल, सहज और आडम्बरहीन तरीके से अपनाया गया।

च्यवन की पुण्यभूमि

'महाभारत' को भार्गवों की रचना माना जाता है। उसमें भृगु की महानता के विवरण भरे पड़े हैं। उसमें वर्णित एक कथा के अनुसार अग्नि के संकेत पर पुलोमा नामक एक राक्षस ने महर्षि भृगु की पत्नी का अपहरण कर लिया। अपहरण के समय उनका गर्भपात हो जाता है और इस गर्भपात से च्यवन का जन्म होता है।

मगध क्षेत्र में शोण नद के तट पर च्यवन ऋषि का आश्रम था। च्यवन की कथा ऋग्वेद, सामवेद, शतपथ ब्राह्मण, जैमिनी ब्राह्मण, महाभारत और श्रीमद्‌भागवत पुराण में वर्णित है। 'श्रीमद्‌भागवत पुराण' में वर्णित कथा के अनुसार मनु के पुत्र शर्याति की एक सुन्दर कन्या थी, जिसका नाम था सुकन्या। एक बार वन में घूमते समय उसने दीमकों की बाँबी में कोई चमकती हुई चीज देखी। दरअसल, वहाँ च्यवन ऋषि ध्यानस्थ होकर तपस्या कर रहे थे। वे ध्यान में इतने मग्न थे कि उनको पता भी नहीं चला कि कब दीमकों ने उनको चारों ओर से ढँक लिया है। केवल उनकी आँखों-वाला स्थान खाली था। सुकन्या ने अल्हड़पन में ऋषि की चमकती हुई आँखों को जुगनू समझ कर एक लकड़ी से उसको कुरेद दिया। ऋषि की आँखों से खून टपकने लगा। यह देखकर सुकन्या के साथ ही राजा शर्याति भी डर गए। शर्याति को लगा कि रुष्ट होकर च्यवन कहीं उनकी पुत्री को शाप न दे दें। अत: उन्होंने अपनी पुत्री की भूल के लिए उनसे क्षमा-याचना की। च्यवन ऋषि को प्रसन्न करने के लिए राजा ने सुकन्या का विवाह उन्हीं से कर दिया। विवाह एकदम बेमेल था, क्योंकि च्यवन वृद्ध थे और सुकन्या युवती थी।

भारतीय परम्परा में वैद्यों को श्रेष्ठ नहीं माना गया है। देवताओं के वैद्य होने के कारण अश्विनीकुमारों को भी सोमपान का अधिकारी नहीं माना जाता था। अन्य देवगण सोमपान करने के अधिकारी थे। एक बार च्यवन के आश्रम में अश्विनीकुमारों का आगमन हुआ। च्यवन ने उनको सोमपान कराने का वचन दिया, किन्तु शर्त यह रखी कि वे अपने चिकित्सीय कौशल से वृद्ध ऋषि को युवावस्था

प्रदान करें। अश्विनीकुमारों ने शर्त को स्वीकार करते हुए उनसे एक कुण्ड में स्नान करने को कहा। कुण्ड में गोता लगाकर निकलते ही चमत्कारपूर्ण ढंग से च्यवन का बुढ़ापा खत्म हो गया और वे एक सुन्दर तेजस्वी युवक में परिणत हो गए। कहते हैं कि अश्विनीकुमारों ने च्यवन के लिए एक दिव्य आयुर्वेदिक औषधि का निर्माण किया था; जिसका सेवन करने से ही च्यवन ऋषि पुनः युवा हो गए। उस औषधि को च्यवन के नाम पर 'च्यवनप्राश' कहा गया। जो भी हो, च्यवन के युवा हो जाने से सुकन्या और राजा शर्याति को प्रसन्नता हुई। बाद में च्यवन ने राजा शर्याति से कहकर सोमयाग करवाया; और उस यज्ञ में अश्विनीकुमारों को सोमपान करवाकर अपना वचन पूरा किया।[3]

दधीचि की पुण्यभूमि

दधीचि ऋषि च्यवन और सुकन्या के पुत्र थे। बाणभट्ट कृत 'हर्षचरित' के प्रथम उच्छ्वास (अध्याय) में दधीचि के सन्दर्भ में एक रोचक कथा वर्णित है।

एक बार ब्रह्मलोक में कमल के आसन पर ब्रह्मा बैठे हुए थे। इन्द्र आदि देवता उनको घेरे हुए थे। ब्रह्मा की सभा में विद्या-गोष्ठी चल रही थी। कभी-कभी इन गोष्ठियों में विद्या सम्बन्धी विवाद भी उत्पन्न हो जाता था। ऐसा ही एक विवाद दुर्वासा और मन्दपाल मुनि के बीच हो गया। क्रोध के आवेग में दुर्वासा अटपटे स्वर में सामगान करने लगे। सभा में उपस्थित मुनियों ने तो भयवश चुप्पी साध ली। ब्रह्मा ने भी प्रसंग बदलकर बात को टालना चाहा, लेकिन देवी सरस्वती अपनी हँसी रोक न सकीं। सरस्वती को इस प्रकार हँसते देखकर दुर्वासा का क्रोध भड़क गया; और वे उनको शाप देने को उद्धत हो गए।

ब्रह्मा के पास ही देवी सावित्री बैठी हुई थीं। सावित्री के साथ ब्रह्मचारियों का वेश धारण किए हुए मूर्तिमान चारों वेद भी बैठे थे। सावित्री बीच में पड़कर दुर्वासा से क्षमा माँगना चाहती थी, लेकिन उसके पहले ही दुर्वासा ने सरस्वती को मृत्युलोक में जन्म लेने का शाप दे दिया। शाप सुनकर ब्रह्मा ने पहले दुर्वासा को समझाया और फिर सरस्वती से यह कहा कि—"पुत्री, तुम शोक मत करो। मृत्युलोक में सावित्री भी तुम्हारे साथ रहेगी और तुम एक पुत्र का जन्म होने तक ही वहाँ रहोगी।" इसके बाद सन्ध्या हो गई।

सबेरा होने पर सरस्वती और सावित्री ब्रह्मलोक से निकलीं और मन्दाकिनी का अनुसरण करती हुईं मृत्युलोक में उतरीं। शोण के पश्चिमी (बाएँ) तट पर सरस्वती ने अपना आश्रम बनाया। शोण के दाएँ किनारे पर कछार में कुछ दूर हटकर च्यवन का आश्रम था। बाणभट्ट ने लिखा है कि शोण के उस पार एक

गव्यूति (दो कोस) पर च्यवन ऋषि के नाम से प्रसिद्ध च्यावन नामक वन था। सरस्वती के भावी पति दधीचि ने वहीं अपना घर बनाया। एक दिन दधीचि की सखी मालती घोड़े पर सवार होकर शोण पार करके सरस्वती से मिलने आई। ऐसा लगता है कि इस स्थान पर नदी में बहुत कम पानी रहा होगा, इसलिए उस स्थान पर शोण को पैदल पार करना सम्भव हुआ होगा।

सरस्वती शोण नद के किनारे मिट्टी का शिवलिंग बनाकर शिव के पंचब्रह्मरूप की पूजा करती थी। शिव के ये पाँच रूप थे—सद्योजात, वामदेव, अघोर, तत्पुरुष और ईशान। एक दिन सबेरे एक हजार पदाति-सेना और घुड़सवारों की एक टुकड़ी उस आश्रम के निकट आती हुई दिखाई पड़ी। वे पदाति सैनिक प्रायः जवान थे। घोड़ों की टुकड़ी के बीच में अठारह वर्ष का एक अश्वारोही युवक था। दधीचि नामक वह युवा सेनानायक नीले घोड़े पर सवार था। उसके साथ में चँवर डुलाते हुए दो परिचारक दाएँ-बाएँ चल रहे थे। आगे-आगे सुभाषित कहता हुआ एक बन्दी-चारण चल रहा था। दधीचि के सिर पर छत्र था। उसकी नाक लम्बी और ऊँची थी। उसके बगल में घोड़े पर सवार एक अंगरक्षक भी चल रहा था।

वे दोनों घोड़े से उतरकर विनीत भाव से लतामण्डप में सरस्वती और सावित्री के पास आए। सामान्य शिष्टाचार के बाद सावित्री के पूछने पर अंगरक्षक ने अपने साथी का परिचय देते हुए कहा कि "यह च्यवन और देवी सुकन्या के पुत्र दधीचि हैं। इनका जन्म अपने नाना के यहाँ हुआ था। अब यह अपने पिता के पास जा रहे हैं। मैं इनके मातामह के कुल का सेवक विकुक्षि हूँ। हमें शोण नद के उस पार च्यावन वन तक जाना है। कृपया आप भी अपना नाम-गोत्र बताएँ।" इसके उत्तर में सावित्री ने कहा कि "आर्य, समय आने पर आप हमारा नाम-गोत्र जान जाएँगे।" कुछ ही देर में साँझ घिर आई। परन्तु सावित्री का मन उस युवक में ऐसा रम गया था कि उसे नींद ही नहीं आई।

कुछ दिनों बाद विकुक्षी फिर वहाँ आया। कुशल-क्षेम के बाद उसने बताया कि कुमार दधीचि की मालती नामक सखी उसका सन्देश लेकर शीघ्र ही वहाँ आएगी। अगले दिन शोण नद को पार करके मालती उस स्थान पर आई। वह सफेद रेशम का पैरों तक लटकता हुआ झीना कंचुक पहने थी।

मालती लतामण्डप में आकर सावित्री और सरस्वती के साथ बातचीत करने लगी। दोपहर में सावित्री के शोणतट पर स्नान के लिए चले जाने पर मालती ने एकान्त पाकर सरस्वती से दधीचि का प्रेम-सन्देश कह सुनाया। उत्तर में सरस्वती ने सकारात्मक संकेत दिया। संकेत पाकर मालती च्यवनाश्रम आई और अगले दिन दधीचि को साथ लेकर सरस्वती के आश्रम में लौटी। दधीचि और सरस्वती वहाँ

एक वर्ष से अधिक समय तक साथ रहे। इसके परिणामस्वरूप सरस्वती ने सारस्वत नामक एक पुत्र को जन्म दिया। लेकिन पुत्र के जन्म के साथ ही सरस्वती की शाप अवधि समाप्त हो गई। अत: वह ब्रह्मलोक लौट गई।

अपनी भाभी अक्षमाला को दधीचि ने मातृविहीन बालक सारस्वत की धात्री बनाया। अक्षमाला का वत्स नामक एक स्वजात पुत्र भी था। उसकी देखरेख में सारस्वत और वत्स साथ-साथ बढ़ने लगे। बड़े होने पर सारस्वत ने वत्स के प्रेमवश च्यवनाश्रम की सीमा में प्रीतिकूट नामक एक गाँव बसाया था। ब्राह्मणों की प्रधान बस्ती होने के कारण बाणभट्ट ने इसको ब्राह्मणाधिवास कहा है।

यही प्रीतिकूट बाणभट्ट का जन्मस्थान भी था। इस प्रकार बाण ने अपने ही पूर्वजों का वृत्तान्त कहा है। प्राचीन 'च्यवनाश्रम' की पहचान मगध क्षेत्र में बिहार के औरंगाबाद जिले में स्थित 'देवकुर' नामक गाँव से की गई है। 'देवकुर' को पुरातन काल में देवकुण्ड कहा जाता था। इसके आसपास सोनभद्दर, परभै, बँधवाँ आदि बच्छगोतियों (वत्सगोत्रीय ब्राह्मणों) के गाँव बसे हुए हैं।

वत्स से वात्स्यायन वंश का प्रादुर्भाव हुआ। उसी वंश में वात्स्यायन नामक 'गृहमुनि' (अर्थात् गृहस्थ होते हुए भी मुनिवृत्ति रखनेवाले ब्राह्मण) उत्पन्न हुए। इन मुनियों का जो वर्णन बाण ने किया है उसे पढ़कर ताम्रपत्रों में वर्णित उस समय के वेदाध्यायी, कर्मकाण्डनिरत ब्राह्मण-परिवारों का स्मरण हो आता है। उन्होंने पंक्तिभोजन छोड़ रखा था। ऐसे लोग जनसमुदाय के साथ सामूहिक जेवनारों में सम्मिलित न होकर अपनी बिरादरी के साथ ही भोजन का व्यवहार रखते थे। दूसरे प्रकार के वे लोग थे जिन्होंने ब्राह्मण, क्षत्रिय और वैश्य इन तीनों वर्णों का भी भोजन त्याग दिया था। सम्भवत: ऐसे लोग स्वपाकी (अपना भोजन स्वयं बनानेवाले) रहना पसन्द करते थे। सातवीं शताब्दी में ब्राह्मणों के मध्य भोजन विषयक वर्जनाएँ प्रचलित हो गई थीं।[4]

जरासन्ध की शौर्यभूमि

मगध हर दौर में महत्त्वपूर्ण रहा है। महाभारत काल में मगध के राजा जरासन्ध के पराक्रम से भयभीत होकर श्रीकृष्ण को मथुरा छोड़कर यदुवंशियों सहित सौराष्ट्र क्षेत्र में बसने को विवश होना पड़ा था। अलेक्जेंडर कनिंघम ने मगधराज जरासन्ध को 1426 ई.पू. में हुए महाभारत युद्ध का एक महानायक कहा है। जरासन्ध का उल्लेख महाभारत के साथ ही जैन ग्रन्थों में भी मिलता है।

द्वापर युग में वसुदेव एवं देवकी के पुत्र के रूप में कृष्ण का जन्म हुआ। कृष्ण के नाना का नाम देवक था, जो मथुरा के अन्धक-वृष्णि गणसंघ के गणमुख्य

उग्रसेन के छोटे भाई थे। उग्रसेन के नौ पुत्र और पाँच पुत्रियाँ थीं। उनका ज्येष्ठ पुत्र कंस महत्त्वाकांक्षी और उद्दण्ड था।

कंस उग्रसेन का 'क्षेत्रज' और दानवराज दुर्मिल का वीर्यज पुत्र था। उग्रसेन का विवाह विदर्भराज सत्यकेतु की सुन्दर कन्या पद्मावती से हुआ। उग्रसेन और पद्मावती सुखपूर्वक रह रहे थे। एक बार रानी पद्मावती अपने पति की प्रतीक्षा कर रही थी। उसी समय दानवराज दुर्मिल उग्रसेन का रूप बनाकर वहाँ पहुँच गया। रानी ने उस छद्मवेशी को अपना पति समझ लिया। इस स्थिति का लाभ उठाकर उग्रसेन वेषधारी दुर्मिल छलपूर्वक पद्मावती के साथ संसर्ग करने लगा। परन्तु रतिक्रिया के दौरान पद्मावती को सन्देह हुआ। उसने हड़बड़ा कर पूछा— 'कस् त्वम् ?' (कौन हो तुम ?) तब दुर्मिल ने अपना वास्तविक परिचय दिया; और कहा कि "कई स्त्रियों को इस प्रकार के संसर्ग से देवता के समान सन्तान की प्राप्ति हुई है। इसलिए इस समागम में कोई दोष नहीं है। तुमने मुझसे पूछा है 'कस् त्वम्', इसलिए इस समागम के फलस्वरूप तुम्हें जो पुत्र उत्पन्न होगा वह 'कंस' कहलाएगा।"

पद्मावती ने लोकलाज के कारण इस घटना के विषय में किसी को कुछ नहीं बताया। समय आने पर उसने एक बालक को जन्म दिया, जो कंस के नाम से जाना गया। आगे चलकर मगध-नरेश जरासन्ध की बड़ी पुत्री 'अस्ति' और छोटी पुत्री 'प्राप्ति' का विवाह कंस के साथ हुआ। मगध राज्य के साथ वैवाहिक सम्बन्ध स्थापित होने के बाद उसकी शक्ति बहुत बढ़ गई।

जरासन्ध ने अंग, बंग, कलिंग, सुह्य और मगध की जांगल जातियों की संघ-व्यवस्था तोड़कर उनके शासकों को गिरिव्रज में कैद किया और मगध में अपना एकछत्र साम्राज्य स्थापित किया। "तने रुद्धा हि राजानः सर्वे जित्वा गिरिव्रजे।" (महा. सभापर्व 14/63) अर्थात् जरासन्ध ने सब राजाओं को जीतकर गिरिव्रज में कैद कर लिया था। "भ्रामयित्वा शतगुणमेकोनं येन भारत, गदाक्षिप्ता बलवता मागधेन गिरिव्रजात्।" (महा. सभापर्व 19/23) अर्थात् कृष्ण के ऊपर आक्रमण करने के लिए बलवान मगधराज जरासन्ध ने अपनी गदा निन्यानवे बार घुमाकर गिरिव्रज से (मथुरा की ओर) फेंकी थी।

उस समय जरासन्ध का साम्राज्य पश्चिम में मथुरा और भरतपुर तक तथा पूर्व में कलिंग, बंग और पुण्ड्र (पूर्णिया) तक फैला था। जरासन्ध को सलाह देने के लिए नीतिनिपुण दो मन्त्री थे—हंस और डिम्भक। यमुना नदी में डूब जाने से अमात्य हंस और डिम्भक की मृत्यु हो गई। इसके बाद जरासन्ध की राजनैतिक स्थिति कमजोर हो गई। परन्तु, यह बात की बात है।

समय पाकर जरासन्ध के सहयोग से कंस ने अपने पिता को बन्दी बना लिया; और स्वयं अन्धक-वृष्णि राज्य का राजा बन गया। राजपद सँभालने के बाद कंस अपनी प्रजा पर अत्याचार करने लगा। तब उसकी चचेरी बहन देवकी के पुत्र कृष्ण ने उसका विरोध किया; और फिर उसका वध करके उग्रसेन को पुनः गणमुख्य के आसन पर बैठा दिया।

कंस की विधवा अस्ति और प्राप्ति ने अपने पति की मृत्यु का बदला लेने के लिए अपने पिता जरासन्ध को प्रेरित किया। दामाद के वध की सूचना मिलने के बाद जरासन्ध के क्रोध का ठिकाना न रहा। मगधराज ने चेदि-नरेश शिशुपाल और यवन कालनेमि की सहायता से मथुरा पर सत्रह बार आक्रमण किए।[5] उन आक्रमणों से परेशान होकर कृष्ण ने यदुवंशियों सहित मथुरा का राज्य छोड़ दिया; और सौराष्ट्र क्षेत्र में द्वारका नामक नगर की स्थापना करके वहीं बस गए। यादव-बन्धुओं सहित मथुरा छोड़ने के कारण कृष्ण को 'रणछोड़' कहा गया है।

महाभारत के 'सभापर्व' में इन्द्रप्रस्थ नरेश युधिष्ठिर को 'अजातशत्रु' (जिसका कोई शत्रु न हो) कहा गया है। एक बार देवर्षि नारद इन्द्रप्रस्थ राजसभा में पधारे। उन्होंने युधिष्ठिर को बताया कि धरती पर आपकी राजसभा सर्वश्रेष्ठ है, परन्तु देवलोक में इन्द्र की राजसभा अतुलनीय है। राजर्षियों में मात्र हरिश्चन्द्र को उसमें बैठने की जगह मिली है। युधिष्ठिर ने इसका कारण जानना चाहा। तब नारद ने बताया कि राजसूय यज्ञ कराने के कारण पृथ्वी पर हरिश्चन्द्र को सम्राट का पद प्राप्त हुआ; और देहान्त के बाद इन्द्रलोक में उनको उच्च पद मिला। नारद ने युधिष्ठिर को यह भी बताया कि देवलोक में हरिश्चन्द्र के ऐश्वर्य को देखकर आपके स्वर्गस्थ पिता पाण्डु ने आपके लिए यह सन्देश भेजा है कि आप भी राजसूय यज्ञ करें ताकि पाण्डु को भी इन्द्रसभा में स्थान मिल सके।

यह सुनकर युधिष्ठिर ने अपने शुभचिन्तकों से परामर्श किया। कृष्ण ने कहा कि यद्यपि आप राजसूय यज्ञ करने के अधिकारी हैं, तथापि जब तक मगधराज जरासन्ध जीवित है, तब तक आपका राजसूय यज्ञ सफल नहीं हो सकता। उसने छियासी (86) राजाओं को पराजित करके अपनी राजधानी गिरिव्रज के पहाड़ी किले में बन्दी बना रखा है।

कृष्ण ने कहा कि जरासन्ध के पास सहायक राजाओं का एक बड़ा समूह है। चेदि देश का राजा शिशुपाल उसका सेनापति है। माया-युद्ध में निपुण करुष देश का राजा वक्र जरासन्ध का शिष्य और सेवक है। पश्चिम के पराक्रमी राजा मुर और नरकदेश के शासक यवनाधिपति भी उसके अधीन हैं। प्राग्ज्योतिषपुर के राजा भगदत्त उसके इशारे पर ही राजकाज करते हैं। बंग,

पुण्ड्र एवं किरात देश का स्वामी मिथ्यावासुदेव भी जरासन्ध के आश्रित हैं। पाण्ड्य, क्रथ और कौशिक देशों को जीतनेवाले मेरे ससुर विदर्भराज भीष्मक (रुक्मिणी के पिता) तक जरासन्ध के वश में हैं। कृष्ण ने यह भी बताया कि उत्तर दिशा के अधिपति अठारह भोज-कुल जरासन्ध से भयभीत होकर पश्चिम की ओर भाग गए हैं। शूरसेन, भद्रकार, शाल्व, योध, पटच्चर, सुस्थल, सुकुट्ट, कुलिन्द (या कुणिन्द)[6], कुन्ति (आधुनिक कोंतवार, दतिया), शाल्वायन आदि राजाओं के अतिरिक्त दक्षिण पंचाल, पूर्व कोसल, मत्स्य, संन्यस्तपाद आदि उत्तर देशों के राजा जरासन्ध के भय से अपना-अपना राज्य छोड़कर पश्चिम और दक्षिण की ओर भाग गए हैं।

कृष्ण ने युधिष्ठिर से कहा कि यद्यपि हमारे अठारह कुलों में जान पर खेलने को तैयार 'व्रात' नामक 18,000 योद्धा हैं, सात रथी और सात महारथी हैं, आहुक और अन्धक भोज के बलशाली पुत्र रण में संहार मचाने में समर्थ हैं, तथापि आजतक मध्यदेश के उस परम्परागत जीवन की टीस हमारे हृदय में है। जरासन्ध ने मगध से लेकर मथुरा तक के भूभाग को अपने प्रत्यक्ष नियन्त्रण में कर रखा है। उसकी सेना इतनी प्रबल है कि हम लोग यदि अस्त्र-शस्त्र लेकर उससे 300 वर्षों तक लड़ते रहें, तब भी उसकी सेना का सफाया कर पाना सम्भव नहीं है। कृष्ण ने कहा कि जरासन्ध सौ राजाओं की बलि द्वारा नरमेध नामक यज्ञ करके रुद्रदेव को प्रसन्न करना चाहता है। अब तक 86 राजाओं को वह बन्दी बना चुका है। केवल 14 अन्य राजाओं को बन्दी बनाना शेष है। अतः यदि आप राजसूय यज्ञ करना चाहते हैं, तो पहले राजगृह के किले में बन्दी राजाओं को मुक्त कराना और जरासन्ध का वध करना आवश्यक है। इसके बिना राजसूय यज्ञ का आयोजन सम्भव नहीं है।'' यह सुनकर युधिष्ठिर को जरासंध के बारे में और जानने की उत्सुकता हुई। तब कृष्ण ने उनको जरासन्ध की उत्पत्ति के सम्बन्ध में बताना शुरू किया।

मगध देश में बृहद्रथ नामक एक शक्तिशाली राजा थे। वे तीन अक्षौहिणी सेना के स्वामी थे। उन्होंने काशी-नरेश की दो कन्याओं से विवाह किया। विवाह के समय बृहद्रथ ने उनको वचन दिया कि वे उन दोनों के प्रति समान प्रेम रखेंगे। यौवन ढलने के बाद भी उनको सन्तान का सुख नहीं मिला। उन्होंने पुत्रेष्टि यज्ञ कराया, किन्तु कोई परिणाम नहीं निकला। स्वभावतः राजा और उनकी दोनों रानियाँ उदास रहते थे।

एक दिन राजा बृहद्रथ ने सुना कि गौतम कक्षीवान के पुत्र महर्षि चण्डकौशिक मगध पधारे हुए हैं; और गिरिव्रज (राजगृह) नगर के बाहर एक वृक्ष के नीचे ठहरे

हैं। राजा अपनी दोनों रानियों के साथ उस स्थान पर पहुँचे। उन्होंने ऋषि का उचित सत्कार किया। उनकी विनयशीलता से प्रसन्न होकर चण्डकौशिक ने कहा कि ''राजन्! मैं तुमसे बहुत प्रसन्न हूँ। कुछ माँगना चाहो, तो माँग लो।'' बृहद्रथ ने कहा कि ''ऋषिवर! मैं अभागा और सन्तानहीन हूँ। जीवन से निराश होकर तपोवन में आ गया हूँ। अब मैं कोई वरदान लेकर क्या करूँगा।'' राजा की बातों को सुनकर ऋषि को दया आ गई। उन्होंने उसी क्षण ध्यान लगाया। उनकी ध्यान-साधना के पूरा होते ही आम के पेड़ से एक पका हुआ फल टूटकर उनकी गोद में आ गिरा। ऋषि ने उस फल को अभिमन्त्रित किया और राजा को देते हुए कहा कि ''इस दिव्य फल को अपनी रानी को खिला देना। तुम्हारी मनोकामना पूरी होगी।''

ऋषि को प्रणाम करके राजा अपनी राजधानी लौट आए। उन्होंने वह फल अपनी दोनों रानियों को दे दिया। रानियों ने उस फल के दो टुकड़े किए; और दोनों ने एक-एक टुकड़ा खा लिया। ऋषि की मन्त्रशक्ति के प्रभाव से दोनों रानियाँ गर्भवती हो गईं। जब राजा को यह शुभ सूचना मिली तब उसकी प्रसन्नता की कोई सीमा न रही। परन्तु नौ महीने बाद दोनों रानियों के गर्भ से खण्डित शिशु उत्पन्न हुआ। लगता था मानो बालक को बीचोबीच से काट कर दो भाग में बाँट दिया गया हो। दोनों खण्डित शिशुओं के एक आँख, एक बाँह, एक पैर, आधा पेट, आधी कमर और आधा मुख-सिर था। उन खण्डित शिशुओं को देखकर दोनों रानियाँ बहुत डर गईं। अपशकुन के भय से उन्होंने अपनी दासियों को कहा कि उन नवजात शिशु-खण्डों को राजभवन के बाहर फेंक दें। दासियों ने उन दोनों सजीव टुकड़ों को रनिवास के पीछे के सुनसान जंगल में फेंक दिया।

उस जंगल में 'जरा' नामक एक राक्षसी रहती थी। ''वह मांस एवं रुधिर का आहार ग्रहण करनेवाली एक नरभक्षिणी देवी थी। मगध की निषाद जाति के लोग उसकी पूजा करते थे।''[7] उसने वहाँ से गुजरते समय दोनों शिशु-खण्डों को भूमि पर गिरा हुआ देखा और उत्सुकतावश उनको उठा लिया। सुविधाजनक ढंग से उन्हें ले जाने के लिए उसने दोनों टुकड़ों को मिलाकर एकसाथ कर लिया। ऐसा करते ही चमत्कार हो गया। आपस में मिलते ही दोनों टुकड़े एक जीवन्त शिशु में बदल गए।

उस नवजात शिशु ने जोर-जोर से रोना शुरू कर दिया। बच्चे के रोने की आवाज सुनकर उदास रानियाँ रनिवास के बाहर झाँकने लगीं। रानियों को विह्वल होकर बाहर झाँकते देखकर जरा ने स्थिति का अनुमान कर लिया। आखिरकार वह भी एक स्त्री थी। उसकी ममता जाग उठी। उसने विचार किया कि वह मगधराज बृहद्रथ के राज्य में सुखपूर्वक रहती है। मगधराज प्रजापालक होने के बावजूद

निस्सन्तान हैं। अत: इस अबोध बालक को मारकर खा जाने की अपेक्षा राजा को सौंप देना उचित होगा। यह सोचकर जरा ने भद्र स्त्री का रूप धारण किया; और पलक झपकते ही शिशु को लेकर राजदरबार में जा पहुँची।

राजा के पूछने पर उसने पूरा घटनाक्रम कह सुनाया; और बालक को उन्हें सौंप दिया। तभी रोती-कलपती दोनों रानियाँ भी वहाँ पहुँच गईं। नवजात शिशु को देखते ही वे उसे पहचान गईं; और उन्होंने बालक को अपने सीने से लगा लिया। राजकुमार के जन्म का समाचार सुनकर हर तरफ बधाइयाँ गाई जाने लगीं। पूरे मगध में खुशी की एक लहर दौड़ गई।

बालक का विधिपूर्वक संस्कार किया गया। उसका नामकरण करते हुए राजा बृहद्रथ ने कहा कि चूँकि जरा नामक राक्षसी ने इस बालक को सन्धित किया (जोड़ा) है, इसलिए इसका नाम 'जरासन्ध' होगा।

वह बालक बचपन से ही बलशाली था। किशोरावस्था में उसने अपने आराध्यदेव शिव को प्रसन्न करने के लिए कठिन तपस्या की। शिव के आशीर्वाद से वह असीम शक्ति का स्वामी बन गया।

जरासन्ध के बल का बखान सुनकर युधिष्ठिर ने चिन्तित स्वर में कहा कि "वासुदेव! हम तो आपके बल से ही अपने को बलवान मानते हैं। यदि आप ही जरासन्ध से आशंकित हैं, तो फिर हमारी क्या बिसात! अब आप ही हमारी सहायता करें।" कृष्ण ने कहा कि "जो दुर्बल होने पर भी बलवान से भिड़ जाता है, उसकी पराजय होती है। परन्तु सतर्क, उद्यमी और नीति-निपुण राजा कम बलवान होने के बावजूद अपने सबल शत्रु को हरा सकता है।"

कृष्ण ने युधिष्ठिर को आश्वस्त करते हुए कहा कि जरासन्ध के मुख्य सहायक हंस और डिम्भक की मृत्यु हो चुकी है। उसके दामाद कंस का भी वध हो चुका है। अब जरासन्ध की बारी है। परन्तु आमने-सामने की लड़ाई में उसे हरा पाना सम्भव नहीं है। वह मल्ल-युद्ध का प्रेमी है। इसलिए उसको मल्ल-युद्ध में हराने का उपाय करना होगा।

सोच-विचार के बाद कृष्ण, भीम और अर्जुन ने गुप्त रूप से गिरिव्रज पहुँचने की योजना बनाई। उस जमाने में विद्यार्थियों पर किसी को शंका नहीं होती थी। अत: उन तीनों ने स्नातक का वेश धारण किया। दूसरी समस्या मार्ग तय करने की थी। मध्यदेश से साकेत और वाराणसी होते हुए जो मार्ग मगध की ओर जाता था, उसको छोड़ दिया। वे पश्चिम की ओर कुरु जंगल में घुसे, जो वर्तमान हिसार-सिरसा का क्षेत्र था। वहाँ से कुरुक्षेत्र के पद्मसर नामक स्थान से होते हुए उत्तर-पूर्व की ओर मुड़ गए। वहाँ कालसी, देहरादून और सुकेत के बीच में कालकूट नामक स्थान

था। वहाँ से सरयू, सदानीरा (राप्ती), गण्डकी, महाशोण, गंगा आदि नदियों को पार करते हुए वे तीनों मगध देश पहुँचे। कुछ ही समय में वल्कल वस्त्र धारण किए वे लोग सुन्दर वृक्षों एवं जलाशयों से सजे 'गोरथ गिरि'[8] पहुँच गए।

वहाँ से मगध की राजधानी गिरिव्रज दिखाई दे रही थी। वह नगर वैभारगिरि, वृषभगिरि, वराहगिरि, चैत्यकगिरि और ऋषिगिरि नामक पाँच पहाड़ियों से घिरा हुआ था। पहाड़ियों के बीच में गिरिव्रज को घेरनेवाला एक बाहरी परकोटा था। इसमें जगह-जगह बुर्ज बने हुए थे।

गिरिव्रज नगर में प्रवेश करने के लिए दो मुख्य द्वार थे—(1) तप्तोद कुण्ड के पास का उत्तरी द्वार और (2) दक्षिणी द्वार, जहाँ से बाणगंगा निकली है। सामान्यत: आगन्तुक लोग उत्तरी द्वार से प्रवेश करते थे। परन्तु वे तीनों ऋषभगिरि की ओर आगे बढ़े। राजभवन के चारों ओर एक भीतरी परकोटा भी था; जहाँ से शत्रुओं पर नज़र रखी जाती थी। आपात स्थिति में नगाड़े बजाकर सुरक्षा-प्रहरियों को सावधान करने की व्यवस्था भी थी। वहाँ प्रवेश कर पाना कठिन था। कृष्ण सोचने लगे कि अब क्या किया जाए! उन्होंने परकोटे के नगाड़े को नष्ट कर दिया ताकि रास्ते में भेद खुलने पर भी अन्य सुरक्षाप्रहरियों को नगाड़ा बजाकर सजग न किया जा सके। संयोगवश उसी समय राजपुरोहितों का एक दल जरासन्ध के यहाँ अग्निहोत्र कर्म के लिए धूमधाम से भीतर जा रहा था। वे तीनों अवसर का लाभ उठाकर उन्हीं के साथ हो लिए; और निर्भय होकर राजभवन की सुरक्षित तीन डयोढ़ियों को पार करके जरासन्ध के पास पहुँच गए।

जरासन्ध बहुत चतुर था। उसको उन तीनों का वेश देखकर कुछ शंका हुई। उसने उनको लक्ष्य करके कहा कि "हे ब्राह्मणों! स्नातक ब्रह्मचारी सभा में जाने के अतिरिक्त और कभी माला एवं चन्दन धारण नहीं करते। आपके वस्त्र लाल हैं। शरीर पर पुष्पमाला और अंगराग भी है। आपकी भुजाओं पर धनुष की प्रत्यंचा के निशान भी हैं। स्नातक ब्राह्मणों को माला एवं अनुलेपन के साथ मैंने देखा है, लेकिन उनकी भुजाओं पर प्रत्यंचा के निशान नहीं देखे हैं।" तीनों स्तब्ध खड़े रहे। जरासन्ध ने फिर कहा कि "आप लोग मुख्य प्रवेशद्वार के बदले बुर्ज तोड़कर अद्वार से क्यों आए हैं ? आपका वेश तो ब्राह्मणों-जैसा है, किन्तु आपका आचरण उसके विपरीत है। आप अपना वास्तविक परिचय दीजिए; और आने का प्रयोजन बताइए।"

तब कृष्ण ने कहा कि "हे राजन! स्नातक का व्रत एवं वेश तो ब्राह्मण, क्षत्रिय और वैश्य तीनों वर्ण के व्यक्ति धारण कर सकते हैं। हाँ, उनके नियम निश्चित रूप से अलग हैं। क्षत्रिय का बल उसकी वाणी में नहीं, अपितु भुजाओं में होता है। वह

श्री चाहता है, इसलिए पुष्पमाला धारण करता है। आप जानते ही होंगे कि पुष्पमाला धारण करना श्रीमानों का काम है। और हाँ, यदि आपको हमारा बाहुबल देखने की इच्छा हो तो आप अभी देख सकते हैं। जहाँ तक प्रवेश का प्रश्न है, नीति कहती है कि मित्र के घर में द्वार से और शत्रु के घर में अद्वार (यानी अन्य प्रकार) से प्रवेश करना चाहिए। हमने उसी नीति का पालन किया है।''

जरासन्ध ने उन तीनों को गौर से देखते हुए कहा कि ''मैं तो आपको जानता तक नहीं, तो मुझमें और आपमें शत्रुता की बात कहाँ से आ गई।'' तब श्रीकृष्ण ने कहा कि ''आपने महादेव को प्रसन्न करने के लिए एक सौ क्षत्रिय राजाओं की बलि देने का प्रण किया है। निरपराध राजाओं का वध करने के निश्चय के कारण आप पूरी मानवजाति के शत्रु हैं। और हाँ, आपका अनुमान सही है। हम तीनों ब्राह्मण नहीं हैं। मैं वासुदेव कृष्ण हूँ और ये दोनों भीम एवं अर्जुन हैं। राजन, हम आपको मल्लयुद्ध के लिए ललकारते हैं।''

यदि डॉ. काशीप्रसाद जायसवाल के अनुसार महाभारत युद्ध का काल 1400 ई. पू. माना जाए, तो कहा जा सकता है कि उस समय भारत में और मगध में नरबलि ही नहीं, नरपति-बलि की प्रथा थी। महाभारत के अनुसार जरासन्ध से पूर्व मगध में जरा नाम की एक राक्षसी थी, जो नर-शिशु का आहार करती थी। बौद्ध साहित्य के अनुसार बुद्ध ने इस राक्षसी के शिशु को चुराकर, उसके मन में शिशु के प्रति करुणा की भावना पैदा की और बाद में वह राक्षसी निषादों की देवी बन गई। इससे ऐसा लगता है कि बहुत प्राचीन काल में मगध में ऐसी जाति थी, जो नर-मांस का आहार करती थी। ऐसी ही विकट परिस्थिति में (बुद्ध और महावीर के काल में) मानव-समाज के कल्याण के लिए अहिंसा की साधना का आविष्कार हुआ होगा।[9]

बहरहाल, कृष्ण की चुनौती को सुनकर जरासन्ध तैश में आ गया। उसने कहा कि ''यदि चाहो तो तीनों एकसाथ या फिर अकेले-अकेले मुझसे लड़ सकते हो।'' कृष्ण ने कहा कि ''यह आप की इच्छा पर निर्भर है। आप हम तीनों में से जिस किसी से चाहे लड़ लें।'' जरासन्ध चाहता तो अर्जुन से भी मल्ल-युद्ध करने का प्रस्ताव कर सकता था; और उसके ऐसा करने पर उसकी विजय की सम्भावना प्रबल रहती। परन्तु महाबलशाली जरासन्ध ने भीम को अपना जोड़ीदार मानकर, उसी से मल्ल युद्ध करना स्वीकार किया।

गिरिव्रज में पश्चिम की ओर वैभारगिरि की तलहटी में रणभूमि नामक स्थान है। उसको 'जरासन्ध का अखाड़ा' कहा जाता है। वहीं पहुँचकर भीम और जरासन्ध परस्पर भिड़ गए। उन्होंने तृणपीड, पूर्णयोग, समुष्टिक आदि कुश्ती के कई दाँव-

पेंच आजमाए। यह मल्लयुद्ध कार्तिक कृष्ण प्रतिपदा से आरम्भ होकर 'धनतेरस' तक यानी लगातार तेरह दिनों तक चलता रहा। चौदहवें दिन नरक चतुर्दशी थी। उस दिन जरासन्ध को कुछ थकान महसूस हुई। उसकी यह दशा देखकर कृष्ण ने भीम से कहा कि "थके शत्रु को अधिक दबाना ठीक नहीं है।" भीम ने कृष्ण के कथन के निहितार्थ को समझकर जरासन्ध को बाहुपाश में लेकर दबाना शुरू किया। जरासन्ध को पस्त कर देने के बाद भीम ने उसको दोनों हाथों से ऊपर उठा लिया; और फिर हवा में घुमाने लगा। सौ बार घुमाने के बाद उसने जरासन्ध को जमीन पर पटक दिया। तभी कृष्ण ने भीम को दिखाकर एक तिनके को बीचोबीच से चीर दिया। संकेत को समझते हुए भीम ने उसके एक पैर को अपने पैर से दबाया और दूसरे को अपने हाथ में लेकर बीचोबीच से चीर दिया।

जरा ने दो पृथक पिण्डों को अपनी मन्त्र-शक्ति से जोड़ तो दिया था, लेकिन जरासन्ध के शरीर का वह सन्धित भाग दुर्बल रह गया था। भीम ने उसी का लाभ उठाकर उसको चीर कर जरासन्ध की जीवनलीला का अन्त कर दिया। भारतवर्ष के छियासी राजाओं को बन्दी बनाकर उनके जीवन को नारकीय बनानेवाले जरासन्ध का 'नरक चतुर्दशी' के दिन अन्त हो गया।[10]

जरासन्ध के वध का समाचार फैलते ही गिरिव्रज नगर में कोलाहल मच गया। कृष्ण ने सबसे पहले जरासन्ध के 'सोदर्यवान' नामक दिव्य रथ को अपने अधिकार में कर लिया। यह रथ देवराज इन्द्र द्वारा राजा वसु को दिया गया था। वसु ने उसको बृहद्रथ को; और बृहद्रथ ने जरासन्ध को दिया था। उस दिव्य रथ पर बैठकर वे तीनों राजगृह के पहाड़ी किले पहुँचे; और वहाँ बन्दी बनाकर रखे गए सभी छियासी राजाओं को मुक्त कराया। उन सब को उन्होंने युधिष्ठिर के राजसूय यज्ञ में आने का निमन्त्रण भी दिया। जरासंध की कैद से मुक्त कराए गए। 86 राजाओं ने पांडवों की अधीनता स्वीकार कर ली। गिरिव्रज से इन्द्रप्रस्थ की ओर प्रस्थान करने के पहले कृष्ण ने जरासन्ध के पुत्र सहदेव का राज्याभिषेक करके उसको मगध का राजपद सौंप दिया।

जरासन्ध के वध के बाद युधिष्ठिर का राजनैतिक संकट दूर हो गया; लेकिन राजसूय यज्ञ की सफलता के लिए कोष का संग्रह जरूरी था। इसके लिए भारत के विभिन्न राजाओं से कर लेना आवश्यक था; और राजाओं को 'करद' (कर देनेवाला) बनाने के लिए दिग्विजय सर्वोत्तम उपाय था। 'महाभारत' के सभापर्व के अनुसार भीम ने पूर्व, अर्जुन ने उत्तर, नकुल ने पश्चिम और सहदेव ने दक्षिण दिशा की दिग्विजय की। भीम ने पूर्व दिशा में स्थित अन्य राज्यों के साथ ही मगध को भी इन्द्रप्रस्थ राज्य का करद बनाया। सभापर्व के अनुसार भीम की दिग्विजय-यात्रा

गया के पास 'पशुभूमि' से होकर गुजरी। वासुदेवशरण अग्रवाल के अनुसार "....पशुभूमि सम्भवतः गिरिव्रज के आसपास थी, जो गया के उत्तर-पूर्व और राजगृह के पश्चिम में है।[11]

बार्हद्रथ राजवंश का अंत

एकराट शासकों का प्रभाव उनके व्यक्तिगत बल पर निर्भर करता है। जरासन्ध की मृत्यु के बाद शीघ्र ही उसका साम्राज्य छिन्न-भिन्न हो गया। तब मगध के स्थान पर इन्द्रप्रस्थ भारत की प्रधान राजनीतिक शक्ति बन गया। लेकिन हस्तिनापुर के कौरव पांडवों के उत्कर्ष को सह न सके। फलतः कौरवों और पांडवों के बीच एक भीषण युद्ध हुआ, जिसे 'महाभारत का युद्ध' कहा जाता है।

जरासन्ध का पुत्र और उत्तराधिकारी राजा सहदेव पांडवों की ओर से महाभारत-युद्ध में लड़ा; और कौरव-दल के सेनापति द्रोणाचार्य के हाथों मारा गया। सहदेव की मृत्यु के बाद उसका पुत्र सोमाधि मगध के सिंहासन पर बैठा। पुराणों के अनुसार सोमाधि के निम्नलिखित उत्तराधिकारी हुए--श्रुतश्रवा (शासनकाल 64 वर्ष), अयुतायु (26 वर्ष), निरमित्र (40 वर्ष), सुक्षत्र (56 वर्ष), बृहत्कर्मा (23 वर्ष), सेनाजित (23 वर्ष), श्रुतंजय, विभु (28 वर्ष), शुचि (58 वर्ष), क्षेम (28 वर्ष), सुव्रत (64 वर्ष), सुनेत्र (35 वर्ष), निवृत्ति (58 वर्ष), त्रिनेत्र (28 वर्ष), दृढ़सेन (48 वर्ष), महीनेत्र (33 वर्ष), सुचल (32 वर्ष), सुनेत्र (40 वर्ष), सत्यजित (83 वर्ष), विश्वजित (25 वर्ष) और रिपुंजय (50 वर्ष)। पुराणों के अनुसार सोमाधि से लेकर रिपुंजय तक बार्हद्रथ वंश के 22 राजाओं ने 940 वर्षों तक मगध पर शासन किया। रिपुंजय बार्हद्रथ-राजवंश के अंतिम राजा थे। उनके अमात्य सुनिक (शुणक) ने विद्रोह करके रिपुंजय का वध कर दिया।

उल्लेखनीय है कि बार्हद्रथ वंश के किसी पूववर्ती राजा ने अवन्ति राज्य को जीतकर मगध में मिला लिया था। मगधराज रिपुंजय ने अमात्य सुनिक को अवन्ति का प्रशासक नियुक्त किया था। सुनिक के दो पुत्र थे—बालक और प्रद्योत। रिपुंजय का वध करके सुनिक ने बालक को मगध का और प्रद्योत को अवन्ति का राजा बनाया। सुनिक की इस राज्यक्रांति से मगध और अवन्ति--दोनों राज्यों में बार्हद्रथ वंश के शासन का अंत हो गया। परंतु मगध पर सुनिक के वंश का शासन भी अधिक समय तक न टिक सका। भट्टिय नामक एक महत्त्वाकांक्षी सामंत ने सुनिक के पुत्र बालक के विरुद्ध विद्रोह करके उसका वध कर दिया और मगध के सिंहासन पर अधिकार कर लिया।

निषादों की देवी : जरा

जो जरा पहले रक्त-मांस का भक्षण करती थी, रास्ते में शिशु-खण्ड को देखकर उसका हृदय पसीज गया। मातृत्व की भावना से भरकर उसने नवजात शिशु के शरीर के दोनों टुकड़ों को मन्त्रबल से जोड़ा और फिर मगध के निस्सन्तान राजा बृहद्रथ को सौंप दिया। इसके बाद वह अन्तर्धान हो गई। इस घटना के बाद मगध में उसका महोत्सव मनाया जाने लगा और स्थानीय लोग उसका चित्र अपने घर की दीवारों पर अंकित करने लगे। उसको अनेक पुत्रों की माता (बहुपुत्रिका) माना जाने लगा। मगध में निषाद जाति के लोग जरा देवी की पूजा करने लगे।

मगध की इस जनजातीय देवी की कहानी बाद में बौद्ध साहित्य में भी ग्रहण कर ली गई। वहाँ उसको हारीति[12] कहा गया है। शुरू में वह बच्चों को खा जानेवाली एक राक्षसी थी। बाद में बुद्ध ने उसके एक बच्चे को छिपाकर उसमें मातृत्व का प्रेम जागृत किया; और वह बच्चों की अधिष्ठात्री देवी के रूप में पूजी जाने लगी।

निषाद वीर एकलव्य

'महाभारत' और 'हरिवंश' में राजा वेण की कथा वर्णित है। यमराज की कन्या सुनीथा ने 'पुरुष प्रमोहिनी विद्या' का प्रयोग करके प्रजापति कर्दम के पुत्र अनंग (अंश) के साथ विवाह किया था। अंश और सुनीथा के संयोग से 'वेन' का जन्म हुआ। 'वेन' अधर्मी और अत्याचारी था।

महाभारत के 'शान्तिपर्व' के अनुसार धरती पर सुशासन की स्थापना के लिए ब्रह्मा ने एक मानस पुत्र उत्पन्न किया। परन्तु उसने और उसके कई वंशजों ने संन्यास ले लिया। फिर वेन का अत्याचारी शासन आरम्भ हुआ। प्रजा की रक्षा के लिए ऋषियों ने वेन का वध कर दिया। राजाविहीन राज्य में अराजकता फैलने का भय था, इसलिए ऋषियों ने मृत वेन की दक्षिणी जंघा का मन्थन किया। इसके फलस्वरूप एक नाटा और काला बालक उत्पन्न हुआ। पैदा होते ही उस बालक ने पूछा कि 'मैं क्या करूँ ?' तब ऋषि अत्रि ने उससे कहा—'निषीद'; यानी बैठ जाओ। बैठने के आदेश के कारण उसका नाम 'निषाद' पड़ गया। उसका वास्तविक नाम पृथु वैन्य था।

वायुपुराण में इसी नाटे कदवाले काले-कलूटे पृथु वैन्य को निषाद जाति का आदिपुरुष कहा गया है। ऋषियों ने चमत्कारपूर्ण विधि से उत्पन्न उस निषाद को वनवास दे दिया। वह वन में आखेट करता और कन्दमूल, फल आदि का संचय करके भरणपोषण करता था। पुराणों के अनुसार पृथु वैन्य ने ही पशुपालन और कृषि की शुरुआत की। पुराणों में पृथु को विश्व का पहला राजा कहा गया है।

उसके नाम पर ही इस धरती को पृथ्वी कहा गया।

आगे चलकर निषाद एक जाति का पर्याय बन गया, जो आखेट और वन्य पदार्थों का संचय करके जीवनयापन करती है। निषाद के अन्तर्गत भील, धीवर, तुम्बुर, तुवर आदि कई वनचर जातियाँ सम्मिलित हैं। निषादों को केवट, व्याध या बहेलिया भी कहा जाता है। वाल्मीकि रामायण में निषादों को दूसरे प्राणियों की हिंसा में तत्पर और निर्दय कहा गया है।[13] बौधायन एवं गौतम धर्मसूत्रों में ब्राह्मण पिता और शूद्र माता से उत्पन्न सन्तान को निषाद कहा गया है। 'गौतम धर्मसूत्र' में कहा गया है कि निषादों को हस्ति-प्रशिक्षण (पीलवानी) की शिक्षा दी जानी चाहिए। यास्क वेदों के सबसे प्रामाणिक टीकाकार हैं। उनके अनुसार निषाद सबसे अधम जाति--पंचम वर्ण--में गिने जाने के बावजूद यज्ञ करने के अधिकारी हैं। (निषादपंचमा: पंचजना: तेषां हि यज्ञे अधिकार: अस्ति।)

'अमरकोश' की सुधा व्याख्या में निषाद शब्द का विग्रह 'निषादति पापमस्मिन्' के रूप में किया गया है। इसका अर्थ यह हुआ कि जिस जाति के व्यक्ति में पाप-कर्म निवास करते हैं, वही निषाद है। 'निरुक्त' में औपमन्यव ने निषाद को चातुर्वर्ण से भिन्न 'पंचम' (पंचम वर्ण) कहा है। 'शब्दकल्पद्रुम' के अनुसार निषाद जाति के लोग ग्राम की सीमा के बाहर रहते थे—'निषद्यते ग्रामशेषसीमायां।' प्राचीनकाल में चातुर्वर्ण-व्यवस्था के बाहर होने के कारण निषाद जाति के लोग अछूत (अस्पृश्य) माने जाते थे। अछूत होने के कारण ही उनको गाँव से बाहर बसाया जाता था। ये अनार्य और युद्धप्रिय थे। उनके अपने स्थपति (शासक) होते थे। उत्तर वैदिक ग्रन्थों में पराजित आदिवासियों के ऊपर नियुक्त शासक को 'निषाद स्थपति' कहा गया है।

मगध के जंगलों में निषाद जाति के लोग सुखपूर्वक रहते थे। जरासन्ध के पिता मगध नरेश बृहद्रथ के राज्यकाल में जरा नाम की राक्षसी निषादों की अधिष्ठात्री देवी के रूप में पूजी जाती थी।

निषाद जाति में एकलव्य नामक एक वीर पैदा हुआ। वह निषादराज हिरण्यधनु का पुत्र था। एकलव्य में असाधारण प्रतिभा थी। परन्तु प्रतिभा को भी माँजने-तराशने की आवश्यकता होती है। उस समय धनुर्विद्या में द्रोण से बेहतर कोई दूसरा आचार्य पूरी पृथ्वी पर नहीं था। अत: अपने पिता से अनुमति लेकर बालक एकलव्य हस्तिनापुर के लिए चल पड़ा। गुरुग्राम पहुँचकर उसने द्रोणाचार्य से आग्रह किया कि वे उसको अपना शिष्य बनाकर धनुर्विद्या का ज्ञान दें। परन्तु द्रोण ने उसको शिष्य बनाने से मना कर दिया। द्रोण ने सोचा कि यह बालक निम्न कुल का है, इसको शिष्य रूप में स्वीकार करने से राजपुत्रों की सामाजिक मर्यादा की उपेक्षा होगी। वे उस समय हस्तिनापुर राज्य के अभिभावक गंगापुत्र भीष्म के आग्रह

पर कुरु-कुल के राजकुमारों को शस्त्र एवं शास्त्र की शिक्षा देने के काम में लगे हुए थे।

उनके इनकार से एकलव्य को कष्ट तो हुआ, लेकिन उसने हार नहीं मानी। उसने वन में जाकर मिट्टी से द्रोण की मूर्ति बनाई; और उस प्रतिमा को ही गुरु मानकर उसने धनुर्विद्या का अभ्यास आरम्भ कर दिया। पूजन हो या प्रशिक्षण, उसमें साधक की लगन सबसे महत्त्वपूर्ण है। कुछ समय बाद अपनी लगन के बल पर एकलव्य एक श्रेष्ठ धनुर्धर बन गया था। उसका रण-कौशल क्षत्रिय कुमारों को भी लज्जित कर देनेवाला था।

धनुर्विद्या का चरमोत्कर्ष है—शब्दभेद। इसके अन्तर्गत आखों से देखे बिना लक्ष्य की वस्तु को आवाज सुनकर भेद दिया जाता है। एकलव्य ने शब्दभेदी बाण चलाने में भी महारत हासिल कर लिया। एक दिन कुरु राजकुमार आचार्य द्रोण की अनुमति लेकर शिकार खेलने वन में गए हुए थे। उनके साथ एक शिकारी कुत्ता भी था। कुत्ता घूमते-घूमते एकलव्य के पास पहुँच गया। काले-कलूटे एकलव्य को देखकर वह जोर-जोर से भौंकने लगा। कुत्ते के भौंकने के कारण एकलव्य के शस्त्राभ्यास में व्यवधान पड़ रहा था। अत: उसने एकसाथ सात बाण इस प्रकार मारे कि कुत्ते का मुँह बाणों से भर गया। खास बात यह थी कि कुत्ते का मुँह तो बन्द हो गया लेकिन उसको किसी प्रकार की कोई चोट नहीं पहुँची। अपने मुँह में बाण भरे होने के कारण भौंकने में असमर्थ वह कुत्ता भागता हुआ कौरव-पाण्डव राजकुमारों के पास लौट आया। उस आश्चर्यजनक दृश्य को देखकर सभी राजकुमार विस्मित रह गए। इतनी सफाई के साथ बाण चलानेवाला आखिर है कौन? फिर कुत्ते के पीछे-पीछे वे सब वहाँ पहुँचे, जहाँ एकलव्य अभ्यास कर रहा था। पूछने पर उस निषादकुमार ने अपना परिचय दिया—''मैं आचार्य द्रोण का शिष्य एकलव्य हूँ।''

इस अनपेक्षित परिचय को सुनकर अर्जुन सन्न रह गया। वह दौड़ता हुआ द्रोण के पहुँचा; और उनसे उलाहने भरे शब्दों में कहने लगा कि ''गुरुदेव, आपने तो मुझको सर्वश्रेष्ठ धनुर्धर बनने का आशीर्वाद दिया था। परन्तु अभी-अभी मैं आपके शिष्य एकलव्य की धनुर्विद्या का कमाल देखकर आ रहा हूँ। वह मुझसे भी श्रेष्ठ प्रतीत होता है।

अर्जुन की बात सुनकर द्रोण अवाक् रह गए। वे सोचने लगे कि यह एकलव्य कौन है! उनको इस नाम के किसी शिष्य का ध्यान नहीं आया। द्रोण ने जिज्ञासु होकर राजकुमारों को उस बालक के पास ले चलने को कहा। फिर कुरु राजकुमारों के साथ वे उस वन में पहुँचे। उन्होंने देखा कि एक युवक तन्मय होकर तीर चलाने का अभ्यास कर रहा है।

आचार्य द्रोण को अपने प्रशिक्षण स्थल पर उपस्थित देखकर एकलव्य चकित रह गया। गदगद होकर उसने अपने गुरु को दण्डवत प्रणाम किया। फिर उसने कहा कि "गुरुदेव मैं आपको यहाँ पाकर धन्य हो गया। मैं समझ नहीं पा रहा हूँ कि आपकी क्या सेवा करूँ।"

द्रोण ने एकलव्य से दो टूक कहा कि "हे वीर! शिष्य हो तो, गुरुदक्षिणा नहीं दोगे ?" द्रोण द्वारा 'शिष्य' सम्बोधन सुनकर एकलव्य की प्रसन्नता का ठिकाना न रहा। उसने कहा कि "गुरुदेव ! मैं अपने प्राण देकर भी उऋण नहीं हो सकता। आज मेरे पास जो भी है, वह आपकी कृपा का ही फल है। आप आज्ञा करें। मैं गुरुदक्षिणा में आपको कुछ भी देने में संकोच नहीं करूँगा।" (न हि किंचिद् अदेयं मे गुरवे ब्रह्मवित्तम।) तब अपने प्रिय शिष्य अर्जुन का मार्ग निरापद करने के लिए उन्होंने गुरुदक्षिणा में एकलव्य से उसके दाएँ हाथ का अँगूठा माँग लिया। ऐसा करने से किसी धनुर्धर के लिए बाण का सन्धान करना कठिन हो जाता, किन्तु एकलव्य ने बिना कुछ विचार किए अपना अँगूठा काटकर गुरु के चरणों पर धर दिया।

यह इतिहास की दुर्लभ गुरुदक्षिणाओं में से एक है। विडम्बना यह है कि द्रोण ने बिना कुछ दिए, एकलव्य का सब कुछ ले लिया। महाभारत की यह कथा वस्तुतः एक 'कलंक कथा' है। यह कथा अपने समय के सन्दर्भ में बहुत कुछ कहती है। इस पौराणिक घटना को एक आर्य गुरु द्वारा अपने एक अनार्य शिष्य की सम्भावनाओं को कूटबुद्धि द्वारा नष्ट करने के एक षड्यन्त्र में रूप में देखा जा सकता है।

आधुनिक काल में सुखमय भट्टाचार्य ने द्रोणाचार्य के व्यक्तित्व एवं चरित्र का प्रक्षालन करने का प्रयास किया है। उनके अनुसार यदि एकमात्र निषादवंश में जन्म ही एकलव्य के अनधिकार का कारण होता तो आचार्य के मन में दूसरी चिन्ताओं को स्थान क्यों मिलता ? एकलव्य की गठन बहुत ही वीरत्व व्यंजक थी और आचार्य सम्भवतः उसे देखकर ही समझ गए थे कि इस वीर के धनुर्विद्या में उच्च-शिक्षा लाभ से अर्जुन आदि शिष्यों की गरिमा कम होने की आशंका है। यहाँ एक प्रश्न और उठता है। यदि एकमात्र अर्जुन आदि शिष्यों की उन्नति कामना से ही आचार्य ने एकलव्य को इनकार किया था तो 'नैषादिरिति चिन्तयत्' यह बात तर्कसंगत नहीं रह जाती। सामंजस्य बनाए रखने के लिए यह मानना पड़ता है कि बहुत बार निषाद अनावश्यक प्राणिहत्या करते थे। हत्या करना जैसे उनके आमोद-प्रमोद का एक अंग था। यद्यपि एकलव्य राजा का पुत्र था, तब भी जन्मगत स्वभावसिद्ध क्रूरता से शायद मुक्त नहीं था। अतएव धनुर्विद्या में अधिक पारदर्शिता लाभ करने से उसके द्वारा जगत् के अकल्याण की आशंका ही अधिक थी। यही

शायद आचार्य द्रोण की चिन्ता का कारण था। ऐसा सोचे बिना दोनों कारणों के सामंजस्य की रक्षा नहीं की जा सकती। द्रोण के वाक्यों से पता चलता है कि शस्त्रविद्या ग्रहण में किसी की जाति बाधक नहीं होती थी।[14]

जो भी हो, द्रोण अपना मनोरथ सिद्ध करके अपने अभिजात शिष्यों के साथ लौट गए। एकलव्य अपने साधनास्थल पर अकेला रह गया। कभी तर्जनी, कभी मध्यमा और कभी अनामिका का उपयोग करके वह देखने लगा कि दक्षतापूर्वक बाण का सन्धान सम्भव है या नहीं। निश्चित रूप से ऐसा करना सम्भव नहीं था, फिर भी बार-बार वह यह अभ्यास करने लगा। गुरुदक्षिणा में अँगूठा दे देने के बाद बाण चलाने में जैसी दक्षता एवं तीव्रता पहले हुआ करती थी, वह अब नहीं रह गई थी। अपने गुरु द्वारा छले गए एकलव्य ने परिस्थिति और नियति से समझौता कर लिया। विषम परिस्थिति में भी उसने अपना धैर्य और सन्तुलन नहीं खोया। दाएँ हाथ का अँगूठा अपने गुरु को दक्षिणा में दे देने के बाद उसने अपने बाएँ हाथ से बाण चलाने का अभ्यास आरम्भ कर दिया।

आखिरकार वह मगध पहुँचा; और अपनी योग्यता के बल पर मगध सेना में सम्मिलित हो गया। आगे चलकर वह मगध-सेना की एक टुकड़ी का अधिपति बन गया। महाभारत युद्ध में एकलव्य ने कौरवों का पक्ष लिया और दाहिने हाथ के अनुपयोगी हो जाने के बावजूद असाधारण पराक्रम दिखाया। 'महाभारत' के 'सभापर्व' के अनुसार कृष्ण ने उसका वध कर दिया। उल्लेखनीय है कि कृष्ण का वध एक बहेलिए के हाथों हुआ, जिसका नाम 'जरस' था। जरस ने दूर से श्रीकृष्ण को हिरण समझकर उन पर बाण चला दिया, जिससे आहत होकर उनका देहान्त हो गया। बदला इस रूप में पूरा हुआ कि कृष्ण ने निषाद वीर का वध किया था और बाद में स्वयं एक निषाद के हाथों मारे गए।

एकलव्य का पुत्र केतुमत भी अपने पिता के समान वीर योद्धा था। अपनी योग्यता के बल पर वह निबध देश का राजा बन गया था। महाभारत के युद्ध में वह कौरव दल के पक्ष में सम्मिलित हुआ था। उस युद्ध में वह भीम के हाथों मारा गया।

सन्दर्भ और टिप्पणी

1. काशी नागरी प्रचारिणी सभा हिन्दी विश्वकोश (खण्ड 1), पृ. 94
2. राधावल्लभ त्रिपाठी, 'अथर्ववेद का काव्य'; भूमिका, पृ. 4; विश्वद्यालय प्रकाशन, वाराणसी; 2005 ई.।
3. श्रीमद्भागवत पुराण (नवम् खण्ड, अध्याय 3, श्लोक सं. 1-26)
4. वासुदेवशरण अग्रवाल, हर्षचरित : एक सांस्कृतिक अध्ययन, पृ. 12-25; बिहार राष्ट्रभाषा परिषद, पटना; 1953 ई.।

5. महाभारत के आदिपर्व में मगधराज जरासन्ध को दानवराज विप्रचित्ति का, उसके सेनापति शिशुपाल को हिरण्यकशिपु का और उसके दामाद कंस को कालनेमि का अवतार बताया गया है।
6. कुलिन्द या कुणिन्द यमुना के उत्तर में देहरादून से जगाधरी तक फैला हुआ था।
7. वासुदेवशरण अग्रवाल; 'भारत सावित्री', पृ. 145; सस्ता साहित्य मण्डल प्रकाशन, नई दिल्ली, 2011 ई.।
8. गोरथगिरि का दूसरा नाम गुरुपाद गिरि है। इसको कुक्कुटपादगिरि भी कहा जाता था। काश्यप बुद्ध महाकाश्यप ने यहीं निर्वाण प्राप्त किया था। यह हजारीबाग और गया जिले की सीमा पर स्थित है। गुरुपाद पर्वत को अब गुरपा पहाड़ कहा जाता है।
9. बैजनाथसिंह विनोद; 'मगध : इतिहास और संस्कृति'; पृ. 8; जैन संस्कृति संशोधन मण्डल, वाराणसी; 1954 ई.।
10. नरक चतुर्दशी के अगले दिन दीपावली मनाई जाती है। नरक चतुर्दशी के दिन ही प्राग्ज्योतिषपुर में नरकासुर नामक आततायी राक्षस का वध हुआ था।
11. जैन आगमों में दी गई परिभाषा के अनुसार दस हजार गायों की इकाई एक व्रज कहलाती थी। इस प्रकार अनेक व्रजों से घिरा हुआ प्रदेश पशुभूमि रहा होगा।" (वासुदेवशरण अग्रवाल, 'भारत सावित्री', पृ. 155; सस्ता साहित्य मण्डल प्रकाशन, नई दिल्ली; 2011 ई.)
12. हारीति के बारे में अधिक जानकारी के लिए देखें—कुमार निर्मलेन्दु की पुस्तक 'कौशाम्बी', पृ. 133-134; लोकभारती प्रकाशन, प्रयागराज; प्रथम संस्करण, 2019 ई.।
13. वाल्मीकि रामायण, बालकाण्ड (सर्ग 59, श्लोक सं. 21)
14. सुखमय भट्टाचार्य; 'महाभारतकालीन समाज', हिन्दी अनुवादिका : पुष्पा जैन; पृ. 123; लोकभारती प्रकाशन, प्रयागराज; प्र. सं. 1966 ई.

अध्याय 5

मगध की राजधानी राजगृह

अन्नपूर्णा और रत्नगर्भा

'शतपथ ब्राह्मण' के आख्यान में वर्णित गंगा के उत्तरी तट तक आर्यों के विस्तार का समय लगभग 800 ई.पू. का है। इसके बाद आर्यों ने गंगा को पार करके उसके दक्षिणी भाग में आगे बढ़ना शुरू किया। इसके कारण मगध क्षेत्र में आर्यों की बस्तियाँ बसने की प्रक्रिया आरम्भ हो गई। 700 ई.पू. के आसपास गंगा के दक्षिण में आर्यों की पहली महत्त्वपूर्ण बस्ती राजगृह में आबाद हुई। तब इसको गिरिव्रज कहा जाता था। धीरे-धीरे इसने एक नगर का रूप धारण कर लिया। राजगृह मात्र मगध का ही नहीं, भारत के आरम्भिक नगरों में से एक है।

राजगृह के बाद आगे चलकर मगध क्षेत्र में पाटलिपुत्र, नालन्दा और बोधगया जैसे अन्य नगरों का विकास हुआ। राजगृह भारतवर्ष के सबसे शक्तिशाली राज्य मगध की आरम्भिक राजधानी रहा है। यह भारत में उत्तरापथ के प्रमुख व्यापारिक मार्ग का प्रस्थान-बिन्दु था। छठी सदी ई. पू. के आसपास एक व्यापारिक मार्ग राजगृह से श्रावस्ती होते हुए दक्षिणापथ तक जाता था, दूसरा राजगृह से श्रावस्ती होते हुए सिन्ध तक जाता था। एक अन्य मार्ग राजगृह, श्रावस्ती, वाराणसी और साकेत को तक्षशिला से जोड़ता था।

व्यापारिक मार्ग पर राजगृह की अवस्थिति एक प्रकार से अनुपयुक्त कही जाएगी; क्योंकि यह गंगा जैसी विशाल नदी के दक्षिणी छोर पर ऐसी जगह स्थित था, जिसके आगे दुर्गम जंगल थे। बावजूद इसके राजगृह में एक नगर बसा; और आगे चलकर मगध में भारत के प्रथम साम्राज्य की स्थापना हुई। ऐसा इसलिए सम्भव हुआ क्योंकि धातुओं की आपूर्ति पर उनका नियन्त्रण था।

राजगृह के दक्षिण-पूर्व में गया स्थित है। गया के आगे घने जंगल थे। मगध के साहसी खोजकर्ता उन जंगलों को पार करके दक्षिण-पूर्व की पहाड़ियों में लौह एवं ताम्र खनिजों की खोज करते थे। इन खनिजों का इनसे बड़ा भण्डार भारत में नहीं है। राजगृह के पास की पहाड़ियाँ धारवाड़ पर्वतमाला का उत्तरी विस्तार हैं।

उसकी भूगर्भीय संरचना ऐसी है कि उनमें लौह-खनिज आसानी से मिल जाते हैं। यहाँ लौह-ऑक्साइड के शल्कल पपड़ियों के रूप में मिलते हैं। इनको अधिक खोदे बिना ही चट्टानों से अलग किया जा सकता है। इस खनिज को लकड़ी के कोयले की आँच से शुद्ध और गर्म करने के बाद हथौड़े से ठोक-पीट कर औजार और हथियार बनाए जा सकते थे। धातुओं के बने उत्तम उपकरणों की सहायता से घने जंगलों को काटकर उसको बसने लायक बनाना आसान था। लोहे की फाल को हल में लगाकर उसकी मदद से जंगलों को साफ करके उस भूमि की गहरी जुताई की जा सकती थी। उत्तम खेती के लिए ऐसा करना आवश्यक था। खेतों की जुताई के लिए बैलों की भी जरूरत थी। अतः पशुधन को बचाए रखने की ही नहीं, बल्कि उसको बढ़ाने की भी जरूरत थी। इस आवश्यकता की पूर्ति के लिए पशुओं की बलि देनेवाले यज्ञीय अनुष्ठानों को रोकना जरूरी था। इसी आवश्यकता ने इस क्षेत्र में बौद्ध एवं जैन-जैसे बलि-प्रधान कर्मकाण्डों के विरोधी और अहिंसामूलक धर्मों का पथ प्रशस्त किया। बौद्ध एवं जैन धर्म की उत्पत्ति की सामाजिक पृष्ठभूमि यही है।

जंगलों को काटकर भूमि की सफाई की गई। जंगलों से प्राप्त की गई लकड़ियों से हल तैयार किया जाने लगा और लोहे को गलाकर फाल तैयार किया जाने लगा। इससे कृषि का विकास हुआ। आर्यजन अब तक मुख्यतया पशुपालक थे। मगध के सम्पर्क में आने के बाद उन्होंने स्थायी रूप से कृषि करना शुरू किया।

मगध का दक्षिणी भाग रत्नगर्भा था, तो उत्तरी भाग अन्नपूर्णा। दक्षिणी भाग में प्रचुर खनिज संसाधन उपलब्ध थे; और उत्तरी भाग की उपजाऊ धरती भरपूर अन्न देती थी। खनिजों को खदानों से निकाल कर वहीं उसको शुद्ध किया जाता था; और फिर उस धातु को मध्य-गंगा घाटी में लाकर बेचा जाता था। इससे मगध के वैश्य समुदाय को अपनी सामाजिक एवं आर्थिक स्थिति को सुदृढ़ करने का अवसर मिला। आर्थिक समृद्धि के कारण मगध का वणिक समुदाय राजाओं को अधिक कर देने में सक्षम हुआ। धनाढ्य वणिक वर्ग ब्राह्मणों एवं श्रमणों को यथेष्ट दक्षिणा देने में भी समर्थ हुआ। इसके कारण मगध की भूमि पर विभिन्न पन्थों को पनपने का मौका मिला।

अनेक नामोंवाला नगर : राजगृह

राजगृह मगध का प्राचीनतम नगर है। ऐतिहासिक दृष्टि से यह नगर पाटलिपुत्र से लगभग एक सदी पुराना है। इसके कई नाम प्रचलित रहे हैं। इसका सबसे पुराना नाम है—गिरिव्रज।[1] अपने समय में यह एक आदर्श नगर था। यही कारण है कि महाकवि अश्वघोष ने कपिलवस्तु की तुलना गिरिव्रज से की है।[2] अश्वघोष कृत

'बुद्धचरित' से पता चलता है कि बुद्धकाल में राजगृह एक समृद्धिशाली नगर था। अश्वघोष के शब्दों में यह नगर 'श्री-सम्पन्न गृहों से युक्त' था। (बुद्धचरित, 10/1)

'महाभारत' के अनुसार गिरिव्रज बृहद्रथवंश के राजाओं की राजधानी थी। इसी वंश में सम्राट जरासन्ध हुए। गिरिव्रज का यह क्षेत्र पाँच पहाड़ियों से घिरा हुआ था। 'महाभारत' के सभापर्व (2/19) में उनके नाम निम्नवत हैं-वैहारगिरि, विपुलगिरि, वराहगिरि, वृषभगिरि और चैत्यकगिरि। इन पहाड़ियों के वर्तमान नाम निम्नवत हैं-उत्तरपश्चिम में वैभारगिरि, उत्तरपूर्व में विपुलगिरि, पूर्व में रत्नगिरि, दक्षिण में उदयगिरि और दक्षिण-पश्चिम में सोनगिरि। पाँच पहाड़ियों से घिरा यह राजधानी नगर बड़े-बड़े मकानों (वेश्माढ्य), जल और पशुओं से भरा होने के कारण 'गिरिव्रज' कहलाता था।[3] उक्त पाँच पहाड़ियाँ नगर के चारों ओर मेखला के रूप में स्थित थीं; और ह्वेनत्सांग के अनुसार उसका घेरा 25 मील था।[4]

प्राकार के भीतर और नगर-भूमि के मध्य में वह भूमि थी जिसे 'महाभारत' में मगधपुर कहा गया है। इस पुर को घेरने के लिए 5 मील लम्बा एक भीतरी परकोटा बनाया गया था और उसी में जरासन्ध का राजभवन था। राजधानी गिरिव्रज में सुरक्षा का ऐसा प्रबन्ध था कि कृष्ण, भीम और अर्जुन इसके गोपुरों से भीतर प्रवेश नहीं पा सके थे, इसलिए उन्हें पहाड़ियों पर चढ़कर जाना पड़ा था।

वाल्मीकि रामायण में भी गिरिव्रज की पाँच पहाड़ियों का उल्लेख है।[5] उसमें ब्रह्मा के पुत्र वसु को गिरिव्रज का संस्थापक बताया गया है।[6] वसु द्वारा स्थापित गिरिव्रज नगर उनके नाम पर 'वसुमति' के नाम से भी प्रसिद्ध हुआ। 'रामायण' में कहा गया है कि इस नगर के चारों ओर पाँच श्रेष्ठ पर्वत सुशोभित हैं।[7]

'महाभारत' के अनुसार गिरिव्रज में मगध साम्राज्य की स्थापना बृहद्रथ ने की थी। 'विष्णु पुराण' के अनुसार बृहद्रथ के पिता का नाम 'वसु' या 'उपचर' था। 'चेटीय जातक' के अनुसार, बृहद्रथ के पिता वसु ने गिरि से विवाह किया था। वसु के पुत्र बृहद्रथ ने गिरिव्रज नगर की नींव डाली। यह नामकरण उसकी माता के नाम पर किया गया था। बृहद्रथ के नाम पर इस नगर को 'बार्हद्रथपुर' भी कहा जाता था। 'महाभारत' में इस नगर को 'मागधपुर' भी कहा गया है। 'महावग्ग' में इसको 'गिरिब्बज' कहा गया है। पुराणों में बृहद्रथ को जरासन्ध का पिता और सहदेव का पितामह बताया गया है। बृहद्रथ के बाद जरासन्ध और उसके बाद सहदेव मगध के राजा हुए। रिपुंजय को बार्हद्रथ वंश का अन्तिम राजा बताया गया है। मत्स्य पुराण के अनुसार बार्हद्रथ वंश के कुल बत्तीस राजाओं ने एक हजार वर्षों तक मगध पर शासन किया।[8]

राजा बृहद्रथ के वंश में कुशाग्र नामक एक राजा हुए। पुराणों में कुशाग्र को बृहद्रथ का कनिष्ठ पुत्र और जरासन्ध का छोटा भाई बताया गया है। उनके नाम पर इस नगर को 'कुशाग्रपुर' कहा गया है। पाँच पहाड़ियों से घिरी होने के कारण इस नगर को 'पंचशैलपुर' या 'चैत्यकपंचका:' भी कहा जाता था। मगध के राजा बिम्बिसार ने पाँच पहाड़ियों के प्राकृतिक दुर्ग 'गिरिव्रज' के बाहर और वैभार-विपुल के बीच की घाटी से उत्तर की ओर हटकर एक नया नगर बसाया, जिसको उसके नाम पर 'बिम्बिसारपुरी' कहा गया। बिम्बिसारपुरी को ही राजगृह भी कहा जाता था। आचार्य बुद्धघोष ने राजगृह नगर को 'बिम्बिसारपुरी' ही कहा है। जबकि चीनी धर्मयात्री फाहियान ने इसको 'नया नगर' कहा है। जैन-ग्रन्थों में इसको 'क्षितिप्रतिष्ठित', 'चणकपुर', 'ऋषभपुर' और 'कुशाग्रपुर' कहा गया है।

ह्वेनत्सांग के यात्रा-वृत्तान्त के अनुसार मगध की प्राचीन राजधानी का नाम कुशागारपुर था। यह मगध देश के मध्य में स्थित था। "इस इलाके में एक प्रकार का सुगन्धित कुश (घास) उत्पन्न होता था। कुश की बहुतायत के कारण उस स्थान को 'कुशागारपुर' कहा जाता था।" कुशागारपुर का शाब्दिक अर्थ है—सुन्दर एवं सौभाग्यशाली घास की बहुलता-वाला राजकीय नगर।[9] राजगृह के दक्षिण-पश्चिम की ओर ह्वेनत्सांग ने 50 फुट ऊँचा अशोक स्तम्भ देखा था, जिस पर हस्तिशीर्ष था।

ऊँचे-ऊँचे पर्वत कुशागारपुर को चारों ओर से चहारदीवारी की तरह घेरे हुए थे। पश्चिम दिशा में एक सँकरा दर्रा था, जिससे होकर लोग वहाँ आ-जा सकते थे। उत्तर में एक विशाल सिंहद्वार था। नगर उत्तर से दक्षिण की ओर लम्बा था, जबकि पूर्व से पश्चिम की ओर सँकरा था। नगर के बीच में एक गढ़ था। उसके चारों ओर कनक वृक्षों से भरा वन था, जो बारहों महीने फूला रहता था। इन वृक्षों में खिलनेवाले फूलों का रंग सुनहरा होने के कारण उनको 'कनक वृक्ष' कहा जाता था।

नगर के उत्तर-पूर्व में गृध्रकूट पर्वत था। उस पर्वत पर परस्पर सटी हुई कई छोटी-छोटी चोटियाँ थी। उनमें से उत्तर की चोटी का श्रृंग बहुत ऊँचा था; और दूर से देखने में गृध्र (गिद्ध) के आकार का लगता था। इसलिए इसको गृध्रकूट कहा जाता था। इस पर जगह-जगह स्वच्छ जल के स्रोत बहते थे। गृध्रकूट पर्वत हरियाली से पूरी तरह ढका हुआ था।

बुद्ध को राजगृह से बहुत लगाव था। वहाँ के गृध्रकूट (गिद्धकूट) पर्वत का रमणीक शिखर उनको प्रिय था। ह्वेनत्सांग के अनुसार राजगृह पधारने पर वे गिद्धकूट पर्वत पर अवश्य जाते थे। बुद्धकाल में बुद्ध से राजधर्म सम्बन्धी उपदेश

सुनने के लिए राजा बिम्बिसार इस स्थान पर आए थे। गिद्धकूट को अब छतगिरि कहा जाता है।

अपनी भारत-यात्रा के दौरान फाहियान गृध्रकूट पर्वत आए और एक रात रुके भी थे। उनके अनुसार यह पर्वत वहाँ के पाँचों पर्वतों में सबसे ऊँचा था। चोटी से तीन 'ली' पहले एक दक्षिणाभिमुखी गुफा थी। इसी में बैठकर बुद्ध ध्यान किया करते थे। इसके पश्चिमोत्तर में 30 कदम पर एक अन्य गुफा में बैठकर बुद्ध के शिष्य आनन्द ध्यान किया करते थे। एक बार मार ने गिद्ध का रूप धारण किया और आनन्द को डराने के लिए गुफा के द्वार पर बैठ गया। बुद्ध अपनी अलौकिक शक्ति से यह जान गए। फिर गुफाओं के बीच की चट्टानों को भेदते हुए बुद्ध ने अपना हाथ निकाला और आनन्द के कन्धे पर रख दिया। आनन्द निर्भय होकर ध्यान में बैठे रहे। फाहियान ने लिखा है कि उस गिद्ध का पदचिह्न और बुद्ध के हाथ निकलने से बनी दरार अभी तक है। इसीलिए इस पर्वत का नाम गृध्रकूट है। बुद्ध ने इसी जगह सुरंगम सूत्र का उपदेश दिया था।

फाहियान द्वारा वर्णित इस गुफा को पिप्पल गुफा कहते हैं। भोजन के बाद बुद्ध यहीं बैठकर ध्यान करते थे। राजगृह आने पर वे अक्सर वैभारगिरि पर स्थित पिप्पल के पाषाणगृह में ही ठहरते थे।

एक बार बुद्ध गुफा के सामने टहल रहे थे। देवदत्त ने पर्वत से उन पर एक पत्थर चलाया, जो उनके पैर के अँगूठे में लगा। एक जातक कथा के अनुसार राजगृह में पहले शिवयान नामक एक वैश्य रहता था। शिवयान की मृत्यु के बाद उसके पुत्र शिवम्मेथि ने पिता की पूरी सम्पत्ति पर अधिकार करना चाहा। इस उद्देश्य से उसने अपने सौतेले भाई को पर्वत से ढकेलकर मार दिया था। वही शिवम्मेथि आगे चलकर गौतम बुद्ध के रूप में पैदा हुआ, जबकि उसका सौतेला भाई देवदत्त के रूप में। देवदत्त ने पूर्वजन्म का बदला लेने के लिए ही बुद्ध पर पत्थर चलाया था। वही पत्थर बुद्ध को अँगूठे में लगा था।

राजगृह नगर में करण्ड नामक एक धनी गृहस्थ ने वेणुवन में एक बौद्ध विहार बनवाकर बुद्ध को समर्पित किया था। उसी के नाम पर वह स्थान कारण्ड वेणुवन-विहार कहलाता था। यहाँ बुद्ध ने विनय का उपदेश दिया था। कारण्ड वेणुवन-विहार को 'कालान्तक' भी कहा गया है। बिम्बिसार जब युवराज था उसी समय इस बाग को उसने इसके मालिक से बलपूर्वक ले लिया था। कहते हैं कि मरने के बाद उस भूस्वामी ने सर्प के रूप में जन्म लिया और उसी बाग में रहने लगा। राजा बनने के बाद एक दिन बिम्बिसार उस बाग में आया। मौका पाकर उस सर्प ने राजा को डसने की कोशिश की। इसीलिए उसका नाम

कालान्तक वन पड़ गया। आगे चलकर बिम्बिसार ने वह बाग बुद्ध को रहने के लिए दान में दे दिया।

बुद्ध के परिनिर्वाण के बाद उनके धातु (अस्थि-भस्म) के आठ भाग किए गए थे। उनमें से एक भाग मगधराज अजातशत्रु को मिला था। अजातशत्रु ने उनके धातु पर कारण्ड वेणुवन के पूर्व की ओर एक स्तूप बनवाया था। बाद में राजा अशोक ने उस स्तूप को तुड़वाकर उसका धातु निकलवा लिया; और उससे 84000 स्तूपों का निर्माण करवाया। उनमें से एक स्तूप अजातशत्रु द्वारा बनवाए गए स्तूप के निकट ही बनवाया गया था। ह्वेनत्सांग ने अपने वृत्तान्त में लिखा है कि ''अजातशत्रु के स्तूप के पास ही एक अन्य स्तूप है जिसमें आनन्द का अर्द्धशव रखा गया था। प्राचीन काल में जब आनन्द निर्वाण प्राप्त करने के लिए मगध से वैशाली की ओर जा रहे थे, उस समय मगध और वैशाली की सेना लड़ने के लिए तैयार खड़ी थीं। यह देखकर आनन्द ने अपने शरीर को दो भागों में विभक्त कर दिया। मगधराज उसके शरीर का भाग लेकर लौट आए और उन्होंने राजधानी कुशागारपुर में एक स्तूप बनवाया।''

ह्वेनत्सांग ने लिखा है कि कारण्ड वेणुवन विहार के दक्षिण-पश्चिम में एक अन्य वेणुवन है। इसके मध्य में एक विशाल पाषाण भवन है। यही प्रसिद्ध सप्तपर्णी गुफा है।[10] बुद्ध के परिनिर्वाण के बाद राजगृह की इसी गुफा में 'प्रथम बौद्ध संगीति' का आयोजन किया गया था। 500 अर्हतों ने इसी स्थान पर एकत्र होकर महाकाश्यप के नेतृत्व में त्रिपिटकों का संग्रह किया था। सामान्य भिक्षुओं और श्रमणों को तो उसमें प्रवेश की भी अनुमति नहीं दी गई थी। आनन्द महात्मा बुद्ध के प्रिय शिष्य होने के साथ ही उनके 'उपस्थापक' (निजी सचिव) भी थे। महाकाश्यप ने आनन्द को यह कहकर रोक दिया था कि ''तुम अभी राग-मुक्त नहीं हो पाए हो।'' आनन्द ने उसी रात तीनों लोकों के बन्धन से मुक्त होकर अर्हत का पद प्राप्त किया। तब अगले दिन उनको सप्तपर्णी गुफा के भीतर जाने की अनुमति मिली। अन्य अर्हतों के सहयोग से आनन्द ने सुत्तपिटक का और उपालि ने विनयपिटक का वाचन किया, जिसको लिपिबद्ध कर लिया गया। वर्षा ऋतु के तीन महीनों में इन पिटकों को ताड़ के पत्र पर लिखकर संकलित किया गया। इस संकलन को 'स्थविर निकाय' भी कहा जाता है।

ह्वेनत्सांग के अनुसार राजा बिम्बिसार पहले कुशागारपुर की गढ़ी में रहता था। वहाँ स्थानाभाव के कारण पौर-जनों के घर एकदम पास-पास बने हुए थे। अक्सर किसी-न-किसी घर में आग लग जाया करती थी। समस्या यह थी कि एक घर में आग लगते ही आस-पड़ोस के घरों में भी आग फैल जाती थी। इससे जन-धन

की हानि होती थी। अत: राजा ने आदेश प्रसारित किया कि अब जिसके घर में आग लगेगी उसको नगर के बाहर श्मशान भूमि में स्थित 'शीतवन' में जाकर रहना पड़ेगा। इस राज्यादेश का उद्देश्य यह था कि वहाँ के लोग अग्निकाण्ड के प्रति पहले की अपेक्षा अधिक सजग रहें।

संयोगवश इस आदेश के प्रसारित होने के बाद सबसे पहले बिम्बिसार के महल में ही आग लग गई। राजाज्ञा का सम्मान करते हुए राजा बिम्बिसार ने श्मशान में स्थित शीतवन में एक प्रासाद बनवाया और शासन का भार युवराज अजातशत्रु को सौंपकर स्वयं वहीं रहने लगे। वैशाली के राजा को जब इस बात का पता चला कि बिम्बिसार कुशाग्रपुर को छोड़कर निर्जन श्मशान में आकर रह रहा है, तब उन्होंने आक्रमण करके राजा को पकड़ने की योजना बनाई। शत्रु राज्य की इस योजना की भनक लगते ही बिम्बिसार ने उस स्थान के चारों ओर मजबूत चहारदीवारी बनवा दिया। फिर मगध के मन्त्री और पौरजन भी वहीं जाकर बस गए। चूँकि उस 'नए नगर' में सबसे पहले राजा बिम्बिसार ने अपना घर (गृह) बनाया था, इसलिए उस नए नगर को बिम्बिसारपुरी या राजगृह कहा जाने लगा। राजगृह का शाब्दिक अर्थ है—राजा का घर। 'राजगृह' नगर को वर्तमान में 'राजगीर' कहते हैं, जो बिहार प्रान्त के नालन्दा जिले में स्थित है।

पाँच पहाड़ियों से घिरा होने के कारण गिरिव्रज नगर का विस्तार कर पाना सम्भव नहीं था। चारों ओर से पहाड़ियों से घिरा होने के कारण वहाँ भीषण गर्मी पड़ती थी। आबादी बढ़ने के बाद उन पहाड़ियों के बाहर एक नए नगर को बसाना आवश्यक था। राजा बिम्बिसार के निर्देश पर महागोविन्द नामक एक वास्तुकार (स्थपति) द्वारा नए नगर की योजना बनाई गई। महागोविन्द की योजना के अनुसार कुछ ही समय में उस स्थान पर एक अच्छा-खासा नगर बस गया। राजगृह नगर सप्तपर्णी गुफा के उत्तर-पूर्व में स्थित था। राजगृह बहुत दिनों तक मगध की राजधानी रहा। बाद में जब पाटलिपुत्र राजधानी बनी, तब स्वाभाविक रूप से राजगृह का महत्त्व कम हो गया। मौर्य-काल में मगध के राजा अशोक ने राजगृह नगर को ब्राह्मणों को दान कर दिया। जब ह्वेनत्सांग भारत आया, उस समय राजगृह में एक हजार से अधिक ब्राह्मणों की एक बस्ती आबाद थी।

जैन-ग्रन्थों के अनुसार जिस जगह वह नया नगर बसाया गया था वहाँ चने की भरपूर उपज होती थी। अत: उस नए नगर को 'चनकपुर' भी कहा जाता था। (अभिधान राजेन्द्र कोश)

राजगृह एक बौद्ध तीर्थ होने के साथ ही जैन तीर्थ भी है। जैन-ग्रन्थ 'हरिवंश पुराण' के अनुसार आदि तीर्थंकर ऋषभदेव की धर्मसभा राजगृह में ही हुई थी।

इसलिए जैन परम्परा में राजगृह को 'ऋषभपुर' भी कहा गया है। बीसवें जैन तीर्थंकर मुनि सुव्रतनाथ का जन्म यहीं (कुशाग्रपुर में) हुआ था। मुनि सुव्रतनाथ के पिता का नाम सुमित्र और माता का नाम पद्मावती था। वर्द्धमान महावीर की प्रथम धर्मसभा का आयोजन भी यहीं हुआ था। महावीर ने राजगृह में कई चातुर्मास बिताए थे। जैन-सूत्रों के अनुसार यहाँ गुणसिल, मडिकुच्छ, मोग्गरपाणि (मुद्गरपाणि) आदि चैत्य थे। महावीर अक्सर गुणसिल चैत्य में ठहरते थे, जिसे अब गुणावा कहते हैं।

राजगृह में वैभारगिरि पर गर्म पानी के कुछ सोते हैं, जिन्हें महाभारत के सभापर्व में 'तप्तोदकुण्ड' कहा गया है। वहीं महातपोपतीरप्रभ नामक गर्म जल का विशाल कुण्ड भी है। इन कुण्डों के पश्चिम की ओर सप्तपर्णी गुफा है। वहीं पिप्पल गुफा भी है। वैभार पहाड़ में ही सोनभण्डार गुफा है। यहाँ जरासन्ध ने अपना सोने का भण्डार जमा किया था, जो उसने मगध और आसपास के जंगली राजाओं से एकत्र किया था। उसके बगल में एक अन्य गुफा थी। दोनों गुफाओं के सामने एक मुखमण्डप (बारामदा) था जो खम्भों पर टिका था। अब उन स्तम्भों की केवल चूलें रह गई हैं। मुखमण्डप युक्त गुफा की वास्तु-शैली लगभग 5वीं शती ई. पू. में ही अस्तित्व में आ चुकी थी। सप्तपर्णी गुफा के भीतर 7 अन्य गुफाएँ हैं जिन्हें प्राकृतिक चट्टानी दीवारें एक दूसरे से अलग करती हैं। प्राचीन काल में वैभार और विपुल पहाड़ियों पर ईंटों के कई स्तूप थे।

ह्वेनत्सांग के अनुसार प्राचीन काल में बुद्ध ने वैभारगिरि पर तप्त जलकुण्ड को प्रकट करके उसमें स्नान किया था। 'महाभारत' के आरण्यकपर्व के तीर्थयात्रा-पर्व में भारतवर्ष के तीर्थों की जो सूची दी गई है, उसमें तप्तोद कुण्ड का भी उल्लेख है। राजगृह में गर्म पानी का यह चश्मा अब भी मौजूद है। राजगृह में मणिनाग का पूजा-स्थान था, जिसका उल्लेख 'महाभारत' के आरण्यकपर्व के तीर्थयात्रा-पर्व में आया है। पुरातात्त्विक खुदाई में राजगृह के मनियार मठ नामक स्थान से शिलालेख और मूर्तियाँ प्राप्त हुई हैं, जिनसे नागमणि की पूजा वहाँ सिद्ध होती है।[11]

चौदहवीं शताब्दी के जैन आचार्य जिनप्रभसूरि के समय में राजगृह में 36 हजार घर थे और उनमें से आधे बौद्धों के थे। इससे स्पष्ट है कि राजगृह बौद्धों का गढ़ था। बुद्ध के प्रधान शिष्य मौद्गल्यायन (मोग्गलान) का निधन राजगृह में ही हुआ था। उसी के आसपास बुद्ध के दूसरे प्रधान शिष्य सारिपुत्र का निधन नालन्दा में हुआ था। भिक्षुओं को सम्बोधित करके एक बार बुद्ध ने कहा था कि—"सारिपुत्र और मौद्गल्यायन के निर्वाण के कारण यह परिषद बहुत सूनी लग रही है। तथागत

के लिए उन दोनों की मृत्यु उसी तरह है, जैसे महावृक्ष के खड़े रहते उसकी बड़ी शाखाएँ (महास्कन्ध) टूट जाएँ।''

राजगृह के पूरब की ओर कुछ दूरी पर गिरियक स्थित था, जो राजगृह के मौलिक वास्तुविन्यास का हिस्सा था। उसके चारों ओर राजगृह के समान ही चौभीता प्राकार था। यहीं इन्द्रशैल गुहा थी, जिसकी एक चोटी पर 'जरासन्ध की बैठक' नामक स्थान है।

राजगृह : एक प्राकृतिक दुर्ग

प्राचीनकाल में शत्रुओं के आक्रमण से बचाव के लिए किसी भी राज्य की राजधानी में सुदृढ़ दुर्ग का होना आवश्यक था। जहाँ पहुँचना कठिन हो, उसको दुर्गम कहते हैं। दुर्गम से ही 'दुर्ग' शब्द की उत्पत्ति हुई है। कौटिल्य ने अपने 'अर्थशास्त्र' में राज्य के जिन सात प्रमुख अंगों की चर्चा की है, उसमें दुर्ग को राजकोष और सेना से भी महत्त्वपूर्ण माना है। महाभारत के शान्तिपर्व में इस बात का उल्लेख है कि जो नगर दुर्ग से युक्त हो, मजबूत परकोटे और परिखा (खाई) से घिरा हो, बलशाली मनुष्यों एवं घोड़े-हाथियों से परिपूर्ण हो, उसी में राजा को निवास करना चाहिए।

प्रकृति ने राजगृह को एक नैसर्गिक दुर्ग दे रखा था। राजगृह पाँच पहाड़ियों से घिरा तो था ही, उसके खुले भाग को पत्थरों की दीवार बनाकर चारों ओर से घेर भी दिया गया था। यानी यह नगर प्राकृतिक पहाड़ियों के अतिरिक्त पत्थर की एक सुदृढ़ दीवार से दुर्गीकृत भी था। पूर्णतः दुर्गीकृत होने के कारण राजगृह नगर को अजेय माना जाता था। यह महा-दीवार भारत में पत्थर से निर्मित प्राचीनतम स्थापत्य का उदाहरण है।

पहाड़ियों के बीच-बीच की जगह को पत्थर की बड़ी दीवार खड़ी करके बन्द कर दिया गया था। इस परकोटे के अवशेष कुछ स्थानों में अब भी बचे हुए हैं। उसका एक हिस्सा वैभारगिरि से विपुलगिरि तक और विपुलगिरि से रत्नगिरि तक, आगे नेकपाई बन्धे तक; और उदयगिरि के आगे बाणगंगा एवं सोनगिरि तक पाया जाता है। यह महा-दीवार बड़े-बड़े अनगढ़ पत्थरों को जोड़कर बनाई गई है। एक से दो मीटर आकार के अनगढ़ पत्थरों को जोड़ने के लिए गारा या चूना-सुर्खी का प्रयोग नहीं किया गया था; बल्कि उन्हें कीलों के सहारे एक-दूसरे से जोड़ा गया था। वहाँ कई पत्थरों पर कीलनुमा निशान मिले हैं। इस महा-दीवार को ऐतिहासिक शब्दावली में 'साईक्लोपियन वॉल' कहा जाता है। उल्लेखनीय है कि यूनान में साइक्लोप्स नामक एक बहुत ही बलवान व्यक्ति हुआ। उसने माईसीन और टिरिन

की दीवारों को बनाने के लिए बड़े-बड़े पत्थरों को एक-दूसरे पर सजाया था। इसीलिए विशालकाय दीवारों को साइक्लोपियन वॉल कहा जाता है। राजगृह की पाँचों पहाड़ियों को जोड़नेवाली इस साइक्लोपियन वॉल की कुल लम्बाई लगभग चालीस कि.मी. है। यह दुनिया की प्राचीनतम दीवार है। इसकी ऊँचाई 11-12 फुट है। दक्षिण की ओर बाणगंगा के निकट यह 13 फुट ऊँचा है; और अभी तक अच्छी दशा में है। दुर्ग के भीतरी ओर सोपान-मार्ग, बड़े-बड़े बुर्ज (अट्टालक) और गोपुर-द्वारों के चिह्न भी मौजूद हैं। यह प्राचीन दुर्गविधान के अनुसार अट्टालक, गोपुर और सोपानों से सुसज्जित दुर्ग प्राकार का उदाहरण है। भारतीय पुरातत्त्व सर्वेक्षण (ASI) 1905 ई. से इसकी देखभाल कर रहा है। ए.एस.आइ. के अनुसार यह प्राचीन रेशम-मार्ग का हिस्सा भी रहा है। सम्भवत: इसी का अनुकरण करके चीन ने चौथी-पाँचवीं ई. में अपनी महान दीवार का निर्माण करवाया था।[12]

राजगृह की पहाड़ियाँ दक्षिण गंगा के मैदान के विस्तार में एक अवरोधक का काम करती हैं। इसके चारों ओर जलोढ़ मिट्टी का क्षेत्र है। स्फटिक (क्वाट्‌र्ज) शैलखण्डों से बनी राजगीर की पहाड़ी दक्षिण-पश्चिम दिशा में मगरमच्छ के मुँह के समान दिखाई देती है; और अलियानी घाटी उसकी जीभ के समान निकली हुई दिखती है। राजगीर के दक्षिण में समानान्तर कटकों के बीच की घाटी में 'राजगृह' (राजा का आवास) है। बिम्बिसार की राजधानी 'नवीन राजगृह' के भग्नावशेष अलियानी घाटी के उत्तरी भाग में मौजूद हैं।

उस काल में राजगृह किसी भी साम्राज्य की राजधानी बनने के लिए सबसे उपयुक्त नगर था। किसी भी सेना के लिए उन पहाड़ियों को पार करके राजधानी में प्रवेश करना आसान नहीं था। बिम्बिसार के समय में राजधानी के मुख्य प्रवेश द्वार पर लोहे का एक बड़ा-सा फाटक लगवा दिया गया था। उस फाटक को रात्रि में बन्द कर दिया जाता था ताकि कोई अवांछित व्यक्ति अँधेरे का लाभ उठाकर राजगृह नगर में प्रवेश न कर जाए। यह नगर अभेद्य और सुरक्षित था। पालि-ग्रन्थ 'दीघ निकाय' के अनुसार राजगृह नगर में कुल 96 प्रवेश-द्वार थे, जिनमें से बत्तीस बड़े और चौंसठ छोटे थे। द्वारों की संख्या से नगर की विशालता का अनुमान लगाया जा सकता है। छठी शताब्दी ई. पू. में राजगृह भारत के सबसे वैभवशाली नगरों में से एक था। लेकिन गुप्तकाल तक आते-आते यह नगर उजड़ चुका था। अपनी यात्रा के समय फाहियान ने इस नगर को पतनावस्था में देखा था। उसने लिखा है कि ''राजगृह नगर एकदम सूना है। यहाँ कोई आबादी नहीं है।''

मुद्गरपाणि यक्ष की कहानी

जैन आगम (ग्रन्थ) 'अन्तगडदसाओ' में वर्णित कथा के अनुसार राजगृह में अर्जुनक नामक एक माली अपनी पत्नी बन्धुमती के साथ सुखपूर्वक रहता था। नगर के बाहर उसका फूलों का एक बागीचा था, जिसमें कई प्रकार के फूल खिलते थे। उसके बागीचे के पास ही मुद्गरपाणि यक्ष का एक प्राचीन मन्दिर था। मन्दिर के गर्भगृह में हाथ में लोहे की मुद्गर लिए हुए यक्ष की एक सुन्दर प्रतिमा स्थापित थी।

अर्जुनक बचपन से ही मुद्गरपाणि यक्ष का उपासक था। वह प्रतिदिन अपने बागीचे में जाकर फूल चुनता था। उनमें से सबसे सुन्दर फूलों को यक्ष को चढ़ाकर उसकी पूजा करता था। उसके बाद नगर के राजमार्ग पर जाकर फूल बेचता था। यही उसकी आजीविका का साधन था।

एक बार राजगृह में कोई उत्सव था। अर्जुनक को लगा कि इस अवसर पर उसके फूलों की अधिक बिक्री होगी। इसलिए सबेरे उठकर वह अपनी पत्नी बन्धुमती के साथ बागीचे में गया। दोनों ने सुन्दर-सजीले फूलों से अपनी-अपनी टोकरियाँ भर लीं और फूलों से यक्ष की पूजा करने के लिए मन्दिर की ओर चल पड़े। उन दिनों राजगृह में ललिता नामक गुण्डों का एक दल था। वे लोग कई तरह के बुरे काम करते थे और वेश्यालयों के आसपास मँडराते रहते थे। वे राजा से भी नहीं डरते थे।

उस दल के छह गुण्डों ने देखा कि अर्जुनक और उसकी पत्नी यक्ष-मन्दिर जा रहे हैं। वे लोग चुपचाप मन्दिर में जाकर छिप गए। अर्जुनक जब पूजा में तल्लीन था, तभी धीरे से निकलकर उन गुण्डों ने उसको रस्सी से बाँध दिया। इसके बाद उन सब ने मन्दिर में ही बन्धुमती की इज्जत से छेड़-छाड़ किया। माली रस्सियों में बँधा होने के कारण निरुपाय था। उसने सोचा कि मैं बचपन से ही यक्ष की पूजा करता आया हूँ, तब भी मेरे साथ यह अन्याय हो रहा है। यदि इस यक्ष में कोई शक्ति है तो इसको चमत्कार करके मेरी पत्नी की रक्षा करना चाहिए। परन्तु यह यक्ष तो मुझे लकड़ी का ठूँठ प्रतीत हो रहा है।

माली के मनोभाव जानकर वह यक्ष अर्जुनक के शरीर में प्रवेश कर गया। उसने माली के बन्धनों को खोल दिया। इसके बाद माली के शरीर में प्रविष्ठ यक्ष हाथ में मुद्गर लेकर निकल पड़ा। सबसे पहले उसने उन छहों गुण्डों को घेरकर मार दिया। फिर रौद्र-रूप धारण करके वहाँ के नर-नारियों को मारता हुआ राजगृह नगर के बाहर घूमने लगा।

पूरे नगर में यह खबर फैल गई कि अर्जुनक पर यक्ष चढ़ा है; और वह मार-काट करता हुआ चारों ओर घूम रहा है। यह सूचना राजा श्रेणिक के पास भी पहुँची। अत: उन्होंने डुग्गी पिटवाकर प्रजाजनों को सावधान किया कि यक्ष-आवेशित अर्जुनक के आतंक के कारण कोई भी नागरिक लकड़ी, घास, पानी, फल या फूल लेने के लिए नगर के बाहर न जाए।

संयोगवश उसी समय राजगृह में भगवान महावीर का समवसरण आया हुआ था। सुदर्शन नामक सेठ (श्रेष्ठी) उनका अनुयायी था। उसने अपने माता-पिता से भगवान के दर्शन के लिए जाने की अनुमति माँगी। परिस्थितियों को देखते हुए उसके माता-पिता ने घर से बाहर जाने से मना किया। लेकिन सुदर्शन नहीं माना। वह शुद्ध वस्त्र पहनकर महावीर की वन्दना के लिए निकल पड़ा।

यक्ष-आवेशित अर्जुनक ने देखा कि सुदर्शन अविचलित होकर रास्ते पर जा रहा है। वह मुद्गर लेकर उसको मारने के लिए दौड़ा। सुदर्शन वहीं बैठकर महावीर का ध्यान करना लगा। अर्जुनक ने उस पर मुद्गर से वार किया, लेकिन वह बेअसर रहा। अचानक यक्ष माली के शरीर को छोड़कर निकल गया। सुदर्शन का ध्यान भी टूट गया। उसने देखा क़ि अर्ज़ुनक उसके सामने सहज भाव से खड़ा है। फिर वे दोनों वहाँ से चलकर भगवान महावीर के पास गए और उनसे जैन धर्म की दीक्षा ली।

कृतपुण्य की कहानी

जैन ग्रन्थ 'आवश्यकचूर्णि' में राजगृह के एक व्यापारी कृतपुण्य की कथा वर्णित है। राजगृह में धनावह नामक एक व्यापारी था। उसके पुत्र का नाम कृतपुण्य था। कृतपुण्य ने सभी कलाओं का अध्ययन किया था। युवा होने पर उसका विवाह हुआ। फिर माता-पिता की सहमति से जीवन के अनुभव प्राप्त करने के उद्देश्य से उसको एक वेश्या के यहाँ रहने के लिए भेज दिया गया। कृतपुण्य वहीं रम गया। उसकी पत्नी और उसके माता-पिता ने बहुत चाहा कि वह घर लौट आए, लेकिन वह नहीं लौटा। देखत-देखते बारह बरस बीत गए। वेश्या पर धन लुटाते-लुटाते उसकी आर्थिक स्थिति खराब हो गई।

इधर उसके माता-पिता का निधन हो गया। उसकी पत्नी के पास कुछ जेवर-गहने अभी बचे हुए थे। वह भी उसने अपने पति की खुशी के लिए वेश्या के कोठे पर भिजवा दिया। वेश्या की माँ ने भाँप लिया कि कृतपुण्य अब कंगाल हो चुका है। उसने कृतपुण्य की पत्नी द्वारा भेजे गए रुपयों-गहनों में अपनी ओर से कुछ और रुपए मिलाकर उसी को वापस कर दिया। अब वह कृतपुण्य को वहाँ से चलता

करने के उपाय ढूँढने लगी। खुद वेश्या उसको जाने देने के पक्ष में नहीं थी। लेकिन माँ के आगे उसकी एक न चली और कृतपुण्य वहाँ से निकाल दिया गया।

वह लौटकर अपने घर आया। घर की दयनीय दशा देखकर उसको बहुत दुख हुआ। घर की हालत सुधारने के लिए धन कमाना जरूरी था। इसलिए व्यापारियों के एक काफिले के साथ वह दूर देश की ओर चल पड़ा। यात्रा की थकान के कारण रास्ते में एक मन्दिर के पास वह सो गया। संयोग से एक व्यापारी की माता को यह पता चला कि जहाज डूब जाने के कारण उसके इकलौते पुत्र की मृत्यु हो गई है। पुत्र-वियोग के अलावा उसको यह चिन्ता भी थी कि पुत्रविहीन जानकर उसकी सम्पत्ति राजा जब्त न कर ले। इस स्थिति से बचने के लिए वह दुखी महिला किसी अनाथ पुरुष को खोज रही थी।

मन्दिर में अकेले सोता देखकर वह कृतपुण्य को अपने घर ले गई। घर आकर वह यह कहकर जोर-जोर से रोने लगी कि उसका पुत्र बहुत दिनों के बाद घर लौटा है। उसने अपनी चारों पुत्रवधुओं को समझाते हुए कहा कि यह तुम्हारा देवर है। अब कृतपुण्य उस घर में ठाट से रहने लगा। उसने प्रत्येक वधू से सन्तान भी उत्पन्न किए।

वधुओं के पुत्रवती होने के कुछ समय बाद उक्त व्यापारी की माता कृतपुण्य को वहाँ से बाहर करने के उपाय करने लगीं। वधुओं ने रास्ते के लिए लड्डू बनाए और उसके भीतर बहुमूल्य रत्न भर दिए। फिर उसको मदिरा पिलाकर बेसुध कर दिया और उसी मन्दिर में ले जाकर छोड़ दिया। होश आने पर उसने देखा कि वह उसी मन्दिर में है।

इधर व्यापारियों के जिस काफिले के साथ वह निकला था, वह राजगृह लौट आया। उसमें अपने पति को न पाकर कृतपुण्य की पत्नी बहुत चिन्तित थी। उसने चारों ओर तलाश कराई। कृतपुण्य मन्दिर के पास मिल गया। वह घर लौट आया। इस बीच उसके एक पुत्र भी हो गया था, जो करीब ग्यारह साल का था। कृतपुण्य के घर पहुँचने के कुछ समय बाद ही वह बालक पाठशाला से लौटा और खाना माँगकर रोने लगा। उसको चुप कराने के लिए उसकी माँ ने पिता द्वारा लाए लड्डुओं में से एक उसको दे दिया। लड्डू लेकर वह बाहर निकल गया। खाने के दौरान उसको एक मणि मिली। वह मणि उसने एक मिठाईवाले को इस शर्त पर दे दिया कि वह प्रतिदिन उसको मिठाई देगा। अन्य लड्डुओं से भी रत्न निकले, जिसके कारण कृतपुण्य धनवान हो गया।

एक बार राजा श्रेणिक का प्रिय हाथी सेचनक नदी में नहाने गया। वहाँ एक मगर ने उसको पकड़ लिया। यह जानकर राजा बहुत चिन्तित हुआ। राजा श्रेणिक

को चिन्तित देखकर मगध के योग्य मन्त्री अभय राजकुमार ने कहा कि यदि कहीं से जलकान्त मणि मिल जाए तो सेचनक हाथी को बचाया जा सकता है। राजा श्रेणिक ने यह घोषणा करा दी कि जो भी व्यक्ति जलकान्त मणि लाकर देगा उसको आधा राज्य देने के साथ ही राजकुमारी से उसका विवाह भी करा दिया जाएगा।

यह घोषणा सुनकर वह मिठाईवाला मणि लेकर राजदरबार पहुँचा। जलकान्त मणि नदी में ले जाकर रखी गई। इससे पूरी नदी प्रकाशमान हो गई। मगर को लगा कि वह जल से निकलकर भूमि पर आ गया है। ऐसा सोचते हुए उसने हाथी को छोड़ दिया। राजा बहुत प्रसन्न हुए। उन्होंने मिठाईवाले को बुलाकर पूछा तो उसने सच-सच बता दिया कि यह मणि उसको कृतपुण्य के पुत्र से मिली है। राजा ने कृतपुण्य को बुलवाकर उसकी सराहना की और उसको आधा राज्य देकर राजकन्या से उसका विवाह कर दिया।

असम्पदान जातक कथा

'असम्पदान जातक' में वर्णित कथा के अनुसार प्राचीन काल में मगध देश में राजगृह नामक एक नगर था। बोधिसत्व ने उस नगर के एक सेठ के रूप में जन्म लिया था। उस नगर-सेठ (नगर-श्रेष्ठि) का नाम संघ सेठ था। उसकी कुल सम्पत्ति लगभग अस्सी करोड़ हिरण्य (स्वर्ण मुद्राएँ) थी। उसी समय वाराणसी नगर में पीलिय नामक एक सेठ था। उसके पास भी अस्सी करोड़ हिरण्य की सम्पत्ति थी। संघ सेठ और पीलिय सेठ बहुत अच्छे मित्र थे।

एक बार व्यापार में हुए घाटे के कारण पीलिय सेठ की आर्थिक स्थिति खराब हो गई। कंगाल होने के बाद वह अपनी पत्नी के साथ पैदल ही राजगृह पहुँचा। संघ सेठ ने अपने मित्र पीलिय को प्रेम से गले लगाया। उसका यथोचित सत्कार किया। पीलिय की आपबीती सुनकर वह बहुत दुखी हुआ। फिर अपना कोष खुलवाकर उसमें से चालीस करोड़ हिरण्य तो पीलिय को दिलवाया ही, अपनी चल-अचल सम्पत्ति का आधा भाग और दास-दासियों में से आधे भी अपने मित्र को सौंप दिया। वह सब लेकर पीलिय वाराणसी लौट गया और सुखपूर्वक रहने लगा।

कुछ वर्षों बाद संघ सेठ को भी व्यापार में घाटा लगा और वह भी कंगाल हो गया। विपत्ति के मारे संघ सेठ ने सोचा कि खराब वक्त में मैंने अपने मित्र पीलिय की सहायता की थी। इसलिए उसी के पास सहायता माँगने को चलता हूँ। यह विचार करके वह अपनी पत्नी के साथ वाराणसी के लिए चल पड़ा। वाराणसी पहुँचकर उसने अपनी थकी-हारी पत्नी को एक धर्मशाला में बैठा दिया और कहा कि ''अपने मित्र के पास पहुँचकर मैं सवारी भेजूँगा तब तुम आराम से आ जाना।''

यह कहकर वह नगर-सेठ के घर की ओर चल पड़ा। उसके घर पहुँचकर उसने सूचना भिजवाई। पीलिय सेठ ने उसको अन्दर तो बुलवाया लेकिन संघ सेठ को देखकर उसने कोई उत्साह नहीं दिखाया। अनमने ढंग से आने का कारण पूछा। संघ ने कहा कि "मैं तुमसे मिलने आया हूँ।"

पीलिय ने पूछा कि "ठहरे कहाँ हो?"

"रहने की कोई व्यवस्था तो नहीं की है। सेठानी को एक शाला में बैठाकर आया हूँ।" संघ ने कहा।

"मेरे यहाँ ठहरने का कोई प्रबन्ध नहीं है। मैं सीधा दिला देता हूँ। कहीं पका लेना और खाकर चले जाना।" यह कहकर उसने अपने एक सेवक से कहा कि "मेरे मित्र को एक तूँबा भूसा भरकर दे दो।" संयोगवश उसी दिन एक हजार गाड़ी लाल चावल छँटवाकर धान्य-कोठार में रखवाया गया था। उसी से निकले हुए भूसे उसने अपने उस मित्र के लिए बँधवा दिए, जिसने आड़े वक्त में उसको चालीस करोड़ स्वर्णमुद्राएँ दी थीं।

पीलिय का सेवक जब बोधिसत्व के पास एक तूँबा भूसी लेकर आया, तब बोधिसत्व ने सोचा कि चालीस करोड़ स्वर्ण मुद्राएँ पानेवाला मेरा मित्र मुझको एक तूँबा भूसा दे रहा है। यह कृतघ्न और मित्र-द्रोही है। मेरे द्वारा किए गए उपकार को भूलकर मित्रता को अपमानित कर रहा है। यदि इसके द्वारा दिए जा रहे भूसे को लेने से मैं इनकार करता हूँ तो यह भी मित्र-धर्म के विपरीत होगा। यह विचार करके उसने भूसे को अपने पल्ले में बाँध लिया और लौटकर शाला आया।

उसके उदास चेहरे को देखकर उसकी पत्नी ने पूछा कि "आर्य, आपको क्या मिला?"

उसने पूरा हाल बता दिया। तब उसकी पत्नी ने कहा कि "आपने तूँबा भर भूसा लिया ही क्यों?" बोधिसत्व ने कहा कि "उसने मित्र-धर्म का त्याग कर दिया तो क्या मैं भी वैसा ही बन जाऊँ?" यह सब सुनकर संघ सेठ की पत्नी फूट-फूटकर रोने लगी।

संयोगवश उसी समय संघ सेठ द्वारा पीलिय सेठ को दिया गया एक दास शाला के पास से गुजर रहा था। उसने सेठानी के रोने की आवाज सुनी तो वह ठहर गया। अन्दर आकर जब उसने अपने पूर्व स्वामी-स्वामिनी को देखा तो उनके चरणों में गिर पड़ा। संघ सेठ की पूरी बात सुनकर वह उनको अपने घर ले गया। फिर अन्य सेवकों को सूचित किया कि हम सब के पुराने स्वामी आए हुए हैं। फिर सब लोग संघ सेठ को लेकर काशी के राजा ब्रह्मदत्त के पास पहुँचे और सारा हाल कह सुनाया। राजा ने दोनों सेठों को बुलवाया। राजा ने संघ सेठ

से पूछा कि ''महाश्रेष्ठि! क्या तुमने पीलिय सेठ को चालीस करोड़ हिरण्य दिया था?'' संघ ने कहा कि ''मेरा मित्र बहुत उम्मीद लेकर मेरे पास राजगृह आया था। इसलिए मैंने चालीस करोड़ हिरण्य ही नहीं दिए, बल्कि मेरे पास जो भी चल-अचल सम्पत्ति थी, उसका आधा भाग अपने मित्र को दे दिया था।'' फिर राजा ने पीलिय सेठ से पूछा कि ''क्या यह बात सच है?'' तब पीलिय ने इस बात को स्वीकार कर लिया।

पूरी राजसभा ने पीलिय सेठ की निन्दा की। राजा ब्रह्मदत्त ने निर्णय दिया कि ''पीलिय सेठ की पूरी सम्पत्ति संघ सेठ को दे दी जाए।'' तब राजगृह के नगर-श्रेष्ठि संघ ने कहा कि ''राजन, मुझे पराए धन की लालसा नहीं है। कृपया मुझे उतना धन ही दिलवा दें जितना मैंने अपने मित्र को दिया था। राजा ने बोधिसत्व को तदनुसार धन दिलवा दिया। उस धन और अपने दासों को लेकर संघ सेठ राजगृह नगर लौट गए।

जैनकवि पुष्पदन्त की दृष्टि में राजगृह

10वीं शताब्दी ई. में अपभ्रंश भाषा के एक जैन-कवि हुए हैं—पुष्पदन्त। वे राष्ट्रकूट राजा कृष्ण तृतीय खोट्टिग के समकालीन थे। भरत और नल नामक पिता-पुत्र राष्ट्रकूटों के मन्त्री थे। वे दोनों पुष्पदन्त के आश्रयदाता भी थे। कवि पुष्पदन्त ने अपनी काव्यकृति 'नायकुमार-चरित' (नागकुमार चरित) में मगध-भूमि का सुन्दर वर्णन किया है। कवि के वर्णन से ऐसा लगता है कि राष्ट्रकूटों के राजमन्त्री भरत मगध देश के राजगृह नगर के निवासी थे।

मगध का वर्णन करते हुए कवि पुष्पदन्त कहते हैं कि वहाँ के वन देवलोक के नन्दनवन के समान सुन्दर हैं। उन वनों में हाथी भी पाए जाते हैं। वहाँ शालि नामक सुगन्धित चावल पैदा होता है। वहाँ का जल दूध के समान स्वच्छ है। वहाँ की गाएँ कामधेनु के समान बहुत दूध देनेवाली हैं। वहाँ की भूमि इतनी उर्वर है कि वह मनुष्य के साथ ही अन्य जीव-जन्तुओं का पोषण करने में सक्षम है। वहाँ के वृक्ष-वनस्पति फल, फूल और मंजरियों से लदे रहते हैं। वहाँ के लोग बहुत सुखी हैं। वहाँ के किसानों की स्त्रियों के कौतुक से पूरा वातावरण मोहक बना रहता है। उन ग्रामवधुओं के हास-परिहास को देखकर वहाँ से गुजरनेवाले पथिक रुककर उन्हें निहारने को बाध्य हो जाते हैं। वहाँ चारों ओर गन्ने के खेत हैं। गन्ने इतने पुष्ट और रसपूर्ण हैं कि उन खेतों में विचरने के दौरान भैंसों के सींगों की नोंक से टकराने के कारण गन्ने का रस बहुधा गिर पड़ता है। वहाँ के वनों की शोभा न्यारी है। अन्त में कवि कहता है कि जिस नगर का उसने वर्णन किया, उसका नाम राजगृह है। इस

नगर में स्वर्ण-मण्डित अनेक भवन है। ऐसा लगता है मानो स्वर्गलोक से उतरकर यह देवोपम नगर धरती पर आ गया है।

सन्दर्भ और टिप्पणी

1. प्राचीन काल में गिरिव्रज नामक एक नगर पंजाब (पाकिस्तान) में भी था। 'रामायण' (2/74/11-15) में पश्चिम पंजाब से लेकर अयोध्या तक के प्राचीन महापथ का उल्लेख है। अपने ननिहाल गए हुए भरत को केकय से अयोध्या लाने के लिए अयोध्या के दूत गंगा नदी को पार करके हस्तिनापुर (मेरठ) पहुँचे। उसके बाद वे कुरुक्षेत्र गए। वहाँ वारुणी तीर्थ का दर्शन करने के बाद उन्होंने सरस्वती नदी पार की। उसके बाद उत्तर की ओर चलते हुए उन्होंने शरदण्डा (आधुनिक सरहिन्द नदी) को पार किया। फिर वे भूलिंगों के प्रदेश में पहुँचे और शिवालिक के पार की पहाड़ियों पर उन्होंने सतलज और व्यास को पार किया। इस तरह चलते हुए वे अजकूला (आधुनिक आजी) नदी पर बसे हुए साकल नगर (स्यालकोट, पाकिस्तान) आए; और फिर वहाँ से तक्षशिला होते हुए केकय की राजधानी गिरिव्रज पहुँचे। इस 'गिरिव्रज' नगर की पहचान पंजाब में जलालपुर के पास गिर्यक से की जाती है।
2. सरिद्विस्तीर्णपरिखं स्पष्टांचितमहापथं शैलकल्पमहावप्रं गिरिव्रजमिवापरम्। (सौन्दरनन्द, 1/42)
3. Kusagarapura was the original capital of Magadha, which was called Rajagriha, or the 'Royal Residence'. It was also named Girivraja, or the 'hill surrounded', which agrees with Hwen Thsang's description of it as a town 'surrounded by mountains'. Girivraja is the name given in both the Ramayana and the Mahabharata to the old capital of Jarasandha, king of Magadha, who was one of the principal actors in the Great War, about 1426 B. C. The Chinese pilgrim Fa-Hian describes the city as situated in a valley between five hills, at 4 li, or two-thirds of a mile, to south of the new town of Rajagriha. The same position and about the same distance are given by Hwen Thsang, who also mentions some hot springs, which still exist. Fa-Hian further states that the 'five hills form a girdle like the walls of a town', which is an exact description of Old Rajagriha, or Purana Rajgir, as is now called by the people. A similar description is given by Turnour from the Pali annals of Ceylon, where the five hills are, named Gijjhakuto, Isigili, Webharo, Wepullo, and Pandawo. In the Mahabharata the five hills are named Vaihara, Varaha, Vrishabha, Rishigiri and Chaitvaka, but at present they are called Baibhar-giri, Vipula-giri, Ratna-giri, Udaya-giri and Sona-giri. (Alexander Cunningham, The Ancient Geography of India, page—390); Indological Book House, Varanasi, 1963)
4. कनिंघम ने माप-जोख करके इसे केवल 8.3 मील पाया था। लेकिन महाप्राकार का विस्तार पूरब की ओर गिरियक पर्वत तक पाया गया है, जो पूर्वी सीमा में 6 मील और आगे है। अत: ह्वेनत्सांग का कथन ही सही लगता है।
5. ''चक्रेपुरवरंराजा वसुर्नाम गिरिव्रजम्। एषा वसुमती नामवसोस्तस्य महात्मन:, एते शैलवरा: पंच प्रकाशन्ते समन्तत:''। (वा. रामायण, बालकाण्ड, 1/38-39)
6. असूर्तरजसो नाम धर्मारण्यं महामति:।
चक्रे पुरवरं राजा वसुनाम गिरिव्रजम्।। (वा. रामायण, बालकाण्ड, 32/7)
7. एषा वसुमती नाम वसोस्तस्य महात्मन:।
एते शैलवरा: पंच प्रकाशन्ते समन्तत:।। (वा. रामायण, बालकाण्ड, 32/ 8)

8. द्वात्रिंशति नृपा ह्येते भवितारो बृहद्रथाः।
पूर्ण-वर्ष-सहस्त्रन्तु तेषां राज्यं भविष्यति।। (मत्स्य पुराण)

9. From the 'Cock's-foot Hill' the pilgrim (Hwen-Thsang) proceeded to the north-east for 100 li, or 17 miles, to a mountain called Fo-tho-fa-na, or Buddhavana. ...... At 30 li, or 5 miles, to the east, he visited the famous Yashtivana, or 'Bambu-forest. This name is still well known as Jakhti-ban, which is only the hindi form of the sanskrit word. .... About 10 li, or nearly 2 miles, to the south-west of the Bambu-forest, the pilgrim visited two hot springs, to the south of a high mountain, in which Buddha was said to have bathed. These springs still exists about two miles to the south of Jakhti-ban, at a place called Tapoban. ... to the east of this place, the pilgrim reached Kiu-she-kie-lo-pu-lo, or Kusagara-pura, that is the 'town of the Kusa Grass. (Alexander Cunningham, The Ancient Geography of India, page—388-389; Indological Book House, Varanasi, 1963)

अर्थात—कुक्कुटपाद पहाड़ी से उत्तर-पूर्व दिशा में 17 मील (100 ली) चलकर धर्मयात्री ह्वेनत्सांग बुद्धवन नामक एक पहाड़ी के पास पहुँचा। इसके 5 मील पूरब प्रसिद्ध यष्टिवन (बाँस का वन) था, जिसे अब जकठी-वन कहा जाता है। जकठी-वन संस्कृत शब्द यष्ठिवन का मगही अपभ्रंश है। यहाँ से 2 मील दक्षिण-पश्चिम की ओर तपोवन नामक स्थान पर गर्म जल के दो झरने हैं। बुद्ध ने इस तप्त कुण्ड में स्नान भी किया था। यहाँ से पूरब की ओर चलकर ह्वेनत्सांग कुशागारपुर पहुँचा।

10. In the inscription of the Jain temples on Mount Baibhar, the name is sometimes written Baibhara, and sometimes Vyavahara. It is beyond all doubt the Webharo Mountain of the Pali annals, on whose side was situated the far-famed Sattapanni Cave, in front of which was held the first Buddhist synod, in 543 B. C. This cave, I believe, still exists under the name of Son Bhandar, or 'Treasury of gold', in the southern face of the mountain; but following Hwen Thsang's description, it should rather be looked for in the northern face. (Alexander Cunningham, The Ancient Geography of India, page—390-391; Indological Book House, Varanasi, 1963)

11. वासुदेवशरण अग्रवाल, भारत सावित्री, पृ. 61; सस्ता साहित्य मण्डल प्रकाशन, नई दिल्ली, 2011 ई.।

12. ए.एस.आइ. राजगृह की महा-दीवार को यूनेस्को वर्ल्ड हेरिटेड साईट की सूची में सम्मिलित कराने के लिए 2009 ई. से ही प्रयासरत है; और इसके लिए वह अपेक्षित दस्तावेज (डोज़ियर) तैयार कर रही है।

अध्याय 6

ऐतिहासिक युग में मगध

भारत के पहले साम्राज्य की आधारशिला

पौराणिक अनुश्रुतियों के अनुसार मगध के बार्हद्रथ वंश का अन्तिम राजा रिपुंजय था। सुनिक नामक एक अमात्य ने षड्यन्त्र करके रिपुंजय का वध कर दिया। इस प्रकार, मगध के बार्हद्रथ राजवंश का अन्त हो गया। सुनिक ने बालक नामक अपने पुत्र को मगध की गद्दी पर बैठाया। पर मगध के क्षत्रियों की श्रेणी ने बालक के शासन को स्वीकार नहीं किया। उस काल में क्षत्रियों की ऐसी अनेक सैनिक-श्रेणियाँ थीं, जिनका संगठन राज्य से स्वतन्त्र होता था। वे इतने सशक्त थे कि उनका सहयोग प्राप्त करना राजा के लिए आवश्यक था। बहरहाल, मगध की क्षत्रिय-श्रेणियों ने बालक के राज्य का विरोध किया। भट्टिय (भट्टि) नामक एक सरदार ने विद्रोह कर दिया। उसने बालक को मगध के राज-सिंहासन से अपदस्थ करके उसकी हत्या करवा दी। पर भट्टिय स्वयं राजसिंहासन पर नहीं बैठा। वह सैनिक दल का नेता ही बना रहा। उसने अपने पुत्र बिम्बिसार को मगध के सिंहासन पर बैठाया। बाद मे शायद बिम्बिसार मगध के राजा के साथ ही सैनिक-श्रेणियों का नेता भी हो गया। इसलिए उसे श्रेणिक बिम्बिसार भी कहा जाता है।

जैन-परम्परा में भट्टिय को प्रसेनजित और उपश्रेणिक कहा गया है। वह क्षत्रियों के हर्यक (हिरण्यक) वंश में उत्पन्न हुआ था। भट्टिय के दो पुत्र थे—श्रेणिक बिम्बिसार और चिलातिपुत्र। किसी बात से रुष्ट होकर भट्टिय ने श्रेणिक को अपने राज्य से निर्वासित करके अपने दूसरे बेटे चिलातिपुत्र को मगध का राजा बनाया। देशनिकाला मिलने के बाद श्रेणिक भटकते हुए दक्षिण भारत में कांचीपुर नगर जा पहुँचा। वहाँ नन्दश्री नामक एक ब्राह्मण-कन्या से उसने प्रेम-विवाह किया। फिर वे दोनों वहीं सुखपूर्वक रहने लगा। आगे चलकर नन्दश्री ने एक पुत्र को जन्म दिया, जिसका नाम रखा गया अभय राजकुमार। परन्तु यह बाद की बात है।

इधर हुआ यह कि सिंहासन पर बैठने के कुछ समय बाद ही चिलातिपुत्र को राजकाज से विरक्ति हो गई। उसने गिरिव्रज की पाँच पहाड़ियों में से एक वैभारगिरि (व्याहार पर्वत) पर जाकर दत्त नामक जैन-मुनि से दीक्षा ली और संन्यासी बन गया। बाध्य होकर बिम्बिसार को गिरिव्रज वापस बुलवाया गया और फिर उसका राज्याभिषेक किया गया।

'महावंस' के अनुसार **बिम्बिसार** (544-492 ई.पू.) मात्र पन्द्रह वर्ष की अवस्था में मगध के सिंहासन पर बैठा। उसने मगध में न केवल हर्यक-वंश की राजसत्ता स्थापित की, बल्कि भारत के पहले साम्राज्य की आधारशिला भी रखी। उसके समय में मगध का विस्तार मात्र पटना और गया जिले तक सीमित था। राज्य हस्तगत करने के बाद उसने देखा कि राजधानी गिरिव्रज में स्थान की कमी है। अत: गिरिव्रज की पाँच पहाड़ियों के बाहर उसने राजगृह नामक नए नगर का निर्माण कराया। नवनिर्मित राजगृह नगर बिम्बिसार की नई राजधानी बनी। गिरिव्रज का प्राकृतिक दुर्ग नवनिर्मित राजगृह नगर के केन्द्रीय भाग में स्थित रहा। अब दोहरी किलेबन्दी हो गई। इसके कारण यह नगर तत्कालीन परिस्थितियों में अजेय समझा जाने लगा।

इसके बाद बिम्बिसार ने शासनतन्त्र को सुव्यवस्थित करके राज्यशक्ति को संगठित किया। वह नियमित और स्थायी सेना रखनेवाला भारत का पहला ऐतिहासिक राजा था। यही कारण है कि पालि भाषा में रचित बौद्ध-ग्रन्थों में उसको 'सेनिया' कहा गया है।

मगधनरेश द्वारा एक सुगठित सेना और बड़ी संख्या में असैनिक अधिकारियों को नियुक्त किया गया। उस समय राजकीय कर्मचारियों को 'सर्वार्थक' और न्यायाधिकारियों को 'व्यावहारिक' कहा जाता था। इस सम्पूर्ण प्रशासनिक तन्त्र को बनाए रखने के लिए विपुल धनराशि की आवश्यकता थी। किसी राजा के पास कितना ही धन संचित क्यों न हो, यदि आय का कोई नियमित स्रोत नहीं होगा तो राज्य की नियमित आवश्यकताओं की पूर्ति सम्भव नहीं है। अत: कर-संग्रह की व्यवस्था बनाई गई। इसी क्रम में धरती से उपजे अन्न में राजा का हिस्सा राज्य की आय का मुख्य स्रोत बना। इसको सामान्यत: 'भाग' कहा जाता था। आरम्भ में किसान द्वारा उपजाए गए अन्न का छठा हिस्सा (षड्भाग) कर के रूप में वसूल किया जाता था। प्राचीन काल में अपनी प्रजा से कर-स्वरूप उपज का छठा भाग वसूल करने के कारण राजा को 'षड्भागी' भी कहा जाता था।

बिम्बिसार ने मगध पर लगभग पचास वर्षों तक राज किया। अंग एकमात्र ऐसा राज्य था जिस पर उसने आक्रमण किया। उस युद्ध में अंगराज दधिवाहन की

पराजय हुई। अंग देश और अंगुत्तराप राज्य को मगध राज्य में मिला लिया गया। फिर राजकुमार अजातशत्रु को अंग प्रदेश का प्रशासक बना दिया गया।

अंग देश की राजधानी चम्पानगर (चम्पापुर) आधुनिक भागलपुर के पास स्थित है। गंगा के किनारे बसे होने के कारण यह एक महत्त्वपूर्ण व्यापारिक केन्द्र था। यह स्थान आज एक छोटे-से मुहल्ले के रूप में है, किन्तु प्राचीनकाल में यह जैन और बौद्ध मतानुयायियों के लिए बहुत पवित्र रहा है। बारहवें जैन तीर्थंकर वासुपूज्य का जन्म चम्पापुर में ही हुआ था। उनके पिता का नाम वसुपूज्य और माता का नाम जया (या विजया) था।

बुद्धकाल में चम्पापुर में गग्गरा नामक एक रानी ने एक तालाब खुदवाया था। तालाब और उसके आसपास का वातावरण मनोरम था। बुद्ध ने धर्मप्रचार के क्रम में कई बार अंग देश की यात्रा की थी। उनको गग्गरा रानी तालाब के आसपास का वातावरण बहुत प्रिय था। वहाँ उन्होंने विश्राम भी किया था। अंग देश पर मगध की विजय के कुछ वर्ष बाद चम्पानगर का महत्त्व गौण हो गया। अत: बिम्बिसार ने सोणदण्ड नामक एक याज्ञिक ब्राह्मण को चम्पानगर की जागीर दक्षिणा के रूप में दे दी। (दीघनिकाय)

बिम्बिसार के राज्यकाल में सीमान्त या प्रत्यन्त (हजारीबाग का दक्षिणी भाग और राँची), पलामू और सिंहभूम मगध की सीमा के बाहर थे। प्रत्यन्त का दस्यु-वर्ग मगध की सीमा में घुसकर उपद्रव करता रहता था। सिंहभूम अश्मक महाजनपद का भाग था। करुष (शाहाबाद के दक्षिणी पहाड़ीवाले भाग) भर्ग प्रदेश का एक भाग था; और भर्ग उस समय अवन्तिराज प्रद्योत के नियन्त्रण में था।

बिम्बिसार की विस्तारवादी नीति

प्राचीन बौद्ध-साहित्य से पता चलता है कि बिम्बिसार युद्धेच्छु शासक नहीं था। अंग-विजय के अतिरिक्त उसने कोई युद्ध नहीं किया। 'दीपवंस' के अनुसार बिम्बिसार के पिता भातिय (भट्टिय) को अंगराज ने पराजित किया था। 'महावंस' के अनुसार बिम्बिसार ने अपने पिता की हार का बदला लेने के लिए अंग पर आक्रमण किया था। इस एकमात्र विजय के बाद उसका शेष जीवन और शासन शान्तिपूर्वक बीता।

अंग राज्य गंगा के उत्तर और दक्षिण दोनों ओर था। उसके उत्तरी भाग की संज्ञा बौद्धकाल में अंगुत्तराप (अंग + उत्तर + आप) थी। अंगुत्तराप कौशिकी-सदानीरा के मध्य में होने से उपनिषद्कालीन विदेह राज्य का भाग था, जैसा कि वृहद् विष्णुपुराण में आए 'कौशिकी तु समारभ्य मिथिला नाम नगरी' से स्पष्ट है।

जब मगध ने अंग को जीत लिया तब यह स्वाभाविक था कि लिच्छवि-गण उसको गंगा के उत्तर के धनधान्यपूर्ण अंगुत्तराप की ओर बढ़ने से रोकते; और विदेह की प्राचीन भूमि (अंगुत्तराप) पर पुन: कब्जा करने का प्रयास करते जो उनके हाथों से निकल गई थी। लेकिन जब बिम्बिसार ने चम्पा को जीत लिया तब वह अंग के गंगोत्तरीय प्रदेश अंगुत्तराप को क्यों छोड़ता, जिसके केवल आपण नामक निगम में ही बीस हजार दुकानें थीं। अवश्य ही बिम्बिसार को अंग-विजय के फलस्वरूप लिच्छवियों से युद्ध करना पड़ा, जिसमें लिच्छवियों को अंगुत्तराप पर मगध का अधिकार स्वीकार करते हुए कन्योपायन देकर सन्धि करनी पड़ी। उदीयमान मगध के राजा बिम्बिसार को लिच्छवियों से कन्योपायन पाकर उसी प्रकार गर्व का अनुभव हुआ होगा, जिस प्रकार सदियों बाद गुप्त सम्राट समुद्रगुप्त को अपने को लिच्छवि-दौहित्र कहलाने में गर्व हुआ था।

गंगा के उत्तर में स्थित वृज्जिसंघ गणराज्य 7707 कुलों का एक महासंघ था। यह क्षत्रिय कुलीनों की परिषद द्वारा शासित राज्य था। गणसंघ में प्रत्येक कुल का प्रतिनिधि 'राजा' कहलाता था। ये सब अभिषिक्त क्षत्रिय होते थे। मल्लों में 500, वृज्जिसंघ में 7707 और चेदियों में 50000 राजा थे। महाभारत के सभापर्व में कहा गया है—'गृहे गृहे राजान:।' इसको चरितार्थ करते हुए उस समय गणसंघात्मक शासनवाले राज्यों में प्रत्येक परिवार के मुखिया को 'राजा' कहा जाता था।

वृज्जिसंघ के प्रशासन के सुचारु संचालन के लिए 7707 सदस्यीय समिति का गठन किया गया था। राजतन्त्र में ब्राह्मणों का व्यापक प्रभाव था। महामात्य, राजपुरोहित एवं अन्य अमात्यों के अलावा सेनापति के पद तक ब्राह्मणों को प्राप्त थे। परन्तु आरम्भिक गणराज्यों में उनके लिए कोई स्थान नहीं था। वृज्जि गणराज्य में 7707 सदस्यीय समिति में एक भी ब्राह्मण प्रतिनिधि नहीं था।

वृज्जि महाजनपद की राजधानी वैशाली एक सुन्दर नगर था। कहते हैं, मनु के पुत्र नभनेदिष्ठ ने आर्य राजवंश की स्थापना की थी। अलम्बुष इक्ष्वाकु का पुत्र 'विशाल' इस वंश का सर्वश्रेष्ठ शासक था। राजा विशाल ने ही वैशाली नामक भव्य नगर को बसाया था। (वा. रामायण; बालकाण्ड, 47/11-12) वैशाली नगर में 7707 भव्य प्रासाद और उतने ही उद्यान थे। वहाँ की राजपुष्करिणी (तालाब) प्रसिद्ध थी। उसी के किनारे 7707 सदस्यीय समिति के सदस्यों का अभिषेक होता था। पुष्करिणी के पवित्र जल से अभिषिक्त होने के बाद उस समिति के सदस्य को 'राजा' की उपाधि दी जाती थी। राजा की उपाधि मिलने के बाद वह वैशाली के गणतान्त्रिक सन्थागार (प्रतिनिधि सभा) में बैठने का अधिकार प्राप्त कर लेता था। उन राजाओं की सहायता करने के लिए उनके अधीन उतने ही 'उपराजा' होते थे।

राजा और उपराजा के नीचे अधीनस्थ कर्मचारियों का एक समूह कार्यरत था। सैनिक 'सेनानायक' के अधीन थे। प्रशासनिक कर्मचारी 'भाण्डागारिक' के अधीन थे। न्यायिक कार्यों के सम्पादन के लिए 'व्यावहारिक' (अधिवक्ता), 'विनिश्चयमहामात्र' (जाँच-पड़ताल करनेवाले अधिकारी) और 'सूत्रधार' (न्यायाधीश) नियुक्त थे। विभागीय अध्यक्षों के ऊपर 'अट्ठकुलक' नामक कार्य अधिष्ठाता होते थे। यह आठ अधिकारियों की एक परिषद थी। इस 'अट्ठकुल' में लिच्छवि, वृज्जि, विदेह और ज्ञातृक अधिक शक्तिशाली थे। एक बार वृज्जियों की परिषद की ओर संकेत करके बुद्ध ने कहा था कि, ''जिन्होंने देवताओं की परिषद न देखी हो, वे इस परिषद को देखें।'' वृज्जि गणराज्य में वैशाली के लिच्छवियों का वर्चस्व था। लिच्छवि वसिष्ठ गोत्र के थे, इसलिए उनको 'वासिष्ठ' भी कहा जाता था।

बिम्बिसार ने युद्ध और सैन्य अभियानों की अपेक्षा वैवाहिक सम्बन्धों द्वारा अपने प्रभाव के विस्तार की रणनीति अपनायी। उसने उत्तरापथ के तीन प्रतिष्ठित राजपरिवारों से वैवाहिक सम्बन्ध स्थापित किया। (1) पश्चिम में कोसलनरेश महाकौशल की पुत्री तथा तत्कालीन कोसलराज प्रसेनजित की बहन कोसला या वासवी से, (2) मद्रराज की पुत्री क्षेमा से; और (3) उत्तर में लिच्छवी गण-प्रमुख चेटक की पुत्री कूणिका या चेल्लना से विवाह करके उसने अपनी राजनीतिक स्थिति सुदृढ़ कर ली।

कोसल देश की राजकन्या कोसला या वासवी से विवाह के फलस्वरूप बिम्बिसार को दहेज में काशी का राज्य प्राप्त हुआ। काशी से बिम्बिसार को प्रतिवर्ष एक लाख कार्षापण की आय होती थी। इस विवाह के साथ ही कोसल के साथ मगध की शत्रुता समाप्त हो गई। विभिन्न राजकुलों के साथ वैवाहिक सम्बन्धों के परिणामस्वरूप उसकी राजनैतिक प्रतिष्ठा बढ़ गई। इसके कारण भविष्य में पश्चिम और उत्तर की ओर मगध के विस्तार का पथ प्रशस्त हो गया।

बौद्ध साहित्य में बिम्बिसार की रानियों में से केवल क्षेमा और कोसला का उल्लेख है। 'वासवी' कोसला का मूल नाम था। जिस प्रकार कोसलराज की कन्या वासवी 'कोसला' नाम से प्रसिद्ध थी, उसी प्रकार विदेह और लिच्छवियों के संयुक्त राज्य की कन्या कूणिका या चेल्लना 'वैदही' नाम से जानी जाती थी। वासवी से कोई पुत्र न था। कूणिका से अजातशत्रु उत्पन्न हुआ; इसीलिए उसका नाम कूणिक हुआ, जैसे ब्राह्मणी रूपसारी से उत्पन्न बुद्ध के अग्रश्रावक उपतिष्य का नाम सारिपुत्र था।

प्राचीन भारत में बहुपत्नीत्व को निन्दनीय नहीं माना जाता था। बुद्ध के समकालीन प्रायः सभी राजाओं की कई पत्नियाँ थीं। बिम्बिसार, प्रसेनजित,

अजातशत्रु, उदयन--ये सब बहुपत्नीचारी थे। बिम्बिसार की दस पत्नियाँ थी, जिनसे उसके कुल ग्यारह पुत्र उत्पन्न हुए। उसके पुत्रों में अभय राजकुमार, कूणिक अजातशत्रु, वारिषेण, मेघकुमार, नन्दिषेण, अक्रूर, हल्ल, विहल्ल, जितशत्रु और दन्तिकुमार सम्मिलित हैं। राजमहिषी चेल्लना से उत्पन्न कूणिक अजातशत्रु बिम्बिसार का उत्तराधिकारी हुआ।

मगध की राजनैतिक शत्रुता मुख्यत: अवन्ति राज्य से थी। महासेन प्रद्योत और बिम्बिसार दोनों ही महत्त्वाकांक्षी राजा थे। राज्य विस्तार के उद्देश्य से दोनों के बीच युद्ध भी हुआ, लेकिन वह अनिर्णीत रहा। दोनों राज्यों की सेनाएँ प्रबल थीं। अन्ततोगत्वा उन दोनों ने मेल-मिलाप से रहने में ही भलाई समझा। आगे चलकर बिम्बिसार और प्रद्योत मित्र बन गए।

बिम्बिसार शुरू में महावीर जैन से प्रभावित था, लेकिन बाद में वह बुद्ध का अनुयायी हो गया। अपनी योग्यता के बल पर उसने मगध के छोटे-से राज्य (जनपद) को एक सुदृढ़ राज्य (महाजनपद) में बदल दिया। मगध की राजसत्ता को सुव्यवस्थित करने में उसको अपने योग्य पुत्र अभय राजकुमार से भी सहायता मिली। बिम्बिसार के राज्यकाल में मगध और राजधानी राजगृह पुरातन रूढ़ियों के खण्डन और नए विचारों के प्रवर्तन के लिए तैयार थे। यदि वह धर्मसहिष्णु और उदार नहीं होता तो वह नए विचारों का आदर न करता; और फिर मगध तत्त्वचिन्तकों और विचारकों का गढ़ नहीं बन पाता। राजा बिम्बिसार और उसकी प्रजा की उदारता के कारण ही राजगृह के आसपास विभिन्न धार्मिक मतवादों को फलने-फूलने का सुअवसर मिला।

उसने विभिन्न उद्योगों और व्यवसायों के साथ ही व्यापार को भी संरक्षण दिया। उसके राज्याश्रय में विभिन्न श्रेणियों का संगठन हुआ। इसलिए भी बिम्बिसार को 'श्रेणिक' कहा गया है। इन श्रेणियों ने ही आगे चलकर विविध पेशागत जातियों (लुहार, सुनार, कुम्हार, बढ़ई, चर्मकार आदि) का स्वरूप धारण कर लिया। छठी शताब्दी ई. पू. में इस प्रकार की अठारह श्रेणियाँ विद्यमान थी।

महासाल ब्राह्मण

मगधराज बिम्बिसार के मन्त्रिमण्डल में ब्राह्मणों को प्रमुखता दी गई थी। पाँच सौ विद्वान उसके दरबार में मौजूद थे। राजाओं द्वारा ब्राह्मणों को भूमिदान दिए जाने की प्रथा मौर्योत्तर काल और विशेषकर गुप्तकाल में प्रचलित हुई। ब्राह्मणों को दिए जानेवाले भूमिदान को 'अग्रहार' या 'ब्रह्मदेय' कहा जाता था। छठी सदी ई.पू. में ही भूमिदान का यह क्रम शुरू हो गया था। मगध के सोणदण्ड नामक ब्राह्मण

को ब्रह्मदेय के रूप में चम्पा ग्राम प्राप्त हुआ था। मगधवासी ब्राह्मण कूटदन्त को बिम्बिसार ने ब्रह्मदेय के रूप में खाणुमत नामक ग्राम दिया था। 'दीघनिकाय' के 'कूटदन्तसुत्त' के अनुसार खाणुमत ग्राम में कूटदन्त ने वैदिक परम्परा के अनुरूप एक यज्ञ का आयोजन किया था। कूटदन्त के खाणुमत ग्राम के आश्रम में रहकर 300 विद्यार्थी वेद-वेदांगों का अध्ययन करते थे। 'दीघनिकाय' के 'सोणदण्ड सुत्त' के अनुसार ब्राह्मण सोणदण्ड ने भी चम्पानगर में कई यज्ञ किए थे। सोणदण्ड के चम्पानगर स्थित आश्रम में रहकर 500 विद्यार्थी वेद-वेदांगों की पढ़ाई करते थे।

एक बार महात्मा बुद्ध चम्पानगर आए हुए थे। उनकी ख्याति सुनकर ब्राह्मण सोणदण्ड ने उनके दर्शन करने की इच्छा व्यक्त की। उसके सनातनपन्थी सहयोगियों ने कहा कि आप एक धर्मनिष्ठ ब्राह्मण हैं। आपका कुल पिछले सात पीढ़ियों से निष्कलंक है। अत: आपको बुद्ध के दर्शनों के लिए नहीं जाना चाहिए। कुछ ऐसा ही सुझाव ब्राह्मण कूटदन्त को भी दिया गया। परन्तु कूटदन्त ने कहा कि "बुद्ध का कुल भी पिछली सात पीढ़ियों से पवित्र है, फिर मैं उनके दर्शनों के लिए क्यों न जाऊँ ?" बुद्ध के व्यक्तित्व में एक आकर्षण था। यह अलग बात है कि बुद्ध के प्रति आदरभाव रखने के बावजूद कूटदन्त या सोणदण्ड अपने वैदिक धर्म के प्रति आस्थावान रहे। अपनी परम्परा पर अडिग रहते हुए अन्य परम्पराओं का आदर करना भारतीय चेतना में शुरू से ही बसा हुआ है।

मगध में वैभवशाली ब्राह्मणों की कोई कमी न थी। दीघनिकाय के अनुसार सोणदण्ड, कूटदन्त, तारुक्ख, तोदेय्य, कसिभारद्वाज, पोक्खरसाति इत्यादि ब्राह्मणों को मगध और कोसल में सामाजिक प्रतिष्ठा प्राप्त थी। लोग उनका आदर करते थे। इन्हें 'महासाल ब्राह्मण' कहा जाता था। ये लोग विपुल भू-सम्पदा के स्वामी थे। जातक कथाओं में अस्सी करोड़ धन-वैभववाले ब्राह्मणों का उल्लेख है। आचार्य बुद्धघोष ने 'परमत्थ जोतिका' में अस्सी करोड़ धनवाले ब्राह्मणों को 'महाशाल' कहा है।

'सुत्तनिपात' के अनुसार कसिभारद्वाज नामक ब्राह्मण के खेतों को जोतने के लिए 500 हलों की जरूरत पड़ती थी। 'सुत्तनिपात' में केणिय जटिल नामक एक धनवान मागध-ब्राह्मण की चर्चा की गई है। उसने अपने विवाह के अवसर पर मगधराज बिम्बिसार को अपने घर आमन्त्रित किया था। उसकी सामाजिक प्रतिष्ठा को देखते हुए राजा ने उसके निमन्त्रण को स्वीकार भी किया। केणिय ने अपने विवाह समारोह में घर पधारे बिम्बिसार का उचित सत्कार किया था।

'थेरगाथा', 'संयुक्त निकाय' और 'अंगुत्तरनिकाय' की अट्ठकथाओं में मगध के पिल्ली नामक गाँव के एक धनाढ्य ब्राह्मण की कथा वर्णित है। उस महातीर्थ

ब्राह्मण के पास अपार सम्पत्ति थी—साठ बड़े तालाब, बारह योजन तक फैले खेत, दासों के अनुराधपुर-जैसे चौदह गाँव और हाथियों, घोड़ों और रथों के चौदह-चौदह झुण्ड। उसके पुत्र का नाम माणवक था। मावणक के शरीर पर लेपन के लिए प्रतिदिन जौ-चूर्ण का उबटन तैयार किया जाता था। कस्तूरी, अगरू, केसर आदि के साथ दूध की मलाई के मिश्रण से ऐसा उबटन तैयार किया जाता था जिसको लगाने से त्वचा कोमल और कान्तिमान हो जाती थी।

माता-पिता चाहते थे कि उसके पुत्र का शीघ्र विवाह हो। लेकिन वह विवाह करना नहीं चाहता था। अतः उसने एक हजार स्वर्ण मुद्राएँ लगाकर एक सुनार से एक सुन्दर स्त्री-मूर्ति बनवाई। फिर अपनी माँ से कहा कि यदि ऐसी वधू मिले तो मैं विवाह करने के लिए तैयार हूँ। उसने सोचा था कि किसी ब्राह्मण के घर में इतनी सुन्दर कन्या नहीं मिलेगी। परन्तु उसकी धारणा गलत निकली। मद्रदेश में एक ऐसी ब्राह्मण कन्या मिल गई, जो उस स्वर्ण-प्रतिमा से भी सुन्दर थी। (बुद्धचर्या)

ब्राह्मणों और बौद्धों के वैचारिक मतभेद

ब्राह्मणों और बौद्धों का वैचारिक मतभेद जगजाहिर है। चूँकि बौद्ध-मत का प्रदुर्भाव मगध क्षेत्र में ही हुआ इसलिए बौद्ध-मत को सबसे पहली चुनौती मगध के ब्राह्मणों से ही मिली। हितों का यह टकराव जबरदस्त था। मगध अंचल में बौद्धों के प्रति घृणा का भाव इतना गहरा रहा है कि आज भी वहाँ के लोग मतिमूढ़ व्यक्ति के लिए 'बौध' शब्द का प्रयोग करते हैं।

अध्याय 7

मगध में जैन धर्म

तीर्थंकरों की परम्परा और मगध

जैनियों की धार्मिक परम्परा के अनुसार इस धरती पर कुल चौबीस तीर्थंकर अवतरित हुए हैं। जैन परम्परा में धर्म-तीर्थ के प्रवर्तक दिव्यात्मा महापुरुषों को तीर्थंकर कहा गया है। तीर्थंकर का अर्थ है—पार उतरने का रास्ता बतानेवाले। वे संसार रूपी सागर को स्वयं तो पार करते ही हैं, दूसरों को संसार-सागर पार करने का मार्ग भी बताते हैं। जो महात्मा स्वयं मोक्ष प्राप्त करे और दूसरों को मोक्ष-प्राप्ति के साधन बताए, वही तीर्थंकर है। जैन तीर्थंकरों का विस्तृत विवरण निम्नवत् है—

क्र.	तीर्थंकर का नाम	माता का नाम	पिता का नाम	जन्मस्थान	निर्वाण स्थल
1	ऋषभदेव	मरुदेवी	नाभिराज	अयोध्या	कैलाश पर्वत
2	अजितनाथ	विजया	जितशत्रु	अयोध्या	सम्मेद शिखर (झारखण्ड)
3	सम्भवनाथ	सुषेणा	जितारि	श्रावस्ती	सम्मेद शिखर
4	अभिनन्दननाथ	सिद्धार्था	संवर	अयोध्या	सम्मेद शिखर
5	सुमतिनाथ	सुमंगला	मेघप्रभ	अयोध्या	सम्मेद शिखर
6	पद्मप्रभ	सुसीमा	धरणराज	कौशाम्बी	सम्मेद शिखर
7	सुपार्श्वनाथ	पृथ्वी	सुप्रतिष्ठ	काशी	सम्मेद शिखर
8	चन्द्रप्रभ	लक्ष्मणा	महासेन	चन्द्रपुरी	सम्मेद शिखर
9	पुष्पदन्त (सुविधिनाथ)	श्रामा	सुग्रीव	काकन्दी	सम्मेद शिखर
10	शीतलनाथ	सुनन्दा	दृढ़रथ	भद्दिलपुर	सम्मेद शिखर

11	श्रेयांशनाथ	विष्णुश्री (वेणुश्री)	विष्णुराज	सिंहपुरी	सम्मेद शिखर
12	वासुपूज्य	जया (विजया)	वसुपूज्य	चम्पापुर	मन्दार पर्वत (चम्पापुर)
13	विमलनाथ	शर्मा (जयश्यामा)	कृतवर्मा	काम्पिल्य	सम्मेद शिखर
14	अनन्तनाथ	सर्वयशा	सिंहसेन	अयोध्या	सम्मेद शिखर
15	धर्मनाथ	सुव्रता	भानुराजा	रत्नपुरी	सम्मेद शिखर
16	शान्तिनाथ	ऐरा (ऐराणी)	विश्वसेन	हस्तिनापुर	सम्मेद शिखर
17	कुन्थुनाथ	श्रीदेवी (श्रीमती)	सूर्यराजा	हस्तिनापुर	सम्मेद शिखर
18	अरनाथ	मित्रा	सुदर्शन	हस्तिनापुर	सम्मेद शिखर
19	मल्लिनाथ	रक्षिता (प्रभावती)	कुम्भ	मिथिला	सम्मेद शिखर
20	मुनि सुव्रतनाथ	पद्मावती	सुमित्र	कुशाग्रपुर (राजगृह)	सम्मेद शिखर
21	नमिनाथ	वप्रा	विजय	मिथिला	सम्मेद शिखर
22	अरिष्टनेमिनाथ	शिवा	समुद्र विजय	शौरीपुर	गिरिनार पर्वत (गुजरात)
23	पार्श्वनाथ	वामा (वर्मिला)	अश्वसे	काशी	सम्मेद शिखर
24	वर्धमान महावीर	त्रिशला (प्रियकारिणी)	सिद्धार्थ	कुंडलपुर	पावापुरी (नालन्दा)

जैन तीर्थंकरों की परम्परा में ऋषभदेव पहले और महावीर चौबीसवें (या अन्तिम) थे। ऋषभनाथ आदि (आरम्भ) में अवतरित हुए, इसलिए उनको 'आदिनाथ' कहा जाता है। प्रत्येक जैन तीर्थंकर के दाएँ पैर के अँगूठे में एक

पवित्र चिह्न होता है। जैन परम्परा में इस पवित्र चिह्न को 'लांछन' कहा जाता है। ऋषभदेव के दाएँ पैर के अँगूठे में वृषभ (बैल) का चिह्न बना हुआ था, इसलिए उनको 'वृषभनाथ' भी कहते हैं। 'भागवत पुराण' के अनुसार ऋषभदेव विष्णु के अंश-सम्भूत अवतार थे। इन्होंने भारतवर्ष के पश्चिमी भाग में जैन धर्म का प्रचार-प्रसार किया। पुराणों के अनुसार इनकी वंशावली निम्नवत है :

ब्रह्मा—स्वायंभुव मनु—राजा प्रियव्रत—राजा आग्रीध—नाभिराज—ऋषभदेव।

राजा ऋषभदेव के दो पुत्र थे—भरत और बाहुबली। जैन परम्परा के अनुसार इन्हीं भरत के नाम पर इस देश का नाम 'भारत' रखा गया था। संन्यास ग्रहण करते समय राजा ऋषभदेव ने अपने बड़े पुत्र भरत को अयोध्या का और छोटे पुत्र बाहुबली को पोदनपुर का राजा बना दिया। चक्र-रत्न प्राप्त करने के बाद भरत ने चक्रवर्ती सम्राट बनने का निश्चय किया। वे विजय अभियान पर निकले और तमाम राजाओं को पराजित किया। परन्तु जब वे अयोध्या लौटे तब वह चक्र नगर में प्रवेश न कर सका। इससे ऐसा प्रतीत हुआ कि कोई राजा अपराजित रह गया है। दरअसल, पोदनपुर अपराजित रह गया था। बाहुबली ने भरत की अधीनता स्वीकार नहीं की थी।

अब दोनों पक्ष की सेनाएँ रणभूमि में डट गईं। परन्तु दोनों राज्यों के मन्त्रियों ने अनुरोध किया कि जय-पराजय का निर्णय दोनों भाइयों के द्वन्द्व-युद्ध से कर लिया जाए ताकि अनावश्यक रक्तपात न हो।

यह अहिंसक युद्ध का अद्वितीय उदाहरण था। दोनों भाई दृष्टि युद्ध (लगातार एकटक देखने का युद्ध), जल युद्ध (एक-दूसरे पर पानी फेंकने का युद्ध) और मल्ल युद्ध (कुश्ती) के लिए तैयार हो गए। इस युद्ध में भरत की पराजय हुई। क्षुब्ध होकर भरत ने बाहुबली पर चक्र से प्रहार किया, परन्तु रक्त-सम्बन्धी होने के कारण वह चक्र बाहुबली को बिना कोई क्षति पहुँचाए लौट गया। इसी समय बाहुबली ने विचार किया कि लोभ और अहंकार मनुष्य को एकदम नीचे गिरा देता है। उन्होंने अनुभव किया कि भौतिक सम्पदाएँ क्षणभंगुर हैं। अतः उन्होंने राजपाट त्यागकर आध्यात्मिक साधना के पथ पर चलने का निश्चय किया। भरत को भी अपनी भूल का अहसास हुआ। उन्होंने अपने अनुज बाहुबली को रोकना चाहा, किन्तु उनका निश्चय अटल था।

बाहुबली दीर्घकाल तक कायोत्सर्ग मुद्रा में तपस्या करते रहे। उनके आसपास उगी माधवी लताएँ कब उनके हाथों के चारों ओर लिपट गईं, उनको पता भी न चला। परन्तु कठोर तप के बावजूद उनको कैवल्य ज्ञान की प्राप्ति नहीं हुई। वे यही सोचते रहे कि जिस भूमि पर वे खड़े हैं, वह उनके भाई भरत की है। यह बात भरत को पता चली। वे पोदनपुर पहुँचे और उन्होंने अपने साधक भाई के चरणों

की वन्दना की। उसके बाद उन्होंने बाहुबली से कहा कि "हे श्रमण! कभी यह नहीं सोचो कि यह भूमि मेरी है। मेरा-तेरा कुछ भी नहीं है।" इस बात को सुनकर बाहुबली को सत्य का बोध हुआ। उनको कैवल्य ज्ञान और मोक्ष की प्राप्ति हुई। भरत ने श्रद्धाभाव दिखाते हुए उस स्थान पर बाहुबली की एक विशाल प्रतिमा स्थापित करवाई।

पोदनपुर में जिस स्थान पर वह प्रतिमा स्थापित की गई, उसको 'श्रवणबेलगोला' कहते हैं। यह कर्नाटक में चन्द्रगिरि और विन्ध्यगिरि की पहाड़ियों के बीच में स्थित है। 'श्रवण' 'श्रमण' शब्द का रूपान्तर है, जिसका अर्थ है जैन तपस्वी। 'बेलगोला' कन्नड़ भाषा का शब्द है, जिसका अर्थ है 'श्वेत सरोवर'। उन दोनों पहाड़ियों के ठीक सामने कल्याणी सरोवर है। इसी के आधार पर इस स्थान को श्रवणबेलगोला कहा गया।

जैन अनुश्रुतियों में बाहुबली को 'प्रथम कामदेव', दीर्घकाय, अजानबाहु और एक सुन्दर पराक्रमी राजकुमार बताया गया है, जो अपने भाई भरत को पराजित करने के बाद वीतराग हो गए। फिर राजपाट त्याग दिया और निर्वाण का आध्यात्मिक साम्राज्य पाने के लिए तपस्या में लीन हो गए। जैन धर्म के अनुयायी लोग चौबीस तीर्थंकरों की पूजा करते हैं। यद्यपि बाहुबली तीर्थंकरों की श्रेणी में नहीं आते हैं, तथापि वे दिगम्बर जैन समाज में समादृत हैं। जैन-परम्परा में उनको प्रथम मोक्षगामी सिद्ध माना गया है।

उन्नीसवें तीर्थंकर मल्लिनाथ मिथिला में उत्पन्न हुए थे। उनका मूल नाम था मल्लिबाई। वे एक स्त्री थीं। दिगम्बर जैन परम्परा के अनुयायी किसी स्त्री को तीर्थंकर स्वीकार करने में संकोच कर रहे थे। अत: दिगम्बर जैन परम्परा में उनको मल्लिनाथ के रूप में मान्यता दी गई।

वैशाली में जैन-परम्परा

वृज्जि गणराज्य की राजधानी वैशाली में जैन परम्परा की जड़ें शुरू से ही मजबूत रही है। वहीं चौबीसवें जैन तीर्थंकर वर्द्धमान महावीर का जन्म हुआ। छठी शताब्दी ई.पू. में लिच्छवि गणप्रमुख चेटक वृज्जि गणराज्य के अधीश्वर हुआ करते थे। वैदिक साहित्य में लिच्छवियों का उल्लेख नहीं मिलता है। उनका सर्वप्रथम उल्लेख जैन और बौद्ध ग्रन्थों में मिलता है।

महाराज चेटक राजा केक और यशोमती के पुत्र थे। अहिंसामूलक जैन धर्म के अनुयायी होने के बावजूद वे युद्ध-कुशल थे। कई शत्रुओं को अपना चेटी (दास) बना लेने के कारण उनको 'चेटक' कहा जाता था। उनके दस पुत्र थे—सिंहभद्र,

दत्तभद्र, घन, सुदत्त, उपेन्द्र, सुकुम्भोज, अकंपन, सुपतंग, प्रभंजन और प्रभास। इन सब में सिंह या सिंहभद्र सबसे प्रसिद्ध थे। उनके युद्ध कौशल को देखते हुए उनको वृज्जिसंघ का सेनापति नियुक्त किया गया था। 'सिंह सेनापति' बुद्ध और महावीर, दोनों के प्रति श्रद्धा रखते थे।

महाराज चेटक की सात पुत्रियाँ थीं—त्रिशला, चेल्लाना, प्रभावती, मृगावती, शिवावती, ज्येष्ठा और चन्दना।[1] चेटक ने वैवाहिक सम्बन्धों का प्रयोग कूटनीतिक कवच के रूप में किया था। समकालीन सभी प्रमुख राजवंशों के साथ वैवाहिक सम्बन्धों के आधार पर उन्होंने कूटनीतिक मित्रता स्थापित की थी।

1) त्रिशला का विवाह ज्ञातृकवंशीय राजा सिद्धार्थ से हुआ था। वे महावीर की माता थीं।

2) चेल्लना का विवाह मगधराज बिम्बिसार से हुआ था। वे सम्राट अजातशत्रु की माता थीं।

3) प्रभावती का विवाह सिन्धु-सौवीर नरेश उदायन से हुआ था।

4) मृगावती का विवाह वत्सनरेश शतानीक के साथ हुआ था। मृगावती वत्सनरेश उदयन की माता थी।

5) शिवावती का विवाह अवन्ति नरेश प्रद्योत के साथ हुआ था। चण्डप्रद्योत की पुत्री वासवदत्ता का विवाह वत्सराज उदयन के साथ हुआ था।

चेटक की शेष दोनों पुत्रियों ज्येष्ठा और चन्दना ने किशोरावस्था में ही जैन धर्म की दीक्षा ले ली थी और वे दोनों आर्यिका बन गई थीं। चन्दना (चन्दनबाला) ने अपने जीवन में बहुत कष्ट उठाए। आततायियों ने उनका अपहरण कर लिया। उनको क्रीतदासी के रूप में कौशाम्बी के बाजार में बेचा गया। परन्तु अन्ततोगत्वा उनको महावीर के दर्शन हुए। उनको जैन संघ की प्रथम साध्वी और महावीर के आर्यिका संघ की प्रमुख बनने का सौभाग्य मिला।

वैशाली में धनुर्विद्या के एक प्रसिद्ध आचार्य थे, जिनका नाम महालि था। होंठ कटे होने के कारण उनको अर्धोष्ठ कहा जाता था। एक बार धनुष की प्रत्यंचा चढ़ाने के दौरान उसकी दोनों आँखें निकल गईं। दृष्टिहीन होने के बावजूद उस समय उसके समान कोई दूसरा धनुर्धर नहीं था। (दीघनिकाय) वैशाली राजकुल के गुरु का नाम सच्चक था। महालि और सच्चक जैन मतावलम्बी थे। अग्निवेश गोत्रीय सच्चक की चार बहनें थी—सच्चा, लोला, अववादका और पाटाचारा। ये चारों प्रसिद्ध जैन भिक्षुणियाँ थीं। एक बार वैशाली में सच्चक ने बुद्ध के साथ शास्त्रार्थ किया; और उसकी चारों विदुषी बहनों ने श्रावस्ती में बुद्ध के प्रधान शिष्य सारिपुत्र से शास्त्रार्थ किया था। (मज्झिम निकाय)

महावीर के प्रधान शिष्य, उनके प्रवचनों के संकलनकर्ता और उनकी धर्मपरिषद के प्रधान व्याख्याता गौतम गणधर का जन्म मगध में ही हुआ था।

पार्श्वनाथ की ज्ञानभूमि

'पार्श्वनाथ' (877-777 ई.पू.) काशी के राजा अश्वसेन और रानी वामादेवी के पुत्र थे। तीस वर्ष की उम्र में उन्होंने अपना घर त्याग दिया और घूमते हुए मगध पहुँचे। झारखण्ड प्रान्त के गिरीडीह जिले में स्थित सम्मेद पर्वत पर उन्होंने घोर तपस्या की। तपस्या के चौरासीवें दिन उन्हें 'कैवल्य' (पूर्ण ज्ञान) की प्राप्ति हुई। उसके बाद करीब सत्तर वर्षों तक निरन्तर भ्रमण करके इन्होंने अपने निर्ग्रन्थ धर्म का प्रचार किया। लगभग सौ वर्ष की अवस्था में मगध में स्थित सम्मेद पर्वत पर उनका देहान्त हुआ। उनकी पावन स्मृति में सम्मेद पर्वत को पार्श्वनाथ पर्वत कहा जाने लगा। पार्श्वनाथ पर्वत को स्थानीय लोग 'पारसनाथ पहाड़ी' कहते हैं। समुद्रतल से इस पहाड़ी की ऊँचाई 4479 फुट है।

जैन धर्म के 24 तीर्थंकरों में से 20 ने अपने जीवन के अन्तिम समय में पार्श्वनाथ पर्वत शिखर को पवित्र किया था। चूँकि बीस तीर्थंकरों ने इसी पर्वत शिखर पर अपने भौतिक शरीर का त्याग किया था, इसलिए इसको पवित्रतम जैन तीर्थ माना जाता है।

पार्श्वनाथ पर्वत पर पच्चीस गुम्बद हैं। इन गुम्बदों में निर्वाण-प्राप्त बीस तीर्थंकरों, शेष चार तीर्थंकरों और महावीर के प्रधान शिष्य गौतम गणधर की चरण पादुकाएँ स्थापित हैं। पर्वत की चढ़ाई, उतराई और वन्दना का क्षेत्र कुल अठारह मील है, जबकि ऊपर का परिक्रमा क्षेत्र कुल 28 मील का है। पारसनाथ पहाड़ी की तलहटी में बसे मधुबन में लगभग 40 टोक (मन्दिर) हैं। इन मन्दिरों में भव्य एवं सुन्दर मूर्तियाँ स्थापित हैं। मधुबन को 'मन्दिरों की नगरी' भी कहा जाता है। यहाँ के मन्दिरों में पार्श्वनाथ दिगम्बर मन्दिर, समवसरण मन्दिर एवं चौबीसी टोक मन्दिर प्रमुख हैं। यहाँ एक जैन संग्रहालय भी है।

पार्श्वनाथ ने अपने उपदेशों के माध्यम से चार सिद्धान्तों का प्रतिपादन किया—सत्य, अपरिग्रह, अहिंसा और अस्तेय (चोरी नहीं करना)। इसे पार्श्वनाथ का 'चातुर्याम धर्म' कहते हैं। चार सिद्धान्तों के प्रतिपादक होने के कारण पार्श्वनाथ को 'चातुर्थी' भी कहा गया है। पार्श्वनाथ के अनुयायियों को 'निर्ग्रन्थ' कहा जाता था। काशी का राजकुल नागवंशीय था इसलिए अधिकांश मूर्तियों में पार्श्वनाथ के सिर पर नागों का एक छत्र तना हुआ दिखाया गया है; जबकि कहीं-कहीं नागों को पार्श्वनाथ के समक्ष विनती की मुद्रा में दिखाया गया है।

पारसनाथ पहाड़ियों के समीप बसे मधुबन से पारसनाथ शिखर की चढ़ाई शुरू होती है। वहाँ भुइयाँ भगवान का एक जैन मन्दिर है। स्थानीय भुइयाँ जनजाति का दावा है कि ये मूलत: उनके देवता थे लेकिन जैनों ने उनको अपने कब्जे में ले लिया। पहले वे लोग इस देवता को बलि चढ़ाते थे। लेकिन जैन देवता बनने के बाद उनके लिए बलि नहीं चढ़ाई जा सकती। इसलिए भुइयाँ लोगों ने उनकी पूजा ही छोड़ दी है।[2]

महावीर की ज्ञानभूमि

वृज्जिसंघ के अन्तर्गत ज्ञातृक नामक व्रात्य-क्षत्रियों के कुल का केन्द्र कुण्डग्राम था। ज्ञातृक लोगों का गोत्र काश्यप था। ज्ञातृक गण की राजधानी वैशाली के निकट कोल्लाग थी। कुण्डग्राम के स्वामी और ज्ञातृक गण के प्रमुख थे सर्वार्थ। उनकी पत्नी का नाम 'श्रीमती' था। सर्वार्थ दम्पति तेईसवें तीर्थंकर पार्श्वनाथ की निर्ग्रन्थ परम्परा के अनुयायी थे। सर्वार्थ के पुत्र सिद्धार्थ के समय में इस कुल की प्रतिष्ठा बढ़ गई। फलत: वृज्जिसंघ के प्रमुख लिच्छवि-शिरोमणि चेटक ने अपनी पुत्री त्रिशला (विदेहदत्त) का विवाह उनके साथ कर दिया। त्रिशला और सिद्धार्थ को ही वर्द्धमान महावीर का माता-पिता होने का सौभाग्य मिला। मगध नरेश बिम्बिसार की पटरानी चेल्लना महावीर की मौसी थीं। इस प्रकार अजातशत्रु और महावीर मौसेरे भाई थे।

जैन-परम्परा के अनुसार वर्द्धमान महावीर पहले ऋषभदत्त नामक एक ब्राह्मण की पत्नी देवनन्दा के गर्भ में आए थे। चूँकि पूर्ववर्ती 23 तीर्थंकर क्षत्रिय कुल में उत्पन्न हुए थे इसलिए देवराज इन्द्र ने गर्भान्तरण करके उनको त्रिशला के गर्भ में स्थापित कर दिया। वृज्जिसंघ की राजधानी वैशाली के निकट कुण्डग्राम में वर्द्धमान का जन्म हुआ। कुण्डग्राम को कुण्डलपुर, कुण्डपुर, कुण्डनगर, वसुकुण्ड या क्षत्रियकुण्ड भी कहा गया है। वैशाली में जन्म लेने के कारण ही महावीर को 'वैशालीय' और 'वैशालिक' भी कहा गया है।

प्राचीन जैन एवं बौद्ध साहित्य में वर्द्धमान महावीर के कई नाम मिलते हैं—अर्हत (पूज्य), निर्ग्रन्थ (बन्धनरहित), ज्ञातृपुत्र, जिन (इन्द्रियों को जीतनेवाले), केवलिन (कैवल्य यानी सर्वज्ञता प्राप्त करनेवाले), महावीर (तपस्या के दौरान अतुलनीय साहस दिखानेवाले), वैशेली, कासव, श्रेयांस, यशांस आदि। बौद्ध परम्परा के पालि-ग्रन्थों में महावीर को 'निगण्ठ नाटपुट्ट (निर्ग्रन्थ ज्ञातृपुत्र) कहा गया है।

वर्द्धमान महावीर (540-468 ई.पू.) का जन्म वैशाली में हुआ, किन्तु उनकी साधना का अधिकांश समय मगध में बीता। वे बचपन से ही चिन्तनशील थे। यशोदा

नामक एक युवती से उनका विवाह हुआ, जो वर्द्धमान की एक कन्या की माँ भी बनीं। परन्तु सांसारिकता के बन्धनों से वे विरक्त हो गए। 510 ई.पू. में मार्गशीर्ष कृष्ण दशमी को तीस वर्ष की अवस्था में उन्होंने अपने बड़े भाई नन्दवर्द्धन से अनुमति लेकर घर-बार त्याग दिया। मगध में आकर बारह वर्षों तक उन्होंने कठोर साधना की।

पार्श्वनाथ शैल शिखरों के पास ऋजुपालिका नदी के उत्तरी तट पर जृम्भिक नामक एक गाँव था। उस समय जृम्भिक ग्राम के बाहर गृहपति श्यामाक के खेतों के निकट वैवावृत्य चैत्योद्यान था। उस उद्यान में ईशान कोण पर शाल (साखू) का एक घना वृक्ष था। 498 ई.पू. में उसी वृक्ष के नीचे एक शिलाखण्ड पर बैठकर 42 वर्षीय महावीर ने अपनी ज्ञानात्मक साधना आरम्भ की। वैशाख माह की दशमी के दिन सन्ध्याकाल में वहीं शालवृक्ष के नीचे उनको कैवल्य (पूर्ण ज्ञान) की प्राप्ति हुई। कैवल्य प्राप्ति के बाद वर्द्धमान को 'महावीर' एवं 'जिन' कहा जाने लगा; और उनके अनुयायी 'जैन' कहलाए। 'जिन' का अर्थ है—वह पुरुष जिसने समस्त मानवीय वासनाओं पर विजय प्राप्त कर लिया हो।

कैवल्य प्राप्ति के बाद वे मगध के मध्यमा-पावा में सोमिल नामक ब्राह्मण द्वारा आयोजित यज्ञ में सम्मिलित हुए। वहाँ उपस्थित गौतम गोत्रीय इन्द्रभूति सहित कई ब्राह्मण आचार्य उनसे मिलकर बहुत प्रभावित हुए। वे सभी आचार्य अपने शिष्यों और उनके परिजनों सहित महावीर के अनुयायी बन गए। फिर राजगृह के विपुलाचल पर्वत पर महावीर का प्रथम सार्वजनिक उपदेश हुआ। जिस प्रकार आगे चलकर ऋषिपत्तन में बुद्ध ने धर्मचक्रप्रवर्तन किया था, उसी प्रकार राजगृह के विपुलाचल पर्वत पर महावीर ने धर्मचक्रप्रवर्तन किया। उसके बाद जयघोष के साथ वीर-शासन शुरू हुआ।

जैन धर्म में मोक्ष प्राप्ति को जीवन का मूल उद्देश्य बताया गया है। महावीर ने कहा कि मोक्ष पाने के लिए त्रिरत्न का पालन आवश्यक है। त्रिरत्न हैं—(1) सम्यक श्रद्धा या दर्शन, (2) सम्यक ज्ञान और (3) सम्यक आचरण या चरित्र। महावीर ने पार्श्वनाथ के चार महाव्रतों में एक नया व्रत 'ब्रह्मचर्य' जोड़कर उसको पाँच कर दिया। इसको महावीर ने 'पंच महाव्रत' का नाम दिया। ये पाँच महाव्रत निम्नलिखित थे—अहिंसा, सत्यवचन, अस्तेय (अचौर्य), अपरिग्रह (असंचय) और ब्रह्मचर्य। महाव्रत का पालन जैन साधुओं के लिए आवश्यक था। इसी व्रत को जब श्रावक या गृहस्थ अपनाते थे, तब उसको 'अणुव्रत' कहा जाता था। महाव्रत का पालन कठोरता-पूर्वक किया जाता था, जबकि अणुव्रत का पालन सरलता-पूर्वक किया जाता था।

जैन दर्शन 'पूर्व मीमांसा' नामक हिन्दू दर्शन से मिलता-जुलता है। जैन मत का मूल आधार है अहिंसा। मन, वचन और कर्म से किसी प्राणी को कष्ट नहीं पहुँचाना ही अहिंसा है। जीवहत्या निषेध उसका बाहरी, किन्तु अनिवार्य पक्ष है।

महावीर जैन कर्ता, धर्ता एवं संहर्ता के रूप में ईश्वर को नहीं मानते थे। उन्होंने अपने उपदेशों में ईश्वर, देव, प्रेत, राक्षस आदि का खण्डन किया। वे आत्मा के अस्तित्व को स्वीकार करते थे। वे कहते थे कि विश्व है, बराबर रहा है और बराबर रहेगा।

महावीर ने कहा कि किसी भी वस्तु का यथार्थ वर्णन करना जनसामान्य की क्षमता के बाहर है। यह केवल उन्हीं के लिए सम्भव है जिन्होंने कैवल्य प्राप्त कर लिया है। इसलिए उन्होंने 'स्यात्' शब्द जोड़ा, जिसका अर्थ है शायद। जैन धर्म में स्यादवाद का सिद्धान्त उपनिषदों से लिया गया है। महावीर ने कहा कि किसी भी वस्तु-सत्य पर सात रास्तों से पहुँचा जा सकता है। इस सिद्धान्त को 'सप्तभंगी सिद्धान्त' कहते हैं। मार्ग चूँकि एक न होकर अनेक है, इसलिए इसको 'अनेकान्तवाद' भी कहा जाता है। महावीर ने अपने उपदेशों में पाँच प्रकार के ज्ञान की चर्चा की—मति, श्रुति, अवधि (दिव्यज्ञान), मनःपर्याय और केवल। उन्होंने ज्ञान प्राप्ति के तीन स्रोत भी बताए—प्रत्यक्ष, अनुमान और तीर्थंकरों के वचन।

अगले तीस वर्षों के जीवनकाल में वे चम्पा, वैशाली, राजगृह, नालन्दा, मिथिला, श्रावस्ती, पावापुरी आदि स्थानों पर घूमघूम कर अपने धर्म का प्रचार-प्रसार करते रहे। इस अवधि में उनका समवसरण सर्वाधिक बार राजगृह में हुआ। महावीर कर्मफल के सिद्धान्त और जीवात्मा के आवागमन पर विश्वास करते थे। अपने उपदेश के क्रम में वे कहते थे कि जीवात्मा के आवागमन को कर्म-क्षय द्वारा रोका जा सकता है। इच्छाओं के निग्रह (नियन्त्रण) से कर्म का अन्त होता है।

पार्श्व ने अपने अनुयायियों को ऊपर एवं नीचे के अंगों को वस्त्र से ढकने का आदेश दिया था, किन्तु महावीर ने अपने अनुयायियों से कहा कि वे वस्त्र का पूर्णतः त्याग कर दें। इस विवाद को दूर करने के लिए पार्श्व के एक प्रबल अनुयायी केसिन और महावीर के प्रमुख शिष्य गौतम के मध्य बातचीत हुई, किन्तु उसका कोई सकारात्मक परिणाम नहीं निकला।

अपने एक प्रभावशाली सहयोगी मक्खलि गोशाल के साथ उनका सैद्धान्तिक मतभेद हो गया। महावीर के साथ मक्खलि गोशाल का जिन बातों पर मतभेद हुआ, उनमें से मुख्य बातें निम्नलिखित थीं—(1) शीतल जल का उपयोग करना, (2) अपने लिए तैयार किए गए अन्न और भोजन को ग्रहण करना; और (3) बिना विवाह किए मिल गई स्त्रियों का भोग करना। इनमें से तीसरी बात पार्श्वनाथ के

शिष्यों में भी आ गई थी, जिसका महावीर ने विरोध किया; और साधु-संघ को पंच-महाव्रतों से बाँध दिया। महावीर के पंच-महाव्रतों में चार तो पार्श्वनाथ के चातुर्याम ही थे। पाँचवें ब्रह्मचर्य को महावीर ने बढ़ाया। इस ब्रह्मचर्य महाव्रत के कारण जैन साधुओं को अनायास मिल गई स्त्रियों के भोग से भी विरत होने के लिए बाध्य होना पड़ा। साधना और तपस्या का यह प्रयोग विशेष रूप से मगध में हुआ। इन्हीं ऐतिहासिक कारणों से जैनों ने मगध को पुण्य-भूमि माना। और वात्यों की पुण्य-भूमि होने के कारण मगध ब्राह्मणों के लिए पाप-भूमि हो गया।

मक्खलि गोशाल अपने साधनाकाल में छह वर्ष तक महावीर के अनुगामी रहे थे। परन्तु महावीर से क्षुब्ध होने के बाद वे उनसे अलग हो गए। महावीर का साथ छोड़ने के बाद गोशाल ने 'आजीवक' नामक एक नए सम्प्रदाय का गठन किया। परन्तु महावीर अपने धर्म-पथ पर आगे बढ़ते रहे।

468 ई.पू. में बहत्तर वर्ष की अवस्था में कार्तिक अमावस्या के दिन मगध के पावापुरी (मध्यमा पावा) में स्थित राजा संस्थिपाल के राजभवन में महावीर की जीवनलीला समाप्त हो गई। उनके 'निर्वाण' के उपलक्ष्य में मल्ल सहित तत्कालीन छत्तीस गणराज्यों ने सामूहिक रूप से दीपावली मनाई थी। इस बात से महावीर के प्रभाव और उनकी प्रसिद्धि का अनुमान लगाया जा सकता है।

मगध में जैनधर्म

मगध में जैन धर्मानुयायी राजा एवं उपासकों की बड़ी संख्या होने के कारण महावीर का प्रधान कर्म-क्षेत्र मगध ही था। जैन-साहित्य में पाटलिपुत्र नगर को कई दृष्टियों से महत्त्वपूर्ण माना गया है। नवनन्द के समय, 366 ई. पू. में 'प्रथम मगध संघ' का अधिवेशन आचार्य स्थूलिभद्र की अध्यक्षता में पाटलिपुत्र में ही हुआ था। जैन इतिहास में इसको 'प्रथम जैनी वाचना' या प्रथम जैन परिषद कहा गया है।

पाटलिपुत्र नगर अपनी स्थापनाकाल से लेकर मौर्यवंश के पतन तक जैन संस्कृति का महत्त्वपूर्ण केन्द्र था। शिशुनाग, नन्द और मौर्य वंशीय कुछ शासक जैनधर्म के अनुयायी एवं पोषक थे। जैन-परम्परा में मौर्य राजा सम्प्रति का वही स्थान है, जो बौद्ध-परम्परा में सम्राट अशोक का है।

311 ई. पू. में पाटलिपुत्र में ही जैन आचार्य स्थूलिभद्र का निधन हुआ था। उनका स्मारक गुलजारबाग (पटना) स्टेशन के सामने 'कमलहृद' (कमलदह) में विद्यमान है। ह्वेनत्सांग के यात्रा-वृत्तान्त से सातवीं शताब्दी ई. में उस स्थान की ऐतिहासिकता प्रामाणित होती है। ह्वेनत्सांग ने कमलहृद के बारे में लिखा है कि यह 'पाखण्डियों का उपाश्रय' (निवास-स्थान) है। बौद्ध एवं जैन धर्मों की पारस्परिक

प्रतिद्वन्द्विता के कारण ही बौद्धमतानुयायी धर्मयात्री ने जैनियों के निवास-स्थान को पाखण्डियों का निवास-स्थान कहा है।

आचार्य स्थूलिभद्र की बहन यक्षा ने आर्य सुहस्ति सूरि का पुत्रवत् पालन किया था। आर्य सुहस्ति सूरि 305 ई. पू. में जैन धर्म में दीक्षित हुए और 281 ई. पू. में जैन संघ के नेता बने। पाटलिपुत्र आने पर इन्होंने वसुभूति को नव-तत्त्व का ज्ञान देकर जैनधर्म में दीक्षित किया। मौर्य राजा सम्प्रति को इन्होंने पूर्वजन्म में प्रबुद्ध किया था। सम्प्रति ने अनार्य देशों में जैनसंस्कृति के प्रचार के लिए जैनमुनियों के वेश में अपने सैनिक भेजे थे, जिन्होंने वहाँ के लोगों को समझाया कि मुनियों के साथ कैसा व्यवहार करना चाहिए।

जैन आचार्य श्रीजिनप्रभसूरि ने 'विविध तीर्थ कल्प' में वाचक उमास्वाति नामक जैन आचार्य का उल्लेख आदर के साथ किया है। जैन साहित्य की रचना में संस्कृत भाषा का प्रयोग करनेवाले वे मगध के पहले जैन आचार्य थे। इनके पहले जैन साहित्य प्राय: प्राकृत भाषा या उसकी उपभाषाओं में रचा जाता था।

'अर्धकथानक' में पाटलिपुत्र

सत्रहवीं शताब्दी के हिन्दी कवियों में बनारसीदास का महत्त्वपूर्ण स्थान है। उन्होंने स्वतन्त्र ग्रन्थ लिखने के साथ ही प्राकृत-संस्कृत भाषा के प्राचीन ग्रन्थों के प्रामाणिक अनुवाद भी किए। भौतिकता को प्रोत्साहन देनेवाली कविता रचने का कड़वा-फल वे युवावस्था में ही चख चुके थे; इसलिए प्रौढ़ावस्था में उन्होंने आध्यात्मिक धारा को अपनाया। बनारसीदास कृत 'अर्धकथानक' को हिन्दी की पहली आत्मकथा माना गया है। यह पद्यात्मक आत्मकथा है। 'अर्धकथानक' से ज्ञात होता है कि बनारसीदास के पिता खरगसेन श्रीमाल पाटलिपुत्र गए थे, जहाँ उनको उदर-रोग हो गया था। (अर्धकथानक, 240) विक्रम संवत् 1664 में बनारसीदास की बड़ी बहन का विवाह भी पाटलिपुत्र में ही हुआ था। (अर्धकथानक, 277-279) कविवर बनारसीदास स्वयं नरोत्तमदास के साथ व्यवसाय के लिए पटना आए और यहाँ 6-7 मास तक रहे। इन उल्लेखों से पता चलता है कि 17वीं सदी में श्रीमाल जाति के लोग पाटलिपुत्र में आकर बस गए थे।

जैन साहित्य

जैन परम्परा के अनुसार महावीर के निर्वाण के 160 साल बाद मगध में भयंकर अकाल पड़ा, जिसके कारण जैन भिक्षुओं को दक्षिण की ओर जाना पड़ा। अकाल समाप्त होने के बाद जैन श्रमण पाटलिपुत्र में एकत्र हुए। इस धर्म-सम्मेलन को जैन-परम्परा में पाटलिपुत्र-वाचना कहा गया है। पाटलिपुत्र-वाचना में 11

अंगों का संकलन किया गया। किसी को याद न होने के कारण बारहवें अंग का संकलन नहीं किया जा सका। महावीर के निर्वाण के 827 (या 840) साल बाद आर्यस्कन्दिल की अध्यक्षता में मथुरा में दूसरा धर्म-सम्मेलन हुआ। इसको माथुरी-वाचना कहा जाता है। तीसरा धर्म-सम्मेलन नागार्जुन सूरि की अध्यक्षता में वल्लभी में हुआ। महावीर के निर्वाण के 980 (या 993) साल बाद चौथा धर्म-सम्मेलन देवर्धिगणि क्षमाश्रमण की अध्यक्षता में वल्लभी में हुआ। इसमें सुव्यवस्थित ढंग से आगमों को अन्तिम रूप दिया गया।

जैन साहित्य विशाल है। यह संस्कृत, प्राकृत और अपभ्रंश में लिखा गया है। जैन साहित्य का प्राचीनतम भाग 'आगम' कहलाता है। वैदिक साहित्य में जो स्थान वेदों का और बौद्ध साहित्य में त्रिपिटकों का है, जैन साहित्य में वही स्थान आगमों का है। आगम ग्रन्थों में महावीर के उपदेशों और जैन-संस्कृति से सम्बन्धित कहानियों का संग्रह है। जैन आगमों की कुल संख्या 46 है—

12 अंग : आयारंग, सूयगडं, ठाणांग, समवायांग, भगवती, नायाधम्मकहा, उवासगदसा, अन्तगडदसा, अनुत्तरोववाइयदसा, पण्हवागरण, विवागसुय, दिट्ठवाय।

12 उपांग : ओवाइय, रायपसेणिय, जीवाभिगम, पन्नवणा, सूरियपन्नति, जम्बुद्दीवपन्नति, निरयावलि, कप्पवडंसिया, पुप्फिया, पुप्फचूलिया, वण्हिदसा।

10 पइन्ना : चउसरण, आउरपचक्खाण, भत्तपरिन्ना, सन्थर, तन्दुलवेयालिय, चन्दविज्झय, देविन्दत्थव, गणिविज्जा, महापंचक्खाण, वोरत्थव।

6 छेदसूत्र : निसीह, महानिसीह, ववहार, आचारदसा, कप्प (बृहत्कल्प), पंचकप्प।

4 मूलसूत्र : उत्तरज्झयण, आवस्सय, दसवेयालिय, पिंडनिज्जुति।

अन्य 2 : नन्दि और अनुयोग।

'बृहत्कल्पसूत्र' के अनुसार एक बार महावीर साकेत के सुभूमिभाग नामक उद्यान में विहार कर रहे थे। उस समय उन्होंने अपने भिक्षु-भिक्षुणियों को साकेत के पूर्व में अंग-मगध तक, दक्षिण में कौशाम्बी तक, पश्चिम में थूण (स्थानेश्वर) तक और उत्तर में कुणाला (उत्तर कोसल) तक विहार करने की अनुमति दी थी। इससे ऐसा प्रतीत होता है कि आरम्भ में जैन धर्म का प्रचार, प्रसार और प्रभाव मगध और कोसल तक सीमित था।

सन्दर्भ और टिप्पणी

1. श्वेताम्बर जैन परम्परा के अनुसार त्रिशला चेटक की बहन थी।
2. सच्चिदानन्द सिन्हा, 'जाति व्यवस्था : मिथक, वास्तविकता और चुनौतियाँ', पृ. 117; राजकमल प्रकाशन, नई दिल्ली; 2009 ई.।

अध्याय 8

मगध में बौद्ध धर्म

बुद्ध की ज्ञानभूमि : मगध

राहुल सांकृत्यायन ने गौतम बुद्ध (563-483 ई.पू.) को भारत-माता का सर्वश्रेष्ठ पुत्र कहा है। मगध गौतम बुद्ध की ज्ञानभूमि है। संसार के दुख से व्यथित गौतम सिद्धार्थ 29 वर्ष की अवस्था में अपनी पत्नी यशोधरा और पुत्र राहुल को रात्रि में सोता छोड़कर राजधानी कपिलवस्तु से निकल पड़े थे। गृहत्याग (महाभिनिष्क्रमण) के बाद वे रात भर चलते रहे। सबेरा होने तक तीन राज्यों को पार करके वे अनोमा नदी के तट पर पहुँचे। वहाँ उन्होंने अपने राजसी वस्त्र एवं आभूषण उतार कर सारथी छन्न को सौंप दिए। फिर तलवार से अपने सुन्दर केश काट डाले। उन्होंने शाक्यवीर के स्थान पर शाक्यमुनि का रूप धारण कर लिया। अनोमा नदी के तट पर स्थित मल्लों के एक ग्राम अनुप्रिया में उन्होंने एक सप्ताह का समय बिताया।

अब वे प्रतिदिन भिक्षाटन करते और वृक्ष के नीचे रात्रि-विश्राम करते थे। सात दिन बाद परमसत्य एवं परमशान्ति की खोज में वे वहाँ से दक्षिण-पूर्व दिशा की ओर चल पड़े, जहाँ उस समय ज्ञान एवं आध्यात्मिक शिक्षा के महत्त्वपूर्ण केन्द्र थे। पैदल यात्रा करते हुए वे गंगा के किनारे पहुँचे। फिर नाव से गंगा नदी को पार करके वे मगध की राजधानी राजगृह पहुँचे। वहाँ पाण्डवगिरि में उन्होंने अपना ठिकाना बनाया।

'बुद्धचरित'

महाकवि अश्वघोष ने 'बुद्धचरित' में लिखा है कि राजकुमार गौतम सिद्धार्थ चंचल तरंगोंवाली गंगा को पार करके श्री-सम्पन्न गृहों से युक्त राजगृह पहुँचे। (बु.च., 10/1)[1] राजगृह नगर पर्वतों से सुरक्षित एवं विभूषित होने के साथ ही गर्म जल के झरनों से पवित्र बना हुआ था। पाँच पहाड़ों से घिरे उस नगर में उन्होंने शान्त होकर उस प्रकार प्रवेश किया, जैसे स्वर्ग में स्वयंभू प्रवेश कर रहा हो। (बु.च.,

10/2)[2] काषाय (गेरुआ) वस्त्र पहने उनतीस वर्षीय सिद्धार्थ जब मगधनरेश के राजभवन के पासवाले राजपथ से गुजर रहे थे, उस समय उनके मुख की आभा को देखकर राजगृहवासी स्वयं को रोक न सके। अश्वघोष के शब्दों में : कठोर-व्रत-धारी शिव के समान उनके गम्भीर और दीप्त रूप को देखकर वहाँ के लोग विस्मित हो गए। (बु.च., 10/3)[3] उन्हें देखकर, जो दूसरे रास्ते से जा रहा था वह ठहर गया, जो रास्ते में ठहरा हुआ था वह उनके पीछे-पीछे चलने लगा, जो धीरे-धीरे जा रहा था वह शीघ्रता से चलने लगा और जो बैठा था वह मानो उछल पड़ा। (बु.च., 10/4)[4] किसी ने हाथ जोड़कर उनकी पूजा की, किसी ने सिर झुकाकर उन्हें प्रणाम किया और किसी ने स्नेह-भरे वचनों से उनका अभिनन्दन किया। वहाँ का कोई भी व्यक्ति उनकी पूजा किए बिना नहीं गया। (बु.च., 10/5)[5] उन्हें देखकर विचित्र वेषवाले लज्जित हुए, रास्ते में बहुत बोलनेवाले चुप हो गए। उनका व्यक्तित्व साक्षात धर्म के समान था। सभी पर उनके चुम्बकीय व्यक्तित्व का सम्मोहन छा गया। (बु.च., 10/6)[6] राजमार्ग पर अन्य कार्यों में व्यस्त रहने पर भी स्त्रियों-पुरुषों की दृष्टि उस देव-तुल्य राजकुमार को ससम्मान देखती हुई तृप्त नहीं हुई। (बु.च., 10/7)[7] उसकी भौहें लोमश थीं, आँखें लम्बी थीं और हाथों में शुभ-सूचक रेखा-जाल थे। तेज से उनका शरीर तप रहा था। वे भिक्षु-वेष में थे, किन्तु ऐसा लगा कि वे पृथ्वी-पालन के योग्य हो। (बु.च, 10/9)[8]

उस समय मगध देश के स्वामी श्रेण्य (बिम्बिसार) संयोगवश अपने बाहरी राजभवन के झरोखे के पास खड़े थे। उन्होंने नीचे एक विशाल जनसमूह को देखा। भीड़ का कारण पूछने पर किसी राजपुरुष ने उन्हें बताया कि शाक्य-कुल का यह वही राजपुत्र है, जिसके बारे में ब्राह्मणों ने भविष्यवाणी की है कि यह या तो पृथ्वी की लक्ष्मी प्राप्त करेंगे या फिर परम ज्ञान। इन्होंने प्रव्रज्या ग्रहण की है। नगर के लोग उन्हें ही देख रहे हैं, इसलिए मार्ग पर भीड़ जमा हो गई है। (बु.च., 10/10-11)[9] यह जानकर मगधराज के मन में गौतम सिद्धार्थ के प्रति आदर उत्पन्न हुआ। उन्होंने उस राजपुरुष से कहा कि ''पता करो कि वे कहाँ जा रहे हैं ?'' राजा का आदेश पाकर वह गौतम के पीछे-पीछे गया। (बु.च., 10/12)[10] गौतम की आँखें स्थिर थीं, वे जुए की दूरी तक ही देखते थे, वे मौन थे, उनकी चाल मन्द एवं नियन्त्रित थी, देह एवं चंचल चित्त को वश में करके वह भिक्षु-श्रेष्ठ लोगों से भिक्षा माँग रहे थे। (बु.च., 10/13)[11] जो कुछ भी भिक्षा उन्हें मिली, उसको लेकर वे पर्वत के एकान्त झरने की ओर गए। वहाँ उचित रीति से भोजन ग्रहण करके वे पाण्डवगिरि पर चढ़ गए। (बु.च, 10/14)[12] लोध्र-वन से युक्त उस पर्वत पर, जिसके कुंज मोरों की ध्वनि से गुंजायमान थे, वहाँ काषाय-वस्त्र-धारी वह नर-सूर्य

उदयाचल के बालरवि के समान शोभायमान हुए। (बु.च., 10/15)[13]

राजगृह के राजभवन से चलकर मगधराज स्वयं पाण्डवगिरि पहुँचे और शाक्यमुनि से भेंट की। राजा बिम्बिसार ने गौतम सिद्धार्थ से सविनय कहा कि आपके कुल से परम्परागत रूप से हमारा लगाव है। आपका कुल सूर्य से उत्पन्न हुआ है। आपकी अवस्था अभी कम है और आपका रूप दीप्त है। मैं समझ नहीं पा रहा हूँ कि आपकी बुद्धि राज्य छोड़कर भिक्षाटन की ओर क्यों प्रवृत्त हो गई ? (बु.च., 10/23)[14]

गौतम के दिव्य व्यक्तित्व के आकर्षण में बँधे बिम्बिसार ने जब यह जाना कि वे क्षत्रिय राजकुमार हैं, तब उसने गौतम सिद्धार्थ को वीतराग होने से रोकना चाहा। बिम्बिसार ने उनके सुगठित शरीर को गौर से देखा; और जब उसको पता चला कि वे प्रशिक्षित क्षत्रिय हैं, तब उनको अपना सेनापति बनाना चाहा। फिर राजभवन में चलकर राजकाज में सहयोग करने का प्रस्ताव किया। यहाँ तक कि वे अपना आधा राज्य तक उस परिव्राजक को सौंपने को तैयार हो गए।

बिम्बिसार ने कहा कि आपका शरीर काषाय-वस्त्र के स्पर्श के नहीं, बल्कि लाल चन्दन धारण करने योग्य है। आपके हाथ दूसरों के दिए हुए अन्न को ग्रहण करने के लिए नहीं, बल्कि प्रजा का पालन करने के लिए बने हैं। (बु.च., 10/24)[15] इसलिए, यदि आप किसी कारणवश अपने पिता से अपना पैतृक राज्य पराक्रमपूर्वक नहीं लेना चाहते हैं और यदि आप (वंश) क्रम से राज्य-प्राप्ति के इच्छुक नहीं हैं, तो आप मेरा आधा राज्य ग्रहण कर लीजिए। (बु.च., 10/25)[16] बिम्बिसार ने गौतम सिद्धार्थ को समझाते हुए कहा कि यदि आप सम्पूर्ण लक्ष्य की सिद्धि चाहते हैं तो अर्थ एवं धर्म को दबाकर जो काम होगा या धर्म एवं काम को दबाकर जो अर्थ होगा या फिर काम एवं अर्थ की उपेक्षा करके जो धर्म होगा, उसको छोड़ दीजिए। (बु.च., 10/29)[17] उसने कहा कि मैं ऐश्वर्य के अनुराग या विस्मय के कारण नहीं, बल्कि स्नेहवश ऐसा कह रहा हूँ। आपका यह भिक्षु-वेष देखकर मेरी आँखों में आँसू आ गए हैं। (बु.च., 10/37)[18]

तप बनाम यज्ञ

हिंसा-प्रधान यज्ञों पर श्रमणों के आन्दोलन के पूर्व ही प्रहार होने लगे थे। उपनिषदों के दार्शनिक ऋषियों ने उन्हें 'जर्जर नैया' बताकर उनके महत्त्व को कम कर दिया था। फिर भी यज्ञ करना और उसमें ब्राह्मणों को दान देना, मान-प्रतिष्ठा की बात समझी जाती थी। विशेषकर क्षत्रियों के लिए तो यज्ञ ही सद्गति एवं ऐश्वर्य पाने के अमोघ साधन थे। तप-प्रधान धर्म में उनकी विशेष आस्था नहीं

थी। तपोमय जीवन बिताने के लिए घर-बार छोड़कर राजगृह में विचरते हुए गौतम से बिम्बिसार ने कहा था—"महर्षि लोग जो गति तपस्या से प्राप्त करते है, वही गति भुजाओं में सोने के केयूर (बाजूबन्द) पहनते, प्रदीप के सामान उज्ज्वल मणियों से युक्त मुकुट धारण करते हुए क्षत्रिय लोग भी प्राप्त करते हैं।" (बुद्धचरित, 10/40), "इसलिए यदि आपको धर्म-साधना ही करने की इच्छा हो तो यज्ञ कीजिए, यही हम राजाओं का कुल-धर्म है। यज्ञ के द्वारा ही हाथी की पीठ पर बैठकर इन्द्र ने स्वर्गारोहण किया था।" (बु.च., 10/39)[19] कामदेव ने भी बोधिवृक्ष के नीचे इसी कुलधर्म का उपदेश गौतम को दिया था-"हे मृत्यु से भयभीत क्षत्रिय! मोक्ष का धर्म छोड़ कर, स्वधर्म का पालन कर। वाणी से लोक-विजय कर; और यज्ञों के माध्यम से इन्द्र का लोकोत्तर पद प्राप्त कर। यही प्रशस्त मार्ग है, जिस पर पुरातन राजर्षि चले थे। राजर्षि-कुल में जन्म लेकर भिक्षा का आश्रय लेना प्रशंसनीय नहीं है।" (बुद्धचरित, 13/9, 10) किन्तु, देश-विजय और स्वर्ग-विजय, दोनों ही गौतम की गति के अनकूल नहीं थे। गौतम को जिस बात ने लोक में भयभीत किया था, वह थी स्वार्थ के लिए अपने से निर्बल को हड़प लेना। कम जलवाले गड्ढे में फड़फड़ाती और एक-दूसरे को निगलती हुई मछलियों की तरह प्रजा को देखकर जिसे भय हुआ हो, वह उसी भय के मार्ग पर कैसे चल सकता था !

गौतम सिद्धार्थ का निश्चय अटल था। उन्होंने मगधराज से कहा कि "हे राजन, जिन वस्तुओं का मैंने स्वेच्छा से त्याग कर दिया, अब मुझे उनकी कोई आवश्यकता नहीं है। मित्रभाव एवं आर्यभाव से मेरे प्रति आप यह सदाशयता दिखा रहे हैं। परन्तु मैं जरा और मृत्यु को जीतकर मोक्ष प्राप्त करने की कामना लेकर धर्म की शरण में आया हूँ। संसार को भोगों से कभी तृप्ति नहीं मिलती, ठीक वैसे ही जैसे सागर कभी जल-धाराओं से तृप्त नहीं होता। सांसारिक विषय-वासनाओं में स्वाद कम और बन्धन अधिक है। इसलिए मुझे न तो राज्य का मोह है, और न ही राजपद की चाह है। यदि आप मेरे शुभेक्षु हैं तो यह कामना करें कि मैं अपनी प्रतिज्ञा का निष्ठापूर्वक पालन करूँ; और मेरा मनोरथ सिद्ध हो।"

अराड और उद्रक

सांसारिक जीवन में लौटाने के अपने प्रयास में विफल होने के बाद बिम्बिसार ने उनसे यह निवेदन किया कि यदि कभी उनको दिव्य ज्ञान मिल जाए तो राजगृह अवश्य पधारें। बिम्बिसार के श्रद्धाभाव को देखते हुए उन्होंने इस अनुरोध को स्वीकार कर लिया।

परम सत्य की खोज में वे राजगृह से आगे बढ़े। इसी क्रम में उनकी भेंट मगध के दो ज्ञानी महात्माओं से हुई। उनमें से पहले थे आलार कालाम (अराड), जो अपने 300 शिष्यों के साथ एक आश्रम में रहते थे। वे सांख्य नामक निरीश्वरवादी दर्शन के उपदेशक थे। सिद्धार्थ जब उनके आश्रम में पहुँचे, वे ध्यानमग्न थे। कहते हैं कि आलार अपनी ध्यान-साधना में इतने मग्न थे कि पास से गुजर रही लगभग 500 गाड़ियों की गड़गड़ाहट भी उनको सुनाई नहीं पड़ी। बहरहाल, सिद्धार्थ के आग्रह पर आलार कालाम ने उनको अपना शिष्य बना लिया। आलार ने गौतम को तप की क्रियाओं एवं उपनिषदों में प्रतिपादित ब्रह्मविद्या की शिक्षा दी।

अपनी ज्ञानात्मक साधना द्वारा आलार कालाम ने 'अनन्त शून्य' को पा लिया था। अपने अध्यवसाय के बल पर कुछ समय बाद ही गौतम ने भी उस विशिष्ट आध्यात्मिक अवस्था को प्राप्त कर लिया। स्वयं आलार कालाम ऐसा मानते थे कि शून्यावस्था ही उनके द्वारा दी जानेवाली शिक्षा की चरम अवस्था है। किसी भी गुरु को गौतम सिद्धार्थ से योग्य और कौन शिष्य मिलता! उन्होंने यह घोषणा की कि गौतम ने ज्ञान, कर्म और दर्शन में उनकी समकक्षता प्राप्त कर ली है। आलार चाहते थे कि गौतम उनके साथ रहकर उनकी शिष्य-मण्डली को शिक्षा दें। परन्तु गौतम इस ज्ञान से पूर्णतः सन्तुष्ट नहीं हुए। वे तो एक विराट लक्ष्य लेकर इस धरती पर अवतरित हुए थे। आलार का आश्रम और उनका शून्यवाद गौतम सिद्धार्थ के जीवन की आखिरी मंजिल नहीं, अपितु एक पड़ाव-भर था। स्वभावतः गुरु आलार कालाम के प्रति कृतज्ञता ज्ञापित करने के बाद गौतम ने उनसे विदा ली; और जीवन के बृहत्तर उद्देश्य की प्राप्ति के लिए आगे बढ़ चले।

मगध की धरती पर विचरते हुए वे एक अन्य ज्ञानी महात्मा उद्रक रामपुत्र के पास पहुँचे, जो अपने 700 शिष्यों के साथ एक आश्रम में रहते थे। वे 'नैवसंज्ञा नासंज्ञायतन' नामक योग मार्ग के उपदेशक थे। उद्रक ने गौतम को 'प्रत्यक्ष एवं परोक्ष ज्ञान विहीन मण्डल' प्राप्त करने की शिक्षा दी, जो शून्यावस्था से भी उच्चतर आध्यात्मिक अवस्था मानी जाती थी। परन्तु गौतम को इससे भी सन्तोष नहीं हुआ।

सिद्धार्थ ने पाया कि यद्यपि इन दोनों गुरुओं—आलार कालाम और उद्रक रामपुत्र ने ज्ञान के चरम बिन्दु को पा लिया है, तथापि इनकी शिक्षा मोक्ष (पूर्ण मुक्ति) प्रदान करने में अक्षम है। अतएव सिद्धार्थ ने अपने दूसरे गुरु से भी अनुमति ली और वहाँ से आगे चल पड़े। परमसत्य की खोज में वे मगध के विभिन्न क्षेत्रों में घूमते रहे। कोई भी मार्ग उनको दिखाई नहीं दे रहा था। परन्तु वे परम्परागत मार्ग पर चलने के इच्छुक नहीं थे। वे नई राह के अन्वेषी थे। नई राह के अन्वेषी को बने-बनाए रास्ते की दरकार नहीं होती। उसको अपना रास्ता स्वयं बनाना पड़ता है।

सीढ़ियाँ उनके लिए अमोघ
छतों तक जिनको जाना है,
बादलों पर ही जिनकी दृष्टि
उन्हें पथ आप बनाना है।

(रामधारी सिंह दिनकर, 'कवि'; कोयला और कवित्व)

गौतम सिद्धार्थ चलते-चलते गया के निकट उरुवेला पहुँचे। पालि में 'उरु' का अर्थ है बालू और 'वेला' का अर्थ है—नदी का तट। गया और बोधगया के बीच में निरंजना (वर्तमान फल्गु) नदी का जो विस्तृत बालुकामय तट है, प्राचीन पालि ग्रन्थों में उसी को उरुवेला कहा गया है। उरुवेला को पुराने जमाने में 'वज्रासन' भी कहा जाता था। 'मज्झिम निकाय' के अनुसार वज्रासन (उरुवेला) में मोहना एवं निरंजना नदियों के संगम (वर्तमान फल्गु) पर मुण्डेश्वरी पहाड़ी पर उन्होंने विभिन्न विधियों से आत्मदमन करके छह वर्षों तक कठोर तपस्या की। तपस्याकाल में उनके साथ कौण्डिन्य, वाप्य, महानाम, अश्वजित और भद्रिक (भद्रजित) नामक पाँच ब्राह्मण तपस्वी भी थे। कठिन तपस्या और उपवास के कारण गौतम का शरीर दुर्बल हो गया। शरीर हड्डियों का ढाँचा भर रह गया। शारीरिक दुर्बलता के कारण एक बार वे मूर्छित भी हो गए। उनको लगा कि यह कोई उचित मार्ग नहीं है। काया का क्लेश व्यर्थ है। जो व्यक्ति भूख और प्यास से ग्रस्त है, उसका चित्त कैसे स्वस्थ हो सकता है! उन्होंने सोचा कि जिसका मन स्वस्थ और प्रसन्न है उसी को समाधि सिद्ध हो सकती है। स्वभावत: उन्होंने अपनी जीवन-शैली बदल ली और सामान्य आहार ग्रहण करने का निश्चय किया।

उसी दिन सेनानीग्राम के एक भूस्वामी गोपराज की पुत्री सुजाता वट-वृक्ष की पूजा करने के लिए आई। वह वृक्ष-देवता को भोग लगाने के लिए पीले वस्त्र से ढँके सोने के कटोरे में खीर लेकर आई थी। वट के एक घने वृक्ष के नीचे उसने सिद्धार्थ को ध्यान की मुद्रा में विराजमान पाया। उसने गौतम को साक्षात वृक्ष-देवता या कोई देवपुरुष समझ लिया। अत: श्रद्धापूर्वक प्रणाम करके उसने वह खीर गौतम सिद्धार्थ को ही अर्पित कर दिया और उसको ग्रहण करने की विनती की। सुजाता के आग्रह पर सिद्धार्थ ने उस खीर को खा लिया।

इस बात से वे पाँचों ब्राह्मण तपस्वी बहुत क्षुब्ध हुए। उनको लगा कि गौतम ने तप एवं साधना का मार्ग त्यागकर सुखसाधन का मार्ग अपना लिया है। धर्म के पथ से विरत मानकर उन्होंने सिद्धार्थ का साथ छोड़ दिया; और वहाँ से निकलकर ऋषिपत्तन (सारनाथ) की ओर चले गए। उन पाँचों तपस्वियों के प्रस्थान के बाद सिद्धार्थ उस स्थान पर अकेले रह गए।

राष्ट्रकवि रामधारी सिंह दिनकर ने 'मगध महिमा' शीर्षक पद्य-नाटिका में इस घटनाक्रम का बहुत ही जीवन्त चित्रण किया है—

यहीं मगध में कहीं एक थी
उरुवेला वनभूमि सुहावन;
जिसे देख रम गया तपस्या में
गौतम संन्यासी का मन।
छह वर्षों तक घोर तपस्या की,
पर, तत्त्व नहीं लख पाए;
अमृत खोजने को निकले थे,
पर, तप से न उसे चख पाए।
कृश हो गई देह अनशन से,
अति दुष्कर तप करते-करते;
रही अस्थि भर शेष, तथागत
बचे किसी विधि मरते-मरते।
बरगद के नीचे बैठे थे
सोच रहे, अब कौन राह है;
तप से शक्ति क्षीण होती है,
सम्मुख यह सागर अथाह है।
ऐसे में, ले स्वर्ण-पात्र में
पावन खीर सुजाता आई;
वट-वासी देवता-सदृश
उसको कृश गौतम पड़े दिखाई।
अंचल से पद पोंछ, चढ़ा कर
धूप, दीप, अक्षत, फल, रोली;
सम्मुख थाल परोस, देवता से
कर जोड़ सुजाता बोली।

सुजाता का गीत :

हमारे पूरे ज्यों मन-काम।
पूर्ण करें वट-देव! तुम्हारी भी इच्छा त्यों राम।
हमारे पूरे ज्यों मन-काम।
जैसे आसमान में तारे,

फूलें त्यों संकल्प तुम्हारे,
अन्धकार में उगो, देवता! तुम शशि-सूर्य समान। ....

गौतम का गीत :

तुम्हारे हाथों की यह खीर।
माँ! बल दे, मैं तोड़ सकूँ भव की दारुण जंजीर।
तुम्हारे हाथों की यह खीर।
यहाँ जन्म से मरण-काल तक केवल दुख-ही-दुख है;
वह भी है निस्सार, दीखता जहाँ-तहाँ जो सुख है।
फूलों-सा दो दिन हँसकर झर पड़ता मनुज-शरीर।
तुम्हारे हाथों की यह खीर।
मैं हूँ कौन? कौन तुम? हम दोनों में क्या नाता है?
खेल-खेल दो रोज, मनुज फिर चला कहाँ जाता है?
सता रहे हैं मुझे, जननि! ये प्रश्न गहन गम्भीर।
तुम्हारे हाथों की यह खीर।
खोज रहा हूँ जिसे, अमृत की अगर मिली वह धार;
नर के साथ देवताओं का भी होगा उद्धार।
हैं जल रहे अदृश्य आग में तीनों लोक अधीर।
तुम्हारे हाथों की यह खीर।

(इतिहास के आँसू, 1948 ई.)

सुजाता द्वारा भेंट की गई उस खीर को खाने के बाद वे दिन भर शाल वृक्षों से भरे जंगल में घूमते रहे। सन्ध्या वेला में पीपल के एक वृक्ष के नीचे पद्मासन की मुद्रा में ध्रुव-समाधि लगाकर वे बैठ गए। समाधि लगाने के पहले उन्होंने निश्चय कर लिया था कि सम्बोधि (ज्ञान) प्राप्त किए बिना वे वहाँ से नहीं उठेंगे। उनचास दिनों तक वे उसी वृक्ष के नीचे ध्यानस्थ रहे।

सद्धर्म की राह में बाधाएँ भी कम नहीं आतीं। हिन्दू परम्परा में जिस प्रकार की तपस्या-भंजक भूमिका कामदेव की है, बौद्ध परम्परा में ठीक वही भूमिका 'मार' की है। 'मार' सद्धर्म का शत्रु है। आदिकाल में शिव की तपस्या को भंग करने के लिए कामदेव ने अपना पुष्पबाण चलाया था। बुद्धकाल में ध्यानस्थ सिद्धार्थ की साधना को बाधित करने के लिए 'मार' ने उन पर ललित साधनों द्वारा आक्रमण किया। विभ्रम, हर्ष एवं दर्प नामक मार के तीन पुत्रों और कामना, आनन्द एवं वासना (अरति, प्रीति एवं तृष्णा) नामक तीन पुत्रियों ने उसकी हर सम्भव सहायता

की। उन सब ने मिलकर गौतम को धर्मसाधना के पथ से भ्रष्ट करने का प्रयास किया। परन्तु सिद्धार्थ अविचलित भाव से अपनी तपस्या में लीन रहे। उन्होंने अपनी आत्मिक शक्ति द्वारा विघ्नकर्ता से कहा कि "हे मार, यह जो मेरा बढ़ता हुआ ज्ञान है—क्षमा जिसकी जटा है, धैर्य जिसका मूल है, चरित्र जिसके फूल हैं, स्मृति एवं बुद्धि जिसकी शाखाएँ हैं; और धर्म जिसका फल है—उसको काट पाना तुम्हारे लिए सम्भव नहीं है। इसलिए तुम निरर्थक चेष्टा न करो।" उस दृढ़व्रती की प्रतिज्ञा को सुनकर मार निराश होकर लौट गया। मार के जाने के बाद सिद्धार्थ रात भर ध्यानमग्न रहे।

रात्रि के चौथे प्रहर के बीतने के बाद जब उषा का आगमन हुआ, तब तक सिद्धार्थ तत्त्वबोध प्राप्त करके 'बुद्ध' हो चुके थे। वैशाख पूर्णिमा के दिन गौतम सिद्धार्थ को 'प्रतीत्यसमुत्पाद ज्ञान' की प्राप्ति हुई। 'प्रतीत्य' का अर्थ है—इसके होने से; और 'समुत्पाद' का अर्थ है—यह उत्पन्न होता है। इस प्रकार उन्होंने सम्बोधि प्राप्त कर लिया। अब उनको 'बुद्ध' कहा जाने लगा। 'बुद्ध' का अर्थ है—प्रकाशमान, जाग्रत या प्रज्ञावान।

पीपल के जिस वृक्ष के नीचे बुद्ध को सम्बोधि की प्राप्ति हुई, उसको बोधिवृक्ष कहा जाने लगा। जबकि निरंजना नदी के आसपास का क्षेत्र बोधगया कहलाया। 528 ई.पू. में बुद्धत्व प्राप्ति के बाद बुद्ध एक सप्ताह तक धर्म-चिन्तन करते रहे। इस दौरान उन्होंने विचार, वितर्क एवं विवेक से उत्पन्न प्रेम तथा सुख वाला प्रथम ध्यान लगाया। ध्यानस्थ होकर उन्होंने अपने पूर्व जन्मों के बारे में ज्ञान भी प्राप्त किया। बुद्धत्व प्राप्ति के मात्र आठ सप्ताह बाद ही तपस्सु और भल्लुक नामक दो गृहस्थ बुद्ध के उपासक बने। वे बल्ख के व्यापारी थे। ये दोनों गृहस्थ भाई उड़ीसा से राजगृह जाने के दौरान बोधगया से गुजर रहे थे। बुद्ध से मिलने के बाद ये दोनों उनसे प्रभावित हुए। यही दोनों भाई बुद्ध के उपासक बननेवाले पहले गृहस्थ थे।

ब्राह्मणों और पहाड़ी जनजातियों पर बुद्ध का प्रभाव

बौद्ध अनुश्रुतियों के अनुसार कश्यप बुद्ध के समय में 'एलापत' (एलपत्र) नामक नाग को यह शाप मिला था कि अगले बुद्ध के प्रकट होने तक वह मनुष्य रूप धारण नहीं कर सकेगा। तभी से वह बुद्ध के प्रकट होने की कामना करते हुए भटक रहा था। जब उसको शाक्यमुनि के बुद्धत्व प्राप्ति की सूचना मिली, तब वह सर्प के रूप में बोधगया पहुँचा। जैसे ही वह छह सिरिस वृक्षों के पास आसन पर बैठे बुद्ध के पास पहुँचा, उसको तत्काल मानव रूप धारण करने की शक्ति प्राप्त हो गई। मध्य प्रदेश के भारहुत स्तूप की दीवारों पर बनी एक मूर्ति में

नागराज एलापत को नाग-नागिनों सहित सिरिस वृक्ष के आगे बुद्ध की पूजा करते दिखाया गया है। ऐतिहासिक एवं वैज्ञानिक दृष्टि से देखें तो प्राचीन भारतीय वाङ्मय एवं लोकसाहित्य में वर्णित 'नाग' दरअसल पहाड़ी जनजाति के लोग हैं। (नग —पहाड़; नाग —पहाड़ी) अथर्ववेद में तक्षक नाग को ब्राह्मण कहा गया है।[20] इस प्रकार, बौद्ध परम्परा में नागराज द्वारा बुद्ध की पूजा करने सम्बन्धी उपर्युक्त बौद्धकथा से यह संकेत मिलता है कि पहाड़ी जनजातियों और ब्राह्मणों ने भी बुद्ध की श्रेष्ठता को स्वीकार कर लिया था।

सारनाथ में धर्मचक्रप्रवर्तन

बुद्धत्व प्राप्ति के बाद गौतम बुद्ध ने निश्चय किया कि अब वे अपने ज्ञान को विषादग्रस्त संसार तक पहुँचाएँगे और सबको मुक्ति दिलाने के प्रयास करेंगे। परन्तु सारे संसार को दुखों से मुक्ति दिलाने के लिए समर्पित संन्यासियों के एक विशिष्ट समूह की आवश्यकता थी। ऐसा समूह बनाने के लिए कुछ योग्य व्यक्तियों को साझीदार बनाना आवश्यक था। बुद्ध ने सोचा कि अनुभूत ज्ञान का उपदेश आखिर किसे दिया जाए ? सबसे पहले उनका ध्यान आलार कालाम और उद्रक रामपुत्र की ओर गया, क्योंकि वे दोनों उनके इस नवीन धर्म को समझने की योग्यता रखते थे। परन्तु दुर्भाग्यवश तब तक वे दोनों इस संसार से विदा हो चुके थे। अचानक उन्हें कौण्डिन्य आदि उन पाँच ब्राह्मण तपस्वियों का ध्यान आया, जो उनको उरुवेला में अकेला छोड़कर ऋषिपत्तन की ओर चले गए थे।

वे उन पाँचों से मिलने के लिए गया से अठारह योजन दूर काशी की ओर चल पड़े। चलते-चलते काशी के निकट ऋषिपत्तन (आधुनिक सारनाथ) के मृगदाव पहुँचे। बौद्ध पालि साहित्य में इसको 'इसिपत्तन' कहा गया है। इस स्थान का नाम 'ऋषिपत्तन' रखे जाने के सम्बन्ध में कई प्रकार के मत व्यक्त किए गए हैं। एक मत के अनुसार पूर्वकाल में आकाशमार्ग से जाते समय कुछ सिद्ध योगी निर्वाण प्राप्त करके यहीं गिर पड़े थे। इसलिए इस स्थान का नाम ऋषिपतन पड़ गया। परन्तु 'ऋषिपत्तन' का शाब्दिक अर्थ है—ऋषियों के एकत्र होने का स्थान। उस समय ऋषिपत्तन के जंगलों में ऋषियों-मुनियों के समुदाय तप और साधना में रत रहते थे। 'पत्तन' शब्द नगर का भी वाचक है। ऋषियों का नगर होने के कारण इस स्थान को ऋषिपत्तन नाम दिया गया होगा। 'ऋष्य' का अर्थ हिरण भी है।[21] सम्भव है, हिरणों की बहुलता के कारण सारनाथ को मृगदाव या ऋष्यपत्तन कहा जाता रहा हो। इस स्थान से सम्बन्धित एक जातक कथा में यहाँ निवास करनेवाले मृगाधिपति सुवर्ण शरीरधारी बोधिसत्त्व का उल्लेख मिलता है, जिन्होंने अपने ज्ञान से वाराणसी के

राजा को धर्मोपदेश देकर उनके मन में जीवहिंसा-त्याग की भावना उत्पन्न की थी। बाद में उन्हीं के नाम से यह स्थान सारंगनाथ या सारनाथ के नाम से प्रसिद्ध हुआ।

बहरहाल, दूर से उनको आता देखकर उन पाँचों ब्राह्मणों ने आपस में कहा कि "वह देखो, भिक्षु गौतम आ रहा है, जिसने शारीरिक सुख के लिए तपस्या का मार्ग त्याग दिया था। हमें ऐसे साधनाभ्रष्ट का सम्मान नहीं करना चाहिए।" किन्तु अलौकिक तेज से युक्त बुद्ध जैसे ही उनकी ओर बढ़े, वे पाँचों अपने आप को रोक न सके। एक ने उठकर उनकी संघाटि[22] थाम ली; जबकि दूसरे ने हाथ जोड़ कर उनका भिक्षापात्र सँभाल लिया। तीसरे ने बैठने के लिए आसन दिया और बाकी दो उनके चरण पखारने के लिए पात्र में जल लेकर सविनय खड़े हो गए। एक अज्ञात डोर में बँधे उन पाँचों तपस्वियों ने विनयशील शिष्य की भाँति बुद्ध का स्वागत किया।

बुद्ध ने उनको बताया कि वे अब 'अर्हत' (सम्पूर्ण) बन गए हैं; और उनको बुद्धत्व की प्राप्ति हो चुकी है। उन पाँचों ने आश्चर्य मिश्रित स्वर में एकसाथ पूछा कि "आपने तो तपस्या और साधना के मार्ग का त्याग कर दिया था, फिर आपको बुद्धत्व की प्राप्ति कैसे हुई ?" तब तथागत ने कहा कि "जो तपस्या द्वारा शरीर को क्लेश देते हैं अथवा जो इन्द्रियों द्वारा सांसारिक विषय-भोग में लिप्त रहते हैं, वे दोनों ही भ्रमित हैं। चूँकि दोनों ही अतिवादी मार्ग अमान्य हैं इसीलिए मैंने इन दोनों के बीच के रास्ते का अनुसरण किया है। इस संसार में मध्यम मार्ग ही सर्वोत्तम है। इस पर चलने से सांसारिक दुःखों का अन्त होता है।" (संयुक्त निकाय)

आषाढ़ पूर्णिमा के दिन ऋषिपत्तन के उस मृगदाव में गौतम बुद्ध ने उन पाँचों तपस्वियों को बौद्ध धर्म का पहला उपदेश दिया। इन पाँच शिष्यों को 'पंचभद्र-वर्गीय' भी कहा गया है। बुद्ध ने उनसे कहा कि "जन्म, जरा, व्याधि और मृत्यु के अलावा संयोग एवं वियोग मनुष्य के दुःख के कारण हैं। उन सब से बचने के उपाय के रूप में मैंने आर्य-सत्य-चतुष्ट्य (चत्वारि आर्य सत्यानि) को जान लिया है। (1) यह संसार दुःखमय है। (2) इच्छा, लालसा और काम इस दुःख का कारण है। दुःख की उत्पत्ति तृष्णा से होती है, जिससे पुनर्जन्म होता है। पुनर्जन्म से सुख और वासना की प्राप्ति होती है; और वासना का कोई अन्त नहीं होता। मनुष्य की वासना लगातार बढ़ती जाती है। (3) उस कामना एवं वासना से मुक्त होने की आवश्यकता है। (4) उस वासना के निरोध (निवारण) का उपाय है—'अष्टांगिक मार्ग' का अनुगमन।"

बुद्ध ने स्पष्ट किया कि "सम्यक् दृष्टि, सम्यक् संकल्प, सम्यक् वचन, सम्यक् कर्म, सम्यक् आजीविका, सम्यक् प्रयत्न, सम्यक् विचार और सम्यक् ध्यान ही अष्टांगिक मार्ग है; और यही मध्यम मार्ग भी है। मध्यम मार्ग को

अपनाकर मनुष्य जन्म-जन्मान्तर के बन्धनों से मुक्त हो सकता है।" यह वैसा मार्ग था, जिसके अनुगमन से लोगों के ज्ञान-चक्षु खुल गए, मानसिक शान्ति मिली और निर्वाण का पथ प्रशस्त हुआ। 'निर्वाण' का शाब्दिक अर्थ है—'बुझ जाना' या जीवन की समस्त कामनाओं का अन्त कर देना। ऐसा करने के बाद जीवन में व्याप्त समस्त दु:खों का अन्त हो जाता है।

बुद्ध का प्रथम उपदेश 'धर्मचक्रप्रवर्तन सूत्र' कहलाता है। सारनाथ में उन्होंने उन पाँच ब्राह्मणों को धर्म का उपदेश देकर 'धर्मचक्र का प्रवर्तन' किया। बुद्ध द्वारा प्रतिपादित नवीन धर्म का पहिया सहज गति से घूमने लगा। उपदेश के बाद वे पाँचों ब्राह्मण बुद्ध के पहले शिष्य बने। उन पाँचों को बुद्ध ने बौद्ध भिक्षु के रूप में दीक्षित करके बौद्ध संघ का प्रारम्भिक सदस्य बनाया। 'धम्मचक्कपवत्तन सुत्त' के बाद उन्होंने 'अनत्तलक्खन सुत्त' (अनन्त लक्षण सूत्र) नामक दूसरा उपदेश दिया। इस उपदेश के बाद कौण्डिन्य, वाप्य, महानाम, अश्वजित और भद्रिक नामक वे पाँचों भिक्षु अर्हत (पूर्ण) बन गए।

ऋषिपत्तन से बुद्ध के ज्ञान की गन्ध सबसे पहले काशी पहुँची। काशी आदिकाल से धर्म और ज्ञान की सारस्वत भूमि रही है। अपने ज्ञान और दर्शन का उपदेश देते हुए बुद्ध लगभग तीन महीने तक वहीं रहे। इस बीच यश नामक एक युवा श्रेष्ठी (सेठ) संसार से विरक्त होकर ऋषिपत्तन आया और बुद्ध के उपदेश सुनकर भिक्षु बन गया। उसके माता-पिता एवं पत्नी ने भी बौद्ध धर्म को स्वीकार कर लिया। उनके प्रभाववश उस क्षेत्र के पचास अन्य लोगों ने भी बौद्ध धर्म को अपना लिया। उन सब ने 'त्रिरत्न' (बुद्धम्, धम्मम् एवं संघम्) की शरण ली।

बुद्ध ने उन नवदीक्षित शिष्यों से कहा कि अब तुम लोग लोक के कल्याण के लिए इस नए धर्म का प्रचार करो। अश्वघोष कृत 'बुद्धचरित' के अनुसार गौतम सिद्धार्थ बोधगया में कश्यप ऋषि के उरुबिल्व नामक आश्रम में गए। कश्यप एक प्रभावशाली ब्राह्मण आचार्य थे और अपने 500 शिष्यों के साथ उरुबिल्व आश्रम में रहते थे। उरुबिल्व आश्रम के कारण ही इस स्थान को उरुवेल या उरुवेला कहा जाता था। वहाँ पहुँचकर बुद्ध ने उन सबको तत्त्वज्ञान दिया। बुद्ध के विचारों से प्रभावित होकर वे सभी उनके शिष्य बन गए। बुद्ध के शिष्य होने के बाद कश्यप ऋषि बौद्ध परम्परा में महाकाश्यप (महाकस्सप) के नाम से प्रसिद्ध हुए।

सम्बोधि के बाद राजगृह में बुद्ध

महाकाश्यप के उरुबिल्व आश्रम से निकलने के बाद बुद्ध अपने वचन के अनुसार शिष्य-मण्डली सहित राजगृह की ओर चल पड़े। उनके आगमन का

समाचार सुनकर बिम्बिसार ने अपने अमात्यों एवं गणमान्य जनों के साथ राजधानी राजगृह से आगे बढ़कर जेठियन (यष्ठिवन) में उनकी अगवानी की। यष्टिवन बाँस का जंगल था। बुद्ध ने वहाँ के लोगों को ज्ञान का अमृत दिया। बिम्बिसार ने भी वहीं उनसे बौद्ध धर्म की दीक्षा ली। फिर बुद्ध को सादर निमन्त्रित करके राजगृह लाया गया। राजा ने अपने प्रिय वेणुवन में बुद्ध और उनके शिष्यों के ठहरने की व्यवस्था की। बाद में वेणुवन में ही बिम्बिसार ने एक विहार का निर्माण करवाया और उसको बौद्ध-संघ को दान कर दिया। राजगृह के वेणुवन में स्थित यह विहार दुनिया का पहला बौद्ध-विहार था।

बौद्ध-संघ में प्रवेश करनेवालों में एक बड़ी संख्या वैसे युवकों की थी, जिन्होंने अपनी नवयौवना पत्नियों को असहाय छोड़कर प्रव्रज्या ग्रहण कर ली थी। उन परित्यक्त स्त्रियों की दशा विधवाओं-जैसी थी। इसलिए बुद्ध जब कभी राजगृह आए, तब मगधवासी ब्राह्मणों ने जनसामान्य से उनका विरोध करने को कहा। परन्तु बुद्ध ने अपने ओजस्वी प्रवचनों द्वारा बौद्ध धर्म के प्रसार की गति को रुकने नहीं दिया। उनकी लोकप्रियता और उनके अनुयायियों की संख्या बढ़ती गई।

इसके बाद बुद्ध कई बार राजगृह आए। सांख्यवादी ब्राह्मण सारिपुत्र उपतिष्य और मौद्गल्यायन ने राजगृह में ही बौद्ध धर्म की दीक्षा ली। इन दोनों की असाधारण प्रतिभा को देखते हुए बुद्ध ने उनको अपने 'अग्रश्रावक' (प्रधान शिष्य) के रूप में स्वीकार किया।

सुदत्त की ससुराल : राजगृह

श्रावस्ती में सुदत्त नाम का एक नगर-श्रेष्ठी (नगर-सेठ) था। वह अनाथ व्यक्तियों को भोजन (पिण्ड) देता था, इसलिए 'अनाथपिण्डक' नाम से प्रसिद्ध था। उसकी ससुराल राजगृह में थी। राजगृह का नगर-श्रेष्ठि उसका साला था। 'संयुक्त निकाय' के एक सूक्त के अनुसार एक बार सुदत्त राजगृह आया हुआ था। उस समय बुद्ध राजगृह के सीतवन में ठहरे हुए थे। राजगृह के नगर-श्रेष्ठि ने अगले दिन संघ-सहित बुद्ध को निमन्त्रित कर रखा था। इसलिए वह अगले दिन की तैयारियों में जुटा हुआ था। उसने जब सुदत्त को बुद्ध के बारे में बताया, तब वह उसी समय उनके पास जाने को आतुर हो गया।

अगले दिन सबेरे ही सीतवन जाकर बुद्ध से भेंट की। वहाँ बुद्ध के उपदेश को सुनकर वह बुद्ध का उपासक बन गया। अगले दिन अपनी ससुराल में उसने शिष्यमण्डली सहित बुद्ध को भोजन कराया। इसके बाद उसने भिक्षु-संघ सहित

श्रावस्ती पधारकर वर्षावास करने का निमन्त्रण दिया। उस समय श्रावस्ती वैदिक ब्राह्मणों का गढ़ था। इसलिए बुद्ध ने अनाथपिण्डक के निमन्त्रण को एक चुनौती के रूप में स्वीकार कर लिया।

बुद्ध के प्रतिनिधि के तौर पर उपतिष्य को साथ लेकर सुदत्त श्रावस्ती पहुँचा। राजगृह से श्रावस्ती जाते समय रास्ते में वह लोगों से यह कहता गया कि "आर्यों आराम बनवाओ, विहार बनवाओ। लोक में बुद्ध उत्पन्न हो गए हैं। बुद्ध को मैंने निमन्त्रण दिया है। वे इसी मार्ग से आएँगे।"

श्रावस्ती पहुँचकर वह संघाराम बनवाने के लिए उपयुक्त स्थान की तलाश करने लगा। उसका विचार था कि वह स्थान न तो बस्ती के बहुत पास हो और न ही बहुत दूर। ताकि वहाँ शान्ति भी रहे और लोगों के लिए वहाँ पहुँचना भी सुगम हो। संयोगवश श्रावस्ती नगर के दक्षिण-पश्चिमी कोने में ऐसा एक स्थान मिल भी गया। वह राजकुमार जेत का उद्यान था। सुदत्त को लगा कि यदि उस उद्यान को खरीदकर वहाँ एक संघाराम (बौद्धविहार) बना दिया जाए, तो वह बुद्ध को पसन्द आएगा। उपतिष्य को भी वह उद्यान संघाराम के लिए उपयुक्त लगा। अतः सुदत्त ने उस उद्यान को खरीदना चाहा। परन्तु राजकुमार जेत उसको बेचने को तैयार नहीं था। तब अनाथपिण्डक ने राजकुमार से कहा कि मैं उस उद्यान की उतनी कीमत देने को तैयार हूँ, जितनी आपने कल्पना भी नहीं की होगी। राजकुमार ने आश्चर्य के साथ पूछा कि "उस उद्यान का आखिर आप क्या मूल्य देंगे?" तब अनाथपिण्डक ने कहा कि "मैं आपको उतने कार्षापण (स्वर्ण मुद्राएँ) देने को तैयार हूँ, जितनी मुद्राएँ उस उद्यान की सम्पूर्ण भूमि पर बिछाई जा सकें।" आखिरकार, राजकुमार ने अनाथपिण्डक की बात मान ली। लगभग अठारह करोड़ कार्षापणों से उद्यान की सम्पूर्ण भूमि को पाट दिया गया; और फिर उन सिक्कों को राजकुमार जेत को देकर उस उद्यान को खरीद लिया गया।[23]

बुद्ध के प्रति आस्थावान होकर राजकुमार जेत ने वहाँ की थोड़ी-सी भूमि को कार्षापणों से ढकने नहीं दिया था। उस स्थान पर उसने अपने पैसों से एक विशाल द्वार बनवा दिया था। राजकुमार जेत के नाम पर वह स्थान जेतवन कहलाया। उसी जेतवन में सुदत्त ने एक संघाराम बनवाया। सुदत्त अनाथपिण्डक द्वारा जेतवन की भूमि को खरीदने और वहाँ संघाराम के निर्माण की घटना का चित्रण बोधगया एवं भारहुत के स्तूप की वेदिकाओं (दीवारों) पर किया गया है।

वैदिक साहित्य में भूमि के क्रय-विक्रय का कोई उल्लेख नहीं मिलता है। ऐतरेय एवं शतपथ ब्राह्मण के अनुसार एक बार राजा विश्वकर्म भौवन ने भूमि का दान करने का प्रयत्न किया तो पृथ्वी ने उसकी भर्त्सना की।

अनाथपिण्डक अपने जीवन के अन्तिम समय में व्यापार में घाटे के कारण दरिद्र हो गए। पहले वे जब कभी जेतवन जाते तो अपने हाथों में कुछ लेकर ही जाते थे। लेकिन बाद में जब उनके पास साधन नहीं रहा, तब भी वे कभी खाली हाथ नहीं गए। जेतवन जाते समय मुट्ठी में राप्ती नदी का बालू ही भर लाते और जेतवन में बिखेर देते थे। श्रद्धा साधनों की मोहताज नहीं होती है।

बुद्ध ने जेतवन में कुल चौबीस वर्षावास व्यतीत किए। इससे अधिक वर्षावास उन्होंने अन्य किसी स्थान पर नहीं किए। वे प्रतिदिन बीस से तीस किलोमीटर की पदयात्रा करके धर्मोपदेश देते थे। परन्तु वर्षा ऋतु के चतुर्मास में वे किसी एक स्थान पर रुक कर धर्मचर्चा करते थे। इसी को बौद्ध परम्परा में 'वर्षावास' कहा गया है।

मगध में बुद्ध

महात्मा बुद्ध ने अपने जीवन का अधिकांश समय मगध, अंग, काशी एवं कोसल में ही व्यतीत किया। वे इस क्षेत्र के ग्रामों एवं नगरों में निरन्तर घूमते हुए धर्म का उपदेश देते रहे। विनय पिटक के अनुसार बुद्ध जब तक राजगृह में रहे, उनको बिम्बिसार का सक्रिय सहयोग मिलता रहा। बिम्बिसार ने बुद्ध और उनके संघ के अन्य भिक्षुओं की स्वास्थ्य सम्बन्धी समस्याओं का निराकरण किया। जब मगध में बौद्ध धर्म की जड़ें गहरी हो गईं, तब उन्होंने कोसल के लिए प्रस्थान किया। परन्तु राजगृह से उनका सम्पर्क एवं सम्बन्ध आजीवन बना रहा। बुद्धत्व प्राप्ति के बाद दूसरा, तीसरा, चौथा, सत्रहवाँ और बीसवाँ वर्षावास उन्होंने राजगृह में ही किया। उन्होंने ग्यारहवाँ वर्षावास एकनाल नामक एक ब्राह्मण ग्राम में किया, जो मगध के दक्षिणी भाग में दक्षिणागिरि के निकट स्थित था। मगध के एकनाल ग्राम में ही उन्होंने 'कसिभारद्वाज-सुत्त' नामक प्रवचन दिया था।

अपने जीवन के उत्तरार्द्ध में जब वे प्राय: श्रावस्ती में ही निवास करने लगे थे, तब भी वे यदा-कदा राजगृह आ जाते थे। राजगृह के संघाराम में उन्होंने अपने कई प्रसिद्ध उपदेश दिए थे; उनमें आटानाटिय-सुत्त, उदुम्बरिक-सुत्त, कस्सपसीहनाद-सुत्त, जीवक-सुत्त, महासकुलुदाई-सुत्त और सक्कपञ्ह-सुत्त प्रमुख हैं। उल्लेखनीय है कि बुद्ध के जीवन की अन्तिम यात्रा राजगृह के गृध्रकूट पर्वत से ही आरम्भ हुई थी।

चमत्कारों का विरोध

'बुर्द्धचर्या' में वर्णित कथा के अनुसार एक बार राजगृह के एक श्रेष्ठि को चन्दन की एक बड़ी गाँठ मिली। उसने उसको खरादकर एक पात्र बनवा लिया। फिर उस पात्र को छींके में रखकर एक बाँस की नोंक पर लटका दिया। फिर बाँस के निचले सिरे में दूसरा, तीसरा, चौथा करके बाँस-दर-बाँस जोड़ता गया। फिर

उसने घोषणा की कि जो अर्हत् होने का दावा करता हो, वह उस पात्र को ग्रहण करे। उसकी चुनौती को पिण्डोल भारद्वाज नामक एक अर्हत् ने स्वीकार कर लिया। वह अपने तपबल से आकाश में उड़ा और उस पात्र को लेकर नीचे आ गया। उसके इस चमत्कार को देखकर वहाँ भीड़ लग गई। जब बुद्ध को इस बात का पता चला तब उन्होंने पिण्डोल को समझाया कि लकड़ी के पात्र के लिए चमत्कार का प्रदर्शन करना उचित नहीं है। उसी समय से उन्होंने भिक्षुओं के चमत्कार प्रदर्शन पर रोक लगा दी; और चन्दन के उस पात्र को भी तुड़वा दिया।[24]

सिगालोवादसुत्त

छठी शताब्दी ई.पू. में 'गृहपति' नामक एक नया सामाजिक समूह उभर रहा था। इस समूह का प्रभाव नगरों के साथ-साथ ग्रामों में भी था। बौद्ध जातकों में इनको 'गहपति' कहा गया है। 'गहपति' दरअसल गृहपति शब्द का पालि रूप है। भूमि का एक बहुत बड़ा भाग गृहपतियों के नियन्त्रण में था। उत्तर-वैदिक काल में यज्ञ के अवसर पर अतिथियों की सेवा करनेवाले व्यक्ति या प्रधान याजक को गृहपति कहा जाता था, लेकिन बुद्धकाल में इसका अर्थ बदल गया। बुद्ध के समय किसी विशाल पितृसत्तात्मक परिवार के मुखिया, जिसको धनाढ्य होने के कारण सामाजिक प्रतिष्ठा प्राप्त हुई हो, को गृहपति कहा जाने लगा। मगध की राजधानी राजगृह के गहपतियों का उल्लेख बौद्ध जातकों में कई बार हुआ है। बुद्धकाल में वाराणसी, साकेत, श्रावस्ती आदि नगरों में भी गहपति समृद्ध और प्रभावशाली थे। यह इस बात का संकेत है कि वैदिककाल में व्यक्ति की प्रतिष्ठा का मूलाधार पशुधन था, जबकि बुद्धकाल में भू-सम्पत्ति के आधार पर व्यक्ति की सामाजिक प्रतिष्ठा तय होने लगी। यह समाज में बढ़ती आर्थिक असमानता का भी द्योतक है। वैदिक-कालीन बन्धुता और सामाजिक समानता के भाव का क्षरण हो रहा था; और समाज में आर्थिक विषमता तेजी से बढ़ने लगी थी। यही कारण है कि वैदिकोत्तर ब्राह्मण विधि-ग्रन्थों (स्मृति-ग्रन्थों) में पहली बार सामाजिक, आर्थिक एवं विधिक विशेषाधिकारों की व्याख्या की गई।

शब्दों के अर्थ स्थायी नहीं होते। देशकाल और परिस्थिति के अनुसार शब्दों के अर्थ अक्सर बदल भी जाते हैं। इसी क्रम में मौर्य-शुंग युग में बौद्ध प्रभाव को स्वीकार करनेवाले समृद्ध वैश्य व्यापारियों के लिए 'गृहपति' शब्द का प्रयोग होने लगा था।

एक रोचक बात यह है कि ग्रामांचलों में कुछ दशक पहले तक जिनके बच्चे जीवित नहीं रहते थे, वैसे माता-पिता अपने बच्चे का कोई खराब-सा नाम रख लेते

थे। जैसे—घुरहू, कतवारू, डोमना, भिखरिया आदि। वे मानते थे कि ऐसा करने से यमदूतों का ध्यान उनके अभद्र-नामवाले बच्चे की ओर नहीं जाएगा; और वह बच्चा दीर्घायु होगा। मगध में बुद्धकाल में भी ऐसे अभद्र नाम रखने की परिपाटी थी। तभी तो राजगृह के एक गृहपति (समृद्ध वैश्य व्यापारी) ने अपने बेटे का नाम सिगाल (श्रृगाल, सियार) रख दिया था।

एक बार बुद्ध राजगृह के वेणुवन कलन्द-निवाप में विहार (भ्रमण) कर रहे थे। उसी समय सिगाल नामक एक गृहपति-पुत्र सबेरे उठकर राजगृह से निकला। उसके वस्त्र और केश भीगे हुए थे। वह हाथ जोड़कर सभी दिशाओं को नमस्कार कर रहा था। बुद्ध भिक्षाटन के लिए राजगृह की ओर जा रहे थे। उन्होंने सिगाल को देखकर पूछा कि "गृहपति-पुत्र सबेरे उठकर तुम क्या कर रहे हो?" तब सिगाल ने कहा कि "भन्ते, मरते समय मेरे पिता ने मुझसे कहा था कि सबेरे उठकर दिशाओं को नमस्कार करना। इसलिए मैं अपने पिता के वचन का पालन कर रहा हूँ। बुद्ध ने कहा कि आर्यधर्म में छह दिशाओं को इस प्रकार नमस्कार नहीं किया जाता है। सिगाल ने पूछा कि वह किस प्रकार किया जाता है? तब बुद्ध ने कहा कि—

1) मद्यपान का सखा सामने तो प्रिय बनता है, लेकिन वह मित्र नहीं होता है।

2) अति निद्रा, परस्त्रीगमन, बैर उत्पन्न करना, अनर्थ करना, बुरे की मित्रता और कंजूसी—यह छह चीजें मनुष्य को बर्बाद कर देती हैं।

3) जुआ, स्त्री, मदिरा, नृत्य-गीत, दिन की निद्रा, असमय की सेवा, बुरे मित्रों का होना और बहुत कंजूसी—यह छह चीजें मनुष्य को बर्बाद कर देती हैं।

4) बहुत शीत है, बहुत गर्मी है, अब बहुत साँझ हो गई—इस प्रकार के बहाने करनेवाले मनुष्य धनहीन हो जाते हैं।

सिगाल के स्वर्गीय पिता ने उसको छह दिशाओं को प्रणाम करने का निर्देश दे रखा था। बुद्ध ने उसको छह नई दिशाओं की उपासना का रास्ता दिखाया। (1) पूर्व दिशा माता-पिता हैं। (2) दक्षिण दिशा आचार्य हैं। (3) पश्चिम दिशा पुत्र और स्त्री हैं। (4) उत्तर दिशा मित्र और अमात्य हैं। (5) नीचे की दिशा दास और कमकर हैं। (6) ऊपर की दिशा साधु और विद्वान हैं।

इन सब छह दिशाओं की उपासना के रूप में मनुष्य का मनुष्य के प्रति जो कर्तव्य है, वही बातें बुद्ध ने सिगाल को बताईं। माता-पिता ने मेरा भरण-पोषण किया इसलिए मुझे उनका भरण-पोषण करना चाहिए। उन्होंने कुल-परम्परा को कायम रखा, इसलिए मुझे भी वंश-परम्परा को बढ़ाना चाहिए। उन्होंने मुझे दायज्ज (विरासत) दिया इसलिए मुझे भी वैसा करना चाहिए। बुद्ध ने कहा कि माता-

पिता पाँच प्रकार से अनुकम्पा करते हैं—(1) पाप से निवारण करते हैं। (2) पुण्य की ओर उन्मुख करते हैं। (3) शिल्प सिखाते हैं। (4) योग्य स्त्री से विवाह कराते हैं। (5) समय पाकर भावी पीढ़ी को अपनी विरासत सौंपते हैं। बुद्ध ने कहा कि गृहपति-पुत्र इन पाँच बातों से पुत्र द्वारा माता-पिता रूपी पूर्व दिशा की उपासना की जाती है। बुद्ध द्वारा सिगाल नामक गृहस्थ को दिया गया यह उपदेश 'सिगालोवादसुत्त' कहलाता है।

बुद्ध ने गृहस्थों के लिए विशेष कर्तव्यों का उपदेश दिया। योग और वैराग की बातें सुनकर लोगों में एक भ्रान्त धारणा घर कर गई है कि बौद्ध धर्म केवल वैरागियों के लिए है। जबकि ऐसा नहीं है। बुद्ध के जीवनकाल में भी उनके गृहस्थ शिष्यों की संख्या बौद्ध भिक्षुओं-भिक्षुणियों की तुलना में बहुत अधिक थी।

अन्धश्रद्धा का विरोध

बुद्ध ने अपने सर्वाधिक उपदेश कोसल की राजधानी श्रावस्ती के जेतवन में दिए थे। देवत्व का दावा किए बिना अपने श्रद्धालु शिष्यों, भिक्षुओं एवं अनुयायियों से उन्होंने कहा कि तुम मेरे वचन को मेरे प्रति श्रद्धा के भाव से ग्रहण मत करो, बल्कि इसके आन्तरिक महत्त्व के कारण इसका सूक्ष्म परीक्षण करके अपनाओ। धार्मिक मतवादों के इतिहास में यह एक विलक्षण, अभूतपूर्व, तर्कपूर्ण और वैज्ञानिक बात थी। इसमें अन्धभक्ति या अन्धश्रद्धा के विपरीत तर्कसम्मत बातें कही गई थी। इस प्रकार की बातें वही धर्म-प्रवर्तक कह सकता है, जिसको अपने विचारों की जन-स्वीकार्यता को लेकर किसी प्रकार का कोई संशय न हो।

बौद्ध भिक्षुओं को अपने पास एक भिक्षापात्र, एक लोटा, पहनने के लिए अधिकतम तीन चीवर, तैलपात्र, उस्तरा, सुई-धागा और एक दण्ड (लाठी) के अतिरिक्त किसी प्रकार की सम्पत्ति रखने की अनुमति नहीं थी। भिक्षुओं को किसी गृहस्थ के घर में एक रात के लिए भी रहने की अनुमति नहीं थी। आगे चलकर, विशेष परिस्थितियों में किसी गृहस्थ के घर अधिकतम तीन रात तक रुकने की अनुमति भिक्षुओं को दी गई।

बिम्बिसार के शासनकाल में बौद्ध संघ को राजा की ओर से विशेष संरक्षण प्राप्त था। इसका लाभ उठाने के लिए कभी-कभार बन्दी, चोर, कोड़े से पीटे जाने का दण्ड प्राप्त (क्रशाहत) व्यक्ति, ऋणी और भागे हुए दास बौद्ध धर्म की दीक्षा लेकर संघ की शरण में चले जाते थे। जब इस ओर बुद्ध का ध्यान गया, तब उन्होंने यह विधान बनाया कि ऐसे लोगों को संघ में प्रवेश न दिया जाए।

गन्धारनरेश की राजगृह यात्रा

बिम्बिसार का प्रभाव अपने दौर के सभी महाजनपदों पर था। मगध से हजारों मील दूर पश्चिमोत्तर भारत में स्थित गन्धार राज्य की राजधानी तक्षशिला तक उसके इकबाल का डंका बजता था। 'मज्झिमनिकाय' के 'धातुविभंगसुत्त' के अनुसार तक्षशिला के कुछ व्यापारी राजगृह आए हुए थे। मगधनरेश बिम्बिसार बाहरी व्यापारियों का बहुत ध्यान रखते थे। उन्होंने उन व्यापारियों से गन्धार के राजा के बारे में जानना चाहा। व्यापारियों ने बताया कि गन्धार के राजा पुष्करसारि (पुक्कुसाति) भी सज्जन और आपके समवयस्क हैं। बिम्बिसार ने प्रसन्न होकर उन व्यापारियों के कर माफ कर दिए; और गन्धार नरेश के पास मित्रता का सन्देश भेजा। उन व्यापारियों ने गन्धार लौटकर जब यह बात राजा पुष्करसारि को सुनाया, तब वे बहुत प्रसन्न हुए। उन्होंने भी मगध के व्यापारियों के कर माफ कर दिए; और मगध नरेश के लिए पचरंगी और बहुमूल्य आठ दुशाले उपहार-स्वरूप भिजवाए। उस उपहार के बदले में बिम्बिसार ने एक सुन्दर पिटारी में रखकर एक स्वर्णपट तक्षशिला भिजवाया। उस स्वर्णपट पर 'बुद्ध, धम्म और संघ' के गुण उत्कृष्ट ज़री द्वारा अंकित किए गए थे।

स्वर्णपट पर अंकित लेख को पढ़कर राजा पुष्करसारि के मन में बुद्ध के प्रति श्रद्धाभाव जाग्रत हुआ। बौद्ध मत के प्रति उसकी आसक्ति इतनी प्रबल हो गई कि उनको भौतिक जीवन से विरक्ति हो गई। एक दिन अचानक उन्होंने अपना राजपाट त्याग दिया; और भिक्षुवेश धारण करके तक्षशिला से पैदल ही राजगृह के लिए निकल पड़े। एक थकाऊ पदयात्रा के बाद पुष्करसारि राजगृह पहुँचे। वहाँ एक कुम्हार के घर पर उसकी भेंट बुद्ध से हुई। बुद्ध ने उनकी धर्मनिष्ठा देखकर उनको उपदेश दिया। इसके साथ ही बौद्ध संघ में विधिवत उसका प्रवेश हुआ। परन्तु बुद्ध के दर्शन के एक सप्ताह बाद ही पात्र एवं चीवर की तलाश में घूमते समय एक उन्मत्त गाय ने उन पर आक्रमण कर दिया। जिस पुष्करसारि ने एक बार युद्ध में अवन्तिराज महासेन प्रद्योत के दाँत खट्टे कर दिए थे, उस वीर राजा की गाय के सींग से आहत होने के बाद वहीं राजगृह में मृत्यु हो गई।

बावरी के शिष्यों का शंका-समाधान

'सुत्तनिपात' नामक प्राचीन बौद्ध ग्रन्थ में एक कथा कही गई है। बावरी नामक एक ब्राह्मण कोसल की राजधानी श्रावस्ती का मूल निवासी था। एक बार वह दक्षिणापथ (दक्षिण भारत) की ओर चल पड़ा। वह अपने कुछ युवा शिष्यों के साथ मुला और गोदावरी नदियों के संगम पर अस्सक (अश्मक) कबीले के इलाके में बस गया। वहाँ वे अन्न संकलन करके जीवनयापन करने लगे। वे धरती

से कन्दमूल, पेड़-पौधों से फल और जंगली अनाज एकत्र करते थे। धीरे-धीरे उस क्षेत्र में एक अच्छा-खासा गाँव बस गया। बावरी ने इस गाँव में अतिरिक्त उपज को जमा करके वैदिक पद्धति के एक बड़े यज्ञ का आयोजन किया।

यज्ञ के दौरान याचकों को बहुत दान दिया गया। दान के लिए रखी गई सम्पूर्ण सामग्री का वितरण हो जाने के बाद एक ब्राह्मण उस गाँव में आया। उसको आने में विलम्ब हो गया था। सब कुछ पहले ही वितरित हो चुका था इसलिए उसको कुछ नहीं मिला। जब याचक को कुछ नहीं मिला तो क्षुब्ध होकर उसने बावरी को शाप दे दिया। मुख्य कर्ता-धर्ता के शापित हो जाने के कारण यज्ञ अनुष्ठान की पूर्णता पर प्रश्नचिह्न लग गया। अनिष्ट की आशंका से बावरी बहुत चिन्तित हुए।

तब तक बुद्ध की ख्याति उत्तरापथ की सीमाओं को लाँघती हुई दक्षिणापथ तक फैल चुकी थी। बावरी को लगा कि ब्राह्मण के शाप से उसको बुद्ध ही मुक्ति दिला सकते हैं। अतः अपनी आध्यात्मिक शंका के समाधान के लिए उसने अपने सोलह शिष्यों को बुद्ध के पास मगध भेजने का निश्चय किया।

बावरी के शिष्य सबसे पहले पैठान (प्रतिष्ठान) पहुँचे। यह स्थान बावरी के आश्रम के दक्षिण-पूर्व में स्थित था; और यहीं पर दक्षिणापथ के व्यापार-मार्ग का अन्त होता था। उसके बाद यह शिष्यमण्डली औरंगाबाद, नर्मदा तट पर स्थित माहेश्वर, उज्जैन, गोनद्ध, भिलसा, साकेत और कौशाम्बी होते हुए श्रावस्ती पहुँची। फिर इन्होंने उत्तरापथ पर पूर्व की ओर बढ़ना आरम्भ किया। वे सब सेतव्या, कपिलवस्तु, कुसीनारा (कुशीनगर), पावा, भोगनगर और वैशाली होते हुए राजगृह पहुँचे। राजगृह पहुँचकर, नगर के बाहर के पाषाण-चैत्य में उन्होंने बुद्ध के दर्शन किए। बुद्ध द्वारा पूछे जाने पर बावरी के शिष्यों ने अपने राजगृह आगमन का प्रयोजन बताया। उन्होंने बुद्ध से तमाम प्रश्न पूछे; और अपनी एवं अपने गुरु की शंका का समाधान प्राप्त किया। बावरी के शिष्यों द्वारा बुद्ध से पूछे गए प्रश्न प्रायः वैसे ही थे, जैसे प्रश्न आरम्भिक उपनिषदों में उठाए गए हैं।

यज्ञ के सन्दर्भ में बुद्ध का विचार बहुत स्पष्ट था। 'चक्कवत्तिसीहनादसुत्त' (चक्रवर्तीसिंहनादसूत्र) के अनुसार लोगों से जबरदस्ती पशु छीनकर यज्ञ में उसकी बलि देना सच्चा यज्ञ नहीं है, बल्कि राज्य के लोगों को समाजोपयोगी कार्यों में लगाकर बेकारी दूर करना सच्चा यज्ञ है।

बुद्ध का अन्तिम वर्षावास

बुद्धत्व के बाद गौतम बुद्ध 44 वर्ष तक जीवित रहे। इन 44 वर्षों के वर्षाकालीन तीन माहों को छोड़कर वे निरन्तर भ्रमणशील रहकर सद्धर्म का उपदेश देते रहे। बुद्धत्व के बाद के 44 वर्षावास उन्होंने निम्नवत किए थे—

क्र.	वर्षावास का क्रम	वर्षावास का स्थान	वर्ष
1	पहला	ऋषिपत्तन (सारनाथ)	528 ई.पू.
2	दूसरा से चौथा	राजगृह	527 ई.पू. से 525 ई.पू.
3	पाँचवाँ	वैशाली	524 ई.पू.
4	छठा	मंकुल पर्वत (बिहार)	523 ई.पू.
5	सातवाँ	त्रयस्त्रिंश (?)	522 ई.पू.
6	आठवाँ	सुंसुमारगिरि (चुनार)	521 ई.पू.
7	नौवाँ	कौशाम्बी	520 ई.पू.
8	दसवाँ	पारिलेयक (मिर्जापुर)	519 ई.पू.
9	ग्यारहवाँ	नाल या एकनाल (बिहार)	518 ई.पू.
10	बारहवाँ	बैरंजा (कन्नौज व मथुरा के बीच)	517 ई.पू.
11	तेरहवाँ	चालिय पर्वत (बिहार)	516 ई.पू.
12	चौदहवाँ	श्रावस्ती	515 ई.पू.
13	पंद्रहवाँ	कपिलवस्तु	514 ई.पू.
14	सोलहवाँ	आलवी (अरवल, बिहार)	513 ई.पू.
15	सत्रहवाँ	राजगृह	512 ई.पू.
16	अठारहवाँ, उन्नीसवाँ	चालिय पर्वत (बिहार)	511 ई.पू., 510 ई.पू.
17	बीसवाँ	राजगृह	509 ई.पू.
18	इक्कीसवाँ से पैंतालीसवाँ	श्रावस्ती	508 ई.पू.से 484 ई.पू.
19	छियालीसवाँ	वैशाली	483 ई.पू.

बुद्ध ने अपने जीवन का अन्तिम (46 वाँ) वर्षावास वैशाली के पास वेणुग्राम नामक एक गाँव में किया था। उस समय उनकी अवस्था अस्सी साल की थी।

शरीर जर्जर हो गया था। आनन्द ने उनके खराब स्वास्थ्य को देखते हुए चिन्तित होकर पूछा कि उनके बाद भिक्षु-संघ का क्या होगा? तब बुद्ध ने कहा कि "मैंने धर्म का स्पष्ट उपदेश दे दिया है। तथागत धर्म में न कोई सन्देह है, न कोई गाँठ। धर्म को ही अपना दीपक बना लो। किसी अन्य की शरण में न जाकर धर्म की शरण में जाओ। अपना दीपक स्वयं बनो।" (अप्प दीपो अप्प भव।)

महापरिनिर्वाण

वर्षावास के बाद लिच्छवियों से विदा लेकर गण्डक को पार करके वे मल्लों के प्रदेश पावा पहुँचे। वहाँ चुन्द नामक सोनार के घर गरिष्ठ भोजन कर लेने के कारण उनको रक्त-अतिसार रोग हो गया। उसने बुद्ध को 'शूकरमादव' खिला दिया था। प्राय: इसका अर्थ शूकर का मांस बताया जाता है। वैसे ओल (सूरन या जिमिकन्द) को काटने पर वह सुअर के मांस-जैसा ही दिखता है। उसको भी शूकरमादव कहा जाता है। सम्भव है, चुन्द ने बुद्ध को सूरन की सब्जी खिला दी हो। गरिष्ठ होने के कारण उनका पुराना उदर-रोग उभर गया हो।

पावा मल्लों के नौ गणराज्यों में से एक की राजधानी थी। वहाँ से हिरण्यवती नदी[25] को पार करके वे मल्लों की राजधानी कुसीनारा (कुशीनगर) पहुँचे। यहाँ पहुँचते-पहुँचते उनकी स्थिति गम्भीर हो गई। परन्तु बाद में लोग चुन्द को दोष न दें, यह विचार करके बुद्ध ने आनन्द से कहा कि "सुजाता का दिया भोजन और चुन्द का दिया भोजन मेरे लिए एक-समान है। सुजाता की खीर खाकर मुझे ज्ञान प्राप्त हुआ और चुन्द के दिए भोजन को ग्रहण करके मैं जन्म-मरण से परिनिवृत्त (मुक्त) हो रहा हूँ।" यह कहकर वे वहीं शालवन में दो शाल वृक्षों की छाया में शय्या बिछाकर लेट गए।

यह वैशाख पूर्णिमा का दिन था। बड़ी संख्या में भिक्षु-भिक्षुणी उनको घेरे हुए थे। उनके सर्वप्रमुख शिष्य सारिपुत्र और मोग्गलान पहले ही निर्वाण प्राप्त कर चुके थे। तीसरे प्रमुख शिष्य महाकात्यायन उस समय सम्भवत: अवन्ति में थे; और चौथे प्रमुख शिष्य महाकाश्यप भी वहाँ नहीं थे। प्रमुख शिष्यों में आनन्द वहाँ अकेले थे।

उसी समय कुसीनारा का सुभद्र नामक एक भिक्षु बुद्ध के अन्तिम-दर्शन के लिए आया। उसके मन में धर्म सम्बन्धी कुछ जिज्ञासाएँ और शंकाएँ रह गई थी। वह बुद्ध से मिलकर उन शंकाओं को दूर करना चाहता था। आनन्द ने बुद्ध की पीड़ा को देखते हुए उसको रोकना चाहा। तीन बार रोका भी। परन्तु उसकी विनती बुद्ध के कानों तक पहुँच गई। बुद्ध ने कहा कि "आनन्द, मना मत करो। सुभद्र को मेरे पास आने दो। वह ज्ञान की कामना से ही पूछेगा, तकलीफ देने की इच्छा से

नहीं।" मृत्यु-शैय्या पर लेटे बुद्ध ने सुभद्र की धर्म-सम्बन्धी कुछ जिज्ञासाओं और शंकाओं को उसी समय दूर किया। जिस प्रकार सारनाथ में कौण्डिन्य को बुद्ध का सबसे पहला उपदेश सुनने का सौभाग्य मिला था, उसी प्रकार कुसीनारा में सुभद्र को बुद्ध का अन्तिम उपदेश सुनने का सौभाग्य प्राप्त हुआ। 483 ई.पू. में वैशाख पूर्णिमा को रात्रि के अन्तिम प्रहर वहीं कुसीनारा में उनकी जीवन-ज्योति बुझ गई। उनका महापरिनिर्वाण हो गया।

बुद्ध के पार्थिव शरीर को मुकुटबन्धन नामक चैत्य के पास दाह-संस्कार के लिए लाया गया। तभी बुद्ध के प्रधान शिष्य महाकाश्यप भी आ गए। दाह संस्कार के बाद बची हुई अस्थियों (धातु) को बाँट दिया गया, जिस पर वैशाली, कपिलवस्तु, अल्पकप्प, रामग्राम, बेठदीप, पावा, राजगृह और कुसीनारा में स्तूप बनवाए गए। दीघनिकाय के महापरिनिब्बानसुत्त (महापरिनिर्वाणसूत्र) के अनुसार मगधराज अजातशत्रु द्वारा बुद्ध के पवित्र धातु (अस्थि-अवशेष) को सत्कारपूर्वक कुशीनगर से राजगृह मँगवाया गया और वहाँ उन पर स्तूप का निर्माण कराया गया। कहते हैं कि द्रोण ब्राह्मण और पिप्पलिवन के मौर्यों को बुद्ध की पवित्र अस्थियाँ नहीं मिली तो उन्होंने चिता की लकड़ियों पर ही स्तूप बनवाए।

करुणा के अवतार : बुद्ध

बुद्ध ने अपने आध्यात्मिक साम्राज्य को 'धर्मचक्र' नाम दिया था। गौतम बुद्ध ने 'धर्म-सेनापति' पद की परिकल्पना भी की थी। उनके प्रिय शिष्य सारिपुत्र इस पद पर प्रतिष्ठित थे। "महात्मा बुद्ध उस समय अपने आप को चक्रवर्ती सम्राट कहते थे; और जैन धर्म के प्रवर्तक महावीर अपने आपको जिन या विजेता कहते थे।[26] आदि शंकराचार्य ने बुद्ध को 'योगिनां चक्रवर्ती' कहा है। बुद्ध महायोगी थे और करुणा के अवतार भी। पुराणों में उनको भगवान विष्णु का नौवाँ अवतार स्वीकार किया गया। जयदेव ने दशावतारों की स्तुति के क्रम में बुद्धदेव की स्तुति की। जयदेव ने बुद्ध के स्तुतिगान में यह कहा कि तुम इतने सहृदय हो कि यज्ञ-विधान के दौरान होनेवाली पशु-हिंसा के कारण तुमने वेदों (श्रुतियों) तक की निन्दा की।

निन्दति यज्ञ विधेः अहह श्रुति जातम्।
सदय हृदय दर्शित पशु घातम्।।
केशव धृत बुद्ध शरीर जय जगदीश हरे।। (गीत गोविन्द)

बुद्ध यज्ञ-बलि जैसे वैदिक कर्मकाण्डों और वर्ण-व्यवस्था के विरोधी थे, तब भी कूटदन्त और सोनदण्ड जैसे राजमान्य विद्वान ब्राह्मण उनके प्रति श्रद्धावनत हुए। बुद्ध अपने भिक्षु-संघ के माध्यम से एक अलग ढंग के समाज का स्वप्न

देख रहे थे। बावजूद इसके मगध, कोसल तथा अवन्ति के राजे और वैशाली एवं कुसीनारा के गणराजे उनकी चरण-घूलि पाने को लालायित रहे।

वैशाली के प्रधान-सेनापति सिंह पहले तीर्थंकर महावीर के अनुयायी थे। बुद्ध के वचनों से प्रभावित होकर उनके अनुयायी हो गए। बुद्ध ने सोचा कि कहीं ऐसा न हो कि अब यह जैन साधुओं को भोजन आदि न दे, इसलिए उन्होंने कहा कि ''सिंह, तुम्हारा कुल लम्बे समय से निर्ग्रन्थों के प्रति आस्थावान रहा है, इसलिए उनके आने पर उनको भोजन अवश्य देना।'' परधर्म सम्बन्धी यह उदारता अद्‌भुत है।

पालि नहीं मागधी भाषा

मध्य गंगा के मैदानी इलाकों में प्राक्-वैदिक और वैदिक आर्यों के मध्य सांस्कृतिक एवं भौतिक जीवन सम्बन्धी अन्य तत्त्वों के आदान-प्रदान के दौरान संस्कृत से भिन्न एक नई भाषा का जन्म हुआ, जिसको भाषाशास्त्रियों ने 'मिडिल इण्डो-आर्यन' कहा है। इसके अन्तर्गत पालि और प्राकृत भाषाओं को रखा जाता है। इन भाषाओं के उदय का समय छठी सदी ई.पू. है। जैनागमों की भाषा को 'अर्द्धमागधी' कहा गया है। अर्द्धमागधी में अन्तर्निहित मागधी शब्द से स्पष्ट है कि मगध की भाषा ही जैनागमों की भाषा थी। लेकिन वह भाषा मागधी से कुछ अलग थी।

बुद्ध ने अपने आरम्भिक उपदेश मगध की भाषा 'मागधी' में दिए थे। बुद्ध के महापरिनिर्वाण के बाद मागधी भाषा में ही उनके उपदेशों का 'त्रिपिटक' (सुत्तपिटक, विनयपिटक और अभिधम्मपिटक) नाम से संकलन किया गया। मागधी भाषा को ही 'पालि' भी कह दिया जाता है। ''आचार्य बुद्धघोष के काल अर्थात चौथी सदी ई. में त्रिपिटक नामक इस सम्पूर्ण ग्रन्थ-समूह के वाक्यों या अंशों को 'पालि' कहा जाता था। .....वास्तव में 'पालि' किसी भाषा का नाम नहीं है। इस भाषा का मूल नाम मागधी है।''[27]

पालि का शाब्दिक अर्थ है—पाँति (पंक्ति)। प्राचीन काल में बुद्ध के मुख से निकली पालियों (पंक्तियों या वचनों) के लिए 'पालि' शब्द का प्रयोग होता था। जिस भाषा में बुद्ध ने ये वचन कहे थे उसको यूरोपीय विद्वानों ने पालि कहना शुरू किया। बस तभी से भाषा के अर्थ में पालि का प्रयोग होने लगा। ''भाषा के अर्थ में पालि शब्द का प्रयोग नवीन ही है, विशेषकर उन्नीसवीं शती से इसका व्यापक प्रचार हो गया है। आज हम जिस भाषा को पालि की संज्ञा से अभिहित करते हैं इसका परम्परा से प्राप्त नाम मागधी है।''[28]

'मागधी' मौर्य राजदरबार की अधिकृत भाषा थी।[29] एक समृद्ध और विस्तृत महाजनपद के राजदरबार की भाषा होने के कारण मगध की भाषा और संस्कृति का प्रभाव पूरे देश पर रहा है। कुषाण काल में उनकी राजधानी मथुरा हो गई, तब वहाँ (शूरसेन) की भाषा शौरसेनी को अगले तीन शताब्दियों तक बहुत कुछ वैसा ही गौरव प्राप्त हुआ।

पालि साहित्य में 'त्रिपिटक' नामक एक ग्रन्थ समूह है। 'पिटक' का शाब्दिक अर्थ है पिटारी या टोकरी। तब ताड़पत्रों या भोजपत्रों पर लिखे बौद्ध साहित्य को किसी टोकरी में सुरक्षित रखा जाता था। अत: उन बौद्ध साहित्यिक रचनाओं को 'पिटक' कहा गया। पिटकों की कुल संख्या तीन थी इसलिए उसको सामूहिक रूप से 'त्रिपिटक' कहा जाने लगा। त्रिपिटक के तीन भाग हैं—सुत्तपिटक, विनयपिटक और अभिधम्मपिटक।

सुत्तपिटक में मुख्यत: बुद्ध और उनके प्रमुख शिष्यों के उपदेशों का संग्रह है। विनयपिटक में भिक्षुओं के आचरण के सम्बन्ध में बुद्ध द्वारा बनाए गए नियमों का संग्रह है। अभिधम्मपिटक में बुद्ध के उपदेशों में कहे गए वचनों का विवेचन किया गया है। 'सुत्तपिटक' में दीघनिकाय, मज्झिमनिकाय, संयुक्तनिकाय, अंगुत्तरनिकाय और खुद्दकनिकाय नामक पाँच बड़े खण्ड हैं। इनमें दीघनिकाय सबसे बड़ा (दीर्घ) है, जिसमें 34 बड़े सुत्तों का संकलन किया गया है। 'सुत्त' मागधी (पालि) भाषा का शब्द है। महायान सम्प्रदाय के ग्रन्थों में सुत्त को 'सूत्र' कहा गया है। परन्तु ये सूत्र पाणिनि के सूत्रों की भाँति संक्षिप्त न होकर विस्तृत हैं। इसलिए पालि के 'सुत्त' को वैदिक सूक्त का पर्याय मानना चाहिए। अशोक के काल में बुद्धवचन के एक अंश को सुत्त कहा जाता था।

मज्झिमनिकाय में मध्यम आकार के सुत्त संगृहीत हैं। संयुक्त निकाय के पहले भाग में गाथा-मिश्रित सुत्त और बाद के भाग में विभिन्न विषयों से सम्बन्धित सुत्त संगृहीत हैं। अंगुत्तरनिकाय में एक-एक अंग का विकास होते गया है। इसमें कुल ग्यारह निपात हैं। खुद्दकनिकाय छोटे-छोटे पन्द्रह प्रकरणों का संग्रह है—खुद्दक पाठ, धम्मपद, उदान, इतिवृत्तक, सुत्तनिपात, विमानवत्थु, पेतवत्थु, थेरगाथा, थेरीगाथा, जातक, निद्देस, पटिसम्भिदामग्ग, अपदान, बुद्धवंस और चरियापिटक।

'विनयपिटक' के पाँच भाग हैं—पाराजिका, पाचित्तियादि, महावग्ग, चुल्लवग्ग और परिवारपाठ। जबकि 'अभिधम्मपिटक' के कुल सात प्रकरण हैं—धम्मसंगणि, विभंग, धातुकथा, पुग्गलपंचत्ति, कथावत्थु, यमक और पट्ठान।

जातक कथाएँ

'जातक' शब्द का अर्थ है—जन्म सम्बन्धी। बौद्धों का मानना था कि कोई भी व्यक्ति मात्र 70-80 या अधिकतम 100 साल के जीवनकाल में बुद्ध नहीं हो सकता है। उसके लिए कई जन्मों की आवश्यकता है। यही कारण है कि बुद्धत्व प्राप्ति के पहले गौतम बुद्ध को लगभग 550 जन्म लेने पड़े। बुद्ध होने के पहले अपने शेष जन्मों में उनकी संज्ञा 'बोधिसत्व' रही। 'बोधि' का अर्थ है बुद्धत्व और 'सत्व' का अर्थ है प्राणी; यानी बुद्धत्व के लिए प्रयत्नशील प्राणी। जातकों में बोधिसत्व के 547 जन्मों से सम्बन्धित बौद्ध कथाओं का उल्लेख है। इनमें से 360 कथाएँ वाराणसी से सम्बन्धित हैं। शेष जातक कथाओं में राजगृह, अंग, वैशाली, मिथिला, कौशाम्बी, श्रावस्ती, कुरुक्षेत्र, कलिंग, तक्षशिला, चम्पा, कोसल, इन्द्रप्रस्थ, कपिलवस्तु, गया, पावा, गन्धार, मथुरा, ताम्रलिप्ति, भृगुकच्छ आदि का वर्णन है।

थेरवादियों (सिंहल, स्याम, म्यानमार, हिंदचीन आदि देशों के बौद्धों) की परंपरा के अनुसार जातकों की कुल संख्या 550 है। जबकि 'जातक-अट्ठकथा' के अनुसार जातकों की कुल संख्या 547 है। पहली-दूसरी शताब्दी ई.पू. में रचित 'चुल्लनिद्देश' नामक ग्रंथ में जातक कथाओं की कुल संख्या 500 बताई गई है। पाँचवीं शताब्दी ई. में फाहियान ने अपनी श्रीलंका-यात्रा के दौरान वहाँ 500 जातकों की चित्राकृतियाँ देखी थीं। भरहुत और साँची के स्तूपों की दीवारों पर 30 से अधिक जातक कथाएँ उकेरी गई हैं। अजंता, एलोरा और बाघ में भी जातक कथाओं को उकेरा गया है।

प्राचीन भारतीय ग्रन्थों में कई शिक्षाप्रद आख्यान वर्णित हैं, जिनके माध्यम से मानव-जीवन के स्तर को ऊँचा उठाने का प्रयास किया गया है। लेकिन शिक्षाप्रद कहानियों का सबसे समृद्ध कोष बौद्ध जातक कथाओं को ही माना गया है। जातक कथाएँ पाँचवीं शताब्दी ई. पू. से लेकर दूसरी शताब्दी ई. के बीच रची गई प्रतीत होती हैं।

संस्कृत बौद्ध-साहित्य में जातक-माला नामक एक ग्रन्थ है, जिसके रचयिता आर्यशूर हैं। आर्यशूर की जातक-माला में कुल 34 जातक हैं।[30] त्रिपिटक में जिन जातक ग्रन्थों का उल्लेख है, उन सभी के साथ उनकी अट्ठकथाएँ भी सम्बद्ध हैं। अट्ठकथा का अर्थ है भाष्य या टीका। जातक में गौतम बुद्ध के पूर्व-जन्मों से संबंधित गाथाओं का संग्रह है; जबकि 'जातक-अट्ठकथा' में गौतम सिद्धार्थ की जीवन-गाथा के साथ ही पूर्ववर्ती बुद्धों की जीवन-गाथा भी वर्णित है। उनमें गौतम बुद्ध के पहले हुए बुद्धों की संख्या 27 बताई गई है।

बुद्ध की उदार भाषा-नीति

बुद्ध ने अपने धर्म सम्बन्धी उपदेश मगध की भाषा मागधी में दिए थे। परन्तु उनके उपदेशों को लोग अपनी-अपनी भाषाओं में दुहराते थे। मगधवाले मागधी में, कोसलवाले अर्द्धमागधी में और अवन्तिवाले मालवी में। इसके कारण भाषा में एकरूपता का अभाव था। इस बात से चिन्तित होकर एक ब्राह्मण भिक्षु ने बुद्ध से यह कहा कि "लोग अपनी-अपनी भाषा में बुद्धवचन कहकर उसको दूषित कर रहे हैं। क्यों न हम बुद्ध-वचनों को छन्द (छान्दस/संस्कृत) में कर दें।" तब बुद्ध ने स्पष्ट मना करते हुए कहा था कि बुद्धवचनों को छान्दस में करना उचित नहीं है। लोग उन्हें स्वेच्छा से अपनी-अपनी भाषा में ही सीखें।"

तथागत जानते थे कि संस्कृत अभिजनों की भाषा है। अत: बुद्धवचनों को संस्कृत में कर देने पर उसकी सम्भावना का क्षितिज छोटा हो जाएगा; और उनको समझनेवालों की संख्या सीमित हो जाएगी। तथागत के भाषा सम्बन्धी इस उदार दृष्टिकोण के कारण ही बौद्ध-मत दुनिया के विभिन्न देशों में फैल सका। उन सभी देशों में बुद्धवचनों को स्थानीय भाषा में अनूदित कर आत्मसात कर लिया गया। बुद्ध की इस उदार भाषा-नीति के कारण भविष्य में जनभाषाओं को उभरने का अवसर मिला।

आचार्य बुद्धघोष

बुद्धघोष का जन्म बोधगया में बोधिवृक्ष के पास ही 'मोरण्ड-खेटक' नामक गाँव में हुआ था। वे एक ब्राह्मण कुल में उत्पन्न हुए थे। उन्होंने कम उम्र में ही वैदिक शास्त्रों का ज्ञान पा लिया। ज्ञान की भूख मिटाने के लिए वे देशाटन के लिए निकले। इस क्रम में एक बार उनको एक बौद्ध विहार में रुकना पड़ा। वहाँ रेवत नामक एक बौद्ध भिक्षु के साथ इनका शास्त्रार्थ हुआ, जिसमें रेवत ने इनको हरा दिया।

रेवत की विद्वता से प्रभावित होकर इन्होंने बौद्ध धर्म अपना लिया। बौद्ध धर्म की दीक्षा लेने के बाद इन्होंने त्रिपिटकों का गहन अध्ययन किया और उन पर भाष्य लिखे। उन्होंने सबसे पहले 'ञाणोदय' नामक ग्रन्थ की रचना की। आगे चलकर बुद्धघोष एक बौद्ध आचार्य के रूप में प्रसिद्ध हुए। इनकी असाधारण विद्वता से प्रभावित होकर बौद्ध संघ ने इन्हें 'बुद्धघोष' की उपाधि प्रदान की। इनके मूल नाम के बारे में कोई प्रामाणिक जानकारी उपलब्ध नहीं है।

बुद्धघोष के समय में बौद्ध धर्म के मूल ग्रन्थ श्रीलंका की सिंहली भाषा में उपलब्ध थे। अपने गुरु रेवत की आज्ञा से बुद्धघोष श्रीलंका गए। 'महावंश' के अनुसार अभिधम्मपिटक के प्रथम ग्रन्थ धम्मसंगणि पर अट्ठसालिनि टीका

लिखने के बाद वे सिंहल देश गए थे। वहाँ जाने का मूल उद्देश्य सिंहली भाषा में उपलब्ध अट्ठ-कथाओं का मागधी भाषान्तर करना था। बुद्धघोष मगध से कांची पहुँचे। वहाँ के विहारों में वर्षावास किया। उस समय दक्षिण भारत थेरवाद का गढ़ था। वहाँ उनको अट्ठकथा सम्बन्धी पूरी सामग्री नहीं मिली। तब वे सिंहल देश गए।

सिंहलद्वीप के अनुराधापुर महाविहार में महास्थविर संघपाल की देखरेख में बुद्धघोष ने सिंहली भाषा में उपलब्ध अट्ठ-कथाओं का अध्ययन किया। परन्तु अनुराधापुर विहार के ग्रन्थागार में उनका प्रवेश बहुत आसानी से नहीं हुआ। उनकी योग्यता की परीक्षा ली गई। जब उन्होंने विसुद्धिमग्ग नामक एक विशाल पालिग्रन्थ की रचना की, जिसमें बौद्ध दर्शन के आधारभूत सिद्धान्त—शील, समाधि और प्रज्ञा की विस्तृत विवेचना की गई थी; तब वहाँ के भिक्षुसंघ ने उनकी योग्यता को समझा और उनको सिंहल अट्ठकथाओं के मागधी अनुवाद की अनुमति दी।

बुद्धघोष ने सिंहल अट्ठकथाओं का मागधी भाषान्तर किया और उसको लेकर भारत आए। कुछ अट्ठकथाओं का भाषान्तर उन्होंने दक्षिण भारत के कांची नगर में रहकर भी किया था। उन्होंने कुल चौदह ग्रन्थों की रचना की थीं। 'समन्तपासादिका' को उनकी पहली रचना माना गया है। बुद्धघोष को मागधी भाषा में 'अट्ठकथाओं' का पहला रचनाकार माना गया है। अट्ठकथाओं के अनुसार इन कथाओं में से तीन-चौथाई कथाएँ श्रावस्ती के जेतवन विहार में कही गई थीं। शेष कथाएँ राजगृह, कौशाम्बी, वैशाली आदि स्थानों पर कही गईं।

सन्दर्भ और टिप्पणी

1. स राजवत्सः पृथुपीनवक्षास्तौ सव्यमन्त्राधिकृतौ विहाय।
उत्तीर्य गङ्गा प्रचलत्तरङ्गां श्रीमद्गृहं राजगृहं जगाम।। (बुद्धचरित, 10/1)
2. शैलैः सुगुप्तं च विभूषितं च धृतं च पूतं च शिवैस्तपोदैः।
पञ्चाचलाङ्कं नगरं प्रपेदे शान्तः स्वयंभूरिव नाकपृष्ठम्।। (बुद्धचरित, 10/2)
3. गाम्भीर्यमोजश्च निशाम्य तस्य वपुश्च दीप्तं पुरुषानतीत्य।
विसिस्मिये तत्र जनस्तदानीं स्थाणुव्रतस्येव वृषध्वजस्य।। (बुद्धचरित, 10/3)
4. त प्रेक्ष्य योऽन्येन ययौ स तस्थौ यस्तत्र तस्थौ पथि सोऽन्वगच्छत्।
द्रुतं ययौ यः स जगाम धीरं यः कश्चिदास्ते स्म स चोत्पपात।। (बुद्धचरित, 10/4)
5. कश्चित्तमानर्च जनः कराभ्यां सत्कृत्य कश्चिच्छिरसा ववन्दे।
स्निग्धेन कश्चिद्वचसाभ्यन्दन्नैनं जगामाप्रतिपूज्य कश्चित् ।। (बुद्धचरित, 10/ 5)
6. तं जिह्नियुः प्रेक्ष्य विचित्रवेषाः प्रकीर्णवाचः पथि मौनमीयुः।
धर्मस्य साक्षादिव संनिकर्षे न कश्चिदन्यायमतिर्बभूव ।। (बुद्धचरित, 10/ 6)

7. अन्यक्रियाणामपि राजमार्गे स्त्रीणां नृणां वा बहुमानपूर्वम्।
तं देवकल्पं नरदेवसूनुं निरीक्षमाणा न ततर्प दृष्टि:।। (बुद्धचरित, 10/ 7)
8. दृष्ट्वा च सोर्णभ्रुवमायताक्षं ज्वलच्छरीरं शुभजालहस्तम्।
तं भिक्षुवेषं क्षितिपालनार्हं संचुक्षुभे राजगृहस्य लक्ष्मी:।। (बुद्धचरित, 10/ 9)
9. श्रेण्योऽथ भर्ता मगधाजिरस्य बाह्याद्विमानाद्विपलं जनौघम्।
ददर्श पप्रच्छ च तस्य हेतुं ततस्तमस्मै पुरुष: शशंस ।। (बुद्धचरित, 10/10)
ज्ञानं परं वा पृथिवीश्रियं वा विप्रैर्थ उक्तोऽधिगमिष्यतीति।
स एष शाक्याधिपतेस्तनूजो निरीक्ष्यते प्रव्रजित जनेन ।। (बुद्धचरित, 10/11)
10. तत: श्रुतार्थो मनसागतास्थो राजा बभाषे पुरुषं तमेव।
विज्ञायतां के प्रतिगच्छतीति तथेत्यथैनं पुरुषोऽन्वगच्छत् ।। (बुद्धचरित, 10/12)
11. अलोलचक्षुर्युगमात्रदर्शी निवृत्तवाग्यन्त्रितमन्दगामी।
चचार भिक्षां स तु भिक्षुवर्यो निधाय गात्राणि चलं च चेत:।। (बुद्धचरित, 10/13)
12. आदाय भैक्षं च यथोपपन्नं ययौ गिरे: प्रस्रवणं विविक्तम्।
न्यायेन तत्राभ्यवहृत्य चौनन्महीधरं पाण्डवमारोह।। (बुद्धचरित, 10/14)
13. तस्मिन्नवौ लोध्रवनोपगूढे मयूरनादप्रतिपूर्णकुञ्जे।
काषायवासा: स बभौ नृसूर्यो यथोदयस्योपरि बालसूर्य:।। (बुद्धचरित, 10/15)
14. आदित्यपूर्वं विपुलं कुलं ते नवं वयो दीप्तमिदं वपुश्च।
कस्मादियं ते मतिरक्रमेण भैक्षाक एवाभिरता न राज्ये।। (बुद्धचरित, 10/23)
15. गात्रं हि ते लोहितचन्दनार्हं काषायसंश्लेषमनर्हमेतत्।
हस्त: प्रजापालनयोग्य एष भोक्तुं न चार्ह: परदत्तमन्नम्।। (बुद्धचरित, 10/24)
16. तत्सौम्य राज्यं यदि पैतृकं त्वं स्नेहात्पितुर्नेच्छसि विक्रमेण।
न च क्रमं मर्षयितुं मतिस्ते भुङ्क्ष्वार्धमस्मद्विषयस्य शीघ्रम्।। (बुद्धचरित, 10/25)
17. यो ह्यर्थधर्मो परिपीड्य काम: स्याद्धर्मकामौ परिभूय चार्थ:।
कामार्थयोश्चोपरमेण धर्मस्त्याज्य: स कृत्स्नो यदि काङ्क्षितोऽर्थ:।। (बुद्धचरित, 10/29)
18. स्नेहेन खल्वेतदहं ब्रवीमि नैश्वर्यरागेण न विस्मयेन।
इमं हि दृष्ट्वा तव भिक्षुवेषं जातानुकम्पोऽस्म्यपि चागताश्रु:।। (बुद्धचरित, 10/32)
19. अथो चिकीर्षा तव धर्म एव यजस्व यज्ञं कुलधर्म एष:।
यज्ञैरधिष्ठाय हि नागपृष्ठं ययौ मरुत्वानपि नागपृष्ठम्।। (बुद्धचरित, 10/39)
20. ब्राह्मणो जज्ञे प्रथमो दशशीर्षो दशास्य:।
स सोमं प्रथम: पपौ स चकारारसं विषम्।। अथर्ववेद (4/2/6)
अर्थात—तक्षक सर्प ब्राह्मण हैं, जिसके दस मुख हैं। इसने आकाशस्थ सोम का पान किया है।
21. राजबली पाण्डेय; 'हिन्दू धर्मकोश', पृ. 525/डॉ. सुनीति कु. चटर्जी, भारतीय आर्यभाषा और हिन्दी, पृ. 24

22. भिक्षुओं द्वारा पहने जानेवाले चादरनुमा वस्त्र को चीवर या संघाटि कहते हैं।
23. 18 करोड़ कार्षापणों से 14.35 एकड़ जमीन ढँकेगी। आजकल जेतवन का मुख्य भाग 14.7 एकड़ है। (राहुल सांकृत्यायन, महामानव बुद्ध, पृ. 16)
24. उषा पुरी विद्यावाचस्पति, भारतीय मिथक कोश, पृ. 181; नेशनल पब्लिशिंग हाउस, नई दिल्ली; 2004 ई.।
25. हिरण्यवती को अब सोनानाला कहते हैं। यह कसया (कुशीनगर) के पास स्थित है।
26. काशीप्रसाद जायसवाल, हिन्दी अनुवादक : रामचन्द्र वर्मा; 'हिन्दू राज्यतन्त्र', द्वितीय भाग, पृ. 168; विश्वविद्यालय प्रकाशन, वाराणसी; 2016 ई.।
27. धर्मानन्द कोसम्बी; भगवान बुद्ध : जीवन और दर्शन, भूमिका पृ. 17-18
28. राहुल सांकृत्यायन; पालि साहित्य का इतिहास, पृ. 4; उत्तर प्रदेश हिन्दी संस्थान, लखनऊ
29. ए.एल. बाशम, 'अद्‌भुत भारत' (हिन्दी अनुवादक : वेंकटेशचन्द्र पाण्डेय), पृ. 280; शिवलाल अग्रवाल एंड कं., आगरा
30. लामा तारानाथ के अनुसार आर्यशूर और महाकवि अश्वघोष एक ही व्यक्ति हैं।

अध्याय 9

मगध के उत्थान का भौगोलिक पक्ष

मगध के उत्थान में भूगोल की भूमिका

अजातशत्रु या महापद्मनन्द के उत्तराधिकारी अयोग्य थे, बावजूद इसके मगध साम्राज्य के उत्थान का क्रम अबाध गति से चलता रहा। इसका कारण राजनीतिक कौशल के साथ ही मगध की भौगोलिक संरचना में भी तलाश किया जा सकता है। दक्षिणी बिहार में गया के दक्षिण-पूर्व की पहाड़ियों में मिलनेवाले ताँबे और लोहे के विशाल भण्डार पर मगध राज्य का नियन्त्रण था। लोहे और ताँबे जैसे धातुओं की उपलब्धता के कारण जंगलों को साफ करना आसान था। उनकी सहायता से कृषि के लिए उपयोगी उपकरण तैयार करने और युद्धोपयोगी शस्त्रास्त्र तैयार करने में मदद मिली। धातु निर्मित उपकरणों ने कृषि आधारित भौतिक जीवन को सुखद बनाया, जबकि धातु निर्मित उत्कृष्ट हथियारों ने युद्ध-कला में नई धार पैदा की।

उस युग में भी लौह-शिल्पकला के ज्ञान से अपरिचित कई आर्येतर जनजातियाँ निम्नस्तरीय जीवन जी रही थीं। कई आदिम जनजातियाँ लौह-शिल्प, नवोदित कृषि संस्कृति और वर्णाश्रम-व्यवस्था के आधार पर संगठित समाज से अलग आखेटजीवी बनी हुई थी। इस सामाजिक अलगाव और सांस्कृतिक पिछड़ेपन के कारण ही वैदिकोत्तर काल में अस्पृश्यता की भावना विकसित हुई।

गया के सीमान्त से शुरू होनेवाले जंगलों से निर्माण-कार्य के लिए भरपूर इमारती लकड़ी मिली। पूरब के घने जंगलों में हाथी भी पाए जाते थे। उन हाथियों को पालतू बनाकर सेना में सम्मिलित किया गया, जो मगध सेना की शक्ति के प्रबल स्तम्भ सिद्ध हुए। सेना में हाथियों का प्रयोग करनेवाला पहला भारतीय राज्य मगध ही था। भारतीय हाथियों को युद्ध में अजेय माना जाता था। बड़ी संख्या में हाथी रखने के कारण मगध के शासक शक्तिशाली समझे जाते थे। मौर्यकाल के पहले तक हाथी रखने का अधिकार केवल राजा को ही था। यूनानी राजदूत मेगास्थनीज

के विवरण के अनुसार किसी भी अराजकीय व्यक्ति को घोड़ा या हाथी रखने का अधिकार नहीं था। ये दोनों पशु राजा की विशेष सम्पत्ति समझे जाते थे। कौटिल्य कृत 'अर्थशास्त्र' में राजा द्वारा हस्ति-अध्यक्ष एवं अश्वाध्यक्ष की नियुक्ति करने की अपेक्षा की गई है। इससे पता चलता है कि राजा द्वारा बड़ी संख्या में हाथी और घोड़े रखे जाते थे।

'कूटदन्त सुत्त' गवाह है कि राजगृह की भूमि बहुत उपजाऊ थी। नगर के चारों ओर उर्वर जलोढ़ मिट्टी फैली थी। हिरण्य-पर्वत और चम्पा (शेखपुरा-मुंगेर-भागलपुर) की भूमि भी उपजाऊ थी। उपजाऊ जमीन पर धातु निर्मित नए कृषि उपकरणों की मदद से गहरी जुताई करना सम्भव हुआ। खेतों की भली-भाँति जुताई करने के कारण मगध के किसान भरपूर उपज प्राप्त करते थे। खेतों में भरपूर अन्न उपजने के कारण वहाँ के किसान खुशहाल थे। उन्होंने अपनी आवश्यकता से बहुत अधिक अनाज उत्पन्न करना शुरू किया। अब मगध के शासक अपने प्रशासनिक एवं सैनिक प्रयोजन के लिए इस 'अधिशेष अन्नोत्पादन' को कर के रूप में किसानों से प्राप्त कर सकते थे। यह कर कृषि उपज का छठा भाग होता था। अधिशेष उत्पादन (सरप्लस प्रोडक्शन) के कारण गैर-कृषि कार्य करनेवाले लोगों में निश्चिन्तता आई। फलतः मगध साम्राज्य की सुरक्षा के लिए एक विशाल और स्थायी सेना को रख पाना सम्भव हुआ।

राजगृह नगर एक प्राकृतिक दुर्ग तो था ही, बिम्बिसार और अजातशत्रु ने वहाँ पच्चीस मील लम्बी पत्थर की दीवार बनवा दी थी। वहाँ ठण्डे और गर्म जल के स्रोत थे, जिनसे पीने योग्य शुद्ध जल मिल जाता था। परकोटे के भीतर हरे-भरे चरागाह थे। किसानों की आवश्यकता से अधिक उपजनेवाले अन्न का जो भाग कर के रूप में राजा द्वारा लिया जाता था, उसको राजगृह में स्थित अन्नागारों में सुरक्षित रख लिया जाता था। भोजन और पानी की पर्याप्त उपलब्धता के कारण राजगृह पर आक्रमण की स्थिति में वहाँ का शासक वर्ग लम्बे समय तक किले में सुरक्षित रहकर शत्रुओं का सामना कर सकता था।

कोसल की राजधानी पहले अयोध्या थी। बाद में श्रावस्ती स्थानान्तरित कर दी गई। ठीक वैसे ही, मगध की राजधानी राजगृह से पाटलिपुत्र स्थानान्तरित कर दी गई। इस प्रकार प्राचीन भारत के इन दोनों शक्तिशाली राज्यों की राजधानियों को पुराने स्थान से हटाकर तत्कालीन प्रमुख व्यापारिक मार्ग पर ले आया गया। इसके परिणामस्वरूप दोनों राज्यों के विकास का नया दौर शुरू हुआ।

पाटलिपुत्र नगर के बसने के बाद मगध की स्थिति सुदृढ़ हो गई, क्योंकि उसके राजधानी बनने के बाद गंगा नदी के जल-मार्ग से होनेवाले व्यापार पर उनका पूर्ण

नियन्त्रण हो गया। राजगृह यदि एक गिरिदुर्ग था तो पाटलिपुत्र गंगा, शोण एवं पुनपुन नदियों द्वारा सुरक्षित एक जलदुर्ग था।

राजगृह की तरह ही पाटलिपुत्र भी भारत में उत्तरापथ के प्रमुख व्यापारिक मार्ग का प्रस्थान-बिन्दु बन गया था। एक महत्त्वपूर्ण मध्य-भारतीय मार्ग पाटलिपुत्र से सासाराम, रूपनाथ और होशंगाबाद होते हुए पश्चिमी तट पर सोपारा तक जाता था। पाटलिपुत्र से एक मार्ग पूर्वी समुद्र तट के किनारे-किनारे जाता था, जो महानदी के मुहाने से होते हुए कृष्णा नदी के मुहाने तक पहुँचता था।

अशोक के शिलालेख अधिकतर व्यापार से जुड़े मार्गों और केन्द्रों के किनारे-किनारे स्थापित किए गए थे। इन मार्गों को बनवाने पर सम्राट अशोक ने गर्व का अनुभव किया था। ये मार्ग प्रशासनिक आवश्यकताओं के साथ ही व्यापारिक आवश्यकताओं की पूर्ति भी करते थे।

चूँकि महाजनपदकालीन मगध का आर्यीकरण हाल में हुआ था, इसलिए पहले से ही वैदिक आर्यों के प्रभाववाले राज्यों की अपेक्षा मगध में राज्य-विस्तार के लिए अधिक उत्साह था। इस सामरिक उत्साह के कारण मगध अपने प्रतिद्वन्द्वी राज्यों को परास्त करने में सफल रहा; और वहाँ भारत का पहला साम्राज्य स्थापित हुआ।

मगध की नदियाँ

गंगा नदी भारत की जीवनधारा होने के साथ ही हमारी सनातन हिन्दू आस्था का मेरुदण्ड भी है। 'गरुड़ पुराण' में गंगा को पवित्र स्थानों में पवित्रतम कहा गया है—सर्वतीर्थानि वक्ष्यामि गंगातीर्थोत्तमोत्तमा। वैसे तो पूरा भारत ही इस पुण्यसलिला का ऋणी है, किन्तु मगध पर इस देवनदी का ऋण सर्वाधिक है। गंगा मगध के लोकजीवन का मूलाधार रही है। इसने मगध का पोषण तो किया ही, उसको अपार शक्ति से समन्वित करके तत्कालीन परिस्थितियों में अजेय बना दिया था।

गंगा के बिना मगध के उत्कर्ष की कल्पना भी निरर्थक है। इसी के तट पर पाटलिपुत्र और चम्पा जैसे नगर बसे। मुंगेर भी इसी के किनारे बसा। इसी के तट पर अशोकाराम और कुक्कुटारामविहार (पाटलिपुत्र), जैनियों का सुदर्शन तीर्थ, सिक्खों का हरमन्दिर साहब गुरुद्वारा (पटना), हरिहर क्षेत्र (सोनपुर), कष्टहरणी (मुंगेर), सोम तीर्थ (अजगैबीनाथ), पुण्यभद्र चैत्य (चम्पा) और विक्रमशिला महाविहार (भागलपुर) जैसे सांस्कृतिक पीठ स्थित थे।

गंगा का उद्‌गम स्थल गंगोत्री उत्तराखण्ड के उत्तरकाशी जिले में स्थित है। हिमालय क्षेत्र में गंगा की चार अलग-अलग धाराएँ हैं—भागीरथी, अलकनन्दा, मन्दाकिनी और जाह्नवी। मन्दाकिनी केदार क्षेत्र से निकलती है और अलकनन्दा

बदरीनाथ के अलकापुरी हिमगल से। गंगोत्री हिमनद के गोमुख नामक स्थान से भागीरथी नदी ही गंगा के रूप में निकलती है। जाह्नवी गंगा की एक ऊपरी धारा है, जो गंगोत्री से कुछ मील नीचे भागीरथी में आकर मिल जाती है। उसका उद्गम हिमालय के उस पार जंस्कर पर्वतमाला में है। अक्षांश के हिसाब से जाह्नवी गंगा प्रस्रवण क्षेत्र की सबसे ऊपरी धारा है। यही भारत का उत्तरी छोर है। एक प्रसिद्ध उक्ति है—'भारत की सीमा वहाँ तक है, जहाँ तक जाह्नवी है।' (यावत् जाह्नवी तावत् भारतवर्षम्)

टिहरी गढ़वाल जिले में स्थित रुद्रप्रयाग में मन्दाकिनी और अलकनन्दा का मिलन होता है। फिर देवप्रयाग (टिहरी गढ़वाल जिला) में भागीरथी और अलकनन्दा का संगम होता है। देवप्रयाग में चारों धाराएँ परस्पर मिल जाती हैं। तब यह नदी गंगा कहलाती है। पहाड़ी कन्दराओं में लगभग 250 किलोमीटर की यात्रा करने के बाद ऋषिकेश के निकट गंगा मैदानी भाग में प्रवेश करती है। वहाँ से 30 किलोमीटर नीचे की ओर बहती हुई कनखल, हरिद्धार पहुँचती है। वहाँ से मैदानी इलाकों में तेजी से बहती हुई गंगा प्रयागराज पहुँचती है। तब तक उसकी गति मन्द हो चुकी होती है। वहाँ से शान्त भाव से बहती हुई यह वाराणसी पहुँचती है। उसके बाद लगभग सौ किलोमीटर तक बिहार और उत्तर प्रदेश की सीमारेखा बनाती हुई उत्तर-पश्चिम दिशा से बिहार की सीमा में प्रवेश करती है। यहाँ उत्तर की ओर से कई नदियाँ गंगा में आकर मिलती हैं। छपरा के निकट घाघरा और पटना के निकट गण्डक इसमें मिल जाती है। आगे मुंगेर के पास बूढ़ी गण्डक उससे आ मिलती है। दक्षिण दिशा से चौसा के निकट कर्मनासा, कोइलवर के निकट सोन और पटना से करीब 25 किलोमीटर पूरब फतुहा के पास पुनपुन नदी आकर गंगा में मिल जाती है। गंगा पूरब की ओर बहती हुई राजमहल पहाड़ियों के बगल से होकर फरक्का के निकट पश्चिम बंगाल की सीमा में प्रवेश करती है।

सोन मगध क्षेत्र में गंगा की मुख्य सहायक नदी है। सोन को प्राचीन काल में शोणभद्र कहा जाता था। यह अमरकण्टक से निकलकर पहले उत्तर की ओर बहती है और फिर उत्तर-पूर्व से पूर्व की ओर बहती हुई पटना के समीपस्थ दानापुर के पास गंगा में मिल जाती है। गंगा और सोन का संगम अक्सर बदलता रहा है। शताब्दियों पहले यह बांकीपुर के निकट मनेर में गंगा से मिलती थी। आर्यभट के काल में सोन नदी वर्तमान खगौल होती हुई गंगा में जाकर मिलती थी। उससे भी पहले शोणभद्र का प्रवाह-मार्ग मगध की पुरानी राजधानी गिरिव्रज के पास से गुजरता था। उस समय शोणभद्र नदी को 'सुमागधी' या 'मागधी' कहा जाता था।

वाल्मीकि कृत 'रामायण' के बालकाण्ड में कहा गया है कि "यह रमणीय (सोन) नदी दक्षिण-पश्चिम से बहती हुई मगध देश में आई है, इसलिए यहाँ सुमागधी नाम से विख्यात हुई है। यह पाँच श्रेष्ठ पर्वतों के बीच में माला की भाँति सुशोभित है।" (रा., बा.काण्ड, 32/9)[1] आगे कहा गया है कि "मागधी नाम से प्रसिद्ध हुई यह नदी (गिरिव्रज नगर के संस्थापक) राजा वसु से सम्बन्धित है। यह दक्षिण-पश्चिम से आकर पूर्वोत्तर दिशा की ओर प्रवाहित हुई है। इसके दोनों किनारों पर उपजाऊ खेत हैं, इसलिए यह हमेशा हरे-भरे खेतों से सुशोभित रहती है।" (रा., बा.काण्ड, 32/10)[2] विश्वामित्र सहित राम-लक्ष्मण और अन्य ऋषियों ने शोण के तट पर रात्रि-विश्राम किया था। (उपास्य रात्रिशेषं तु शोणकूले महर्षिभिः।) सबेरे जब वे सब चलने को हुए तब राम ने विश्वामित्र से पूछा कि "शुभ जल से परिपूर्ण और अपने तटों से सुशोभित यह शोणभद्र नद तो अथाह जान पड़ता है। हम लोग किस मार्ग से चलकर इसको पार करेंगे ?" तब विश्वामित्र मुनि ने कहा था कि "जिस मार्ग से महर्षिगण शोण को पार करते रहे हैं, हम लोग उसी से उसको पार करेंगे।"

विन्ध्याचल के पूर्वी भाग में स्थित रीक्ष पर्वत से भद्र की ओर जाते हुए श्रीराम और विश्वामित्र मुनि ने इस सुमागधी नदी को पार किया था। रामायण के 'बालकाण्ड' में शोणभद्र का उल्लेख बालुकामय तटों के बीच से बहती स्वच्छ जलधारावाली नदी के रूप में किया गया है।

एक पौराणिक आख्यान के अनुसार शोण और नर्मदा का उद्‌गम ब्रह्मा के अश्रु-बूँद से हुआ था, जो अमरकण्टक पठार के दो ढालों पर गिर पड़ी थी। वहाँ से बघेलखण्ड, मिर्जापुर और भोजपुर होती हुई यह गंगा में आ मिलती है। पुराणों में शोण का वर्णन स्त्रीवाचक संज्ञा 'नदी' की अपेक्षा पुरुषवाचक संज्ञा 'नद' के रूप में किया गया है। 'गरुड़ पुराण' में सम्पूर्ण भारतवर्ष के पवित्र हिन्दू तीर्थों की एक प्रामाणिक सूची दी गई है। उसके 81वें अध्याय में हिमालय से कन्याकुमारी तक जिन पवित्र स्थानों का उल्लेख किया गया है, उसमें शोण भी सम्मिलित है।

मथुराच पुरी रम्या शोणश्चैव महानदः।
जम्बूसरो महातीर्थे तानि तीर्थानि विद्धिच।।

इस श्लोक में शोण को महानद कहा गया है। कालिदास कृत 'रघुवंश' में भी शोण का उल्लेख नद के रूप में ही किया गया है। भारतवर्ष में कुल सात नदियों को पौराणिक ग्रन्थों में महानद कहा गया है—सिन्धु, हिरण्य, कोका, लोहित्य (ब्रह्मपुत्र), घघड़, शतद्रु (सतलज) और शोण।

भारतीय साहित्य में कालिदास अपनी अद्भुत उपमाओं के लिए प्रसिद्ध हैं। उन्होंने 'रघुवंश' महाकाव्य के सातवें सर्ग में शोण नद की अद्भुत उपमा दी है। हुआ यह कि विदर्भ की राजकुमारी इन्दुमती ने स्वयंवर में अयोध्या के राजकुमार अज को वरण किया। परन्तु जब अज अपनी नवोढ़ा को साथ लेकर अयोध्या लौटने लगे, तब स्वयंवर में पधारे अन्य राजाओं ने उनका रास्ता रोक लिया। अज ने इन्दुमती की रक्षा का दायित्व अयोध्या के मन्त्री को सौंप दिया और स्वयं राजाओं की सेना को रोककर ऐसे खड़े हो गए, जैसे बाढ़ के दिनों में शोण नद विशाल जलराशि और उत्ताल तरंगों को लेकर गंगा के प्रवाह को रोकने के लिए आगे बढ़ता है। (रघुवंश, 7/36)

कालिदास ने गंगा और शोण के संगम पर स्थित पुष्पपुर नामक नगर का वर्णन किया है। 'पुष्पपुर' पाटलिपुत्र का ही दूसरा नाम है। "बाणभट्ट ने शोण को चन्द्रपर्वत के अमृत का झरना, विन्ध्याचल की चन्द्रकान्त मणियों का निचोड़ और दण्डकारण्य के कर्पूरवृक्षों का चुआ हुआ प्रवाह कहा है। बाण के समय शोण का दूसरा नाम हिरण्यवाह भी प्रसिद्ध था। (हिरण्यवाहानामानं महानदं यं जना: शोण इति कथयन्ति) अमरकोश में भी शोण का पर्याय हिरण्यवाह दिया गया है, जिससे गुप्तकाल तक इस नाम की ख्याति सिद्ध होती है।"[3]

यूनानी यात्री मेगास्थनीज और इतिहासकार एरियन ने पाटलिपुत्र नगर के पास बहनेवाली नदी को 'एरान्नवास' कहा है। यह संस्कृत शब्द 'हिरण्यवाह' का बिगड़ा हुआ रूप है। संस्कृत भाषा में सोने को हिरण्य भी कहा जाता है। नदी के बालू में पाए जानेवाले स्वर्ण कणों या उसकी सुनहरी रेत के कारण उसको सोन नदी या हिरण्यवाह कहा जाता था। हिरण्यवाह का सही उच्चारण नहीं कर पाने के कारण मेगास्थनीज और एरियन ने उसको 'एरान्नवास' कह दिया है।

पुनपुन एक बरसाती नदी है, जो छत्तीसगढ़ के पठार से निकलती है। पटना के समीपस्थ फतुहा के पास यह गंगा में जा मिलती है। गंगा में मिलने के पहले पुनपुन में उसकी दो सहायक नदियाँ मोरहर और दरघा आकर मिल जाती हैं। लोकमान्यता के अनुसार इस नदी में स्नान करके गया में पिण्डदान करने पर पूर्वजों को मोक्ष की प्राप्ति होती है। प्राचीन साहित्य में पुनपुन का उल्लेख कीकट और वमागधी नदी के रूप में किया गया है। कीटक प्रदेश में स्थित होने के बावजूद पुनपुन नदी को पवित्र माना गया है—कीकटेषु गया पुण्या नदी पुण्या पुन:पुन:।

किऊल एक छोटी बरसाती नदी है। यह छोटा-नागपुर पठार से निकलकर पूर्व दिशा में गिरीश्वर पहाड़ी के निकट पहुँचकर उत्तर की ओर मुड़ती है। लक्खीसराय के पास पहुँचकर उत्तर-पूर्व की ओर बहती हुई सूर्यगढ़ा के पास गंगा में मिल

जाती है। किऊल नदी के एक छोर पर किऊल जंक्शन रेलवे स्टेशन है और दूसरे छोर पर लक्खीसराय रेलवे स्टेशन है। बरनर, अलई, अंजन और हलहोहर नामक चार धाराएँ किऊल (लक्खीसराय) के पास आकर इस नदी में मिलती हैं। बौद्ध त्रिपिटकों में इस नदी का उल्लेख 'कृमिकाला' के नाम से किया गया है। समुद्रगुप्त के नालन्दा ताम्रलेख में 'क्रिमिल' नामक एक नदी का उल्लेख है। डॉ. परमेश्वरीलाल गुप्त के अनुसार क्रिमिल की पहचान लक्खीसराय के पास स्थित किऊल से की जा सकती है।

कंजन नामक एक छोटी-सी नदी मुंगेर जिले के अंजन नामक पहाड़ी से निकलती थी और बरियारपुर के पास किऊल नदी में मिल जाती थी।

फल्गु : बोधगया के पास निरंजना (नीलांजना) और मोहना नामक दो पहाड़ी नदियों का संगम होता है। बोधगया के पास दोनों धाराओं के मिलने के बाद यह नदी फल्गु कहलाती है। फल्गु गया की पुण्य-सलिला है। महाभारत के वनपर्व (95/9) में गयशिर की पहाड़ी के निकट बहनेवाली 'महानदी' के रूप में शायद फल्गु का ही उल्लेख किया गया है। पुरातन बौद्ध ग्रन्थों में फल्गु की सहायक नदी वर्तमान नीलांजना को 'नैरंजना' कहा गया है। (बुद्धचरित्, 12/108)[4]

नीलांजना नदी से निकलनेवाली विभिन्न धाराएँ हैं—बगही, जलवार, महाने, सूँढ, डोंड, नोनई, भुतही, बलदहा, करदुआ, मरही, महतमैन, लोकैन, कठौतिया और धोबा। बराबर पहाड़ी के पास फल्गु नदी का नाम फिर से मोहान हो जाता है। नीलांजन नदी हजारीबाग जिले के सिमरिया से निकलती है।

निरंजना के बाएँ तट पर बोधगया है और दाहिने तट पर धर्मारण्य क्षेत्र। बोधगया का पुराना नाम उरुविल्व (उरुवेला) था। उसका ध्वंसावशेष अब उरेल कहलाता है। यहीं निरंजना के एक घाट का नाम 'सुप्रतिष्ठित तीर्थ' था। इसी स्थान पर वह वज्रभूमि है, जहाँ पीपल के वृक्ष के नीचे महात्मा बुद्ध ने वज्रासन में बैठकर ध्यान लगाया था। यहीं बुद्ध को दिव्य-ज्ञान प्राप्त हुआ था। निरंजना के तट पर ही वह वट-वृक्ष भी था, जहाँ सुजाता ने उनको खीर खिलाई थी। निरंजना के तट की ऐसी महिमा थी कि बुद्धत्व प्राप्त करने के बाद भी बुद्ध सात सप्ताह तक वहीं चिन्तन-मनन करते रहे। पहला सप्ताह तो उन्होंने वज्रासन पर ही बिताया। उन्होंने बाकी छह सप्ताह जिन स्थानों पर बिताया वहाँ आगे चलकर बौद्धों ने छह चैत्य बनवा दिए थे। ये चैत्य हैं—अनिमेष चैत्य, चंक्रमण चैत्य, आजपाल चैत्य, रत्नगृह चैत्य, मुचलिन्द चैत्य और राजायतन चैत्य।

निरंजना और मोहना के संगम, जहाँ से यह नदी फल्गु कहलाती है, के दाहिने तट पर गंजास की पहाड़ी है। बुद्धत्व की प्राप्ति के पहले इस पहाड़ी पर गौतम

सिद्धार्थ ने करीब पाँच वर्ष तक तपस्या की थी, इसलिए इस पहाड़ी को 'प्राग्बोधि पर्वत' कहा जाता है। यहीं पर गौतम सिद्धार्थ के पाँच ब्राह्मण सहयोगी उनसे क्षुब्ध होकर सारनाथ चले गए थे। गंजास को मुरा पहाड़ी भी कहते हैं। पहाड़ी के मध्य भाग का नाम 'डोंगरा पहाड़' है। इस पर डुंगेश्वरी देवी की अठारह भुजाओंवाली मूर्ति थी, जिसको बाद में बोधगया के संन्यासी मठ में रख दिया गया।

वायु पुराण में फल्गु नदी को 'सदेही विष्णु गंगा' कहा गया है। कहते हैं कि गया में यज्ञ के समापन के बाद ब्रह्मा ने ऋत्विक ब्राह्मणों को फल्गु नदी दान में दिया था। ऐसी मान्यता है कि इस नदी में स्नान करने से 21 पीढ़ियों के पितर तर जाते हैं। पितरगण तृप्त तो होते ही हैं जन्म-मरण के बन्धनों से मुक्त होकर ब्रह्मलोक को प्राप्त भी करते हैं। पौराणिक अनुश्रुतियों के अनुसार श्रीराम, भीष्म, युधिष्ठिर, मरीचि आदि ने फल्गु नदी के किनारे पिण्डदान किया था।

कहते हैं कि सीता के शाप के कारण यह नदी निस्सार हो गई थी। परन्तु इस सूखी नदी के बालू का पिण्ड बनाकर पिण्डदान करने का विशेष महत्त्व है। एक बार सीता और लक्ष्मण के साथ श्रीराम अपने पिता राजा दशरथ का पिण्डदान करने गया तीर्थ आए। जब वे दोनों भाई पिण्डदान की सामग्री लाने गए हुए थे उसी समय दशरथ छाया-रूप में प्रकट हुए और सीता से शुभ-मुहूर्त में पिण्ड देने का अनुरोध किया। पिण्ड सामग्री थी नहीं इसलिए सीता ने महानदी के बालू का ही पिण्ड बनाकर पिण्डदान कर दिया था।

जब राम लौटकर आए तो सीता ने उनको बताया कि उन्होंने शुभ-मुहूर्त में राजा दशरथ का पिण्डदान कर दिया है। राम को विश्वास नहीं हुआ। वे अप्रसन्न भी हुए। सीता ने फल्गु नदी, बरगद के वृक्ष, अग्नि, गाय, तुलसी और गया के ब्राह्मण से कहा कि आप सभी मेरे द्वारा किए गए पिण्डदान के साक्षी हैं, इसलिए आप मेरी बात की पुष्टि कीजिए। वटवृक्ष ने सीता की बात का समर्थन किया, लेकिन राम के रोष को देखकर बाकी सब चुप्पी साध गए। इस बात से क्षुब्ध होकर सीता ने फल्गु नदी को शाप दिया कि वह गया तीर्थ में जलहीन हो जाएगी, गाय के शरीर के मात्र पिछले भाग की महत्ता रहेगी, गया में तुलसी का पौधा पल्लवित नहीं होगा, गया तीर्थ का ब्राह्मण प्राप्त दान-दक्षिणा से सदैव अतृप्त रहेगा और अग्नि का कभी कोई मित्र नहीं होगा। वहीं वटवृक्ष को उन्होंने वरदान दिया कि जो कोई पिण्डदान के लिए गया आएगा वह वट की भी पूजा-अर्चना करेगा।

निरंजना नदी के पूर्वी तट पर सुजातागढ़ है। किसी जमाने में सुजाता ने बुद्ध को खीर खिलाकर मध्यम मार्ग पर चलने का अवसर दिया था। सम्भवतः इसीलिए

श्रद्धालु जन आज भी ढुंगेश्वरी से बोधगया आने के क्रम में यहाँ रुकते हैं और खीर का प्रसाद ग्रहण करते हैं।

फल्गु से पूरब कई छोटी धाराएँ समानान्तर बहती थी। इनमें धाधर, तिलैया, धनार्जी, खुरी और सकरी (शुक्तिमती) प्रमुख थीं। ये पाँच प्रमुख धाराएँ नालन्दा जिले में गिरियक के पास मिल जाती हैं, तब यह नदी पंचाना कहलाती है।

इन नदियों का मगध के सांस्कृतिक विकास के साथ ही तत्कालीन अर्थव्यवस्था के दृढ़ीकरण में भी महत्त्वपूर्ण योगदान रहा है। जलमार्ग द्वारा आवागमन के विकास के साथ ही नदियों ने मिट्टी की बनावट में बदलाव लाकर कृषि के विकास का मार्ग प्रशस्त किया। मैदानी भागों में कछारी मिट्टी का जमाव हुआ। वहाँ कछारी मिट्टी बंगर और खादर किस्म की है। बंगर का जमाव पुराना है, जबकि खादर का नया। बंगर अधिक मृण्मई और भारी है। बंगर मिट्टी धान के लिए और खादर रबी की फसल के लिए उपयुक्त है।

इन नदियों के किनारे कछारी मिट्टी के जमाव के कारण कृषि का विकास हुआ। नदियों के किनारे बाँस, सरकण्डे और घास भी भरपूर होते थे जिनकी सहायता से घर बनाना आसान था। अथर्ववेद, जिसकी रचना मगध में हुई थी, में कहा गया है कि "मैं इस प्रदेश के खम्भों के सहारे शाला (अर्थात घर) बनाता हूँ।" (अथर्ववेद, 3/3/12) नदियों से मछली भी मिलती थी। उनके किनारे जानवर भी आते थे, जिनमें से कुछ का शिकार किया जा सकता था और कुछ को पालतू बनाया जा सकता था। इन भौगोलिक परिस्थितियों ने मैदानी इलाकों में नवपाषाण बस्तियों के उद्‌भव का पथ प्रशस्त किया।

नव-पाषाणिक मानव छोटानागपुर की पहाड़ियों से कई समूहों में बाहर निकला। इसकी एक शाखा ताराडीह[5] (बोधगया) में बसी, जहाँ कृषि के साथ ही पाषाण के उपकरण बनाने की सुविधा थी। दूसरी शाखा चेचर-कुतुबपुर (वैशाली) में बसी, जो गण्डक के उत्तरी किनारे पर था। वहाँ से इनका प्रसार (छपरा के पास स्थित) चिराँद में हुआ। प्राचीन बिहार में चिराँद ही सबसे विकसित नव-पाषाणिक स्थल था। चिराँद, ताराडीह और सेनुआर (रोहतास) से मिले साक्ष्यों से स्पष्ट है कि नवपाषाणकाल में लोग झोपड़ियों में रहते थे। झोपड़ियों का आकार गोल होता था और उसका शीर्ष भाग शंक्वाकार होता था। झोपड़ियाँ सामान्यत: बेंत, बाँस खर-फूस और सरकण्डों से बनाई जाती थी। उसकी दीवार पर धान की भूसी मिली मिट्टी का लेप चढ़ाया जाता था। छाजन के लिए फूस का प्रयोग किया जाता था। खपड़ैल का प्रयोग इस समय शुरू नहीं हुआ था। खाना पकाने के लिए घर के

अन्दर चूल्हे और आवे बनाए जाते थे। मिट्टी के टूटे-फूटे बर्तनों और मिट्टी को कूट-पीटकर फर्श तैयार की जाती थी।

नवपाषाण काल में होनेवाला सबसे महत्त्वपूर्ण बदलाव था कृषि, पशुपालन और शिल्पों का विकास। यह कृषि का शुरुआती दौर था। हल से जमीन जोतकर खेती करने का समय अभी नहीं आया था। अनाज के बीज को जमीन पर छिड़क दिया जाता था या जमीन को गैंती आदि से खोदकर बीज डाल दिया जाता था। फसल तैयार होने पर पौधों को जड़ से उखाड़ कर, उसको जमीन पर पीट-पाटकर डण्ठलों से अनाज को अलग किया जाता था। बाद में कूट-पीसकर उसको खाने लायक बनाया जाता था। उस समय धान के अलावा गेहूँ, मटर, चना, जौ, कोदो, मसूर आदि उपजाया जाता था। ताराडीह में चना और मटर की खेती के प्रमाण मिले हैं।[6]

शवाधान की विधि का सबसे शुरुआती प्रमाण ताम्रपाषाण काल में मिलता है। गया जिले के धरावत नामक स्थान से काले और लाल रंग के मिट्टी के बर्तनों के साथ बड़ी संख्या में शव-पात्र मिले हैं। सोनपुर में दाहोत्तर शवाधान और शव-पात्रों में अस्थियों के दफनाए जाने के प्रमाण मिले हैं।

सन्दर्भ और टिप्पणी

1. सुमागधी नदी रम्या मागधान् विश्रुताऽऽययौ।
   पंचानां शैलमुख्यानां मध्ये मालेव शोभते।। (रामायण, बालकाण्ड, 32/9)
2. सैषा हि मागधी राम वसोस्तस्य महात्मनः।
   पूर्वाभिचरिता राम सुक्षेत्रा सस्यमालिनी।। (रामायण, बालकाण्ड, 32/10)
3. वासुदेवशरण अग्रवाल, हर्षचरित : एक सांस्कृतिक अध्ययन, पृ. 18; बिहार राष्ट्रभाषा परिषद, पटना; 1953 ई.
4. स्नातो नैरांजनातीरादुत्तार शनैः कृशः। (अश्वघोष, बुद्धचरित्, 12/108)
5. ताराडीह बोधगया मन्दिर के निकट फल्गू नदी के पश्चिमी तट पर स्थित है।
6. इतिहास अंक 1, भाग 1, सं. प्रभात कुमार शुक्ल; में कामेश्वर प्रसाद का लेख : बिहार में भौतिक संस्कृति का पुरातात्त्विक अध्ययन

अध्याय 10

मगध में नास्तिकतापरक बौद्धिक आन्दोलन

मगध बौद्धिक आन्दोलनों का गढ़ रहा है। छठी सदी ई. पू. में जैन एवं बौद्ध मत के अतिरिक्त कम से कम छह महत्त्वपूर्ण बौद्धिक आन्दोलनों का सूत्रपात मगध की धरती पर हुआ। ये बौद्धिक आन्दोलन नास्तिक दर्शन पर आधारित थे। सनातन हिन्दू परम्परा में वेदोक्त प्रमाणों को माननेवाले को आस्तिक दर्शन; और उनको नहीं माननेवाले को नास्तिक दर्शन कहा जाता है। चार्वाक, माध्यमिक, योगाचार, सौत्रान्तिक, वैभाषिक एवं अर्हत नामक छह दर्शनों को 'नास्तिक दर्शन' कहा गया है; जबकि वैशेषिक, न्याय, सांख्य, योग, पूर्वमीमांसा एवं वेदांग नामक छह दर्शनों को 'आस्तिक दर्शन' कहा गया है। जिनको 'नास्तिक दर्शन' कहा गया है, उनको 'अवैदिक दर्शन' भी कहा जा सकता है। सभी आस्तिक दर्शन ईश्वर की सत्ता में विश्वास रखते हों, यह जरूरी नहीं है।

पूरन काश्यप, मक्खलि गोशाल, अजित केशकम्बली, पकुध कात्यायन, बृहस्पति और संजय वेलट्ठिपुत्त नामक छह प्रसिद्ध धर्माचार्यों की कर्मभूमि मगध ही थी। ये सभी राजगृह और उसके आसपास रहते थे। (मज्झिम निकाय) इनमें से पूरन काश्यप और संजय वेलट्ठिपुत्त ब्राह्मण थे। पूरन काश्यप 'अक्रियावाद' के प्रवर्तक थे। वे वैदिक कर्मकाण्ड और औपनिषदिक ब्रह्मवाद के विरोधी थे। वे परलोक और स्वर्ग को नहीं मानते थे। अक्रियावाद के अनुसार कर्मों का कोई फल नहीं होता है। इसी मत के आधार पर आगे चलकर सांख्य दर्शन का विकास हुआ।

धीरे-धीरे इन सम्प्रदायों की जड़ें गहराती चली गईं; और ये सम्प्रदाय भारत के विभिन्न महाजनपदों में फैल गए। बौद्धग्रन्थ 'ललितविस्तर' के अनुसार वत्सराज उदयन उच्छेदवाद के पक्षधर थे, जबकि अवन्तिराज प्रद्योत अक्रियावाद के पक्षधर थे।

मक्खलि गोशाल 'आजीवक सम्प्रदाय' के प्रवर्तक थे। वे सब प्राणियों में साम्यभाव मानकर चलते थे। उनका मत था कि मनुष्य के हर जन्म में उसके कर्म

चाहे जैसे भी हों, आत्मा को कई पुनर्जन्मों के पूर्वनिर्धारित अटल चक्र से गुजरना पड़ता है। उनका मानना था कि जीवन का मार्ग इतना नपा-तुला है कि अच्छे या बुरे कर्मों से कोई फर्क नहीं पड़ता है। सम्भवत: इसीलिए आजीवक सम्प्रदाय में संयम पर कोई खास बल नहीं दिया जाता था। अक्रियावादी सम्प्रदाय आगे चलकर आजीवक सम्प्रदाय में विलीन हो गया। तपती धूप, कँपकँपाती ठण्ड और मूसलाधार वर्षा में शरीर को कष्ट पहुँचाने की प्रथा जैनियों के अलावा समकालीन अन्य सम्प्रदायों में भी थी। मक्खलि गोशाल तो नग्न रहने के अलावा मद्यपान और उच्छृंखल यौनाचार के अनुष्ठान भी करते थे। गोशाल के आचरण को अश्लील आत्म-आसक्ति समझा जाता था। बाणभट्ट कृत 'हर्षचरित' से पता चलता है कि हर्षवर्द्धन के समय (सातवीं सदी ई. में) आजीवकों को 'पाण्डुरि भिक्षु' कहा जाता था। मैसूर के एक अभिलेख से पता चलता है कि 14वीं सदी ई. तक आजीवक सम्प्रदाय का अस्तित्व था।

अजित केशकम्बली 'उच्छेदवाद' के प्रवर्तक थे। उन्होंने भौतिकवादी सिद्धान्त का प्रचार किया। उन्होंने कहा कि मनुष्य को अच्छे या बुरे कर्मों का कोई फल नहीं मिलता। मनुष्य चाहे जो करे, मृत्यु के बाद उसका शरीर भूतों में विलीन हो जाता है; कुछ भी शेष नहीं रहता। उन्होंने यह भी कहा कि पाप, पुण्य, दया और दान का मनुष्य की नियति से कोई सम्बन्ध नहीं है।

अजित केशकम्बली के इस मत के आधार पर ही चार्वाक या लोकायत मत का जन्म हुआ। बृहस्पति 'चार्वाक या लोकायत' दर्शन के प्रवर्तक थे। वे कर्मवाद का उपदेश देते थे। इस दर्शन के अनुसार पुनर्जन्म का सिद्धान्त मिथ्या है। उनका मानना था कि मृत्यु के बाद सब समाप्त हो जाता है। इसलिए संसार में सामान्य ढंग से खाना, पीना और आराम से रहना चाहिए। परन्तु इसके विरोधियों ने इस दर्शन को खूब बदनाम किया। दुष्प्रचार करके इसके विकृत रूप को समाज में सामने प्रस्तुत किया गया। 'जब तक जीओ सुख से जीओ, कर्ज लेकर घी पीओ' को चार्वाक दर्शन का मूल बताया गया। कहा गया कि श्मशान में शरीर के जल जाने के बाद किसने उसको लौटते हुए देखा है !

यावज्जीवेत् सुखं जीवेत् ऋणं कृत्वा घृतं पिवेत्।
भस्मीभूतस्य देहस्य पुनरागमनं कुत: ।।

भारत के भौतिकतावादी दार्शनिकों में चार्वाक सबसे प्रसिद्ध हैं। उनका दर्शन अवैदिक भी है और लोकायत (भौतिकवादी) भी। इस मत के अनुसार पृथ्वी, जल, तेज और वायु नामक चार तत्त्वों से ही सब कुछ बना है। इसमें आकाश तत्त्व को नहीं माना गया है। केवल उक्त चार तत्त्वों के मेल से ही मानव शरीर

का निर्माण हुआ है। उनके विशेष प्रकार के संयोजन से देह में चेतना उत्पन्न होती है, जिसको आत्मा कहते हैं। देह के अन्त के बाद उस चेतना का भी अन्त हो जाता है। इस प्रकार जीव इन चार भूतों से उत्पन्न होकर अन्ततः उन्हीं में विलीन हो जाता है। चार्वाक मत के अनुसार चैतन्य-विशिष्ट देह ही आत्मा है। देह के परे आत्मा होने का कोई प्रमाण नहीं है।

चार्वाक के अनुसार परलोक और स्वर्ग का सुख कल्पना मात्र है। जिसको किसी ने देखा ही नहीं उसको पाने के लिए यज्ञ-पूजन आदि व्यर्थ है। वेद आदि ग्रन्थ धूर्तों की रचनाएँ हैं—त्रयो वेदस्य कर्तारः धूर्त भाण्ड निशाचराः। इनके रचयिताओं ने धन के लोभ में लोगों को सब्जबाग दिखाया है। चार्वाक के अनुसार यज्ञ में बलिदान किया गया पशु यदि स्वर्ग को जाता है, तो यजमान किसी पशु के बदले यज्ञ में अपने परिजनों की बलि क्यों नहीं देता है? चार्वाक ने यह भी कहा कि पितरों की तृप्ति का साधन यदि श्राद्ध होता है, तो परदेस जानेवाले लोगों को राहखर्च क्यों दिया जाता है? यहाँ किसी ब्राह्मण को भोजन करा दें या कुछ दक्षिणा दे दें, वह परदेस गए पथिक को प्राप्त हो जाएगा। इस प्रकार, चार्वाक ने यज्ञ, श्राद्ध आदि कर्मकाण्डों का उपहास किया। उनका कहना था कि जो प्रत्यक्ष है, केवल वही सत्य है।

"वस्तुतः मूल में यह दर्शन अत्यन्त लोकप्रिय था और अक्रियावादी दार्शनिकों के मुकाबले में यही दर्शन ऐसा था, जो समुत्थान, प्रयत्न एवं पुरुषार्थ के द्वारा लोक-संस्थिति[1] और कर्मवती सिद्धि का प्रतिपादन करता था। इसी कारण यह लोकायत के नाम से प्रसिद्ध हुआ। इसका प्रतिपादन जिस हृदयग्राही शैली में किया जाता था, उसके कारण इसके अनुयायी चार्वी या चार्वाक भी कहे जाते थे। अपने मूल रूप में लोकायत दर्शन और अन्य अक्रियावादी दर्शन भी उन तत्त्वों पर आश्रित थे, जो लोकहित के लिए आवश्यक थे।"[2]

पकुध कात्यायन 'अकृततावाद' के प्रवर्तक थे। वे हर वस्तु को अचल और नित्य मानते थे। उन्होंने महाभूतों की सूची में सुख, दुःख और जीव को भी सम्मिलित कर लिया। भारतीय परम्परा में पंच महाभूतों की गणना की गई है। "क्षिति, जल, पावक, गगन, समीरा/पंच तत्त्व से रचा शरीरा।" अकृततावाद के अनुसार पृथ्वी, जल, तेज, वायु, सुख, दुःख और जीव अनियमित हैं। इन महाभूतों को न पैदा किया जा सकता है और न ही नष्ट किया जा सकता है। इसी अकृततावादी दर्शन की प्रेरणा से आगे चलकर वैशेषिक दर्शन का जन्म हुआ। संजय वेलट्ठिपुत्त 'अनिश्चयवाद' (संशयवाद) के प्रवर्तक थे, जिसके अनुसार परलोक है या नहीं, कहना कठिन है।

जनसामान्य ही नहीं कई राजे-राजकुमार भी इन धर्माचार्यों के शिष्य हुआ करते थे। मगध में ढेर सारे प्रभावशाली सम्प्रदायों का एकसाथ प्रकट होना विस्मयकारी है। भारत के किसी भी क्षेत्र में और किसी भी युग में एकसाथ इतने सारे प्रभावशाली मतवादों का उद्‌भव और विकास नहीं हुआ।

बुद्ध ने आत्मा के अस्तित्व या अनस्तित्व के सम्बन्ध में किए गए प्रश्नों का कभी कोई उत्तर नहीं दिया। उनका मुख्य जोर जीवन को सुधारने पर था। तृष्णा, मोह आदि जिन कारणों से मनुष्य दुखी होता है, उनका विश्लेषण करके उनसे मुक्ति के उपाय बताना ही उनका मुख्य ध्येय था। जब कोई व्यक्ति उनसे गूढ़ दार्शनिक बातों के बारे में कुछ पूछता था, तब वे उसको व्यर्थ कहकर टाल देते थे। बुद्ध कहते थे कि यदि किसी व्यक्ति के सीने में तीर बिंधा हुआ हो, तो पहला काम उसको निकालना है। उस तीर को बनानेवाला कौन है, उसको चलानेवाला कौन है, उसको किस चीज से बनाया गया है आदि प्रश्न व्यर्थ और अविचारणीय हैं। यही कारण है कि दस बातों को बुद्ध ने 'अव्याकृत' बताया था।

वह सन्देहों का युग था। उस युग में उपर्युक्त आध्यात्मिक पन्थों ने उस ब्राह्मणवादी सत्ता को कड़ी चुनौती दी, जो उत्तर-वैदिक काल से क्रमशः विकसित हो रही थी। धर्म के क्षेत्र में ब्राह्मणों की सत्ता को चुनौती देने के लिए जिन अवैदिक मतों का जन्म हुआ, उन सब के प्रवर्तक क्षत्रिय कुलों में उत्पन्न बताए गए हैं। गौतम बुद्ध और वर्द्धमान महावीर के अतिरिक्त मिथिला नरेश जनक भी क्षत्रिय थे; और इन तीनों को समकालीन ब्राह्मणों से अधिक ज्ञानी कहा गया है।

इन अवैदिक धर्माचार्यों के प्रयास से मगध ही नहीं, उसकी सीमाओं के पार भी आध्यात्मिक नेतृत्व याज्ञिक पुरोहितों के हाथ से निकलकर श्रमणों और परिव्राजकों के हाथ में चला गया, जिन्होंने भौतिकवादी लिप्सा के त्याग और अहिंसा पर बल दिया था। धर्म के क्षेत्र में एक अभूतपूर्व क्रान्ति हुई। यज्ञ और खर्चीले कर्मकाण्ड पृष्ठभूमि में चले गए। स्वाभाविक रूप से धर्मसाधना का पथ सरल और सुगम हो गया।

सन्दर्भ और टिप्पणी

1. लोक-संस्थिति का अर्थ है मिल-जुलकर रहना।
2. वासुदेवशरण अग्रवाल; भारत सावित्री, पृ. 211; सस्ता साहित्य मण्डल प्रकाशन, नई दिल्ली, 2011 ई.।

अध्याय 11

मगध के राजवैद्य : जीवक

प्राचीन भारत में गणिकावृत्ति

वेश्यावृत्ति विश्व का प्राचीनतम व्यवसाय है। भारत में वेश और वेश्या का अस्तित्व वैदिक काल से ही मिलता है। कई बार ऐसा लगता है कि भारत में वेश्यावृत्ति का इतिहास वैदिक काल से भी पुराना है। मुअनजोदड़ो[1] में हुए उत्खनन के दौरान मिले महास्नानागार के किनारे बने कमरों के बारे में कहा जाता है कि वे वेश्याओं के साथ समागम के लिए बनाए गए थे।[2] सिन्धु घाटी सभ्यता एक नगरीय सभ्यता थी; और नगरों के विकास के साथ वेश्यावृत्ति का उद्‍भव स्वयंसिद्ध है।

वैदिक साहित्य में 'पुंश्चली', 'महानग्नी' और 'बहुभर्त्तका'-जैसे शब्द वेश्या के अर्थ में प्रयुक्त हुए हैं। 'वाजसनेयी संहिता' में आए 'अतिष्कद्वरी' और 'तैत्तिरीय ब्राह्मण' में आए 'अपस्कद्वरी', 'अतीत्वरी' और 'विजर्जरा' शब्द वैदिक युग के वेश्या-जीवन का संकेत देते हैं।

वर्तमान में 'वेश' शब्द का प्रचलित अर्थ है—वेशभूषा या परिधान। परन्तु प्राचीन संस्कृत साहित्य में 'वेश' शब्द का प्रचलित अर्थ था—चकला, वेश्यालय या रण्डियों की मण्डी। "विशन्ति कामुका यत्रेति वेशः।" अर्थात जिस जगह कामी-जन आते-जाते हों, वही वेश है। वेश में रहनेवाली स्त्रियों को वेश्या कहा गया। महाभारत के आदिपर्व के अनुसार धृतराष्ट्र के सौ पुत्रों में से सबसे छोटे पुत्र का नाम युयुत्सु था, जिसका जन्म एक वेश्या के गर्भ से हुआ था।

छठी सदी ई. पू. में नगरों के सामाजिक जीवन में वेश्यावृत्ति सहज रूप में पनपने लगी थी। नगरों के विकास के फलस्वरूप कुछ सामाजिक जटिलताओं का जन्म हुआ। जाति-भेद की जटिलता बढ़ने लगी और परम्परागत कबीलाई परिवारों में बिखराव आने लगा। इसके फलस्वरूप उपेक्षित स्त्रियों का एक समूह तैयार हो गया। उन उपेक्षिताओं के जीवनयापन के लिए वेश्यावृत्ति सबसे आसान ज़रिया बनी। गणिकाओं के सम्बन्ध में एक खास बात यह है कि वे गायन, वादन और नृत्य कलाओं में निपुण होती थीं।

बुद्धकाल में नगरों का जन्म और विकास हो रहा था। समृद्ध नगरों के विलासप्रिय नागरिकों को आमोद-प्रमोद की तमाम सुविधाएँ सुलभ थीं, जो ग्रामीण जीवन में दुलर्भ थीं। गणिकावृत्ति उन्हीं साधनों में से एक थी। बुद्धकाल में गणिकाएँ नगर की शोभा मानी जाती थीं, इसीलिए उनको नगरवधू कहा जाता था।

बौधायन, आपस्तम्ब आदि ब्राह्मण विधि-निर्माताओं ने गणिकावृत्ति की निन्दा की थी। मनु का निर्देश था कि गैर-क्षत्रिय राजा, मांस बेचनेवाले कसाई, तेली, कलाल और वेशोपजीवी (वेश्यावृत्ति करनेवाली) स्त्री से दान नहीं लेना चाहिए। (मनुस्मृति, 4/84)[3] परन्तु बौद्ध परम्परा में गणिकाओं से प्रति उपेक्षा या घृणा का कोई भाव नहीं मिलता। पालि में रचे गए बौद्ध ग्रन्थों के अनुसार नगरों की शोभा में गणिकाओं ने चार चाँद लगा दिए थे। 'कुरुधम्म जातक' के अनुसार बुद्धकाल में राजमाता, पटरानी, उपराजा (राजा का अनुज), युवराज (पुत्र), ब्राह्मण, पुरोहित, रज्जुग्राहक, महामात्य, अमात्य, सारथी, श्रेष्ठी, द्रोणमापक, द्वारपाल, दूत और गणिका राज्य के अंग माने जाते थे।

जैन ग्रन्थों में मगहसिरी (मगधश्री) नामक गणिका का उल्लेख है। वह मगधराज जरासन्ध की गणिका थी (आवश्यक चूर्णि, अध्याय 4)। 'मगह सुन्दरी' (मगध सुन्दरी) भी जरासन्ध की गणिका थी। 'आचारांग चूर्णि' (प्रथम श्रुतस्कन्ध) में मगधसेना नामक एक वेश्या का उल्लेख है, जो धन नामक एक सार्थवाह पर आसक्त हो गई थी। परन्तु वह सार्थवाह अपनी धन-सम्पत्ति में ही इतना मग्न रहता था कि उसने मगधसेना की ओर ध्यान ही नहीं दिया। इस बात से मगधसेना बहुत क्षुब्ध हुई। मगधराज जरासन्ध के पूछने पर उस गणिका ने कहा कि धन नामक सार्थवाह द्वारा उसके रूप-यौवन की उपेक्षा किए जाने के कारण वह बहुत दुखी है।

बुद्धकालीन गणिकाओं में अम्बपाली (आम्रपाली), वसन्तसेना, शालवती, रागमंजरी और चन्द्रसेना के नाम उल्लेखनीय हैं। जैन ग्रन्थों के अनुसार घोषा पाटलिपुत्र की राजनर्तकी थी। वह अपने समय की सर्वश्रेष्ठ नर्तकी थी। उसके द्वारा एक हजार सुइयों की नोंक पर किया जानेवाला नृत्य प्रसिद्ध था। बाद में वह जैन-भिक्षुणी बन गई। पटना के गुलजारबाग स्टेशन के पास घोषा का एक मन्दिर जीर्ण अवस्था में विद्यमान है।

यदि गुप्तकालीन भारत की बात की जाए तो प्राचीन संस्कृत नाटकों में स्त्रियाँ और निम्न जाति के पात्र जनभाषा प्राकृत में अपने संवाद बोलते हैं, जबकि उच्च वर्गों के पात्र संस्कृत बोलते हैं। परन्तु भरत मुनि कृत 'नाट्यशास्त्र' में कहा गया है कि रानियाँ, गणिकाएँ और कलाकार महिलाएँ परिस्थिति के अनुसार संस्कृत में

संवाद बोल सकती हैं। 'ब्रह्मवैवर्त्त पुराण' में वेश्या को पापात्मक कोटि में रखा गया है, लेकिन 'मत्स्य पुराण' में गणिकाओं के लिए अनंगदान नामक एक विशेष व्रत में यह विधान किया गया है कि वेश्या से, जो सामान्यतया शूद्र मानी जाती थी, गोदान लेते समय ब्राह्मण को वैदिक मन्त्रों का पाठ करना चाहिए। इससे स्पष्ट है कि गुप्तकालीन समाज में गणिका का महत्त्व सामान्य घरेलू स्त्रियों की अपेक्षा अधिक था।

संस्कृत में कामशास्त्र परम्परा

संस्कृत में कामशास्त्र की दीर्घ परम्परा है। ब्रह्मा ने लोकजीवन की सुव्यवस्था के लिए त्रिवर्ग--धर्म, अर्थ और काम--का प्रतिपादन किया था। इस उद्देश्य की पूर्ति के लिए उन्होंने एक ग्रन्थ की रचना की, जिसमें एक लाख श्लोक थे। ब्रह्मा द्वारा रचित ग्रन्थ के धर्मपक्ष पर मनु ने धर्मशास्त्र, बृहस्पति ने अर्थशास्त्र और शिव के गण आचार्य नन्दी ने कामशास्त्र की रचना की। नन्दी कृत कामशास्त्र में एक हजार अध्याय थे। उद्दालक-पुत्र श्वेतकेतु ने उस विशाल ग्रन्थ की मुख्य बातों को 500 अध्यायों में संकलित किया। फिर पांचाल बाभ्रव्य ने 150 अध्यायों में उस ग्रन्थ का संक्षेपण किया। पांचाल बाभ्रव्य कृत इस ग्रन्थ के सात अधिकरणों में से एक 'वैशिक' (वेश्या-सम्बन्धी) भी था। उस समय पाटलिपुत्र के आचार्य दत्तक कामशास्त्र के विशेषज्ञ माने जाते थे। पाटलिपुत्र की वेश्याओं ने सामूहिक रूप से आचार्य दत्तक से अनुरोध किया कि वे वेश-जीवन और वैशिक-वृत्ति पर एक स्वतन्त्र ग्रन्थ की रचना करें। पाटलिपुत्र की गणिकाओं के अनुरोध पर उन्होंने वैशिक अधिकरण की रचना की।[4]

बाद में आचार्य बाभ्रव्य के ग्रन्थ के आधार पर आचार्य वात्स्यायन ने 'कामसूत्र' नामक इस विषय के सबसे लोकप्रिय ग्रन्थ की रचना की। इसमें छठा अधिकरण वैशिक है। वात्स्यायन 'कामसूत्र' में छह अध्याय और बारह प्रकरण हैं। इनमें वेश और वेश्या का सांगोपांग विश्लेषण किया गया है।

'महावग्ग' के अनुसार, एक बार स्वयं बुद्ध ने वैशाली में अम्बपालि नामक गणिका का आतिथ्य स्वीकार किया था। बुद्ध के दर्शन के लिए अम्बपाली सुशोभित रथ पर बैठकर जिस राजसी ठाट-बाट से वैशाली के कोटिग्राम पहुँची, वह उसके वैभवशाली जीवन की एक बानगी है। बौद्ध संघ में स्त्रियों को भी प्रवेश दिया जाता था; और गणिकाएँ उसका अपवाद नहीं थीं। बुद्ध की सामाजिक दृष्टि उदार थी। यही कारण है कि बौद्ध प्रभाववाले बड़े राज्यों (महाजनपदों) में गणिकाओं को महत्त्वपूर्ण सामाजिक स्थिति सुलभ थी।

वैशाली बनाम राजगृह की नगरवधू

बुद्ध के समय में वैशाली की एक नगरवधू थी अम्बपाली। वह अपनी सुन्दरता के लिए प्रसिद्ध थी। लिच्छवी गणराज्य के लोग जिन बातों को लेकर गौरवान्वित होते थे, उनमें से एक उनकी नगरवधू भी थी। अम्बपाली एक मनोनीत गणिका थी। जब वह युवावस्था में पहुँची तब उसके मादक यौवन ने वैशाली के पुरुषों को उन्मत्त कर दिया। उसका हाथ थामने के लिए युवकों में प्रतिस्पर्द्धा इतनी बढ़ी कि पूरे गणराज्य में संघर्ष की स्थिति उत्पन्न हो गई। संघर्ष को टालने के लिए उसके पिता महानाम ने अम्बपाली को 'वृज्जिगण' के हवाले कर दिया। महानाम ने कहा कि, "अम्बपाली का सौन्दर्य अपूर्व है। यदि वह किसी एक व्यक्ति को सुलभ हुई तो अन्य सभी के हृदय पर आघात पहुँचेगा। अतः इसे मैं गण को सौंपता हूँ।" गण के आदेश पर अम्बपाली पूरे वृज्जिगण की धरोहर हो गई। पूरे गण की हो जाने के कारण ही उसको 'गणिका' कहा गया।

483 ई.पू. में राजगृह से वैशाली की अपनी अन्तिम यात्रा के दौरान बुद्ध गंगा पार करके कोटिग्राम गए। वहाँ से नादि और फिर वैशाली पहुँचे। यह जानकारी मिलते ही अम्बपाली उनके दर्शनों के लिए घोड़े-जुते रथ पर सवार होकर निकली। उसने बुद्ध के पास पहुँचकर उनकी वन्दना की और अगले दिन भोजन के लिए उन्हें अपने आम्रवन में आने का निमन्त्रण भी दिया। बुद्ध ने उसके निमन्त्रण को स्वीकार कर लिया।

वह प्रसन्न मन से अपने निवास की ओर लौट रही थी। तभी वैशाली के लिच्छवी गण अपने रथों पर आरूढ़ होकर बुद्ध के दर्शनों के लिए आ रहे थे। हर्ष के अतिरेक में अम्बपाली ने लिच्छवियों के रथ के धुरों से धुरा ओर चक्के से चक्का टकरा दिया। लिच्छवियों ने आश्चर्यचकित होकर पूछा—री अम्बपाली, धुरे से धुरा क्यों टकरा रही है? तब अम्बपाली ने गर्व से कहा था कि "आर्यपुत्रों, मैंने भगवान बुद्ध को भोजन के लिए निमन्त्रित किया है।"

लिच्छवियों ने बहुत चाहा कि बुद्ध के आतिथ्य का यह स्वर्णिम अवसर अम्बपालि उन्हें दे दे। परन्तु अम्बपाली ने दो टूक कह दिया कि "आर्यपुत्रों, तुम यदि पूरा वैशाली राज्य भी दे दो, तब भी भगवान बुद्ध के आतिथ्य का यह अवसर मैं नहीं दूँगी।"

बाद में लिच्छवियों ने वाटिका में पहुँचकर बुद्ध के दर्शन किए और उनको भोजन का निमन्त्रण दिया। तब उन्होंने कहा कि "मैंने अम्बपाली का निमन्त्रण स्वीकार कर लिया है।" उल्लेखनीय है कि 'गणिका, गीध, अजामिल तारयौ'—

कहकर सन्तों ने भगवान की वन्दना की है। परन्तु गणिका को सबसे पहले तारनेवाले महात्मा बुद्ध ही थे।

अम्बपाली के सौन्दर्य की सुरभि मगध की राजधानी राजगृह तक जा पहुँची। 'महावग्ग' के अनुसार राजगृह का एक धन-श्रेष्ठी वैशाली गया हुआ था। उसने वहाँ के नागरिकों को हर प्रकार से समृद्ध एवं सन्तुष्ट पाया। राजगृह लौटने पर उसने राजदरबार में राजा बिम्बिसार को बताया कि "महाराज, वैशाली नगरी धन-धान्य एवं ऐश्वर्य से परिपूर्ण है। वहाँ अम्बपाली नामक एक गणिका रहती है, जो गायन-वादन-नृत्य में निपुण और अपूर्व सुन्दरी है। उसकी उपस्थिति मात्र से वैशाली का वातावरण जीवन्त हो उठा है। मुझे तो वैशाली-वासियों के भाग्य से ईर्ष्या हो रही है। यदि हम राजगृह में भी किसी गणिका का अभिषेक कर सकें तो अच्छा होगा।"

धन और स्त्री पुरुष की दो स्वाभाविक दुर्बलताएँ हैं। धन-श्रेष्ठी द्वारा किए गए वर्णन ने बिम्बिसार की तृष्णा को भड़का दिया। उसकी आसक्ति इतनी बढ़ी कि लिच्छवियों से साथ परम्परागत शत्रुता के बावजूद वह कई बार छद्मवेष धर कर अम्बपाली से मिलने वैशाली गया। बिम्बिसार को इस बात का मलाल था कि उसके साम्राज्य में सब कुछ है, लेकिन उसके यहाँ अम्बपाली-जैसी गणिका नहीं है। इस गौरव को प्राप्त करने के लिए उसने वैसी ही सुन्दरी की खोज कराई।

संयोगवश मगध में एक सुन्दरी मिल भी गई, जिसका नाम था शालवती। राजगृह में एक दिन शुभमुहूर्त में समारोहपूर्वक शालवती का गणिकाभिषेक किया गया। वैशाली की नगरवधू अम्बपाली का एक रात्रि का शुल्क पचास कार्षापण था, जबकि शालवती का एक रात्रि का शुल्क सौ कार्षापण रखा गया था। ये दोनों राजगणिकाएँ थीं, इसलिए इनका अपना एक सामाजिक गौरव था। विशेष समारोहों के अवसर पर वे ससम्मान राजप्रासादों में आमन्त्रित की जाती थीं, जहाँ उनका नृत्य और गायन होता था। बौद्ध जातक कथाओं में सामा, सुलसा, काली आदि कुछ अन्य समकालीन गणिकाओं का उल्लेख है। परन्तु सामान्य वेश्याओं की किस्मत इनके जैसी नहीं थी। वेश्याओं में भी स्पष्ट वर्ग-भेद देखा जा सकता है।

दुर्भाग्यवश राजगृह की गणिका शालवती कुछ दिनों बाद ही गर्भवती हो गई। एक कुलीन विवाहिता स्त्री के लिए गर्भवती होना सौभाग्य की बात है, लेकिन किसी गणिका का गर्भवती होना उसके व्यवसाय की दृष्टि से अभिशाप है। शालवती को लगा कि यदि लोग यह जान जाएँगे कि वह गर्भवती हो गई है, तो उसके प्रति लोगों का आकर्षण कम हो जाएगा। इसलिए उसने अपने गर्भधारण की बात को छिपाए रखा। अपने आप को बीमार बताकर शालवती ने अपने भवन में पुरुषों का प्रवेश प्रतिबन्धित कर दिया। कुछ समय बाद (लगभग 566 ई.पू. में)

उसने एक बालक को जन्म दिया। फिर दासी को कहकर उस नवजात शिशु को कूड़े के ढेर पर रखवा दिया।

नवजात बालक वहीं सड़क के किनारे कूड़े के ढेर पर पड़ा रो रहा था। संयोगवश उसी रास्ते से अभय राजकुमार (बिम्बिसार और नन्दश्री के पुत्र) गुजर रहे थे। उनको उस अनाथ शिशु पर दया आ गई। अत: नवजात बालक को उठाकर वे अपने घर ले आए। बच्चे को जीवित देखकर उन्होंने उसका नाम 'जीवक' रख दिया। कुमार के घर में ही उस बालक का लालन-पालन हुआ। जीवक ने आगे चलकर आयुर्वेद विद्या में असाधारण निपुणता हासिल की। अपनी योग्यता के बल पर वह मगध का राजवैद्य बन गया।

चारों वेदों के चार उपवेद हैं—आयुर्वेद, धनुर्वेद, गान्धर्ववेद और शिल्पवेद। इनमें आयुर्वेद सबसे महत्त्वपूर्ण है। आयुर्वेद के आठ अंग हैं—शल्य (मेजर सर्जरी), शालाक्य (माइनर सर्जरी), कायचिकित्सा, भूतविद्या (डेमोनोलॉजी), कौमारभृत्य, अगदतन्त्र (टॉक्सीकोलॉजी), रसायनतन्त्र (elixirs) और बाजीकरण (aphrosidiac)। आयुर्वेद की कौमारभृत्य शाखा में पारंगत होने के कारण जीवक को कौमारभृत्य भी कहा गया है। उल्लेखनीय है कि प्राचीन काल में चिकित्सा-व्यवसाय को अधम व्यवसाय माना जाता था।[5]

मगध के राजवैद्य : जीवक

प्राचीनकाल में औषध-विज्ञान के क्षेत्र में राजगृह की बड़ी ख्याति थी। केवल यही नहीं कि वहाँ के जंगलों में भाँति-भाँति की जड़ी-बूटियाँ मिलती थीं, बल्कि राजगृह की प्रसिद्धि का एक प्रमुख कारण थे वैद्यराज जीवक। छठी सदी ई.पू. में उसके समान निपुण वैद्य पूरे आर्यावर्त में कोई दूसरा न था। एक अनाथ गणिकापुत्र के प्रसिद्ध आयुर्वेदाचार्य बनने की एक लम्बी कहानी है। बौद्ध ग्रन्थ 'महावग्ग' में इसका रोचक वर्णन है।

बचपन में वह बालक अपने आश्रयदाता अभय राजकुमार पर आश्रित था। तरुणावस्था में उसने अपनी जीविका के बारे में सोचना शुरू किया। वह आजीवन किसी का आश्रित होकर रहने के पक्ष में नहीं था। आजीविका के लिए किसी विद्या में निपुण होना आवश्यक है। इसलिए एक दिन किसी को कुछ बताए बिना वह तक्षशिला की ओर निकल पड़ा। उस दौर में तक्षशिला व्यावसायिक शिक्षा का एक प्रमुख केन्द्र था। तक्षशिला में भटकते-भटकते वह आत्रेय नामक एक वैद्य के पास पहुँचा; और उनसे आयुर्वेद का ज्ञान देने का अनुरोध किया। वैद्यराज आत्रेय उसकी विनम्रता से प्रभावित हुए और उन्होंने जीवक को अपना शिष्य बना लिया।

जीवक अपने गुरु की सेवा करते हुए मनोयोगपूर्वक आयुर्वेद का ज्ञान अर्जित करने लगा। यहीं उन्होंने एक ऐसी औषधि की खोज की, जिसके सेवन से आयु में वृद्धि होती थी। आत्रेय अपने शिष्य की इस खोज से बहुत प्रसन्न हुए और उन्होंने जीवक को अपना सर्वोत्तम शिष्य घोषित किया। आगे चलकर जीवक द्वारा खोजी गई उस औषधि का नाम ही 'जीवक' पड़ गया। जीवक ने एक अन्य औषधि की खोज की, जिसको खाकर ऋषि-मुनि जीवन धारण करते थे। अत: उसका नाम 'ऋषिभक' हो गया।

देखते-देखते सात वर्ष बीत गए। जीवक समझ नहीं पा रहा था कि अब और कितने समय तक उसको विद्या सीखनी है। एक दिन विनीत भाव से उसने अपने गुरु से यही प्रश्न किया। तब वैद्यराज ने उसकी परीक्षा लेने के लिए उसको एक खुरपी देते हुए कहा कि "तक्षशिला के जंगलों में जाकर ऐसी जड़ी-बूटी खोजकर लाओ, जो औषधि के काम नहीं आती हो या जिसके गुण-दोष तुम नहीं जानते हो।" गुरु के आदेश पर जीवक तक्षशिला के जंगलों में निकल गया। एक मास तक भटकने के बाद भी उस जंगल में वैसी कोई जड़ी-बूटी नहीं मिली, जिसकी उपयोगिता से वह अपरिचित हो। लौटकर उसने अपने गुरु को बताया कि "आचार्य, तक्षशिला के जंगलों में मुझे ऐसी कोई जड़ी-बूटी नहीं मिली जिसकी उपयोगिता से मैं परिचित न होऊँ।" तब वैद्यराज ने जीवक को अपने गले से लगाते हुए कहा कि "पुत्र, मेरे पास जो भी ज्ञान की पूँजी थी, उसको तुमने पा लिया है। उस ज्ञान की सहायता से तुम अपना भरण-पोषण करने में सक्षम हो। इसलिए अब अपने नगर लौट सकते हो।" पितृवत स्नेह देनेवाले आचार्य की इस बात को सुनकर जीवक की आँखें भर आई।

अब उसने राजगृह लौटने का निश्चय किया। विदाई के दिन आचार्य ने अपने शिष्य को आशीर्वाद के साथ कुछ राहखर्च भी दिया। गुरु को प्रणाम करके वह राजगृह के लिए निकल पड़ा।

रामायण तथा मूलसर्वास्तिवादियों के 'विनय' में तक्षशिला से लेकर मथुरा तक के रास्ते का ब्यौरा दिया गया है। उससे पता चलता है कि जीवक कुमारभृत्य तक्षशिला से भद्रंकर, उदुम्बर और रोहीतक होते हुए मथुरा पहुँचे। भद्रंकर की पहचान साकल (स्यालकोट) से की गई है। उदुम्बर पठानकोट का इलाका था और रोहीतक आजकल का रोहतक है। जो भी हो, साकेत पहुँचते-पहुँचते उसका राहखर्च समाप्त हो गया। राजगृह अभी दूर था। बिना राहखर्च के आगे कैसे बढ़े। इसलिए उसने अपनी अर्जित विद्या का उपयोग करके कुछ धन कमाने का विचार किया।

संयोगवश उसी समय साकेत के नगरसेठ की पत्नी सात साल पुराने सिर-दर्द से बेहाल थी। जीवक को पता चला कि कई वैद्यों के इलाज के बाद भी सेठानी का रोग दूर नहीं हुआ है। जीवक ने सेठानी का इलाज करने की इच्छा प्रकट की। एक तो जीवक की अवस्था बहुत कम थी, दूसरे उसके ज्ञान के बारे में वहाँ किसी को कुछ पता नहीं था, इसलिए सेठ ने इलाज करने की अनुमति नहीं दी। तब जीवक ने सेठ से कहा कि "आप मुझे एक अवसर तो दें, मैं सेठानी को पूरी तरह से निरोग कर दूँगा। मुझे पहले कुछ नहीं चाहिए। जब रोगी स्वस्थ हो जाए, तब आप स्वेच्छा से उचित पारिश्रमिक दे दीजिएगा।" उसकी बातों से प्रभावित होकर नगरसेठ ने इलाज करने की अनुमति दे दी।

नाड़ी परीक्षण करके उसने रोग को पहचान लिया। फिर उसने गाय का घी और कुछ जड़ी-बूटी मँगवाकर एक औषधि तैयार किया। उसके सेवन से सेठानी स्वस्थ हो गईं। नगरसेठ ने प्रसन्न होकर जीवक को 16,000 हिरण्य (स्वर्ण मुद्राएँ), कुछ रथ और कई दास-दासियाँ प्रदान किया।

जीवक राजगृह की ओर चल पड़ा। वहाँ पहुँचकर सबसे पहले उसने अभय राजकुमार से भेंट की; और अपनी पहली कमाई उन्हीं को अर्पित कर दी। जीवक के सकुशल लौट आने पर अभय राजकुमार बहुत प्रसन्न हुए। उन्होंने उस पुरस्कार राशि से एक सुन्दर आवास बनाकर जीवक को ही दे दिया।

अब जीवक वहाँ रहकर अपनी वैद्यक-विद्या का अभ्यास करने लगे। उनका यश बढ़ने लगा। इसी बीच मगधनरेश बिम्बिसार को भगन्दर रोग हो गया। जीवक की ख्याति को देखकर उनको राजभवन बुलवाया गया। जीवक ने कुछ ही दिनों में वह रोग दूर कर दिया। राजा ने प्रसन्न होकर जीवक को मगध का राजवैद्य नियुक्त कर दिया। अब जीवक की ख्याति पूरे आर्यावर्त में फैल गई।

'महावग्ग' के अनुसार एक बार अवन्ति-नरेश महासेन प्रद्योत बीमार हो गए। स्थानीय वैद्यों ने हार मान लिया। तब उन्होंने अपने मित्र बिम्बिसार के पास सन्देश भेजा कि वे अपने राजवैद्य जीवक को कुछ समय के लिए उज्जयिनी भेज दें। बिम्बिसार ने जीवक को अवन्ति की राजधानी उज्जयिनी भेजा। जीवक ने प्रद्योत की नाड़ी का परीक्षण करके जान लिया कि राजा को पाण्डुरोग है। इसके लिए जड़ी-बूटियों में गाय का घी मिलाकर औषधि तैयार की जानी थी। परन्तु अवन्तिराज को घी इतनी नापसन्द थी कि घी खाते ही उनको मिचली आने लगती थी।

अवन्ति के प्रशासक सुनिक (शुणक) ने अपने पुत्र का नाम महासेन प्रद्योत रखा था। परन्तु अतिशय क्रोधी स्वभाव के कारण लोग उसको 'चण्ड' (यानी उग्र) कहने लगे और वह 'चण्ड प्रद्योत' के नाम से प्रसिद्ध हो गया। वह एक अभिमानी,

युद्धप्रिय और निरंकुश शासक था। क्रोधित होने पर किसी को मृत्युदण्ड दे देना उसके लिए बाएँ हाथ का खेल था। यह बात जीवक को भी मालूम थी।

घी-युक्त औषधि के बिना राजा का इलाज सम्भव न था। परन्तु घी-युक्त औषधि देने पर रोगी को कै होने की आशंका थी; और यदि कै हुआ तो क्रोधित होकर वह वैद्य को मृत्युदण्ड भी दे सकता था। जीवक के समक्ष विचित्र दुविधा थी। उसने मन में सोचा कि राजा बिम्बिसार ने उसको न जाने किस झंझट में फँसा दिया। अन्ततः उसने तय किया कि राजा को वह औषधि तो अवश्य पिलाएगा, किन्तु उसके तुरन्त बाद वहाँ से निकल भागेगा। इससे चिकित्सक धर्म का पालन भी हो जाएगा, रोगी भी बच जाएगा और उसकी खुद की जान भी बच जाएगी।

इस उद्‌देश्य से उसने राजा प्रद्योत से कहा कि अभी कुछ उपयोगी जड़ी-बूटियों के संग्रह का उत्तम मूहूर्त चल रहा है। इसके लिए पास के जंगलों में मुझे अक्सर आना-जाना होगा। इसलिए एक तीव्र गति से चलनेवाला हाथी उपलब्ध करा दें। अवन्तिराज को इसमें भला क्या आपत्ति होती! उन्होंने अनुमति दे दी। जीवक ने हाथीखाने में जाकर 'भद्रवतिका' नामक तीव्र गति से चलनेवाली एक हथिनी को चुन लिया। फिर राजभवन आकर उसने राजा को वह औषधि पिला दिया। घी में कई जड़ियों के मिले होने के कारण औषधि में पड़े घी की गन्ध नहीं आ रही थी, इसलिए राजा ने उसको आराम से पी लिया। अब जीवक बिना अवसर गँवाए जड़ी-बूटी तलाशने के बहाने वहाँ से निकला और भद्रवतिका पर सवार होकर उज्जयिनी से निकल भागा।

जीवक का अनुमान एकदम सही था। कुछ देर बाद ही राजा प्रद्योत को कै होने लगा। राजा ने समझ लिया कि उसको घी-युक्त औषधि पिला दी गई है। उसी के कारण उल्टियाँ हो रही हैं। क्रोध से तमतमाए राजा ने तुरन्त ही जीवक को पकड़कर उसके सामने उपस्थित करने का आदेश दिया। तभी एक अनुचर ने बताया कि जीवक भद्रवतिका हथिनी पर बैठकर भाग गए हैं। तब प्रद्योत ने उस हथिनी से तेज चलने वाले काक नामक एक धावक को उसके पीछे भेजा।

आज्ञा पाते ही काक निकल पड़ा। वत्सदेश के कौशाम्बी नगर के पास पहुँच चुके जीवक को आखिरकार उसने पकड़ लिया। जीवक ने काक से कहा कि "अन्ततः तुमने मुझे पकड़ ही लिया। खैर, तुम बहुत तेज गति से चलकर आ रहे हो, इसलिए थके मालूम हो रहे हो। थकान कम करने के लिए पहले यह औषधियुक्त आँवला खा लो। मैं भी कुछ विश्राम कर लूँ, फिर तुम्हारे साथ चलता हूँ।" काक सचमुच थककर चूर हो गया था। इसलिए उसने उस आँवले को खा लिया। परन्तु यह तो जीवक की चाल थी। आँवला खाने के तुरन्त बाद ही काक

की हालत खराब होने लगी। लगा कि उसके प्राण ही निकल जाएँगे। अब वह जीवक के सामने गिड़गिड़ाने लगा। तब जीवक ने कहा कि ''न तुम्हारा अहित होगा, न तुम्हारे राजा का। कुछ घण्टे बाद ही तुम ठीक हो जाओगे। ठीक होते ही तुम उज्जयिनी लौट जाना। जब तक तुम उज्जयिनी पहुँचोगे, अवन्तिराज भी स्वस्थ हो चुके होंगे।'' इतना कहकर जीवक भद्रवतिका पर बैठकर राजगृह की ओर चल पड़ा।

उसकी बात एकदम ठीक निकली। कुछ घण्टे बाद ही काक स्वस्थ हो गया। परन्तु जीवक उसकी पहुँच से बहुत दूर निकल चुका था। इसलिए वह अवन्तिदेश लौट गया। उसको डर था कि यदि जीवक की बात गलत निकली; और अवन्तिराज स्वस्थ नहीं हुए तो वे उसके प्राण ले लेंगे। लेकिन जब वह उज्जयिनी पहुँचा तब तक अवन्तिराज पाण्डुरोग से मुक्त हो चुके थे। रोग मुक्त होने के बाद अवन्तिराज बहुत प्रसन्न हुए। उन्होंने काक को क्षमा तो किया ही; एक सेवक के माध्यम से जीवक के लिए 'सिवेय्यक' नामक कीमती ऊनी दुशाले का एक जोड़ा उपहारस्वरूप राजगृह भिजवाया। 'महावग्ग' के शिवि जातक' के अनुसार, शिवि राज्य में बने इन वस्त्रों का मूल्य लगभग एक लाख कार्षापण था।

जीवक ने उस उपहार को अपने आराध्य बुद्ध को भेंट कर दिया। बुद्ध के प्रति जीवक के मन में अपार श्रद्धा थी। यद्यपि 'विनयपिटक' में महात्मा बुद्ध को 'भैषज्य-गुरु' कहा गया है, तथापि राजगृह में जब कभी बुद्ध अस्वस्थ होते तब उनके आदेश पर आनन्द चिकित्सीय परामर्श के लिए जीवक के पास आते थे। राजगृह के बौद्ध संघ में कोई भिक्षु यदि बीमार पड़े, तो उसका इलाज भी जीवक ही करते थे। राजा बिम्बिसार ने बुद्ध और संघ के भिक्षुओं की चिकित्सा का दायित्व जीवक को ही सौंप रखा था।

बौद्ध परम्परा में बुद्ध को 'भैषज्य-गुरु' कहे जाने से स्पष्ट है कि वे रोग-निवारक औषधियों के जानकार थे। तिब्बत, चीन और जापान में बुद्ध की भैषज्य-गुरु के नाम से विशेष मूर्तियाँ हैं, जिनके एक हाथ में चिकित्सा का प्रतीक हर्रा रहता है।

अस्सी वर्ष के अपने दीर्घ जीवन में बुद्ध प्राय: स्वस्थ ही रहे। एक बार उनहत्तर वर्ष की अवस्था में पाटलिग्राम के निकट गंगा नदी को उन्होंने तैर कर पार किया था। यह बात उनको पूर्ण स्वस्थ सिद्ध करने के लिए पर्याप्त है। परन्तु जब कभी बुद्ध को स्वयं की परिचर्या की आवश्यकता पड़ी उन्होंने जीवक पर ही भरोसा किया। एक बार देवदत्त ने पत्थर मारकर बुद्ध का सिर फोड़ दिया था। तब जीवक ने शल्य-चिकित्सा करके उनको ठीक किया था। एक बार बुद्ध को अर्श

(बवासीर), उदाराध्मान (पेट फूलना) और विष्टम्भ (कब्ज) रोग हो गया। उन्होंने जीवक से कहा कि कोई ऐसी दवा दे, जिसको कण्ठ के नीचे न उतारना पड़े। तब जीवक ने कमलपुष्प को औषधि से संवासित करके सूँघने को दिया। इसका प्रयोग करके बुद्ध शीघ्र ही स्वस्थ हो गए थे।

विनयपिटक के अनुसार कार्य की अधिकता के कारण जीवक बड़े-बड़े सेठों को ऊँचा शुल्क देने के बाद भी सुलभ नहीं थे, किन्तु बौद्ध भिक्षुओं का इलाज वे प्राथमिकता के आधार पर नि:शुल्क करते थे। कहते हैं कि उस दौर में कुछ लोग इस चिकित्सीय सुविधा को पाने के लिए भी बौद्ध भिक्षु बन गए थे।

मगध के राजवैद्य ने अवन्तिराज प्रद्योत के प्राणों की रक्षा की थी। अत: इस घटना के बाद बिंबिसार और प्रद्योत की मित्रता और प्रगाढ़ हो गई। जीवक और बिम्बिसार के सम्पर्क के कारण बुद्ध के प्रति प्रद्योत का लगाव भी हो गया। यही कारण है कि आगे चलकर अपने राजपुरोहित महाकात्यायन के प्रभाववश प्रद्योत ने बौद्ध धर्म की दीक्षा ले ली।

सन्दर्भ और टिप्पणी

1. 'मुअनजोदड़ो' सिन्धी भाषा का शब्द है, जिसका शाब्दिक अर्थ है—मृतकों का टीला। सिन्धी में 'मुअन' का अर्थ है—मृत, 'जो' का अर्थ है—'का' और 'दड़ो' को अर्थ है—टीला। परन्तु इतिहास की पुस्तकों में इसको प्राय: मोहनजोदड़ो लिखा जाता है। मानो यह 'मृतकों का टीला' न होकर 'मोहन का टीला' हो।
2. ''इससे मोहेंजोदड़ों (मुअनजोदड़ो) के 'विशाल स्नानागार' के साथ कुछ विचित्र ढंग से निर्मित कमरों की उपयोगिता पर प्रकाश पड़ता है। यह व्यवस्था उस संस्कार का एक अंग थी जिसमें पुरुष न केवल कुण्ड के पवित्र जल में स्नान करते थे बल्कि मातृदेवी का प्रतिनिधित्व करनेवाली उन देवदासियों के साथ सम्भोग भी करते थे।'' (दामोदर धर्मानन्द कोसम्बी, हिन्दी अनुवादक : गुणाकर मुले; 'प्राचीन भारत की संस्कृति और सभ्यता', पृ. 93; राजकमल प्रकाशन, नई दिल्ली, 1993 ई.)
3. न राज्ञ: प्रतिगृहणीयाद राजन्यप्रसूतित:।
   सूनाचक्रध्वजवतां वेशेनैव च जीवताम्।। (मनुस्मृति, 4/84)
4. तस्य षष्ठं वैशिकमधिकरणं पाटलिपुत्रिकाणां गणिकानां नियोगाद्दत्तक: पृथक् चकार।
5. देवीप्रसाद चट्टोपाध्याय ने 'साइंस एंड सोसाइटी इन एंशिएण्ट इण्डिया' में लिखा है कि जिन चिकित्सकों की विज्ञान-चेतना श्रेणीबद्ध समाज की आवश्यकताओं के विरुद्ध जाती थी, उन्हें ब्राह्मण धर्मशास्त्रकारों ने शूद्रों की कोटि में डाल दिया और यह विधान किया कि द्विजों को चिकित्सक का व्यवसाय नहीं अपनाना चाहिए। उन्होंने यह व्यवसाय अम्बष्ठों के लिए विहित किया। (इतिहास; अंक 2, जनवरी-दिसम्बर 1993 में सुवीरा जायसवाल के लेख 'प्राचीन भारत में सामाजिक इतिहास के अध्ययन : प्रवृत्तियाँ और सम्भावनाएँ' में उद्धृत, पृ. 33)

अध्याय 12

बिम्बिसार से अजातशत्रु तक

देवदत्त का षड्यन्त्र

बिम्बिसार के जीवन के अन्तिम वर्ष बहुत दुखदायी रहे। उनका पुत्र अजातशत्रु तब अंग प्रदेश का प्रशासक था। देवदत्त नामक एक बौद्ध भिक्षु के बहकावे में आकर वह अपने पिता का वध करने को उद्धत हो गया। देवदत्त गौतम बुद्ध का चचेरा भाई था। उसने बौद्ध धर्म की दीक्षा तो ग्रहण कर ली थी, किन्तु उस धर्म के मर्म को नहीं समझ पाया था। दरअसल, वह धूर्त और महत्त्वाकांक्षी था।

गौतम बुद्ध की ख्याति से उसको ईर्ष्या होने लगी। उसको लगा कि बुद्ध अब बहत्तर वर्ष के हो गए हैं; अत: अब उसको ही बौद्ध संघ का नेतृत्व ग्रहण कर लेना चाहिए। एक दिन उसने अपने मन की बात बुद्ध से कह दी। परन्तु बुद्ध ने स्पष्ट कह दिया कि वे संघ का नेतृत्व किसी को नहीं सौंपेंगे। यहाँ तक कि अपने प्रधान शिष्य सारिपुत्र उपतिष्य या मौद्गल्यायन को भी नहीं। बुद्ध ने कहा कि भविष्य में बौद्ध संघ को जनतान्त्रिक पद्धति से संचालित किया जाएगा। अत: किसी व्यक्ति-विशेष के संघ-प्रमुख बनने का कोई औचित्य नहीं है। बौद्ध मठ में भिक्षुओं एवं भिक्षुणियों के जीवन और क्रियाकलापों के नियमन के लिए वे कुछ नियम निर्धारित कर देंगे। यही नियम (जो विनयपिटक में संकलित किए गए) संघ-जीवन का मार्गदर्शन करेंगे। बुद्ध ने कह दिया कि 'विनय' ही बौद्ध-संघ का संविधान होगा।

बुद्ध की इस बात को सुनकर देवदत्त के सपने बिखर गए। उसके हृदय में बदले की आग भड़क उठी। वह बुद्ध को अपने रास्ते से हटाकर स्वयं संघ-प्रमुख बनने की योजना बनाने लगा। उसने तीन बार बुद्ध का वध करने के लिए षड्यन्त्र रचा, किन्तु हर बार विफल रहा। फिर उसने कुछ नवदीक्षित बौद्ध भिक्षुओं को अपनी ओर मिलाकर संघ में फूट डालने; और एक समानान्तर संगठन बनाने की कोशिश की। परन्तु सारिपुत्र एवं मौद्गल्यायन ने दिग्भ्रमित भिक्षुओं को समझा-बुझाकर पुन: बुद्ध के शरणागत होने के लिए तैयार कर लिया।

देवदत्त ने यह समझ लिया था कि जब तक बुद्ध को मगध-नरेश का समर्थन प्राप्त है, तब तक उनको पछाड़ पाना सम्भव नहीं है। इसलिए उसने बिम्बिसार को ही अपने रास्ते से हटाने की चाल चली। इसके लिए उसने राजकुमार अजातशत्रु को बिम्बिसार के विरुद्ध भड़काना शुरू किया।

अजातशत्रु को देवदत्त ने अपनी बातों से इतना सम्मोहित कर लिया कि वह उसकी कठपुतली बन गया। स्थिति यहाँ तक आ गई कि वह अपने पिता की हत्या करने तक को तैयार हो गया। बिम्बिसार को जब अपने पुत्र की षड्यन्त्रकारी योजना का पता चला तो उसका राजपाट से मोहभंग हो गया। वह स्वेच्छा से अपना राजमुकुट अजातशत्रु को सौंपने को तैयार हो गया। परन्तु देवदत्त इतने से सन्तुष्ट नहीं हुआ। उसने अजातशत्रु को उकसाया कि वह अपने शासन को निष्कण्टक रखने के लिए बिम्बिसार को कारागार में डाल दे। अजातशत्रु ने वही किया। आखिरकार बिम्बिसार ने राजगृह के कारागार में अपनी अन्तिम साँस ली।

आवश्यकचूर्णि की कथा

सातवीं सदी ई. के जैनग्रन्थ 'आवश्यकचूर्णि' में श्रेणिक की मृत्यु की कथा इस प्रकार वर्णित है—

युवा होने पर कूणिक (अजातशत्रु) राजसिंहासन पाने के लिए अधीर हो गया। उसने अपने पिता राजा श्रेणिक (बिम्बिसार) का वध करके सिंहासन पाना चाहा। उसने अपने विश्वासपात्र लोगों से विचार-विमर्श किया; और फिर राजा को बन्दी बनाकर कारागार में बन्द कर दिया। राजा को अकेला छोड़ दिया गया था। राजमाता को भी उनसे मिलने पर रोक थी। भोजन देना भी बन्द कर दिया गया था। बहुत कहने-सुनने के बाद राजमाता को अपने पति श्रेणिक से मिलने की अनुमति दी गई। राजमाता जब कारागार जाती थी, तब वह छिपा कर अपने पति के लिए भोजन ले जाती थी।

एक दिन कूणिक के भोजन करते समय उसके पुत्र ने उसकी थाली को गन्दा कर दिया। कूणिक अपने पुत्र को बहुत प्यार करता था, इसलिए वह आराम से भोजन करता रहा। राजमाता पास ही बैठी थीं। कूणिक ने हँसते हुए अपनी माँ से पूछा कि "क्या इससे भी प्यारा कोई बच्चा होगा?" तब उसकी माँ ने बताया कि "हर बच्चा अपने माता-पिता को प्रिय होता है। जब छोटे थे, तब तुम भी अपने पिता को इतने ही प्यारे थे।"

माँ की बात को सुनकर कूणिक को बहुत ग्लानि हुई। वह उसी समय पिता की बेड़ियाँ काटने के लिए कारागार की ओर चल पड़ा। राजा श्रेणिक ने जब कूणिक

को अपनी ओर आते देखा तो उसको लगा कि वह उसको प्रताड़ना देने आ रहा है। इसलिए उसी क्षण उसने विष खाकर अपनी जान दे दी। श्रेणिक के मरने के बाद कूणिक को राजगृह में रहना ठीक नहीं लगा। वह चम्पा जाकर रहने लगा।

बौद्ध परम्परा के अनुसार बिम्बिसार के पुत्र अजातशत्रु ने उसका वध कर दिया और बाद में बुद्ध की शरण में जाकर उसने पश्चाताप किया। परन्तु जैन परम्परा के अनुसार अजातशत्रु द्वारा बन्दीगृह में बन्द किए जाने के बाद बिम्बिसार ने वहीं आत्महत्या कर ली।

'थुस जातक कथा' के अनुसार अजातशत्रु ने अपने पिता से राज्य छीन लिया था। बुद्धघोष ने लिखा है कि बिम्बिसार बहुत दिनों तक अधिकारच्युत होकर बन्दी की अवस्था में रहा। जब अजातशत्रु को पुत्र हुआ, तब उसने 'पैतृक स्नेह' का मूल्य समझा। वह स्वयं पिता को कारागार से मुक्त करने के लिए गया, किन्तु उस समय बिम्बिसार अन्तिम साँस ले रहे थे।

उस काल की घटनाओं को देखने से प्रतीत होता है कि बिम्बिसार पर बुद्ध का अधिक प्रभाव था। उसका पुत्र अजात गौतम के विरोधी देवदत्त के प्रभाव में था। अपने पुत्र के उद्धत स्वभाव को देखकर बिम्बिसार ने स्वयं सिंहासन छोड़ दिया होगा।

इसका कारण भी है। अजातशत्रु की माता छलना (चेल्लना) वैशाली की राजकन्या थीं। वह जैन तीर्थंकर महावीर की निकट-सम्बन्धी थी। वैशाली की वृज्जि-जाति (लिच्छवि) अपने समगोत्री महावीर स्वामी का धर्म विशेष रूप से मानती थी। छलना का झुकाव अपने कुल-धर्म की ओर था। इधर देवदत्त ने गौतम बुद्ध को मार डालने का षड्यन्त्र रचा था और किशोर अजातशत्रु को अपने प्रभाव में लेकर राजशक्ति से भी उसमें सहायता लेना चाहा था। वह चाहता था कि गौतम से संघ में अहिंसा की ऐसी व्याख्या प्रचारित कराई जाए जो जैन धर्म से मिलती हो। उसके इस उद्देश्य में राजमाता की सहानुभूति भी उसे स्वाभाविक रूप से प्राप्त थी।

बौद्ध साहित्य के दीघनिकाय-जैसे ग्रन्थों में अजातशत्रु के साथ 'वैदेहीपुत्र' विशेषण भी मिलता है (वैदेहीपुत्तो अजातसत्तु)। प्राक्-बौद्ध काल के दो राज्य विदेह और वृज्जि एक हो चुके थे। यह विलय विदेह (मिथिला) में हुई राज्यक्रान्ति के परिणामस्वरूप हुआ था उसमें बलात्कार के अभियोग में राजा को प्राणदण्ड देकर विदेहों ने जनक-परम्परा का अन्त कर दिया। विदेह और वृज्जि (लिच्छवि) एकाकार हो गए। यह संयोग इस प्रकार हुआ जिसमें विदेहों की स्थिति गौण थी। स्वेच्छाचारी राजतन्त्र से मुक्ति पाकर विदेहों ने अपने को लिच्छवियों में विलीन कर दिया।

लिच्छवि रानी कूणिका (चेल्लना) महावीर की रक्त-सम्बन्धी थी, इसलिए उसके हृदय में जैनमत के प्रति स्वाभाविक सहानुभूति थी। बिम्बिसार की दो अन्य रानियों वासवी और क्षेमा बौद्धमत से प्रभावित थीं। वासवी का पितृकुल बुद्ध के प्रति आस्थावान था; और क्षेमा को तो स्वयं बुद्ध ने महाप्रज्ञाओं में प्रधान माना था। (बुद्धचरित) इस प्रकार, बिम्बिसार के कुल में धार्मिक विश्वास की दृष्टि से दो परस्पर विरोधी धाराएँ विद्यमान थीं।

वैदेहीपुत्र अजातशत्रु कूणिक में लिच्छवि रक्त तो था ही, उसमें बुद्धविरोधी भावना भी थी। बौद्ध साहित्य में देवदत्त और कूणिक की दुरभिसन्धि द्वारा तीन बार बुद्ध की हत्या का प्रयास दर्शाया गया है। उसमें कूणिक का चित्रण पापाचारी राजा के रूप में हुआ, यहाँ तक कि उसे पितृघाती भी कहा गया है। बौद्ध ग्रन्थों के कुछ विवरणों से पता चलता है कि मल्लों के निगम अनूपिया में आकर प्रव्रजित शाक्य देवदत्त ने बुद्ध के प्रति आजीवन शत्रुभाव रखा और कूणिक उसका सत्कार करता रहा। ''देवदत्त ने एक बार कूणिक से कहा भी था कि तुम बिम्बिसार को मारकर मगध के राजा बन जाओ और मैं बुद्ध को मारकर संघ का शास्ता बन जाऊँगा।'' (विनय, 483)

बौद्ध-मत में बुद्ध ने कृत, दृष्ट और उद्दिष्ट--इन्हीं तीन प्रकार की हिंसाओं का निषेध किया था। यदि भिक्षा में मांस भी मिले, तो वर्जित नहीं था। देवदत्त चाहता था कि 'संघ में यह नियम हो जाए कि कोई भिक्षु मांस खाए ही नहीं।' गौतम ने ऐसी आज्ञा नहीं दी। देवदत्त और अजातशत्रु द्वारा गौतम बुद्ध को हताहत करने के कई प्रयास हुए। सम्भवत: इसीलिए बौद्ध-साहित्य में अजातशत्रु की क्रूरता का अतिरंजित वर्णन मिलता है।

'अजातशत्रु भगवतो वन्दते'

बिम्बिसार के देहान्त के बाद बुद्ध ने राजगृह आना कम कर दिया था। लेकिन मगध के प्रति अपने लगाव के कारण वे एक बार फिर राजगृह आए। अजातशत्रु को भी अपनी भूल का अहसास हुआ। 'सामञ्फल सुत्त' के अनुसार पिता की मृत्यु के बाद अजातशत्रु बुद्ध के दर्शन के लिए सपरिवार गृध्रकूट पर्वत पर गया था।

अजातशत्रु का एक अन्य नाम क्षेमदर्शिन् भी था।[1] युवावस्था में वह अपने पिता बिम्बिसार की तरह जैन मत की ओर आकर्षित हुआ था। वैशाली और चम्पा में उसने महावीर जैन से मिलकर उनका आशीर्वाद भी लिया था। परन्तु उसकी प्यास अधूरी थी। दीघनिकाय के 'सामञ्फल सुत्त' में कहा गया है कि पूर्णिमा की

एक रात को राजा अजातशत्रु अपने अमात्यों के साथ राजप्रासाद की छत पर बैठे थे। प्राकृतिक वातावरण मनोरम और शान्त था, लेकिन उनका मन अशान्त था। अचानक उनके मन में किसी श्रमण से भेंट करने की इच्छा हुई। तब राजगृह के आसपास छह श्रमण-संघ विद्यमान थे। उनके अमात्यों ने एक-एक श्रमण-संघ के प्रमुख के बारे में बताया; और राजा से उनके पास चलकर मिलने का आग्रह किया। राजवैद्य जीवक एकदम शान्त बैठे थे। अजातशत्रु ने उनकी राय जाननी चाही। तब उन्होंने बुद्ध की स्तुति करके उनके बारे में बताया। उन्होंने यह भी बताया कि बुद्ध आजकल राजगृह में जीवक की आम्रवाटिका में ही ठहरे हुए हैं।

राजगृह के आसपास मौजूद अन्य संघ-नायकों (महावीर, मक्खलि गोशाल, पूरन काश्यप, अजित केशकम्बली, बृहस्पति, पकुध कात्यायन, संजय वेलट्ठिपुत्त) की अपेक्षा बुद्ध सबसे कम उम्र के थे, लेकिन अजातशत्रु ने उन्हीं से मिलने का निश्चय किया। गृध्रकूट पर्वत के निकट आम्रवाटिका में पहुँचकर उसने बुद्ध की चरणवन्दना की। फिर उसने अपने उद्विग्न मन को शान्त करने के लिए बुद्ध से उपदेश देने का आग्रह किया। अजातशत्रु के आग्रह पर बुद्ध ने वहीं आम्रवन में उसको 'सामञ्फल सुत्त' का उपदेश दिया। दीघनिकाय में संकलित इस सुत्त में शील की महिमा का वर्णन किया गया है। भारहुत स्तूप की वेदिका पर उत्कीर्ण एक दृश्य में अजातशत्रु को अपने परिजनों के साथ बुद्ध को प्रणाम करते दिखाया गया है। वेदिका के एक स्तम्भ पर तीन दृश्य प्रदर्शित हैं—अजातशत्रु की यात्रा, उसका हाथी से उतरना और बुद्ध के आसन की पूजा। उसके साथ में जीवक भी हैं। चित्र के निचले भाग में 'पदचिह्न' के प्रतीक के माध्यम से बुद्ध को दर्शाया गया है। वहीं एक लेख अंकित है—'अजातशत्रु भगवतो वन्दते'।[2]

अजातशत्रु ने श्रमणों के प्रति सम्मान प्रकट किया। श्रमणों को सम्मान देने में उसने अपने पिता को भी पीछे छोड़ दिया। परन्तु उसके द्वारा अपने पिता के साथ किए गए दुर्व्यवहार और बिम्बिसार के निधन का समाचार चारों ओर फैल गया था। बिम्बिसार के मित्र अवन्तिराज प्रद्योत को यह जानकर बहुत क्रोध आया। उसने अजातशत्रु को दण्ड देने के लिए मगध पर आक्रमण करने की योजना बनाई। यह जानकर अजातशत्रु द्वारा राजगृह नगर की चहारदीवारी की मरम्मत करवाई गई। परन्तु बाद में आन्तरिक समस्याओं में उलझ जाने के कारण प्रद्योत ने आक्रमण का विचार त्याग दिया।

बुद्ध के निधन के बाद एक बार मगध और वत्स राज्य के बीच भी संघर्ष की स्थिति बन गई थी। परन्तु अमात्य वर्षकार की कूटनीतिक चतुराई के कारण वत्स का हौसला पस्त हो गया।

पालि-ग्रन्थों के अनुसार बिम्बिसार और अजातशत्रु के समय में मगध की सीमा अस्सी हजार गाँवों तक फैली हुई थी। प्रत्येक गाँव का एक प्रशासक होता था, जिसको ग्रामणी, ग्रामिका या ग्रामाध्यक्ष कहा जाता था। एक बार बिम्बिसार ने 80,000 ग्रामिकों की एक सभा बुलाई थी। कौटिल्य के अनुसार एक जनपद में 3200 गाँव होते थे। इस प्रकार बिम्बिसार शासित मगध महाजनपद में लगभग 250 जनपद रहे होंगे। यद्यपि ग्रामों की यह संख्या अतिरंजित प्रतीत होती है, तथापि यह तय है कि उसके अधीन हजारों ग्राम रहे होंगे। उस समय मगध की सीमा पूर्व में चम्पा नदी तक, पश्चिम में सोन नदी तक, उत्तर में गंगा नदी के उस पार तक और दक्षिण में विन्ध्य के सीमांचल तक फैली हुई थी।

मगधराज बिम्बिसार और कोसल की राजकुमारी कोसला (वासवी) के विवाह के समय दहेज में काशी का प्रान्त मिला था। लेकिन बाद में काशी-प्रान्त का आयकर लेने सम्बन्धी विवाद को लेकर मगध के राजकुमार अजातशत्रु और प्रसेनजित में युद्ध हुआ। 'हरितमात', 'बड्ढकीसूकर' और 'तच्छसूकर' जातक की कथाएँ इसी घटना से सम्बन्धित हैं। अजातशत्रु जब अपने पिता के जीवनकाल में ही राज्याधिकार का भोग कर रहा था और उसकी विमाता वासवी उपेक्षित थी, तब वासवी के भाई कोसलनरेश प्रसेनजित ने प्रयास किया कि कोसलराज द्वारा मगधराज को दहेज में दिए गए काशी-प्रान्त का आयकर वासवी को ही मिले। इस प्रश्न को लेकर दो युद्ध हुए। दूसरे युद्ध में अजातशत्रु बन्दी हुआ। इस बार वत्सराज उदयन ने भी कोसल की सहायता की थी। लेकिन अन्ततः समझौता हो गया और प्रसेनजित ने मैत्री को स्थायी करने के लिए अजातशत्रु से अपनी पुत्री वाजिरा का ब्याह कर दिया।

नगर-श्रेष्ठी

प्राचीन भारतीय नगरों में राजपरिवार के सदस्यों के बाद सबसे प्रभावशाली व्यक्ति 'श्रेष्ठी' ही होता था। ये पूँजीपति, सेठ, साहूकार और व्यापारियों के संगठन के मुखिया होते थे। व्यापारियों को सार्थवाह या वैदेहिक भी कहा जाता था। राजगृह नगर में कई धनाढ्य श्रेष्ठी निवास करते थे। उनको 'नगर श्रेष्ठि' (नगर-सेठ) भी कहा जाता था।

व्यापार-प्रमुख को श्रेष्ठी कहा जाता था। कई श्रेणियों (व्यापारों के संघ) का प्रमुख 'महाश्रेष्ठी' (महासेठ) कहलाता था। श्रावस्ती निवासी सुदत्त अनाथपिण्डक एक ऐसा ही महाश्रेष्ठी था, जिसके अधीन लगभग 500 अनुश्रेष्ठी (छोटे व्यापारी) काम करते थे। अनाथपिण्डक की ससुराल राजगृह नगर में थी। प्राचीन काल में

ब्राह्मण और क्षत्रिय भी सेठ हुआ करते थे। शूद्रक (पाँचवीं सदी ई.) कृत प्रसिद्ध संस्कृत नाटक 'मृच्छकटिक' का सेठ नागरक चारुदत्त ब्राह्मण था। समुद्रपार विदेशों में उसके धन-रत्न से भरे जहाज भेजे जाते थे।

सड़क मार्ग से व्यापार की वस्तुएँ एक बार में 500 से भी अधिक बैलगाड़ियों के सार्थ में ढोई जाती थी। उन गाड़ियों में आरोंवाले पहिए लगे होते थे, जिन पर खाल के पट्टे चढ़े होते थे। उत्तरापथ की नरम भूमि पर ऐसी बैलगाड़ियों को चलाने में कोई असुविधा नहीं होती थी।

उस दौर में उद्योग-धन्धे प्राय: श्रेणियों द्वारा व्यवस्थित थे। श्रेणीविहीन (असंगठित) उद्योग का संचालन 'जेट्ठक' द्वारा होता था।

मगध में शिल्पी-संघ

बालिकाओं को उपदेश देते समय महात्मा बुद्ध ने उनको गृह-शिल्पों में दक्षता प्राप्त करने के लिए कहा था। बुद्धकाल में सबसे महत्त्वपूर्ण शिल्प बुनकरों (तन्तुवाय) का था। बुद्धकाल में कई प्रकार के वस्त्र बनाए जाते थे। अलसी (क्षौम) की छाल से बने वस्त्र को मागधी भाषा में खोमसुखुमान कहा जाता था। जबकि कपास के सूक्ष्म वस्त्र को कप्पासिकसुखुमान, कौशेय के सूक्ष्म वस्त्र को कौसेय्यसुखुमान और ऊन के सूक्ष्म वस्त्र को कम्बलसुखुमान कहा जाता था। 'विनय पिटक' में चीवर के रँगने के बारे में दिए गए निर्देश से ऐसा लगता है कि बुद्धकाल में कपड़ों की रँगाई की कला उन्नत दशा में थी।

धातु-कर्म करनेवालों को पालि-ग्रन्थों में 'कम्मार' (कर्मार) कहा गया है। 'मज्झिम निकाय' के संखारुप्पति-सुतन्त में 'कम्मार' शब्द का प्रयोग स्वर्णकार के लिए किया गया है। कुछ जातकों में इसका प्रयोग लुहार के लिए भी किया गया है। कई बार लुहार के लिए लोहकार और सुनार के लिए सुवण्णकार, सोण्णकार या मणिकार शब्द का प्रयोग भी किया गया है। उस समय आभूषण-निर्माण की कला बहुत उन्नत थी। बुद्धकालीन स्वर्णकार धनवान होते थे। जातकों में चापकार या उसुकार (बाण बनानेवाले) द्वारा कुशलतापूर्वक सीधे बाण बनाने का वर्णन किया गया है। उस समय बढ़ईगीरी का काम करनेवाले लोग 'वड्ढकी' कहे जाते थे। वे भवन-निर्माण का कार्य करते थे। कृषकों के लिए यन्त्र और वस्त्रोद्योग के लिए उपकरण बनाना भी उन्हीं का काम था। बड़े निर्माण-कार्यों से जुड़े लोगों को 'महावड्ढकी' कहा जाता था।

मौर्यकाल में प्रशासनिक सुव्यवस्था के कारण व्यापार का संगठन आसान हो गया। विभिन्न शिल्पों ने धीरे-धीरे लघुस्तरीय उद्योगों का रूप धारण कर लिया।

राज्य ने कुछ शिल्पियों (जैसे कवच-निर्माता एवं जलपोत-निर्माता) को सीधे अपनी सेवा में ले लिया था। अन्य शिल्पी व्यक्तिगत रूप से या किसी शिल्पी-श्रेणी (गिल्ड) के सदस्य के रूप में काम करते थे। किसी भी व्यवसाय के शिल्पी अपनी श्रेणी बना सकते थे। हरेक वर्ण या जाति के बच्चे अक्सर अपने पिता के व्यवसाय को ही अपनाते थे, इसलिए श्रेणियों को पीढ़ी-दर-पीढ़ी सदस्यों की कोई कमी नहीं होती थी।

शिल्पियों के लिए शिल्पी-श्रेणी में सम्मिलित होना लाभप्रद रहता था। इससे अकेले काम करने और श्रेणियों से प्रतिस्पर्द्धा करने का व्यय बच जाता था। श्रेणियाँ उद्यमियों को सामाजिक प्रतिष्ठा और सुरक्षा भी प्रदान करती थीं। यदि राज्य के नज़रिए से देखा जाए तो श्रेणियों के कारण कर-संगह और उद्योगों के सामान्य संचालन में आसानी होती थी। व्यवसायों के स्थानीयकरण और उनकी वंशानुगत प्रकृति ने श्रेणियों को शक्तिशाली बना दिया था।

नगरों के विस्तार के साथ ही जैसे-जैसे व्यापार बढ़ा वैसे-वैसे श्रेणियों का आकार भी बढ़ता गया। प्रत्येक श्रेणी नगर के एक निश्चित भाग में बसी होती थी। अत: प्रत्येक श्रेणी के सदस्य एक साथ रहकर काम कर सकते थे। उनमें आत्मीय सम्बन्ध पाया जाता था। किसी शिल्प या व्यवसाय से जुड़े लोग पीढ़ी-दर-पीढ़ी एक ही तरह का काम करने के कारण उसमें महारत हासिल करते चले गए। इसके बाद खास दस्तकारियों में लगे सामाजिक समूहों ने अपनी विशेषज्ञता को सुरक्षित रखने के उद्देश्य से समूह-विशेष में ही रोटी-बेटी का सम्बन्ध रखना शुरू किया। इसके कारण श्रेणियों को एक जाति-समूह के रूप में देखा जाने लगा।

एक विशिष्ट शिल्प के कारीगरों तक ही सदस्यता को सीमित रखने के कारण ये श्रेणियाँ तकनीकी शिक्षा का केन्द्र बन गई थीं। खनन, धातुकर्म, रँगाई, बुनाई, बढ़ईगीरी आदि का ज्ञान सम्बन्धित श्रेणियों द्वारा सुरक्षित रखा जाता था; और जरूरत पड़ने पर उनमें सुधार भी किया जाता था।

'दीघनिकाय' में कहा गया है कि बुद्धिमान और नीतिनिपुण व्यक्ति पर्वत-शिखर पर प्रज्ज्वलित अग्नि की भाँति चमकता है। जैसे मधुमक्खी फूल को हानि पहुँचाये बिना मधु तैयार करती है, वह भी उसी प्रकार धीरे-धीरे धन का संचय करता है। इस प्रकार धन कमा कर व्यक्ति अपने परिवार की सहायता तो करता ही है, अपने मित्रों और सहयोगियों से घनिष्ट सम्बन्ध भी बनाए रखता है। बुद्धिमान व्यापारी को अपना धन चार भागों में बाँट देना चाहिए, एक भाग अपने खर्च के लिए, दो भाग व्यापार को बढ़ाने के लिए और चौथा भाग आपातकाल के लिए।

प्राचीन मगध में वाणिज्य-व्यवसाय बहुत ही विकसित अवस्था में था। श्रेष्ठी लोग सार्थवाह के रूप में 500-500 गाड़ियों का सार्थ बनाकर, उन पर बहुमूल्य सामान लादकर, देश के एक भाग से दूसरे भाग की यात्रा करते थे। पाटलिपुत्र से पूर्व में ताम्रलिप्ति तक, पश्चिमोत्तर में कपिशा एवं वाह्लीक तक और दक्षिण में भृगुकच्छ (भड़ौच) एवं पाण्ड्य कवाट तक व्यापारियों का जत्था चलता था।

राजगृह में कोसलनरेश की अन्त्येष्टि

बौद्ध-संघ में जातिवाद के लिए कोई स्थान नहीं था। बुद्ध ने कहा था कि ''भिक्षुओं, जिस प्रकार नदियाँ महासागर में मिलकर एकाकार हो जाती हैं, उसी प्रकार चारों वर्णों के सदस्य तथागत द्वारा प्रतिपादित धर्म के नियम के अनुसार प्रव्रजित होकर यह भूल जाते हैं कि हमारा वर्ण अमुक था या वंश अमुक था। उनकी एकमात्र संज्ञा रह जाती है—श्रमण।'' बौद्ध-संघ में ऊँच-नीच की भावना के लिए कोई स्थान नहीं था। नाई जाति में उत्पन्न होनेवाला 'उपालि' महात्मा बुद्ध के प्रिय शिष्यों में से एक था। बौद्ध-संघों में आदर्श स्थिति थी, लेकिन सामान्य जीवन में बुद्ध के काल में ही जातिभेद पराकाष्ठा पर पहुँच गया था। कुछ क्षत्रिय जातियाँ अपने को अन्य की अपेक्षा श्रेष्ठ मानने लगी थीं। उनमें से एक थे शाक्यवंशी, जिन्होंने कोसल के राजा प्रसेनजित के साथ एक शाक्य कन्या के विवाह को अपने कुल की प्रतिष्ठा के विरुद्ध माना था।

कोसल के राजा प्रसेनजित अपने को इक्ष्वाकुवंशीय क्षत्रिय कहा करते थे, जबकि समकालीन कई लोग उनके इस दावे को स्वीकार नहीं करते थे। बौद्ध ग्रन्थ 'ललितविस्तर' के अनुसार राजा प्रसेनजित मातंग नामक एक हीन जाति में उत्पन्न हुए थे। सुत्तनिपात के अनुसार मातंग चाण्डाल जाति के होने के कारण अस्पृश्य थे, लेकिन अपने तपबल से वे महात्मा हो गए थे। अतः ब्राह्मणों एवं क्षत्रियों ने भी उनकी सेवा की थी।

एक बार राजा प्रसेनजित ने शाक्य कुल की एक कन्या से विवाह करने की इच्छा प्रकट की। शाक्यों का सम्बन्ध क्षत्रियों के महान इक्ष्वाकु वंश से था। वे लोग प्रसेनजित के अधीन थे, लेकिन अपनी जातीय श्रेष्ठता के बोध के कारण प्रसेनजित को अपने कुल की कन्या सौंपे जाने के विरुद्ध थे। लेकिन राजाज्ञा का उल्लंघन करने से कोसल-नरेश का कोपभाजन बनने की आशंका थी। इसलिए प्रसेनजित की इच्छा का सम्मान करना भी आवश्यक था।

कोसल-नरेश की भावना का सम्मान करते हुए उन्होंने महानाम शाक्य की एक वर्णसंकर कन्या वासवखत्तिय को प्रसेनजित को सौंपने का मन बनाया।[3]

वासवखत्तिय महानाम शाक्य और उसकी दासी 'नागमुण्डा' के संसर्ग से उत्पन्न हुई थी। शाक्यों ने उस अकुलीन कन्या से प्रसेनजित के विवाह का प्रस्ताव किया। प्रसेनजित द्वारा भेजे गए दूत जब महानाम के घर पहुँचे तब शाक्यों ने उनको दूर से दिखाया कि वासवखत्तिय और महानाम एक ही थाली में भोजन कर रहे हैं।

दूतों ने राजधानी श्रावस्ती लौटकर राजा प्रसेनजित को बताया कि महानाम की कन्या कुलीन भी है और सुन्दर भी। राजा को ऐसी ही कन्या की चाह भी थी। आपस्तम्ब ने अपने 'गृह्यसूत्र' में लिखा है कि जिस कन्या में वर के मन और नयन का निबन्धन हो जाए, उसको पत्नी के रूप में स्वीकार करना सुखी दाम्पत्य-जीवन के लिए श्रेयस्कर है।[4] शीघ्र ही शुभ मुहूर्त में विवाह हुआ और प्रसेनजित ने वासवखत्तिय को राजमहिषी (पटरानी) का सम्मानजनक पद भी दे दिया।

समय आने पर वासवखत्तिय के गर्भ से विदुर्दभ (या विरुद्धक) नामक एक पुत्र पैदा हुआ। पालि ग्रन्थों में उसको 'विडूढब' कहा गया है। वह महत्त्वाकांक्षी और उद्दण्ड था। सोलह वर्ष की अवस्था में वह अपनी ननिहाल कपिलवस्तु गया। वहाँ शाक्यों ने अपने संथागार (प्रतिनिधि सभा) में उच्च आसन देकर उसका स्वागत किया। परन्तु उसके विदा होने के बाद सन्थागार के आसन के शुद्धीकरण के लिए उसको पवित्र जल से धुलवाया गया। यह बात जब विदुर्दभ को मालूम हुई तब उसने शाक्यों से बदला लेने का मन बनाया।

कोसल राज्य का प्रधानमन्त्री दीर्घचारायण मगध के अमात्य वर्षकार के समान ही प्रभावशाली था। एक बार कोसल-नरेश प्रसेनजित शाक्य जनपद के मेदलुम्प ग्राम में बुद्ध से मिलने गए हुए थे। राजधानी में उनकी अनुपस्थिति का लाभ उठाकर विदुर्दभ ने दीर्घचारायण की सहायता से कोसल के सिंहासन पर कब्जा कर लिया।

अजातशत्रु प्रसेनजित का भानजा भी था और दामाद भी। भानजा इसलिए क्योंकि प्रसेनजित की बहन कोसला अजातशत्रु की सौतेली माँ थी। जबकि आगे चलकर प्रसेनजित ने अपनी पुत्री 'वाजिरा' का विवाह अजातशत्रु से कर दिया था। इस प्रकार, वह प्रसेनजित का दामाद हो गया था।

अपने मामा प्रसेनजित की पुत्री से विवाह करनेवाला अजातशत्रु कोई अकेला उदाहरण नहीं है। वर्द्धमान महावीर के अग्रज नन्दिवर्धन ने भी अपने मामा की पुत्री 'ज्येष्ठा' से विवाह किया था। 'बौधायन धर्मसूत्र' के अनुसार मातुल-दुहिता से विवाह करने की प्रथा मात्र दक्षिण भारत में प्रचलित थी। परन्तु पालि बौद्ध ग्रन्थ साक्षी हैं कि उत्तरी भारत में भी इस प्रकार का विवाह अमान्य नहीं था।

जो भी हो, कोसल के सिंहासन से अपदस्थ कर दिए जाने के बाद प्रसेनजित अपने दामाद अजातशत्रु की सहायता प्राप्त करने के लिए राजगृह की ओर निकल

पड़े। एक दासी के अलावा उनके साथ अन्य कोई नहीं था। भूख-प्यास से बेहाल प्रसेनजित जब राजगृह पहुँचे, तब तक रात हो चुकी थी। नगर का मुख्य प्रवेश-द्वार बन्द हो गया था। प्रसेनजित नगरद्वार के बाहर ही रात गुजारने को विवश थे। भूख-प्यास, थकान और मानसिक तनाव के कारण रात में वहीं प्रसेनजित का देहान्त हो गया। प्रात:काल मुख्यद्वार के खुलने पर अजातशत्रु को जब वस्तुस्थिति की जानकारी हुई, तब उसको दु:ख हुआ। फिर अजातशत्रु के आदेश पर राजगृह में राजकीय सम्मान के साथ प्रसेनजित का अन्तिम संस्कार किया गया।

'भद्दसाल-जातक' के अनुसार बुद्ध के कहने पर राजा प्रसेनजित ने अपने विद्रोही पुत्र विडूढब (विरुद्धक, विरुद्धभ या विदुर्दभ) की पुरानी मर्यादा फिर से लौटा दी थी। शाक्यों के संहार के कारण बौद्धों ने उसे क्रूरता का अवतार बताया है। 'भद्दसाल-जातक' में कोसल-सेनापति बन्धुल और उसकी पत्नी मल्लिका का विस्तृत वर्णन है। बन्धुल के पराक्रम से भयभीत होकर कोसल-नरेश प्रसेनजित ने उसकी हत्या करवा दी। बाद में इसी का बदला लेने के लिए बन्धुल के भतीजे दीर्घचारायण ने प्रसेनजित से राजचिह्न लेकर क्रूर विरुद्धक को कोसल के सिंहासन पर बैठा दिया।

प्रसेनजित की मृत्यु की कथा 'धम्मपद अट्ठकथा' (4/3) में भी मिलती है। राजा प्रसेनजित ने कुशीनारा के मल्ल बन्धुल को पहले अपना सेनापति और फिर न्यायपति नियुक्त किया था। बन्धुल की लोकप्रियता के कारण दूसरे अधिकारियों ने उसके विरुद्ध षड्यन्त्र करके राजा प्रसेनजित को अपने पक्ष में कर लिया और फिर बन्धुल को बनावटी विद्रोह के दमन के लिए सीमान्त में भेजकर वहीं उसका वध करवा दिया। बाद में कोसलनरेश को जब इसकी सच्चाई मालूम हुई तब उनको पछतावा हुआ। प्रायश्चित स्वरूप उन्होंने बन्धुल के भतीजे (या भानजे) दीर्घचारायण को बन्धुल के पद पर नियुक्त कर दिया। बाद में जब प्रसेनजित अपना राजमुकुट और खड्ग दीर्घचारायण को सौंप कर बुद्ध से मिलने गए हुए थे, तभी विडूढब को कोसल के सिंहासन पर बैठाकर उसने अपने चाचा का प्रतिशोध पूरा किया।[5]

प्रसेनजित और विरुद्धक सम्बन्धी घटना का वर्णन 'अवदान-कल्पलता' में भी मिलता है। बिम्बिसार और प्रसेनजित दोनों के पुत्र विद्रोही और बुद्ध के विरोधी थे। इसीलिए बौद्ध-इतिहास में इनकी क्रूरता का अतिरंजित चित्रण देखने को मिलता है।

जब अजातशत्रु को विदुर्दभ के कृत्य का पता चला, तब वह बहुत क्षुब्ध हुआ। फिर कुछ सोच-विचार कर, प्रसेनजित का दामाद होने के कारण उसने कोसल राज्य पर अपना दावा प्रस्तुत किया। उधर विदुर्दभ ने बुद्ध के कहने पर दो बार शाक्यों के विरुद्ध आक्रमण की योजना टाल दी थी। परन्तु एक दिन अचानक

उसने शाक्यों पर आक्रमण कर दिया। भयंकर मारकाट मची। शाक्यों के जनधन की अपार क्षति हुई। विदुर्दभ के आसीन होने के कारण शाक्यों ने अपने सन्थागार के जिस आसन को पवित्र जल से धोया था, विदुर्दभ ने उसको शाक्यों के रक्त से धो दिया।

शाक्यों का संहार करने के बाद विदुर्दभ ने श्रावस्ती पहुँचकर अचिरावती (वर्तमान राप्ती) नदी के किनारे अपनी सेना का पड़ाव डाला। उसी समय अचानक मूसलाधार वर्षा होने लगी। देखते-देखते अचिरावती नदी उफनाने लगी। स्कन्धावर में मौजूद सेना सँभल पाती, उसके पहले ही नदी की बाढ़ ने प्रलयंकारी रूप धारण कर लिया। विदुर्दभ और उसके सैनिक अचिरावती की बाढ़ में डूबकर मर गए।

बुद्ध के वंशजों का संहार विदुर्दभ को भारी पड़ा। बिना युद्ध किए ही अराजक (राजा विहीन) कोसल पर अजातशत्रु का अधिकार हो गया। कोसल के तीनों प्रमुख नगरों अयोध्या, साकेत और श्रावस्ती में मगध का डंका बजने लगा। कोसल एक विशाल राज्य था। उसकी पश्चिमी सीमा गोमती नदी तक, पूर्वी सीमा सदानीरा (गण्डक) नदी तक, दक्षिणी सीमा स्यन्दिका (वर्तमान सई) नदी तक और उत्तरी सीमा नेपाल की पहाड़ियों तक फैली हुई थी। अत: कोसल राज्य के विलय के बाद मगध का साम्राज्य व्यापक हो गया।

वर्षकार की कूटनीति और वृज्जिसंघ का पतन

राजगृह एक व्यापारिक केन्द्र भी था। वैसे तो सड़क मार्ग से भी व्यापार होता था, परन्तु व्यापार का मुख्य साधन गंगा का जल-मार्ग ही था। चम्पा, काशी, कौशाम्बी, साकेत और श्रावस्ती-जैसे समकालीन नगरों के व्यापारी गंगा नदी के जलमार्ग से कई प्रकार के सामान लाते थे। उन सामानों का विनिमय करने और व्यापारियों से चुंगी वसूलने के लिए मगध और वृज्जिसंघ में होड़ लगी रहती थी। पाटलिपुत्र उस समय वीरान पाटलिग्राम के रूप में विद्यमान था। पालि अट्ठकथा के अनुसार गंगा के घाट के पास आधा योजन अजातशत्रु का राज्य था और आधा योजन लिच्छवियों का। वृज्जिसंघ की राजधानी वैशाली मगध की राजधानी राजगृह की अपेक्षा गंगा तट से निकट थी, इसलिए वे उन व्यापारियों तक पहले पहुँच जाते थे। वृज्जियों द्वारा उन व्यापारियों के साथ पहले ही सौदा तय कर लिया जाता था। वस्तु-विनिमय के बाद बचा-खुचा व्यापारिक माल ही मगध के हिस्से में आ पाता था। बाहरी व्यापारियों से चुंगी वसूलने में भी वे बाजी मार ले जाते थे। वे नाविकों को मही नदी के तट पर रोक कर उनसे चुंगी वसूल लेते थे। इस प्रकार वृज्जियों के

कारण मगध को व्यापारिक हानि होती थी। इस बात को लेकर वज्जिसंघ के साथ मगध का टकराव होता रहता था।

अजातशत्रु (492-460 ई. पू.) इस बात को लेकर क्षुब्ध था। उसने वृज्जि गणराज्य को सबक सिखाने का मन बनाया। उसने अपने दो भाइयों हल्ल और विहल्ल को मुहरा बनाया। जैन ग्रन्थ 'आवश्यकचूर्णि' के अनुसार, बिम्बिसार ने अपने पुत्र हल्ल पर प्रसन्न होकर 'सेचनक' नामक एक हाथी दिया था, जबकि कुमार विहल्ल पर प्रसन्न होकर 'देवदिन्न' नामक मणिमाला दी थी। हल्ल और विहल्ल अठारह लड़ियोंवाला कीमती हार पहनकर अपनी रानियों के साथ कभी उद्यान में जाते और कभी पुष्करिणी (तालाब) में जाकर जल-क्रीड़ा करते थे। इस बात से कूणिक की रानी पद्मावती को ईर्ष्या होती थी। उसने अपने पति से कहा कि वह उसे मणिमाला और सेचनक हाथी लाकर दें। परन्तु वे दोनों चीजें उसके भाइयों के पास थी।

पद्मावती के कहने पर उसने उनसे सेचनक एवं देवदिन्न की माँग की। हल्ल एवं विहल्ल ने अपने पिता की निशानी होने के कारण उसको देने से मना कर दिया। इसलिए कूणिक ने उनको खदेड़कर वृज्जि गणराज्य की सीमा तक पहुँचा दिया। दोनों कुमारों ने भागकर अपने ननिहाल वैशाली में शरण ली। अब कूणिक (अजातशत्रु) ने लिच्छवियों से माँग की कि वे गजराज एवं मणिमाला सहित दोनों कुमारों को उसके हवाले कर दें। परन्तु लिच्छवी-गण शरणागत की रक्षा के लिए प्रतिबद्ध थे। अजातशत्रु को तो बस ऐसे ही किसी बहाने की जरूरत थी। उसने अपनी सेना सहित वृज्जि गणराज्य पर आक्रमण कर दिया। परन्तु लिच्छवियों के नेतृत्ववाले वृज्जि गणराज्य को हराना आसान नहीं था।

इस युद्ध में अजातशत्रु के हाथ कुछ नहीं आया। इस बात से क्षुब्ध होकर वह लिच्छवियों से बदला लेने की बातें सोचता रहा। वैसे तब तक वह बुद्ध का अनुयायी बन चुका था; और बुद्ध लिच्छवियों को 'स्वर्ग के देवता' कहा करते थे।

उस समय बुद्ध राजगृह के गृध्रकूट पर्वत पर ही रह रहे थे। अजातशत्रु ने अमात्य वर्षकार से कहा कि "महात्मा बुद्ध वृज्जियों के राज्य में अक्सर आते-जाते रहते हैं। इसलिए तुम उनके पास जाकर वृज्जिसंघ की शक्ति का रहस्य जानने के प्रयास करो।"

दीघनिकाय के 'महापरिनिब्बान सुत्त' के अनुसार जब वर्षकार बुद्ध के पास पहुँचा तब वे विश्राम कर रहे थे। गर्मियों के दिन थे। वर्षकार ने विनयावनत होकर बुद्ध का अभिवादन किया। फिर अजातशत्रु का सन्देश सुनाते हुए कहा कि, "मगध-नरेश अजातशत्रु वृज्जिसंघ पर आक्रमण करना चाहते हैं। इस सम्बन्ध में

उन्होंने आपकी सम्मति जानना चाहा है।'' बुद्ध अहिंसा के उपासक थे। उनको वर्षकार यह प्रश्न सुनकर अच्छा नहीं लगा। उन्होंने वर्षकार के प्रश्न का कोई सीधा उत्तर तो नहीं दिया, लेकिन उसको सुनाते हुए अपने शिष्य आनन्द से सात सवाल पूछे-

(1) आनन्द, क्या तुमने सुना है कि वृज्जिसंघ के लोग सम्मति के लिए समय-समय पर एकत्र होकर सभाएँ (बैठकें) करते हैं?

'जी हाँ भदन्त, मैंने ऐसा सुना है।' आनन्द ने कहा।

(2) आनन्द, क्या तुमने सुना है कि वृज्जि एक होकर सभा करते हैं, एक होकर उन्नति करते हैं; और एक होकर कर्तव्य पालन करते हैं?

'हाँ भन्ते।'

(3) आनन्द, क्या तुमने सुना है कि वृज्जि अवैधानिक (अप्रज्ञप्त) कार्य का निषेध करते हैं, और वैधानिक नियमों (प्रज्ञप्त) एवं परम्परागत नियमों (प्राचीन वृज्जि-धर्म) का पालन करते हैं?

'हाँ भन्ते। मैंने सुना है कि वृज्जि अपने परम्परागत विधान के अनुसार ही चलते हैं।'

(4) आनन्द, क्या तुमने सुना है कि वृज्जिसंघ में जो वृद्ध (महल्लक) राजनीतिज्ञ हैं, उनका सम्मान किया जाता है और उनसे परामर्श भी किया जाता है?

'हाँ भन्ते।'

(5) आनन्द, क्या तुमने सुना है कि वृज्जिसंघ के लोग अपने कुल की विवाहित एवं अविवाहित स्त्रियों पर अत्याचार नहीं करते हैं?

'हाँ भन्ते।'

(6) आनन्द, क्या तुमने सुना है कि वृज्जि अपने चैत्य (देवस्थान) की पूजा करते हैं? उनके लिए धर्मानुसार दान भी देते हैं?

'हाँ भन्ते।'

(7) आनन्द, क्या तुमने सुना है कि वृज्जिगण अपने राज्य में पधारे अर्हतों (महात्माओं) का धर्मानुसार आदर करते हैं; और अन्य अर्हतों के आगमन को प्रोत्साहन देने के लिए आवश्यक व्यवस्था करते हैं?

'हाँ भन्ते।'

बुद्ध ने प्रश्न के रूप में उन सात अपरिहारणीय धर्म का वर्णन किया, जिनका पालन वृज्जियों द्वारा दृढ़तापूर्वक किया जाता था। सातों प्रश्नों के उत्तर उन्हीं प्रश्नों में निहित थे। स्वभावत: आनन्द ने प्रत्येक प्रश्न के उत्तर में बस हामी भर दी। इसके बाद बुद्ध ने अमात्य की ओर उन्मुख होकर कहा कि, ''हे ब्राह्मण! मैंने वैशाली के

सारन्दद चैत्य में अपने प्रवास के दौरान यह सब कुछ देखा है। और सुनो, वृज्जिसंघ के लोग जब तक इन सात धर्मों का पालन करते रहेंगे, उनका विकास होता रहेगा और उनका पतन कदापि नहीं होगा।" वर्षकार ने इतना समझ लिया कि जब तक वृज्जिसंघ में पारस्परिक एकजुटता है, उसको हरा पाना असम्भव है।

वर्षकार नामक वह मागध ब्राह्मण एक निपुण कूटनीतिज्ञ था। उसने भरी सभा में वृज्जि-सम्बन्धी नीति पर लिच्छवियों का पक्ष लेकर राजा अजातशत्रु से नकली विवाद किया, जिसके फलस्वरूप उसको राजदरबार से निष्कासित कर दिया गया। राजगृह से निकलकर वह सीधे वैशाली पहुँचा और वहाँ उसने शरण की याचना की। गण-परिषद के राजाओं ने यह जानकर कि वृज्जि का पक्ष लेने के कारण ही मगध-नरेश ने इसको राज्य से निकाल दिया है, उन्होंने न केवल उसको शरण दी, बल्कि गण-परिषद में एक महत्त्वपूर्ण पद भी दे दिया। अब वर्षकार ने वहाँ रहकर लिच्छवी राजाओं को आपस में लड़ाना शुरू किया।

वर्षकार की कूटनीति कामयाब रही। कुछ समय बाद ही वृज्जिसंघ के लोग एक-दूसरे पर अविश्वास करने लगे। उनके बीच मतभेद इतना बढ़ गया कि प्रत्येक सरदार अपने को दूसरे से श्रेष्ठ समझने लगा। गण-परिषद की बैठकों में जाने के प्रति भी वे उदासीन हो गए। सामूहिक सैनिक अभ्यास की उपेक्षा होने लगी। उन्होंने न्याय-सभाओं में जाना कम कर दिया। वैशाली में करों और उपहारों की बदौलत अपार धन-सम्पत्ति जमा हो गई थी। अविश्वास और अनिश्चितता के वातावरण में तत्कालीन गण-प्रमुख व्यक्तिगत सम्पत्ति के मोहपाश में फँसते चले गए। धन जमा करने की होड़ में उनका सामाजिक सद्भाव नष्ट होता जा रहा था। धीरे-धीरे उनकी परम्परागत एकता का ताना-बाना बिखर गया। यह पारस्परिक एकता ही उनकी शक्ति का मूल आधार था।

अवसर को अनुकूल जानकर वर्षकार ने अजातशत्रु के पास गुप्त सन्देश भेजा। सन्देश मिलते ही अजातशत्रु ने वैशाली पर आक्रमण कर दिया। लिच्छवी गणराज्य के साथ हुए इस युद्ध में अजातशत्रु ने शत्रु-सेना पर 'महाशिलाकण्टक' (पत्थर फेंकनेवाला एक युद्ध-यन्त्र) एवं 'रथमूसल' नामक युद्ध उपकरणों का प्रयोग किया। 'महाशिलाकंटक' को तोपों का आरम्भिक रूप माना जा सकता है। महाशिलाकण्टक में पत्थर के बड़े-बड़े टुकड़ों को भरकर शत्रु-दल के ऊपर बरसाया जाता था। 'रथमूसल' एक घातक अस्त्र था। रथ में अनेक गदाएँ लगी रहती थीं। इसमें सारथी के बैठने के लिए एक सुरक्षित स्थान होता था। यह समरभूमि में जिधर से गुजरता था, उधर शत्रु-सेना में कोहराम मचा देता था। इसमें तलवार और भाले भी लगे होते थे, जो शत्रु दल के सैनिकों को गाजर-मूली की

तरह काटकर रख देते थे। इन दोनों घातक युद्ध-उपकरणों का प्रयोग भारतीय युद्ध इतिहास में पहली बार मगध की सेना द्वारा ही किया गया था।

अजातशत्रु ने सोलह वर्षों तक अनवरत प्रयास किया। अन्ततोगत्वा भीतर से बिखर चुके वृज्जि-संघ को निर्णायक रूप से परास्त करके उसे मगध साम्राज्य में मिला लिया। बुद्ध के निर्वाण के मात्र तीन साल बाद भारत के एक महान गणराज्य का पतन हो गया। महाभारतकार ने ठीक ही लिखा है कि 'मेल ही प्रजातन्त्र की शरण है।' जैसे ही मेलभाव नष्ट हुआ, वृज्जि संघ का गणतन्त्र धूल में मिल गया।

उल्लेखनीय है कि यदि बुद्ध ने वर्षकार के सामने ही आनन्द से वृज्जि-संघ के बारे में उपर्युक्त चर्चा न की होती तो वर्षकार को वृज्जियों की शक्ति के मूलाधार के बारे में जानकारी नहीं मिलती; और तब मगध और वृज्जि के राजनीतिक रंगमंच पर कोई अलग दृश्य देखने को मिलता।

सन्दर्भ और टिप्पणी

1. लामा तारानाथ, भारत में बौद्ध धर्म का इतिहास, अनुवादक : रिगजिन लुण्डुप लामा, पृ. 4, काशीप्रसाद जायसवाल शोध संस्थान, पटना; 1971 ई.।
2. मध्य प्रदेश में सतना के पास स्थित भारहुत स्तूप की वेदिकाओं पर बड़ी संख्या में जातक कथाओं को उकेरा गया है। इसकी खोज अंग्रेज पुरातत्त्ववेत्ता अलेक्जेंडर कनिंघम ने 1873 ई. में की थी।
3. बौद्ध साहित्य में प्रयुक्त यह 'खत्तिय' शब्द दरअसल संस्कृत के 'क्षत्रिय' शब्द का पालि रूप है।
4. यस्यां मनश्चक्षुषोर्निबन्धनस्तस्यामृद्धिर्नेतरदाद्रियेतेत्येके। (आपस्तम्ब गृह्यसूत्र)
5. राधाकुमुद मुखर्जी, हिन्दू सभ्यता, पृ. 187 पर उद्धृत

अध्याय 13

भारत का महानतम राजधानी नगर : पाटलिपुत्र

पाटलिग्राम से पाटलिपुत्र

प्राचीन भारतीय साहित्य में पाटलिपुत्र के लिए पाटलिग्राम, पाटलिपुर, कुसुमपुर, पुष्पपुर, और कुसुमध्वज जैसे नामों का उल्लेख किया गया है। छठी शताब्दी ई.पू. में यह एक छोटे से ग्राम के रूप में विद्यमान था, जहाँ अपने निर्वाण से कुछ समय पूर्व बुद्ध ने एक दुर्ग को निर्माणाधीन अवस्था में देखा था। मगध-नरेश अजातशत्रु के आदेशानुसार गंगा के दक्षिणी तट पर पाटलि ग्राम में इस किले का निर्माण करवाया गया था। इस किले की परिधि क्रमशः बढ़ती गई और कुछ समय बाद वह पाटलिग्राम पाटलिपुत्र नगर में बदल गया।

दरअसल, अवन्ति का राजा प्रद्योत मगधराज अजातशत्रु का प्रतिद्वन्द्वी था। उसका इरादा राजगृह पर आक्रमण करने का था। अवन्ति और मगध की सीमा पलामू में मिलती थी। एक ओर, वत्सराज उदयन अवन्ति के राजा प्रद्योत का दामाद था। दूसरी ओर, प्रद्योत का पौत्र बोधिकुमार मगध पर हमला करने के लिए सुंसुमारगिरि (चुनार) पर डेरा डाले हुए था। लेकिन अजातशत्रु एक कुशल शासक था। उसे जैसे ही अवन्ति-नरेश द्वारा मगध पर आक्रमण की योजना की गुप्त सूचना मिली, उसने राजगृह की किलेबन्दी शुरू कर दी। फिर उसने गंगा नदी के दक्षिणी तट पर पाटलिग्राम में अभेद्य दुर्ग बनवाया।

'महावग्ग' में कहा गया है कि वैशाली के वृज्जियों के आक्रमण को रोकने के लिए मगधराज अजातशत्रु ने सुनीध एवं वस्सकार (वर्षकार) नामक मन्त्रियों की देखरेख में पाटलिपुत्र नामक एक नगर का निर्माण कराया था। उन दिनों लिच्छवी इतने प्रबल हो गए थे कि उनके सैनिक गंगा पार करके मगध देश के पाटलिग्राम तक पहुँच जाते थे और वहाँ महीनों टिके रहते थे। अजातशत्रु और लिच्छवियों के बीच की शत्रुता का मुख्य कारण वह शुल्क था, जो मगध और वृज्जि प्रदेशों की सीमा पर चलनेवाले रास्ते पर लगता था। 'महापरिनिब्बान सुत्तन्त' नामक बौद्ध-

ग्रन्थ के अनुसार यह शत्रुता बढ़ती गई। उस समय पाटलिग्राम ही मगध और वृज्जि की सीमा थी। इसीलिए अजातशत्रु ने वृज्जियों पर आक्रमण करने के उद्देश्य से पाटलिग्राम की किलेबन्दी की।

पतंजलि के 'महाभाष्य' में करीब तीन दर्जन बार पाटलिपुत्र नगर का उल्लेख किया गया है। उसमें किसी अन्य नगर का नामोल्लेख इतनी बार नहीं किया गया है। 'महाभाष्य' में पाटलिपुत्र को शोण नद के तट पर स्थित बताया गया है ("अनुशोणं पाटलिपुत्रम्।" महाभाष्य, 2/1/16); जबकि विशाखदत्त के संस्कृत नाटक 'मुद्राराक्षस' में पाटलिपुत्र को गंगा नदी के तट पर स्थित बताया गया है। ("स्वयमेव सुगाङ्ग प्रासाद शिखरगतेन देवेनालोकितमप्रवृत्त कौमुदीमहोत्सवं कुसुमपुरम्।" मुद्राराक्षस, अंक 3) दरअसल, यह नगर गंगा और सोन नदियों के संगम पर बसा हुआ था। यूनानी राजदूत मेगास्थनीज अपनी पुस्तक 'इण्डिका' में लिखता है कि पालिबोथ्रा (पाटलिपुत्र) नगर गंगा और उसकी सहायक नदी एरोन्नबोयस (हिरण्यवाह अर्थात् शोण) के संगम पर स्थित था।

राजगृह की तुलना में पाटलिपुत्र नगर मगध के केन्द्रीय भाग में स्थित तो था ही, सामरिक दृष्टि से भी अधिक सुरक्षित था। सामरिक दृष्टिकोण से इस नगर की भौगोलिक स्थिति से प्रभावित होकर अजातशत्रु के पुत्र एवं उत्तराधिकारी उदायिन ने पाँचवी शताब्दी ई.पू. के मध्य में मगध की राजधानी को राजगृह से पाटलिपुत्र स्थानान्तरित कर दिया। 'परिशिष्टपर्वन' नामक ग्रन्थ में कहा गया है कि उदायिन ने गंगा और सोन नदियों के संगम पर पाटलिपुत्र नामक नगर बसाकर उसको मगध की नई राजधानी बनाया। दरअसल, अजातशत्रु ने पाटलिग्राम का नगरीकरण करके उसको पाटलिपुत्र नगर का रूप दिया था; और उदायिन ने पाटलिपुत्र के पास ही कुसुमपुर नामक एक नगर बसाया था। लेकिन शीघ्र ही कुसुमपुर और पाटलिपुत्र एकाकार हो गए। सच पूछा जाए तो उदायिन ने कुसुमपुर को जोड़कर पाटलिपुत्र नगर का क्षेत्र-विस्तार किया था। 'वायु पुराण' के अनुसार अपने राज्यकाल के चौथे वर्ष में राजा उदायी (उदायिन) ने कुसुमपुर नगर की स्थापना की थी। 'ब्रह्माण्ड पुराण' में भी यही बात कही गई है।[1]

जैन-ग्रन्थ 'स्थिविरावली-चरित' और बौद्ध-ग्रन्थ 'महापरिनिब्बानसुत्त' में कहा गया है कि उदायी ने पाटलिपुत्र नगर की स्थापना की थी। ह्वेनत्सांग ने अपने यात्रा-वृत्तान्त में लिखा है कि मगध का राजभवन रंग-बिरंगे फूलों (कुसुमों) से सुसज्जित रहता था, इसलिए राजधानी नगर को 'कुसुमपुर' या 'पुष्पपुर' कहा जाता था। कालिदास के 'रघुवंश' में पाटलिपुत्र के लिए पुष्पपुर नाम का प्रयोग किया गया है। जबकि 'मुद्राराक्षस' नाटक में पाटलिपुत्र के लिए कुसुमपुर नाम का

प्रयोग किया गया है। कुल मिलाकर पाटलिपुत्र, कुसुमपुर और पुष्पपुर पर्यायवाची हैं।

483 ई.पू. में अजातशत्रु के दो अमात्य सुनीध और वर्षकार अपनी देख-रेख में गंगा और सोन के संगम पर स्थित पाटलिग्राम में दुर्ग का निर्माण करा रहे थे। उसी समय गौतम बुद्ध अपने शिष्यों के साथ अन्तिम बार राजगृह से वैशाली जा रहे थे। बुद्ध के आगमन की सूचना मिलने पर वर्षकार ने उनको अपने यहाँ भोजन के लिए निमन्त्रित किया। उसी समय बुद्ध ने अपने शिष्य आनन्द से कहा था कि ''वत्स! मुझे भाषित हो रहा है कि इस किले के चारों ओर सुन्दर नगर का निर्माण होगा, जिसमें देव-स्वरूप नागरिक निवास करेंगे। परन्तु यहाँ तीन चीजों का भय प्राय: बना रहेगा—आग, पानी और पारस्परिक कलह।'' बुद्ध की यह भविष्यवाणी एकदम सही साबित हुई। एक बार शोण नद का किनारा टूट जाने के कारण पाटलिपुत्र नगर शोण के गर्भ में समा गया था। चीनी लेखक 'मतौन् लिन' के अनुसार यह 756 ई. की घटना है। बुद्ध की भविष्यवाणी के अनुरूप पाटलिपुत्र नगर को समय-समय पर अग्निकाण्ड, बाढ़ और आपसी फूट से भारी नुकसान पहुँचा। लेकिन अपनी अदम्य जिजीविषा के बल पर यह नगर विगत ढाई हजार वर्षों से अपनी महत्ता को अक्षुण्ण बनाए हुए है।

उदयिन (460-444 ई.पू.) मगध के शक्तिशाली राजा अजातशत्रु का पुत्र और उत्तराधिकारी था। विभिन्न स्रोतों में उसका उल्लेख उदायिन, उदायी, उदयिन, उदयाश्व और उदयभद्र जैसे कई नामों से किया गया है। कुछ विद्वान मानते हैं कि अजातशत्रु के बाद 'दर्शक' मगध का शासक और उसका उत्तराधिकारी हुआ। परन्तु जैन या बौद्ध साहित्य में 'दर्शक' के नाम का उल्लेख न करके स्पष्ट रूप से कहा गया है कि अजातशत्रु का पुत्र उदयाश्व उसका उत्तराधकारी हुआ। जैन-परम्परा के अनुसार मगधनरेशों ने चम्पा और पाटलिपुत्र में राजधानियाँ परिवर्तित कीं। उस समय मगध की मूल राजधानी राजगृह की भी उपेक्षा न हो, इस बात को ध्यान में रखकर वहाँ शिशुनागवंशीय किसी माण्डलिक को राजा के रूप में नियुक्त किया गया था, जिसे 'दर्शक' या 'वंशक' कहा गया है। संस्कृत नाटककार भास कृत 'स्वप्नवासवदत्ता' में वत्सराज उदयन की एक विवाहिता रानी पद्मावती को मगधराज दर्शक की बहन बताया गया है।[2]

जैन-परम्परा के अनुसार उदयाश्व तीर्थंकर महावीर का अनुयायी था। उसने पाटलिपुत्र नगर की स्थापना के समय वहाँ औषधिशाला, जिनालय आदि बनवाए थे, जिनका उल्लेख 'आवश्यक सूत्रवृत्ति' और 'विविध तीर्थकल्प' नामक ग्रन्थों में मिलता है।

मगध के राजा के रूप में उदयिन का सबसे महत्त्वपूर्ण कार्य मगध की नई राजधानी का विकास करना था। हर्यक, शिशुनाग, नन्द, मौर्य, शुंग, कण्व, गुप्त इत्यादि राजवंशों के शासनकाल में लगभग एक हजार वर्षों तक पाटलिपुत्र नगर भारत के राजनैतिक, आर्थिक एवं सांस्कृतिक इतिहास का केन्द्रबिन्दु बना रहा। उन दिनों पाटलिपुत्र दुनिया का सर्वश्रेष्ठ नगर था। यह नगर शिक्षा, व्यापार, कला एवं धर्म का एक महत्त्वपूर्ण केन्द्र था। चन्द्रगुप्त मौर्य के शासनकाल में जैन आचार्य स्थूलिभद्र द्वारा यहाँ प्रथम जैन धर्मसभा का आयोजन किया गया था। आगे चलकर, सम्राट अशोक के काल में तृतीय बौद्ध संगीति यहीं आयोजित हुई।

'गार्गी-संहिता', पतंजलि के 'महाभाष्य' और कालिदास के 'मालविकाग्निमित्र' से पता चलता है कि शुंग-काल में पाटलिपुत्र पर यवनों के आक्रमण हुए थे। 'गार्गी संहिता' के 'युगपुराण' स्कन्ध (अध्याय) में कुसुमध्वज पर यवनों के आक्रमण का उल्लेख है—"ततः साकेतमाक्राम्य पांचालान् मथुरांस्तथा, यवना दुष्टविक्रान्ताः प्राप्स्यन्ति कुसुमध्वजम्। ततः पुष्पपुरे प्राप्ते कर्दमे प्रथिते हिते, आकुला विषयाः सर्वे भविष्यन्ति न संशयः।" कुसुमध्वज या पुष्पपुर की पहचान पाटलिपुत्र से की गई है। इस उद्धरण में भारत पर दूसरी शती ई. पू. में होने वाले मिनाण्डर या डिमिट्रियस (दिमित) के आक्रमण का उल्लेख है। भगवतशरण उपाध्याय के शब्दों में—"उसमें वाह्लीक के यवन राजा धर्ममीत (हाथीगुम्फा शिलालेख का दिमित, ग्रीक इतिहासकारों का Demetrios) के भारत-आक्रमण का विशद् वर्णन है जिसमें 'दुष्ट विक्रान्त यवनों' के पाटलिपुत्र तक पहुँच जाने का जिक्र है। उसमें लिखा है कि कुसुमध्वज पहुँचने के पूर्व यवनों ने मथुरा, पंचाल देश और साकेत को जीता। पुष्यमित्र के समकालीन और 'महाभाष्य' के रचयिता अपने ग्रन्थ में कहते हैं—अरुण यवनः साकेतम् (यवन ने साकेत को घेरा), अरुण यवनो मध्यमिकाम् (यवन ने मध्यमिका घेरी)। 'अनद्यतन भूतक्रिया' के लिए वैयाकरण पतंजलि ने इन उदाहरणों का प्रयोग किया है। इस क्रिया का उपयोग उस भूतकाल के सम्बन्ध में होता है, जो बीत चुका हो, परन्तु वक्ता के जीवनकाल में ही घटित हुआ हो। 'मालविकाग्निमित्र' के उल्लेख से ऐसा लगता है कि सिन्धु नदी के दक्षिण तट पर अश्वमेध के घोड़े की रक्षा के दौरान पुष्यमित्र के पौत्र वसुमित्र ने यवनों को हराया था। इतिहासकार इस यवन-आक्रमण के सम्बन्ध में एकमत नहीं हैं। कुछ का विचार है कि वह दिमित (Demetrios) था और कुछ उसे मिनाण्डर समझते हैं। वास्तव में यवनों द्वारा किए गए दो आक्रमणों के प्रमाण उपलब्ध हैं। चूँकि साकल के राजा मिनाण्डर के पाटलिपुत्र के रास्ते में साकेत (अयोध्या) और मध्यमिका (चित्तौड़ के पास की नगरी) दोनों नहीं पड़ सकते, इससे ऐसा लगता है कि दिमित

और उसके जामाता-सेनापति ने मगध पर दो तरफ से एकसाथ आक्रमण किया था। दिमित सिन्धु नद के डेल्टा से होता हुआ राजपूताना को रौंदते हुए पाटलिपुत्र पहुँचा और मिनाण्डर मथुरा, पंचाल (फर्रुखाबाद) और अयोध्या होते हुए। 'गार्गी-संहिता' के अनुसार दिमित पाटलिपुत्र पहुँच गया था। इसकी पुष्टि खारवेल के हाथीगुम्फा अभिलेख से भी होती है जिसमें उसके पाटलिपुत्र पहुँचने का सन्देश सुनते ही 'योनराज' के मथुरा की ओर भाग जाने की बात लिखी है। यद्यपि दिमित उसके डर से नहीं, बल्कि अपने प्रतिद्वन्द्वी युकेतिद (जिसने उसका वाह्लीक का राज्य हड़प लिया था) से युद्ध करने के लिए तेजी से लौटा था। इस प्रकार गार्गी-संहिता और हाथीगुम्फा के लेख से प्रमाणित है कि दिमित का हमला हुआ था और वह पाटलिपुत्र तक पहुँच गया था। यदि हम यवनों के दो आक्रमण मानें तो यह पहेली सुलझ जाती है। मिनाण्डर साकल का राजा होने के पहले दिमित का सेनापति था और उस अधिकार से वह पहले आक्रमण में शामिल था। परन्तु बाद में बौद्धों के उभारने पर उसने मगध पर फिर हमला किया। अब तक वह दिमित के मध्यदेश से लौट जाने के बाद, साकल का राजा और बौद्ध-मतानुयायी हो चुका था। परन्तु इस हमले में उसकी हार हुई। ग्रीक इतिहासकार प्लूटार्क का कहना है कि मिनाण्डर पूर्व में गंगा घाटी में युद्ध करते हुए मारा गया। अवश्य यह युद्ध पुष्यमित्र और उसके बीच का था। यहाँ पर 'दिव्यावदान' के एक प्रसंग का उल्लेख उचित होगा। उसमें लिखा है कि पुष्यमित्र ने मगध से जालन्धर तक के सारे बौद्ध-विहारों को जला दिया और उनमें रह रहे श्रमणों की हत्या करवा दी। इसके अतिरिक्त उसने (मिनाण्डर की राजधानी) साकल (स्यालकोट) में घोषणा की—"जो मुझे एक श्रवण-मस्तक देगा उसे मैं सौ दीनार दूँगा।" इस युद्ध में जब मिनाण्डर मारा गया तब उसकी अरक्षित राजधानी साकल से ऐसी घोषणा असम्भव नहीं है। इसके बाद ही पुष्यमित्र ने दूसरा अश्वमेध किया, जिसमें अश्व-रक्षक की हैसियत से उसका पौत्र वसुमित्र पंजाब लाँघता हुआ सिन्धु तट पर पहुँचा, जहाँ यूनानी लोग एकत्र हुए थे। वहाँ उसने यूनानियों को पराजित किया। 'मालविकाग्निमित्र' का यवन-युद्ध सिन्धु के तट पर हुआ था।

मगध से यवनों का तीन बार संघर्ष हुआ। पहली बार दिमित के साथ, जिसमें मिनाण्डर भी शामिल था और जिसका संकेत 'गार्गी-संहिता', खारवेल के अभिलेख और 'महाभाष्य' में मिलता है। दूसरा, वह जो केवल मिनाण्डर का था; जिसका संकेत प्लूटार्क देते हैं। और तीसरा मिनाण्डर की मृत्यु के बाद हुआ था, जिसका संकेत 'मालविकाग्निमित्र' में है। पहला हमला बृहद्रथ से तीन राज्यकाल-पूर्व शालिशूक के शासनकाल या उसके शीघ्र बाद हुआ था; क्योंकि युगपुराण का वर्णन

ठीक उसके बाद ही दिया हुआ है। इस युद्ध में--जो बृहद्रथ के वध से लगभग 20 वर्ष पूर्व हुआ था--पुष्यमित्र शामिल न था। वह अभी तरुण था और यदि इस युद्ध में उसने भाग लिया था, तो सेना के साधारण नायक की हैसियत से। वह युद्ध महर्षि पतंजलि के स्मृतिकाल में ही हुआ होगा।[3]

चन्द्रगुप्त मौर्य के समय लगभग 300 ई.पू. में भारत आए यूनानी राजदूत मेगस्थनीज ने पाटलिपुत्र नगर का वर्णन किया है। मेगस्थनीज कृत 'इण्डिका' में पाटलिपुत्र के लिए 'पालिबोथ्रा' नाम का प्रयोग किया गया है। उसके अनुसार पालिबोथ्रा भारत का सबसे बड़ा नगर था। यह गंगा और शोण नदियों के संगम पर बसा हुआ था। नगर के चारों ओर लकड़ी की बनी हुई एक रक्षा-दीवार थी। इस लकड़कोट के बाहर नगर के चारों ओर खाई थी, जो 60 फुट गहरी और 600 फुट चौड़ी थी। इस खाई में सोन नदी का पानी भरा रहता था। इस नगर की लम्बाई 9.5 मील और चौड़ाई 1.5 मील थी। उसमें 570 अट्टालक (बुर्ज) बने हुए थे। नगर में आने-जाने के लिए 64 द्वार थे। परकोटे के भीतर से तीर चलाने के लिए जगह-जगह छिद्र बने हुए थे। पाटलिपुत्र के उत्खनन में काठ के बने परकोटे के अवशेष मिले हैं, जिससे मेगास्थनीज के कथन की पुष्टि होती है।

चन्द्रगुप्त मौर्य का राजभवन पाटलिपुत्र नगर के मध्य में था। मेगास्थनीज के अनुसार इस राजभवन से विशाल और सुन्दर भवन पूरी दुनिया में नहीं था। राजभवन के स्तम्भों पर सोने से बनी अंगूरलताएँ और चाँदी से बने पक्षियों की आकृतियाँ बनी हुई थीं।

चन्द्रगुप्त मौर्य के बाद उसके पौत्र अशोक ने भी एक राजप्रासाद बनवाया था, जो सात-आठ सौ साल तक बना रहा। पाँचवीं सदी ई. में भारत आए फाहियान ने अपने यात्रा-वृत्तान्त में अशोक के राजप्रासाद का वर्णन किया है। वह पत्थरों से बने उस अद्‌भुत राजभवन को देखकर इतना चकित हुआ कि उसको अलौकिक मान लिया। उसने अपने यात्रा-विवरण मे लिखा है—''पुष्पपुर राजा अशोक की राजधानी थी। नगर में राजा अशोक का प्रासाद और सभाभवन है। सब असुरों के बनाए हुए हैं। ऐसा इस लोक के लोग नहीं बना सकते।''[4] सातवीं सदी ई. में ह्वेनत्सांग के भारत आने तक अशोक का राजभवन नष्ट हो चुका था। पुरातात्विक उत्खनन में मौर्य राजप्रासाद के अवशेष तो नहीं मिले, किन्तु पटना के कुम्हरार मुहल्ले में एक सभाभवन का ध्वंसावशेष मिला है। उत्खनन में मिले प्रमाणों से स्पष्ट है कि उस सभाभवन के स्तम्भ चमकदार और विशाल थे।

पाटलिपुत्र नगर के नामकरण-सम्बन्धी किंवदन्तियाँ

मगध की नई राजधानी का नाम पाटलिपुत्र क्यों पड़ा? कहते हैं कि मगध के राजा उदायी की माता का नाम पाटलि रानी था। इसीलिए मगधराज उदायी द्वारा बसाये गए नगर का नाम पाटलिपुत्र रखा गया था। इस प्रकार, 'पाटलिपुत्र' शब्द का आशय राजा उदायी (उदयिन या उदयाश्व) से है। जैन-परम्परा के अनुसार उदायी का राज्याभिषेक चम्पा में हुआ था, लेकिन पिता के निधन के बाद उनसे जुड़ी चीजों को देखने से उसका मन उद्विग्न रहता था, इसलिए उसने पाटलिपुत्र नामक एक नया नगर बसाया। बहरहाल, पाटलिपुत्र नगर के नामकरण के सम्बन्ध में तीन किंवदन्तियाँ प्रचलित हैं-

प्रथम किंवदन्ति (क)

बारहवीं सदी ई. के जैन ग्रन्थ 'परिशिष्टपर्वन' के अनुसार एक दुष्ट राजा द्वारा एक जैन मुनि का वध कर दिया गया। जैन मुनि के देहान्त के बाद उसकी खोपड़ी पर पाटलि का एक बीज कहीं से उड़कर आ गिरा। कुछ समय बाद अनुकूल वातावरण पाकर वहाँ पाटलि का एक वृक्ष उगा।

एक बार अंग देश के राजा ने अपनी राजधानी को चम्पा से हटाकर किसी अन्य स्थान पर स्थानान्तरित करने का विचार किया। राजा के दूत नई राजधानी के लिए उपयुक्त स्थान की खोज में घूमने लगे। घूमते-घूमते वे खोपड़ीवाले उस पाटलि वृक्ष के पास पहुँचे। उन्होंने देखा कि उस वृक्ष की एक डाल पर चाष नामक एक चिड़िया बैठी है। वह कभी अपना मुँह खोलती थी और कभी बन्द कर लेती थी। राजा के दूतों ने गौर किया कि चिड़िया के मुँह खोलते ही उसमें कीड़े-मकोड़े अपने-आप गिरने लगते थे। तब वह चिड़िया अपना मुँह बन्द करके उन कीड़ों-मकोड़ों को आराम से खा लेती थी। राजा के दूतों को वह स्थान चमत्कारी प्रतीत हुआ। उसको शुभ जानकर राजा को वहीं राजधानी स्थानान्तरित करने का सुझाव दिया। राजा ने अपने दूतों के सुझाव के अनुरूप वहाँ एक भव्य नगर बसाकर उसको अपनी राजधानी बनाया; और उसका नाम पाटलि वृक्ष के आधार पर पाटलिपुत्र रखा।

प्रथम किंवदन्ति (ख)

जैन आचार्य श्रीजिनप्रभसूरि ने 1446 ई. में संस्कृत, प्राकृत आदि भाषाओं में कई नगरों पर ऐतिहासिक प्रबन्धों की रचना की थी, जो 'विविध तीर्थ कल्प' के नाम से प्रसिद्ध हैं। मिथिला, चम्पा, पावापुरी आदि नगरों का ऐतिहासिक वर्णन करते हुए उन्होंने निम्नानुसार पाटलिपुत्र की उत्पत्ति बताई है—

महाराज श्रेणिक (बिम्बिसार) के निधन के बाद उनका पुत्र कूणिक (अजातशत्रु) शोकाकुल होकर चम्पापुरी आ गया। कूणिक के निधन के बाद उसका पुत्र उदायी चम्पा का शासक नियुक्त हुआ। वह भी अपने पिता के सभास्थान, क्रीड़ास्थान, शयनस्थान आदि को देखकर, पुरानी स्मृतियों के जाग्रत हो जाने के कारण, उद्विग्न रहता था। प्रधान अमात्यों से परामर्श लेकर राजा उदायी ने नैमित्तिकों को नए नगर के निर्माण का आदेश दिया। घूमते-घूमते वे गंगा नदी के तट पर आए। वहाँ गुलाबी फूलों से सजे एक पाटलिवृक्ष (पुग्नाग वृक्ष) को देखकर वे आश्चर्यचकित रह गए। वृक्ष की डाल पर चाष नामक एक पक्षी मुँह खोलकर बैठा था और कीट-पतंगे स्वयं उसके मुँह में आकर गिर रहे थे। इस दृश्य को देखकर नैमित्तिक लोग बहुत प्रभावित हुए। उन्होंने सोचा कि यदि इस भूमि पर नए नगर का निर्माण किया जाए तो निस्सन्देह राजा को स्वतः लक्ष्मी प्राप्त होगी। जब राजा ने इस शुभ घटना के बारे में सुना तो वह बहुत प्रसन्न हुआ। वयोवृद्ध नैमित्तिक ने उसको बताया कि यह कोई साधारण वृक्ष नहीं है। जैसा कि ज्ञानियों ने कहा है—महामुनि की खोपड़ी से उत्पन्न यह पाटलि (पुन्नाग) वृक्ष अत्यन्त पवित्र है।

नैमित्तिक से कथा सुनकर राजा ने आज्ञा दी कि जहाँ तक सियार की आवाज सुनाई दे, वहाँ तक की भूमि सूत से घेर दी जाए। राजाज्ञा प्राप्त नैमित्तिक ने चारों दिशाओं में सूत फैला दिए। इस प्रकार राजा ने एक चतुष्कोण नगर की स्थापना की। इसी वृक्ष के नाम पर पाटलिपुत्र नगर बसाया गया। पुष्प की अधिकता के कारण यह नगर कुसुमपुर भी कहा जाने लगा।[5]

द्वितीय किंवदन्ति

हर्षवर्द्धन (606-647 ई.) के शासनकाल में भारत आए चीनी-यात्री ह्वेनत्सांग (600-664 ई.) के यात्रा-वृत्तान्त 'सी यू की' में पाटलिपुत्र के नामकरण की एक अलग कथा कही गई है।

प्राचीन काल में एक विद्वान ब्राह्मण कुसुमपुर नामक गाँव में रहता था। हजारों शिष्य उनके साथ रहकर विद्या अध्ययन करते थे। एक दिन उनके कई शिष्य वन में घूमते हुए दूर चले गए। वन-विहार के दौरान बाकी सब तो प्रसन्न थे, लेकिन एक विद्यार्थी उदास था। उदासी का कारण पूछने पर उसने कहा कि "न तो मुझे कोई रोग है, न कोई अन्य कष्ट। परन्तु मुझे लगता है कि गुरुदेव के पास रहकर अध्ययन करते काफी समय बीत गया। युवा भी हो गया हूँ और बलवान भी हूँ, परन्तु अब तक कुँवारा हूँ। पता नहीं मेरा विवाह कब होगा ? इसी बात को लेकर मैं चिन्तित हूँ।"

उन सब विद्यार्थियों ने मिलकर अपने सहपाठी मित्र को कौतुक द्वारा प्रसन्न करने का निश्चय किया। इसी उद्देश्य से उन सब ने प्रहसन-विवाह का स्वांग रचा। उदास विद्यार्थी को दूल्हा बनाया गया। दो विद्यार्थी दूल्हे के माता-पिता बने, जबकि दो अन्य काल्पनिक दुल्हन के माता-पिता बने। विवाह का स्वांग करते समय वे सब एक पाटलि वृक्ष के समीप थे। पाटलि का एक नाम पाटली भी है, जो पाटलि का स्त्रीलिंग रूप है। चूँकि पाटली स्त्री सूचक शब्द है इसलिए उन्होंने पाटली वृक्ष को उक्त विवाह में काल्पनिक दुल्हन बना दिया। जब प्रहसन-विवाह सम्पन्न हो गया तब काल्पनिक दुल्हन के काल्पनिक पिता ने पाटली की एक शाखा तोड़कर दूल्हे को दुल्हन के रूप में दे दिया और कहा कि यही तुम्हारी अर्द्धांगिनी है; इसको प्रसन्नता के साथ स्वीकार करो। अर्द्धांगिनी को पाकर वह विद्यार्थी आह्लादित हो गया।

इस स्वांग के बाद जब सभी अपने गुरु के पास लौटने लगे तब उस नवविवाहित विद्यार्थी ने अपने को उस पाटलि वृक्ष के पास ही रहने देने का आग्रह किया। अन्य सभी विद्यार्थी लौट गए। सूर्यास्त होने के बाद उस स्थान पर अद्भुत प्रकाश फैल गया। वीणा और बाँसुरी के स्वर में मिले हुए गाने का मधुर ध्वनि सुनाई पड़ी। ऐसा लगा मानो गाजे-बाजे के साथ कई लोग पास आ रहे हों। अचानक वहाँ एक वृद्ध व्यक्ति अपनी पत्नी एवं पुत्री के साथ प्रकट हुआ। उसने अपनी बेटी का हाथ उस विद्यार्थी को देते हुए कहा कि 'यही तुम्हारी प्रिय स्त्री है।' दिन में सहपाठियों ने स्वांग किया था, रात में सचमुच ही उसका विवाह हो गया; और एक सुन्दर पत्नी मिल गई।

उस विद्यार्थी को उस स्थान पर आनन्दपूर्वक रहते सात दिन बीत गए। उसके सहपाठी उसका कुशल-क्षेम जानने उस स्थान पर आए। उन्होंने देखा कि उसके मुख पर प्रसन्नता की चमक है; और वह वृक्ष की छाया में अकेले बैठा है। उन सब ने उससे लौट चलने को कहा, लेकिन उसने विनम्रता के साथ मना कर दिया। कुछ दिनों के बाद वह अपने गाँव गया और अपने इष्ट-मित्रों को साथ लेकर फिर लौट आया। सबने पाया कि फूलोंवाला वह वृक्ष एक सुन्दर भवन में बदल गया है। सेवा के लिए नौकर-चाकर भी हैं। वृद्ध पुरुष ने निकट आकर उन सब का स्वागत-सत्कार किया। फिर विदा लेकर अन्य लोग अपने नगर को लौट गए।

नव-दम्पति वहाँ एक वर्ष रहे। उनके एक पुत्र भी हुआ। उस विद्यार्थी ने वन्य-जीवन के एकाकीपन से ऊब कर जब अपने घर वापस जाना चाहा, तब उसके ससुर ने उनके लिए एक घर बनवा कर उससे वहीं रहने का आग्रह किया। देवताओं ने उस स्थान पर एक भव्य प्रासाद बनवा दिया। वह उसी दिव्य प्रासाद में अपनी

वधू और पुत्र के साथ रहने लगा। बाद में कुछ अन्य लोग भी वहाँ आकर रहने लगे। धीरे-धीरे वहाँ एक नगर बस गया। जब मगध की प्राचीन राजधानी कुसुमपुर बदली जाने लगी, तब इसी स्थान को राजधानी के लिए चुना गया। उस स्थान का नाम पाटलिपुत्र रखा गया, क्योंकि देवताओं ने उस नगर को 'पाटली' (उक्त विद्यार्थी की पत्नी) के पुत्र के लिए बसाया था।

ह्वेनत्सांग के वर्णन से यह प्रतीत होता है कि पाटलिपुत्र ठीक उसी स्थान पर नहीं था, जहाँ कुसुमपुर स्थित था। अजातशत्रु के पुत्र उदयन के समय में राजगृह की जगह गंगा, गण्डक और शोणभद्र के संगम पर स्थित कुसुमपुर मगध की राजधानी बनी। शैशुनाग वंशीय राजा नन्दिवर्धन काकवर्ण कालाशोक (449-407 ई.पू.) के राज्यकाल में कुछ समय के लिए वैशाली को मगध की राजधानी बनाया गया। वह शिशुनाग का उत्तराधिकारी और इस वंश का सबसे प्रतापी राजा था। चूँकि कालाशोक के समय में वैशाली को मगध की राजधानी बना दिया गया था, इसलिए उसके राज्यकाल में मगध की तत्कालीन राजधानी वैशाली में ही द्वितीय बौद्ध संगीति का आयोजन किया गया था। लेकिन इस संगीति के आयोजन के तुरन्त बाद ही कालाशोक ने कुसुमपुर के सामरिक महत्त्व के दृष्टिगत उसको दुबारा अपनी राजधानी बनाया। सम्भवत: तभी इसका नाम कुसुमपुर के स्थान पर पाटलिपुत्र रखा गया। ह्वेनत्सांग अपने यात्रा-वृत्तान्त में लिखते हैं कि "गंगा नदी के दक्षिण में एक प्राचीन नगर लगभग 70 ली के घेरे में है। यद्यपि यह उजाड़ हो रहा है, तथापि घर-मकान अब भी बहुत अच्छे बने हुए हैं। प्राचीन काल में जब मनुष्यों की आयु बहुत अधिक होती थी, तब इस नगर का नाम कुसुमपुर था क्योंकि राजमहल में फूलों की अधिकता थी। बाद में जब मनुष्यों की आयु सीमित रह गई, तब इसका नाम बदलकर पाटलिपुत्र हो गया।"[6]

तृतीय किंवदन्ति

सोमदेव कृत 'कथासरित्सागर' में पाटलिपुत्र नगर के नामकरण के सम्बन्ध में एक अन्य रोचक कथा बताई गई है—

कनखल (हरिद्वार) तीर्थ में एक ब्राह्मण रहता था। उसके तीन बेटे थे। पढ़-लिखकर वे तीनों स्वामिकार्तिक के दर्शन के लिए दक्षिण की ओर गए। वहाँ चिंचिनी नगर के भोजिक नामक ब्राह्मण ने उन तीनों के साथ अपनी तीन कन्याओं का विवाह कर दिया। एक बार वहाँ अकाल पड़ा। तीनों भाई अपनी पत्नियों को वहीं छोड़कर अन्यत्र चले गए। मँझले भाई की पत्नी गर्भवती थी। कुछ समय बाद उसने एक पुत्र को जन्म दिया। पुत्र मँझली का था, किन्तु वे तीनों बहनें उस बालक

को एक समान प्यार करती थीं। उन तीनों को ऐसी आशा थी कि बुढ़ापे में वह उनकी सेवा करेगा।

एक बार देवी पार्वती ने उन तीनों बहनों को स्वप्न में दर्शन दिया और कहा कि "तुम्हारे इस पुत्र का नाम पुत्रक है। प्रतिदिन सवेरे इसके सिरहाने से एक लाख अशर्फियाँ मिला करेंगी। यह बालक आगे चलकर राजा बनेगा।" इसके बाद पुत्रक को प्रतिदिन एक लाख अशर्फियाँ मिलने लगीं। अब वह राजाओं की तरह रहने लगा। उसके नाना के एक मित्र यज्ञदत्त ने सलाह दी कि यदि वह दान देना आरम्भ करे तो दान पाने की चाह में उसके पिता और चाचा भी घर वापस आ सकते हैं।

पुत्रक ने ऐसा ही किया। शीघ्र ही उसकी दानशीलता की चर्चा फैल गई। यह चर्चा उसके पिता और चाचा ने भी सुनी। वे घर लौट आए। पुत्र का वैभव देखकर वे तीनों चकित रह गए। परन्तु उनके मन में लोभ आ गया। उन्होंने एक पेशेवर हत्यारे की मदद से पुत्रक को मार डालने की योजना बनाई।

एक दिन जब पुत्रक माँ विन्ध्यवासिनी के दर्शन के लिए गया हुआ था, हत्यारों ने उसको मारने की कोशिश की। परन्तु उनको अपने आभूषण सौंपकर पुत्रक ने अपनी जान बचा ली। उसकी जान तो बच गई लेकिन अपने पिता और चाचा के अभिप्राय को जानकर उसको जीवन से विरक्ति हो गई। वह सब कुछ त्यागकर वन में चला गया।

उसको मृत मानकर उसके पिता और चाचा उसके राज्य के मालिक बन बैठे। परन्तु मन्त्रियों ने राजद्रोही मानकर उन तीनों को मार डाला। इधर पुत्रक वन में भटक रहा था। एक दिन वन में उसने दो युवकों को आपस में लड़ते देखा। उसने उनसे लड़ने का कारण पूछा, तो उन्होंने बताया कि "हम अपने पिता भयासुर की सम्पत्ति पर अधिकार करने के लिए लड़ रहे हैं। हम दोनों में से जो विजयी होगा, वही उस सम्पत्ति का स्वामी होगा।"

पुत्रक ने पूछा कि, "ऐसी कौन-सी वस्तु है, जिसके लिए तुम दोनों एक-दूसरे के प्राण लेने को उतारू हो।"

उन दोनों ने कुछ दूरी पर रखे एक जोड़ी खड़ाऊँ, एक डण्डा और एक कटोरे की ओर इशारा किया। उन्होंने यह भी बताया कि इस अद्‌भुत खड़ाऊँ को पैरों में पहनकर उड़ा जा सकता है। डण्डे से जो कुछ लिख दिया जाए, वह सच हो जाता है। कटोरे से खाने की जो भी वस्तु माँगी जाए, वह तुरन्त प्राप्त हो जाती है।

पुत्रक ने उन दोनों भाइयों से कहा कि "इसके लिए लड़ने से अच्छा है कि तुम दोनों यहाँ से दौड़ लगाओ। जो दौड़ में आगे निकल जाएगा, उसको विजयी मान लिया जाएगा।"

उन दोनों भाइयों ने पुत्रक की बात मानकर दौड़ना शुरू किया। इस अवसर का लाभ उठाकर पुत्रक ने वह जादुई डण्डा एवं कटोरा हाथ में लिया और खड़ाऊँ को पैरों में पहनकर आकाश में उड़ गया। उड़ते-उड़ते उसने आकर्षिका नामक एक सुन्दर नगरी देखी। उसने वहीं रहने का निश्चय किया। रहने के लिए उपयुक्त स्थान की खोज करता हुआ वह एक बुढ़िया के घर पहुँचा। बुढ़िया अकेली थी। उसने उसको अपने साथ रहने की अनुमति दे दी। अब वह उसी बुढ़िया के साथ रहने लगने लगा। वहाँ रहते लम्बा अरसा बीत गया। एक दिन उस बुढ़िया ने कहा कि ''बेटा, मैं तेरे विवाह के लिए बहुत चिन्तित हूँ। इस देश की राजकुमारी तुम्हारे योग्य है। वह बहुत सुन्दर है और उसका नाम है—पाटलि। परन्तु समस्या यह है कि कोई उसके महल तक पहुँच नहीं सकता।

पुत्रक ने पाटलि के रूप-गुण का बखान सुना तो उसने उसी से विवाह करने का निश्चय किया। रात में पैरों में जादुई खड़ाऊँ पहनकर आकाश में उड़ते हुए वह राजकुमारी पाटलि के महल में जा पहुँचा। जागने पर राजकुमारी ने एक सुन्दर युवक को पास देखा, तो उसको आश्चर्य हुआ। शीघ्र ही दोनों में प्रेम हो गया। इसके बाद वे दोनों हर रात चोरी-छिपे मिलने लगे। आखिरकार उन दोनों ने गान्धर्व विवाह कर लिया।

परन्तु एक दिन पहरेदारों को इस बात की भनक लग गई कि कोई युवक रोज रात को महल में आता है। उन्होंने राजा महेन्द्र को इस बात की सूचना दे दी। राजा को यह जानकर बहुत क्रोध आया। उसने अपने सैनिकों को आदेश दिया कि रात में चोरी-छिपे महल में दाखिल होनेवाले युवक को पकड़कर पेश किया जाए। योजना के अनुसार उस रात को जब पुत्रक राजभवन में दाखिल हुआ, तब दासी ने उसके कपड़े में लाल रंग लगा दिया। उस रंग से पहचान करके सैनिकों ने पुत्रक को बन्दी बना लिया। बन्दी बनाकर उसको राजा के समक्ष लाया गया। राजा अत्यन्त क्रुद्ध था। लेकिन वह कुछ कहता या करता, इससे पहले ही पुत्रक जादुई खड़ाऊँ पहन कर आकाश में उड़ गया। सब लोग चकित होकर देखते रह गए।

पुत्रक अपने जादुई खड़ाऊँ की मदद से उड़ कर राजकुमारी के महल में पहुँचा। फिर उसको गोद में उठाकर आकाशमार्ग से निकल भागा। उड़ते हुए बहुत दूर जाकर वह गंगा नदी के किनारे उतरा। जादुई पात्र की सहायता से राजकुमारी और अपने लिए भोजन की व्यवस्था की। फिर राजकुमारी के आग्रह पर जादुई छड़ी की सहायता से उसने चतुरंगिनी सेना से युक्त और अभेद्य दुर्गवाले एक भव्य नगर का निर्माण किया। अब वे दोनों उस नगर में सुखपूर्वक रहने लगे। माया द्वारा

रचित उस भव्य नगर को उन दोनों (पाटली और पुत्रक) के नाम के आधार पर पाटलिपुत्र कहा गया।

दण्डी कृत 'दशकुमारचरित' में मगध

दण्डी सम्भवतः पाँचवीं-छठी सदी ई. में हुए थे। उनके प्रसिद्ध संस्कृत ग्रन्थ 'दशकुमार चरित' में मगध से सम्बन्धित एक रोचक कथा कही गई है। दण्डी के अनुसार उस समय अंग क्षेत्र के चम्पा नगर में बहुत से धूर्त रहते थे। 'दशकुमार चरित' की कथा इस प्रकार है—

प्राचीन काल में मगध देश में पुष्पपुरी (पाटलिपुत्र) नाम का एक सुन्दर और विशाल नगर था। इस नगर में राजहंस नामक एक प्रतापी राजा राज करते थे। वे रूपवान, वीर और दानशील थे। उनकी रानी वसुमति सुन्दर होने के साथ ही बुद्धिमती भी थी। राजा के तीन मन्त्री थे—धर्मपाल, पद्मोद्भव और सितवर्मा। ये तीनों बुद्धिमान होने के साथ ही निष्ठावान भी थे।

एक बार राजहंस ने मालवा पर हमला किया। इस युद्ध में मालवा के राजा मानसार पराजित हुए और उनको बन्दी बना लिया गया। परन्तु राजा राजहंस ने दया करके मानसार का राजपाट लौटा दिया। राज वापस मिलने के बाद मानसार ने भगवान शिव को तपस्या द्वारा प्रसन्न किया। शिव ने उसे एक ऐसी गदा प्रदान की, जिसका वार अचूक था। फिर एक दिन अचानक मालवा की सेना मगध में घुस आई। भयंकर युद्ध हुआ। मानसार ने शिव द्वारा दी गई गदा से राजहंस पर प्रहार किया। रथ का सारथी मारा गया, राजा बेसुध होकर रथ में ही गिर पड़े, किन्तु घोड़े उस रथ को लेकर जंगल में भाग गए। मालवा की सेना ने देखते ही देखते पाटलिपुत्र नगर पर अधिकार कर लिया। महारानी पहले ही विन्ध्याचल के जंगलों में भेज दी गई थी। मगध के पराजय और राजा के लापता होने की खबर मिलने पर गर्भवती रानी वसुमती बहुत दुखी हुईं। उन्होंने मर जाने का निश्चय किया, लेकिन मन्त्रियों के समझाने-बुझाने पर वे मान गईं।

परन्तु रात में सबके सो जाने के बाद वह अकेले ही वहाँ से चल पड़ीं। अचानक वह उस जगह पहुँची, जहाँ युद्ध के मैदान से भागे राजा राजहंस के रथ के घोड़े आकर रुके थे। रानी मरने का संकल्प कर के आई थी। एक पेड़ की डाल पर दुपट्टा बाँधकर उसने फन्दा तैयार किया और अन्तिम बार महाराज को याद करते हुए उसने विलाप किया। उसकी करुण पुकार से पूरा जंगल गूँज उठा। राजा का रथ पास में ही था। रात्रि की शीतलता में उसकी चेतना धीरे-धीरे लौट रही थी। स्वाभाविक रूप से वह पुकार राजा ने भी सुनी। वे भी मद्धिम स्वर में रानी को

पुकारने लगे। पुकार सुनकर रानी उधर दौड़ीं। चाँदनी रात के प्रकाश में उसने घायल राजा को देखा। फिर आवाज देकर उसने पुरोहित और मन्त्रियों को भी बुला लिया।

कुछ ही दिनों में महाराज स्वस्थ हो गए। परन्तु वे अपनी पराजय को भूल नहीं पाए थे। एक दिन वे महर्षि वामदेव के पास पहुँचे। उन्होंने राजा को बताया कि उनके एक प्रतिभावान पुत्र होगा, जो शत्रुओं का नाश करेगा। महर्षि ने राजा को उस समय की प्रतीक्षा करने की सलाह दी।

समय आने पर रानी वसुमती ने एक पुत्र को जन्म दिया। बच्चे का नाम रखा गया राजवाहन। संयोगवश इसी के आसपास राजहंस के मन्त्रियों के भी पुत्र हुए। राजवाहन और ये मन्त्रिपुत्र साथ-साथ खेलते हुए बड़े हुए। ये सभी पहले बिछड़ गए। अलग-अलग क्षेत्रों में उन सभी ने अपनी योग्यता के बल पर सफलता अर्जित की। कुछ वर्षों बाद संयोगवश राजवाहन सहित कुल नौ कुमार चम्पा नगरी में एकत्र हुए। वहाँ सब ने मिलकर आनन्दोत्सव मनाया।

राजहंस को भी उन सभी के एकत्र होने का शुभ समाचार मिला। उन्होंने पत्र भेजकर सब को बुलावा भेजा। कुछ समय बाद उन सभी ने मालवा पहुँचकर मालवराज को हरा दिया। वहाँ बन्दी दसवें कुमार पुष्पोद्भव को मुक्त कराकर वे सभी पाटलिपुत्र लौटे। उन सभी विजयी दस कुमारों ने राजा राजहंस और रानी वसुमति के चरण छूकर उनका आशीर्वाद लिया। कुछ समय बाद गुरु वामदेव की सलाह पर युवराज राजवाहन को मगध का राजपद सौंपकर राजहंस धर्मकर्म में लग गए।

पृथ्वी पर सबसे कीर्तिमान नगर

गुप्तकालीन भाण[7] नाटककार ईश्वरदत्त ने कुसुमपुर (पाटलिपुत्र) को धरती का सबसे कीर्तिमान नगर कहा है। उसमें कहा गया है कि "कुसुमपुर की कीर्ति पूरी पृथ्वी पर फैली हुई है। तभी तो केवल नगर कहने मात्र से कुसुमपुर का बोध होता है। यहाँ गगनचुम्बी अट्टालिकाएँ हैं। यहाँ विक्रय के विविध सामान, ग्राहकों की भीड़ और इस नगर के वैभव को देखकर लोग आश्चर्यचकित रह जाते हैं। समृद्ध नगर तो और भी हैं, लेकिन यह नगर अनुपम है। यहाँ दानशील व्यक्तियों की बहुत बड़ी संख्या है। यहाँ कलाओं का आदर होता है। नारियों से सभी लोग दाक्षिण्यभाव (अनुकूल-भाव) से मिलते हैं। पुरुष-समाज शिक्षित और विनयशील है। यहाँ के धनाढ्य लोग न तो उन्मत्त हैं, न ईर्ष्यालु। लोग बातचीत में शिष्टता का पालन करते हैं। वे गुणग्राही और कृतज्ञ हैं। देवता भी अपना स्वर्ग त्यागकर इस नगर में सुखपूर्वक रह सकते हैं।"[8]

ईश्वरदत्त के अनुसार, कुसुमपुर के वेश-विन्यास (वेश्या-मण्डी) का सौन्दर्य मनमोहक है। उस वेश्या-मण्डी (वेश) में अपने यौवन को सफल बनाया जा सकता है। ईश्वरदत्त के भाण-नाटक 'धूर्त्तविटसंवाद' के अनुसार कुसुमपुर के राजमार्ग और उसकी गलियाँ 'विट' (भाण नाटकों के नायक) की बुद्धि की तरह वेश्या-मण्डी की ओर जाती हैं। इस वेश्या-मण्डी में एक ओर सुन्दर कामिनियाँ रहती थी, जहाँ सुन्दर ग्राहकों का लालित्यपूर्ण प्रवेश होता था। एक ओर शृंगार के सैकड़ों विधान बंनते थे, दूसरी ओर चिन्तन और दर्शन के नए आयाम खुलते थे। इसी कुसुमपुर की वेश-वीथि में विट ने जीवन-सन्दर्भ और नारी-साहचर्य की एक गाँठ को वेश्या-प्रसंग में खोला है। अनुकूल और रूपवती में कौन स्वीकार्य है ? रूप और अनुकूलता दोनों ही नारी के शृंगार हैं। अगर कुरूपा में अनुकूलता है, तो वह अँधेरे में नाचने के समान व्यर्थ है। उधर बिना अनुकूलता के रूप भी वन में खिली चाँदनी की तरह व्यर्थ है। मुझे तो रूप की अपेक्षा अनुकूलता महत्त्वपूर्ण लगती है क्योंकि अनुकूलता कुरूप स्त्री को भी सँवार देती है। जबकि प्रतिकूलता रूपवती स्त्री को भी दूषित कर देती है। समाज में अक्सर यह देखा गया है कि पुरुष सुन्दर किन्तु प्रतिकूल स्त्रियों को छोड़कर सामान्य रूपवाली अनुकूल स्त्रियों में रम जाते हैं। रूपवती स्त्रियों में एक प्रकार का अहंकार होता है, जो काम के लिए शत्रु है। काम के मूल में अनुगमन महत्त्वपूर्ण है, जिसकी प्राप्ति अनुकूल भाव से ही सम्भव है।

गुप्तकालीन एक अन्य भाण नाटककार वररुचि ने पाटलिपुत्र के वेश (वेश्या-मण्डी) को स्वर्ग से भी आकर्षक कहा है। यहाँ के नागरिक निर्भय होकर प्रसन्न मन से नित्य उत्सव मनाते हैं। वे मूल्यवान रत्न और आभूषण धारण करते हैं। उनकी माला में सुगन्ध और उनके वस्त्रों में चमक होती है। वे अनेक गुणों में निपुण हैं। रमणीयता की दृष्टि से पाटलिपुत्र स्वर्ग से भी बढ़कर है।[9]

फाहियान का यात्रा-वृत्तान्त और पाटलिपुत्र की रथयात्रा

चौथी शताब्दी ई. में फाहियान वैशाली की यात्रा के बाद गंगा नदी पार करके मगध जनपद के पुष्पपुर (पाटलिपत्तन) पहुँचा। पाटलिपुत्र में तीन वर्ष तक रहकर उसने संस्कृत भाषा का अध्ययन किया। उसके यात्रा-वृत्तान्त के अनुसार पाटलिपुत्र सम्बन्धी विवरण निम्नवत है—

राजा अशोक के एक छोटे भाई ने अर्हतपद प्राप्त किया था। वह गृध्रकूट पर्वत के शान्त वातावरण में रहता था। राजा उसके प्रति प्रेम और आदर रखता था। राजा ने उसको आमन्त्रित किया लेकिन पर्वत के एकान्तवास के कारण उसने राजा

के आमन्त्रण को स्वीकार नहीं किया। राजा ने अपने भाई से कहा कि निमन्त्रण स्वीकार करो, मैं नगर के भीतर ही एक पर्वत बनवा देता हूँ। फिर राजा ने असुरों को भोज में आने के लिए निमन्त्रित करते हुए यह घोषणा की कि बैठने के लिए आसन नहीं है। अतः वे सब अपना आसन लेकर भोज में आएँ। दूसरे दिन सब असुर आसन के लिए बड़ी-बड़ी शिलाएँ लेकर आए, जो दीवार के बराबर यानी चार-पाँच पग लम्बी-चौड़ी थी। भोज के समापन के बाद असुरों द्वारा लाई गई शिलाओं को चुनवाकर एक पर्वत बनवा दिया गया। पर्वत के पाद-भाग में पाँच बड़ी शिलाओं की सहायता से एक गुफा भी बनवा दी गई।

फाहियान ने अपने यात्रा-वृत्तान्त में आगे लिखा है कि अशोक के स्तूप के निकट महायान सम्प्रदाय का एक संघाराम बना हुआ है। यह बहुत ही सुन्दर और भव्य है। यहीं हीनयान सम्प्रदाय का भी विहार है। उनमें सात-आठ सौ भिक्षु रहते हैं। उन सब का आचार-विचार और उनकी पठन-पाठन विधि देखने योग्य है। चारों ओर के श्रमण और सत्य के जिज्ञासु यहाँ आकर रहते हैं। यहाँ मंजुश्री नामक एक ब्राह्मण आचार्य हैं। हीनयान भिक्षु उनका बहुत आदर करते हैं।

पुष्पपुर मध्यदेश में सबसे बड़ा नगर है। यहाँ के निवासी समृद्ध हैं। यहाँ के लोग सत्यव्रती और दानशील हैं। यहाँ प्रतिवर्ष रथयात्रा होती है। दूसरे मास की आठवीं तिथि को यात्रा निकलती है। चार पहिये के रथ बनते हैं। यह स्तूप के आकार का होता है जिसकी ऊँचाई बीस हाथ होती है। ऊपर सफेद चमकीला ऊनी कपड़ा मढ़ा जाता है। उसमें रेशम की ध्वजा और चाँदनी भी लगाई जाती है। सोने, चाँदी और स्फटिक से देवताओं की भव्य मूर्तियाँ बनाई जाती हैं। बीच में बुद्धदेव की और पास में बोधिसत्व की मूर्ति होती है। बीस रथ होते हैं। नियत तिथि को सभी यति और गृही एकत्र होते हैं। गन्ध-पुष्प से पूजा की जाती है। फिर ब्राह्मण आते हैं और बुद्धदेव को नगर में पधारने का विधिवत निमन्त्रण देते हैं। फिर उनका नगर में प्रवेश कराया जाता है। इसमें दो रातें बीत जाती हैं। सारी रात दिया जलता है। गायन-वादन का कार्यक्रम होता है।

जनपद के वैश्यों के मुखिया लोग नगर में सदावर्त और औषधालय स्थापित करते हैं। देश के निर्धन, अपंग, अनाथ, विधवा, निस्सन्तान, लूले-लँगड़े और रोगी इस स्थान पर आते हैं। उन्हें सब प्रकार की सहायता मिलती है। वैद्य रोगों की चिकित्सा करते हैं। रोगी लोग अनुकूल पथ्य और औषध पाते हैं; और स्वस्थ होने के बाद अपने स्थान को लौटते हैं।

अशोक ने 84000 स्तूप बनवाने के लिए पहले से बने सात स्तूपों को गिरवा दिया था। उनके द्वारा बनवाया गया पहला स्तूप नगर के दक्षिण 3 ली की दूरी पर

था। इस स्तूप के सामने बुद्ध का पदचिह्न है। वहाँ एक विहार बना हुआ है, जिसका द्वार उत्तर की ओर है। स्तूप के दक्षिण में पत्थर का एक स्तम्भ है, जिस पर यह वाक्य अंकित है : ''राजा अशोक ने जम्बूद्वीप को भिक्षु-संघ को दान कर दिया; और फिर धन देकर उनसे ले लिया। ऐसा उसने तीन बार किया।'' स्तूप के उत्तर तीन-चार सौ कदम पर राजा अशोक ने नेले नामक नगर बसाया था। नेले नगर में 30 हाथ से अधिक ऊँचा पत्थर का एक स्तम्भ है, जिसके ऊपर सिंह बना हुआ है।

सुबन्धु कृत 'वासवदत्ता' में कुसुमपुर का वर्णन

संस्कृत गद्य लेखकों में सुबन्धु, बाण और दण्डी महत्त्वपूर्ण है। सुबन्धु छठी शताब्दी ई. के अन्त में उत्पन्न हुए थे। 'वासवदत्ता' उनके द्वारा लिखी गई एक प्रसिद्ध आख्यायिका है। इसमें शुक-सारिका संवाद के माध्यम से कथा कही गई है। सारिका के आग्रह पर शुक (सुग्गा) कथा सुनाता है—''कुसुमपुर नाम का एक नगर है। उसमें ऊँचे-ऊँचे महल हैं। वहाँ के रहनेवाले बड़े ही ज्ञानी, कई प्रकार की विद्याओं में निपुण और धर्म के मार्ग पर चलनेवाले हैं। उस नगर में भगवती दुर्गा चण्डिका के नाम से रहती हैं। देवता और दानव सब उनकी पूजा करते हैं। उस नगर के समीप भागीरथी बहती हैं। उसमें अनेक प्रकार के कमल खिले हुए हैं। उस नगर के राजा का नाम शृंगारशेखर है। वह बहुत ही गुणवान, उदार, पराक्रमी और सज्जनों के आश्रयदाता हैं। उनकी प्रजा सब तरह से खुशहाल और धर्म के मार्ग पर चलनेवाली है। वहाँ की रानी अनंगवती सुन्दर होने के साथ ही गुणवती भी हैं। उनकी पुत्री वासवदत्ता का रूप तीनों लोकों को लज्जित करनेवाला है।''

वासवदत्ता के स्वयंवर का आयोजन होता है, किन्तु कोई भी राजकुमार उसको पसन्द नहीं आता है। फिर वह स्वप्न में राजा चिन्तामणि के पुत्र कन्दर्पकेतु को देखती है। वह उससे विवाह करने की कामना करती है। तमालिका नामक एक सारिका के माध्यम से उसका प्रेम-सन्देश कन्दर्पकेतु तक पहुँचता है। और फिर राजकुमार कन्दर्पकेतु राजकुमारी वासवदत्ता से मिलने के लिए कुसुमपुर आता है।

''राजकुमार ने वहाँ पहुँचकर वासवदत्ता का महल देखा, जिसका शिखर आकाश को छू रहा था। उसके चारों ओर एक परकोटा था, जिसमें रत्न जड़े हुए थे। उस महल के ऊपर ऊँची पताकाएँ थीं। उसका आँगन सोने की शिलाओं से पटा हुआ था। वहाँ नहरें बह रहीं थीं। उन नहरों के किनारों पर स्फटिक की जो शिलाएँ बिछी हुई थीं उन पर सफेद कबूतर सुखपूर्वक सोये हुए थे। किनारे पर उगे हुए फूलों से सुगन्ध आ रही थी। वह महल विलास की सामग्रियों के भरा हुआ था।''

'वासवदत्ता' नामक इस आख्यायिका में वर्णित नगर का नाम कुसुमपुर होने, नगर के समीप गंगा (भागीरथी) नदी के प्रवाहित होने और नगर में कई प्रकार के फूलों के खिले होने से स्पष्ट है कि रचनाकार पुष्पपुर यानी पाटलिपुत्र नगर का ही वर्णन कर रहा है। 'वासवदत्ता' के रचनाकार ने कुसुमपुर के लोगों के गुणों का जैसा वर्णन किया है, वह मेगास्थनीज और फाहियान द्वारा अपने-अपने वृत्तान्तों में किए गए पाटलिपुत्र नगरवासियों के शील-स्वभाव के वर्णनों से मेल खाता है।

पाटलिपुत्र नगर के पतन की कहानी

12वीं शताब्दी ई. में वर्द्धमान नामक एक वैयाकरण हुए। उनके द्वारा 'गणरत्नमहोदधि' नामक एक संस्कृत ग्रन्थ की रचना की गई थी। यह गणपाठ[10] सम्बन्धी ग्रन्थ है। 'गणरत्नमहोदधि' में पाटलिपुत्र नगर के विनाश की कहानी कही गई है। उसमें कहा गया है कि पाटलिपुत्र नगर में पुरगा नामक एक राक्षसी (या यक्षिणी) रहती थी। वह राक्षसी पाटलिपुत्र नगर को ही लील गई—

पुरगा नाम काचिद् राक्षसी तथा भक्षितं पाटलिपुत्रं तस्या निवासः पौरगीयमित्यन्यः।

जिस प्रकार राजगृह में मुद्गरपाणि यक्ष की पूजा की जाती थी, पाटलिपुत्र में पुरगा की पूजा होती रही होगी। पाणिनि कृत 'अष्टाध्यायी' (सूत्र 8/4/4) में 'पुरगावन' सहित छह वनों का उल्लेख किया गया है। वासुदेवशरण अग्रवाल का अनुमान है कि पुरगावन पाटलिपुत्र के समीप था, जो उस यक्षिणी के नाम से ही प्रसिद्ध हुआ होगा। किसी बात से कुपित होकर उस यक्षिणी ने पाटलिपुत्र नगर को नष्ट कर दिया। यह आख्यान किसी जातीय संघर्ष की ओर संकेत करता है।

सन्दर्भ और टिप्पणी

1. उदायी भविता तस्मात् त्रयोविंशत् समा नृपः।
   स वै पुरवरं राजा पृथिव्यां कुसुमाह्वयम्।
   गङ्गायां दक्षिणे कूले चतुरस्त्रं करिष्यति।। (ब्रह्माण्ड पुराण)
2. अस्माकं महाराज दर्शकस्य भगिनी पद्मावती। (भास, 'स्वप्नवासवदत्ता', अंक 1)
3. भगवतशरण उपाध्याय, प्राचीन भारत का इतिहास, पृ. 166-168; ग्रन्थमाला कार्यालय, पटना; 1949 ई.।
4. फाहियान की भारतयात्रा, जगमोहन वर्मा, पृ. 127-128
5. 'विविध तीर्थ कल्प' पृ. 67-68
6. ह्वेनत्सांग की भारत यात्रा, हिन्दी अनुवादक—ठाकुर प्रसाद शर्मा, पृ. 242-243
7. 'भाण' संस्कृत के नाटकों का एक प्रकार है। इन नाटकों में कुछ अश्लीलता भी होती है। प्रसंगवश यह भी उल्लेखनीय है कि मगध क्षेत्र की लोक-परंपरा में विवाह के अवसर पर वधू-पक्ष की महिलाएँ वर-पक्ष के पुरुषों को लक्ष्य करके अश्लील गीत गाती हैं, जिन्हें 'गारी'

या 'भाँड़ी' कहते हैं। यह 'भाँड़ी' शब्द दरअसल, 'भाणी' का अपभ्रंश है। यहाँ 'भाणी' या 'भाँड़ी' अश्लील गीतों का वाचक है।

8. ''स्थाने खलु कुसुमपुरस्यानन्यनगरसदृशी नगरमित्यविशेषग्राहिणी पृथिव्यां स्थिता कीर्त्तिः। बहूनि खल्वस्य पुरस्य गृहाण्युच्छ्रायवन्ति। पण्यसमुदायाज्जनबाहुल्याच्च तास्तान् समृद्धिविशेषान् दृष्ट्वा विस्मयते जनः। तत्र को विस्मयः? सन्ति ह्यन्यान्यपि समृद्धिमन्ति पुराणि। ते त्वस्य निःसाधारणा गुणास्तान् वक्ष्यामः। तथा हि-

   दातारः सुलभाः कलाबहुमता दाक्षिण्यभोग्याः स्त्रियो
   नोनमत्ता धनिनो न मत्सरयुता विद्याविहीना नराः।
   सर्वः शिष्टकथः परस्परगुणग्राही कृतज्ञो जनः
   शक्यं भो नगरे सुरैरपि दिवं सन्त्यज्य लब्धुं सुखम्।। (धूर्त्तिटिसंवाद, श्लोक 10)

9. सर्वेर्वीतभयैः प्रहृष्टवदनैर्नित्योसवव्यापृतैः श्रीमद्रत्नविभूषणाङ्गरचनैः स्रग्गन्धवस्त्रोज्ज्वलैः। क्रीड़ासौख्यपरायणैर्विरचितप्रख्यातनानागुणैर्भूमिः पाटलिपुत्रचारुतिलका स्वर्गायते साम्प्रतम्।।
   (वररुचि, उभयाभिसारिका, श्लोक सं. 6)

10. पाणिनि के व्याकरण के पाँच भाग हैं—अष्टाध्यायी, शिवसूत्र, धातुपाठ, उणादिसूत्र और 'गणपाठ'। गण का अर्थ है—समूह। जब कई शब्दों को एक ही तरह के कार्य करने हों तब उनमें से प्रमुख (या प्रथम) शब्द में आदि जोड़कर काम चलाया जाता है। जैसे भ्वादि गण (भू आदि गण)। ऐसा करने से वर्णन का अनावश्यक विस्तार नहीं होता है। बहरहाल, कौन से शब्द गण हैं, इसकी पहचान के लिए ही 'गणपाठ' दिया जाता है। संस्कृत भाषा के प्रमुख वैयाकरणों के अलग-अलग गणपाठ होते हैं।

अध्याय 14

प्राचीन मगध में आर्थिक, सामाजिक एवं धार्मिक जीवन

आहत सिक्कों का प्रचलन

प्राचीन भारतीय समाज में सामग्रियों के क्रय-विक्रय के लिए वस्तु-विनिमय प्रणाली प्रचलित थी। अदला-बदली करके जीवन का कार्य-व्यापार चलता था। परन्तु सामाजिक एवं आर्थिक जीवन के क्रमिक विकास के फलस्वरूप एक ठोस विनिमय-पद्धति की आवश्यकता महसूस की गई। ऋग्वैदिक काल में गाय विनिमय का एक प्रमुख साधन बन गई। उस काल में 'गो' शब्द गाय या बैल के अतिरिक्त धन का भी सूचक था। ऋग्वेद में एक स्थान पर इन्द्र की एक प्रतिमा का मूल्य दस गाएँ बताया गया है। पाणिनि कृत 'अष्टाध्यायी' में एक गाय के बदले खरीदी गई वस्तु को 'गोपुच्छ' कहा गया है।

चीनी-यात्री फाहियान ने 401 से 410 ई. के बीच भारत की यात्रा की थी। अपने भ्रमण के दौरान उसने पाटलिपुत्र के बाजारों में मुद्रा के रूप में कौड़ियों का प्रयोग होते हुए देखा था। दूसरे चीनी-यात्री ह्वेनत्सांग ने 630 से 643 ई. के मध्य भारत की यात्रा की थी। उसने अपने यात्रा-वृत्तान्त में लिखा है कि भारत में स्वर्ण मुद्राओं, रजत मुद्राओं, मोतियों और कौड़ियों का प्रयोग किया जाता था। गणितज्ञ भास्कराचार्य (जन्म : 1114 ई.) के समय में भारत के कई हिस्सों में सबसे छोटी मुद्रा के रूप में कौड़ियों का प्रयोग होता था। भास्कराचार्य ने अपने ग्रन्थ 'लीलावती' में एक पण को 80 कौड़ियों के बराबर बताया है। 'लीलावती' में कौड़ियों के लिए 'वराटका' शब्द का प्रयोग किया गया है। उन्नीसवीं सदी के मध्य तक भारत के विभिन्न प्रदेशों में मुद्रा के रूप में कौड़ियों का प्रचलन रहा है।

भारत में 700 ई.पू. के आसपास मुद्रा-प्रणाली का जन्म हुआ। पाणिनि कृत 'अष्टाध्यायी' में प्राचीन मुद्रा-प्रणाली का विस्तृत वर्णन उपलब्ध है। इसमें निष्क, शतमान, कार्षापण, शाण, माष तथा विंशतिक नामक मुद्राओं का उल्लेख किया

गया है। निष्क सोने का सिक्का था, जबकि शतमान एवं कार्षापण चाँदी के सिक्के थे। कार्षापण एक मानक सिक्का था, जिसको संक्षेप में 'पण' कहा जाता था। पालि बौद्ध साहित्य में इसको 'कहापण' कहा गया है। पाणिनि ने इन सिक्कों को 'आहत' कहा है। व्यापार-विनिमय के लिए पहली बार पाटलिपुत्र में ही आहत (पंचमार्क्ड) सिक्कों का प्रचलन शुरू हुआ। आहत सिक्के दरअसल 'कार्षापण' या 'पण' ही हैं। ये सिक्के बुद्ध के पहले से प्रचलित रहे हैं। वैसे स्थानिक सिक्के इसके भी पहले से राजगृह आदि नगरों में प्रचलित थे।

वात्स्यायन कृत 'कामसूत्र' में एक वणिक-सूत्र का उल्लेख किया गया है—'वरं सांशयिकान्निष्कात् असांशयिकः कार्षापणः।' अर्थात सोने के नकली सिक्कों (सन्दिग्ध निष्क) की अपेक्षा चाँदी के असली सिक्के (असन्दिग्ध कार्षापण) बेहतर हैं। प्राचीन मगध सहित सम्पूर्ण भारतवर्ष में व्यापारियों के बीच यह सूत्र सर्वमान्य रहा है। 'कामसूत्र' में एक अन्य महत्त्वपूर्ण वणिक-सूत्र दिया गया है—'वरमद्य कपोतः श्वो मयूरात्।' अर्थात उधार के मोर से नकद का कबूतर बेहतर है। इस प्राचीन वणिक-सूत्र का देशज रूपान्तर 'नौ नगद, न तेरह उधार' के रूप में व्यापारी-वर्ग के बीच आज भी प्रचलित है।

मगध की राजधानी राजगृह से पाटलिपुत्र स्थानान्तरित होने के पहले ही अंग मगध में विलीन हो चुका था। प्राचीन काल में मुंगेर जिले की खड़गपुर पहाड़ियों में चाँदी की खान विद्यमान थीं। मुगल बादशाह अकबर के काल तक इस क्षेत्र में स्थित चाँदी की खानों से चाँदी निकाली जाती थी। अंग राज्य पर अधिकार के बाद चाँदी की इन खानों पर मगध के राजाओं का अधिकार हो गया। यही कारण है कि छठी शताब्दी ई. पू. में ही चाँदी के आहत सिक्कों का प्रचलन मगध में आरम्भ हो गया। धातु के टुकड़ों पर पेड़, मछली, साँड़, हाथी, अर्धचन्द्र, मयूर, पर्वत आदि की आकृतियों का ठप्पा लगाया जाता था। इसीलिए उन धातु-खण्डों को आहत सिक्के (पंच मार्क्ड क्वायन्स) कहा जाता था। कार्षापण पर जो चिह्न का ठप्पा लगाया जाता था, उसको पाणिनि ने 'रूप' कहा है।

आहत सिक्कों को मुख्यतः दो श्रेणियों में बाँटा गया है—(1) जनपदीय या क्षेत्रीय आहत सिक्के; और (2) मगध साम्राज्य के आहत सिक्के। जदपदीय आहत सिक्के अधिक पुराने हैं। इनकी शैली, तौल और बनावट भी भिन्न-भिन्न प्रकार की है। पाटलिपुत्र में नई राजधानी के स्थानान्तरण के बाद मगध साम्राज्य का चतुर्मुखी विकास आरम्भ हो गया। तभी से मगध में नए ढंग के सिक्कों का प्रचलन आरम्भ हुआ, जो राजगृह के पुराने सिक्कों से तौल में भिन्न थे। पाटलिपुत्र में ढले सिक्के मगध साम्राज्य के मानक सिक्के बन गए। अजातशत्रु के समय से लेकर शुंग-

वंशीय राजाओं के राज्यकाल तक वही सिक्के प्रचलित रहे। इसीलिए इस प्रकार के सिक्कों को 'मगध-मौर्य श्रेणी के सिक्के' कहा जाता है।[1]

मौर्यकाल में बड़े पैमाने पर सिक्के बनाए गए थे। मौर्यों के चाँदी के सिक्कों में मिलावट ज्यादा है। उस समय मानक कार्षापण के अलावा माषक और काकिनी नामक छोटे सिक्के भी चलते थे।

इन सिक्कों के अग्रभाग पर पाँच चिह्न या लांछन देखने को मिलते हैं, जो विभिन्न ज्यामितीय आकृतियों--वृत्त, चक्र, सूर्य, वृषभ, मृग, मानव, गैंडा, मछली आदि--के रूप में है। लांछनों के इन विविध रूपों के आधार पर इन आहत सिक्कों को करीब 550 प्रकारों में पहचाना गया है, मगर इनके अग्रभाग पर जो पाँच लांछन पाये जाते हैं, उनका अपना एक क्रम है और उसमें प्रत्येक लांछन का अपना एक निश्चित स्थान है। इनमें पहला चिह्न 'सूर्य' है और दूसरा चिह्न छह अरोंवाला 'षड्चक्र' है, जिसके विविध रूप हैं। शेष तीन चिह्न विभिन्न प्रकार के हैं।

प्राचीन भारत के आरम्भिक आहत सिक्के कलात्मक दृष्टि से अनाकर्षक हैं; जबकि बाद के सिक्के, विशेषकर गुप्तकालीन सिक्के कलात्मक हैं। मयूर, पर्वत और अर्द्धचन्द्र की छापवाली आहत रजत मुद्राएँ मौर्य साम्राज्य की मान्य मुद्राएँ थीं। पाटलिपुत्र के सरकारी मृद्भाण्डों और सिक्कों पर सबसे प्रमुख चिह्न 'चन्द्र' (या पहाड़ी पर अर्धचन्द्र) है। मौर्यकालीन सिक्कों पर 'मेरु पर मोर' का चिह्न भी देखने को मिलता है। अधिकांश विद्वान मेरु को ही मौर्य शासकों का राजचिह्न मानते हैं। पाटलिपुत्र और सारनाथ के उत्खनन से प्राप्त सिक्कों पर एक वृक्ष अंकित है। डॉ. काशीप्रसाद जायसवाल के अनुसार "यह निश्चित रूप से पाटलि वृक्ष का प्रतीक है, जो राजधानी पाटलिपुत्र के नाम की ओर संकेत करता है।"[2]

सारनाथ के अशोक-स्तम्भ की नींव और पाटलिपुत्र से प्राप्त ढलुवा सिक्कों में शाही मानक और हाथी का चिह्न दिखाई देता है। लगता है कि हाथी एक मानक शाही प्रतीक था, जो अशोक के स्मारकों की मुख्य पहचान है। यहाँ हमें ग्रीक लेखक जस्टिन द्वारा उल्लिखित उस कहानी को याद करना चाहिए जिसमें बताया गया था कि चन्द्रगुप्त को एक हाथी द्वारा अपनी पीठ पर बैठाया गया था और एक शेर उसको चूम रहा था। अब तक इन ग्रीक कहानियों को हमने दन्तकथा मानकर खारिज कर दिया है। लेकिन चन्द्रगुप्त के मोनोग्राम की पहचान के साथ हमें एक बार इस बात को मानना पड़ेगा कि चन्द्रगुप्त मौर्य के कार्षापण के तक्षशिला संस्करण के जारी होने के समय ये कहानियाँ तक्षशिला में प्रचलित थीं। इन सिक्कों के मोनोग्राम पर राजा को हाथी की पीठ पर दर्शाया गया है और इस मोनोग्राम के दूसरे फलक पर खुले मुँह और फैली जीभ के साथ एक शेर अंकित है।[3]

उक्त मुद्राओं की सबसे पुरानी निधियाँ मगध और पूर्वी उत्तर प्रदेश में प्राप्त हुई हैं। धातु मुद्रा के प्रचुर प्रचलन से स्पष्ट है कि मगध साम्राज्य में वेतन और मूल्य का भुगतान अक्सर सिक्कों के रूप में ही किया जाता था। आरम्भ में सिक्के ज्यादातर चाँदी के होते थे, जबकि ताँबे के सिक्के बहुत पहले से प्रचलित थे। कौटिल्य के 'अर्थशास्त्र' में मुद्रा-ढलाई और टकसाल की व्यवस्था के सुचारु संचालन के लिए 'लक्षणाध्यक्ष' नामक पदाधिकारी को नियुक्त करने का निर्देश किया गया था। मुद्रा पर अंकित चिह्नों की जाँच के लिए 'रूपदर्शक' नामक एक अन्य अधिकारी की नियुक्ति का भी निर्देश है, जिनका काम जाली सिक्के चलानेवाले 'कूटरूपकारक' पर नज़र रखना था।

आहत रजत मुद्राओं के प्रचलन के बावजूद महाशाल (प्रभावशाली) ब्राह्मणों को पारितोषिक या दान के रूप में राजस्व ग्राम भी दिए जाते थे। वैसे इस प्रकार के दान में दानगृहीता को उस ग्राम से राजस्व एकत्र करने का अधिकार ही दिया जाता था, उस पर राज करने का नहीं।

बिहार में किए गए उत्खनन में कई लिपिबद्ध मुहरें मिली हैं। इनमें सर्वाधिक संख्या वैशाली से प्राप्त मुहरों की है। व्यक्तिगत मुहरों का व्यवहार सम्भवत: व्यापार में हुण्डी के रूप में होता था। इस आधार पर यह कहा जा सकता है कि प्राचीनकाल में वैशाली व्यापार-वाणिज्य का एक महत्त्वपूर्ण केन्द्र था।

प्राचीन मगध में खानपान

गया के सोनपुर में हुए उत्खनन से आठवीं सदी ई. पू. में मगध सहित पूर्वी भारत में धान की खेती का पता चलता है। वैसे, व्यापक रूप से धान की खेती बुद्धकाल में शुरू हुई। 'दीघनिकाय' में धान के अतिरिक्त किसी दूसरे अन्न का उल्लेख नहीं है।

चावल मगध के निवासियों का मुख्य आहार रहा है। यद्यपि आश्वलायन एवं सांख्यायन के 'गृह्यसूत्रों' में केवल व्रीहि प्रजाति के धान का उल्लेख मिलता है, तथापि पालि भाषा के बौद्ध-ग्रन्थ 'मज्झिम निकाय' में सालि (शालि), वीहि (व्रीहि) और तण्डुल नामक धान की तीन प्रमुख प्रजातियों का उल्लेख है। बौद्ध ग्रन्थों में व्रीहि और धान की महीन किस्म शालि में अन्तर किया गया है। उनमें शालि की कई किस्में गिनाई गई हैं—रक्तशालि, कलमाशालि, महाशालि, गबन्धशालि आदि। पाणिनी ने 'अष्टाध्यायी' में शालि, व्रीहि एवं महाव्रीहि का उल्लेख किया है। व्रीहि और शालि के खेत अलग-अलग होते थे। व्रीहि बरसात में बोया जानेवाला धान था जो कार्तिक में तैयार होता था। जिसके यहाँ व्रीहि धान की अच्छी उपज

होती थी उसको व्रीहिमान या बहुव्रीहि कहा जाता था। 'अर्थशास्त्र' में शालि को व्रीहि से अलग बताया गया है। व्रीहि शब्द शालि की तुलना में पुराना है। शालि उखाड़कर फिर से रोपा जानेवाला जड़हन धान था। सुश्रुत ने 'सूत्र-स्थान' में चावल की केवल एक प्रजाति महाशालि का उल्लेख किया है। पतंजलि ने अपने 'महाभाष्य' में 'दाविका-मूल-शालि का उल्लेख करते हुए मगध के 'शालि' चावल की मुक्तकण्ठ से प्रशंसा की है। पाणिनि की 'अष्टाध्यायी' में 'दाविक-कूल' शब्द का प्रयोग किया गया है। इससे प्रतीत होता है कि 'महाभाष्य' में उल्लिखित 'दाविका-मूल-शालि' देविका नामक नदी के तटवर्ती भाग में उत्पन्न होनेवाला चावल था। ह्वेनत्सांग के जीवनीकार 'हुइ ली' के अनुसार महाशालि धान की खेती मात्र मगध में ही होती थी। हुइ ली यह भी लिखता है कि नालन्दा महाविहार पहुँचने पर ह्वेनत्सांग को शालि या महाशालि[4] चावल का भात खाने को दिया गया था। इस चावल के दाने लम्बे, चमकीले और सुगन्धित होते थे। महाशालि चावल को सुगन्धिका भी कहा जाता था।[5]

भात (पके हुए चावल) को पालि-ग्रन्थों में 'भत्त' कहा गया है, जबकि पाणिनी ने अपनी 'अष्टाध्यायी' में भात के लिए 'ओदन' शब्द का प्रयोग किया है। भारतवर्ष के पूर्वी भाग में विशेष रूप से खाया जानेवाला भात एक ऐसा खाद्य-पदार्थ है, जिसको अकेला नहीं खाया जाता। वह दाल या रसदार सब्जी के साथ खाई जाती है। पालि जातकों के अनुसार भात के साथ मांस या मछली का भोजन लोगों का प्रिय आहार था। 'सुपत्त जातक' के अनुसार बुद्ध के एक प्रमुख शिष्य सारिपुत्र ने एक बार भात, लाल मछली और घी परोसकर बिम्बादेवी का स्वागत किया था। दूध-भात या खीर (क्षीरौदन) लोगों का प्रिय आहार था। 'महावग्ग' के अनुसार बुद्ध ने खीर के गुण बताते हुए उसको प्रात:कालीन जलपान के लिए सर्वोत्तम कहा था। खीर में चावल और दूध के साथ ही मधु (शहद) भी मिलाया जाता था।

जनसामान्य का एक अन्य प्रिय आहार था—'यवागू'। यह पूर्वी भारत के गरीब लोगों का रुचिकर आहार था। इसको 'यव' अर्थात भात से बनाया जाता था। रात के भोजन के बाद बचे हुए भात में पानी मिलाकर रख दिया जाता था। सबेरे उसमें सरसों का तेल, इमली, सूखी लाल मिर्च का चूर्ण और नमक मिलाकर प्रेम से खाया जाता है। मगध के गाँवों में अभी हाल तक गरीब जनता का यह एक प्रिय आहार रहा है।

मगध क्षेत्र में 'पिट्ठखज्जक' नामक एक मिठाई बहुत लोकप्रिय थी। इसको सामान्य बोलचाल की भाषा में 'खाजा' कहते हैं। 'विसवन्त जातक' के अनुसार बुद्ध के शिष्य सारिपुत्र को खाजा बहुत पसन्द था। परन्तु एक बार उन्होंने उनको

भविष्य में कभी नहीं खाने का प्रण लिया क्योंकि खाजे उनकी जिह्वा की लोलुपता बढ़ा देते थे। राजगृह के समीप सिलाव कस्बे के खाजे बहुत प्रसिद्ध रहे हैं।

पाणिनी ने 'अष्टाध्यायी' में 'पलल' नामक एक स्वादिष्ट मिष्ठान्न का उल्लेख किया है। इसको तिल के चूर्ण और गुड़ को मिला करके बनाया जाता था। पलल का वर्तमान रूप 'तिलकुट' है। इसको उत्तर प्रदेश में 'गजक' कहा जाता है। प्राचीन मगध के निवासियों की यह एक प्रिय मिठाई रही है। आज भी गया के तिलकुट बहुत प्रसिद्ध हैं।

प्राचीन मगध में परिधान

शरीर के ऊपरी भाग पर ओढ़े जानेवाले वस्त्र को प्राचीन भारतीय ग्रन्थों में 'उत्तरीय' कहा गया है; और धोती को अन्तरीय। यह दोनों भारतवर्ष की प्राचीनतम वेशभूषा है। प्राचीन मूर्तियों में इन वस्त्रों को देखा जा सकता है। उत्तरीय' (उपरना) और धोती को संयुक्त रूप से 'शाटक युगल' या 'युगल' (जोड़ा) कहा जाता था। पाणिनि ने धोती के लिए उपसंव्यान शब्द का प्रयोग किया है। धोती के ऊपर कमर में फेंटा बाँधा जाता था, जिसको 'अष्टाध्यायी' में 'नीवि' कहा गया है।

मेगास्थनीज ने 'इण्डिका' में मगध के स्थानीय लोगों के परिधान का भी वर्णन किया है। उसके अनुसार वहाँ के नागरिक वस्त्र और आभूषण के शौकीन थे। सम्भ्रान्त लोगों के वस्त्र उच्च कोटि के मलमल के बने होते थे, जिनमें जरी का काम किया जाता था और कीमती पत्थर जड़े जाते थे।

बिम्बिसार ने सोने की जरी के काम किए एक वस्त्र पर बुद्ध का सन्देश अंकित कराकर गन्धार-नरेश पुष्करसारि को उपहार-स्वरूप भेजा था। मगध के राजवैद्य जीवक ने अवन्तिराज प्रद्योत के पीलिया रोग का उपचार किया था। उससे प्रसन्न होकर उन्होंने जीवक के लिए 'सिवेय्यक दुस्स' नामक बहुमूल्य ऊनी दुशाला राजगृह भिजवाया था।

एक बार राजगृह से दक्षिणगिरि की ओर जाते समय बुद्ध ने गाँव के खेतों को चारों ओर से मेड़ से घिरा हुआ देखा। मगध के इन पंक्तिबद्ध सुव्यवस्थित खेतों को देखकर वे बहुत प्रभावित हुए। आनन्द के माध्यम से भिक्षुओं को उन्होंने इसी शैली में चारों तरफ से घिरे चीवर का प्रयोग करने को कहा।

जनसामान्य के परिधान में तीन प्रकार के वस्त्र होते थे—अन्तरवासक (धोती), उत्तरीय और उत्तरासंग (दुपट्टा या गमछा)। उत्खनन में प्राप्त मूर्तियों को देखने से पता चलता है कि आमलोग केवल अधोवस्त्र (धोती) पहनते थे, जबकि भद्र लोग

पूरे शरीर को ढकते थे। एरियन ने अपनी 'इण्डिका' में लिखा है कि अधोवस्त्र घुटने तक पहना जाता था। मगध के ग्रामांचलों में गर्मी के दिनों में लोगों को आज भी घुटने तक धोती पहने और कन्धे पर अंगौछा (गमछा) डाले देखा जा सकता है। सम्पन्न लोग मलमल के वस्त्र पहनकर पगड़ी बाँधते थे। शरीर पर सुगन्धित द्रव्य भी लगाया जाता था।

महिलाएँ साड़ी (साटक), उत्तरीय और चोली पहनती थीं। बौद्ध जातकों के अनुसार रानियों द्वारा पहनी जानेवाली साड़ियों को 'सट्टसाटक' कहा जाता था। पटना के दीदारगंज से प्राप्त चामरग्रहणी यक्षिणी की मूर्ति में यक्षिणी ने साड़ी पहन रखी है, जो कमर से एड़ियों तक के भाग को ढके हुए है। साड़ी में पटका खोंसा हुआ है; और एक बँटा हुआ दुपट्टा लटक रहा है।

'अष्टाध्यायी' में 'गोमूत्रिका' नामक वस्त्र का उल्लेख किया गया है। यह एक प्रकार की धोती या साड़ी थी, जिसके एक पल्ले पर गोमूत्रिका शैली की किनारी बनी होती थी। यक्ष-यक्षिणी की प्राचीन मूर्तियों में सामने की ओर लटकती हुई पाटली में गोमूत्रिका शैली की किनारी देखने को मिलती है। गाय द्वारा मूत्र करते हुए चलने के दौरान जमीन पर जो पैटर्न बनता है, उसको शास्त्रीय शब्दावली में गोमूत्रिका कहा जाता है।

'महापरिनिब्बान सुत्त' के अनुसार बुद्ध के वैशाली आगमन पर वहाँ के नागरिकों ने रंग-बिरंगी पोशाक में आकर उनका स्वागत किया। लोगों ने मेल खाते वस्त्र और आभूषण पहन रखे थे। बौद्ध भिक्षु अलंकरणहीन वस्त्र पहनते थे, जो अक्सर चीथड़ों से बने होते थे। उनको पहनने के लिए अधिकतम तीन चीवर रखने की अनुमति दी गई थी। बौद्ध भिक्षुगण अपने साथ सुई-धागा भी रखते थे और अपने चीवर स्वयं सिलते थे।

'अष्टाध्यायी' में चार प्रकार के आभूषणों का उल्लेख किया गया है—अंगुलीय, कर्णिका, ललाटिका और ग्रैवेयक। अंगुलीय हाथ और पैर की अंगुलियों में पहने जानेवाले गहने थे। कर्णिका कान में, ललाटिका ललाट पर और ग्रैवेयक गले में पहने जानेवाले गहने थे। बौद्ध जातकों में गले में पहने जानेवाले गहने को 'गिवेय्य' कहा गया है। 'अष्टाध्यायी' में उल्लिखित ये चार प्रकार के अलंकार मौर्य-शुंग काल की भारतीय कला में देखने को मिलते हैं। परखम यक्ष की मूर्ति के गले में पड़ा कण्ठाभूषण ग्रैवेयक का उदाहरण है, जबकि पटना के दीदारगंज की चामरग्रहणी यक्षिणी के माथे का गोखरू ललाटिका का उदाहरण है। उन दिनों उत्तरी भारत के अन्य नगरों में भी वैसे ही वस्त्राभूषण पहने जाते थे और अंग-शृंगार किए जाते थे, जैसे मगध में।

अथर्ववेद में 'त्रैककुद अंजन' का उल्लेख किया गया है। इससे पता चलता है कि मगध में उत्तर-वैदिक काल से ही आँखों के अंजन (काजल) का प्रयोग किया जाता था। 'महाभारत' के कर्णपर्व में कहा गया है कि मद्र देश की गोरी स्त्रियाँ त्रैककुद अंजन से अपनी आँखों की शोभा बढ़ाती थीं।

डॉ. हजारीप्रसाद द्विवेदी ने 'प्राचीन भारत के कलात्मक विनोद' नामक पुस्तक में लिखा है कि ''थेरगाथा, संयुक्त निकाय और अंगुत्तर निकाय की अट्ठकथाओं में पिल्ली नामक ग्राम के निवासी एक अत्यन्त धनी ब्राह्मण की कथा आती है। उस ब्राह्मण के पुत्र माणवक के लिए शरीर में उबटन लगाने का जौ-चूर्ण नित्य तैयार होता था, उसका वजन मगध में प्रचलित नाली नामक माप से बारह नाली हुआ करता था। आधुनिक वजन से यह करीब दस सेर होना चाहिए। इसमें थोड़ी अत्युक्ति भी हो तो अनुलेपन द्रव्य की मात्रा का अन्दाज तो लग ही जाता है।''[6]

ह्वेनत्सांग के भारत-सम्बन्धी विवरण में कहा गया है कि, ''वे सफेद वस्त्र पहनते हैं। रंगीन कपड़े उन्हें कम पसन्द हैं। पुरुष अपने वस्त्र को शरीर के मध्य लपेट कर काँख के नीचे ले जाते हैं और शरीर के दोनों ओर लटका लेते हैं। स्त्रियों के वस्त्र जमीन तक फहराते रहते हैं। वे कन्धों को पूर्णतः ढक लेती हैं। मुकुट की भाँति थोड़ा जूड़ा रखती हैं और शेष केश को खुला छोड़ देती हैं। कुछ पुरुष अपनी मूँछें मुँडवा लेते हैं। वे सिर पर पगड़ी (उष्णीय) धारण करते हैं।

उनके वस्त्र अक्सर लाल या सफेद होते हैं। ब्राह्मणों और क्षत्रियों की वेशभूषा सुन्दर होती है। राजा और अमात्य वस्त्रों के अलावा कई प्रकार के आभूषण भी पहनते हैं। स्त्रियाँ अपने केश को फूलों से सजाती हैं। राजपुरुष रत्न-जड़े उष्णीय पहनते हैं। समृद्ध लोग पैरों में खड़ाऊँ और उपानह (चप्पल या जूते) पहनते हैं। कुछ लोग केशों को बाँधते हैं और अपने कान भी छिदवाते हैं।''[7]

प्राचीन मगध में उत्सव

प्राचीन मगध के सामान्य लोग बहुत ही उत्सवधर्मी थे। लेकिन बौद्ध भिक्षु उत्सवों से दूर रहते थे। उनके लिए गायन, नृत्य, वादन और अभिनय (यानी नाटक) वर्जित था। उत्सव को पालि-ग्रन्थों में 'समज्ज' कहा गया है। 'समज्ज' दरअसल, संस्कृत शब्द समाज का मागधी (पालि) रूप था। इसमें अभिनय और तमाशे, दोनों हुआ करते थे। राजगृह में एक बहुत बड़ी समज्ज होती थी, जिसको 'गिरग्ग समज्ज' कहा जाता था। 'विनय पिटक' से पता चलता है कि 'गिरिग्ग समज्ज' में गाना-बजाना और नाच भी होता था। 'चुल्लवग्ग' में 'गिरग्ग समज्ज' नामक इस उत्सव का वर्णन किया गया है, जो पहाड़ी पर मनाया जाता था। गिरि के छोर पर

मनाए जाने के कारण ही इसको 'गिरग्ग समज्ज' कहा जाता था। यह एक धार्मिक उत्सव था। जिसमें जनसमुदाय एकत्र हो, वह उत्सव समज्ज कहलाता था। जातकों से पता चलता है कि समज्ज एक विशेष प्रकार की मनोरंजक गोष्ठियाँ थीं, जिसमें स्त्री-पुरुष और बच्चे-बूढ़े इकट्ठा होकर कई प्रकार के खेल-तमाशे, नृत्य-संगीत, हस्तियुद्ध, मेषयुद्ध, अजायुद्ध, मल्लयुद्ध आदि खेल खेलते थे।

जातकों में 'समज्ज' शब्द का प्रयोग मेले या मनोरंजन के लिए एकत्र जनसमुदाय के लिए किया गया है। जातक कथाओं में उत्सव के लिए 'नक्खत' शब्द का प्रयोग भी किया गया है। इससे प्रतीत होता है कि मगध में समज्ज का आयोजन ग्रह-नक्षत्र का विचार करके किसी मांगलिक अवसर पर किया जाता था।

भारत में पहाड़ियों पर देवता का वास माने जाने की परम्परा बहुत पुरानी है। इस लोक उत्सव में जनसामान्य के साथ ही राज्य के उच्च पदाधिकारी भी सम्मिलित होते थे। बिम्बिसार के समय (544-492 ई.पू.) में गिरिग्ग समज्ज की बहुत तैयारी होती थी। खुली जगह में अभिनय और तमाशे होते थे। दूर से देखने में आसानी हो, इसलिए सामान्य जन भी मचान बनाते थे। आमन्त्रित अमात्यों और राजपुरुषों के लिए तो मचानों में आसन भी रखे जाते थे। उन आसनों में ऊन, छाल, घास और मुलायम पत्तियाँ डालकर उनको आरामदेह बनाया जाता था।

विशेष अवसरों पर राजप्रासाद में भी उत्सवों का आयोजन किया जाता था। उस अवसर पर मल्ल युद्ध, घुड़दौड़, हस्ति-व्यायाम, धनुर्विद्या प्रदर्शन, संगीत, नाटक आदि की प्रतियोगिताएँ हुआ करती थीं। बाँस पर चढ़कर रस्सी का खेल दिखानेवाले नट भी हुआ करते थे। उनको 'लंघन नटका' कहा जाता था। चन्द्रगुप्त मौर्य द्वारा प्रतिवर्ष एक प्रकार का आयोजन किया जाता था, जिसमें भेड़, जंगली साँड़, हाथी इत्यादि पशुओं की लड़ाइयाँ होती थी। रथों की दौड़ प्रतियोगिता होती थी, जिसमें दो बैलों के बीच में एक घोड़ा जोता जाता था।

'दुम्मेध जातक' एवं 'संजीव जातक' के अनुसार, कत्तिका (कार्तिक पूर्णिमा) के अवसर पर राजगृह को देवनगर के समान सजाया जाता था। राजा अजातशत्रु एक सुसज्जित हाथी पर बैठकर अपने अनुचरों के साथ नगर का भ्रमण करते थे। नगर-भ्रमण के दौरान भवनों के झरोखे से सुन्दरियाँ राजा के ऊपर पुष्प-वर्षा करती थीं। उत्सव के दिन सभी नगरवासी खुशियाँ मनाते थे। वे लोग रात में दीयों से जगमगाते नगर की शोभा को निहारने के लिए सजधज कर अपने धरों से निकलते थे। 'दीघनिकाय' के अनुसार शरद पूर्णिमा के अवसर पर भी राजा अजातशत्रु नगर की शोभा देखने के लिए नगर-भ्रमण करते थे।

बौद्ध जातकों के अनुसार वाराणसी, श्रावस्ती और राजगृह में बहुत धूमधाम से कौमुदी महोत्सव मनाया जाता था। इसमें सात दिनों तक उत्सव चलता रहता था। नगरवासियों को इस महोत्सव की सूचना भेरि-घोष के माध्यम से दी जाती थी। जातकों में राजगृह नगर में 'सुरानक्षत्र' नामक एक उत्सव मनाने का भी उल्लेख मिलता है। इसमें वहाँ के स्त्री-पुरुष मद्यपान करके नाचते-गाते थे।

स्त्रियाँ शालभंजिका आदि उद्यान-क्रीड़ाओं से और पुरुष प्रहरण-क्रीड़ाओं से अपना मनोविनोद करते थे। उत्सवों के दौरान मद्यपान और द्यूत-क्रीड़ा (जुआ) जैसे मनोरंजन भी होते थे। सम्भवत: इसीलिए बुद्ध के 225 साल बाद पैदा हुए मगधराज अशोक ने समज्ज (समाज) में निहित दोषों को देखकर उसके आयोजन को प्रतिबन्धित करने का आदेश दिया था।

भारत के विभिन्न हिस्सों में होली के एक दिन पहले होलिका-दहन की परम्परा रही है। ठीक उसी प्रकार मगध में होली के एक दिन पहले अगजा जलाने की परम्परा रही है। अगजा, दरअसल, संस्कृत शब्द 'अग्निजाया' का तद्‌भव रूप है। 'अग्निजाया' कहने का आशय होलिका से ही है। अगजा जलाने के लिए हर घर से लकड़ी या गोयठा माँगा जाता था। मगध अंचल के गाँवों में लोग यह गाते हुए हर घर से अगजा जलाने की सामग्री (कंडे-उपले) माँगते थे—

"जय जजमानी, जय जजमानी,
तोरा सोना के केवाड़ी,
तोरा चाँदी के दुआरी,
दू गो गोयठा दा।"

हर घर से लकड़ी या गोयठा माँगकर अगजा जलाने के पीछे मूल उद्‌देश्य ग्राम-समाज में सामुदायिक प्रेम को बढ़ावा देना ही रहा होगा।

गुप्तवंशीय सम्राट कुमारगुप्त का पुत्र युवराज स्कंदगुप्त अपने युग में हूणों को पराजित करने वाला एशिया एवं यूरोप का प्रथम वीर था। आज भी भारतीय समाज हूणों को शत्रुरूप में ही देखकर दीपावली के अगले दिन उन्हें खदेड़ने का एक कौतुक करता है। इसे पूर्वी उत्तर प्रदेश में 'हूणारि' भगाना कहा जाता है। 'हूणारि' का आशय हूण नामक अरि (शत्रु) से है। मगध अंचल में इस पारंपरिक कौतुक को 'दरिद्‌दर भगाना' कहते हैं। वहाँ के ग्रामीण लोग दीपावली के अगले दिन थाली तथा सूप बजाकर और हाथ में झाड़ू लेकर 'दरिद्‌दर' को भगाते हैं। ऐसा कहना सर्वथा उचित भी है, क्योंकि यदि हूणों ने गुप्तवंशीय सम्राटों को हरा दिया होता तो अपनी मूल वृत्ति के अनुसार हूण लोग लूट-पाट कर सब कुछ नष्ट-भ्रष्ट कर देते और भारतवर्ष को दरिद्र बनाकर छोड़ते।

मगध अंचल में आज भी छोटे बच्चे जब शरारत करते हैं तब उन्हें यह कह कर डराया जाता है कि यदि बदमाशी करोगे तो 'हुराड़' आकर तुम्हें पकड़ लेगा। यह 'हुराड़' कोई वन्य-जंतु नहीं, बल्कि 'हूणारि' ही है। दरअसल, जब हूणों के दल निकलते थे, तब वे औरतों और छोटे बच्चों को भी नहीं छोड़ते थे। उनकी लपलपाती तलवारों के सामने जो भी आ जाता था, हूण सैनिक उन्हें गाजर-मूली की तरह काट कर रख देते थे। हूण जाति के लोग आतंक का पर्याय थे। भितरी-अभिलेख के अनुसार ऐसे आक्रांताओं को मगध के युवराज स्कंदगुप्त ने निर्णायक रूप से हरा दिया था।

मगध के शासकों के संरक्षण में तीन बौद्ध संगीतियाँ

मगध बौद्ध धर्म से जुड़ी कई महत्त्वपूर्ण घटनाओं का साक्षी रहा है। प्रसंगवश सुभद्र नामक एक बूढ़े बौद्ध भिक्षु की धृष्टता का उल्लेख आवश्यक है। बुद्ध के देहान्त के बाद पूरा बौद्ध-भिक्षु समाज शोकाकुल था। तभी सुभद्र नामक एक बूढ़े भिक्षु ने बुद्ध की मृत्यु पर यह कह कर सन्तोष व्यक्त किया कि 'अब हम लोग स्वतन्त्र हो गए। पहले हमारे शास्ता (गुरु) हमें यह कह कर बन्धनों में रखते थे कि यह कार्य करो और यह कार्य नहीं करो। उनके परिनिर्वाण के बाद अब हमें दु:सह विधि-निषेधों से मुक्ति मिल गई।' सुभद्र की इस बात को सुनकर बौद्धभिक्षु महाकाश्यप को बुद्ध के अन्तिम उपदेश का ध्यान आया। "संस्कार (कृत वस्तुएँ) नाशवान हैं। आलस्य न करो, जीवन के लक्ष्य को पूरा करो।" यह बुद्ध के मुख से निकला अन्तिम वाक्य था। फिर उन्हें अन्तिम वर्षावास के दौरान वैशाली में आनन्द से कही गई बुद्ध की वह बात ध्यान में आई कि—"अपना दीपक स्वयं बनो, अपनी शरण स्वयं बनो, किसी बाहरी शरण को मत खोजो। मेरे जाने के बाद संघ के विनय और सूत्रों को अपना गुरु मानो।" (अप्प दीपो अप्प भव।)

बुद्ध ने अपने अन्तिम उपदेश में लक्ष्य की प्राप्ति में आलस्य नहीं करने की सलाह दी थी। उस बात को याद करके महाकाश्यप ने सोचा कि बुद्ध के वचनों को संकलित करना अपरिहार्य है। दरअसल, बुद्ध के उपदेश मौखिक होते थे। उपदेश के समय उपस्थित स्मृतिमान भिक्षुगण बुद्ध के वचनों को याद कर लेते थे। उनके जीवनकाल में उनके वचनों एवं उपदेशों को लिपिबद्ध नहीं किया गया था। महाकश्यप को लगा कि यदि धम्म-विनय का संकलन नहीं किया गया तो सुभद्र-जैसी सोचवाले भिक्षुओं को स्वेच्छाचारी आचरण करने की छूट मिल जाएगी। एक प्रकार से वैचारिक अराजकता फैल जाएगी। इस अप्रिय स्थिति से निपटने के लिए यानी कण्ठस्थ बुद्ध वचनों की शुद्धता और सुरक्षा के लिए बुद्ध के महापरिनिर्वाण

के तीन माह बाद राजगृह की सप्तपर्णी गुफा में प्रथम बौद्ध संगीति का आयोजन किया गया। वैभारगिरि में स्थित सप्तपर्णी गुफा और उस पहाड़ी की तलहटी में स्थित सोनभण्डार गुफा में बौद्ध धर्म के सिद्धान्तों को लेखबद्ध किया गया।

यह संगीति (धर्मसभा) सम्राट अजातशत्रु के संरक्षण में और महास्थिविर महाकाश्यप की अध्यक्षता में सम्पन्न हुई थी। इसमें लगभग 500 अर्हत् बौद्ध भिक्षुओं ने प्रतिभाग किया था। इस सभा में सर्वप्रथम भिक्षु उपालि से पूछकर 'विनयपिटक' का संग्रह किया गया; और फिर भिक्षु आनन्द से पूछकर 'सुत्तपिटक' (धम्मपिटक) का संकलन किया गया। 'चुल्लवग्ग' में प्रथम बौद्ध संगीति की आवश्यकता पर प्रकाश डाला गया है।

उपालि का जन्म शाक्य कबीले के एक नाई परिवार में हुआ था। वह बुद्ध के संघ में सम्मिलित होनेवाले आरम्भिक भिक्षुओं में से एक था। जबकि आनन्द बुद्ध के व्यक्तिगत परिचारक के रूप में हमेशा उनके साथ रहते थे। बुद्ध के निकट रहने और उनकी बातों को सुनने का सर्वाधिक अवसर आनन्द को ही मिला था। आनन्द की स्मरणशक्ति अत्यन्त तीव्र थी। उनको बुद्ध के वचन शब्दश: याद थे। यही कारण है कि प्रथम बौद्ध संगीति में उनसे बुद्ध के वचनों को दुहराने को कहा गया; और उनके कथनानुसार उसका संकलन किया गया।

प्रथम संगीति के सौ वर्ष के भीतर ही लिपिबद्ध और व्यवस्थित कठोर नियमों का विरोध भी शुरू हो गया। इस विरोध को स्वर देनेवाले भिक्षु वृज्जिदेश के निवासी थे, जिसकी राजधानी वैशाली थी। इन वैशालिक भिक्षुओं को वज्जिपुत्तक या वात्सीपुत्तीय कहा गया है। अट्ठकथा में कहा गया है कि श्रमण धर्म में जो भी उपद्रव हुए वज्जिपुत्तकों को लेकर हुए। बुद्ध के जीवनकाल में और उनके महापरिनिर्वाण के बाद भी बौद्ध धर्म में दीक्षित लिच्छवि समुदाय रह-रह कर विद्रोह कर उठता था।

'चुल्लवग्ग' नामक बौद्ध-ग्रन्थ में द्वितीय बौद्ध संगीति का उल्लेख है। वज्जिपुत्तकों के विरोध को ध्यान में रखकर 383 ई.पू. में दूसरी बौद्ध संगीति मगध के शैशुनागवंशीय राजा कालाशोक काकवर्ण के संरक्षण में वैशाली नगर में हुई। इसमें लगभग 700 अर्हत् बौद्ध भिक्षुओं ने भाग लिया था। इसकी अध्यक्षता महास्थविर रेवत (साबाकामिर) ने की थी। इसी संगीति के दौरान बौद्ध धर्म में पहला विभाजन हुआ था। वैशाली के भिक्षुओं ने अपने छोटे स्थानीय संघ के लिए दान ग्रहण करने के साथ ही धन माँगना भी शुरू कर दिया था। अन्य भिक्षुओं ने इस कृत्य को निन्दनीय माना था। इस मतभेद के कारण बौद्ध संघ दो हिस्सों में बँट गया—स्थविरवादी और महासांघिक। उल्लेखनीय है कि वैशाली संगीति का आह्वान थेरवादी या स्थविरवादी शाखा ने किया था।

बदली हुई परिस्थितियों में वैशाली और मगध के भिक्षुओं के पूर्वी गुट ने दस नए नियम अपना लिए थे, जो पश्चिमी गुट (कौशाम्बी एवं अवन्ति) के भिक्षुओं को अमान्य थे। वैशाली के भिक्षुओं (वज्जिपुत्तकों) ने जो दस नए नियम बनाए थे, उनमें से एक यह था कि जहाँ नमक का अभाव होने की आशंका हो वहाँ के भिक्षु सींगों में नमक भरकर ले जा सकते हैं। जबकि गौतम बुद्ध ने श्रावस्ती में कथित 'सुत्तविभंग' में सारिपुत्र को ऐसा करने से मना किया था।

'दीपवंस' और 'महावंस' नामक ग्रन्थों के अनुसार विवाद की स्थिति में वैशाली की यह संगीति आठ महीने तक चलती रही। प्रथम संगीति में उपालि आदि के द्वारा भिक्षुओं के लिए जो नियम तय किए गए थे, द्वितीय संगीति में वृज्जिदेशीय भिक्षुओं ने उनके अपवाद खोजकर उनमें सुधार करना चाहा। परन्तु अपरिवर्तनवादी भिक्षुओं की दृढ़ता के कारण इस संगीति तक वे सफल नहीं हो सके। इसके परिणामस्वरूप परिवर्तनवादी वृज्जिदेशीय भिक्षुओं ने प्रयागराज के पास कौशाम्बी में अपनी एक अलग सभा की। कौशाम्बी की सभा में दस हजार भिक्षु सम्मिलित हुए थे। भिक्षुओं के इस विशाल महासंघ के कारण ही ये लोग 'महासांघिक' कहलाए; जबकि इनके विरोधी गुटवाले और विनय में किसी प्रकार का परिवर्तन न चाहनेवाले भिक्षुओं को 'स्थविरवादी' कहा गया। इस प्रकार, पूर्वी गुटवाले बौद्ध भिक्षु महासांघिक कहलाए। उन्होंने प्राकृत भाषा को अपनाया। पश्चिमी गुट को स्थविरवादी कहा गया। इस संगीति में यह तय हुआ कि भिक्षु गण भोजन और व्यक्तिगत उपयोग की वस्तुओं के अतिरिक्त अन्य कोई वस्तु ग्रहण नहीं कर सकते हैं। इस संगीति में इस नियम को विनय का अंग बना दिया गया।

बौद्ध मत की विभिन्न शाखाएँ एक-दूसरे से केवल छोटे-मोटे नियमों और सिद्धान्तों में ही भिन्न थीं। इन शाखाओं के मतावलम्बियों की दृष्टि में उनका मत विशेष सैद्धान्तिक महत्त्व का रहा होगा, लेकिन जनसामान्य के लिए इन मतों का पारस्परिक अन्तर विशेष महत्त्वपूर्ण नहीं था।

अशोक के काल में बौद्ध धर्म को राज्याश्रय प्राप्त हुआ। इसके कारण कई दूसरे मतावलम्बी लोग अपने को बौद्ध बताकर शासकीय सुविधाओं का लाभ उठाने लगे। इतना ही नहीं, उनमें से कई लोग अपने-अपने मतों को बुद्ध-सम्मत बताने का प्रयास भी करने लगे। इसके कारण स्वाभाविक रूप से बुद्ध के मूल मन्तव्य को समझने में कठिनाई होने लगी। अत: 'थेरवाद' या 'विभज्यवाद' को ही बुद्ध का मूल मन्तव्य घोषित करने के लिए तृतीय बौद्ध संगीति के आयोजन की आवश्यता पड़ी।

251 ई.पू. में मोग्गलिपुत्त तिष्य की अध्यक्षता और अशोक के संरक्षण में तृतीय बौद्ध संगीति का आयोजन पाटलिपुत्र नगर में किया गया। इसमें मात्र स्थविरवादी बौद्ध भिक्षुओं ने भाग लिया था, जिनकी संख्या लगभग एक हजार थी। इस संगीति में 'त्रिपिटकों में से अन्तिम 'अभिधम्म पिटक' का संकलन किया गया। पहले पिटक के रूप में सुत्त (या धम्म) और विनय की ही गणना की जाती थी। तृतीय संगीति के बाद ही अभिधम्म को पिटकों में स्थान प्राप्त हुआ। उल्लेखनीय है कि अशोक के किसी भी शिलालेख में पाटलिपुत्र में आयोजित तृतीय बौद्ध संगीति का उल्लेख नहीं मिलता है।

तृतीय बौद्ध संगीति का उल्लेख 'दीपवंश', 'महावंश' और 'समन्तपासादिका' नामक बौद्ध ग्रन्थों में किया गया है। 'महावंश' (5/80) के अनुसार सम्राट अशोक ने पाटलिपुत्र नगर में अशोकाराम नामक एक बौद्ध-विहार बनवाया था। इस विहार का निर्माण इन्द्रगुप्त नामक एक थेर भिक्षु की देखरेख में हुआ था। अशोक के राज्यकाल में अशोकाराम (या कुक्कुटाराम) में ही तृतीय बौद्ध संगीति का आयोजन किया गया था। मोग्गलिपुत्त तिष्य ने अन्य वादों को कहीं पीछे छोड़कर थेरवाद को विधिवत स्थापित किया। इसके लिए उन्होंने 'कथावत्थु' नामक ग्रन्थ की रचना की, जिसको 'अभिधम्मपिटक' में स्थान दिया गया। तिष्य ने 'कथावत्थु' में विभज्जवादियों से भिन्न सभी निकायों का दृढ़तापूर्वक खण्डन किया था।

द्वितीय एवं तृतीय संगीति के मध्य कई बौद्ध सम्प्रदाय उठ खड़े हुए थे। 'कथावत्थु' में जिन अठारह निकायों का खण्डन किया गया है, उनके अतिरिक्त भी कई निकाय उस समय विद्यमान थे। 'महावंश' के प्रथम परिच्छेद में इन निकायों के विकास का क्रम दिया गया है, जिसमें महासांघिक निकाय की भी गणना की गई है। कथावत्थु में, महावंश में वर्णित निकायों का खण्डन तो किया ही गया है, अन्धक, अपरशैलीय, पूर्वशैलीय, राजगिरिक, सिद्धार्थक, वेतुल्ल (वैपुल्य), उत्तरापथक और हेतुवादियों की भी आलोचना की गई है। अट्ठकथा में वैपुल्य को महाशून्यतावादी कहा गया है; और शून्यवाद महायान का ही एक दार्शनिक सिद्धान्त है। इसलिए वैपुल्य को महायान शाखा का प्राचीन रूप कहा जा सकता है। अन्धक आदि निकायों के सूत्र भी महायान सूत्र कहलाते हैं। ऐसा प्रतीत होता है कि महायान इन अन्धक आदि निकायों का एकीकृत रूप है।

तृतीय संगीति में उपर्युक्त विभिन्न निकायों के परस्पर मतभेदों को दूर करने का प्रयास किया गया। इसी समय स्थविर लोग विभिन्न देशों में प्रचार के लिए गए, जिसके परिणामस्वरूप सिंहल (लंका), ब्रह्मा (म्यानमार) एवं स्याम (थाईलैण्ड) में स्थविरवादी बौद्धधर्म का प्रसार हुआ।

जिस समय पाटलिपुत्र में तृतीय बौद्ध-संगीति का अधिवेशन हो रहा था और मौद्गलिपुत्र तिष्य विदेशों में प्रचारक भेजने की योजना बना रहे थे, उसी समय सिंहल के राजा देवानांप्रिय तिष्य ने अशोक के पास एक दूतमण्डल भेजा। इस दूतमण्डल का नेता महाअरिष्ट था। उनके पाटलिपुत्र पहुँचने पर अशोक ने राजा तिष्य को सन्देश भेजा—"मैं बुद्ध, धर्म और संघ की शरण में आ गया हूँ। आप भी त्रिरत्न की शरण में आ जाइये।" इधर महाअरिष्ट, तिष्य को अशोक का सन्देश सुनाने जा रहा था और उधर कुमार महेन्द्र ने इष्टिय, शम्बल, उक्तिय और भद्रशाल नामक भिक्षुओं के साथ सिंहल की ओर प्रस्थान किया। सिंहल में मिश्रक पर्वत पर राजा तिष्य से महेन्द्र की भेंट हुई। तिष्य ने कई प्रश्न किए, महेन्द्र ने सन्तोषप्रद उत्तर दिया। उससे प्रभावित होकर तिष्य ने कई लोगों के साथ बौद्धधर्म की दीक्षा ले ली। तिष्य की पुत्री अनुला ने भी दीक्षा लेनी चाही। इसके लिए दूसरा दूत-मण्डल कुमारी संघमित्रा को आमन्त्रित करने तथा बोधिद्रुम की शाखा लाने के लिए भारत भेजा गया। संघमित्रा के आने पर अनुला ने अपनी सहेलियों सहित संघ में प्रवेश किया और बोधिद्रुम की शाखा को अनुराधपुर के महाविहार में रोप दिया गया। महेन्द्र के प्रभाव से पूरा सिंहल देश काषायवस्त्रधारी भिक्षुओं के पवित्र धम्मघोष से गूँज उठा। आगे, प्रथम सदी ई. तक आते-आते सिंहल देश थेरवाद का गढ़ बन गया।

सारनाथ, साँची और भारहुत के स्तम्भलेखों से ज्ञात होता है कि अशोक ने अनाचारी बौद्ध भिक्षुओं को श्वेत वस्त्र पहनाकर संघ से निकाल देने का आदेश दिया था। इन निष्कासित भिक्षुओं ने अपना आसन नालन्दा के पास ही कहीं जमाया होगा। हर्षर्द्धन के बाद से नालन्दा विद्यापीठ हीनयान विरोधी सम्प्रदाय का केन्द्र बन गया। विज्ञानवाद का उत्कर्ष भी वहीं हुआ। बौद्ध धर्म और सम्प्रदाय के परवर्ती विकास की दृष्टि से नालन्दा विशेष महत्त्वपूर्ण है। लगता है कि बहिष्कृत और तिरस्कृत होने के बाद महासांघिकों का केन्द्र नालन्दा ही रहा होगा।[8]

मगध में सर्वधर्म-समभाव

मगध की धरती मानवतावादी और समावेशी रही है। यहाँ वैदिक, बौद्ध, जैन, आजीवक आदि मतों को फलने-फूलने का अवसर मिला। शिशुनाग और नन्द वंशीय राजाओं के अलावा मौर्य वंश के संस्थापक चन्द्रगुप्त मौर्य ने जैन धर्म को संरक्षण दिया। चन्द्रगुप्त द्वितीय विक्रमादित्य के राज्यकाल (380-412 ई.) में प्रसिद्ध चीनी यात्री फाहियान (399-414 ई.) ने पाटलिपुत्र में तीन वर्ष ठहरकर बौद्ध साहित्य का अध्ययन किया।

शुंग-वंशीय राजा वैदिक हिन्दू धर्म का अनुयायी थे। पुष्यमित्र शुंग ने अश्वमेध यज्ञ करवाकर वैदिक परम्परा को पुनर्जीवित किया। ब्राह्मण होने और ब्राह्मणवादी परम्पराओं का पोषक होने के बावजूद वे बौद्ध मतावलम्बियों के प्रति भी सहिष्णु थे। उनके समय में भरहुत और साँची-जैसे बौद्ध केन्द्रों पर बने स्तूपों की मरम्मत कराई गई थी। उन्होंने बोधगया में बोधिवृक्ष और 'वज्रासन' के चारों ओर पत्थर की एक अलंकृत वेष्टनी (घेरे) का निर्माण करवाया ताकि उनको संरक्षित किया जा सके। पुष्यमित्र शुंग ने विदिशा के निकट कई बौद्ध स्तूपों का निर्माण भी करवाया। भारहुत के एक अभिलेख में अंकित 'सुंगन राजे' वाक्यांश से स्पष्ट है कि ये स्तूप शुंग राजाओं के समय के हैं। यह पुष्यमित्र की धार्मिक सहिष्णुता का प्रत्यक्ष उदाहरण हैं।

शुंग राजाओं के बाद भी मगध में सहिष्णुता की यह परम्परा जीवित रही। गुप्त-वंशीय राजा वैष्णव हिन्दू धर्म के अनुयायी थे। इसके बावजूद उन्होंने नालन्दा में बौद्ध महाविहार और विद्यापीठ के निर्माण एवं विकास के लिए सर्वाधिक दान दिए। साँची के एक लेख के अनुसार चन्द्रगुप्त द्वितीय विक्रमादित्य ने आम्रकाद्दव नामक एक बौद्ध को उच्च पद पर नियुक्त किया था। यह सब गुप्तकालीन भारत में व्याप्त धार्मिक-सहिष्णुता के अनुपम उदाहरण है।

सन्दर्भ एवं टिप्पणी

1. गुणाकर मुले, भारतीय सिक्कों का इतिहास, पृ. 41; राजकमल प्रकाशन, नई दिल्ली; 2010 ई.।
2. काशीप्रसाद जायसवाल संचयन, खण्ड-2, सं. रतन लाल, पृ. 228; सस्ता साहित्य मण्डल प्रकाशन, नई दिल्ली; 2018 ई.।
3. वही, पृ. 227, 254
4. संस्कृत के प्राचीन ग्रन्थों में शालि (धान) का होत्र (आहार) करने के कारण घोड़े को शालि-होत्र कहा गया है। शालि-होत्र एक ऋषि का भी नाम है, जिन्होंने पशु-चिकित्साशास्त्र पर एक ग्रन्थ की रचना की थी। संस्कृत में अश्व-चिकित्सक को 'शालि-होत्रिन्' भी कहा गया है। (डॉ. सुनीति कुमार चटर्जी; 'भारतीय आर्यभाषा और हिन्दी', पृ. 294) इस प्रकार, शालिवाहन का अर्थ होगा—घुड़सवार।
5. ह्वेनत्सांग की भारत यात्रा, हिन्दी अनुवादक—ठाकुर प्रसाद शर्मा, पृ. 242
6. हजारीप्रसाद द्विवेदी ग्रन्थावली, खण्ड-7, पृ. 382; राजकमल प्रकाशन, नई दिल्ली; 2007 ई.।
7. Beal; Buddhistic Records of the Western World, vol. 1, page no. 75-76
8. नागेन्द्रनाथ उपाध्याय, तान्त्रिक बौद्ध साधना और साहित्य, पृ. 31; नागरीप्रचारिणी सभा, काशी, 1958 ई.।

अध्याय 15

हर्यक से नन्द वंश तक

पितृहन्ता राजाओं की परम्परा

मगध की धरती पर रक्तपात भी कम नहीं हुआ। कहते हैं कि अजातशत्रु अपने पिता बिम्बिसार की हत्या करके सिंहासन पर आरूढ़ हुआ था। उदयिन (460-444 ई.पू.) राजा अजातशत्रु का पुत्र और उत्तराधिकारी था। विभिन्न स्रोतों में उसके कई नामों का उल्लेख किया गया है—उदायिन, उदायी, उदयिन, उदयाश्व और उदायिभद्र। बौद्ध ग्रन्थों में 'उदायिभद्र' को पितृहन्ता बताया गया है। विष्णुपुराण (खण्ड 4, अध्याय 4) में 'उदयाश्व' को अजातशत्रु का पौत्र कहा गया है; जबकि 'कथाकोश' में उसको कूणिक (अजातशत्रु) और पद्मावती का पुत्र कहा गया है। 'परिशिष्टपर्वन' और 'त्रिषष्ठिशलाकापुरुषचरित्' नामक जैन ग्रन्थों में कहा गया है कि जब कूणिक मगध के राजा थे तब उदायिभद्र चम्पा के राज्यपाल थे। उनमें यह भी कहा गया है कि पिता अजातशत्रु की मृत्यु की सूचना मिलने पर वे बहुत दुखी हुए थे। मगध के मन्त्रियों के अनुरोध के बाद ही वे मगध के सिंहासन पर बैठे थे। उन्होंने राजगृह के स्थान पर पाटलिपुत्र नगर को अपनी राजधानी बनाया। उनके समय में मगध के प्रतिद्वन्द्वी राज्यों में केवल अवन्ति ही बचा हुआ था।

'महावंश' के अनुसार उदयिन के बाद क्रमशः अनुरुद्ध, मुण्ड और नागदशक नामक राजा मगध के सिंहासन पर बैठे। मगध के हर्यक कुल में पितृहन्ता राजाओं की एक परम्परा दिखाई पड़ती है। बौद्ध ग्रन्थ 'दीपवंश' के अनुसार अजातशत्रु के देहान्त के बाद उसके कुल के पाँच शासक हुए; और उनमें से सभी ने अपने पिता की हत्या करके राजगद्दी हासिल की।

बौद्ध स्रोतों में उल्लिखित नागदशक और पुराणों में वर्णित दर्शक वस्तुतः एक ही राजा है। भास कृत संस्कृत नाटक 'स्वप्नवासवदत्तम्' में राजा 'दर्शक' का उल्लेख किया गया है। इस नाटक में 'दर्शक' को वत्स देश के राजा उदयन का

साला बताया गया है। उदयन ने अवन्ति की राजकुमारी वासवदत्ता का अपहरण करके उसके साथ गान्धर्व विवाह किया था। उदयन ने बाद में मगधराज दर्शक की बहन पद्मावती से भी विवाह किया था।

शैशुनागों का राज

शिशुनाग के पूर्वजों का मूल निवास वाह्लीक प्रदेश में था। अपनी योग्यता के बल पर शिशुनाग को काशी क्षेत्र में मगध राज्य का प्रतिनिधि (उपराजा) नियुक्त किया गया। केन्द्रीय सत्ता के कमजोर पड़ने के बाद मगध के नागरिकों ने हर्यक वंश के पितृघाती अन्तिम राजा नागदशक को अपदस्थ कर दिया। नागदशक के निर्वासन के बाद मगध के नागरिकों ने एक सभा करके काशी के उपराजा शिशुनाग का मगधराज के रूप में अभिषेक कर दिया।

इस प्रकार, मगध में शैशुनाग वंश के शासन की नींव पड़ी। पुराणों में शिशुनाग को व्रात्यनन्दि अवन्तिवर्धन, 'व्रात्य-क्षत्रिय' और 'क्षत्रबन्धु' कहा गया है। उसको एक अभिजात लिच्छवि और एक राजनर्तकी का पुत्र बताया गया है। शिशुनाग के पुत्र कालाशोक ने अजातशत्रु के आक्रमण के बाद भग्न हुई वैशाली की गरिमा को पुनर्स्थापित किया। उसी के समय में मगध की राजधानी कुछ समय के लिए वैशाली ले जाई गई थी।

मत्स्य पुराण के अनुसार शिशुनाग के उत्तराधिकारी क्रमशः काकवर्ण, क्षेमधर्मन एवं क्षेमजित थे। मत्स्य पुराण में इन चारों का कुल शासनकाल 126 वर्ष बताया गया है। (शिशुनाग 40 वर्ष, काकवर्ण 26 वर्ष, क्षेमधर्मन 36 वर्ष और क्षेमजित 24 वर्ष : कुल 126 वर्ष।) शैशुनागों की सबसे बड़ी उपलब्धि मगध के परम्परागत शत्रु अवन्ति का दमन करना था। इसके साथ ही अवन्ति राज्य को मगध साम्राज्य में मिला लिया गया; और मौर्य साम्राज्य के पतन के कुछ समय बाद तक अवन्ति मगध साम्राज्य का हिस्सा बना रहा।

शिशुनाग का उत्तराधिकारी नन्दिवर्धन काकवर्ण कालाशोक (449-407 ई.पू.) इस वंश का सबसे प्रतापी राजा था। नन्दिवर्धन ने राजधानी पाटलिपुत्र को छोड़कर गंगा पार स्थित वैशाली में दूसरी राजधानी बनाई। लामा तारानाथ के अनुसार नन्दि ने वैशाली से राज किया था। बौद्ध ग्रन्थ 'सुत्तनिपात' में भी नन्दि के समय में, वैशाली को मगध की राजधानी बताया गया है। एक बौद्ध कथानक के अनुसार पाणिनि उसी की राजसभा में आए थे। उत्कल को भी उसी ने जीता था। मगध के राज्य का विस्तार करके उसने अपनी वर्धन उपाधि को चरितार्थ किया था। इसी के राज्यकाल में वैशाली में द्वितीय बौद्ध संगीति का आयोजन किया गया था। द्वितीय

बौद्ध संगीति के आयोजन के शीघ्र बाद ही कालाशोक ने पाटलिपुत्र के सामरिक महत्त्व के दृष्टिगत उसको दुबारा अपनी राजधानी बनाया।

424 ई.पू. में कालाशोक ने कलिंग राज्य पर आक्रमण करके उसको जीत लिया। कलिंग विजय से मगध की शक्ति बढ़ गई। आदि तीर्थंकर ऋषभदेव कलिंग के इष्ट-देवता थे। उनको 'कलिंगजिन' या अग्रजिन भी कहा जाता था। कलिंग में अग्रजिन की प्रतिमा को श्रद्धापूर्वक पूजा जाता था। अपनी कलिंग-विजय की स्मृति को सुरक्षित रखने के लिए कालाशोक अपने साथ उस प्रतिमा को पाटलिपुत्र लेता आया। उस समय राजधानी पाटलिपुत्र में जैन-मतावलम्बी अच्छी तादाद में रहे होंगे, इसलिए राजा ने वहाँ अग्रजिन की उस प्रतिमा की विधिवत प्राण प्रतिष्ठा करवाई।

कुछ समय बाद ही एक अज्ञात हमलावर ने गले में छुरा भोंककर कालाशोक की हत्या कर दी। उसके असामयिक निधन के बाद उसका पुत्र महानन्दिन उसका उत्तराधिकारी बना। राजा महानन्दिन के पुत्र का नाम था कुमार स्थूलिभद्र। युवावस्था में कुमार स्थूलिभद्र पाटलिपुत्र की एक गणिका कोषा पर मुग्ध हो गए। कुमार स्थूलिभद्र उसके प्रति इतने आसक्त हुए कि वह कोषा के विलासभवन में ही पड़े रहते थे। परिजनों ने उनको सही रास्ते पर लाने का बहुत प्रयास किया, किन्तु सब निष्फल रहा।

बाद में सांसारिक प्रेम के बन्धनों को तोड़कर वे जैन साधु बन गए। अपनी इन्द्रियों पर सम्पूर्ण विजय कर लेने के उद्देश्य से अपने आध्यात्मिक गुरु से अनुमति लेकर उन्होंने गणिका कोषा के भवन में ही वर्षावास (चातुर्मास) किया। ईश्वर की कृपा से आत्मसंयम की इस कठिन परीक्षा में वे पूर्णतः सफल रहे। अपने पूर्व प्रेमी के जितेन्द्रिय व्यक्तित्व से प्रभावित होकर कोषा ने भी अपने विलासमय जीवन को त्यागकर एक साध्वी का जीवन अपना लिया।

नन्दों की प्रबल सत्ता

भारतीय परम्परा में राजा को कुछ विशेष शक्तियों से सम्पन्न माना जाता रहा है। मान्यता रही है कि राजा के पुण्य प्रताप से ही राज्य में वर्षा होती है और उसके पाप कर्मों के कारण ही अकाल पड़ता है। भारतीय परम्परा में ऐसे कई उदाहरण हैं जब राजा के अधार्मिक कृत्यों के कारण भयंकर अकाल पड़े। ऐसी स्थिति में कई बार जनता ने अधर्मी राजा को पदच्युत किया; और कई बार राजा ने स्वतः राजपाट त्याग दिया। कभी राजा स्वदेश छोड़कर तब तक परदेश में रहा, जब तक अकाल का प्रभाव समाप्त नहीं हो गया। महानन्दिन के साथ भी वही हुआ। वह शैशुनाग वंश का अन्तिम राजा सिद्ध हुआ। वृद्धावस्था में राजपाट त्यागकर वह जैन मुनि हो गया।

अराजक (नृपहीन) राज्य में व्याप्त राजनैतिक अस्थिरता का लाभ उठाकर महापद्मनन्द ने मगध के सिंहासन पर अधिकार कर लिया। महापद्मनन्द का राज्यारोहण एक रंक के राजा बनने की कहानी है। पालि ग्रन्थों में उसको 'सवार्थसिद्धि' और 'उग्रसेन' कहा गया है, जो 'प्रत्यन्तवासी' अर्थात सीमाप्रान्त का रहनेवाला था। 'महापद्म' का अर्थ है—'अपार सम्पदा का स्वामी', जबकि प्रतिलोम विवाहों के क्रम में क्षत्रिय पिता और शूद्र माता से उत्पन्न सन्तान को उग्र कहा गया है। उग्रः शूद्रासुते क्षत्रात्। (शाश्वतकोश, श्लोक संख्या 184) इसके आधार पर यह कहा जा सकता है कि क्षत्रिय पिता और शूद्र माता से उत्पन्न होने के कारण ही महापद्मनन्द को उग्रसेन कहा गया है। राजा बनने के पहले वह अपने भाइयों के साथ डकैती का काम करता था। इसीलिए पालि ग्रन्थों में नन्दों को 'चोर पुब्बा' कहा गया है। 'चोर पुब्बा' का अर्थ है—पूर्व चोर। नन्द राजा जैन धर्म के अनुयायी थे। सम्भवतः इसीलिए बौद्ध ग्रन्थों में उनके बारे में ऐसी अमर्यादित बातें लिखी गई हैं।

364 ई.पू. से लेकर 324 ई.पू. तक मगध पर नन्द राजाओं ने शासन किया। नन्दों के सत्तारूढ़ होने से यह स्पष्ट हो गया कि मगध के राजपद पर क्षत्रियों का एकाधिकार नहीं था। महापद्मनन्द ने यह दिखा दिया कि यदि योग्यता हो तो किसी हीन कुल में उत्पन्न व्यक्ति भी राजपद धारण कर सकता है। परन्तु किसी जातीय अस्मितावाले समाज में निम्नकुलोद्भव व्यक्ति को कई अनपेक्षित परिस्थितियों से गुजरना पड़ता है। स्वभावतः महापद्मनन्द को बदनाम करने का भरसक प्रयास किया गया। किसी ने उसको पूर्व राजा की दासी का पुत्र कहा, तो किसी ने गणिका का पुत्र। किसी ने उसको मगध की रानी और दिवाकीर्ति नामक नाई के संसर्ग से उत्पन्न कह दिया। ब्राह्मणीय साहित्य में महापद्मनन्द को शूद्र (शूद्रजात) कहा गया, जबकि जैन साहित्य में उसको क्षत्रिय बताया गया है।[1]

शैशुनाग वंशीय व्रात्यनन्दि से महानन्दिन तब के राजाओं को 'पूर्वनन्द' कहा गया है, जबकि महापद्मनन्द और उसके वंशजों को 'उत्तरनन्द' या 'नवनन्द' कहा गया है। महापद्म और उसके वंशज अपेक्षाकृत नए नन्द हैं इसलिए नवनन्द कहे गए। गौर करने लायक एक बात और है। महापद्म के आठ पुत्र थे; और अपने राज्यकाल के अन्तिम चरण में राजमुकुट तो उसके सिर पर ही रहा किन्तु राजकाज उसने अपने आठों पुत्रों को सौंप दिया था। कहने का आशय यह है कि नन्दों के राज्यकाल के अन्तिम वर्षों में शासन नौ नन्द (महापद्म और उसके आठ पुत्र) सँभाल रहे थे। इसलिए भी उनको 'नवनन्द' कहा जाता है। पुराणों में नन्द के एक ही पुत्र सुमाल्य या सुकल्प का नामोल्लेख किया गया है। सात अन्य पुत्रों के नाम

पुराणों में नहीं दिए गए हैं। 'महाबोधिवंश' नामक ग्रन्थ में सात अन्य पुत्रों के नाम दिए गए हैं—पण्डुक, पण्डुगति, भूतपाल, राष्ट्रपाल, गोविशांक, दशसिद्धक, कैवर्त और धन। इनमें से राष्ट्रपाल बौद्ध साहित्य में प्रसिद्ध है।[2]

शूद्र कुल में उत्पन्न होने के बावजूद महापद्मनन्द को पुराणों में 'दूसरा परशुराम' कहा गया है। ऐसा इसलिए क्योंकि उसने इक्ष्वाकु, पांचाल, काशी, हैहय, कलिंग, अस्मक, कुरु, मिथिला, सूरसेन और व्रतिहोम वंश एवं राज्य के क्षत्रिय राजाओं को पराजित किया था। पौराणिक अनुश्रुतियों के अनुसार ब्राह्मण ऋषि परशुराम ने इक्कीस बार क्षत्रिय राजाओं को पराजित किया था। अत: कई क्षत्रिय राजाओं को युद्ध में हराने के बाद महापद्मनन्द ने 'सर्वक्षत्रान्तक एकराट' की उपाधि धारण की थी।

महापद्मनन्द आर्यावर्त का पहला एकछत्र सम्राट था। कलिंग-नरेश खारवेल का हाथीगुम्फा शिलालेख साक्षी है कि कलिंग के कुछ भाग पर नन्द राजाओं का अधिकार हो गया था। यूनानी सम्राट सिकन्दर के साथ भारत आनेवाले लेखकों ने इस बात की पुष्टि की है कि विपाशा (व्यास) नदी के उस पार यानी पूर्व दिशा की ओर का सम्पूर्ण भूभाग पालिबोथ्रा (पाटलिपुत्र) के शक्तिशाली नन्द सम्राट के अधीन था। उसका साम्राज्य बहुत बड़ा था। इस विशाल साम्राज्य पर प्रभावी नियन्त्रण के लिए राजधानी पाटलिपुत्र के अतिरिक्त उसने उज्जयिनी को अपनी उपराजधानी बनाया था। उसके पास एक विशाल सेना थी, जिसमें 2000 रथ, 3000 हाथी, 20,000 अश्वारोही और 200,000 पदाति सैनिक थे।

नन्दों के शासन के अन्तिम दिनों में 327 ई.पू. में मकदूनिया (यूनान) के युद्धवीर सिकन्दर ने भारत के पश्चिमोत्तर भाग पर आक्रमण किया था। अफगानिस्तान और पाकिस्तान के पश्चिमोत्तर सीमा प्रान्त को जीतते हुए वह सिन्ध और पंजाब तक आ पहुँचा था। परन्तु मगध की शक्तिशाली सेना के बल का बखान सुनकर सिकन्दर की विश्वविजयी सेना को पंजाब में व्यास नदी से आगे बढ़ने का साहस नहीं हुआ। जब सिकन्दर ने अपने विजय अभियान को आगे बढ़ाने के लिए अपने सैनिकों पर दबाव बनाना चाहा, तब उसकी सेना में विद्रोह की स्थिति पैदा हो गई। बाध्य होकर सिकन्दर को अपने विजय अभियान को रोकना पड़ा; और भारत यवन आक्रान्ताओं द्वारा पददलित होने से बच गया।

महापद्मनन्द के सिंहासनारोहण के पहले मगध में भयानक अकाल पड़ा था, जिसका दुष्प्रभाव बारह वर्षों तक रहा। उस अकाल के दौरान मगध की कृषि व्यवस्था चौपट हो गई। भविष्य में ऐसी स्थितियों से बचने के लिए उसने गंगा नदी से एक नहर निकलवाई। इसके कारण कृषि-क्षेत्र का विस्तार हुआ। उसने सुचारु

राजस्व प्रशासन की स्थापना की। इसके अतिरिक्त वाणिज्य के नियमन के लिए उसने माप-तौल के बाट-माप को व्यवस्थित भी किया।

लगभग 34 वर्षों तक शासन करने के बाद 329 ई.पू. के आसपास महापद्मनन्द राजकाज से विरत हो गया और उसने संयुक्त रूप से धननन्द आदि आठ पुत्रों को राज्याधिकार सौंप दिया। विशाखदत्त कृत 'मुद्राराक्षस' नामक संस्कृत नाटक के टीकाकार ढुण्ढिराज ने 'मुद्राराक्षस' के उपोद्घात में अन्तिम नन्द का नाम धननन्द लिखा है। यूनानी लेखकों ने धननन्द को 'एग्रेमेज़' (Aggrames) या 'ज़ैन्द्रमेज़' (Xandrames) कहा है। 'एग्रेमेज़' 'उग्रसेन' का अपभ्रंश प्रतीत होता है। रोमन इतिहासकार कर्टियस ने लिखा है कि धननन्द की धनलोलुपता के कारण मगध की प्रजा उससे असन्तुष्ट थी; और उसको राजोचित सम्मान भी नहीं देती थी।

सन्दर्भ और टिप्पणी

1. वैसे जैन ग्रन्थ 'विविधतीर्थकल्प' में महापद्मनन्द को 'नापितगणिकासुत नन्द' लिखा गया है।
2. भगवद्दत्त, 'भारतवर्ष का इतिहास', पृ. 258; वैदिक अनुसन्धान संस्थान, माडलटाउन, पंजाब; 1946 ई.।

अध्याय 16

मौर्यकाल में मगध

कौटिल्य की कूटनीति

मगध ही महान राष्ट्रशिल्पी चाणक्य (350-283 ई.पू.) के कूटनीतिक कौशल की प्रयोगशाला भी बना। हेमचन्द्र ने 'अभिधान चिन्तामणि' नामक ग्रन्थ में चाणक्य के कई नाम बताए हैं—विष्णुगुप्त, चणकात्मज, मल्लिनाग, वात्स्यायन, कुटल, आंगुल, द्रामिल और पक्षिलस्वामी। दण्डी ने 'दशकुमारचरित' शीर्षक गद्य-काव्य में विष्णुगुप्त के आचार्यत्व की प्रशंसा की है। उनके पिता का नाम चणक था, इसलिए वे चाणक्य के नाम से प्रसिद्ध हुए। कूटनीति के आचार्य होने और कुटल गोत्र में उत्पन्न होने के कारण उनको कौटिल्य कहा गया। इस प्रकार, उनका व्यक्तिवाचक नाम विष्णुगुप्त, स्थानवाचक नाम चाणक्य (चणकपुर निवासी) और गोत्रवाचक नाम कौटिल्य (कुटिल गोत्र) था। 'पंचतंत्र' के रचयिता विष्णु शर्मा ने इस आचार्य को चाणक्य कहा है और उनकी गणना मनु, वृहस्पति, शुक्र, पराशर और व्यास जैसे नीतिशास्त्रज्ञों के साथ की है।[1] बाणभट्ट ने अपनी 'कादम्बरी' में कौटिल्य को 'दण्डनीति' और 'अर्थशास्त्र' का रचयिता कहा है।

चाणक्य जितने महान हैं, उतने ही विवादास्पद भी। ईश्वर ने चाणक्य को बुद्धिकौशल प्रदान करने में जितनी उदारता दिखाई थी, उनको रूप देने में उतनी ही कृपणता से काम लिया था। उनके शरीर का रंग साँवला था, सामने का एक दाँत खण्डित था और कई अंग टेढ़े-मेढ़े थे। कुल मिलाकर वे बेहद कुरूप थे।

कौटिल्य ने राजनीतिशास्त्र विषयक एक ग्रन्थ 'अर्थशास्त्र' की रचना की थी। जिसे आजकल अर्थशास्त्र (इकोनॉमिक्स) कहा जाता है, उसके लिए मौर्यकाल में 'वार्ता' शब्द का प्रयोग किया गया है; वैसे यह शब्द पूर्ण रूप से अर्थशास्त्र का द्योतक नहीं है। कौटिल्य ने वार्ता के तीन अंग बताए हैं—कृषि, वाणिज्य और पशुपालन; जिनसे उन दिनों जीविकोपार्जन किया जाता था। मनु और याज्ञवल्क्य-

जैसे शास्त्रकारों ने भी इस तीन अंगवाले वार्ताशास्त्र को स्वीकार किया है। शुक्राचार्य ने इस वार्ता में कुसीद (बैंकिंग) को भी शामिल किया है।

ऐसा प्रतीत होता है कि कौटिल्य ने 'अर्थशास्त्र' की रचना मौर्य सम्राट चन्द्रगुप्त मौर्य को शासन-विधि में मार्गदर्शन प्रदान करने के लिए की थी। संस्कृत भाषा में लिखे गए इस ग्रन्थ में पन्द्रह खण्ड (अध्याय) थे। अर्थशास्त्र की विषयसूची में अमात्योत्पत्ति, मन्त्राधिकार, दूत-प्रणिधि, अध्यक्ष नियुक्ति, दण्डकर्म, षाडगुण्य समुद्देश्य, राजराज्यो: व्यसन-चिन्ता, बलोपादान काल, स्कन्धावार-निवेश, कूट-युद्ध, मन्त्र-युद्ध आदि सम्मिलित हैं। इसका प्रत्येक खण्ड, प्रशासन के किसी न किसी पक्ष से सम्बन्धित था। इस ग्रन्थ में बताया गया है कि अमात्यों का चयन, युद्ध का संचालन और कर-प्रणाली का निर्धारण किस प्रकार किया जाए। इसमें राज्य-प्रशासन में गुप्तचर संस्था की व्यापक भूमिका का उल्लेख किया गया है। कौटिल्य का मानना था कि बाहरी आक्रमण या आन्तरिक विद्रोह की स्थिति में धावक और गुप्तचर राजा के रक्षक-दल के रूप में काम करते हैं।

'अर्थशास्त्र' में 'अर्थ' (सम्पत्ति और भौतिक सम्पन्नता) सम्बन्धी वे तमाम बातें संकलित हैं, जो उसकी रचना के पहले तक कौटिल्य के पूर्ववर्ती आचार्यों द्वारा भारत में लिखी जा चुकी थी। उन्हीं विचारों का विश्लेषण करते हुए कौटिल्य ने अपना मत प्रतिपादित किया था।

अर्थशास्त्र' के प्रथम अधिकरण के आरम्भ में ही स्वयं कौटिल्य ने इसको 'दण्ड-नीति' कहा है। शुक्राचार्य ने दण्डनीति को सबसे महत्त्वपूर्ण विद्या बताया है। कहते है कि 'शस्त्रेण रक्षिते देशे शास्त्रचिन्ता प्रवर्तते' अर्थात शस्त्र (दण्ड) द्वारा सुशासित एवं सुरक्षित देश में ही शास्त्रों का चिन्तन सम्भव है। इस प्रकार दण्डनीति को एक आधारभूत विद्या माना जाना चाहिए; और वही दण्डनीति 'अर्थशास्त्र' का प्रतिपाद्य विषय है। 'अर्थशास्त्र' के विद्यासमुद्देश्य प्रकरण में विद्याओं की सूची में दण्डनीति की गणना प्रमुखता से की गई है। राजनैतिक अस्थिरता के उस युग में 'अर्थशास्त्र' का उपयोग मौर्य प्रशासन के विधान ग्रन्थ के रूप में होता था।[2] पुस्तक के आरम्भ में 'कौटिल्येन कृतं शास्त्रम्' और प्रत्येक अध्याय के अन्त में 'इति कौटिलीयेऽर्थशास्त्रे' लिखकर ग्रन्थ के रचयिता ने अपने कौटिल्य नाम को व्यापक बनाया है।

चाणक्य ने राजनैतिक सफलता के लिए जघन्य कृत्यों से भी परहेज नहीं किया। 'अर्थशास्त्र' में राष्ट्र की रक्षा के लिए गुप्तचरों के एक संगठन का वर्णन किया गया है। शत्रुओं के नाश के लिए विषकन्या, गणिका, अभिचार-मन्त्र आदि अनैतिक उपायों का विधान किया गया है। इस उद्देश्य को प्राप्त करने के लिए

कौटिल्य ने धन-व्यय को उचित माना है। 'अर्थशास्त्र' में इन चर्चाओं को देखकर ही विशाखदत्त ने 'मुद्राराक्षस' नामक संस्कृत नाटक में चाणक्य को कुटिलमति (कौटिल्यः कुटिलमतिः) कहा है। बाणभट्ट ने कौटिल्य के 'अर्थशास्त्र' को निर्दयता का उपदेश देनेवाला कहकर उसकी निन्दा की है। पाश्चात्य विद्वानों ने कौटिल्य की तुलना यूरोप के प्रसिद्ध राजनीतिज्ञ मैक्यावेली से की है, जिसने अपनी पुस्तक 'दि प्रिंस' में राजा को लक्ष्य प्राप्ति के लिए हर प्रकार के उचित-अनुचित साधन अपनाने की सलाह दी है। परन्तु चाणक्य की राजनैतिक समझ अतुलनीय है।

कौटिल्य लोकहितकारी शासन-पद्धति के पक्षधर थे। उन्होंने 'अर्थशास्त्र' में लिखा है कि

प्रजा सुखे सुखं राज्ञः प्रजानां च हिते हितम्।
नात्मप्रियं प्रियं राज्ञः प्रजानां तु प्रियं प्रियम्।।1/19।।

अर्थात—प्रजा के सुख में राजा का सुख है और प्रजा के हित में उसका हित है। राजा का अपना प्रिय कुछ भी नहीं है; जो प्रजा को प्रिय है वही राजा को भी प्रिय होना चाहिए। इस प्रकार चाणक्य ने चौथी सदी ई. पू. में ही अपनी अमर कृति 'अर्थशास्त्र' के माध्यम से लोककल्याणकारी राष्ट्र की एक सुदृढ़ परिकल्पना प्रस्तुत कर दी थी।

उन्होंने कहा कि जिस देश में सम्मान नहीं हो, जीविका का कोई साधन न हो, कोई सगा-सम्बन्धी नहीं हो और किसी प्रकार की विद्या की प्राप्ति की सम्भावना नहीं हो, वैसे देश में रहना उचित नहीं है।

यस्मिन् देशे न सम्मानो न वृत्तिर्न च बान्धवाः।
न च विद्याऽगमः कश्चित् तं देशं परिवर्जयेत्।।

उसी युग में उन्होंने शिक्षा के महत्त्व को रेखांकित कर दिया था। उनका मत था कि जिन्होंने अपने बच्चों को उचित शिक्षा नहीं दी, वे माता-पिता बच्चों के शत्रु हैं। अनपढ़ बालक विद्वानों की सभा में उसी प्रकार उपेक्षित होता है, जिस प्रकार हंसों के झुण्ड में बगुला।

माता शत्रुः पिता वैरी येन बालो न पाठितः।
न शोभते सभामध्ये हंसमध्ये बको यथा।।

विष्णुपुराण के अनुसार महापद्म नामक राजा के नौ पुत्रों ने सौ वर्षों तक शासन किया। कौटिल्य नामक एक ब्राह्मण ने नन्दों का अन्त कर दिया। नन्दों के बाद मौर्यवंश के राजाओं ने शासन किया। मौर्यवंश के पहले शासक चन्द्रगुप्त का राज्याभिषेक कौटिल्य ने किया था। (वि.पु. 4/24) इस घटना की पुष्टि करते हुए कामन्दक ने 'नीतिसार' में लिखा है कि ''इन्द्र के समान शक्तिशाली आचार्य

विष्णुगुप्त ने अकेले ही वज्र-सदृश अपनी मन्त्र-शक्ति द्वारा पर्वत-तुल्य महाराज नन्द का नाश कर दिया और उसके स्थान पर मनुष्यों में चन्द्रमा के समान चन्द्रगुप्त को पृथ्वी के शासन पर अधिष्ठित किया।''

एक दिन राह चलते समय जमीन पर उगे कुश की नोंक से बिंधकर चाणक्य के पैर लहूलुहान हो गए। फिर क्या था, वह 'मागध ब्राह्मण' अपने अन्य काम छोड़कर उस कुश-दल के मूलोच्छेद में जुट गया। उनका स्वभाव ही ऐसा था। जिसके पीछे पड़ गए, उसका अन्त करके ही दम लेते थे। विश्व इतिहास के सबसे चमत्कारी व्यक्तित्वों में से एक। उनके व्यक्तित्व के इस विशिष्ट गुण को सबसे पहले मगध के अमात्य शकटार ने पहचाना।

मगधनरेश धननन्द के दरबार में दो प्रमुख अमात्य थे—राक्षस और शकटार। राक्षस ब्राह्मण थे, जबकि शकटार शूद्र थे। अमात्य राक्षस का मूल नाम वररुचि था, किन्तु उनके कठोर स्वभाव के कारण लोग उनको राक्षस कहने लगे थे। एक बार अमात्य राक्षस ने शकटार पर झूठा आरोप लगाकर राजा को उसके विरुद्ध भड़का दिया। कुपित होकर धननन्द ने शकटार को बन्दीगृह में डाल दिया और उसके परिजनों को भूखे रखकर मार दिया। लेकिन बाद में शकटार को पुन: अमात्य पद देकर महामात्य राक्षस के अधीन कर दिया। शकटार ने परिस्थितियों से समझौता करके अमात्य पद स्वीकार तो कर लिया, लेकिन धननन्द के दुर्व्यवहार को भूला नहीं। वह प्रतिशोध की अग्नि में जलता हुआ अनुकूल समय की प्रतीक्षा करता रहा।

एक दिन उसने चाणक्य को रास्ते में कुश-दल का उन्मूलन करते देखा। उत्सुकतावश उनसे ऐसा करने का कारण पूछा। तब चाणक्य ने कहा कि 'इन झाड़ियों के काँटे के चुभने से मेरे पिता की मृत्यु हुई है। इसलिए मैं इसकी जड़ में मट्ठा डालकर इसका मूलोच्छेदन कर रहा हूँ।' उस मागध ब्राह्मण का उत्तर सुनकर शकटार की आँखें चमक उठीं। वह ऐसे ही दृढ़संकल्प व्यक्ति की बाट जोह रहा था। चाणक्य का उत्तर सुनकर उसको लगा कि उसकी खोज पूरी हो गई है। वह समझ गया कि यह क्रोधी ब्राह्मण अपने ब्रह्मतेज से धननन्द को भस्म कर सकता है।

उसने मन में कुछ विचार किया और फिर चाणक्य को महाराज धननन्द द्वारा आयोजित ब्रह्मभोज का निमन्त्रण देकर पाटलिपुत्र की राजसभा में आने के लिए सादर आमन्त्रित किया। दरअसल, महाराज धननन्द ने शकटार को श्राद्ध के लिए ब्राह्मणों को निमन्त्रित करने को कहा था। चाणक्य ने शकटार के आग्रहपूर्ण निमन्त्रण को स्वीकार कर लिया। नियत तिथि को वे मगधराज नन्द की भुक्तिशाला

में उपस्थित हुए। अमात्य शकटार ने सुविचारित नीति के तहत उनको एक उच्च आसन पर बैठा दिया। कुछ ही देर बाद धननन्द राजसभा में पहुँचा।

अग्रासन पर एक कुरूप ब्राह्मण को बैठा देखकर मगधराज को कुछ अच्छा नहीं लगा। उसने चाणक्य को तिरस्कार भरी नजरों से देखा। नन्द तो उद्दण्ड था ही, मगर चाणक्य भी कम अक्खड़ नहीं थे। चाणक्य की भंगिमाओं ने धननन्द के क्रोध को इतना बढ़ा दिया कि उसने अपने सेवकों को कहकर चाणक्य को अग्रासन से उठा दिया। चाणक्य को यह कैसे बर्दाश्त होता ! उन्होंने अपनी शिखा की गाँठ को एक झटके में खोलते हुए कहा कि "यह पृथ्वी अब तुम्हारा नाश देखेगी। सुनो धननन्द, जब तक मैं तुम्हारे वंश का नाश नहीं कर दूँगा, तब तक अपनी शिखा में गाँठ नहीं लगाऊँगा।" चाणक्य की इन बातों को सुनकर नन्द आपे से बाहर हो गया। उसने अपने सैनिकों को आज्ञा दी कि इस घमण्डी ब्राह्मण को पकड़कर इसका वध कर दो। परन्तु जब तक सैनिक चाणक्य को पकड़ पाते, वह नन्द के राजप्रासाद में कहीं छिप गए। रात को वे राजप्रासाद से निकलकर सुरक्षित स्थान पर चले गए।

'कथासरित्सागर' की कहानी

सोमदेव कृत 'कथासरित्सागर' में राजा नन्द, शकटार और चाणक्य की कहानी अलग ढंग से कही गई है—

देवी पार्वती को नई-नई कथाएँ सुनने का बहुत शौक था। एक बार शंकर उनको विद्याधरों की अनोखी कथाएँ सुना रहे थे। कोई दूसरा उस कहानी को न सुन ले, इसलिए उन्होंने नन्दी को पहरे पर बैठा दिया था। इसी बीच शिवजी का प्रिय गण पुष्पदन्त वहाँ आ पहुँचा। प्रभु की आज्ञा के अनुसार नन्दी ने उसको अन्दर जाने से रोका। ऐसा पहली बार हुआ था कि पुष्पदन्त को प्रभु से मिलने से कोई रोके। अतः उसको विशेष कौतूहल हुआ। योगबल से छिपकर वह अन्दर चला गया। अन्दर शिव पार्वती को कथाएँ सुना रहे थे। उसने छिपकर सात विद्याधरों की पूरी कहानी सुन ली। घर आकर उसने वह कहानी अपनी पत्नी जया को सुनाई। अगले दिन जया ने वही कहानी देवी पार्वती को सुना दी। अब होना क्या था, पार्वती को शिवशंकर पर बहुत क्रोध आया। उन्होंने उनको उलाहना देते हुए कहा कि "आप तो कह रहे थे कि विद्याधरों वाली कहानी एकदम नई है, किन्तु वह कथा तो जया को भी मालूम है।" शिव ने ध्यान लगाया और तुरन्त ही पूरी बात समझ गए। उन्होंने पार्वती को बताया कि यह सब पुष्पदन्त की चालाकी है।

इतना सुनते ही पार्वती ने क्रोधित होकर पुष्पदन्त को मनुष्य योनि में जन्म लेने का शाप दे दिया। माल्यवान नामक एक गण ने पुष्पदन्त की सिफारिश की

तो पार्वती ने नाराज़ होकर उसको भी वही शाप दे दिया। दुखी होकर पुष्पदन्त, माल्यवान और जया ने क्षमा करने की विनती की। तब पार्वती ने कहा कि "मनुष्य योनि में पुष्पदन्त की भेंट काणभूति नामक पिशाच से होगी और जब वह उसको सारी कथाएँ सुनाएगा तब वह शापमुक्त हो जाएगा। फिर काणभूति की भेंट माल्यवान से होगी। काणभूति से सभी कथाएँ सुनकर माल्यवान जब दूसरों को वह कथाएँ सुनाएगा तब वह भी शापमुक्त हो जाएगा।"

पार्वती के शापवश पुष्पदन्त कौशाम्बी नगर में वररुचि के नाम से पैदा हुए, जबकि माल्यवान सुप्रतिष्ठित नामक नगर में गुणाढ्य नाम से पैदा हुए। वररुचि विद्वान थे। उनका जन्म कौशाम्बी के एक ब्राह्मण दम्पति सोमदत्त और वसुदत्ता के घर में हुआ था। पिता के असमय निधन के कारण बालक वररुचि का लालन-पालन उनकी माँ ने ही किया। एक बार उनके घर पर दो ब्राह्मण आए। उनको एक रात ठहरना था। उसी रात कहीं दूर से मृदंग की आवाज़ आ रही थी। उसको सुनकर वसुदत्ता ने अपने पुत्र से कहा कि "लगता है, भवनन्द नाच रहा है। वह तेरे पिता का मित्र था।" यह सुनकर बालक वररुचि ने कहा कि "मैं अभी भवनन्द का खेल देखने जा रहा हूँ। लौटकर तुमको वह खेल उसी प्रकार दिखा दूँगा।" बच्चे की बात सुनकर वे दोनों ब्राह्मण बहुत चकित हुए। वसुदत्ता ने उनको बताया कि उसका पुत्र जिस बात को एक बार सुन लेता है, वह उसको शब्दशः याद हो जाता है।

इस बात की परीक्षा लेने के लिए उन ब्राह्मणों ने उस बालक को वेद का एक भाष्य सुनाया। वररुचि ने उसको ठीक वैसे ही दुहरा दिया। उसकी स्मरण-शक्ति से प्रभावित होकर व्याडि ने वसुदत्ता को बताया कि "हम दोनों ब्राह्मण तुम्हारे इस श्रुतधर पुत्र की खोज में ही भटक रहे थे।" जब वसुदत्ता ने इस खोज का कारण जानना चाहा, तब व्याडि ने बताया कि "मेरे साथी का नाम इन्द्रदत्त है। हम दोनों के माता-पिता बचपन में ही स्वर्गवासी हो गए थे। फिर हम दोनों विद्या प्राप्ति के लिए स्वामिकार्तिक की तपस्या करने लगे। स्वामिकार्तिक ने स्वप्न में आकर बताया कि पाटलिपुत्र नगर में तुम लोगों को वर्ष नामक ब्राह्मण से ज्ञान मिलेगा। यह सुनकर हम दोनों वर्ष की खोज में पाटलिपुत्र पहुँचे।"

"वहाँ हमारी भेंट आचार्य वर्ष की पत्नी से हुई। उन्होंने बताया कि उनके पति पहले मूर्ख थे। स्वामिकार्तिक की तपस्या करने के बाद उनको विद्या मिली। परन्तु उनको यह भी कहा गया है कि यह विद्या केवल सुकृत श्रुतधर को ही सिखाएँ। यदि तुम लोग किसी सुकृत श्रुतधर को तलाश करके ला सको तो तुम्हें मेरे पति से विद्या प्राप्त हो सकती है।" (सुकृत का अर्थ है सौभाग्यशाली; और श्रुतधर का अर्थ है—सुनते ही कण्ठस्थ कर लेनेवाला।)

यह कहानी सुनाकर व्याडि ने वसुदत्ता से कहा कि, "आपका पुत्र सुकृत श्रुतधर है। यह जो कुछ सुनता है, तुरन्त याद कर लेता है। अतः इसको हमारे साथ जाने की अनुमति दीजिए। इसी में हम सब का कल्याण है।" तब वसुदत्ता ने जैसे कुछ याद करते हुए कहा कि इसके जन्म के समय एक आकाशवाणी हुई थी कि वर्ष नामक विद्वान से शास्त्रज्ञान प्राप्त करके यह व्याकरण के क्षेत्र में यश अर्जित करेगा और वररुचि के नाम से प्रसिद्ध होगा। अच्छा हुआ, जो तुम लोग आ गए। अब इसे आचार्य वर्ष के पास ले जाओ।"

व्याडि ने बालक वररुचि का उपनयन संस्कार किया और फिर उसको लेकर वर्ष के पास पाटलिपुत्र गए। आचार्य वर्ष ने उनको सभी वेद-शास्त्रादि पढ़ाए। वररुचि ने एक बार सुनकर, व्याडि ने दो बार सुनकर और इन्द्रदत्त ने तीन बार सुनकर उन सब को याद कर लिया। इसके बाद पाटलिपुत्र नगर में वर्ष की विद्वता का डंका बजने लगा। उसकी प्रशंसा राजा नन्द ने भी सुनी और उसने वर्ष को बहुत धन देकर सम्मानित किया।

पाटलिपुत्र में इन्द्रदत्त और व्याडि के साथ विद्या अध्ययन करते हुए वररुचि युवा हुए। उपकोशा नामक एक युवती से उनका विवाह हो गया। वह घर-जमाई बनकर अपनी ससुराल में ही रहने लगे। उन्हीं दिनों आचार्य वर्ष के एक शिष्य पाणिनि के साथ वररुचि का शास्त्रार्थ हुआ।

पाणिनि पहले अज्ञानी थे, लेकिन भगवान शिव की साधना करके उन्होंने एक नवीन व्याकरण का ज्ञान प्राप्त किया था। जब शास्त्रार्थ चल रहा था, उसी समय शिव ऊँचे स्वर में हुँकार भरने लगे। इसके कारण वररुचि अपना ऐन्द्र व्याकरण भूल गए। स्वभावतः पाणिनि की विजय हुई। पराजित होने के बाद वररुचि को आत्मग्लानि हुई। भगवान शिव को प्रसन्न करने के लिए हिमालय पर जाकर उन्होंने कठोर तपस्या की। अन्त में शिव प्रसन्न हुए और पाणिनि का समस्त व्याकरणिक ज्ञान वररुचि को भी प्राप्त हो गया।

इसके बाद वे पाटलिपुत्र लौटे। तब तक व्याडि और इन्द्रदत्त अपनी शिक्षा पूर्ण कर चुके थे। आचार्य वर्ष ने उन दोनों से गुरु-दक्षिणा में एक हजार अशर्फियाँ माँगी। इतनी अशर्फियाँ उनके पास कहाँ से आतीं ! अशर्फियाँ पाने के लिए वे तीनों राजा नन्द के दरबार में पहुँचे। वहाँ पता चला कि कुछ क्षण पहले ही राजा नन्द का निधन हो चुका है; परन्तु अभी दाह-संस्कार नहीं हुआ था।

अचानक इन्द्रदत्त ने व्याडि से कहा कि "मुझे एक तरकीब सूझी है। मैं योग-बल से मृत राजा के शरीर में प्रवेश कर जाता हूँ। ऐसा करते ही मृत राजा जीवित हो उठेगा। जब तक मैं राजा के शरीर में रहूँगा, तब तक तुम मेरे शरीर की रक्षा

करना।'' वररुचि और व्याडि को भी योजना ठीक लगी। योजनानुसार इन्द्रदत्त ने जैसे ही राजा के मृत शरीर में प्रवेश किया, राजा नन्द जीवित हो उठा। थोड़ी देर बाद वररुचि ने दरबार में पहुँचकर अशर्फियों की याचना की। राजा ने अपने मन्त्री शकटार को तुरन्त ही अशर्फियाँ देने का आदेश दिया। राजा नन्द बहुत कृपण था। उसके स्वभाव में आए इस आकस्मिक परिवर्तन के कारण शकटार को कुछ सन्देह हुआ। उसने तत्काल यह राजाज्ञा प्रसारित की कि—नगर के सभी शवों को अविलम्ब जला दिया जाए। राजाज्ञा का पालन हुआ और खोज-खोजकर सारे शव जला दिए गए। इस प्रक्रिया में इन्द्रदत्त के निष्प्राण शरीर को भी जला दिया गया।

व्याडि ने राजा के पास जाकर यह शिकायत की कि योग-साधना करनेवाले एक ब्राह्मण के शरीर को भी सैनिकों ने जला दिया है। यह सुनकर राजा के शरीर में विद्यमान इन्द्रदत्त को बहुत दुख हुआ। लेकिन अब किया क्या जा सकता था! अब वह उसी शरीर में रहने के लिए विवश था। बहरहाल, राजा ने वररुचि को एक हजार अशर्फियाँ दिला दीं। शकटार अशर्फियाँ देने से इनकार न कर सका, लेकिन उसने राजा की हत्या करवाने का षडयन्त्र रचा।

अब व्याडि ने राजा को समझाया कि शकटार चूँकि विश्वसनीय नहीं रह गया है, इसलिए उसको मन्त्रि-पद से हटाकर वररुचि को अपना प्रधानमन्त्री बना लें। इस सलाह को मानकर राजा ने वररुचि को प्रधानमन्त्री बना दिया। उधर, व्याडि अपने गुरु आचार्य वर्ष को गुरु-दक्षिणा देकर तपस्या करने चला गया।

बाद में वररुचि की सलाह पर राजा ने शकटार और उसके सौ पुत्रों को बन्दी बनाकर कारागार में डाल दिया। कारागार की यातना के फलस्वरूप शकटार के सभी पुत्र धीरे-धीरे मर गए।

इधर, कुछ समय बाद राजा नन्द बहुत विलासी हो गया। राजकाज वररुचि के जिम्मे आ गया। अकेले उसको असुविधा होने लगी थी। इसलिए उसने शकटार को बन्दीगृह से मुक्त कराकर अपना सहयोगी बना लिया। शकटार ने भी वररुचि की शक्ति को समझ लिया और उसके कहे अनुसार चलने लगा।

उपकथा-1

एक बार राजा नन्द अमात्य वररुचि को साथ लेकर गंगा के किनारे टहलने गया। उसने देखा कि गंगा के जल से एक हाथ बाहर निकला हुआ है और हाथ की पाँच अँगुलियाँ एकसाथ दिख रही हैं। राजा को अचरज हुआ। तभी वररुचि ने अपने हाथ की दो अँगुलियों को जोड़कर गंगा में निकले हाथ की ओर कर दिया। ऐसा करते ही गंगा में निकला हाथ गायब हो गया। राजा ने इसका कारण जानना

चाहा, तो वररुचि ने बताया कि, ''गंगा में निकले हाथ का संकेत यह था कि पाँच आदमी मिलकर कठिन से कठिन कार्य कर सकते हैं। इसके जवाब में मैंने दो अँगुलियाँ जोड़कर बताया कि यदि दो व्यक्ति एकमत हो जाएँ, तब भी कोई कार्य कठिन नहीं है।'' वररुचि के उत्तर से राजा नन्द बहुत प्रसन्न हुआ।

उपकथा-2

एक दिन नन्द की रानी झरोखे से बाहर एक अतिथि ब्राह्मण को गौर से देख रही थी। ब्राह्मण भी रानी को देख रहा था। राजा नन्द ने उन्हें ऐसा करते देख लिया। उसने क्रोधित होकर उस ब्राह्मण को मृत्युदण्ड की सज़ा सुना दी। जब सैनिक उस ब्राह्मण को पकड़कर उसका वध करने के लिए वधस्थल की ओर ले जा रहे थे, तभी एक अद्भुत घटना घटी। रास्ते में एक मछली पड़ी थी। अचानक वह हँस पड़ी। राजा ने अमात्य वररुचि से मछली के हँसने का कारण पूछा। वररुचि ने इसका कारण बताने के लिए कुछ समय माँगा। राजा ने उत्तर मिलने तक ब्राह्मण के मृत्युदण्ड को स्थगित कर दिया।

वररुचि उस अबूझ पहेली का हल न जानने के कारण परेशान थे। सोचते-सोचते माँ सरस्वती का ध्यान करके वे सो गए। रात में सरस्वती ने स्वप्न में आकर उनको बताया कि ''ताड़ के पेड़ पर छिपकर बैठ जाओ। वहीं तुमको मछली के हँसने का रहस्य पता चल जाएगा।'' वररुचि ने ऐसा ही किया। वहाँ उन्होंने देखा कि एक राक्षसी अपने बच्चों को समझा रही है। राक्षसी कह रही थी कि ''सुना है, मछली के हँसने के कारण राजा ने ब्राह्मण के मृत्युदण्ड को स्थगित कर दिया है। परन्तु कल वह ब्राह्मण अवश्य मारा जाएगा, तब मैं तुम सब को उसका मांस खाने को दूँगी।''

जब राक्षस के बच्चों ने मछली के हँसने का कारण जानना चाहा, तब राक्षसी ने बताया कि ''रानी के महल में स्त्री के वेश में कई पुरुष रहते हैं। उन सब से रानी के अनैतिक सम्बन्ध हैं। राजा को इस बात की भनक तक नहीं है। उधर, रानी की ओर एक दृष्टि डालने मात्र पर बेचारे ब्राह्मण को मृत्युदण्ड मिल रहा है। राजा की इसी नादानी पर उस मछली को हँसी आ गई थी।''

यह रहस्य जानकर वररुचि की जान में जान आई। वह सबेरे ही राजा के पास पहुँचा और मछली के हँसने का कारण बताया। राजा ने जब अन्तःपुर की जाँच कराई तब वह बात सच निकली। ब्राह्मण को निर्दोष मानकर उसे मुक्त कर दिया गया।

उपकथा-3

एक चित्रकार ने राजा नन्द और उसकी रानी का एक सुन्दर चित्र बनाया। राजा ने उस चित्रकार को पुरस्कार-स्वरूप बहुत धन दिया और उस चित्र को अपने महल में टाँग दिया। एक दिन वररुचि ने भी उस चित्र को देखा। उस चित्र को और भावपूर्ण एवं सुन्दर बनाने के लिए उसने रानी की कमर पर एक तिल का निशान बना दिया। अगले दिन राजा ने उस चित्र में बनी रानी की कमर पर तिल का निशान देखा, तो उसको बहुत आश्चर्य हुआ। उसने पूछा कि ''यह तिल किसने बनाया है?'' वररुचि ने बताया कि तिल उसके द्वारा बनाया गया है।

राजा को वररुचि के चरित्र पर सन्देह हो गया, क्योंकि रानी की कमर पर सचमुच एक तिल था। उसने तुरन्त वररुचि को मृत्युदण्ड देने की घोषणा की। यह कार्य शकटार को सौंपा गया। परन्तु शकटार ने वररुचि द्वारा पहले किए गए उपकार के बदले में उसको अपने घर में छिपा लिया और राजा को यह कह दिया कि वररुचि को मृत्युदण्ड दे दिया गया है।

शकटार की उदारता से प्रसन्न होकर वररुचि ने कहा कि ''तुमने मुझको बचाया, इसके लिए मैं तुम्हारा आभारी हूँ। परन्तु सच तो यह है कि कोई भी मुझे मार नहीं सकता। एक राक्षस मेरा मित्र है। मैं चाहूँ तो उसकी सहायता से राजा को मरवा सकता हूँ। परन्तु राजा भी मेरा मित्र रहा है इसलिए ऐसा करूँगा नहीं।'' फिर उसने उस राक्षस से मित्रता की कहानी सुनाई।

एक बार नगर के चौकीदार एक-एक कर मरने लगे। उनके मारे जाने का कारण जानने के लिए राजा ने वररुचि को कोतवाल बना दिया। रात में गश्त करते समय वररुचि की भेंट एक राक्षस से हुई। उसने वररुचि से पूछा कि ''नगर में सर्वश्रेष्ठ सुन्दरी कौन है?'' वररुचि ने कहा कि ''जो जिसको प्रिय लगती है, वही उसके लिए सुन्दर होती है।'' इस उत्तर को सुनकर राक्षस बहुत प्रसन्न हुआ और उसने वररुचि को अपना मित्र बना लिया।

शकटार ने कहा कि एक दिन राजा को अपनी भूल का अहसास होगा, तब वह तुमको याद करेगा। तब तक तुम मेरे घर में ही रहो।

एक बार राजकुमार हिरण्यगुप्त शिकार के लिए वन में गया। परन्तु वन में वह अपने साथियों से बिछुड़ गया। रात होने पर जंगली जानवरों के भय से वह एक पेड़ पर चढ़ गया। पेड़ पर पहले से ही एक रीछ बैठा था। रीछ को देखकर राजकुमार डर गया। तब रीछ ने कहा कि ''तुम डरो नहीं, आराम से सो जाओ।'' उसके आश्वासन के बाद थका-माँदा राजकुमार पेड़ की एक डाल को पकड़कर

सो गया। रीछ जाग रहा था। उसी समय पेड़ के नीचे एक सिंह आ खड़ा हुआ। उसने रीछ से कहा कि, "तुम इस आदमी को नीचे गिरा दो।"

रीछ ने कहा कि "यह व्यक्ति मेरे आश्वासन के बाद निश्चिन्त होकर सो रहा है। यह मेरा मित्र है। मैं इसके साथ विश्वासघात नहीं करूँगा।" यह कहकर रीछ सो गया। अब राजकुमार के जागने की बारी थी। सिंह ने राजकुमार से कहा कि "तुम इस रीछ को धक्का देकर नीचे गिरा दो। फिर मैं यहाँ से चला जाऊँगा।"

राजकुमार ने अपनी जान बचाने के लिए पेड़ की डाल पर लेटे रीछ को धक्का दे दिया। लेकिन रीछ ने नींद में होने के बावजूद पेड़ की शाखा को कस कर पकड़ रखा था, इसलिए वह गिरा नहीं। उसने राजकुमार की ओर घृणा भरी दृष्टि से देखते हुए उसको शाप दे दिया—"विश्वासघाती, तू पागल हो जा।" राजकुमार गिड़गिड़ने लगा। तब उसने कहा कि "कथा सुनने के बाद तुम शाप से मुक्त हो सकोगे।"

शापवश पागल हुआ राजकुमार घर लौटा। उसको इस रूप में देखकर राजा को बहुत दुख हुआ। उसने कहा कि "आज यदि वररुचि होता तो वह इसके पागल होने का कारण बता सकता था। यह सुनकर शकटार ने कहा कि "महाराज यदि क्षमा करें तो एक निवेदन करना चाहता हूँ।" राजा के आश्वासन के बाद शकटार ने वररुचि के जीवित होने की बात बता दी। यह सुनकर राजा बहुत प्रसन्न हुआ। राजा ने वररुचि को बुलवाया और उसको राजकुमार के सम्बन्ध में बताया। वररुचि ने कथा सुनाकर राजकुमार को ठीक कर दिया।

राजा नन्द ने उससे पूछा कि "तुमने राजकुमार के पागल होने का कारण कैसे जान लिया?" तब वररुचि ने बताया कि जिस प्रकार मैंने रानी की कमर में स्थित तिल के बारे में जान लिया था। इस बात को सुनकर राजा नन्द को घोर पश्चाताप हुआ।

इस प्रकार अपनी प्रतिष्ठा को दुबारा हासिल करके वररुचि अपने घर लौटे। परन्तु तब तक बहुत देर हो चुकी थी। उनके वध का समाचार सुनकर उसकी पत्नी उपकोशा आत्मदाह कर चुकी थी। दुखी होकर उसकी माता वसुदत्ता भी दिवंगत हो चुकी थी। अब उसके लिए यह संसार निस्सार था। उसने विराग होकर तप के लिए वन का मार्ग लिया।

अयोध्या में एक ब्राह्मण ने उसको बताया कि उसके पाटलिपुत्र त्यागने के बाद मन्त्री शकटार राजा योगनन्द को नष्ट करने के उपाय कर रहा है।

एक दिन शकटार ने एक ब्राह्मण को कुशों को जड़ से उखाड़ते देखा। पूछने पर उस ब्राह्मण ने बताया कि "इस कुश से मेरे पैरों में छेद हो गया था, इसलिए

इनको जड़ से उखाड़कर फेंक रहा हूँ।'' शकटार ने सोचा कि यह ब्राह्मण कुश तक से बदला ले रहा है। यदि यह किसी मनुष्य से रुष्ट हो जाए, तो पता नहीं क्या करेगा?'' यही विचार करके उसने तय किया कि इसको येन-केन-प्रकारेण नन्द से भिड़ा दिया जाए।

उस ब्राह्मण का नाम था चाणक्य। शकटार ने आगे बढ़कर उसको अपना परिचय दिया। फिर चाणक्य को राजभवन में एक श्राद्ध-भोज का निमन्त्रण देते हुए कहा कि ''वहाँ प्रधान पुरोहित के रूप में आपका स्वागत होगा और दक्षिणा के रूप में एक लाख स्वर्णमुद्राएँ मिलेंगी।''

नियत तिथि को चाणक्य राजभवन पहुँचे और अग्रासन पर विराजमान हो गए। वहाँ सुबन्धु नामक एक ब्राह्मण भी आमन्त्रित थे। उन्होंने चाणक्य को प्रधान पुरोहित बनाने का विरोध किया। मामला राजा नन्द के पास पहुँचा। वहाँ शकटार ने सुबन्धु की योग्यता की प्रशंसा की। राजा ने सुबन्धु को प्रधान पुरोहित बनाने का आदेश दिया। शकटार ने लौटकर राजा का आदेश सुना दिया।

चाणक्य इस प्रकार आमन्त्रित करके अपमानित किए जाने से भड़क गए। फिर क्या था, उन्होंने अपनी शिखा की गाँठ खोलकर प्रतिज्ञा की कि सात दिनों के भीतर राजा नन्द का नाश कर दूँगा। शकटार उनको अपने घर ले गए। वहाँ चाणक्य ने नन्द के लिए मारण-मन्त्र का प्रयोग किया। उसके परिणामस्वरूप सातवें ही दिन राजा नन्द की मृत्यु हो गई। शकटार ने मगध के राजकुमार हिरण्यगुप्त की भी हत्या करवा दी। फिर नन्द के एक अन्य पुत्र चन्द्रगुप्त को राजा और चाणक्य को प्रधानमन्त्री बनाकर शकटार तपस्या करने वन में चले गए।

जैन ग्रन्थ 'परिशिष्टपर्वन' के अनुसार एक लम्बा जीवन व्यतीत करने के बाद बिन्दुसार के राज्यकाल के आरम्भ में ही चाणक्य का निधन हो गया। कहते हैं कि बिन्दुसार के एक दुष्ट मन्त्री सुबन्धु ने चाणक्य को उनकी कुटिया में ही जलाकर मार दिया था।

चन्द्रगुप्त मौर्य का उदय

नेपाल की तराइयों में पिप्पलीवन के मोरियों का गणतन्त्र था। नन्द द्वारा अपमानित चाणक्य ने पिप्पलीवन में मयूरपोषकों के एक गाँव में चन्द्रगुप्त नामक एक बालक को देखा। अपने साथियों के साथ एक खेल में वह राजा की भूमिका में था। उस बालक में चाणक्य को सम्भावना नजर आई। उसने उस अनाथ बालक को अपने संरक्षण में ले लिया। चाणक्य और चन्द्रगुप्त के इस मिलन ने भारतीय इतिहास की दिशा बदल दी।

जैन साहित्य में चाणक्य एवं चन्द्रगुप्त के मिलन की कहानी दूसरे ढंग से कही गई है। नन्द द्वारा अपमानित होने के बाद चाणक्य इधर-उधर भटक रहे थे। इसी क्रम में वे पिप्पलीवन में स्थित मयूरग्राम पहुँचे। वहाँ वे मौर्य वंश के मुखिया के घर पर रुके। मुखिया की इकलौती पुत्री गर्भवती थी। अचानक उसको दोहद[3] आरम्भ हो गया। दोहद में गर्भवती स्त्रियों के मन में विचित्र इच्छाएँ उत्पन्न होने लगती हैं। मुखिया की बेटी के मन में चन्द्रपान करने का दोहद हुआ। यह बात चाणक्य को मालूम हुई। उन्होंने मुखिया से कहा कि "मैं चन्द्रपान कराके तुम्हारी पुत्री का दोहद शान्त कर दूँगा, परन्तु मेरी एक शर्त है।" मुखिया और उसका पूरा परिवार पुत्री के दोहद को लेकर परेशान था। अत: उसने चाणक्य से कहा कि "आपकी जो भी शर्त हो, हमें स्वीकार है। आप जल्दी से मेरी बेटी को ठीक कर दीजिए।" चाणक्य ने कहा कि "पैदा होने वाला शिशु यदि बालक हुआ, तो उस पर मेरा अधिकार होगा। फिर मैं जब चाहूँगा उस बालक को अपने साथ ले जाऊँगा।" मुखिया ने अपनी पुत्री की दशा देकर यह शर्त मान ली। तब चाणक्य ने एक थाली में जल भरकर उसमें चन्द्रमा को प्रतिबिम्बित करके गर्भिणी को इस चतुराई से पिला दिया कि उसको प्रतीत हुआ कि वह चन्द्रमा का पान कर रही है। दोहद शान्त हो गया। उसके बाद चाणक्य कहीं चले गए। कुछ माह बाद मुखिया की पुत्री ने एक पुत्र को जन्म दिया जो चन्द्रमा के समान सुन्दर था। उक्त दोहद के कारण उसका नाम 'चन्द्रगुप्त' रखा गया।

शर्त के अनुसार उस बालक के बड़े होने के बाद चाणक्य ने उसको अपनी देखरेख में ले लिया। उसने चन्द्रगुप्त को उचित शिक्षा दी और भावी चुनौतियों से जूझने में समर्थ बनाया। चाणक्य का उद्यम सफल रहा। उसकी सहायता से चन्द्रगुप्त ने अपने जीवन के चरम लक्ष्य को प्राप्त किया।

सबसे पहले उसने भारत के उत्तर-पश्चिम सीमा प्रदेश के उन गणतन्त्रों के वीर सेनानियों को एकत्र किया, जिन्होंने अपनी स्वतन्त्रता की रक्षा के लिए सिकन्दर की सेना से आखिरी दम तक युद्ध किया था। फिर उसने शक, यवन, किरात, काम्बोज, पारसीक, बाह्लीक आदि कई जातियों के सैनिकों को मिलाकर एक मजबूत सेना तैयार की। परन्तु हड़बड़ाहट में उसने सीधे मगध की राजधानी पाटलिपुत्र पर आक्रमण कर दिया। इस प्रयास में वह विफल रहा। इस घटना के बाद चाणक्य और चन्द्रगुप्त एक गाँव में वेष बदलकर रह रहे थे।

जैन ग्रन्थ 'परिशिष्टपर्वन' के अनुसार एक दिन एक विचित्र घटना घटी। वे एक घर के पास से गुजर रहे थे। अन्दर से एक स्त्री और एक बच्चे की आवाज आ रही थी। माँ बच्चे को डाँटने और समझाने के मिले-जुले भाव से कह रही थी

कि ''इस दुनिया में दो ही मूर्ख हैं। एक चन्द्रगुप्त और दूसरे तुम। एक वह है जिसने आव देखा न ताव, सीधे मगध के केन्द्र पाटलिपुत्र पर ही आक्रमण कर दिया। दूसरे तुम हो, जो थाली में रखी गर्म खिचड़ी को बीचोबीच से ही खाने के प्रयास कर रहे हो।'' गर्म खिचड़ी से हाथ जला बैठा बेटा कुछ सोचने लगा। तब उसकी माँ ने कहा कि ''बेटा, जो हो गया, सो हो गया। अब आगे से इस बात का ध्यान रखना। बीच का हिस्सा अधिक गर्म होता है। इसलिए शुरुआत किनारे से करनी चाहिए।'' माँ-बेटे के इस संवाद से चन्द्रगुप्त को अपनी गलती का बोध हुआ। उसको आत्मबल भी मिला और प्रेरणा भी मिली।

उसने सीमान्त प्रदेशों के लिए सशक्त सैन्य-दल को नियुक्त किया और धीरे-धीरे आगे बढ़ते हुए राजधानी पाटलिपुत्र को घेर लिया। धननन्द का वध कर दिया गया; और इस प्रकार पाटलिपुत्र पर चन्द्रगुप्त का अधिकार हो गया।

मत्स्यपुराण के अनुसार नन्दवंश का उन्मूलन चाणक्य के सहयोग से हुआ।

उद्धरिष्यति कौटिल्य: समैर्द्वादशभि: सुतान्।
भुक्त्वा महीं वर्षशतं ततो मौर्यान् गमिष्यति।। (मत्स्य पुराण)

चाणक्य के आशीर्वाद से चन्द्रगुप्त मौर्य ने भारत के महानतम साम्राज्य की आधारशिला रखी। मौर्य वंश के संस्थापक चन्द्रगुप्त मौर्य (321-297 ई.पू.) ने पश्चिम दिशा में हिन्दुकुश (अफगानिस्तान) तक मगध साम्राज्य की सीमा का विस्तार किया। चन्द्रगुप्त को निरापद करने के लिए, उसके शत्रुओं के विरुद्ध, चाणक्य ने जो कूटनीतिक चालें चलीं, उसकी पूरी कहानी 'मुद्राराक्षस' नामक संस्कृत नाटक में वर्णित है। 'मुद्राराक्षस' की रचना विशाखदत्त ने नौवीं शताब्दी ई. में की थी।

'मुद्राराक्षस' में चन्द्रगुप्त के लिए 'चन्द्रश्री' नाम का प्रयोग किया गया है। इस नाटक में चाणक्य द्वारा चन्द्रगुप्त को 'वृषल' कहकर सम्बोधित किया गया है। इस नाटक में चन्द्रश्री का प्राकृत रूप 'चन्दसिरि' और चन्द्रगुप्त का प्राकृत रूपान्तर 'चन्दउत्त' भी प्रयुक्त हुआ है। इसमें चन्द्रगुप्त को 'प्रियदर्शी कहने के साथ ही नन्द के कुल का कहा गया है। इस नाटक में मलयकेतु अमात्य राक्षस से कहता है कि चन्द्रगुप्त आपके स्वामी का पुत्र है।[4] 'मुद्राराक्षस' में कहा गया है कि चन्द्रगुप्त अल्पायु में ही मगध का राजा बन गया था।[5] वह करीब बीस वर्ष की अवस्था में राजा बना।

'मुद्राराक्षस' के टीकाकार ढुण्ढिराज के अनुसार नन्द की एक पत्नी मुरा 'वृषलात्मजा' (निम्नकुलीन) थी। (उपोद्घात, श्लोक सं. 27) विशाखदत्त और ढुण्ढिराज के अनुसार चन्द्रगुप्त मौर्य महापद्मनन्द का पौत्र था। विष्णुपुराण के

टीकाकार रत्नगर्भ के अनुसार नन्द की मुरा नामक पत्नी ने चन्द्रगुप्त को जन्म दिया था।[6] इस मुरा के नाम के आधार पर चन्द्रगुप्त मौर्य का कुल 'मौर्य' कहलाया। पतंजलि कृत 'महाभाष्य' में मौर्य नामक एक हीनकर्मा जाति का उल्लेख किया गया है। उस जाति के लोग मूर्तियाँ दिखाकर लोगों से धन माँगते थे।[7]

''प्लूटार्क के अनुसार मगध के राजसिंहासन पर अधिकार करनेवाले व्यक्ति से सिकन्दर मिल चुका था। उसका नाम 'सैण्ड्रकोट्टस' था। वह 326 ई.पू. में तक्षशिला में अध्ययन करने के साथ ही नन्दों की प्रभुसत्ता के विरुद्ध विद्रोह की तैयारी कर रहा था। भारतीय परम्परा में इस नाम का कोई व्यक्ति ज्ञात नहीं था। पुराणों में वर्णित राजाओं की सूची में भी 'सैण्ड्रकोट्टस' नाम के ध्वनि-साम्य वाले किसी राजा का उल्लेख नहीं था। हालाँकि अन्य यूनानी स्रोतों, विशेषकर 300 ई.पू. में भारत आनेवाले यूनानी राजदूत मेगास्थनीज़ के विवरणों से यह पता चला कि 'सैण्ड्रकोट्टस' नामक किसी राजा ने गंगा घाटी क्षेत्र में शासन किया था। परन्तु यह स्पष्ट नहीं था कि यूनानी स्रोतों में उल्लिखित विभिन्न राजाओं में वह कौन है; और उसने पाटलिपुत्र पर शासन किया या नहीं। न ही यह स्पष्ट था कि पोरस और ओमफिस की तरह मेगास्थनीज़ और प्लूटार्क द्वारा उल्लिखित 'सैण्ड्रकोट्टस' एक ही व्यक्ति हैं। दरअसल, यूनानी भाषान्तर के दौरान उसके नाम को इतना विकृत कर दिया गया था कि उसके संस्कृत नाम को पहचान पाना सम्भव नहीं था।

लेकिन सर विलियम जोन्स के प्रयास से 'सैण्ड्रकोट्टस' की गुत्थी सुलझ गई। वे प्राच्य-विद्या के जनक और हिन्द-आर्य भाषा-विज्ञान के प्रवर्तक थे। 1793 ई. में बंगाल एशियाटिक सोसाइटी के वार्षिक अधिवेशन में बोलते हुए उन्होंने बताया कि 'मेरे द्वारा एक खोज अकस्मात हो गई है।' संस्कृत साहित्य की गहरी छानबीन के बाद उन्होंने यह पाया कि मगध का पाटलिपुत्र नगर निश्चित रूप से 'सैण्ड्रकोट्टस' की राजधानी था। उन्होंने पाया कि प्रथम सहस्त्राब्दी ई. के मध्य में 'मुद्राराक्षस' नामक संस्कृत नाटक में राजा चन्द्रगुप्त द्वारा षड्यन्त्रों के माध्यम से मगध के सिंहासन पर अधिकार करने और एक विदेशी राजदूत का स्वागत करने का उल्लेख है। विलियम जोन्स की आकस्मिक खोज यही थी कि 'सैण्ड्रकोट्टस' चन्द्रगुप्त का यूनानी भाषान्तर है। यह तथ्य बाद में ज्ञात हुआ कि 'सैण्ड्रकोट्टस' की वैकल्पिक यूनानी हिज्जे 'सैण्ड्रकोप्टस' है। प्लूटार्क और मेगास्थनीज के 'सैण्ड्रकोट्टस' और 'मुद्राराक्षस' नाटक एवं पुराणों में उल्लिखित 'चन्द्रगुप्त' निश्चित रूप से एक ही व्यक्ति हैं। ऐसा पहली बार हुआ कि यूनानी-रोमन स्रोतों में वर्णित किसी प्रसिद्ध भारतीय नायक की पहचान प्रामाणिक रूप से सम्भव हो सकी।''[8]

यूनानी विवरणों में चन्द्रगुप्त मौर्य का उल्लेख 'सैण्ड्रकोट्टस' या 'सैण्ड्रोकोट्स' नाम से किया गया है। उसकी सेना नन्दों की सेना से तीन गुना बड़ी थी। उसमें 8000 रथ, 9000 हाथी, 30,000 अश्वारोही और 600,000 पदाति सैनिक थे। इस बात की पुष्टि प्लिनी और प्लूटार्क-जैसे यूनानी लेखक के विवरणों से होती है।

सिकन्दर की मृत्यु के बाद उसके पूर्वी साम्राज्य का अधिकार सेल्यूकस निकेटर को मिला। सिकन्दर के उत्तराधिकारी मगध साम्राज्य की सुरक्षा के लिए भविष्य में खतरा उत्पन्न कर सकते थे। इसके अतिरिक्त उत्तर-पश्चिम में यवन राज्यों (हेलेनिस्टिक किंग्डम्स) से होकर ही वे व्यापारिक मार्ग गुजरते थे, जिनसे होकर पूर्वी भूमध्य सागर के बाजारों तक पहुँचा जा सकता था। निचली सिन्धु घाटी में अच्छी नस्ल के घोड़े पाये जाते थे। सेना के लिए उत्तम प्रजाति के घोड़ों की आवश्यकता सर्वविदित है। इन बातों को ध्यान में रखते हुए चन्द्रगुप्त मौर्य ने पश्चिमोत्तर भारत को सेल्यूकस की गुलामी से मुक्त कराया। सेल्यूकस सिन्धु नदी के पश्चिम में राज कर रहा था। चन्द्रगुप्त के साथ युद्ध में पराजित होने के बाद उसको सन्धि करने के लिए बाध्य होना पड़ा। उसने अपनी पुत्री हेलेना का विवाह चन्द्रगुप्त से कर दिया; और 302 ई.पू. में अपने मित्र मेगास्थनीज को राजदूत बनाकर चन्द्रगुप्त के दरबार में पाटलिपुत्र भेजा। मेगास्थनीज के अलावा देमाकस और दियोनीसियस नामक यूनानी दूतों को भी पाटलिपुत्र के राजदरबार में रहने का अवसर मिला था।

मेगास्थनीज ने पाटलिपुत्र पहुँचकर कुछ समय मौर्य राजदरबार में बिताया। उसने अपनी भारतयात्रा के अनुभवों के आधार पर 'इण्डिका' नामक एक किताब लिखी। प्राचीनकाल में यह किताब भारत के बारे में जानकारी के इच्छुक विद्वानों के बीच लोकप्रिय थी। प्रथम सदी ई.पू. के यूनानी लेखक स्ट्राबो और डायोडोरस के अतिरिक्त प्रथम सदी ई. के लेखक प्लिनी और दूसरी सदी ई. के लेखक एरियन ने अपनी पुस्तकों में मेगास्थनीज कृत इण्डिका से उद्धरण दिए थे। अब तक मेगास्थनीज कृत 'इण्डिका' समग्र रूप में प्राप्त नहीं हो सकी है। किन्तु पाश्चात्य विद्वान श्वानबैक के सम्पादन में इसके उद्धरणों को जोड़कर पुस्तक रूप में प्रकाशित किया गया है।

मेगास्थनीज ने अपने पाटलिपुत्र प्रवास के दौरान अनुभव किया था कि भारतीय समाज में ब्राह्मणों की संख्या तो कम हैं, किन्तु उनका प्रभाव अधिक है। उसके अनुसार सैन्य अधिकारियों को नकद वेतन दिया जाता था। भारतीय सैनिकों को स्पष्ट निर्देश था कि युद्ध के दौरान किसानों को निशाना नहीं बनाया जाए। एक

ओर युद्ध चलता रहता था, दूसरी ओर किसान अपने खेत जोतते रहते थे। स्थायी सेना होने के कारण सैनिक युद्धरत रहते थे और किसान कृषिकार्य में लगे रहते थे। परन्तु इसके अपवाद भी हुआ करते थे। वह यह भी बताता है कि चन्द्रगुप्त मालिश करवाते समय भी राज्य की समस्याओं पर विचार करने और मिलने के इच्छुक लोगों से भेंट करने में संकोच नहीं करता था।

चन्द्रगुप्त मौर्य ने अपनी निजी सुरक्षा का दायित्व पुरुष अंगरक्षकों की बजाय स्त्री अंगरक्षिकाओं को सौंप रखा था। नंगी तलवारें थामे अंगरक्षिकाएँ सम्राट चन्द्रगुप्त को सदैव घेरे रहती थीं।

चन्द्रगुप्त नीति-निपुण था। एक कथा के अनुसार गन्धार के राजा ने अपने राजदूत के माध्यम से राजा नन्द के दरबार में आधा सेर सरसों और जलती हुई भट्ठी भेजी। सरसों गन्धारराज के अपरिमेय सैनिकों की सूचक थीं, जबकि जलती हुई भट्ठी उस राजा के बल, पौरुष और कोष की परिचायक थी। चन्द्रगुप्त मौर्य के इशारे पर एक तीतर और जल से भरा एक कलश उसके प्रत्युत्तर में भेज दिया गया। तीतर इस बात का द्योतक था कि मगध के सैनिक गन्धार के सैनिकों को बातों ही बातों में चुन-चुन कर निगल जाएँगे; जबकि जल से भरा कलश इस बात का परिचायक था कि मगधराज की साम्यनीति किसी भी क्षुब्ध शक्ति को शान्त करने में समर्थ है।[9]

जैन संघ में विभाजन

चन्द्रगुप्त के राज्यकाल के उत्तरार्द्ध में मगध में लगभग बारह वर्षों तक अकाल की स्थिति बनी रही। उत्तरी भारत में आए अकाल के कारण तत्कालीन जैन संघाचार्य भद्रबाहु अपने बारह हजार शिष्यों के साथ दक्षिणापथ चले गए थे। वे सब कर्नाटक के श्रवणवेलगोला के कटवप्र पर्वत पर जाकर रहने लगे।

उस अकाल की समाप्ति के बाद दक्षिणापथ गए जैन-मतावलम्बियों का दल मगध लौट आया। उनके लौटने के बाद मगध के स्थानीय जैन-मतावलम्बियों के साथ उनका मतभेद हो गया। दक्षिण से लौटे जैनियों का दावा था कि अकाल के दौरान भी उन लोगों ने जैन धर्म के आधारभूत नियमों का कड़ाई से पालन किया है, लेकिन मगध में रह गए जैनियों ने उन नियमों का विधिवत पालन नहीं किया है। इस मतभेद को दूर करने के लिए आचार्य स्थूलिभद्र के नेतृत्व में प्रथम जैन मुनि सम्मेलन एवं परम्परागत श्रुतागम वाचना का आयोजन पाटलिपुत्र में किया गया। परन्तु दक्षिणापथ से लौटकर आनेवाले जैनियों ने इस परिषद का बहिष्कार किया; और उसमें लिए गए निर्णयों को अस्वीकार कर दिया।

मतभेद के कारण जैन संघ दिगम्बर एवं श्वेताम्बर नामक दो शाखाओं में बँट गया। दक्षिणी शाखा के जैन मतावलम्बी, जो भद्रबाहु के नेतृत्व को स्वीकार करके उनके साथ कर्नाटक चले गए थे, दिगम्बर कहलाए। परन्तु जो जैन मतावलम्बी स्थूलिभद्र के नेतृत्व में मगध में ही रह गए थे, उनको श्वेताम्बर कहा गया। श्वेताम्बर अपने शरीर को श्वेत रंग के वस्त्र (अम्बर) से ढकते थे, किन्तु दिगम्बर जैन पूर्णतः नग्न रहते थे। दिगम्बर जैन कहते थे कि दिशाएँ (दिक्) ही उनके वस्त्र (अम्बर) हैं।

'परिशिष्ट पर्वन' में वर्णित एक जैन अनुश्रुति में चन्द्रगुप्त मौर्य की एक रानी दुर्धरा को राजकुमार बिन्दुसार की माता कहा गया है। एक अन्य अनुश्रुति में सिंहसेन को चन्द्रगुप्त का पुत्र बताया गया है। 'सिंहसेन' सम्भवतः बिन्दुसार की उपाधि थी। जैन अनुश्रुतियों के अनुसार जीवन के अन्तिम चरण में चन्द्रगुप्त मौर्य ने अपना राजपाट अपने पुत्र 'सिंहसेन' (बिन्दुसार) को सौंप दिया और अपने आध्यात्मिक गुरु जैनाचार्य भद्रबाहु के पास श्रवणबेलगोला चला गया। वहाँ एक गुफा में छठी शताब्दी ई. में अंकित एक भित्तिलेख के अनुसार भद्रबाहु और चन्द्रगुप्त ने श्रवणबेलगोला में 'सल्लेखना'[10] ग्रहण की थी।[11] तभी से कर्नाटक में स्थित उस पहाड़ी को चन्द्रगिरि कहा जाने लगा। चन्द्रगिरि के बगल में स्थित विन्ध्यगिरि पर गोमतेश्वर बाहुबली की विशाल पाषाण प्रतिमा है। जैन-ग्रन्थ 'तिलोय पण्णति' (त्रिलोक प्रज्ञप्ति) के अनुसार चन्द्रगुप्त मौर्य जिन-दीक्षा लेनेवाला अन्तिम मुकुटधारी राजा था।

बिन्दुसार (297-273 ई.पू.)

चन्द्रगुप्त मौर्य का पुत्र और उसका उत्तराधिकारी बिन्दुसार 297 ई.पू. में मगध के सिंहासन पर बैठा। उसका उपनाम था 'अमित्रघात', जिसका अर्थ है—शत्रुओं का नाश करनेवाला। प्राचीन यूनानी ग्रन्थों में उसको 'अमिट्रोकेट्स' कहा गया है, जो 'अमित्रघात' का अपभ्रंश है। 'महावंश' पर दसवीं सदी ई. में लिखी गई एक टीका 'वंसत्थपकासिनी' में बिन्दुसार के जन्म सम्बन्धी एक विचित्र कहानी का उल्लेख है। उसके अनुसार कौटिल्य के निर्देश पर चन्द्रगुप्त के भोजन में प्रतिदिन थोड़ा विष मिलाया जाता था, जिसके कारण वह विष के प्रभाव से मुक्त (इम्यूनाइज़्ड) हो गया था। एक दिन महारानी ने, जो उस समय गर्भवती थीं, चन्द्रगुप्त के भोजन से एक निवाला उठा लिया। कौटिल्य ने उनको रोकने की कोशिश की, लेकिन तब तक महारानी ने ग्रास को अपने मुँह में डाल लिया। उनके गर्भ में मगध साम्राज्य का उत्तराधिकारी पल रहा था, जिसकी रक्षा

जरूरी थी। गर्भ में पल रहे शिशु को बचाने के उद्‌देश्य से उसी क्षण महारानी की गर्दन काट दी गई, ताकि विष शरीर के अन्दर फैल कर गर्भस्थ शिशु को कोई क्षति न पहुँचाये। फिर उस भ्रूण को एक बकरी के गर्भ में रखवाया गया। समय आने पर एक बालक पैदा हुआ, जिसके शरीर पर कई धब्बे (बिन्दु) थे। इसलिए उसका नाम 'बिन्दुसार' रखा गया।

बिन्दुसार ने अपने पिता चन्द्रगुप्त के योग्य मन्त्रियों को अपने दरबार में नियुक्त किया था। उनमें प्रमुख था कौटिल्य (या चाणक्य)। सुबन्धु चाणक्य का प्रतिद्वन्द्वी था। बाद में खल्लाटक उसका अग्रामात्य बना; और अन्ततः राधगुप्त ने अग्रामात्य (प्रधानमन्त्री) का पद ग्रहण किया।

अपने पुत्रों की सहायता से बिन्दुसार ने न केवल अपने पैतृक सामाज्य को बनाए रखा, बल्कि उसकी सीमाओं का विस्तार भी किया। 'दिव्यावदान' की एक कथा के अनुसार तक्षशिला की जनता ने कुछ अमात्यों के अत्याचार के विरुद्ध विद्रोह कर दिया। राज-कर्मचारियों के अत्याचार की शिकायत निराधार नहीं थी। इसकी पुष्टि स्वयं अशोक के कलिंग अभिलेख से होती है जिसमें उसने प्रान्तों में अमात्यों के अत्याचार पर अंकुश लगाने के उपायों का वर्णन किया है। कहते हैं कि तक्षशिला की इस कठिन परिस्थिति को नियन्त्रित करने के लिए बिन्दुसार ने अपने पुत्र अशोक को भेजा था। अशोक ने दूरस्थ प्रदेश के उद्‌दण्ड कर्मचारियों का बड़ी कुशलता से दमन किया। अशोक ने सहजता से वहाँ शान्ति स्थापित की, क्योंकि प्रजा कुमार या राजा से नहीं, बल्कि स्थानीय अमात्यों से रुष्ट थी। अनश्रुतियों के अनुसार राजकुमार अशोक ने यहीं से खस राज्य को भी जीत लिया था। डॉ. ऑरिल स्टीन के मतानुसार खसों का राज्य किस्तवार से लेकर झेलम की घाटी तक फैला हुआ था।

मगध के इतिहास में बिन्दुसार का सबसे बड़ा योगदान है दक्षिणापथ के एक बड़े भूभाग को जीत कर मगध साम्राज्य में मिलाना। लामा तारानाथ (16वीं सदी ई.) के अनुसार बिन्दुसार ने सोलह प्रदेशों को जीता और अपने साम्राज्य को एक समुद्र से दूसरे समुद्र तक फैलाया। लेकिन किसी अन्य स्रोत से तारानाथ के इस कथन की पुष्टि नहीं होती है।

बिन्दुसार ने शान्तिपूर्ण वैदेशिक नीति का पालन किया। चन्द्रगुप्त के शासनकाल के उत्तरार्द्ध में यूनानी राजाओं से मैत्री के जो सम्बन्ध स्थापित हुए थे, बिन्दुसार ने उन्हें बनाए रखा। प्रथम सदी ई.पू. के यूनानी लेखक स्ट्राबो ने सैण्ड्रोकोट्टस के पुत्र अमिट्रोकेट्स के दरबार में डीमेक्स नामक राजदूत के भेजे जाने की बात लिखी है। प्लिनी ने लिखा है कि मिस्र के राजा (टॉलोमी द्वितीय) फिलाडेल्फस (ईसा पूर्व

285-47) ने राइनोसियस नामक एक दूत को भेजा था। यह दूत निश्चित रूप से बिन्दुसार के दरबार में ही आया होगा। तीसरी शताब्दी ई. के एथिनियस नामक एक यूनानी लेखक का कथन है कि भारतीय राजा अमिट्रोकेटीज (अमित्रघात) ने सीरिया के राजा एण्टिओकस को मीठी शराब, सूखी अन्जीर और एक दार्शनिक भेजने के लिए लिखा था। इसके जवाब में सीरिया के राजा ने कहा था कि शराब और अंजीर तो हम आपको भेज देंगे, लेकिन यूनानी कानून के अनुसार दार्शनिक का विक्रय प्रतिबन्धित है। इससे इतना तो स्पष्ट ही है कि बिन्दुसार को दर्शन में रुचि थी।

बिन्दुसार को 'मूर्धाभिषिक्त क्षत्रिय' कहा गया है। 'मूर्ध्नाभिषिक्त या 'मूर्धाभिषिक्त' का शाब्दिक अर्थ है—क्षत्रिय जाति का पुरुष; या यथाविधि पद पर प्रतिष्ठापित राजा। इससे स्पष्ट है कि वह क्षत्रिय कुल में उत्पन्न हुआ था। 'महावस्तु' के अनुसार राजा को 'मूर्ध्नाभिषिक्त' नाम इसलिए दिया गया क्योंकि वह सम्यक रीति से प्रजा की रक्षा और उनका परिपालन करता है। (सम्यक रक्षति परिपालेति मूर्ध्नाभिषिक्त:) इससे ज्ञात होता है कि राजा बिन्दुसार प्रजापालक था।

बिन्दुसार की अग्रमहिषी का नाम 'महावंश टीका' के अनुसार धम्मा और 'अशोकावदान' के अनुसार सुभद्रांगी था। 'धम्मा' (धर्मा) आजीवक सम्प्रदाय की अनुयायी थी। धम्मा को जनपदकल्याणी और सुभद्रांगी भी कहा गया है। 'धम्मा' की कोख से ही अशोक का जन्म हुआ था। धम्मा के प्रभाववश बिन्दुसार भी आजीवक सम्प्रदाय के प्रति सहानुभूतिशील था। 'दिव्यावदान' के अनुसार बिन्दुसार के राजदरबार में एक आजीवक ज्योतिषी था, जिसने अशोक के जन्म के समय ही उसके राजा बनने की भविष्यवाणी की थी। 'अशोकावदान' के अनुसार अशोक की माँ धम्मा चम्पा के एक ब्राह्मण की सुन्दर कन्या (सुभद्रांगी) थी। एक राजकीय षड्यन्त्र के तहत धम्मा को राजा से अलग रखा गया था। अन्ततः राजा बिन्दुसार से उसका मिलन हुआ। समय आने पर उसने एक पुत्र को जन्म दिया। तब उसने निश्चिन्त होकर कहा कि "अब मैं दुख एवं शोक से मुक्त हूँ'।" इसीलिए उसने उस बालक का नाम अशोक रखा। कहते हैं बिन्दुसार की कई रानियाँ थीं और उन रानियों से उसके कुल 101 पुत्र थे। अशोक देखने में कुरूप था इसलिए वह बिन्दुसार को प्रिय नहीं था। परन्तु अशोक में कुछ विलक्षण गुण थे, जिनसे प्रभावित होकर बिन्दुसार ने उसको उज्जयिनी में अपना राजप्रतिनिधि नियुक्त किया था।

पुराणों में बिन्दुसार के अस्तित्व को स्वीकार ही नहीं किया गया है। वायु, ब्रह्माण्ड, मत्स्य और विष्णु पुराणों में मौर्यों की अलग-अलग वंशतालिका दी गई है। परन्तु उन चारों पुराणों में मौर्यों के सम्बन्ध में कुछ तथ्य एक समान हैं-

(1) उन चारों में बिन्दुसार का उल्लेख नहीं किया गया है।

(2) चारों में चन्द्रगुप्त को पहला और बृहद्रथ को मौर्य वंश का अन्तिम शासक बताया गया है।

(3) चारों में मौर्यों का शासनकाल कुल मिलाकर 137 वर्ष (सप्तत्रिंशच्छतं पूर्ण) बताया गया है।

वायु एवं ब्रह्माण्ड पुराण में मौर्य वंश तालिका इस प्रकार है—चन्द्रगुप्त, अशोक, कुणाल, बन्धुपालित, इन्द्रपालित, देववर्मा, शतधनुष एवं बृहद्रथ। विष्णु पुराण की तालिका निम्नवत है—चन्द्रगुप्त, अशोक, सुयश, दशरथ, संगत, शालिशुक, सोमवर्मन, सम्प्रति, शतधन्वन एवं बृहद्रथ। जबकि मत्स्य पुराण में मौर्य वंश तालिका निम्नवत है—चन्द्रगुप्त, अशोक, दशरथ, सम्प्रति, शतधन्वन एवं बृहद्रथ।

महानतम राजा : अशोक

बिन्दुसार के देहान्त के बाद लगभग चार वर्षों तक मगध में राज्याधिकार के लिए कलह का एक दौर चला। 'दिव्यावदान' के अनुसार मरते समय बिन्दुसार ने अपने ज्येष्ठ पुत्र सुसीम को राजपद दिए जाने और अशोक को तक्षशिला का प्रशासक नियुक्त करने की इच्छा व्यक्त की थी। परन्तु मौर्य राजदरबार का सबसे प्रभावशाली महामात्य राधगुप्त बिन्दुसार के पुत्र अशोक को राजा बनवाने के पक्ष में था, जो उस समय उज्जैन का प्रशासक था। 'महावंश' के अनुसार अशोक ने सुसीम सहित अपने 99 भाइयों की हत्या करवा दी, मात्र सबसे छोटे भाई तिष्य को जीवित छोड़ दिया, जो आगे चलकर बौद्ध भिक्षु हो गया। अशोक ने तत्कालीन मन्त्रियों की सहायता से 273 ई.पू. में मगध के सिंहासन पर अधिकार कर लिया।

अशोक (273-232 ई.पू.) अपने भाइयों का वध करके राजगद्दी पर बैठा था, इसलिए शुरू में इस बात को लेकर संशय था कि लोग उसको मन से राजा स्वीकार करेंगे। जन-विद्रोह की आशंका रही होगी। इसलिए गद्दी हासिल करने के बावजूद उसने अपना राज्याभिषेक नहीं कराया। चार साल बाद 269 ई.पू. में जब उसको लगा कि उसके प्रशासनिक कौशल से लोग प्रभावित होने लगे हैं, तब पाटलिपुत्र में उसने अपना राज्याभिषेक कराया। अपने राज्याभिषेक की वर्षगाँठ के अवसर पर वह प्रतिवर्ष कारागार के बन्दियों को मुक्त करता था। अपने स्तम्भलेख 5 के अन्त में वह कहता है कि "छब्बीस वर्ष पूर्व मेरा अभिषेक होने के बाद की अवधि में पच्चीस बार बन्दियों की मुक्ति हो चुकी है।" जनहितकारी नीतियाँ अपनाकर धीरे-धीरे उसने अपनी स्थिति सुदृढ़ कर ली। लेकिन सर्वोच्च शासक होने के बावजूद अशोक ने अपने को किसी भारी-भरकम उपाधि की बजाय मात्र 'राजा'

शब्द से निर्दिष्ट किया। उसका नाम भारत के ही नहीं, बल्कि विश्व के महानतम शासकों में अग्रगण्य है।

कौटिल्य कृत 'अर्थशास्त्र' में कहा गया है कि राजा की सफलता तीन बातों पर निर्भर करती है—ब्राह्मणों का समर्थन, मन्त्रिमण्डल की सलाह और शास्त्रों के अनुसार कार्य। परन्तु अशोक ने अपनी राजाज्ञाओं में कहीं भी पुरोहितों का उल्लेख नहीं किया है। हाँ, उसने श्रमणों के साथ ब्राह्मणों का भी आदर करने को अवश्य कहा है। इससे स्पष्ट है कि अशोक के राज्यकाल में पुरोहितवर्ग का हस्तक्षेप न के बराबर था। परन्तु उसने 'देवानांप्रिय' की उपाधि धारण करके दैवी शक्तियों के साथ अपना सम्बन्ध जोड़ने का प्रयास अवश्य किया। देवानांप्रिय का शाब्दिक अर्थ है—देवताओं का प्रिय।

अशोक के धर्मलेखों में उसका उल्लेख सामान्यत: 'देवानांप्रिय प्रियदर्शी राजा' के नाम से हुआ है। कई बार उसको केवल 'देवानांप्रिय' या 'राजा प्रियदर्शी' कहा गया है। 'प्रियदर्शी' का अर्थ है—स्नेहपूर्ण दृष्टिवाला। बाराबर गुहालेख में उसके लिए 'देवानांप्रिय' और कन्दहार अभिलेख में 'प्रियदर्शी' संज्ञा का प्रयोग किया गया है। भाब्रू अभिलेख में उसने अपने को 'मगधाधिराज' कहा है। कुछ दन्तकथाओं में उसका उल्लेख 'प्रियदर्शन' नाम से हुआ है। मध्यप्रदेश में दतिया के पास गुर्जरा एवं कर्नाटक में रायचूर के पास मास्की के लघु शिलालेख में उसका नाम 'अशोक' उल्लिखित है। 'विविधतीर्थकल्प' नामक ग्रन्थ के पाटलिपुत्रनगरकल्प में उसके लिए 'अशोकश्री' नाम मिलता है। 'कलियुगराजवृत्तान्त' और 'विष्णुपुराण' में 'अशोकवर्द्धन' नाम मिलता है; जबकि 'वायुपुराण', 'मत्स्यपुराण' और 'दिव्यावदान' में 'अशोक' नाम मिलता है।

'देवानांप्रिय' उस समय के राजाओं का कुलनाम था; 'हुजूर', 'देव', His Majesty की तरह। 'प्रियदर्शी' अशोक का दूसरा नाम था; इस बात की पुष्टि श्रीलंका के प्राकृत इतिहास 'दीपवंश' (द्वीपवंश) से होती है।[12] डॉ. काशीप्रसाद जायसवाल के अनुसार 'द्वीपवंश' नामक ग्रन्थ का रचयिता मगध का निवासी था।

नन्दों के साम्राज्य में गंगा घाटी और उसके आसपास के इलाके ही शामिल थे। फिर चन्द्रगुप्त मौर्य ने उससे बड़ा साम्राज्य स्थापित किया। बिन्दुसार के बारे में यथेष्ट ऐतिहासिक सामग्री उपलब्ध नहीं है, लेकिन इस बात के संकेत हैं कि बिन्दुसार ने पिता के साम्राज्य को कुछ विस्तृत किया। चन्द्रगुप्त के पौत्र अशोक ने कलिंग पर विजय प्राप्त करके पश्चिम में काबुल-कन्धार से लेकर पूर्व में बंगाल की खाड़ी तक और उत्तर में कश्मीर-नेपाल से लेकर दक्षिण में मैसूर तक अपने साम्राज्य का विस्तार किया। कल्हण की 'राजतरंगिणी' के अनुसार

अशोक ने ही श्रीनगर को बसाया था। अशोक के विशाल साम्राज्य में आर्यावर्त के बाहर की जातियों और सांस्कृतिक समूहों का भी समावेश था। उसके सम्राज्य में राजनैतिक जटिलताओं की भरमार थी। उन सब के बावजूद अशोक ने दुनिया के सामने लोकहितकारी शासन का उदाहरण प्रस्तुत किया। यदि भौगोलिक विस्तार को आधार बनाया जाए तो भारत के इतिहास में अशोक से बड़े साम्राज्य पर सफलतापूर्वक राज करने का गौरव किसी अन्य शासक को नहीं मिला।

अशोक का शासन कई दृष्टियों से महत्त्वपूर्ण था। वह भारत का पहला शासक था, जिसने अपने अभिलेखों के माध्यम से अपनी प्रजा को सम्बोधित किया। पितृभाव से उसने जनसामान्य का नैतिक मार्गदर्शन किया। ये अभिलेख कहीं शिलाखण्डों पर, कहीं चमकदार शीर्षयुक्त पाषाणस्तम्भों पर और कहीं प्राकृतिक गुफाओं की दीवारों पर खुदवाए गए थे। जनसामान्य की पहुँच का ध्यान रखते हुए, ये अभिलेख प्रमुख राजमार्गों के किनारे या धार्मिक एवं व्यापारिक महत्त्व के स्थानों के आसपास स्थापित कराए गए थे। स्तम्भों का निर्माण सम्भवतः महत्त्वपूर्ण घटनाओं की स्मृति में कराया गया था।

अशोक के पहले फारस के हखामनी राजा दारयबहु ने भी चट्टानों पर अपनी आज्ञाएँ अंकित कराई थीं। सम्भव है अशोक को शिलाओं पर लेख अंकित कराने की प्रेरणा दारयबहु से ही मिली हो। परन्तु स्तम्भों पर लेख अंकित कराने का उसका विचार मौलिक है। ''प्राचीन आर्यों के लिए तालवृक्ष बड़ा आकर्षण रखता था। इसके सीधे काण्ड, लटकते हुए पत्ते, विशाल आकार--सभी चित्ताकर्षक हैं। प्रियदर्शी अशोक को, प्रस्तर-स्तम्भों पर, बौद्ध-धर्म के सिद्धान्तों को खुदवाने की प्रेरणा ताल के प्रशस्त धड़ ने ही प्रदान की। अशोक के पत्थर के खम्भे ठीक तालवृक्ष के धड़ की शक्ल के होते हैं। पटना में तालवृक्षों का बाहुल्य है। इसलिए प्रियदर्शी को प्रेरणा यदि इस दिशा में तालवृक्षों से मिली हो, तो आश्चर्य की कोई गुंजाइश नहीं।''[13]

प्रत्येक स्तम्भ 40 से 50 फुट ऊँचा है और उनकी औसत मोटाई 2' 7'' है। ये स्तम्भ एकाश्मक हैं और इनको चुनार के पत्थरों से बनाया गया है। इनको काट-तराश कर चिकना किया गया है और इन पर पॉलिस भी की गई है, जिसके कारण ये स्तम्भ शीशे की भाँति चमकते हैं। इन स्तम्भों के शीर्ष भाग पर सिंह, वृषभ आदि की मूर्तियाँ बनवाई गईं, जो पाषाण-मूर्तिकला का उत्कृष्ट उदाहरण है।

उसके शिलालेख प्राकृत भाषा में लिखे गए थे और उनकी लिपि ब्राह्मी थी। ब्राह्मी लिपि बाएँ से दाएँ लिखी जाती थी। उसके मानसेहरा (पाकिस्तान में हजारा के पास) और शहबाजगढ़ी (पाकिस्तान में पेशावर के पास) के अभिलेख खरोष्ठी

लिपि में हैं। खरोष्ठी लिपि फारसी की तरह दाएँ से बाएँ की ओर लिखी जाती थी। खरोष्ठी पश्चिम एशिया की अरामाइक लिपि का रूपान्तर है। यह अखण्ड भारत के पाकिस्तान एवं अफगानिस्तान वाले भाग में प्रचलित थी। परन्तु खरोष्ठी लिपि संस्कृत और प्राकृत भाषाओं को लिखने में असमर्थ थी, इसलिए आगे चलकर इसका अस्तित्व समाप्त हो गया। कन्धार में प्राप्त अशोक का एक शिलालेख यूनानी भाषा और अरामाइक लिपि में है।

स्थानीय लोग आसानी से अशोक की उन घोषणाओं और नैतिक शिक्षाओं को पढ़ सकें, इसलिए उनको शास्त्रीय भाषा संस्कृत के स्थान पर तत्कालीन जनभाषा प्राकृत में लिखवाया गया था। जनता की सुविधा के दृष्टिगत साम्राज्य के अलग-अलग हिस्सों में स्थापित धर्मलेखों में अलग-अलग लिपियों का प्रयोग किया गया था। छठे स्तम्भलेख से ज्ञात होता है कि अशोक ने अपने धर्मलेख अपने राज्याभिषेक के बारह वर्ष बाद 257 ई.पू. से लिखवाने शुरु किए थे। सबसे पहले उसने लघु शिलालेख लिखवाए। उसके बाद चौदह शिलालेख लिखवाए। फिर तीन गुहालेख और सात स्तम्भलेख अंकित करवाए। बिहार प्रान्त के गया जिले में स्थित बाराबर (प्रवरगिरि) पहाड़ी की कर्णचौरा, सुदास और विश्वझोपड़ी नामक तीन गुफाओं में अशोक के अभिलेख हैं। इन गुहालेखों से पता चलता है कि इन कृत्रिम गुफाओं को अशोक ने आजीवक सम्प्रदाय के भिक्षुओं के रहने के लिए बनवाया था। इन सबके अतिरिक्त ह्वेनत्सांग ने अपनी भारत-यात्रा के दौरान राजगृह में एक स्तम्भ देखा था, जबकि फाहियान ने पाटलिपुत्र के पास एक स्तम्भलेख देखा था। संयोगवश उनके यात्रा-वृत्तान्तों में वर्णित इन दोनों सहित कुछ अन्य स्तम्भों को अब तक खोजा नहीं जा सका है।

अशोक के अभिलेखों को सबसे पहले एक अंग्रेज पुराविद् जेम्स प्रिंसेप द्वारा 1837 ई. में पढ़ा गया। जेम्स प्रिंसेप ने जब ब्राह्मी लिपि का रहस्योद्घाटन किया और अशोक के अभिलेखों को पढ़ने में सफलता प्राप्त की, तब प्रियदर्शी नाम से वह चक्कर में पड़ गया था। वह नहीं जानता था कि यह प्रियदर्शी कौन है, किस वंश का है और किस काल में राज्य करता था। श्रीलंका सिविल सर्विस के एक अधिकारी टर्नर (Turner) ने, जो पालि-भाषा का विद्वान भी था, बताया कि प्रियदर्शी और अशोक एक ही शासक हैं। उसने कहा कि सिंहली भाषा के इतिहास-ग्रन्थ दीपवंश में उल्लिखित पियदस्सी या पियदस्सन मौर्यवंश के संस्थापक चन्द्रगुप्त के पौत्र अशोक का ही दूसरा नाम है। कुछ समय बाद जब लघु शिलालेख 1 की छठी प्रति कर्नाटक के रायचूर जिले के मस्की नामक स्थान पर प्राप्त हुई, तब टर्नर की बात प्रमाणित हो गई। मास्की लेख की पहली ही पंक्ति में

'अशोक' नाम का उल्लेख था। इससे स्पष्ट हो गया कि अशोक और 'देवानांप्रिय प्रियदर्शी राजा' एक ही व्यक्ति हैं।

मगध के सिंहासन पर आरूढ़ होने के बाद अशोक ने केवल एक युद्ध किया। वह युद्ध हुआ भारत के पूर्वी भाग में स्थित कलिंग (दक्षिणी उड़ीसा) के साथ, जिसकी राजधानी तोषली थी। यद्यपि अशोक से पहले मगध नरेश महापद्मनन्द ने कलिंग को जीता था, तथापि बाद में वह स्वतन्त्र हो गया था। इसलिए उसके पुनर्विजय की आवश्यकता पड़ी। कृषि, व्यापार एवं हाथियों की प्राप्ति के दृष्टिगत कलिंग पर अधिकार करना जरूरी था।

अशोक के राज्याभिषेक के आठ वर्ष बाद कलिंग के साथ भीषण युद्ध हुआ। इसमें करीब एक लाख लोग मारे गए, लाखों लोग युद्ध के बाद फैली महामारी से मरे और 150,000 लोग बन्दी बनाए गए। परन्तु कलिंग पर रक्तरंजित विजय के बाद अशोक का हृदय पसीज गया। उसको अपने कृत्य पर पश्चाताप हुआ।

बौद्ध दन्तकथाओं के अनुसार पश्चाताप की मनोदशा में वह पापात्मा से पुण्यात्मा हो गया। चण्डाशोक का धर्माशोक में रूपान्तर हो गया। अपने प्रथम शिलालेख में उसने स्वयं स्वीकार किया है कि पहले उसकी पाकशाला में प्रतिदिन सैंकड़ों पशु-पक्षी मारे जाते थे। कलिंग युद्ध के बाद राजकीय पाकशाला में प्रतिदिन दो मोर और एक हिरण मारे जाने लगे। अशोक ने आगे चलकर इन तीन जीवों की बलि को भी रोकने का आश्वासन दिया था। उसने शिकार करना भी छोड़ दिया ताकि निर्दोष पशुओं की हत्या से बचा जा सके।

अब उसने भौतिक विजय की नीति का त्याग करके सांस्कृतिक विजय की नीति अपनायी। युद्धघोष का स्थान धम्मघोष ने ले लिया। मानसेहरा के अष्टम शिलालेख के अनुसार राज्याभिषेक के दस वर्ष बाद उसने सम्बोधि के मार्ग का अनुसरण किया। वह बौद्ध धर्म का अनुयायी हो गया। उसके कुल में नास्तिक धर्म-दर्शन सम्बन्धी अवैदिक परम्परा की धारा बह रही थी। अशोक के पितामह चन्द्रगुप्त मौर्य जैन थे और उसके पिता बिन्दुसार आजीवक सम्प्रदाय के पक्षधर थे। ये दोनों सम्प्रदाय वैदिक परम्परा के विरोधी थे। स्वभावतः अशोक भी वैदिक परम्परा के स्थान पर बौद्ध मत की ओर आकृष्ट हुआ।

बौद्ध धर्म से प्रभावित होने के बाद उसने विहारयात्रा को बन्द करके धम्म-यात्राओं का क्रम शुरू किया। राज्याभिषेक के दसवें वर्ष में वह अपनी पहली धम्मयात्रा पर बोधगया गया। धम्मयात्रा के अन्तर्गत ब्राह्मणों एवं श्रमणों (बौद्ध भिक्षुओं) का दर्शन किया जाता था; और उनको दान दिया जाता था। वृद्धों के दर्शन के बाद उनको स्वर्णदान किया जाता था; और ग्रामीणों के पास जाकर धम्म का उपदेश दिया जाता था।

कलिंग युद्ध के बाद अशोक के शासन में उदारता तो आई, लेकिन उसने प्रशासनिक दृढ़ता को बनाए रखा। शान्तिवादी होने के बावजूद उसने अपनी सेना का विघटन नहीं किया। एक ओर उसने अहिंसा और अनाक्रमण की नीति अपनायी, दूसरी ओर कलिंग पर अधिकार करके उसको मगध साम्राज्य में मिला लिया।

अशोक के नरक की कथा

एक आख्यान के अनुसार अशोक ने बन्दियों को यातना देने के लिए पाटलिपुत्र में एक विशेष 'नरक गृह' बनवाया था। यह पार्थिव नरक मगध में कारागारों के बन्दियों के कठोर जीवन का संकेत देता है। कहते हैं कि अशोक पहले क्रूर था। उसने एक नृशंस व्यक्ति को खोजकर एक नरक बनवाया था। पाँचवी शताब्दी में भारत आए चीनी-यात्री फाहियान ने अपने यात्रा-वृत्तान्त में लिखा है—

''सम्राट अशोक पूर्व-जन्म में जब बालक थे और धूल में खेल रहे थे, तब शाक्य बुद्ध उधर से भिक्षा माँगते हुए निकले। बालक ने मुदित मन से एक मुट्ठी धूल उठाकर उन्हें दे दी। बुद्ध ने धूल ग्रहण की और फिर उसे नीचे डाल दिया। पर इसी दान का फल बालक को यह मिला कि वह बाद (के जन्म) में जम्बूद्वीप का राजा हुआ।

एक बार जम्बूद्वीप में भ्रमण करते हुए राजा ने देखा, दो पहाड़ियों के घेरे में दुष्टों को दण्ड देने के लिए एक नरक बना हुआ था। मन्त्रियों से पूछने पर कि यह क्या है, उन्होंने बताया कि यह प्रेतों के राजा यम का लोक है, जहाँ दुष्टों को यन्त्रणा दी जाती है। राजा ने सोचा कि यदि प्रेत-राज दुष्टों को दण्ड देने के लिए नरक बना सकते हैं तो मैं मनुष्यों का राजा क्यों नहीं ? उसने अपने मन्त्रियों को आज्ञा दी कि दुष्टों को यन्त्रणा देने के लिए एक नरक बनवाया जाए।

मन्त्रियों के यह कहने पर कि कोई परम दुष्ट व्यक्ति ही नरक का निर्माण कर सकता है, राजा ने चारों ओर ऐसे व्यक्ति की खोज कराई। एक ताल के किनारे उन्हें काले शरीर, पीले बाल और हरी आँखोंवाला एक दीर्घकाय व्यक्ति मिला जो पैरों से मछलियाँ मार रहा था, और पशु-पक्षियों को निकट बुला कर उनका वध करता जा रहा था। कोई उससे बच कर नहीं जाता था। वे उसे राजा के पास ले गए। राजा ने उससे कहा कि मैं तुम्हें नरक का राजा नियुक्त करता हूँ। तुम ऊँची दीवारोंवाला एक बाड़ा बनाओ। उसमें एक भारी दरवाजा लगवाओ। बाड़े के अन्दर फल-फूल लगाओ, सरोवर बनाओ ताकि लोग उसकी ओर आकृष्ट हों। जो कोई उसके भीतर जाए उसको पकड़कर पाप के दण्ड में यन्त्रणा दो। किसी को वहाँ से बच कर न जाने देना। अगर मैं भी उसकी परिधि में आ जाऊँ तो मुझे भी न छोड़ना।

कुछ दिन बाद एक भिक्षु भिक्षा माँगता हुआ उधर से निकला और द्वार के भीतर चला गया। नरक के गणों ने उसे पकड़ लिया और यन्त्रणा देने चले। मध्याह्न का समय था इसलिए उसने उनसे भोजन कर लेने तक का अवकाश माँगा। इसी बीच एक अन्य व्यक्ति उधर आ पहुँचा। नरक के गणों ने उसे कोल्हू में पीस दिया जिससे रक्त का झाग बहने लगा। भिक्षु को एकाएक बोध हुआ कि शरीर नश्वर है, जीवन झाग के बुलबुले के समान असार है। यह बोध होते ही उसे अर्हत् का पद प्राप्त हो गया। तभी नरक के गणों ने उसे पकड़कर खौलते कड़ाह में फेंक दिया, किन्तु भिक्षु के चेहरे पर सन्तोष का भाव बना रहा। आग बुझ गई, कड़ाह ठण्डा हो गया, उसके बीचों-बीच एक कमल खिल आया। अब वह भिक्षु पद्मासन पर आसीन था।

गण दौड़ते हुए राजा के पास गए और बताया कि नरक में चमत्कार हो गया है। राजा से वहाँ चलकर देखने का अनुरोध किया। राजा ने कहा कि मैं वहाँ जा नहीं सकता। तब गणों ने कहा कि यह कोई साधारण बात नहीं है, राजा को इसे अवश्य देखना चाहिए। परिस्थिति के अनुसार पुराना राज्यादेश बदला जा सकता है। तब राजा उनके साथ गया और नरक में प्रविष्ट हुआ। वहाँ भिक्षु ने उसे धर्मोपदेश दिया जिससे राजा को मुक्ति मिली। राजा ने उस नरक को तुड़वा दिया और अपने पाप का प्रायश्चित्त किया; और तब से वह त्रिरत्न को मानने लगा।''

फाहियान ने लिखा है कि पाटलिपुत्र की नगर-सीमा के बाहर उसने एक दीवार देखी थी जो अशोक के बनवाए हुए नरक की प्राचीर बताई जाती थी। सातवीं शताब्दी ई. में भारत आए ह्वेनत्सांग ने नरक सम्बन्धी इस कथा की पुष्टि की है। ह्वेनत्सांग ने अपने वृत्तान्त में लिखा है—''राज-प्रासाद के उत्तर की ओर दस हाथ ऊँचा एक शिला-स्तम्भ है। यह वह स्थान है जहाँ राजा अशोक ने एक नरक बनवाया था। आरम्भ में जब राजा सिंहासनारूढ़ हुआ तब उसने बड़ी क्रूरता बरती थी। उसने प्राणियों को यन्त्रणा देने के लिए एक नरक बनवाया था।'' उन्नीसवीं शताब्दी के अन्तिम दिनों में अंग्रेज पुरातत्त्ववेत्ता वैडेल ने पाटलिपुत्र में जो उत्खनन कराया था, उसके दौरान उन्हें ऐसे स्थलीय अवशेष मिले थे जो फाहियान और ह्वेनत्सांग के वर्णनों से मेल खाते थे।

अशोक का धम्म

अशोक ने शासन-प्रशासन में व्यावहारिक दृष्टिकोण को अपनाए रखा। अपने राज्याभिषेक के तेरहवें वर्ष में उसने 'धम्ममहामात्र' नामक एक नए पदाधिकारी-वर्ग की नियुक्ति की। (गिरनार का पंचम शिलालेख) धम्ममहामात्र किसी नगर की

न्याय-व्यवस्था या साम्राज्य के सीमावर्ती प्रान्तों का प्रबन्ध देखते थे। स्त्रीमहामात्र राजपरिवार की स्त्रियों सम्बन्धी मामले देखते थे। 'धम्ममहामात्र' का मुख्य कार्य धम्म की स्थापना करना, धम्म का प्रचार-प्रसार करना और जनता के हितों का ध्यान रखना था। सामान्य न्यायिक कार्यों के लिए 'रज्जुक' की नियुक्ति की गई थी। 'प्रादेशिक' और 'युक्त' नामक अधिकारी भी तैनात किए गए थे। प्रादेशिक जिलों के समूह पर, रज्जुक जिलों में और युक्त प्रत्येक गाँव में नियुक्त किए गए थे। राज्याभिषेक के बारह वर्ष बाद युक्त, रज्जुक और प्रादेशिक को निर्देश दिए गए थे कि वे पाँच-पाँच वर्ष पर यात्राएँ करके प्रजाजनों को धम्म का उपदेश दें। (शिलालेख 3) अशोक के समय में जिन अधिकारियों को अपने दायित्व के निर्वहन के लिए यात्राएँ करनी पड़ती थीं, उन्हें विवुथ या व्युठ कहते थे, जिसका संस्कृत पर्याय व्युष्ट है। स्तम्भलेख 7 में उन व्युष्टों को 'पुरुष' या अधिकारी कहा गया है। सारनाथ स्तम्भलेख से यह बात स्पष्ट है, जिसमें स्थानीय महामात्रों को अपने-अपने क्षेत्राधिकार के सीमान्त तक यात्रा (दौरा) करने का आदेश दिया गया है। यही आदेश रूपनाथ अभिलेख में भी दिया गया है, लेकिन इसमें यह आदेश व्युष्ट अधिकारियों को दिया गया है।

दिल्ली-टोपरा के चतुर्थ स्तम्भलेख में अशोक ने घोषणा की थी कि "रज्जुक नामक कर्मचारी लाखों लोगों के ऊपर नियुक्त हैं। पुरस्कार और दण्ड देने का अधिकार उनके अधीन कर दिया गया है ताकि वे निर्भय एवं निश्चिन्त होकर अपने कर्तव्य का पालन करें और लोगों के हितों का ध्यान रखें। जिस प्रकार कोई मनुष्य अपने बच्चे को निपुण धाय के हाथ में सौंप कर निश्चिन्त हो जाता है; और सोचता है कि यह मेरे बच्चे को सुख पहुँचाएगी, उसी प्रकार लोगों के हित और सुख के लिए मैंने रज्जुक नियुक्त किए हैं।"

अशोक ने अपनी राजाज्ञाओं के माध्यम से कबायली (आटविक या वनचर) लोगों को 'धम्म' का मार्ग अपनाने को कहा। 'धम्म' प्राकृत भाषा का शब्द है, जो संस्कृत के धर्म शब्द से निकला है। परन्तु अशोक द्वारा प्रचारित 'धम्म' को धार्मिक व्यवस्था की अपेक्षा एक सामाजिक व्यवस्था और नैतिक नियम कहना चाहिए। धम्म की नीति के अन्तर्गत मनुष्य की गरिमा और समाज की गतिविधियों में मानवतावादी भावना पर बल दिया गया था। उसकी धम्मनीति सामाजिक उत्तरदायित्व की एक सुविचारित नीति थी, जो तत्कालीन बहुजातीय साम्राज्य की राजनैतिक आवश्यकताओं को ध्यान में रखकर गढ़ी गई थी। कौटिल्य के अनुसार जब सब धर्म नष्ट हो जाते हैं तब राजा चातुर्वर्ण की स्थापना और सदाचार की रक्षा के लिए धर्म-प्रवर्तक बनता है। अशोक ने राज्य-विस्तार के

समानान्तर एक ऐसे लोकहितकारी राज्यतन्त्र की स्थापना की, जो विश्व इतिहास में अतुलनीय है।

अशोक ने अपनी राजाज्ञाओं में स्पष्ट रूप से कहा कि जो लोग धम्म का उल्लंघन करेंगे, वे दण्ड के भागी होंगे। अशोक अपनी प्रजा के प्रति पितृवत् सहानुभूति रखता था, लेकिन विद्रोह की स्थिति में उनके विरुद्ध कठोर कार्रवाई करने की चेतावनी भी देता था।

अशोक द्वारा प्रतिपादित धम्म का लक्ष्य धार्मिक से अधिक सामाजिक था। धम्म का व्यापक प्रचार-प्रसार करके वह सामाजिक समरसता बनाए रखना चाहता था। सामाजिक एवं धार्मिक सहिष्णुता के आधार पर एक सभ्य समाज की स्थापना करना उसका मूल उद्देश्य था। अपनी धम्म-नीति के अन्तर्गत उसने माता-पिता की आज्ञा का पालन करने और ब्राह्मणों एवं बौद्ध भिक्षुओं का सम्मान करने की बात कही। उसने दासों एवं सेवकों के प्रति भी सहानुभूतिशील होने को कहा। इस प्रकार के उपदेश वैदिक धर्म और बौद्ध धर्म में समान रूप से दिए गए हैं।

बुद्ध ने श्रृगाल नामक एक गृहस्थ-पुत्र को धर्म का उपदेश दिया था, जो 'दीघनिकाय' में 'सिगालोवादसुत्त' के नाम से संकलित है। इस सुत्त में वर्णित उपदेश और अशोक की शिक्षाओं में बहुत समानता है। इससे स्पष्ट है कि अशोक ने बुद्ध के उपदेशों के मर्म को भली-भाँति समझ लिया था। उसके धम्म की समानता उस बौद्ध धर्म से है, जो बौद्ध ग्रन्थ 'धम्मपद' में उल्लिखित है।

अशोक के आश्रय में बौद्ध धर्म को फलने-फूलने का अवसर मिला। उसने अपने शासन के सोलहवें वर्ष में पाटलिपुत्र में 'तृतीय बौद्ध संगीति' का आयोजन करवाया। उस बौद्ध समागम के बाद उसने सुवर्णभूमि (म्यानमार का थातोन एवं पीगू प्रदेश) और ताम्रपर्णी (श्रीलंका) जैसे दूरस्थ देशों में दूत भेजकर भारत की भौगोलिक सीमाओं के पार 'बृहत्तर भारत' के निर्माण की दिशा में उल्लेखनीय योगदान किया। अशोक के पहले बौद्ध धर्म पूर्वी भारत का एक छोटा-सा धार्मिक सम्प्रदाय था। अशोक ने उस स्थानीय सम्प्रदाय को संसार के एक महान धर्म में रूपान्तरित करने में महत्त्वपूर्ण भूमिका निभाई।

अपने राज्याभिषेक के 20 वर्ष बाद लुम्बिनी जाकर उसने वहाँ पूजा की। वहाँ घोड़े की एक मूर्ति और एक पाषाण-स्तम्भ का निर्माण करवाया गया। इस यात्रा में अशोक की एक पुत्री चारुमती भी उसके साथ गई थी। उसका विवाह नेपाल के राजा देवपाल के साथ हुआ था। 'दिव्यावदान' के अनुसार अशोक ने लुम्बिनी पहुँचने के दिन ही 84,000 स्तूपों के निर्माण का संकल्प लिया। रुम्मिनदेई[14] में स्थापित लघु स्तम्भलेख में उसने घोषणा की कि चूँकि यह बुद्ध की जन्मभूमि है,

इसलिए वह 'बलि' को समाप्त और 'भाग' को कम कर रहा है। 'बलि' भूमिकर था, जबकि 'भाग' भूमि के कुल उत्पादन का एक निश्चित हिस्सा था। अशोक की लुम्बिनी यात्रा के बाद उसको 'उद्बलिक' (बलि कर से मुक्त) घोषित करते हुए 'भाग' को कुल उपज के चौथाई भाग से घटाकर आठवाँ भाग कर दिया गया। इससे बौद्ध धर्म के प्रति उसकी गहरी आस्था का पता चलता है।

रुम्मिनदेई लघु स्तम्भलेख में उसने कहा कि जो लोग अच्छा आचरण करेंगे उनको स्वर्गलोक में स्थान मिलेगा। उसने यह नहीं कहा कि सत्कर्म करनेवालों को निर्वाण की प्राप्ति होगी। जबकि बौद्ध धर्म का चरम लक्ष्य निर्वाण की प्राप्ति ही है। वैसे यह भी सच है कि स्वर्ग आम जनमानस के लिए एक परिचित प्रतीक है। सम्भवतः इसीलिए अशोक ने अपने धर्मलेखों में नैतिक जीवन का चरम फल 'स्वर्ग की प्राप्ति' बताया हो। फिर भी अशोक के धम्म को मात्र बौद्ध धर्म नहीं कहा जा सकता है। वह कई धर्मों के श्रेष्ठ तत्त्वों का समन्वय था।

अशोक ने अपने ग्यारहवें शिलालेख में परहित, परोपकार, दान, दया, सज्जनता आदि कुछ नैतिक नियमों और सद्गुणों को ही धर्म माना था। उसने धर्मलेखों के माध्यम से प्रजा से कुछ अपेक्षाएँ कीं। उसके अन्तर्गत माता-पिता, बड़े-बूढ़े और श्रेष्ठ जनों की आज्ञा मानना, मित्रों, परिचितों, सम्बन्धियों, ब्राह्मणों और श्रमणों को दान देना, किसी प्राणी की हिंसा न करना, वस्तुओं का अधिक संचय न करना, मितव्ययी होना और सबके प्रति उदार होना सम्मिलित था। उसने अपने धर्मलेखों में दया, दान, सत्य और सहानुभूति की प्रशंसा की है, जबकि क्रूरता, असहनशीलता, असत्य, अश्रद्धा और अनादर की निन्दा की है। उसने अहिंसा और जीवों के प्रति दयाभाव पर बल दिया है। उसने अपने उत्तराधिकारियों को भी सलाह दी कि शस्त्र के बल पर दूसरे देशों को जीतने के बदले उदार व्यवहार और परोपकारी कार्यों द्वारा लोगों का हृदय जीतना ही सच्ची विजय है।

दिल्ली-टोपरा के पंचम स्तम्भलेख के अनुसार, राज्याभिषेक के 26 वर्ष बाद अशोक ने निम्नलिखित प्राणियों के वध को निषिद्ध घोषित कर दिया था—सुग्गा, मैना, अरुणमुखी, बतख, चकोर, हंस, नान्दिमुख (धान के खेतों में पाये जानेवाले पक्षी), बोलाट, जतुका (चमगादड़), अंवाकपीलिका (दीमक), दुडि (दुली यानी कछुवी), बिना हड्डी वाली मछली, वेदवेयक, गंगापुपुटक, संकुजमत्स्य, कछुआ, साही, पर्णशश (गिलहरी), स्टमर (बारहसिंगा), साँड़, ओकपिण्ड, पलसत (गैंडा), कबूतर इत्यादि। गाभिन या दूध पिलाती बकरी, मादा भेड़, मादा सूअर और उनके छोटे बच्चों को भी मारने से मना किया गया था। कुछ विशेष अवसरों पर जीव हिंसा को निषिद्ध घोषित किया गया था। आषाढ़, कार्तिक और फाल्गुन मास की पूर्णिमा,

पूर्णिमा के एक दिन पहले और एक दिन बाद की तिथियों; और बौद्धों के उपवास की तिथियों--प्रत्येक पक्ष की अष्टमी, चतुर्दशी और अमावस्या पर मगध साम्राज्य में जीव-हिंसा पर पूर्णतः रोक लगी हुई थी।

अशोक ने धर्मलेखों में इस बात को स्वीकार किया था कि प्रजा द्वारा दिया गया भूमिकर राजा पर एक प्रकार का ऋण है, जिसको चुकाना राजा का कर्तव्य है। राजा द्वारा इस ऋण को प्रजा की रक्षा करके चुकाया जा सकता था। उसने यहाँ तक कहा कि मेरी प्रजा, चाहे वह किसी भी जाति या सम्प्रदाय की हो, मेरे पुत्र के समान है। बारहवें शिलालेख से स्पष्ट है कि वह स्वयं सभी सम्प्रदायों के प्रति समान व्यवहार करता था और चाहता था कि सभी सम्प्रदाय के लोग एक-दूसरे के मत का आदर करें। वह चाहता था कि उसके साम्राज्य में सभी लोग मेल-मिलाप से रहें। सभी सम्प्रदायों के मूल-तत्त्व की वृद्धि हो। ऐसी प्रशासनिक उदारता और धर्म-सहिष्णुता विश्व इतिहास में अनुपम है।

अशोक की लोकहितकारी नीतियाँ

अशोक ने अपने छठे शिलालेख के माध्यम से 'प्रतिवेदकों' (गुप्तचरों) को स्पष्ट निर्देश दिया था कि चाहे वह भोजन कर रहा हो, अन्तःपुर में हो, गर्भागार (शयनकक्ष) में हो, टहल रहा हो, सवारी पर हो या कहीं कूच कर रहा हो—प्रत्येक दशा में प्रजा का हाल सुनाया जाए। उसने यह भी कहा कि "मैं चाहे जितना परिश्रम और राजकाज करूँ, मुझे सन्तोष नहीं होता। सबका हित करना मैं अपना प्रमुख कर्तव्य मानता हूँ।"

अशोक ने लोकहितकारी नीतियाँ अपनायी थी। पथिकों (यात्रियों) और पशुओं को छाया देने के लिए रास्ते के दोनों ओर छायादार वृक्ष लगवाए, जनहित में फलदार वृक्षों की वाटिकाएँ लगवाईं और आठ-आठ कोस की दूरी पर कुएँ खुदवाए। उड़ीसा में पुरी के पास धौली के द्वितीय अतिरिक्त शिलालेख के माध्यम से अशोक ने सीमान्त जातियों को आश्वस्त किया कि वे उससे भयभीत न हों। वे विश्वास रखें कि जहाँ तक क्षमा किया जा सकता है, राजा उनके प्रति क्षमाशील होंगे। उनको विश्वास दिलाया कि सभी प्रजाजन राजा के लिए पुत्र के समान हैं। उड़ीसा में गंजम के पास जौगढ़ में चट्टान पर खुदे प्रथम अतिरिक्त शिलालेख में अशोक ने महामात्रों को सम्बोधित करते हुए घोषणा की कि "सब मनुष्य मेरे पुत्र हैं। जिस तरह मैं चाहता हूँ कि मेरे पुत्र सब प्रकार के सुख प्राप्त करें, उसी तरह मैं चाहता हूँ कि सब मनुष्य ऐहिक एवं पारलौकिक सुख प्राप्त करें।"

अशोक के प्रशासनिक सुधारों में न्याय-प्रशासन सम्बन्धी सुधार विशेष रूप से उल्लेखनीय हैं। जब उसने कलिंग को जीतकर अपने साम्राज्य का एक प्रान्त बनाया और उसका शासन एक 'सपरिषद कुमार' को सौंपा, तब भी वह इस विषय में बहुत सचेत था। धौली और जौगड़ से प्राप्त पृथक् शिलालेख 1 में उसने नगर-व्यावहारिकों को आड़े हाथों लिया है क्योंकि तोषली और समापा जिला-नगरों के कुछ व्यक्तियों को मनमाने ढंग से बन्दी बना लिया गया था और उन्हें अकारण परेशान किया गया था। अशोक वहाँ के अधिकारियों से कहता है कि "तुमने मेरे इन शब्दों का अर्थ पूरी तरह ग्रहण नहीं किया कि सारी प्रजा मेरी सन्तान है और मैं सारी प्रजा के लिए उसी प्रकार आधिभौतिक और आध्यात्मिक सुख की कामना करता हूँ जैसे अपनी सन्तान के लिए।" वह उन्हें निर्देश देता है कि वे "ईर्ष्या, अ-परिश्रम, निष्ठुरता, अधैर्य, अकर्मण्यता और आलस्य से सतर्क रहें और अपने अन्दर परिश्रम और धीरता का विकास करें।" वह उन्हें ध्यान दिलाता है कि "यदि उन्होंने अपने कर्तव्य का लगन से पालन नहीं किया तो उन्हें न तो स्वर्ग मिलेगा और न वे राजा का ऋण चुका सकेंगे।" इस भर्त्सना के बावजूद स्थिति में सुधार न होने, मनमानी गिरफ्तारी और निरपराध को अकारण तंग करना जारी रहने की आशंका के दृष्टिगत वह उन्हें चेतावनी देता है कि "मैं प्रति पाँचवें वर्ष एक महामात्र यह देखने के लिए भेजूँगा कि न्यायोचित प्रशासन सम्बन्धी मेरे आदेशों का पालन किया जा रहा है कि नहीं।" यह सोचकर कि अन्य प्रान्तों में भी ऐसा कुशासन उत्पन्न हो सकता है, वह तक्षशिला और उज्जैन में नियुक्त राजकुमारों को आदेश देता है कि वे अपने-अपने अधीन प्रदेशों में इसी उद्देश्य से इस प्रकार के महामात्रों को दौरे पर भेजें।

ये महामात्र कौन थे, जो जिलों में मनमानी कैद के या निरपराध को अकारण तंग करने के मामलों का पता लगाने के लिए नियुक्त किए गए थे। उन्हें अपने नियमित कार्य की उपेक्षा किए बिना यह कार्य करने के लिए कहा गया है। वे निश्चित रूप से 'धर्म महामात्र' थे, जिनका सबसे पहला उल्लेख शिलालेख 5 में है। इस शिलालेख में अशोक कहता है कि "सबसे पहले मैंने ही इस प्रकार के अधिकारी नियुक्त करते हुए उनके कर्तव्य निर्धारित किए हैं।" अशोक के धम्म का उद्देश्य प्रजा के ऐहिक और आध्यात्मिक--दोनों प्रकार के कल्याण की चिन्ता करना था, इसलिए धर्ममहामात्रों को प्रजा के आध्यात्मिक और आधिभौतिक सुखों का ध्यान रखने के निर्देश दिए थे। उनका एक कर्तव्य यह था कि जिन्हें कैद किया गया है उनका निरीक्षण करें, यदि कैदी पर किसी बड़े परिवार का बोझ हो तो उसे आर्थिक सहायता दें, यदि उनके साथ अन्याय हुआ हो तो उन्हें मुक्त कर दें, और

यदि वह बहुत वृद्ध हो तो उन्हें रिहा कर दें। अशोक ने ऐसा करके न्याय-प्रणाली में संवेदनशीलता का समावेश किया था।

सारनाथ स्तम्भलेख के अनुसार दौरे पर गए महामात्रों से यह अपेक्षा की जाती थी कि वे उपोसथ (उपवास) के दिन जिला मुख्यालय पर लौट आएँ। धौली और जौगढ़ के पृथक शिलालेखों के अनुसार तिष्य नक्षत्र के दिन अर्थात् सम्राट अशोक के जन्मदिन पर उन सब का मुख्यालय पर लौट आना अनिवार्य था।

अशोक ने न्याय विभाग के अधिकारियों (महामात्रों) को निष्पक्ष होकर कार्य करने का निर्देश दिया था। वह चाहता था कि उसके न्यायिक अधिकारीगण ईर्ष्या, क्रोध, जल्दबाजी और आलस्य से दूर रहकर कार्य करें ताकि प्रजा के साथ किसी प्रकार का अन्याय न हो। बौद्ध धर्म से प्रभावित होने के बावजूद अशोक ने मृत्युदण्ड की व्यवस्था को समाप्त नहीं किया। लेकिन उनके प्रति सहानुभूति प्रदर्शित करते हुए उसने आदेश दिया कि जिन बन्दियों को प्राणदण्ड दिया गया हो, उनको कम से कम तीन दिनों का समय दिया जाए ताकि इस अवधि में उनके द्वारा जीवनदान के लिए पुनर्विचार हेतु न्याय विभाग से प्रार्थना की जा सके; और यदि क्षमादान सम्भव न हो तो उनके परिजन इस अवधि में उसके पारलौकिक सुख-शान्ति के लिए दान-पुण्य कर सकें। अशोक को अपने प्रजाजनों के लोक-परलोक की गहरी चिन्ता थी। ईसा से पहले की पाँच शताब्दियों में भारतीय इतिहास में जिन प्रमुख व्यक्तियों ने देश की गतिविधि और परिवर्तन की विविध धाराओं को सबसे अधिक प्रभावित किया, उसमें अशोक का स्थान सबसे ऊपर है।

अशोक के राज्यकाल में बौद्धों और निर्ग्रन्थों के बीच झगड़े होते थे। ऐसे ही एक झगड़े में अशोक के भाई तिष्य की हत्या हो गई। तिष्य एक धर्मपरायण बौद्ध था। साम्प्रदायिक संघर्ष के दौरान निर्ग्रन्थ समझकर किसी ने तिष्य को मार दिया था। बौद्धों के मध्य आपसी झगड़े भी होते रहते थे। अशोक अपने स्किज़्म अभिलेख में बौद्ध-संघ की एकता को अक्षुण्ण बनाए रखने की बात कहता है; और संघ में फूट डालने की कोशिश करनेवालों को फटकारता भी है। वह धार्मिक विवादों को प्रशासनिक कार्यों में बाधक मानता था। प्रयागराज किले में स्थित कोसम-प्रयागराज स्तम्भलेख में भी बौद्ध संघ में फूट डालनेवालों को चेतावनी दी गई है।

बौद्धों के पारस्परिक विवादों को सुलझाने के लिए अशोक ने बौद्ध आचार्य मोगलिपुत्र तिष्य को आमन्त्रित करके तमाम बौद्ध भिक्षुओं को पाटलिपुत्र के अशोकाराम विहार में एकत्र किया। बौद्ध संगीतियों की परम्परा में तीसरी संगीति का आयोजन हुआ, जिसमें 'विभज्जवाद' को एकमात्र सच्चा सिद्धान्त घोषित किया

गया। सभा के दौरान मोगलिपुत्र तिष्य ने अशोक के एक बेटे महेन्द्र को बौद्ध धर्म की दीक्षा दी।

सभा सम्पन्न होने के बाद बौद्ध धर्म प्रचारकों को देश-दुनिया के विभिन्न हिस्सों में भेजा गया। अशोक ने कश्मीर-गन्धार में माध्यान्तिक (मज्झन्तिक) स्थविर, महिषमण्डल में महादेव स्थविर, वनवासी में रक्षित स्थविर, अपरान्त में यवनधर्मरक्षित स्थविर, महाराष्ट्र (महारट्ठ) में महाधर्मरक्षित स्थविर, यवनलोक या यवनविषय में महारक्षित स्थविर, हिमवन्त या हिमालय प्रदेश में मध्यम (मज्झिम) स्थविर, स्वर्णभूमि (म्यानमार) में शोण एवं उत्तर स्थविर और ताम्रपर्णी या सिंहलद्वीप (श्रीलंका) में महेन्द्र स्थविर को भेजा। वे प्रचारक भिक्षु जब प्रचार के लिए गए तो त्रिपिटक का कुछ-न-कुछ अंश जरूर ले गए होंगे। उन स्थविरों के प्रचार के विवरण से यह स्पष्ट है कि माध्यान्तिक स्थविर ने आसीविसोपम सुत्त, महादेव स्थविर ने देवदूत सुत्त, रक्षित स्थविर ने अनमतग्गपरियाय सुत्त, यवनधर्मरक्षित स्थविर ने अग्गिक्खन्धोपम सुत्त, महाधर्मरक्षित ने महानारदकस्सप जातक, मध्यम स्थविर ने धम्मचक्कप्पवत्तन सुत्तन्त, उत्तर एवं शाण स्थविरों ने ब्रह्मजाल सुत्तन्त और महेन्द्र स्थविर ने चुल्लहत्थिपदोपम सुत्त एवं समचित्तन्त सुत्त आदि की व्याख्याओं के द्वारा बौद्ध धर्म का प्रचार किया। उपर्युक्त प्रत्येक सुत्त या सुत्तन्त त्रिपिटक के अन्तर्गत एक-एक ग्रन्थ है।

अशोक ने अपने पुत्र महेन्द्र को पटना से गंगा नदी के रास्ते श्रीलंका के लिए रवाना किया। बाद में श्रीलंका के राजा 'देवानांप्रिय तिष्य' के अनुरोध पर महेन्द्र की बहन संघमित्रा को श्रीलंका भेजा गया ताकि वहाँ की महारानी अनुला और राजपरिवार की अन्य स्त्रियों को बौद्ध धर्म की दीक्षा दी जा सके। इसी अवसर पर अशोक ने बोधिवृक्ष की एक शाखा श्रीलंका भेजी, जिसको वहाँ की राजधानी अनुराधापुर में लगाया गया था।

महेन्द्र और संघमित्रा अशोक की एक रानी 'देवी' की सन्तान थे। 'देवी' विदिशा के एक वैश्य व्यापारी की पुत्री थी। मगध का राजा बनने के पहले अशोक जब उज्जैन का प्रशासक था, तभी उसकी मुलाकात देवी से हुई थी। दोनों में विवाह हुआ, किन्तु अशोक के राजा बनने के बाद भी देवी कभी पाटलिपुत्र नहीं आई। वह बौद्धमत से प्रभावित थी और उस जमाने में विदिशा बौद्धमत का महत्त्वपूर्ण केन्द्र था। वह वणिक परिवार से थी, उसको यह भी लगता था कि पाटलिपुत्र के राजभवन में पता नहीं वह अपने को सहज रख पाएगी या नहीं। इसलिए अशोक की स्मृतियों के साथ वह आजीवन विदिशा में ही रही। अपनी माँ के प्रभाववश महेन्द्र और संघमित्रा आगे चलकर बौद्ध धर्म में दीक्षित हो गए।

अशोक एक प्रजावत्सल राजा था। एक अभिलेख में उसने कहा था कि "जो कुछ पराक्रम मैं करता हूँ वह इसलिए कि प्राणियों के प्रति मेरा जो ऋण है उससे उऋण हो सकूँ।" मगध की परम्परागत राजतन्त्रीय व्यवस्था में, जहाँ राजा राज्य की परम सत्ता का प्रतीक हुआ करता था, वहाँ के लिए भी अशोक का राजत्व सम्बन्धी यह आदर्श अभूतपूर्व था।

कुणाल की आँखें

अशोक के राज्याभिषेक के 28 साल बाद 241 ई.पू. में उसकी पत्नी महारानी असन्ध्यमित्रा का देहान्त हो गया। उसके चार साल बाद 237 ई.पू. में तिष्यरक्षिता महारानी बनी। तिष्यरक्षिता के साथ अशोक का विवाह प्रौढ़ावस्था में हुआ था। वह उम्र में अपने पति से बहुत छोटी थी। उसका मूल नाम कारुवाकी था, परन्तु महारानी बनने के बाद उसने अपना नाम तिष्यरक्षिता रख लिया। समय आने पर उसने एक पुत्र को जन्म दिया, जिसका नाम तीवर रखा गया। प्रयागराज-कोसम स्तम्भलेख में महारानी कारुवाकी द्वारा दिए दान का उल्लेख है। तिष्यरक्षिता सुन्दर और महत्त्वाकांक्षी थी और सम्राट पर उसका प्रभाव था।

'दिव्यावदान' के अनुसार अशोक की तीसरी पत्नी का नाम पद्मावती था। पद्मावती को मगध की महारानी बनने का गौरव नहीं मिला। लेकिन चूँकि महारानी असन्ध्यमित्रा पुत्रवती हुए बिना ही परलोक सिधार गईं, इसलिए पद्मावती के पुत्र कुणाल को मगध का युवराज बनाया गया। कुणाल का एक अन्य नाम था—धर्मविवर्धन। कुणाल शुरू में अवन्ति का प्रशासक था। उसका विवाह कंचनमाला से हुआ था। कंचनमाला ही कुणाल के पुत्र सम्प्रति की माता थी।

'दिव्यावदान' के अशोकावदान और कुणालावदान में वर्णित कथा के अनुसार कुणाल की आँखें बहुत आकर्षक थी।[15] परन्तु उसका देवोपम रूप और उसकी आकर्षक आँखें उसके दुर्भाग्य का कारण बन गईं। एक बार युवराज कुणाल के मोहक रूप और मादक आँखों को देखकर रानी तिष्यरक्षिता का मन विचलित हो गया। कुणाल उसका सौतेला पुत्र था और उसको मातृवत् आदर देता था। उसने पुत्र की मर्यादा के अनुरूप आचरण किया। परन्तु कुणाल के इनकार के बाद विफल-मनोरथ रानी के मन में प्रतिशोध की ज्वाला दहक उठी।

एक बार तक्षशिला में हुए विद्रोह के दमन के बहाने गन्धार का प्रशासक बनाकर उसने कुणाल को वहाँ भेज दिया। विद्रोह पर नियन्त्रण पाने के बाद रानी ने राजकुमार को पुरस्कृत करने के लिए एक राजाज्ञा लिखवाया। परन्तु सम्राट अशोक की राजमुद्रा के अंकन के बाद तिष्यरक्षिता ने राजाज्ञा के एक शब्द

'अधीयताम्' में 'अ' के ऊपर अनुस्वार की मात्रा लगाकर उसको 'अंधीयताम्' कर दिया। राजाज्ञा में मूलत: 'कुमार अधीयताम्' अंकित था, किन्तु महारानी तिष्यरक्षिता द्वारा किए गए हेर-फेर के बाद वह 'कुमार अंधीयताम्' हो गया। अशोक ने राजकुमार को अध्ययन करने का निर्देश दिया था, किन्तु कूटरचित राजाज्ञा 'कुमार अंधीयताम्' का आशय यह था कि कुमार को अन्धा कर दिया जाए। तिष्यरक्षिता ने ऐसा करने के बाद उस कूटरचित राजाज्ञा को अपने विश्वस्त सेवक के माध्यम से तक्षशिला भिजवा दिया। राजकर्मचारी और राजकुमार कुणाल, दोनों के लिए यह दुविधा का क्षण था। परन्तु अन्तत: राजाज्ञा का पालन तो करना ही था। इसलिए युवराज कुणाल की आँखें तो निकाल ली गईं, किन्तु उसको जीवित छोड़ दिया गया।

अन्धा हो जाने के बाद कुणाल अपनी पत्नी कंचनमाला के साथ तक्षशिला से निकल पड़ा। वीणा बजाकर गाते हुए वह वर्षों तक इधर-उधर भटकता रहा। एक दिन वह पाटलिपुत्र के राजभवन के पास से गीत गाते हुए गुजर रहा था। उसको राजभवन में बुलाकर गाने को कहा गया। उसके गाने को सुनकर सम्राट अशोक प्रसन्न हुए और उन्होंने उसको इनाम माँगने को कहा। तब अन्धे कुणाल ने एक श्लोक द्वारा अपना परिचय देते हुए कहा कि वह सम्राट चन्द्रगुप्त का प्रपौत्र, बिन्दुसार का पौत्र और सम्राट अशोक का नेत्रहीन पुत्र कुणाल है; और वह मगध सम्राट से 'काकिणी' की याचना करता है। मौर्यकाल में सिक्के को काकिणी कहा जाता था।

पुत्र के मुख से यह करुण कथा सुनकर अशोक का हृदय दु:ख से भर गया। उसको लगा कि मेरे पुत्र को एक काकिणी (सिक्का) मिलना भी दुर्लभ हो गया है। तब अमात्यों ने सम्राट से कहा कि कुणाल क्षत्रियोचित शब्दावली में राज्याधिकार माँग रहे हैं, क्योंकि काकिणी का एक अर्थ राज्य भी है।

अशोक ने कुणाल से पूछा कि एक नेत्रहीन व्यक्ति राज्य का नियन्त्रण कैसे कर सकता है? तब कुणाल ने कहा कि मेरा सम्प्रति नामक एक पुत्र है। मैं उसी के लिए राज्य की याचना कर रहा हूँ। यह सुनकर सम्प्रति को राजसभा में बुलाया गया। तिष्यरक्षिता के दुराचरण और उसके षड्यन्त्र का पर्दाफाश होने पर उसको मृत्युदण्ड दिया गया।

अशोक के दुर्बल उत्तराधिकारी

जीवन के अन्तिम समय में अशोक ने कुणाल के पुत्र सम्प्रति को युवराज घोषित किया; और अपनी अधिकांश सम्पत्ति पाटलिपुत्र के कुक्कुटाराम बौद्धविहार

को दान कर दिया। अशोक के निधन के बाद करीब दो वर्षों तक कुणाल ने अपने पुत्र सम्प्रति मौर्य की सहायता से राजकाज चलाया।

बौद्ध ग्रन्थ 'अशोकावदान' के अनुसार अशोक को अपने मन्त्रियों के दबाव में कुणाल के पुत्र सम्प्रति के पक्ष में सिंहासन छोड़ना पड़ा था। जबकि जैन ग्रन्थ 'बृहत्कल्पभाष्यवृत्ति' के अनुसार अशोक ने अपने पौत्र सम्प्रति को सहर्ष युवराज घोषित किया था। जो भी हो, 230 ई.पू. में सम्प्रति मौर्य मगध के सिंहासन पर बैठा। सम्प्रति को विगताशोक और इन्द्रपालित भी कहा गया है। जैन-परम्परा के अनुसार सम्प्रति ने उज्जयिनी में जैनाचार्य सुहस्ति से जैन धर्म की दीक्षा ली थी।

अशोक के निधन के कुछ समय बाद ही मगध साम्राज्य का विभाजन हो गया था। सम्प्रति को दक्षिण-पश्चिम का भाग मिला और उसने उज्जयिनी को अपनी राजधानी बनाया। सम्प्रति के चचेरे भाई दशरथ को मगध साम्राज्य का पूर्वोत्तर भाग मिला और उसने पाटलिपुत्र को अपनी राजधानी बनाए रखा। यद्यपि कहने को वह सम्राट सम्प्रति के अधीन था, तथापि वास्तव में दशरथ स्वतन्त्र शासक के रूप में कार्य करता रहा। दशरथ ने आजीवक सम्प्रदाय के भिक्षुओं के लिए गुफाएँ बनवाकर उसको दान किया। दशरथ और सम्प्रति के बाद शालिशूक मगध का राजा बना। 'गार्गी संहिता' के अनुसार शालिशूक दुष्ट, कलहप्रिय और अधर्मी शासक था। शालिशूक के बाद देववर्मन, शतधनुष और बृहद्रथ राजा हुए।

अशोक के उत्तराधिकारी प्रशासनिक दृष्टि से अक्षम थे। उनके पास इतनी क्षमता नहीं थी कि वे साम्राज्य को सँभाल सकें। यद्यपि कलिंग युद्ध के बाद से ही मगध के सैनिक युद्ध से विरत थे, तथापि अशोक की उदारता के बावजूद उसके प्रभावशाली नेतृत्व के कारण मगध की ओर आँख उठाकर देखने की हिम्मत किसी को नहीं हुई। परन्तु उसके उत्तराधिकारियों के समय में दूरस्थ प्रान्तों में मगध से स्वतन्त्र होने की होड़ लग गई। अशोक के बाद मगध की निर्बल सैन्य-शक्ति बैक्ट्रिया के यूनानी आक्रमणकारियों को रोकने में विफल रही। फिर यूनानी सेना उत्तरी भारत के मैदानों को लाँघती हुई पाटलिपुत्र की दहलीज तक आ पहुँची।

मौर्य प्रशासन

मौर्य प्रशासन बहुत ही व्यवस्थित था। उसमें एक कुशल नौकरशाही, अच्छी संचार-व्यवस्था और शक्तिशाली शासक विद्यमान थे। इसी के परिणामस्वरूप एक केन्द्रीकृत राजसत्ता का ताना-बाना बुना गया था। अशोक का साम्राज्य चार प्रान्तों में बँटा हुआ था। पूर्वी प्रान्त (कलिंग) की राजधानी तोषली, पश्चिमी प्रान्त (अवन्ति)

की राजधानी उज्जयिनी, उत्तरी प्रान्त (गन्धार) की राजधानी तक्षशिला और दक्षिणी प्रान्त की राजधानी सुवर्णगिरि थी। इन प्रान्तों में प्रशासक के रूप में राजकुमारों या राजा के निकट सम्बन्धियों को नियुक्त किया जाता था; और उन्हें 'कुमार' कहा जाता था। अशोककालीन अभिलेखों में ऐसे चार कुमार उपराजाओं के उल्लेख हैं। जबकि अन्य क्षेत्रों में कुमारेतर व्यक्तियों को प्रशासक (राज्यपाल) नियुक्त किया जाता था। यद्यपि अशोक के अभिलेखों में किसी कुमारेतर राज्यपाल का उल्लेख नहीं मिलता है, तथापि रुद्रदामन के जूनागढ़ अभिलेख से पता चलता है कि सौराष्ट्र प्रान्त में चन्द्रगुप्त मौर्य के समय वैश्य पुष्यगुप्त का प्रशासन था और अशोक के समय में तुषास्प का।

अशोक के शिलालेख 3 में अधिकारियों की तीन श्रेणियों का उल्लेख है— प्रादेशिक, राजुक और युक्त। कौटिल्य ने 'अर्थशास्त्र' में युक्तों और उनके सहायकों (उपयुक्तों) का उल्लेख किया है। कौटिल्य के अनुसार युक्त जिला अधिकारी थे, जो राजा की सम्पत्ति का प्रबन्ध करते थे, राजस्व वसूल करते थे और प्राप्त धन को ऐसे कार्यों में लगाते थे जिनसे राजस्व में वृद्धि की सम्भावना हो।

प्रादेशिक वही अधिकारी है, जिसे 'अर्थशास्त्र' में 'प्रदेष्ट्री' कहा गया है। राजस्व और मालगुजारी के संग्रह के साथ ही उस पर पुलिस की जिम्मेदारी भी थी। उन्हें धर्मस्थ भी कहा गया है। इससे स्पष्ट है कि वह न्यायाधीश का कार्य भी करता था।

मौर्य प्रशासनिक व्यवस्था बहुत हद तक कौटिल्य के 'अर्थशास्त्र' से प्रेरित थी। मगध में 'महामात्र' नामक उच्चाधिकारियों के एक नए और प्रभुत्वशाली वर्ग का उदय हुआ। यह पद वैदिक ग्रन्थों में कहीं दिखाई नहीं देता है। यह मगध प्रशासन-तन्त्र की मौलिक विशेषता है। 'महामात्र' (या महामात्य) एक उच्चाधिकार सम्पन्न अधिकारी-वर्ग था। अशोक के अभिलेखों में धम्म-महामात्र, इथिज्झक महामात्र, अन्त-महामात्र और व्रजभूमिक का उल्लेख है। 'इथिज्झक महामात्र' दरअसल स्त्र्याध्यक्ष महामात्र थे, जो राजपरिवार की स्त्रियों सम्बन्धी मामलों के साथ ही अन्य स्त्रियों सम्बन्धी मामले भी देखते थे। गर्भवती असहाय स्त्रियों और उनसे उत्पन्न बच्चों की सहायता करना भी इन्हीं का दायित्व था। अन्त-महामात्र सीमान्त प्रान्तों के उच्चाधिकारी और सीमाक्षेत्रों के रक्षक थे। व्रजभूमिक पालतू पशुओं और गोचर भूमि का प्रबन्धन करते थे।

अशोक के दो अभिलेखों में ऐसे मध्यवर्ती निकाय का उल्लेख है जो एक ओर तो राजा से और दूसरी ओर अधिकारियों से निकट सम्पर्क रखता था। यह निकाय परिषद 'अर्थशास्त्र' में वर्णित मन्त्रिपरिषद ही है। कौटिल्य के अनुसार, यह

उन मन्त्रियों की परिषद थी जिनका कर्तव्य था अनारम्भ कार्य को प्रारम्भ कराना, प्रारम्भ को पूर्ण कराना, पूर्ण कार्य को सुधारना और राजाज्ञाओं का सख्ती से पालन कराना। उनका एक अन्य महत्त्वपूर्ण कार्य था समीपवर्ती अधिकारियों से मिलकर काम निपटाना और दूरवर्ती अधिकारियों को राजकीय पत्र भेजकर सुझाव देना। जब कोई आकस्मिक कार्य आ पड़ता था, तब राजा सिर्फ अपने समुपदेष्टाओं (पार्षदों) को ही नहीं बुलाता था, बल्कि मन्त्रियों की सभा भी बुलाता था, और सदस्यों के बहुमत के अनुसार कार्य करता था; या सफलता के लिए वे जो मार्ग बताते थे उस पर चलता था।[16]

मौर्य राजवंश के पतन के बाद महामात्र पद का क्षरण होने लगा। दक्षिणी भारत में सातवाहनों के राज्यकाल में यह पद बना रहा; किन्तु उनके राज्य के विघटन के बाद महामात्र पद का लोप हो गया।

'समाहर्ता' कर निर्धारण का सबसे बड़ा अधिकारी था। उसके अधीन अधिकारियों का एक तन्त्रजाल था। उसके संयोजन में राज्य के विभिन्न भागों से राजस्व जुटाया जाता था। 'सन्निधाता' कोषाध्यक्ष का कार्य देखता था। वह राजकीय कोषागार और भाण्डागार का संरक्षक था। मौर्य काल में गुप्तचर संस्था सुदृढ़ थी। वे राजा के आँख-कान हुआ करते थे। 'अर्थशास्त्र' में कहा गया है कि चर एवं गूढ़पुरुष (गुप्तचर) को साधु, गृहस्थ, व्यापारी, योगी, विद्यार्थी, भिक्षुणी या वेश्या के वेष में रहकर सब पर नज़र रखनी चाहिए। एक खास बात यह है कि मौर्यों का वित्तीय वर्ष आषाढ़ (जुलाई) माह से आरम्भ होता था।

भूमि की उर्वरता के आधार पर अच्छी, मध्यम और सामान्य तीन श्रेणियों में गाँवों का वर्गीकरण किया गया था। स्थानीय विशेषताओं के आधार पर कर-निर्धारण हेतु गाँवों के कई प्रकार तय किए गए थे। कर-मुक्त ग्राम को 'परिहारक ग्राम', सैनिक प्रदान करनेवाले ग्राम को 'आयुधीय ग्राम', अनाज, पशु और सोने के रूप में कर देनेवाले ग्राम को 'हिरण्य ग्राम', कच्चा माल देनेवाले ग्राम को 'कुप्य ग्राम' और बेगार देनेवाले ग्राम को 'विष्टि ग्राम' कहा जाता था।

भारत में घरेलू दास वैदिक-काल से ही पाये जाते थे। मौर्य-काल में पहली बार उनको कृषि कार्यों में लगाया गया। मौर्यकालीन मगध में कुछ भूमि राजकीय नियन्त्रण में थी, जिसको 'सीता भूमि' कहते थे। इस पर 'सीताध्यक्ष' की देखरेख में खेती करने का अधिकार किसानों को दिया जाता था। सीता-भूमि पर भी कृषि के कई प्रकार थे। कहीं दासों और दिहाड़ी मजदूरों से खेती कराई जाती थी, तो कहीं दण्डभोगी बन्दियों से। कहीं-कहीं बटाईदारी पद्धति से भी खेती कराई जाती थी, जिसमें बटाईदार को उपज का एक निश्चित भाग पारिश्रमिक के रूप में दिया जाता था।

चन्द्रगुप्त मौर्य के राज्यकाल में कृषकों के हितों का ध्यान रखा जाता था। सीता-भूमि पर कृषि के लिए राजकीय सहायता प्रदान की जाती थी। इसके एवज में किसानों से उच्च शुल्क वसूल किया जाता था। मेगास्थनीज के अनुसार किसानों से उपज का एक चौथाई भाग कर के रूप में लिया जाता था। पाटलिपुत्र के आसपास का इलाका बहुत उपजाऊ था, इसलिए यह बात पाटलिपुत्र और उसके आसपास के इलाके के लिए सही हो सकती है। परन्तु कम उपजाऊ इलाकों में कर का भाग निश्चित रूप से कम रहा होगा। अधिकांश भारत में किसानों से कुल उपज का छठा भाग (षष्ठांश) कर के रूप में लिया जाता रहा है। देश के कुछ कम उपजाऊ हिस्सों में लगान के तौर पर उपज का आठवाँ भाग (अष्टांश) ही लिया जाता था।

मेगास्थनीज, स्ट्राबो, एरियन आदि यूनानी लेखकों के अनुसार समस्त भूमि राज्य की होती थी। राजकीय भूमि किसानों को बटाई पर दी जाती थी। मौर्यकाल में राजा द्वारा कृषि योग्य भूमि किसानों को बटाई पर उनके जीवनकाल तक के लिए ही दी जाती थी। बाद में राजस्व-मुक्त एवं स्थायी अनुदानों की एक परम्परा आरम्भ हो गई। कौटिल्य ने मात्र ब्राह्मणों और प्रशासन से सम्बन्धित लोगों को ही इस प्रकार के अनुदान (ब्रह्मदेय) देने का सुझाव दिया था।

व्यापार के विकास के लिए मुख्य मार्गों के साथ-साथ छोटी सड़कों के जाल की आवश्यकता पड़ती है। मौर्यकाल में इस दिशा में प्रयास किए गए थे। एक नए कर्मचारी-वर्ग की तैनाती भी की गई थी, जिनको मेगास्थनीज ने **अग्रोनोमोई** कहा है। इस ग्रीक शब्द का अर्थ है 'बाजार आयुक्त'। परन्तु मेगास्थनीज के अनुसार उसके दायित्व व्यापक थे। नदियों की देखभाल करना, मुख्य नहर से नालियों में छोड़े जानेवाले सिंचाई के पानी पर नज़र रखना, कर निर्धारण के लिए भूमि की पैमाइश करना, सड़कें बनवाना और उसकी सुरक्षा करना उसी के कार्य थे। इस कार्यसूची के आधार पर हम कह सकते हैं कि 'अग्रोनोमोई' से मेगास्थनीज का आशय 'रज्जुक' से था। भूमिकर निर्धारित करने के लिए कृषकों की भूमि को रस्सी (रज्जु) से मापनेवाले अधिकारी को 'रज्जुक' या राजुक कहा जाता था। जातक के अनुसार राजुक (या रज्जुक) का कार्य रस्सी (रज्जु) से भूमि मापना और उसका सीमांकन करना था। यह एक उच्चाधिकारी था और वर्तमान काल के बन्दोबस्त अधिकारी के समान था। अशोक के अभिलेखों में लाखों व्यक्तियों के ऊपर रज्जुक की नियुक्ति करने की बात कही गई है। मापने के बाद भूमि के क्षेत्रफल और उसकी उर्वरता के आधार पर भूमिकर का निर्धारण किया जाता था। राजुक कृषि सम्बन्धी समस्याओं और भूमि सम्बन्धी विवादों का निपटारा भी करते थे। वे राजस्व प्रशासक के साथ ही न्यायाधीश और दंडाधिकारी भी थे।

'अर्थशास्त्र' में कम, मध्यम और कठोर दण्ड देते समय न्यायाधीश को अपराधी की सामाजिक स्थिति, अपराध के स्वरूप आदि का ध्यान रखने का निर्देश दिया गया है, परन्तु अशोक ने दण्ड-व्यवस्था में जातीय और सामाजिक स्थिति के भेद को नकार दिया था। मेगास्थनीज ने लिखा है कि भारत में अपराध की घटनाएँ कम होती थी; और अधिकतर भारतीय ईमानदार थे। इससे स्पष्ट है कि तत्कालीन यूनान की अपेक्षा भारत का सामाजिक वातावरण शान्त था। मेगास्थनीज के भारत आगमन के करीब सात सौ साल बाद फाहियान पाटलिपुत्र आया था। उसने यात्रा-विवरण में लिखा है कि पाटलिपुत्र के रास्ते में कहीं भी उसको चोर-डाकू नहीं दिखाई पड़े। यह उस समय की सुचारु विधि-व्यवस्था और सुशासन का प्रमाण है।

पाटलिपुत्र का नगर-प्रशासन

मेगास्थनीज ने पाटलिपुत्र नगर के प्रशासन का विस्तृत विवरण दिया है। पाटलिपुत्र नगर का प्रशासनिक प्रबन्ध एक मण्डल के अधीन था, जो छह समितियों में बँटा हुआ था। प्रत्येक समिति में पाँच सदस्य होते थे। इस प्रकार, कुल तीस सदस्यीय समिति द्वारा पाटलिपुत्र नगर के प्रशासन का कार्य सुचारु रूप से किया जाता था। प्रशासनिक समितियों का विवरण निम्नवत है—

(1) पहली समिति उद्योग और शिल्पों की देखरेख करती थी।

(2) दूसरी समिति वैदेशिक मामलों से सम्बन्धित थी। यह विदेशियों की सुरक्षा करती थी, उनके रहने की व्यवस्था करती थी, उनकी गतिविधियों पर नजर रखती थी, बीमार होने पर उनके इलाज का प्रबन्ध करती थी, उनकी मृत्यु होने पर उनकी अन्त्येष्टि की व्यवस्था करने के अतिरिक्त उनकी सम्पत्ति उनके उत्तराधिकारियों को सौंपने का प्रबन्ध करती थी।।

(3) तीसरी समिति जनगणना से सम्बन्धित थी। यह लोगों के जन्म-मरण का पंजीकरण करके उसका हिसाब रखती थी। मृत्यु के कारणों का विवरण भी लेखबद्ध किया जाता था।

(4) चौथी समिति वाणिज्य और व्यापार की देखरेख करती थी। माप-तौल की जाँच करना इन्हीं का काम था। एक से अधिक वस्तुओं का व्यापार करनेवाले व्यापारियों को अधिक कर देना पड़ता था। ऐसे व्यापारियों की पहचान करना इसी समिति का काम था।

(5) पाँचवीं समिति उत्पादित वस्तुओं की बिक्री पर नजर रखती थी। वह यह देखती थी कि पुरानी वस्तुओं को नई वस्तुओं के साथ मिलाकर तो नहीं बेचा जा रहा है। नई-पुरानी वस्तुओं को मिलाकर बेचना एक दंडनीय अपराध था।

(6) छठी समिति का कार्य वणिकों और व्यापारियों से बिक्री-कर वसूलना था। मौर्यकाल में वस्तुओं के विक्रय मूल्य का दसवाँ भाग (10 प्रतिशत) बिक्री-कर के रूप में वसूल किया जाता था।

मौर्यकाल में प्रत्येक वर्ष जनगणना होती थी। जनसंख्या सम्बन्धी आंकड़ों को पंजिका (रजिस्टर) में दर्ज किया जाता था। समाहर्ता और नागरक की ओर से यह कार्य गोप नामक एक अधिकारी करता था। गोप दस ग्रामों के प्रशासक होते थे। उन दिनों जनगणना के साथ ही पशुओं की गणना भी की जाती थी।

मौर्यकाल में कृषि और वाणिज्य-व्यापार

मौर्य काल में राज्य की अर्थव्यवस्था कृषि, पशुपालन और वाणिज्य-व्यापार पर आधारित थी। तब कृषि मुख्य व्यवसाय हुआ करती थी। मेगास्थनीज ने लिखा है कि किसानों को सर्वहितकारी माना जाता था, इसलिए खेती करते किसान को कभी कोई नुकसान नहीं पहुँचाता था।

कृषि के विकास के लिए सिंचाई-तन्त्र का विकास अपेक्षित था। मौर्य-काल में राज्य की ओर से सिंचाई का उचित प्रबन्ध किया गया था। सिंचाई की व्यवस्था को 'सेतुबन्ध' कहा जाता था। इसके अन्तर्गत झीलों पर बाँध बनाकर या तालाब, कुएँ आदि बनवाकर एक स्थान पर पानी एकत्र किया जाता था। चन्द्रगुप्त मौर्य के एक राजप्रतिनिधि पुष्यगुप्त ने गुजरात में जूनागढ़ के पास सुदर्शन झील पर एक बाँध बनवाया था। सुदर्शन झील का निर्माण 'सेतुबन्ध' का नमूना है। शक राजा रुद्रदमन के 150 ई. के जूनागढ़ अभिलेख में इस बाँध के निर्माण का उल्लेख है। (मौर्यस्य राज्ञः चन्द्रगुप्तस्य राष्ट्रियेण वैश्येन पुष्पगुप्तेन कारितमशोकस्य मौर्यस्य कृते यवनराजन तुषास्फेनाधिष्ठाय .....) इसमें वैश्य पुष्यगुप्त को चन्द्रगुप्त मौर्य का 'राष्ट्रिय' बताया गया है। अशोक के राज्यकाल में सौराष्ट्र क्षेत्र में नियुक्त प्रशासक 'यवन तुषास्फ' द्वारा सिंचाई के लिए इस झील से नहरें निकलवाई गई थी। सेतुबन्ध वाले क्षेत्रों में किसानों को सिंचाई कर अलग से देना पड़ता था। यह उपज का 1/5 भाग से लेकर 1/3 भाग तक होता था।

मौर्यों ने वाणिज्य और व्यापार की प्रगति के लिए ठोस आधार तैयार किया था। उन्होंने यातायात के साधन विकसित किए ताकि व्यापारिक गतिविधियाँ अबाध ढंग से संचालित की जा सकें। पाटलिपुत्र को तक्षशिला से जोड़नेवाला मार्ग उन्हीं की देन है। ताम्रलिप्ति प्राचीनकाल में म्यानमार और श्रीलंका के व्यापारिक जहाजों के लिए एक महत्त्वपूर्ण बन्दरगाह था। इसके मद्देनज़र पाटलिपुत्र को स्थल मार्ग से ताम्रलिप्ति से जोड़ दिया गया था।

मेगास्थनीज के अनुसार कारखानों में जहाज, आयुध, कवच और कृषि के कार्य में प्रयुक्त होनेवाले उपकरण बनाए जाते थे। मौर्यकाल में कारखानों में बनी वस्तुएँ पण्याध्यक्ष की देखरेख में बाजारों में बेची जाती थी। इस काल के अन्तिम चरण में मगध वृक्षों के रेशों से बने कपड़ों के लिए प्रसिद्ध हो गया था।

सन्दर्भ और टिप्पणी

1. मनवे वाचस्पतये शुक्राय पाराशराय ससुताय
   चाणक्याय च विदुषे नमोऽस्तु नयशास्त्रकर्तव्य:।। (पंचतन्त्र)
2. कई सदियों तक विलुप्त रहने के बाद कौटिल्य कृत 'अर्थशास्त्र' की पाण्डुलिपि 1905 ई. में तमिलनाडु के तंजौर जिला निवासी एक व्यक्ति ने खोज निकाली और उसको मैसूर गवर्नमेंट प्राच्य पुस्तकालय को भेंट कर दिया। परन्तु उपलब्ध संस्करण चाणक्य के कई शताब्दी बाद का है। यह संस्करण त्रुटियों से भरपूर, प्रक्षिप्तांशों से युक्त और विकृत है। तत्कालीन पुस्तकालयाध्यक्ष शाम शास्त्री द्वारा उस प्रति का गहन अध्ययन करके उसका प्रथम संस्करण 1909 ई. में प्रकाशित किया गया।
3. दोहद संस्कृत शब्द 'दौहृद' का प्राकृत रूप है। दोहद का शाब्दिक अर्थ है—गर्भवती स्त्री की इच्छा।
4. मौर्योऽसौ स्वामिपुत्र:। (मुद्राराक्षस, 5/19)
5. बाल एव हि लोकेनऽस्मिन् सम्भावित महोदय:। (मुद्राराक्षस, 7/12)
6. नन्दस्यैवे पत्न्यन्तरस्य मुरासंज्ञस्य पुत्रं मौर्याणां प्रथमम्। (रत्नगर्भ कृत विष्णुपुराण की टीका, 4/24/28)
7. शिव: स्कन्द: विशाखा: इति किंकारणं मौर्ये: हिरण्यार्थिभि: अर्चा: प्रकल्पिता:।'' (पतंजलि, 'महाभाष्य' 5/3/99)
8. According to Plutarch, Alexander had actually met the man who would usurp the Magadhan throne. His name was 'Sandrokottos' and in 326 BC he was in Taxila, perhaps studying and already enjoying Taxilan sanctuary as he prepared to rebel against Nanda authority. No such person, however, is known to Indian tradition, the voluminous king-lists in the Puranas containing no mention of a 'Sandrokottos' sound-alike. Although from other Greek sources, specially the account of Megasthenes, an ambassador who would visit India in 300 BC, it was evident that someone called Sandrokottos had indeed reigned in the Gangetic valley, it was still not clear to which if any of the many listed Indian kings he corresponded, nor whether he ruled from Pataliputra, nor whether he could be the same as Plutarch's Sandrokottos. Like Porus and Omphis, it looked as if Sandrokottos was either a minor figure or else someone whose name had been so hopelessly scrambled in its transliteration into Greek that it would never be recognisable in its Sanskritic original.

   It was Sir William Jones, the charismatic father of Oriental studies and pioneer of Indo-Aryan linguistics, who in another flash of inspiration rescued the reputation of Sandrokottos. 'I cannot help mentioning a discovery which accident threw my way', he told members of Bengal Asiatic society in his 1793 annual adress. In the course of exploratory forays into Sanskrit literature he had earlier worked out that Sandrokottos' capital could indeed have been the Magadhan city of Pataliputra. He had now come across a mid-first-millenium AD drama, the Rudra-rakshasa, which told of intrigues at the court of a King Chandragupta, who had asurped the Magadhan throne and recieved foreign ambassadors there. The flash of inspiration, the 'chance discovery', was that 'Sandrokottos; might be a Greek rendering of 'Chandragupta'. This was later established by the discovery of an alternative Greek spelling of the name as 'Sandrakoptos'. The Sandrokottos of Plutarch and Megasthenes, and the Chandragupta of this play and of occasional mention in the Puranas, must be the same person. Crucially and for the first time, a figure well known from Greek-Roman sources had been identified with one well-attested in Indian tradition. (John Keay, 'India', Page no. 79; Harper Press, London; 2010) इस उद्धरण में 'जॉन के' द्वारा विशाखदत्त के संस्कृत नाटक 'मुद्राराक्षस' का उल्लेख किया गया है, किन्तु उसको त्रुटिवश 'रुद्राराक्षस' लिख दिया गया है।

9. पं. रामदीन पाण्डेय, 'प्राचीन भारत की सांग्रामिकता', पृ. 15-16; बिहार राष्ट्रभाषा परिषद, पटना; 1957 ई.।
10. जैन परम्परा में 'सल्लेखना' के अन्तर्गत उपवास रखकर अपने प्राण का त्याग किया जाता है।
11. जबकि बौद्ध ग्रन्थ 'मंजुश्रीमूलकल्प' के अनुसार चन्द्रगुप्त मौर्य की मृत्यु विषस्फोट (विषैले फोड़े) से हुई थी।
12. काशीप्रसाद जायसवाल रचना संचयन; खण्ड 2, सं. रतनलाल; पृ. 91; सस्ता साहित्य मण्डल प्रकाशन, नई दिल्ली; 2018 ई.।
13. पं. रामदीन पाण्डेय, 'प्राचीन भारत की सांग्रामिकता', पृ. 2; बिहार राष्ट्रभाषा परिषद, पटना; 1957 ई.।
14. रुम्मिनदेई : 'लुम्बिनी की देवी' का अपभ्रंश है।
15. कुणाल एक पक्षी का भी नाम है, जिसकी आँखें बहुत खूबसूरत होती हैं।
16. डी. आर. भण्डारकर, 'अशोक', पृ. 53; एस. चन्द एण्ड कम्पनी, दिल्ली; 1960 ई.।

अध्याय 17

मगध में ब्राह्मण राजाओं का दौर

शुंग काल (186 ई.पू.-75 ई.पू.)

मगध के अन्तिम मौर्य राजा बृहद्रथ के समय में शासन-सत्ता शिथिल पड़ गई। पुराणों में बृहद्रथ को 'बृहदश्व' भी कहा गया है। राज्य की सुरक्षा के दृष्टिगत बृहद्रथ को अपदस्थ करना आवश्यक था। पुष्यमित्र शुंग राजा बृहद्रथ के सेनापति थे। 186 ई.पू. में बृहद्रथ द्वारा सेना का निरीक्षण करते समय सेनापति पुष्यमित्र ने राजा की हत्या करके मगध साम्राज्य पर अधिकार कर लिया। मगध साम्राज्य का स्वामी होने के बाद भी उन्होंने अपनी उपाधि 'सेनापति' ही रखी। पुष्यमित्र का वंश 'शुंग वंश' कहलाया। शुंग का शाब्दिक अर्थ है—वटवृक्ष। शायद उनका उद्भव किसी ऐसी जाति से था, जिनका टोटका वट का वृक्ष था।[1]

शुंग वंश के रूप में भारत के पहले ब्राह्मण राजवंश की नींव पड़ी। ब्राह्मण होने के कारण वैदिक धर्म की पुनर्प्रतिष्ठा के लिए पुष्यमित्र शुंग (186-150 ई.पू.) ने यज्ञों का पुनरुद्धार किया। महाभारतयुगीन राजा जनमेजय के बाद पुष्यमित्र ने ही अश्वमेध यज्ञ किया था।[2]

अशोक के बाद बौद्ध धर्म के प्रभाव से बलि-प्रधान यज्ञ बन्द हो गए थे। पुष्यमित्र ने उनकी पुनर्स्थापना की। अश्वमेध के घोड़े को उसने अपने पौत्र वसुमित्र की देखरेख में छोड़ा था। सिन्ध में यवनों ने अश्वमेध के घोड़े को रोकने की कोशिश की। फलतः वसुमित्र के नेतृत्ववाली शुंग सेना के साथ उनका युद्ध हुआ, जिसमें यवनों को हार का मुँह देखना पड़ा।

भारत के यूनानी राजा दिमित्रियस का संस्कृत नाम दत्तमित्र है। उसने सिन्धु तक के प्रदेश को जीत लिया था। 'महाभारत' के आदिपर्व में वर्णित यवनाधिप दत्तमित्र यही है, जिसने गन्धर्व (गन्धार) देश को जीतने के बाद सौवीर (सिन्ध) देश को भी जीत लिया था। बाद में पुष्यमित्र शुंग से भी दिमित्रियस का युद्ध हुआ था।

यूनानी आक्रान्ताओं पर अपनी विजय के उपलक्ष्य में पुष्यमित्र ने दूसरा अश्वमेध यज्ञ किया। उसके वंश की छठी पीढ़ी के एक शासक कोसल-नरेश (कोसलाधिप)

धनदेव का अयोध्या से प्राप्त अभिलेख इसका साक्षी है। उस शिलालेख में स्पष्ट रूप से कहा गया है कि सेनापति पुष्यमित्र ने दो अश्वमेध यज्ञ किए थे। (द्विरश्वमेध याजिनः सेनापतेः पुष्यमित्रस्य) कालिदास कृत 'मालविकाग्निमित्र' में भी पुष्यमित्र को सेनापति कहा गया है। सम्भवतः राजा होने के बाद भी वह स्वयं को सेनापति ही कहता था। दूसरे अश्वमेध यज्ञ में प्रसिद्ध वैयाकरण पतंजलि ने ऋत्विज् (पुरोहित) की भूमिका निभाई थी। पतंजलि ने अपने प्रसिद्ध ग्रन्थ 'महाभाष्य' में लिखा है—

(1) ''पुष्यमित्रो यजते याजकाः याजयन्तिः'' (महा. 3/1/26) अर्थात्—पुष्यमित्र यज्ञ करता है और याजक उसे यज्ञ कराते हैं।

(2) ''इह पुष्यमित्रं याजयामः'' (महा. 3/2/123) अर्थात्—हम यहाँ पुष्यमित्र के लिए यज्ञ कर रहे हैं।

इन दोनों स्थानों पर वर्तमान काल का प्रयोग होने से स्पष्ट है कि 'महाभाष्य' के रचयिता पुष्यमित्र के समय में विद्यमान थे।

कालिदास के 'मालविकाग्निमित्र' नाटक में शुंग वंश का यथेष्ट इतिहास मिलता है। उससे पता चलता है कि जिस समय पुष्यमित्र ने राजसूय (अश्वमेध) यज्ञ किया, उस समय उसका पुत्र अग्निमित्र विदिशा का प्रशासक था। इस नाटक में अग्निमित्र के नाम भेजे गए पुष्यमित्र के एक पत्र का भी उल्लेख है; जिसका आशय निम्नवत है—

''यज्ञभूमि से सेनापति पुष्यमित्र स्नेहालिंगन के बाद विदिशा स्थित कुमार अग्निमित्र को सूचित करता है कि मैंने राजसूय यज्ञ की दीक्षा ग्रहण कर सैकड़ों राजपुत्रों-सहित वसुमित्र के संरक्षण में एक वर्ष में लौट आने के नियम के साथ यज्ञ का निरर्गल (बन्धनमुक्त) अश्व छोड़ दिया। सिन्धु[3] नदी के दक्षिणी तट पर विचरते हुए उस अश्व को यवनों की अश्वसेना ने पकड़ लिया, जिसके कारण दोनों सेनाओं में युद्ध हुआ। फिर वसुमित्र ने अश्व को बलात् पकड़नेवाले शत्रुओं को परास्त कर मेरा उत्तम अश्व छुड़ा लिया। जैसे पौत्र अंशुमत् के द्वारा वापस लाए हुए अश्व से सगर ने यज्ञ किया, वैसे ही मैं भी अपने पौत्र द्वारा वापस लाए हुए अश्व से यज्ञ करूँगा। अतएव तुम्हें यज्ञदर्शन के लिए वधूजन-सहित शीघ्र आना चाहिए।''[4]

कालिदास के इस कथन से पुष्यमित्र द्वारा एक अश्वमेध किए जाने का पता चलता है। परन्तु धनदेव के अयोध्या शिलालेख से सुनिश्चित हो जाता है कि पुष्यमित्र ने एक नहीं, बल्कि दो अश्वमेध किए थे; और कालिदास का कथन सही है।

कालिदास द्वारा प्रयुक्त 'यवन' शब्द काबुल पर राज करनेवाले बैक्ट्रिया (बल्ख) के यूनानियों का सूचक है। पुष्यमित्र के समय में माध्यमिका आदि को

घेरनेवाला यूनानी राजा मिनाण्डर था, जिसके चाँदी के दो सिक्के नगरी (माध्यमिका) में मिले हैं। पुष्यमित्र के अश्वमेध के घोड़े को पकड़नेवाले यवनों की अश्वसेना मिनाण्डर की ही रही होगी।

'महाभारत' के सभापर्व के अनुसार माध्यमिका (वर्तमान चित्तौड़ के पास 'नगरी' गाँव) के शासक को 'वाटधान' कहते थे, जिन्हें पाण्डव वीर नकुल ने अपनी दिग्विजय-यात्रा के दौरान हराया था। वाटधान ब्राह्मण जाति के थे। वाट का शाब्दिक अर्थ है—बरगद की लकड़ी से बनी हुई वस्तु या बरगद का पेड़ या उसकी लकड़ी। आदिपर्व (61/58) में वाटधान भौगोलिक अर्थ में और वंशस्थापक व्यक्ति-विशेष के लिए प्रयुक्त हुआ है। उद्योगपर्व (5/24) में उन्हें कौरवों का सहायक बताया गया है। डॉ. मोतीचन्द्र का अनुमान है कि यवनों की माध्यमिका पर चढ़ाई और नकुल की माध्यमिका-विजय की घटनाओं को मिला दिया गया है। उनके अनुसार शुंग और वाटधान ब्राह्मणों की जड़ें एक ही थीं, क्योंकि दोनों का टोटम-चिह्न वट का वृक्ष ही था।[5]

चन्द्रगुप्त मौर्य और अशोक के काल में प्राकृत भाषा का साहित्यिक महत्त्व बढ़ गया था। परन्तु पुष्यमित्र ने सत्तारूढ़ होने के बाद राजभाषा के रूप में संस्कृत की पुनर्प्रतिष्ठा की। पाणिनि के प्रसिद्ध संस्कृत व्याकरण 'अष्टाध्यायी' की टीका के रूप में पतंजलि ने 'महाभाष्य' की रचना उसी दौर में की। 'अष्टाध्यायी' विश्व की किसी भी भाषा के व्याकरण का पहला वैज्ञानिक ग्रन्थ है। पतंजलि ने 'अष्टाध्यायी' के सूत्रों पर अपना भाष्य लिखा, जिसमें संस्कृत भाषा के सिद्धान्तों का तार्किक ढंग से विवेचन किया गया। पतंजलि का 'महाभाष्य' संस्कृत गद्य का उष्कृष्ट उदाहरण है।

बौद्ध ग्रन्थ 'दिव्यावदान' में पुष्यमित्र को बौद्धों का शत्रु बताया गया है। तिब्बती बौद्ध लेखक तारानाथ ने लिखा है—पुष्यमित्र ने मध्यदेश से लेकर जालन्धर तक के बौद्ध मठ जला दिए और कई बौद्ध भिक्षुओं को मरवा दिया। बौद्ध लेखकों का यह भी कहना है कि उसने बौद्ध धर्म को नष्ट करने की इच्छा से पाटलिपुत्र के कुक्कुटाराम विहार को नष्ट कर दिया और साकल[6] प्रदेश (पंजाब) में रहनेवाले बौद्ध भिक्षुओं को मरवा दिया। सम्भव है पुष्यमित्र द्वारा वैदिक धर्म को प्रश्रय देने के कारण बौद्ध-लेखकों द्वारा, क्षुब्ध होकर, उसको बौद्धों का शत्रु कहा गया हो। गौरतलब है कि इस ब्राह्मण राजा ने विदिशा के निकट भारहुत स्तूप और साँची स्तूप की वेदिकाएँ (रेलिंग) बनवाईं। भारहुत के एक अभिलेख में अंकित 'सुंगन राजे' वाक्यांश से स्पष्ट है कि ये स्तूप शुंग राजाओं के समय के हैं। यह पुष्यमित्र के धर्म-सम्बन्धी उदार दृष्टिकोण का परिचायक है।

भारत पर विदेशी आक्रमणों का सिलसिला यूनानियों ने शुरू किया, जिनको 'हिन्द-यवन', 'हिन्द-यूनानी' या 'बैक्ट्रियाई यूनानी' कहा जाता है।[7] ई.पू. दूसरी शताब्दी के आरम्भ में यूनानियों ने पश्चिमोत्तर भारत के एक बड़े भूभाग पर अधिकार कर लिया। उन्होंने मौर्यों के प्रान्तीय शासक सुभगसेन से काबुल घाटी को हथिया लिया। मिनाण्डर (165-145 ई.पू.) इस जाति का प्रसिद्ध राजा था। उसने गंगा घाटी में अयोध्या और पाटलिपुत्र तक हमले किए थे। उसकी राजधानी साकल (वर्तमान स्यालकोट, पंजाब) में थी। बौद्ध विद्वान नागसेन (नागार्जुन) से दीक्षा लेकर वह बौद्ध हो गया। उसने धर्म सम्बन्धी कई प्रश्न पूछे थे और नागसेन ने उसके उत्तर दिए थे। इस प्रश्नोत्तर को 'मिलिन्दपन्हो' नामक एक ग्रन्थ के रूप में संकलित किया गया। यह एक प्रसिद्ध बौद्ध ग्रन्थ है। 'मिलिन्दपन्हो' का अर्थ है—मिलिन्द के प्रश्न।

यवनों के आक्रमणों से निवृत्त होने के बाद पुष्यमित्र शुंग कलिंग-नरेश खारवेल के साथ संघर्षरत रहा। खारवेल के हाथीगुम्फा अभिलेख के अनुसार "अपने राज्य के आठवें वर्ष में खारवेल ने राजगृह के राजा को भगा दिया और गोरथगिरि (बाराबर पहाड़ी) के दुर्ग पर आक्रमण किया।" इस अभिलेख में मगध के राजा का नाम 'बहसपतिमित' (बृहस्पतिमित्र) अंकित है। बृहस्पति और पुष्य समानार्थक शब्द हैं। इस समानार्थी शब्द के प्रयोग से स्पष्ट है कि मगध का वह शासक पुष्यमित्र शुंग ही था। इस प्रकार, शुंग काल में खारवेल ने कलिंग पर अपनी सत्ता स्थापित कर ली। उसने गंगा घाटी तक हमले किए और अशोक द्वारा विजित कलिंग प्रदेश को वापस ले लिया। उन दिनों उज्जैन के आसपास का प्रदेश शुंग शासकों का गढ़ बना रहा।

पुष्यमित्र का पुत्र अग्निमित्र उसका उत्तराधिकारी हुआ। पुष्यमित्र के राज्यकाल में अग्निमित्र शुंग को विदिशा का 'गोप्ता' (प्रशासक) नियुक्त किया गया था। अग्निमित्र ही कालिदास के प्रसिद्ध नाटक 'मालविकाग्निमित्र' का नायक है। इस संस्कृत नाटक में विदिशा के प्रशासक अग्निमित्र और अवन्ति की राजकुमारी मालविका की प्रणयकथा का वर्णन किया गया है।

'मालविकाग्निमित्र' में वर्णित कथा के अनुसार, "विदिशा के शासक अग्निमित्र ने विदर्भ के राजा यज्ञसेन को सन्देश दिया कि वह अपनी बहिन मालविका का विवाह उसके साथ कर दे। उस समय विदर्भ के राज्य के लिए माधवसेन और उसके चचेरे भाई यज्ञसेन के बीच विवाद चल रहा था। माधवसेन अपने मन्त्री सुमति और मालविका के साथ गुप्त रूप से विदिशा जा रहा था। उस समय यज्ञसेन के सेनापति ने माधवसेन को पकड़कर कैद कर लिया। परन्तु सुमति और

मालविका बच निकले। इस घटना की जानकारी मिलने पर अग्निमित्र ने यज्ञसेन को सन्देश भेजा कि वह माधवसेन को छोड़ दे। प्रत्युत्तर में उसने कहा कि मेरा साला, जो मौर्यों का मन्त्री था, आपके यहाँ बन्दी है। यदि आप उसे छोड़ दें, तो मैं माधवसेन को मुक्त कर दूँगा। इस उत्तर से क्रुद्ध होकर अग्निमित्र ने यज्ञसेन के विरुद्ध सेना भेजकर उसको हरा दिया और माधवसेन को छुड़ा लिया। फिर विदर्भ के दो भाग करके एक यज्ञसेन को और दूसरा माधवसेन को दे दिया। वरदा नदी उन दोनों के राज्य की सीमा तय की गई।''

'मालविकाग्निमित्र' नाटक में वसुमित्र को अग्निमित्र का पुत्र बताया गया है, वसुमित्र की माता का नाम धारिणी और अग्निमित्र की दूसरी पत्नी का नाम इरावती बताया गया है। किसी अन्य संस्कृत ग्रन्थ में शुंग वंश का इतना विस्तृत विवेचन नहीं किया गया है। पुराणों में केवल पुष्यमित्र द्वारा बृहद्रथ को मारकर उसका राज्य अपने अधिकार में लेने का उल्लेख है।[8] बाणभट्ट ने अपने 'हर्षचरित' में सेना का निरीक्षण कराते हुए पुष्यमित्र द्वारा बृहद्रथ को मारने का उल्लेख किया है।

अग्निमित्र के उत्तराधिकारी भागभद्र का उल्लेख विदिशा के गरुड़ध्वजस्तम्भ पर खुदे लेख में किया गया है। उस स्तम्भलेख के अनुसार तक्षशिला के यूनानी राजा अन्तअल्किदस (अन्तलिकित) ने विदिशा के एक भारतीय राजा भागभद्र की सभा में तक्षशिला निवासी हेलियोडोर को अपना दूत बनाकर भेजा था। इसमें अन्तअल्किदस अपने को भागवत (कृष्णभक्त) कहता है। इस स्तम्भलेख की भाषा प्राकृत है।

मत्स्य, वायु, ब्रह्माण्ड एवं भविष्य पुराणों के आधार पर शुंग राजाओं की वंशतालिका इस प्रकार तैयार की जा सकती है—पुष्यमित्र, अग्निमित्र, ज्येष्ठमित्र (वसुज्येष्ठ या सुजेष्ठ), वसुमित्र (सुमित्र), ओद्रक (आन्ध्रक या अन्तक), पुलिन्दक (इन्द्रमित्र), घोष, वज्रमित्र, भाग (भागवत) एवं देवभूति (देवभूमि या क्षेमभूमि)। ब्रह्माण्ड पुराण के अनुसार पाँचवें राजा ओद्रक का वैकल्पिक नाम 'भद्र' है। पभोसा अभिलेख में ओद्रक का उल्लेख है। पुराणों में उल्लिखित शुंगवंशीय राजा भाग और विदिशा के गरुड़ध्वजस्तम्भ में अंकित राजा भागभद्र एक ही हैं।

पतंजलि कृत 'महाभाष्य' से यह ज्ञात होता है कि शुंग काल में अयोध्या को भी राजधानी बनाया गया था; और उस राजधानी नगर का निर्माण हूबहू पाटलिपुत्र की भाँति किया गया था-

पाटलिपुत्रस्य व्याख्यानो सुकोशला पाटलिपुत्रं चाप्यवयवश आचष्ट ईदृशा अस्य प्राकार इति। (महाभाष्य 4/3/66)

'महाभाष्य' में पाटलिपुत्र नगर के विशिष्ट प्रासाद और प्राकारों का उल्लेख है। उसमें कहा गया है कि पाटलिपुत्र के परकोटे के विभिन्न अवयवों (प्रतोली, अट्टालक, इन्द्रकोश, देवपथ आदि) को भली-भाँति जानना-समझना हो तो सुकोशला (यानी अयोध्या) को देखकर समझा जा सकता है। उल्लेखनीय है कि शुंग वंश की छठी पीढ़ी के राजा धर्मदेव को 'कोसलाधिप' (कोसल का राजा) कहा गया है।

शुंग राजाओं ने शासन सँभालने के बाद भी अपनी वंशानुगत उपाधि 'सेनानी' को बनाए रखा। परन्तु इतिहास में वे अपने पराक्रम से अधिक अपने सांस्कृतिक अवदान के लिए जाने जाते हैं। कौशाम्बी से प्राप्त 'शुंग राजा' अंकित सिक्कों के आधार पर यह कहा जा सकता है कि—(क) शुंगों का शाही प्रतीक ध्वज के साथ वृषभ था। (ख) वृक्षों का बाड़ा उनके कुल प्रतीकों में से एक था।[9]

कण्व काल (75 ई.पू.-30 ई.पू.)

'हर्षचरित' के अनुसार अन्तिम शुंग राजा देवभूति स्त्रीव्यसनी था। अमात्य वसुदेव ने रानी वेशधारिणी एक दासी द्वारा उसकी हत्या करवा दी। 'विष्णुपुराण' में इस घटना का वर्णन निम्नवत् किया गया है—

देवभूतिं तु शुंग-राजानं व्यसनिनं तस्यैवामात्य: ।
कण्वो वसुदेवनामा तं निहत्य स्वयमवनीं मोक्ष्यति।।

इससे स्पष्ट है कि देवभूति विलासी प्रकृति का था। उसकी चारित्रिक दुर्बलता का लाभ उठाकर उसके अमात्य वसुदेव कण्व ने उसकी हत्या करवा दी; और कण्व राजवंश की नींव डाली। इस वंश के राजा ब्राह्मण होने के कारण अपने को 'द्विज' कहते थे। 'मत्स्य पुराण' के अनुसार, कण्व वंश में कुल चार राजा हुए— वसुदेव, भूमिमित्र, नारायण एवं सुशर्मन। इन चारों ने क्रमश: नौ, चौदह, बारह एवं दस वर्ष तक अर्थात कुल 45 वर्षों तक मगध पर शासन किया। ब्रह्माण्ड पुराण में कहा गया है कि कण्व वंश के चार राजा पैंतालीस वर्षों तक पृथ्वी पर शासन करेंगे और उसके बाद यह पृथ्वी आन्ध्रों (सातवाहनों) के पास चली जाएगी।[10] पुराण प्राय: इसी शैली में रचे गए हैं। उनमें अतीत में घटित घटनाओं को भी ऐसे वर्णित किया गया है, मानो वे भविष्य में घटित होनेवाली घटना हो।

कण्वों के पतन के साथ ही मगध के गौरवशाली इतिहास का एक महत्त्वपूर्ण अध्याय समाप्त हो गया। कण्व राजाओं के बाद भारत की राजनैतिक सत्ता का केन्द्र उत्तरी भारत के स्थान पर दक्षिणी भारत में स्थानान्तरित हो गया। अब दक्षिण में आन्ध्रजातीय सातवाहन राजाओं के शासन का दौर शुरु हुआ। सातवाहन शासक

भी ब्राह्मण ही थे। पुराणों में आन्ध्र भृत्यों द्वारा काण्व वंश की सत्ता को उखाड़ फेंकने का उल्लेख है।

कण्वकाल और गुप्तकाल का मध्यवर्ती काल

पुराणों में कहा गया है कि मगध में कण्वों के पतन क बाद आन्ध्रों (सातवाहनों) का राज्य स्थापित हुआ। प्रयागराज जिले के भीटा में हुई खुदाई में मिले सातवाहन राजाओं के सिक्कों से पुराणों के इस कथन की पुष्टि होती है। पटना के कुम्हरार में उत्खनन के दौरान डॉ. स्पूनर को भी सातवाहन शासक का सिक्का मिला था। परन्तु कण्व राजवंश के पतन (31 ई.पू.) के बाद मगध में सातवाहनों का शासन पचास वर्षों से अधिक नहीं चला होगा।

लिच्छवी वंश के जयदेव द्वितीय के नेपालवाले शिलालेख में श्रीहर्ष संवत् 153 (सन् 758 ई.) दिया है; और उसमें कहा गया है कि जयदेव प्रथम से 23 पीढ़ियाँ पहले उसके पूर्व-पुरुष सुपुण्य लिच्छवी का जन्म पुष्पपुर नगर में हुआ था। डा. फ्लीट ने जयदेव प्रथम का समय लगभग 330 ई. से 355 ई. तक निश्चित किया है। यदि इन तेईस राजाओं की लम्बी सूची के प्रत्येक राजा के लिए हम औसतन पन्द्रह वर्षों का भी समय रख लें, तो कह सकते हैं कि सुपुण्य पहली शताब्दी ई. के आरम्भ में हुआ था। पाटलिपुत्र पर अधिकार करने के लिए लिच्छवियों ने सातवाहन सम्राट से आज्ञा ली होगी। कई शताब्दियों से लिच्छवी लोग मगध की राजधानी पाटलिपुत्र पर अधिकार करना चाहते थे, इसलिए यह भी सम्भव है कि उन्होंने स्वतन्त्र रूप से ही उस पर अधिकार कर लिया हो। उत्तरी भारत में केडफिसस और विम केडफिसस के आ पहुँचने के कारण सातवाहन सम्राट के कार्यों में अवश्य ही बाधा पड़ी होगी, और इसी कारण पाटलिपुत्र में जो स्थान रिक्त हुआ था, उसकी पूर्ति करने का लिच्छवियों को अवसर मिला होगा। हम यह भी मान सकते हैं कि उस शताब्दी के अन्त में जब कनिष्क का उपराजा वनस्पर आगे बढ़ने लगा था, तब पाटलिपुत्र पर से लिच्छवियों का अधिकार समाप्त हो गया होगा।[11]

कोट का क्षत्रिय राजवंश

जब लिच्छवी लोग लगभग एक सौ वर्षों तक पाटलिपुत्र को अपने अधिकार में रख चुके थे, तब भारशिवों द्वारा गंगा की तराई के स्वतन्त्र कर दिए जाने पर लिच्छवियों ने यह सोचा होगा कि वे मगध पर फिर से अपना राज्य स्थापित करने के अधिकारी हैं। परन्तु जब भारशिवों ने फिर से देश का राजनीतिक संगठन किया, तब मगध पर, आर्य-धर्म को न माननेवाले लिच्छवियों का अधिकार नहीं था, बल्कि एक सनातनी क्षत्रिय वंश का अधिकार था। कौमुदी-महोत्सव नामक ग्रन्थ में इस

वंश को 'मगध-कुल' कहा गया है और समुद्रगुप्त ने इसे 'कोट-कुल' कहा है। सम्भवतः इस वंश के संस्थापक का नाम कोट था। इस कोट राजकुल का जो वंशज समुद्रगुप्त का समकालीन था और प्रयाग-प्रशस्ति शिलालेख के आरंभिक अंश में से जिसका नाम मिट गया है, वह कोट-कुलज कहलाता था। मगध के इन राजाओं के नामों के अन्त में 'वर्मन्' जुड़ा होता था। इस वंश की स्थापना सन् 200-250 ई. के आसपास हुई होगी।[12]

सन्दर्भ और टिप्पणी

1. नागरीप्रचारिणी पत्रिका, विक्रमांक, वर्ष-48, अंक 1-4, (1943 ई.) में संकलित डॉ. मोतीचन्द्र का लेख 'उपायनपर्व का एक अध्ययन', पृ. 154
2. औद्भिज्जो भविता कश्चित्सेनानीः काश्यपो द्विजः।

   अश्वमेधं कलियुगे पुनः प्रत्याहरिष्यति।। (हरिवंश पुराण; भविष्य पर्व, 2/40)
   अर्थात—औद्भिज्ज या शुंग वंश में काश्यप गोत्रीय ब्राह्मण सेनानी उत्पन्न होगा, जो कलियुग में पुनः अश्वमेध यज्ञ करेगा।
3. यहाँ उल्लिखित सिन्धु नदी सिन्ध में बहनेवाली सिन्धु नहीं बल्कि मालवा से निकलकर राजपूताना में बहनेवाली सिन्धु यानी काली सिन्ध है। पतंजलि ने भूतकाल की घटनाओं के दृष्टान्त देते हुए ये दो उदाहरण दिए हैं—'यवनों ने माध्यमिका को घेरा' (अरुणद्यवनो माध्यमिका); और 'यवनों ने साकेत (अयोध्या) को घेरा' (अरुणद्यवन साकेत)। माध्यमिका को वर्तमान में 'नगरी' या 'ताँबावती नगरी' कहते हैं और यह चित्तौड़ के प्रसिद्ध किले से 6 मील उत्तर में स्थित है। माध्यमिका से आगे बढ़ते हुए यवनों (यूनानियों) की मुठभेड़ वसुमित्र के साथ होना प्रतीत होता है। महाकवि भवभूति ने अपने 'मालती माधव' नाटक में पद्मावती (पेहोआ, मध्यप्रदेश) के निकट बहनेवाली पारा और सिन्धु नदियों का उल्लेख किया है। वहीं राजपूताने में बहने पर सिन्धु नदी काली सिन्ध कहलाती है।
4. कालिदास, 'मालविकाग्निमित्र', अंक 5
5. नागरीप्रचारिणी पत्रिका, विक्रमांक, वर्ष-48, अंक 1-4, (1943 ई.) में संकलित डॉ. मोतीचन्द्र का लेख 'उपायनपर्व का एक अध्ययन', पृ. 154
6. साकल (वर्तमान स्यालकोट) प्राचीन काल में मद्रों की राजधानी था। आगे चलकर भारत-यूनानी शासक मिनाण्डर यानी मिलिन्द (160-140 ई.पू.) ने इसे अपनी राजधानी बनाया था। बौद्ध-ग्रन्थ 'मिलिन्द-पन्हो' में इस नगर को 'पुटभेदन' कहा गया है। प्राचीन काल में यह एक महत्त्वपूर्ण व्यापारिक केन्द्र था।
7. यूनानियों के लिए 'यवन' शब्द का सबसे पहला उल्लेख पाणिनि के 'अष्टाध्यायी' में मिलता है। बाद में पश्चिम एशिया से भारत आनेवाली सभी जातियों के लिए 'यवन' शब्द का प्रयोग किया जाने लगा।
8. इत्येदे दश मौर्यास्तु ये भोक्ष्यन्ति वसुन्धराम्।
   सप्तत्रिंशच्छन पूर्ण तेभ्य शुङ्गान गमिष्यति।। 26 ।।

पुष्यमित्रस्तु सेनानीरुद्धृत्य स वृहद्रयान।
कारयिष्यन्ति वैराज्य षट्त्रिंशत्तु समा नृप।। 27 ।। (मत्स्यपुराण, अध्याय 272)

9. काशीप्रसाद जायसवाल संचयन, खण्ड-2, सं. रतन लाल, पृ. 242-243; सस्ता साहित्य मण्डल प्रकाशन, नई दिल्ली; 2018 ई.।
10. काण्वायनास्तु चत्वारश्चत्वार्रिंशच्च पंच च।
समा भोक्ष्यन्ति पृथ्वीम् पुनरन्ध्रान्गमिष्यति।। (ब्रह्माण्ड पुराण)
11. काशीप्रसाद जायसवाल, अन्धकारयुगीन भारत, हिन्दी अनुवादक : रामचन्द्र वर्मा; पृ. 208-209; नागरीप्रचारिणी सभा, काशी; 1857 ई.।
12. काशीप्रसाद जायसवाल, अन्धकारयुगीन भारत, हिन्दी अनुवादक : रामचन्द्र वर्मा; पृ. 209; नागरीप्रचारिणी सभा, काशी; 1857 ई.।

अध्याय 18

शक, कुषाण, गुप्त एवं गुप्तोत्तर काल में मगध

शक

'शक' एक सामुदायिक जातीय संज्ञा है। इसके भीतर कई जातियाँ सम्मिलित थीं। शक जाति के लोग घुमक्कड़ थे; और उपजाऊ भूमि की तलाश में घूमते रहते थे। वे पार्थियन आक्रमणकारियों के साथ भारत आए।

गार्गी संहिता के 'युगपुराण' से पता चलता है कि यवनों (हिन्द-यवनों) ने मथुरा और साकेत को रौंदने के बाद कुसुमध्वज (पाटलिपुत्र) पर आक्रमण करके वहाँ के लोगों को व्याकुल कर दिया था।[1] लेकिन यवन सेना को जल्द ही पाटलिपुत्र से वापस लौटना पड़ा। पाटलिपुत्र पर आक्रमण करनेवाला यह यवन-शासक सम्भवत: दिमित्रियस या मिनाण्डर था, जिसने दूसरी सदी ई.पू. के मध्यकाल में इस भूभाग पर आक्रमण किया था। डॉ. मोतीचन्द्र और डॉ. वासुदेवशरण अग्रवाल का मानना है कि पाटलिपुत्र पर आक्रमण के दौरान यवन-सेना ने वाराणसी में पड़ाव डालकर वहीं से गंगा नदी को पार किया था। राजघाट (वाराणसी) की खुदाई के दौरान वहाँ रोमन शैली के मनके और यूनानी देवी-देवताओं (अथेना, अपोलो और हेराकल) की आकृतियोंवाली मृणमुद्राएँ मिली हैं। इससे पाटलिपुत्र पर लगभग 175 ई.पू. में हुए हमले के दौरान वाराणसी में यवन-सेना के पड़ाव डालने की बातों की पुष्टि होती है।

भारत पर हिन्द-यूनानियों के बाद शकों के हमले हुए। भारत पर आक्रमण के कुछ समय पहले शक जाति के लोग पाकिस्तान के बलुचिस्तान क्षेत्र के दक्षिणी भाग में आकर बस गए थे। पहली सदी ई. पू. में सीस्तान से भारत आनेवाले शक क्षत्रपों ने तत्कालीन भारतवर्ष के तक्षशिला, मथुरा और उज्जैन में अपने राज्य स्थापित किए। भारत के पहले स्वतन्त्र शक शासक का नाम मोअ (मोग, मोउस) था। वह एक शक्तिशाली राजा था, जिसका राज्य काबुल से लेकर पूर्वी पंजाब तक फैला हुआ था। तक्षशिला के एक ताम्रपत्रालेख में उसको 'महरय महन्त

मोग' (महाराज महान मोअ) कहा गया है। मोअ द्वारा चलाए गए एक सिक्के पर पद्मासन में बैठे एक व्यक्ति (सम्भवतः बुद्ध) का अंकन है। उसके द्वारा जारी दूसरी तरह के सिक्कों पर गदा एवं त्रिशूलधारी देवता (शिव ?) का चित्रांकन है।

भारत में शक राजा अपने को 'क्षत्रप' कहते थे। भारत में सबसे पहले शक राजाओं के सिक्कों पर ही किसी हिन्दू देवता का चित्र अंकित किया गया था। शकों द्वारा चलाए गए सिक्कों पर अंकित पहले भारतीय देवता कृष्ण थे। धन की हिन्दू देवी 'श्री' या गजलक्ष्मी का प्रतिमांकन भारहुत और साँची में ई. पू. दूसरी सदी में बने बौद्ध स्मारकों में मिलता है। श्री का मुद्रांकन शक अयिलिश के सिक्कों पर तो हुआ ही है, मथुरा के शक-क्षहरात वंश के हंगाम, हगान, रजुबुल एवं शोडास नामक राजाओं के सिक्कों पर भी हुआ है।

शक शासकों में रुद्रदमन प्रथम (130-150 ई.) सबसे प्रसिद्ध है। उसने काठियावाड़ में सुदर्शन झील का जीर्णोद्धार कराया। इस झील का निर्माण चन्द्रगुप्त मौर्य ने करवाया था और अशोक ने इसकी मरम्मत करवाई थी। मौर्यकाल से यह झील उस क्षेत्र में सिंचाई का प्रमुख स्रोत थी। रुद्रदमन के समय में यह झील क्षतिग्रस्त हो गई थी। अतः उसने अपनी निजी आय से इसकी मरम्मत करवाई और प्रजा से कोई सिंचाई-कर नहीं लिया।

रुद्रदमन-प्रथम भगवान शिव का उपासक था। संस्कृत भाषा से उसको बहुत लगाव था। भारत में शुद्ध संस्कृत में सबसे पहला लम्बा-अभिलेख उसी ने अंकित कराया था। यह 'जूनागढ़ अभिलेख' के नाम से प्रसिद्ध है। इस अभिलेख में रुद्रदमन कहता है कि संस्कृत भाषा पर उसका अधिकार है। इसके पहले के अभिलेख अक्सर प्राकृत भाषा में अंकित कराए गए थे। रुद्रदमन के समकालीन सातवाहन शासक स्वयं ब्राह्मण होने के बावजूद अपने अभिलेख प्राकृत भाषा में अंकित करा रहे थे।

'महाभारत' में 'सर्वज्ञ यवन' कहकर शकों के प्रति आदर व्यक्त किया गया है। शकों (मगों) ने भारतीय ज्योतिष को भी प्रभावित किया। हिन्दू ज्योतिष के तीन स्कन्ध (भाग) हैं—संहिता, गणित और जातक। भारतीय ज्योतिष का संहिता स्कन्ध मगों से और जातक स्कन्ध यूनानियों से ग्रहण किया गया था। यूनानी भाषा का 'होरोस्कोप' शब्द संस्कृत भाषा में 'होराशास्त्र' हो गया। संस्कृत में होराशास्त्र का अर्थ है—फलित ज्योतिषशास्त्र।

प्राचीन ब्राह्मण-ग्रन्थों में शकों को शूद्र वर्ण में गिना गया है। ''पतंजलि के महाभाष्य से पता चलता है कि दूसरी सदी ई.पू. में भी ऐसे उच्चतर शूद्रों का अस्तित्व था जिनके किसी आर्य के बर्तन में खाना खाने से वह स्थायी रूप से

अशुद्ध नहीं होता था। ऐसे शूद्र या तो भारत में बसे शक, यवन आदि विदेशी थे या लुहार, धोबी, बढ़ई आदि ...। ... अनेक अभिलेखों से भी प्रकट होता है कि ऊँचे दर्जे पर स्थित शूद्र जातियों में जन्म निम्न कोटि का जन्म नहीं माना जाता था, क्योंकि व्यवहारत: इसका स्थान ब्राह्मणों के ठीक बाद आता था।[2]

जैन-परम्परा और शकवंश की उत्पत्ति

जैन ग्रन्थ 'निशीथचूर्णि' में शक वंश की उत्पत्ति की कहानी वर्णित है। एक बार ज्योतिष के आचार्य कालक अपनी साध्वी बहन के साथ उज्जयिनी नगर में भ्रमण कर रहे थे। उनकी बहन बहुत सुन्दर थी। उस समय गर्दभिल्ल उज्जयिनी के राजा थे। कालकाचार्य की बहन को देखकर राजा उस पर मोहित हो गए। राजा के आदेश पर राजकर्मचारियों ने कालक की बहन को राजा के अन्त:पुर में पहुँचा दिया। कालकाचार्य ने राजा से निवेदन किया कि उसकी बहन साध्वी है, इसलिए उसको अन्त:पुर में न रखा जाए और उसे लौटा दिया जाए। राजा ने कालक की बात को अनसुना कर दिया। कालक ने श्रमण-संघ में जाकर अपनी व्यथा बताई। श्रमण-संघ ने भी राजा को समझाने की कोशिश की, लेकिन कामान्ध राजा ने किसी की बात नहीं मानी।

निरुपाय होकर कालक नगर में भटकता रहा। उसने गर्दभिल्ल से बदला लेने का संकल्प लिया और एक दिन ईरान की ओर निकल पड़ा। ईरान पहुँचकर वह एक शाह के यहाँ रहने लगा। अपने निमित्त-शास्त्र सम्बन्धी ज्ञान के बल पर उसने शाह को अपने वश में कर लिया था। एक दिन वहाँ के शासक ने किसी बात से रुष्ट होकर शाह के पास एक मुहर लगी तलवार भेजी। इसका सांकेतिक अर्थ यह था कि अब तुम्हारी खैर नहीं है।

मुहर लगी तलवार मिलने से शाह बेचैन था। उसने कालकाचार्य को यह बात बताई। कालक ने कहा कि आत्महत्या करने की कोई आवश्यकता नहीं है। परन्तु शाह ने कहा कि स्वामी के नाराज हो जाने के बाद यहाँ जीवित रह पाना सम्भव नहीं है। तब कालक ने उसको भारत चलने को कहा। परिस्थितियाँ प्रतिकूल होने के कारण शाह भारत चलने को तैयार हो गया। तभी यह पता चला कि 95 अन्य शाहों को भी ऐसी ही मुहर लगी तलवारें मिली हैं। शाह ने अपने सन्देशवाहक के माध्यम से उन सभी को सन्देश भेजा कि किसी को आत्महत्या करने की आवश्यकता नहीं है। सब लोग भारत चलें, क्योंकि वह सभी के लिए सुरक्षित है।

छियानबे शाहों का दल ईरान से चलकर सौराष्ट्र आया। बरसात शुरू हो गई थी। इसलिए सब लोगों ने वहीं रुकने का निर्णय लिया। सौराष्ट्र को छियानबे

मण्डलों में बाँट दिया गया और सभी शाह राजा बनकर वहीं रहने लगे। कालकाचार्य ईरान में जिस शाह के यहाँ रहे थे, उसको राजाधिराज बना दिया गया। जैन परम्परा के अनुसार इसी से शक वंश की उत्पत्ति हुई है।

वर्षा ऋतु के बीतने के बाद कालक के कहने पर शाहों के दल ने उज्जयिनी पर आक्रमण कर दिया। इसी समय गर्दभिल्ल द्वारा किए गए अपमान का बदला लेने के लिए लाट देश के राजा ने भी उज्जयिनी पर हमला बोल दिया। गर्दभिल्ल की पराजय हुई और उज्जयिनी पर शकों (शाहों) का अधिकार हो गया।

जैन परम्परा के अनुसार उज्जयिनी में विक्रमादित्य नामक एक प्रसिद्ध राजा हुए। विक्रमादित्य गर्दभिल्ल के पुत्र थे। 57 ई.पू. में उन्होंने शकों से निर्णायक युद्ध करके उनको वहाँ से निकाल बाहर किया। शकों पर इस अभूतपूर्व विजय के उपलक्ष्य में विक्रमादित्य ने अपने नाम पर एक नया संवत् शुरू किया, जिसको 'विक्रम संवत्' कहा जाता है। तभी से 'विक्रमादित्य' एक प्रतिष्ठित उपाधि बन गई। आगे चलकर, भारत के जिस किसी हिन्दू राजा ने कोई पराक्रम किया, उसने 'विक्रमादित्य' की उपाधि धारण कर ली। भारतीय इतिहास में इस उपाधि को धारण करने वाले राजाओं की संख्या करीब एक दर्जन है। परन्तु विक्रमादित्य उपाधिधारी राजाओं में सबसे महत्त्वपूर्ण राजा चन्द्रगुप्त द्वितीय विक्रमादित्य (380-412 ई.) हैं।

कनिष्क कालीन मगध

मौर्योत्तर-कालीन विदेशी हमलों के क्रम में यू-ची का भारत में प्रवेश बहुत महत्त्वपूर्ण है। कुजुल कडफिसस अपने कुषाण समुदाय के नेतृत्व में कई कबीलों को संगठित करके भारत की ओर बढ़ा। शीघ्र ही काबुल और कश्मीर में उसने अपनी सत्ता जमा ली। चीनी शासकों की तरह कुषाण राजाओं ने 'देवपुत्र'-जैसी उपाधियाँ धारण कीं। कुषाण वंश का तीसरा और सबसे महत्त्वपूर्ण राजा था—कनिष्क। उसकी राजधानी पुरुषपुर (पेशावर, पाकिस्तान) थी। कश्मीर को अपने राज्य में मिलाकर उसने वहाँ कनिष्कपुर नामक एक नगर बसाया। उसने मगध तक अपने राज्य का विस्तार किया। तिब्बती और चीनी लेखकों के अनुसार साकेत और पाटलिपुत्र के राजाओं के साथ उसका युद्ध हुआ। मगध अभियान के बाद वह वहाँ से दो चीजें ले गया था—वैशाली से बुद्ध का भिक्षापात्र और पाटलिपुत्र से अश्वघोष नामक बौद्ध विद्वान।

मौर्य साम्राज्य के विघटन के बाद कनिष्क ने एक विशाल साम्राज्य का निर्माण किया। उसके समय में रेशम-मार्ग की तीनों मुख्य शाखाओं पर कुषाण साम्राज्य का अधिकार था। कनिष्क एक प्रबल योद्धा था, जिसने अपने साम्राज्य की सीमा

पार्थिया से पाटलिपुत्र तक फैला ली थी। उसके समय में उत्तर-पश्चिमी भारत के नगर महत्त्वपूर्ण व्यापारिक केन्द्र बन गए थे, इसलिए पाटलिपुत्र का महत्त्व कुछ घट गया था।

कनिष्क बौद्ध-धर्म का अनुयायी था। उसके समय तक आते-आते बौद्ध धर्म के 18 सम्प्रदाय अस्तित्व में आ चुके थे। कई सम्प्रदाय हो जाने के कारण बौद्ध भिक्षुओं के बीच मतभेद भी उभर रहे थे। बौद्ध दार्शनिक पार्श्व के परामर्श पर उसने चौथी बौद्ध धर्मसभा का आयोजन कश्मीर में किया। इसका उद्देश्य बौद्ध धर्म में व्याप्त मतभेदों को दूर करना था। आचार्य वसुमित्र ने चतुर्थ बौद्ध संगीति की अध्यक्षता की थी। इस संगीति में पाटलिपुत्र के प्रसिद्ध बौद्ध विद्वान अश्वघोष ने भी भाग लिया था।

चतुर्थ बौद्ध संगीति के दौरान बौद्ध धर्म हीनयान और महायान नामक दो शाखाओं में बँट गया। 'महायान' का शाब्दिक अर्थ है बड़ी गाड़ी और हीनयान का अर्थ है छोटी गाड़ी। महायानियों ने अपने मतवाद को श्रेष्ठ मानते हुए उसको 'महा' कहा जबकि परम्परागत बौद्ध मतानुयायियों को व्यंग्यपूर्वक 'हीन' कह दिया। लेकिन आगे चलकर उन दोनों मतों के लिए यही नाम प्रचलित हो गया। महायानियों से अपनी भिन्नता दिखाने के लिए हीनयानियों ने उस 'हीनयान' नाम को स्वीकार भी कर लिया। महायान शाखा में ज्ञानमार्ग के स्थान पर भक्तिमार्ग पर बल दिया गया था। यही कारण है कि महायान शाखा के उद्‌भव के बाद बुद्ध और बोधिसत्वों की मूर्तियाँ बनने लगीं और उनको भक्तिभाव से पूजा जाने लगा। इसी के कारण उस युग में गान्धार एवं मथुरा कला-शैलियों का विकास हुआ।

कनिष्क का काल शान्ति और समृद्धि का काल था। इस काल में साहित्य, कला और संस्कृति का विकास हुआ। कनिष्क का राज्यारोहण 78 ई. में हुआ था। उसके राज्यारोहण वर्ष से ही 'शक संवत्' का आरम्भ हुआ। शक संवत् को भारत का राष्ट्रीय संवत् स्वीकार किया गया है।

दूसरी सदी ई. से मथुरा के कुषाण राजाओं के शासन सम्बन्धी चिह्न मिलने बन्द हो जाते हैं। इसके बाद लगभग 200 साल का काल-खंड राजनैतिक दृष्टि से अन्धयुग कहा जाता रहा है। यद्यपि इसी समय 'मनुस्मृति' और 'कामसूत्र'-जैसे ग्रन्थों का संकलन हुआ और पहली बार सूर्य-सिद्धान्त का प्रतिपादन किया गया। कुषाणों के राज्याश्रय के परिणामस्वरूप महायान मत शीघ्र ही भारत के बाहर कई देशों में फैल गया। इस मत के आचार्यों ने पालि भाषा के स्थान पर संस्कृत में पुस्तकें लिखीं। अश्वघोष ने 'बुद्धचरित' एवं 'सौन्दरनन्द' नामक ग्रन्थों की रचना की। 'सौन्दरनन्द' संस्कृत भाषा का एक श्रेष्ठ काव्यग्रन्थ है।

उसमें ऐसे विलासमय जीवन का चित्रण है, जिसका परित्याग सभी भिक्षुओं के लिए अनिवार्य था।

अन्धयुग में पहुँचानेवाले कारक

कुषाण साम्राज्य के विघटन से लेकर गुप्त साम्राज्य के उद्‌भव तक के काल को भारत के राजनीतिक इतिहास का अन्धयुग कहा गया है। हर्यक से लेकर कण्व राजवंशों तक सुगठित मगध साम्राज्य को अन्धयुग में ले जानेवाले कारकों पर विचार करना आवश्यक है।

मगध साम्राज्य की एक विशेषता यह थी कि उसमें समस्त अधिकारों का केन्द्रीकरण हो गया था। अधिकांश भूमि राज्य के नियन्त्रण में थी। विधि, न्याय और धर्म भी राजकीय नियन्त्रण में चले गए थे। गाँवों का प्रशासन भी राज्यकर्मचारियों के हाथों में आ गया था। जलमार्ग से होनेवाले व्यापार के मुख्य साधन—जहाजों—पर भी राज्य का नियन्त्रण था। हाथी-घोड़े तक राज्य के नियन्त्रण में थे। काशीप्रसाद जायसवाल ने लिखा है कि "केवल अच्छी बातें ही राजा के हाथ में नहीं आई थीं, बल्कि बुरी बातों पर भी राज्य का अधिकार या शासन हो गया था। वेश्याएँ एक राजकीय विभाग के अधीन कर दी गई थीं, द्यूत-क्रीड़ा या तो सरकारी इमारतों में होती थी या उन इमारतों में होती थी जिनके लिए सरकार से अधिकार-पत्र या लाइसेंस मिलता था; और भोजनालय तथा मद्य की दुकानें भी राजकीय विभाग के अधीन हो गई थीं। खानों पर भी राज्य का पूरा-पूरा अधिकार हो गया था; बल्कि यदि हम उस समय की भाषा में कहें, तो वे 'एकमुख' कर दी गई थीं। अर्थात उनसे जो कुछ निकलता था, वह एक ही द्वार से बाहर निकलकर सर्वसाधारण तक पहुँचता था। इनमें से कुछ व्यवस्थाएँ तो लाभदायक थीं और कुछ हानिकारिणी थीं। इस प्रकार का केन्द्रीकरण हिन्दू जाति की प्रकृति के विरुद्ध था। बुद्ध ने अपना साम्राज्य अवश्य स्थापित किया था, परन्तु उस साम्राज्य में लागों का स्वराज्य था; और इसीलिए वह साम्राज्य फला-फूला था। इसके विपरीत मगध के साम्राज्य में देश की आत्मा मानों साम्राज्य सिंहासन के चारों ओर जकड़कर बाँध दी गई थी; इसलिए वह साम्राज्य सफल नहीं हुआ।"[3]

गुप्तकाल में मगध

गुप्तकाल (320-510 ई.) को भारतीय इतिहास का स्वर्णिम काल कहा गया है। इस काल में भारतीय संस्कृति के तीन पक्षों--साहित्य, कला और दर्शन का अभूतपूर्व विकास हुआ। 320 ई. में पाटलिपुत्र मानो 300 साल की गहरी नींद से जाग उठा।

सातवाहन वंश के शासन के समापन के बाद दक्कन में वाकाटक सबसे महत्त्वपूर्ण थे। वाकाटक राजवंश ने तीसरी शताब्दी ई. के अन्त से लेकर पाँचवीं शताब्दी ई. के अन्त तक शासन किया। वाकाटक वंश के संस्थापक का नाम विन्ध्यशक्ति था। वह विष्णुवृद्धि गोत्र का ब्राह्मण था। विन्ध्यशक्ति के बाद उसका पुत्र हारितिपुत्र प्रवरसेन प्रथम राजा बना। उसने अपनी पुत्री का विवाह भारशिव-नाग वंश के राजा भवनाग के साथ कर दिया। भवनाग एक शक्तिशाली राजा था। मध्यभारत के एक बड़े भूभाग पर उसका अधिकार था। उस समय वाकाटक राज्य बुन्देलखण्ड से लेकर हैदराबाद तक फैला हुआ था। आगे चलकर प्रवरसेन प्रथम का साम्राज्य दो भागों में बँट गया। उसके पुत्र गौतमीपुत्र के नेतृत्व में एक केन्द्र था नन्दिवर्धन (नागपुर) और उसके दूसरे पुत्र सर्वसेन के नेतृत्व में दूसरा केन्द्र था वत्सगुल्म (बरार)। नन्दिवर्धन केन्द्र के एक शासक रुद्रसेन द्वितीय ने गुप्तवंशीय सम्राट चन्द्रगुप्त द्वितीय विक्रमादित्य की पुत्री प्रभावती गुप्त से विवाह किया था। चौथी शताब्दी ई. के अन्त में रुद्रसेन द्वितीय का निधन होने के बाद प्रभावती गुप्त ने 13 वर्षों तक अपने अल्पवयस्क पुत्र की संरक्षिका के रूप में शासन किया।

वाकाटक-युग में मगध पर मुरुण्ड और लिच्छवि वंश के लोगों का नियन्त्रण था। वाकाटकों ने उन्हें पराजित करके कोट राजवंश की स्थापना की। कोट वाकाटकों के सामन्त थे।

275 ई. के आसपास प्रयाग और अवध में श्रीगुप्त नामक एक सामन्त की जागीर थी। श्रीगुप्त के पुत्र का नाम घटोत्कच गुप्त; और घटोत्कच गुप्त के पुत्र का नाम चन्द्रगुप्त था। गुप्तवंश में चन्द्रगुप्त नाम के दो प्रसिद्ध राजा हुए हैं। उन दोनों में अन्तर करने के उद्देश्य से इस वंश के पहले राजा को चन्द्रगुप्त प्रथम कहा गया है।

चन्द्रगुप्त प्रथम साधारण कुल में उत्पन्न होने के बावजूद बहुत ही महत्त्वाकांक्षी था। उसने लिच्छवी राजकुमारी कुमारदेवी से विवाह किया था। यद्यपि उस समय वैशाली का लिच्छवि वंश किसी बड़े राज्य का स्वामी नहीं था, तथापि वह एक प्रतिष्ठित क्षत्रिय-वंश तो था ही। चन्द्रगुप्त प्रथम ने लिच्छवियों की मदद से कोट राजा का वध करके मगध पर अधिकार कर लिया। चन्द्रगुप्त का यह कृत्य वाकाटक राजाओं के लिए खुली चुनौती थी।

वाकाटक सम्राट प्रवरसेन के प्रति स्वामिभक्ति दिखाते हुए मगध की मन्त्रिपरिषद ने मथुरा के यदुकुल की सहायता से पाटलिपुत्र में कोट राजवंश की पुनर्स्थापना कर दी। मगध चन्द्रगुप्त के हाथ से निकल गया। अब उसके अधीन अवध और तिरहुत (मिथिला) का इलाका ही शेष रह गया।

चन्द्रगुप्त प्रथम गुप्तवंश का संस्थापक था। उसने 320 ई. से लेकर 325 ई. तक शासन किया। शुरू में उसका राज्य मगध (बिहार) और कोसल (पूर्वी उत्तर प्रदेश) तक सीमित था। उसने सोने के सिक्के जारी किए, जिनमें एक ओर उसके साथ कुमारदेवी और दूसरी ओर सिंह पर सवार एक देवी का चित्र बना हुआ है; और चित्र के नीचे 'लिच्छवय:' शब्द अंकित है। इन्हें 'राजा-रानी प्रकार' के सिक्के कहा गया है। इसमें अग्रभाग पर राजा दाएँ हाथ से रानी को कुछ दे रहा है। राजा के बाएँ हाथ के नीचे उसका नाम 'चन्द्र' और रानी का नाम 'कुमारदेवीश्री' अंकित है। इससे दो संकेत मिलते हैं। एक तो यह कि गुप्त राजाओं को मगध के सिंहासन पर आरूढ़ करने में लिच्छवियों की भी भूमिका थी; और दूसरे यह कि सिंहवाहिनी दुर्गा लिच्छवियों की कुलदेवी रही होंगी। लिच्छवि राजकुमारी से विवाह के बाद चन्द्रगुप्त को वीर लिच्छवि जाति का सैन्य-बल तो सुलभ हुआ ही, उसकी सामाजिक प्रतिष्ठा और उसका राजनैतिक प्रभाव भी बढ़ गया। चन्द्रगुप्त प्रथम ने अपना राज्य प्रयागराज और साकेत (अयोध्या) सहित पूर्वी उत्तर प्रदेश और मगध तक फैला लिया। अपना विजय अभियान पूरा करके उसने 'महाराजाधिराज' की उपाधि धारण की।

चन्द्रगुप्त प्रथम के बाद उसका पुत्र समुद्रगुप्त राजा बना। अवध में रहकर उसने सामरिक तैयारी की। वाकाटक नरेश प्रवरसेन के निधन के तुरन्त बाद उसने वाकाटक राज्य पर आक्रमण कर दिया। मगध पर चढ़ाई करके उसने पाटलिपुत्र को घेर लिया। वाकाटकों के कई सामन्त पाटलिपुत्र को बचाने के लिए आगे बढ़े। परन्तु उन सबको कौशाम्बी के निकट रास्ते में ही रोककर पराजित कर दिया।[4] उधर उसके सैनिकों ने कोट राजा को हराकर पाटलिपुत्र पर अधिकार कर लिया।

समुद्रगुप्त (325-380 ई.) दिग्विजयी सम्राट था। उसके शासनकाल में मगध की शक्ति बहुत बढ़ गई। उसको एक आदर्श राजा माना गया है। वह चन्द्रगुप्त-प्रथम और लिच्छवी-कुमारी कुमारदेवी का पुत्र था। समुद्रगुप्त के दरबारी कवि हरिषेण ने संस्कृत भाषा में अपने आश्रयदाता के गुणों का बखान किया है। यह स्तुतिपरक लेख अशोक द्वारा लगवाए गए प्रयागराज-कोसम स्तम्भलेख पर खुदा हुआ है। यह स्तम्भलेख कौशाम्बी में स्थापित किया गया था, किन्तु मध्यकाल में इसको वहाँ से हटाकर प्रयागराज में त्रिवेणी-संगम के किनारे स्थापित कर दिया गया। प्रयागराज में स्थित होने के कारण इसको 'प्रयाग प्रशस्ति' कहते हैं। यह समुद्रगुप्त की सैन्य-विजय का घोषणा-पत्र है। इसमें वैसे राजाओं की एक तालिका दी गई है, जिनको समुद्रगुप्त ने हराया था। समुद्रगुप्त ने आर्यावर्त के नौ नाग राजाओं को बलपूर्वक नष्ट किया और सभी आटविक (वन-राज्य के आदिवासी) राजाओं

को अपना सेवक बनाया था। देवपुत्र शाहि-शाहानुशाहि (यानी कुषाण), शक-मुरुण्ड और सिंहल द्वीप के राजा ने समुद्रगुप्त को उपहार दिए थे। वैसे यह स्पष्ट नहीं है कि शक-मुरुण्ड, कुषाण और श्रीलंका के शासक उसके अधीन थे। 'प्रयाग प्रशस्ति' में विजित राजाओं की सूची से अनुमान किया जा सकता है कि भारतीय उपमहाद्वीप के विस्तृत भूभाग पर समुद्रगुप्त का अधिकार था।[5]

राज्यकाल के आरम्भिक वर्षों में उसने कई विद्रोहों का दमन किया। प्रयागराज से बंगाल की सीमा तक फैले अपने राज्य में शान्ति स्थापित करने के बाद साम्राज्य-विस्तार के लिए उसने कई युद्ध किए। दक्षिण भारत में पल्लवों की राजधानी कांचीपुरम तक आक्रमण करके उसने कई राजाओं को परास्त किया। उत्तर भारतीय राजाओं के राज्य तो अपने साम्राज्य में मिला लिए, किन्तु दक्षिण भारतीय राजाओं से नज़राना लेकर उनके राज्य वापस कर दिए। समुद्रगुप्त की अनुमति प्राप्त करने के बाद सिंहल द्वीप के राजा मेघवर्मन ने बोधगया में बौद्ध यात्रियों के लिए एक सराय बनवाया था।

'प्रयाग प्रशस्ति' में पुष्पपुर (पाटलिपुत्र) नगर का भी उल्लेख किया गया है। 'प्रशस्ति' से पता चलता है कि समुद्रगुप्त एक महान योद्धा होने के साथ ही कवि और संगीतकार भी था। सोने के एक गुप्तकालीन सिक्के पर समुद्रगुप्त को वीणा बजाते हुए दिखाया गया है। यह उसके संगीत-प्रेमी होने का प्रमाण है। वह विद्या का संरक्षक और भगवान विष्णु का भक्त था। उसने अश्वमेध की परम्परा को पुनर्जीवित किया। इस अवसर पर उसने सोने का एक विशेष सिक्का भी जारी किया था। अश्वमेध यज्ञ करने के बाद ही उसने अपने विजय अभियानों की शुरुआत की थी।

विशाखदत्त के 'देवीचन्द्रगुप्तम्' नामक संस्कृत नाटक से ज्ञात होता है कि समुद्रगुप्त के बाद रामगुप्त सिंहासन पर बैठा। उसको शकों ने हरा दिया। उसको अभयदान देने के लिए शकों ने एक अशोभनीय प्रस्ताव रखा। मगध की महारानी ध्रुवस्वामिनी बहुत सुन्दर थीं। शकराज ने यह सन्देश भेजा कि यदि राजा रामगुप्त महारानी ध्रुवस्वामिनी को सौंप दें, तो वे उन्हें अभयदान देने को तैयार हैं। रामगुप्त कायर था। अपने प्राण और राज्य की रक्षा के लिए वह अपनी रानी को शकराज को सौंपने को तैयार भी हो गया। परन्तु उसके छोटे भाई चन्द्र ने विरोध किया। चन्द्र रानी के वेष में शकों के शिविर में पहुँचा और शक राजा को मार डाला।

रामगुप्त और चन्द्र में गहरे मतभेद हुए और अन्ततः रामगुप्त का वध करके चन्द्र ने सिंहासन पर अधिकार कर लिया। चन्द्र ने अपने पराक्रम द्वारा अपनी भाभी के मान-मर्यादा की रक्षा की थी, इसलिए ध्रुवस्वामिनी ने अपने देवर को अपने पति

के रूप में स्वीकार कर लिया। चन्द्र ने ध्रुवस्वामिनी से विवाह कर लिया। भिलसा से प्राप्त रामगुप्त के सिक्कों से इस बात की पुष्टि होती है कि ध्रुवदेवी (ध्रुवस्वामिनी) चन्द्रगुप्त की पत्नी थी। समुद्रगुप्त का 'चन्द्र' नामक यह पुत्र चन्द्रगुप्त द्वितीय विक्रमादित्य के नाम से प्रसिद्ध है।

चन्द्रगुप्त द्वितीय विक्रमादित्य (380-415 ई.) ने अपने पिता की विस्तारवादी नीति को जारी रखा। उसने एक नाग-कुमारी कुबेरनागा से विवाह किया था। कुबेरनागा और चन्द्रगुप्त द्वितीय की पुत्री प्रभावती गुप्त का विवाह दक्षिण के वाकाटक राजा रुद्रसेन द्वितीय से हुआ था।

प्रभावती गुप्त के पूना ताम्रपत्र अभिलेख से इस बात की पुष्टि हुई कि वाकाटक नरेश रुद्रसेन द्वितीय की राजमहिषी प्रभावती गुप्त कुबेरनागा से उत्पन्न गुप्त सम्राट चन्द्रगुप्त द्वितीय की पुत्री है। इस अभिलेख में वाकाटकों के स्थान पर रानी प्रभावती ने अपने पितृकुल की वंशावली दी है। उसको अपने पितृकुल का विशेष अभिमान था। इस ताम्रलेख में महाराज श्रीगुप्त का उल्लेख नहीं है, जिनको इस वंश का संस्थापक माना जाता है। इसमें गुप्त वंशावली घटोत्कच से आरम्भ होती है। फिर इसमें चन्द्रगुप्त, समुद्रगुप्त और चन्द्रगुप्त द्वितीय के नाम दिए गए हैं। इसमें चन्द्रगुप्त प्रथम की उपाधि 'महाराजाधिराज' के स्थान पर 'महाराज' का उल्लेख किया गया है। अन्यत्र समुद्रगुप्त के लिए प्रयुक्त विशेषणों--'पृथ्वी पर अप्रतिम', 'सब राजाओं का उच्छेद करनेवाला', 'जिसके यश ने चारों समुद्रों के जल का आस्वाद किया है', करोड़ों गाय और हिरण्य (स्वर्ण) दान करनेवाला'--का प्रयोग चन्द्रगुप्त द्वितीय के लिए किया गया है। इसमें प्रभावती स्वयं को 'धारण गोत्र' का बताती है। इस अभिलेख से यह भी पता चलता है कि प्रभावती गुप्त ने अपने अल्पवयस्क पुत्र दिवाकरसेन की संरक्षिका के रूप में शासन किया था। इससे पता चलता है कि वाकाटकवंशीय राजा शैव मतानुयायी थे, किन्तु प्रभावती अपनी पैतृक परम्परा के अनुसार वैष्णव थी। वह रामगिरि (वर्तमान रामटेक) पर प्रतिष्ठित भगवान राम की चरणपादुकाओं की भक्त थी। इसलिए उसने सुप्रतिष्ठ आहार स्थित दंगुण ग्राम आचार्य चनालस्वामी को अग्रहार के रूप में दान दिया था।

388 ई. से 409 ई. के बीच चन्द्रगुप्त द्वितीय ने उज्जैन सहित पूरे मालवा और सौराष्ट्र सहित पूरे गुजरात पर अधिकार कर लिया। उसके राज्यकाल में पाटलिपुत्र के साथ ही उज्जयिनी नगर का भी विकास हुआ। चन्द्रगुप्त विक्रमादित्य के उदयगिरि गुहालेख में उसके सान्धिविग्रहिक कौत्सगोत्री शाम्ब वीरसेन को पाटलिपुत्रक (पाटलिपुत्र का निवासी) कहा गया है। इसमें कहा गया है कि सेनापति वीरसेन ने शकों (पश्चिमी क्षत्रपों) के अन्तिम राजा रुद्रसिंह तृतीय को पराजित

किया; और पश्चिमी क्षत्रपों के राज्य को गुप्त साम्राज्य में मिला लिया गया। इसके बाद ही गुप्तों की दूसरी राजधानी उज्जयिनी में स्थापित हुई। वीरसेन ने काठियावाड़ और मालवा में वैदिक धर्म का प्रसार भी किया।

शक शासकों की भारत में दो शाखाएँ थीं। तक्षशिला और मथुरा के शक 'उत्तरी क्षत्रप' कहलाते थे, जबकि नासिक और उज्जैन के शक 'पश्चिमी क्षत्रप' कहलाते थे।

चन्द्रगुप्त विक्रमादित्य की राजसभा में नवरत्न थे, जिनमें खगोलविद वराहमिहीर और महाकवि कालिदास शामिल थे। कालिदास भारत के महानतम नाटककार हैं। उन्होंने संस्कृत भाषा में 'अभिज्ञानशाकुन्तल', 'मेघदूत', 'कुमासम्भव', मालविकाग्निमित्र', 'विक्रमोर्वशीय' और रघुवंश' नामक ग्रन्थों की रचना की। 'रघुवंश' में प्रत्यक्षत: राम के पूर्वजों का चरित्र-चित्रण है, जबकि परोक्षत: गुप्तवंशीय राजाओं की विजयों का बखान है। 'कुमासम्भव' में प्रत्यक्षत: शिव-पार्वती के पुत्र स्कन्द के जन्म की कथा है, जबकि परोक्षत: इसमें गुप्त राजा स्कन्दगुप्त का वर्णन है।

मौर्यकाल के बाद एकाश्मक पाषाण-स्तम्भों के निर्माण की परम्परा समाप्त हो गई थी। गुप्तकाल में यह परम्परा कुछ अलग रूप में प्रकट हुई। चन्द्रगुप्त विक्रमादित्य के समय में दिल्ली के महरौली में एक लौह-स्तम्भ की स्थापना की गई। उस स्तम्भ की विशेषता यह है कि सदियों बाद भी न तो उसकी चमक फीकी पड़ी है; न ही उसमें जंग लगा है। यह प्राचीन भारतीय धातुकला का एक बेहतरीन नमूना है। सल्तनतकाल में इसी लौहस्तम्भ के पास सुल्तान कुतुबुद्दीन ऐबक ने कुतुब मीनार का निर्माण कराया था।

पाटलिपुत्र नगर गुणवन्तों और विद्यावन्तों को अपनी ओर आकर्षित करता रहा है। चन्द्रगुप्त विक्रमादित्य के काल में चीनी विद्वान फाहियान ने भारत की यात्रा की थी। वह पाटलिपुत्र भी आया था; और यहाँ लगभग तीन वर्ष रहकर उसने संस्कृत भाषा का अध्ययन किया था।

चन्द्रगुप्त विक्रमादित्य के बाद उसका पुत्र कुमारगुप्त प्रथम (415-455 ई.) राजा बना। वह महारानी ध्रुवस्वामिनी का पुत्र था। उसने 40 वर्षों तक सुख-शान्ति से शासन किया। वह भगवान कार्तिकेय का भक्त था। उसकी कुछ मुद्राओं पर मयूर अंकित हैं। नालन्दा महाविहार की स्थापना कुमारगुप्त प्रथम ने ही की थी। उसके समय में हूण नामक एक विदेशी जाति ने गुप्त साम्राज्य पर हमला किया।

हूण-आक्रमण का पहला झटका कुमारगुप्त प्रथम के समय लगा। लेकिन उसके उत्तराधिकारी स्कन्दगुप्त (458-478 ई.) के समय में हूण पंजाब और

उत्तर-प्रदेश से होते हुए सीधे पाटलिपुत्र तक आ पहुँचे। कुम्हरार के पास हुए उत्खनन से इस बात की पुष्टि होती है कि कुमारगुप्त प्रथम या स्कन्दगुप्त के समय में पाटलिपुत्र नगर तहस-नहस कर दिया गया था। परन्तु इस नगर पर हूणों का अधिकार बहुत दिनों तक नहीं रह सका। युवराज स्कन्दगुप्त ने सेना को सुसंगठित करके हूणों को खदेड़ दिया। हूण-सेना को खदेड़ने के क्रम में आगे बढ़ते हुए स्कन्दगुप्त का एक विजय-स्तम्भ उत्तर प्रदेश के गाजीपुर जिले की सैदपुर तहसील के भितरी नामक स्थान पर है। भितरी के पास हूण सेना परास्त कर दी गई; और इस प्रकार पतनोन्मुख गुप्त-साम्राज्य कुछ दिनों की मोहलत पा गया। उसमें ह्रास के लक्षण प्रकट हो गए थे और इसलिए वह बहुत दिनों तक नहीं चल सका।

छठी शताब्दी ई. में हूण राजा मिहिरकुल ने मगध पर आक्रमण किया। राजा भानुगुप्त बालादित्य (510 ई.) मिहिरकुल को भटकाकर गंगा के कछार में ले गया और वहाँ हूण-सेना पर अचानक टूट पड़ा। मिहिरकुल को बन्दी बनाकर बालादित्य के सामने पेश किया गया। अभिमानी मिहिरकुल ने राजा बालादित्य को देखकर मुँह फेर लिया। इस बात से रुष्ट होकर बालादित्य ने उसको मृत्युदण्ड देने की घोषणा की। परन्तु अपनी माता के कहने के बाद उसने हूण राजा को क्षमा कर दिया। हूण-विजय के उपलक्ष्य में बालादित्य ने नालन्दा जाकर वहाँ के महाविहार-परिसर में एक विशाल मन्दिर बनवाया।

गुप्तकाल में वैदिक धर्म को नई ऊर्जा मिली। गुप्त राजाओं ने ब्राह्मणों को उदारतापूर्वक दान दिए। इसके बदले में देवताओं से गुप्त राजाओं की तुलना करके ब्राह्मणों ने अपना फर्ज अदा किया। इस काल में भारतीय धर्म-साधना के क्षेत्र में तान्त्रिक प्रभाव की शुरुआत हुई। ब्राह्मण ही नहीं, बल्कि जैन और बौद्ध सम्प्रदायों में भी तान्त्रिक प्रभाव स्पष्ट होने लगा। बौद्ध धर्म का अन्तिम स्वरूप तो निश्चित रूप से तान्त्रिक ही था। गुप्तकाल में संस्कृत भाषा को भी प्रोत्साहन मिला। चौथी शताब्दी ई. के बाद से शासकीय लेख्यपत्रों में संस्कृत भाषा का ही प्रयोग होने लगा।

गुप्तकाल में पाटलिपुत्र नगर का तीन अभिलेखीय उल्लेख मिलता है—(1) समुद्रगुप्त की 'प्रयाग प्रशस्ति', (2) चन्द्रगुप्त द्वितीय विक्रमादित्य का उदयगिरि गुहालेख और (3) 407 ई. का गढ़वा अभिलेख (प्रयागराज जिला)।

गुप्तोत्तर-काल में मगध

गुप्तवंश के बाद मगध में मौखरीवंश का शासन शुरू हुआ। पहले मौखरी लोग गुप्तवंशीय राजाओं के सामन्त हुआ करते थे। उनकी सत्ता के शिथिल पड़ने के बाद मौखरियों ने अपने को स्वतन्त्र शासक घोषित कर दिया। नालन्दा में मौखरी राजा

ईशानवर्मन और सर्ववर्मन के कुछ सिक्के मिले हैं। मौखरी अवन्तिवर्मन के नालन्दा मुद्रालेख में संस्कृत भाषा में मौखरी राजाओं की वंशावली दी गई है। इस अभिलेख के अनुसार मौखरी वंश का संस्थापक हरिवर्मन था। उसके बाद उसका पुत्र आदित्यवर्मन सिंहासन पर बैठा। आदित्यवर्मन की रानी हर्षगुप्ता मगध के परवर्ती-गुप्त राजा हर्षगुप्त की बहन थी। इस विवाह के कारण कन्नौज के मौखरियों और मगध के परवर्ती-गुप्तों के बीच के सम्बन्ध कुछ समय के लिए सौहार्दपूर्ण हो गए थे। लेकिन कुछ समय बाद ही उनकी शत्रुता फिर उभर आई।

मगध क्षेत्र में परवर्ती-गुप्त राजाओं के कुछ अभिलेख भी मिले हैं। उनमें नवादा जिले के अपसड़ गाँव से प्राप्त पाषाण अभिलेख और भोजपुर जिले से प्राप्त देव-वरणार्क अभिलेख महत्त्वपूर्ण हैं। अपसड़ अभिलेख का लेखनकाल छठी सदी ई. है। इस अभिलेख में कुटिल लिपि में संस्कृत भाषा के कुल 30 श्लोक अंकित हैं। इसमें राजा आदित्यसेन द्वारा विष्णु मन्दिर के निर्माण, उसकी माता महादेवी श्रीमती द्वारा एक मठ के निर्माण और उसकी प्रिय रानी श्रीकोण देवी द्वारा एक सरोवर के निर्माण का उल्लेख किया गया है।[6]

देव-वरणार्क अभिलेख परवर्ती-गुप्त राजा जीवितगुप्त द्वितीय का है। इस अभिलेख में मौखरी वंशीय राजा सर्ववर्मन और अवन्तिवर्मन का उल्लेख है। अवन्तिवर्मन का पुत्र ग्रहवर्मन मौखरी वंश का अन्तिम राजा था। अवन्तिवर्मन के बाराबर पहाड़ीवाले गुहालेख में उसके पिता को 'सामन्त चूड़ामणि:' कहा गया है। पुरालिपिशास्त्र की दृष्टि से यह अभिलेख 555 ई. का माना जाता है। इस प्रकार, अवन्तिवर्मन के पिता का काल 500 ई. के आसपास का रहा होगा। उन दिनों मौखरी लोग गुप्त-सम्राट के सामन्त हुआ करते थे।

ह्वेनत्सांग भारत आने के बाद लगभग 642 ई. में राजा हर्षवर्द्धन से मिला था। ह्वेनत्सांग के यात्रा-विवरण के अनुसार उसकी इस भेंट के एक-दो साल पहले (640-41 ई. में) ही हर्ष ने मगध को भी अपने साम्राज्य में मिला लिया था। नालन्दा में हर्ष की मुहरें मिली हैं। इस बात से भी मगध पर हर्ष के आधिपत्य की पुष्टि होती है। ह्वेनत्सांग के अनुसार गौड़ राजा शशांक के समय में पूर्णवर्मा मगध का राजा था। वह लिखता है कि जब शशांक ने बोधिवृक्ष को काटकर गिराया, तब कुछ समय बाद पूर्णवर्मन ने बड़े प्रयत्न से उस पवित्र वृक्ष को पोष कर फिर से जीवित कर दिया। पूर्णवर्मन को ह्वेनत्सांग ने अशोक का अन्तिम वंशज कहा है। हर्षवर्द्धन ने पूर्णवर्मन या उसके किसी उत्तराधिकारी को पदच्युत करके मगध पर अधिकार कर लिया था। चीनी लेखों में हर्षवर्द्धन को 'मगधराज' कहा गया है। हर्ष ने अपने एक बन्धु माधवगुप्त को मगध के शासन का भार सौंपा था।

हर्षवर्द्धन ने जब अपनी राजधानी स्थाण्वीश्वर (थानेश्वर) से हटाकर कन्नौज को बनाया, तब वह भारत का सबसे महत्त्वपूर्ण नगर बन गया। कन्नौज के आगे पाटलिपुत्र की शोभा भी फीकी पड़ गई। हर्ष के समय पाटलिपुत्र का पुराना वैभव नष्ट हो चुका था। वह एक कस्बा भर रह गया था। वह संघर्ष का दौर था, इसलिए उस समय जयस्कन्धावारों ने चलती-फिरती राजधानियों का रूप धारण कर लिया था।

हर्ष के निधन के बाद भारत में राजनैतिक अस्थिरता का दौर शुरू हुआ। राजनैतिक वर्चस्व के लिए पाल, प्रतिहार और राष्ट्रकूट वंश के शासकों का आपस में टकराव हुआ। पाल और प्रतिहार शासक बनारस से लेकर मगध तक के क्षेत्र पर अधिकार जमाने के लिए लगातार लड़ते रहे।

पालवंशीय राजा और मगध

750 ई. में पाल वंश के अभ्युदय के साथ ही पाटलिपुत्र के वैभव की पुनर्स्थापना हुई। आठवीं सदी ई. में गौड़ का आशय पश्चिमी बंगाल से और बंग का आशय पूर्वी बंगाल से था। खलीमपुर ताम्रपट्टलेख के अनुसार बंग एवं गौड़ की जनता ने वप्यट के पुत्र गोपाल को अपना राजा चुना। शीघ्र ही गोपाल (राज्यकाल : 750-770 ई.) ने समुद्र तट से लेकर मगध तक के प्रदेश पर अधिकार कर लिया। गोपाल ने मगध, मिथिला और बंगाल को मिलाकर एक सुसंगठित राज्य की स्थापना की थी। नालन्दा के एक अभिलेख में गोपाल को 'परमभट्टारक महाराजाधिराज परमेश्वर' कहा गया है। इसके अतिरिक्त मुंगेर के एक ताम्रपत्रलेख में उसको अतिश्योक्तिपूर्ण ढंग से 'दुनिया का राजा' कहा गया है और उसकी तुलना पौराणिक राजा पृथु एवं सगर से की गई है।

पाल राज्य के संस्थापक गोपाल ने सत्तारूढ़ होने के बाद बंगाल का एकीकरण किया और फिर मगध को भी अपने राज्य में मिला लिया। 770 ई. में गोपाल का पुत्र धर्मपाल राजा बना। उसके राज्यकाल में पाल, प्रतिहार और राष्ट्रकूट राजाओं के बीच त्रिपक्षीय संघर्ष हुआ। धर्मपाल ने अवसर का लाभ उठाते हुए कन्नौज पर कब्जा कर लिया। परन्तु नागभट्ट द्वितीय के समय में प्रतिहारों की शक्ति का पुनरुत्थान हुआ। नागभट्ट ने मुंगेर के निकट हुए युद्ध में धर्मपाल को हरा दिया। बावजूद इसके बंगाल और अधिकांश बिहार पर पाल राजाओं का नियन्त्रण बना रहा।

धर्मपाल का पुत्र देवपाल 810 ई. में राजा बना। उसने प्राग्ज्योतिषपुर (असम), उड़ीसा और नेपाल के कुछ भाग पर अधिकार कर लिया। नौवीं सदी के मध्य में

सुलेमान नामक एक अरब व्यापारी भारत आया। उसके यात्रा-वृत्तान्त के अनुसार पाल सेना में दस से पन्द्रह हजार लोग कपड़ों की सफाई-धुलाई में लगे रहते थे। यह संख्या अतिश्योक्तिपूर्ण है, परन्तु इतना तय है कि पाल राजाओं के पास एक बड़ी सेना थी।

पाल शासक मगध क्षेत्र को बहुत महत्त्व देते थे। उनके कई महत्त्वपूर्ण राज्यादेश पाटलिपुत्र से ही प्रसारित हुए थे। लेकिन पाल राजाओं की कोई स्थायी राजधानी नहीं थी। वे अपनी राजधानी बदलते रहते थे। इसके कारण राज्य के विघटन की प्रवृत्ति को बढ़ावा मिला। पाटलिपुत्र (पटना), मुद्गिरि (मुंगेर), रामावती (मालदा जिले में आधुनिक गौड़ के पास), विलासपुर या हरधाम, साहसगण्ड, कांचनपुर और कपिलवासक का उल्लेख उनके स्कन्धावारों के रूप में हुआ है।[7] ये सभी स्कन्धावार[8] गंगा के किनारे स्थित थे। गंगा नदी पाल राज्य को एकता के सूत्र में बाँधने का एक बड़ा साधन थी।

मदनपाल अपने शासन के आठवें साल के बाद बंगाल से खदेड़ दिया गया। वह 1150 ई. तक पटना और मुंगेर जिलों के कुछ भाग पर अनिश्चित अधिकार जमाये रहने में सफल रहा। उसके शासनकाल में बंगाल बिहार से अलग हो गया।

पाल राज्य के विनाश के बाद जो संघर्ष हुआ उसमें सेन वंश सबसे आगे रहा। अपने अधिकार-पत्रों एवं अभिलेखों में उन्होंने अपने को 'ब्रह्मक्षत्रिय' कहा है। ब्रह्म-क्षत्रिय का अर्थ है कि क्षत्रिय के रूप में शासन करने वाले ब्राह्मण। आगे चलकर बंगाल में सेन-वंश का शासन स्थापित हुआ, जो पाल राजाओं के ही सामन्त रहे थे। सेन वंशीय राजाओं के दौर में पाल राजाओं का शासन आधुनिक पटना से मुंगेर जिले तक सीमित रह गया था। पाल लोग किसी प्रकार गया में बने रहे। गया से गोविन्दपाल नामक राजा का एक शिलालेख मिला है जो उसके शासनकाल के 14वें वर्ष में 1175 ई. में लिखा गया था। बारहवीं शताब्दी के अन्त में पालवंशीय शासन नालन्दा जिले के बिहारशरीफ तक सिमटकर रह गया। यानी बारहवीं सदी के अन्त में पाल राजवंश ने बिहार की सत्ता गँवा दी और वहाँ की बागडोर कन्नौज के गाहड़वाल राजवंश के हाथों में चली गई।

पाल राजाओं के बाद का दौर

अपने उत्कर्षकाल में गाहड़वाल राजपूतों का राज्य बिहार के मुंगेर से लेकर दिल्ली तक फैला हुआ था। गोविन्दचन्द्र इस वंश के सबसे प्रतापी राजा थे। उन्होंने बारहवीं सदी के पूर्वार्द्ध में शासन किया। उन्होंने कन्नौज के साथ ही वाराणसी को अपनी दूसरी राजधानी बनाया था। समकालीन फारसी किताबों में उनको हिन्दुस्तान

का एक महान राजा बताया गया है। दोआब क्षेत्र में गजनवी के हमलों का डटकर मुकाबला करने के कारण गोविन्दचन्द्र का नाम सम्मान के साथ लिया जाता है। उनके बाद उनका पुत्र जयचन्द्र राजा हुआ, जिसको अजमेर के चौहान राजाओं की उभरती शक्ति से संघर्ष करना पड़ा।

चौहान शुरू में गुजरात के राजाओं के अधीनस्थ थे। दसवीं सदी के अन्त में उन्होंने नदौल को अपनी राजधानी बनाया। चौहान वंश के एक प्रतापी राजा विग्रहराज ने चित्तौड़ पर अधिकार कर लिया और अजमेर (अजयमेरु) नामक एक नगर बसाकर उसको अपनी राजधानी बनाया। चौहानों ने भी गजनवी के हमलों का प्रबल विरोध किया। इस बीच विग्रहराज ने तोमर राजपूतों से ढिल्लिका (दिल्ली) को छीन लिया; और अपने अधीनस्थ के रूप में उन्हीं को शासन करने की अनुमति दे दी। विग्रहराज का संघर्ष मालवा के परमारों से भी हुआ।

परमार वंश में भोज सबसे प्रसिद्ध राजा हुए हैं; जबकि चौहान वंश में पृथ्वीराज चौहान (पृथ्वीराज तृतीय) सबसे प्रसिद्ध हैं। पृथ्वीराज ने कई राजपूत राज्यों को पराजित किया। परन्तु गुजरात के चालुक्य राजा के साथ हुए संघर्ष में वे विफल रहे। बाध्य होकर उन्होंने अपना रुख गंगा घाटी की ओर किया। सर्वप्रथम उन्होंने बुन्देलखण्ड की राजधानी महोबा पर आक्रमण किया। इसी युद्ध में महोबा के दो वीर आल्हा और ऊदल वीरगति को प्राप्त हुए। कन्नौज के राजा जयचन्द्र ने इस युद्ध में महोबा के चन्देल राजा की सहायता की। दिल्ली और पंजाब पर नियन्त्रण के लिए चौहानों के अभियान के दौरान भी गाहड़वालों के साथ उनका टकराव हुआ। इन सब कारणों से उपजी कटुता के कारण राजपूत कभी एक न हो सके। पश्चिमोत्तर दिशा से भारत में प्रवेश करनेवाले मुसलमान हमलावरों के लिए इस प्रकार की राजनैतिक परिस्थिति ने एक अनुकूल वातावरण प्रदान किया।

12वीं सदी के अन्त में खिलजी जनजाति का एक सैन्य-नायक इख्तियारुद्दीन मुहम्मद बख्तियार बनारस के पूरब के इलाकों का प्रशासक नियुक्त हुआ। इस दौर में मगध सहित पूरा बिहार एक प्रकार से अनाथ थे। इसका फायदा उठाते हुए वह कर्मनाशा नदी के पूर्व में स्थित मगध क्षेत्र में हमले करने लगा। गाहड़वालों के पतन के बाद उसको किसी संगठित प्रतिरोध का सामना नहीं करना पड़ा। मनेर में छापे मारकर बख्तियार ने नाम भी कमाया और दौलत भी। सैन्य-साधनों के विस्तार के बाद वह उद्दण्डपुर (बिहारशरीफ) जा पहुँचा। वहाँ एक मठ-संचालित महाविहार था, जिसके नाम पर आसपास के क्षेत्र का नाम बिहार पड़ गया था। बख्तियार ने उस नगर पर आक्रमण करने के लिए ऐबक की सहमति ली। उद्दण्डपुर के ओदन्तपुरी महाविहार की सुरक्षा के लिए केश मुड़ाये हुए कुछ शस्त्रधारी श्रमण

(बौद्ध भिक्षु) तैनात थे। बख्तियार ने मात्र 200 मुसलमान योद्धाओं की मदद से महाविहार की सुरक्षा में लगे सभी शस्त्रधारी श्रमणों की हत्या कर दी; और उस नगर पर अधिकार कर लिया। 15वीं सदी के तिब्बती इतिहासकार तारानाथ के अनुसार इसके कुछ समय के भीतर ही बख्तियार ने नालन्दा और विक्रमशिला के संघारामीय नगरों को भी जीत लिया और उद्दण्डपुर में एक किला बनवा दिया।

सन्दर्भ और टिप्पणी

1. ततः साकेतमाक्राम्य पंचाला माथुरास्तथा।
   यवना युद्धविक्रान्ता प्राप्स्यन्ति कुसुमध्वजं।।
   ततः पुष्पपुरे प्राप्ते कर्दमे प्रथिते हिते।
   आकुलाः विषयाः सर्वे भविष्यन्ति न संशयः।। (युगपुराण, 47-48)
2. इतिहास; अंक 2 (जनवरी-दिसम्बर 1993), में सुवीरा जायसवाल का लेख 'प्राचीन भारत में सामाजिक इतिहास के अध्ययन : प्रवृत्तियाँ और सम्भावनाएँ', पृ. 31
3. 'हिन्दू राज्यतन्त्र', द्वितीय खण्ड, पृ. 169; काशीप्रसाद जायसवाल; हिन्दी अनुवादक : रामचन्द्र वर्मा (विश्वविद्यालय प्रकाशन, वाराणसी) 2016 ई.।
4. उस समय साकेत से पाटलिपुत्र जाने के मार्ग में कौशाम्बी एक पड़ाव था।
5. समुद्रगुप्त की प्रयाग-प्रशस्ति के विषय में अधिक जानकारी के लिए देखें—कुमार निर्मलेन्दु की पुस्तक 'प्रयागराज और कुम्भ', पृ. 109-126; लोकभारती प्रकाशन, प्रयागराज; 2019 ई.।
6. राज्ञा खानितमद्भुतं सुपयसा पेपीयमानं जनै
   स्तस्यैव प्रियभार्यो नरपतेः श्रीकोण देव्या सरः ।। (अपसड़ अभिलेख)
7. इन स्थानों में से अन्तिम चार की वास्तविक स्थिति की पहचान अब तक नहीं हो पाई है।
8. स्कंधावार का अर्थ है शिविर। इसके लिए 'जयकंधावार' शब्द का प्रयोग भी किया जाता रहा है, जिसका अर्थ है : विजेता-शिविर। यह राजधानी का भी द्योतक है।

अध्याय 19

मगध में विद्या के विविध केन्द्र

ह्वेनत्सांग की मगध-यात्रा

ह्वेनत्सांग संस्कृत भाषा और बौद्धधर्म का विशिष्ट अध्ययन करने के लिए चीन से भारत आया था। उस समय पाटलिपुत्र नगर का पतन हो चुका था। मौर्य राजप्रासाद के उत्तर में गंगा नदी के किनारे एक छोटा-सा कस्बा आबाद था, जिसमें करीब एक हजार घर-परिवार थे।

ह्वेनत्सांग के वृत्तान्त के अनुसार बुद्ध ने जब मगध से विदा लेकर उत्तर की ओर कुशीनगर के लिए प्रस्थान किया, तब वे एक शिला पर खड़े हुए और (पाटलिग्राम में) दक्षिण की ओर मुड़कर अन्तिम बार मगध पर दृष्टि डाली। फिर आनन्द से कहा कि ''मैं अपने पदचिह्न इस शिला पर अंकित किए जा रहा हूँ। मेरे निर्वाण के सौ साल बाद राजा 'उ-याउ-वांग' यहाँ अपनी राजधानी बसाएगा और धर्म के त्रिरत्नों की रक्षा करेगा।'' ह्वेनत्सांग द्वारा उल्लिखित मगध के राजा का यह चीनी नाम भ्रमोत्पादक है। इतिहासकार ओल्डनबर्ग ने 'उ-याउ-वांग' का आशय देवानांप्रिय अशोक से लिया है। जबकि पौराणिक, बौद्ध एवं जैन स्रोतों के अनुसार पाटलिपुत्र में राजधानी का स्थानान्तरण अशोक के बहुत पहले अजातशत्रु के पुत्र उदयिन ने किया था।

ह्वेनत्सांग के अनुसार बुद्ध के पदचिह्न अंकित वह शिलाखण्ड पाटलिपुत्र के राजभवन के पास ही था। बुद्ध के पद-अंकित यह शिला एक विहार में रखी गई थी। विहार के उत्तर में स्थित एक स्तम्भलेख में यह लिखा था कि राजा अशोक ने तीन बार सम्पूर्ण जम्बूद्वीप को बौद्ध संघ को दान किया। उस बौद्ध विहार के पास ही अशोक द्वारा बनवाया गया एक स्तूप भी था। पाटलिपुत्र नगर के दक्षिण-पूर्व में अशोक द्वारा बनवाया गया कुक्कुटाराम संघाराम था। परन्तु ह्वेनत्सांग के आगमन के समय तक उस संघाराम के नींव की दीवारें ही शेष रह गई थीं।

ह्वेनत्सांग एक सप्ताह पाटलिपुत्र में रहे और वहाँ के प्रमुख स्थानों के दर्शन के बाद तिलाडक चले गए। तिलाडक पाटलिपुत्र के दक्षिण-पश्चिम में वहाँ से सात

योजन दूर था। वहाँ एक बड़ा संघाराम था जिसमें कई श्रमण रहते थे। तिलाडक के बाद वे गया पहुँचे।

ह्वेनत्सांग आठ दिनों तक बोधगया में रहे। वहाँ उन्होंने बोधिवृक्ष के दर्शन किए। बोधिवृक्ष के चारों ओर ईंटों की एक चहारदीवारी बनी हुई थी। मुख्य द्वार पूरब की ओर था, जिसके सामने निरंजना नदी बहती थी। दक्षिणी द्वार के सामने एक तालाब था जिसमें कमल के फूल खिले हुए थे। पश्चिम की ओर एक पहाड़ था। जबकि उत्तरी द्वार की ओर एक संघाराम था। बीच में वज्रासन था, जो सौ कदम के घेरे में स्थित था।

ह्वेनत्सांग के कथनानुसार ''यह वज्रासन विश्व के मध्य में स्थित है। इसका मूल पृथ्वी के मध्य में सोने के एक चक्र से ढँक गया है। सृष्टि के आरम्भ में इसकी रचना भद्रकल्प में होती है। यह ध्रुव के समान अटल और अनश्वर है। इसीलिए इसको वज्रासन कहा जाता है। सबका भार इसी पर है। यदि यह न होता तो पृथ्वी का स्थिर रह पाना सम्भव नहीं था। वज्रासन के अतिरिक्त संसार में ऐसा कोई स्थान नहीं है, जो वज्र समाधिस्थ को धारण कर सके।

इसी वज्रासन पर बैठकर बुद्ध को बोधिज्ञान प्राप्त हुआ। इसको बोधिमण्ड भी कहा जाता है। चूँकि संसार से धर्म का निरन्तर क्षय हो रहा है, इसलिए आज से दो सौ वर्ष बाद बोधिवृक्ष के पास आने पर लोगों को यह वज्रासन दिखाई नहीं पड़ेगा। वज्रासन के उत्तर और दक्षिण की ओर अवलोकितेश्वर बोधिसत्व की दो मूर्तियाँ हैं। जब ये मूर्तियाँ अन्तर्धान हो जाएँगी, तब बौद्ध धर्म संसार से उठ जाएगा।''[1]

बहरहाल, आठ दिन बोधगया में बिताने के बाद ह्वेनत्सांग (630 ई. में) नालन्दा पहुँचे।

नालन्दा

महावीर एवं बुद्ध के काल से ही नालन्दा की ऐतिहासिकता के प्रमाण मिलते हैं। बुद्ध के प्रिय शिष्य सारिपुत्र का जन्म एवं निर्वाण यहीं हुआ था। यह कला, संस्कृति एवं विद्या का एक प्रसिद्ध केन्द्र रहा है। बुद्धकाल में यह राजगृह का एक महत्त्वपूर्ण उपनगर था, जिसमें सैंकड़ों मकान थे। अशोक के समय में भी नालन्दा का महत्त्व यथावत था। तभी तो पाटलिपुत्र में आयोजित तीसरी बौद्ध महासभा के दौरान स्थविरवादियों से अलग हुए सर्वास्तिवादी और ग्यारह अन्य सम्प्रदायों के बौद्ध भिक्षु उस महासभा का बहिष्कार करके नालन्दा चले आए थे।[2] तिब्बती इतिहास-लेखक लामा तारानाथ ने उल्लेख किया है कि मगधराज पुष्यमित्र शुंग की एक महिला सम्बन्धी नालन्दा से पाटलिपुत्र गई थी; और पुष्यमित्र ने उससे भेंट

की थी। इस उल्लेख से स्पष्ट है कि शुंगों के समय में भी यह स्थान महत्त्वपूर्ण रहा होगा। फाहियान की भारत-यात्रा (405-411 ई.) के समय नालन्दा का महत्त्व कम हो गया होगा। इसीलिए उसने नालन्दा को विशेष वर्णन नहीं किया है। उसने 'नाल' नामक ग्राम का संक्षिप्त उल्लेख मात्र किया है। लेकिन सातवीं शताब्दी ई. में ह्वेनत्सांग की भारत-यात्रा (630-645 ई.) के समय नालन्दा अपने चरमोत्कर्ष पर था।

ह्वेनत्सांग ने नालन्दा के नामकरण के सम्बन्ध में प्रचलित दो धारणाओं का उल्लेख किया है। उसके अनुसार बोधिसत्त्व ने एक बार नालन्द नामक दानशील राजा के रूप में जन्म लिया था। वह गरीबों और अनाथों को बहुत दान-दक्षिणा देता था, इसीलिए उसका नाम नालन्द (न + अलम + दः = नालन्द) पड़ गया था। उस स्थान पर राजा नालन्द ने एक विहार बनवाया। नालन्द के विहार के कारण उस स्थान का नाम नालन्द पड़ गया। ह्वेनत्सांग के दूसरे मत के अनुसार बुद्ध के समय में उस गाँव में बने विहार के दक्षिण में आम का एक बगीचा था। उस बगीचे में स्थित दह (गहरे तालाब) में नालन्द नामक एक नाग रहता था। उसी नाग के नाम पर वह स्थान नालन्द कहलाया।[3]

प्रावारिकास्त्रवन नामक आम के उस बाग को 500 श्रेष्ठियों ने मिलकर दस करोड़ स्वर्ण मुद्राओं में खरीदा और बुद्ध को अर्पित कर दिया। इससे पता चलता है कि छठी शताब्दी ई. पू. में ही नालन्दा का अत्यधिक महत्त्व था। बुद्ध ने नालन्दा के उस आम्रवन में वर्षावास करके तीन माह तक धर्मोपदेश दिया था।

डॉ. हीरानन्द शास्त्री के मतानुसार नालन्दा के आसपास कई झीलें हैं, जिनसे 'नाल' निकाले जाते थे। संस्कृत में कमल की जड़ को नाल कहते हैं। चूँकि यह भूमि नाल देनेवाली है, इसीलिए इसको नालन्दा कहा गया होगा। ह्वेनत्सांग ने न + अलम + दः = नालन्द (लगातार दान) की जो व्युत्पत्ति दी है, वह केवल निदान-कथा है। किसी नाग-विशेष के नाम के आधार पर इसका नामकरण भी कल्पना ही प्रतीत होता है। नालन्दा का नाम 'आ'कारान्त है और इसको नालन्दा ही कहना चाहिए, न कि नालन्द। प्राचीन ग्रन्थों में, शिलालेखों एवं ताम्रपत्रों पर और प्राचीन मूर्तियों एवं मुद्राओं पर नालन्दा ही लिखा हुआ है।[4]

फाहियान के अनुसार बुद्ध के प्रिय शिष्य सारिपुत्र का जन्म 'नाल' नामक गाँव में हुआ था। इसी स्थान पर उनका परिनिर्वाण (देहान्त) भी हुआ था। लगता है कि फाहियान ने 'नालन्दा' को ही 'नाल' कहा है। ह्वेनत्सांग के अनुसार सारिपुत्र का जन्म कल्पिनाक में हुआ था, जो नालन्दा और इन्द्रशील गुफा के बीच में स्थित था। यह स्थान नालन्दा के दक्षिण-पूर्व में वहाँ से 4 मील दूर था। कहा जाता है कि

नालन्दा में ही प्रसिद्ध बौद्ध विद्वान मौद्गल्यायन (मोग्गलान/मौद्गलान) का जन्म हुआ था। जबकि ह्वेनत्सांग के अनुसार मोग्गलान का जन्म कुलिका में हुआ था, जो नालन्दा के दक्षिण-पश्चिम में करीब डेढ़ मील दूर था। अलेक्जेंडर कनिंघम ने कुलिका की पहचान वर्तमान जगदीशपुर गाँव से की है, जो नालन्दा महाविहार के ध्वंसावशेषों से दक्षिण-पश्चिम की ओर सवा मील की दूरी पर स्थित है। इस प्रकार, बुद्ध के दोनों अग्रश्रावकों (प्रधान शिष्यों) सारिपुत्र और मौद्गल्यायन का जन्म नालन्दा में ही हुआ था।

जब राजगृह में संजय परिव्राजक के 250 शिष्यों ने बौद्ध संघ में प्रवेश किया, तब उनमें कोलित और उपतिष्य भी थे; यही दोनों आगे चलकर क्रमशः मौद्गल्यायन और सारिपुत्र के नाम से प्रसिद्ध हुए।[5] ये दोनों बौद्ध विद्वान बुद्ध के परम-प्रिय शिष्य थे। सारिपुत्र और मौद्गल्यायन को बुद्ध अपना दायाँ और बायाँ हाथ मानते थे। ये दोनों जुड़वा भाई की तरह थे। सारिपुत्र (शारिपुत्र) को तो बौद्ध-संघ का 'धम्म-सेनापति' भी कहा जाता था।

कानपुर नगर के निकट गंगा नदी के दक्षिणी तट पर स्थित जाजमऊ से एक मौर्ययुगीन मृण्मण्डल (टेराकोटा डिस्क्स) प्राप्त हुआ है। इसके अग्रभाग में अशोककालीन प्रारम्भिक ब्राह्मी लिपि में 'उपतिशेव' शब्द उत्कीर्ण है। पालि ग्रन्थों में सारिपुत्र का जन्मस्थान 'उपतिस्सगाम' अर्थात् 'उपतिष्यग्राम' बताया गया है, जो राजगृह के निकट ब्राह्मणों का एक गाँव था। उपतिष्य (उपतिस्स) सारिपुत्र का व्यक्तिगत नाम था। उनके धर्मोपदेशों की सराहना भगवान बुद्ध ने स्वयं कई स्थलों पर की है। बौद्ध साहित्य में सारिपुत्र के दशोत्तर धर्म, सम्पसादनिय उपदेश तथा सडगीति-पर्याय (एकता का ढंग) उपदेश का महत्त्वपूर्ण उल्लेख मिलता है। स्वयं सम्राट अशोक ने अपने द्वितीय वैराट लघु शिलालेख में विनयसमुकस, अलियवसाणि, अनागतभयानि, मुनिगाथा, मौनेयसूते आदि धर्मग्रन्थों के साथ 'उपतिसपसिने' नामक धर्मग्रन्थ का उल्लेख किया है और भिक्षु-भिक्षुणियों से उसके पालन की अपेक्षा की है। स्वयं बुद्ध द्वारा उपतिस्स का साधुवाद किए जाने से स्पष्ट है कि वह कितना बड़ा विद्वान और धर्मोपदेशक था।

जाजमऊ मृण्मण्डल को तिथिक्रम की दृष्टि से 300-200 ई. पू. के मध्य रखा गया है। इस अवधि में उपतिस्स अर्थात् सारिपुत्र की लोकप्रियता का अनुमान हमें साँची के स्तूप संख्या 3 से प्राप्त उनके अवशेष एवं नामोल्लेख, सम्राट अशोक द्वारा नालन्दा स्थित उनके चैत्य को भेंट तथा श्रावस्ती स्थित जेतवन विहार की स्थापना में सुदस्स को सहयोग प्रदान करने विषयक तथ्यों से होता है। इस क्रम में जाजमऊ का यह मृण्मण्डल सारिपुत्र के व्यक्तिगत नाम का संज्ञान कराने के

साथ-साथ यह भी अवगत कराता है कि उन दिनों उनकी लोकप्रियता राजकीय स्तर के साथ ही लोककला तक में व्याप्त थी।[6]

जब सारिपुत्र को पता चला कि बुद्ध का महापरिनिर्वाण होने वाला है, तब वे बेचैन हो गए। उन्होंने बुद्धदेव से निवेदन किया कि, ''इस अप्रिय घटना को अपनी आँखों से नहीं देखना चाहता हूँ, इसलिए मुझे अपना शरीर त्यागने (परिनिर्वाण) की अनुमति दें।'' सारिपुत्र ने बुद्ध से यह बात तीन बार कही। अन्ततः बुद्ध ने अनुमति दे दी। उसके बाद सारिपुत्र ने बुद्धदेव की सौ बार परिक्रमा की और तीन बार उनके चरण कमल पर अपना मस्तक नवाकर परिनिर्वाण के लिए राजगृह की ओर चल पड़े। रास्ते में नालन्दा के पास ही उनका परिनिर्वाण हो गया। फाहियान ने नालन्दा के एक स्तूप का उल्लेख किया है, जो सारिपुत्र के निर्वाण-स्थल पर बना हुआ था।

पाँचवी सदी ई. में अपनी भारत यात्रा के दौरान फाहियान सारिपुत्र के परिनिर्वाण-स्थल पर गया भी था। उसके यात्रा-विवरण के अनुसार, नाल या नालन्दा नामक ग्राम गिरियक या इन्द्रशिला पर्वत से दक्षिण-पश्चिम में एक योजन दूर स्थित था। जबकि ह्वेनत्सांग के अनुसार नालन्दा बोधिवृक्ष से सात योजन दूर स्थित था। श्रीलंका के पालि ग्रन्थों में बोधगया और नालन्दा की दूरी एक योजन बताई गई है। इस प्रकार प्राचीन नालन्दा के निर्धारण में काफी भ्रम की स्थिति पैदा हो गई थी। 1870 से 1885 ई. तक 'भारतीय पुरातत्त्व सर्वेक्षण' के महानिदेशक रहे अलेक्जेंडर कनिंघम ने कई प्राचीन नगरों की पहचान आधुनिक स्थानों से की है। उन्होंने बहुत खोजबीन करके सिद्ध किया कि प्राचीन नालन्दा वर्तमान बड़गाँव के पास स्थित था। खुदाई में यहीं नालन्दा के खँडहर मिले हैं।

बड़गाँव (नालन्दा) में ही वर्द्धमान महावीर के मुख्य गणधर गौतम का जन्म हुआ था। इस गाँव में श्वेताम्बर और दिगम्बर-दोनों सम्प्रदायों के जैन मन्दिर हैं। जैन मतावलम्बी लोग चिरकाल से इस गाँव में आते रहे हैं। महावीर का एक प्रिय शिष्य दीर्घतपस्वी भी नालन्दा का निवासी था। नालन्दा के पास लोणकार नामक ग्राम का गृहपति उपालि जैनधर्म का प्रबल अनुयायी था। नालन्दा ग्राम का मुखिया असिकबन्धकपुत्र जैन धर्मानुयायी था। 'बुद्धचर्या' नामक ग्रन्थ के अनुसार बुद्ध जब पहली बार नालन्दा पहुँचे थे, तब असिकबन्धकपुत्र ने उनसे काफी तर्क-वितर्क किया था।

बुद्ध को नालन्दा बहुत प्रिय था। सम्राट अशोक ने यहाँ एक बौद्ध विहार बनवाया था। बौद्धमत के वज्रयान सम्प्रदाय का उदय नालन्दा में ही हुआ था। कुषाण-काल में नागार्जुन नालन्दा के एक प्रसिद्ध रसायनविद् थे। पाँचवीं सदी ई. के मध्य में बौद्ध विद्वान दिङ्नाग नालन्दा आए। यहाँ के प्रसिद्ध ब्राह्मण विद्वान

सुदुर्गम के साथ हुए शास्त्रार्थ में दिङ्नाग ने उनको पराजित किया। इसके बाद इस क्षेत्र में बौद्ध मत की धाक जम गई।

पूर्णवर्मन का नालन्दा अभिलेख

चौदह पंक्तियों में उत्कीर्ण राजा पूर्णवर्मन का अभिलेख एक प्रशस्ति है, जो नालन्दा के सराय टीले की खुदाई के दौरान प्राप्त हुआ था। इसकी भाषा संस्कृत तथा लिपि ब्राह्मी है। इसकी तिथि सातवीं शताब्दी ई. निर्धारित की गई है।

इस अभिलेख में पूर्णवर्मन को 'कीर्तिकारिन' कहकर सम्बोधित किया गया है। उसने नालन्दा में बुद्ध की अष्टधातु से बनी 24.38 मीटर ऊँची प्रतिमा स्थापित करवाई थी। इस अभिलेख में राजा भाशिव, उनके पुत्र राहुल और अनुज नरपति का परिचय भी है। इस प्रशस्ति के रचनाकार सन्धि-विग्राहक मन्त्री दुर्गादत्त थे। इसको वामन के पुत्र माधव ने उत्कीर्ण किया था।

इस अभिलेख के मिलने से ह्वेनत्सांग के उस कथन की पुष्टि होती है जिसमें कहा गया है कि नालन्दा के परकोटे से बाहर शीलादित्य (हर्षवर्धन) द्वारा निर्मित विहार से करीब 61 मीटर दूर उसने पूर्णवर्मन द्वारा स्थापित बुद्ध की विशालकाय प्रतिमा को देखा था।

'नालन्दा महाविहार' की खोज का संक्षिप्त इतिहास

सबसे पहले 1812 ई. में नालन्दा के महत्त्व और उसके पुरावशेषों की ओर एच. एफ. बुकानन का ध्यान गया। उन्होंने कुण्डलपुर के भग्नावशेष के रूप में उसका वर्णन किया। जैन परम्परा में इस स्थान को कुण्डलपुर कहा जाता है; और कुछ लोग भूलवश इसी को वर्द्धमान महावीर का जन्मस्थान बताते थे। वैसे अब यह प्रमाणित हो चुका है कि महावीर का जन्म वैशाली के कुण्डलपुर में हुआ था।

1847 ई. में एम. किट्टोए ने बिहार के नालन्दा जिलान्तर्गत बड़गाँव के पुरावशेषों के आधार पर प्राचीन नालन्दा के रूप में उसकी पहचान स्थापित करने का प्रयास किया। 1861-62 ई. में प्रसिद्ध पुरातत्त्ववेत्ता अलेक्जेंडर कनिंघम ने यह सुनिश्चित किया कि राजगीर से 7 मील उत्तर की ओर स्थित 'बड़गाँव' नामक गाँव ही प्राचीन नालन्दा है।[7] कनिंघम के उल्लेखों के आधार पर 1864 ई. में कैप्टन मार्शल ने नालन्दा में आरम्भिक उत्खनन कराया। फिर 1871 ई. में ए. एम. ब्रॉडले ने मन्दिर संख्या 12 सहित कुछ टीलों का प्रायोगिक उत्खनन शुरू किया। 1909 ई. में टी. ब्लोच ने यह लक्ष्य किया कि उत्तर से दक्षिण तक नालन्दा के टीलों का विस्तार लगभग 3000 फीट तक है। अन्ततः 1915 ई. में डी. बी. स्पूनर के नेतृत्व

में नालन्दा के टीलों के नियमित एवं योजनाबद्ध उत्खनन की शुरुआत हुई, जो 1937 ई. तक जारी रही।

विद्या का महान केन्द्र : नालन्दा महाविहार

"किसी भी राष्ट्र का आदर्श उसकी शिक्षण संस्थाओं में ही प्रतिबिम्बित होता है। इससे हमें राष्ट्रीय सभ्यता की आत्मा को पहचानने में सहायता मिलती है।"[8] भारतीय मान्यता के अनुसार विप्र आजीवन विद्यार्थी रहता है (यावज्जीवमधीते विप्र:) और जिसे ज्ञान की ज्योति उपलब्ध नहीं हो, वह अन्धा है। इन मान्यताओं के कारण भारत में प्राचीन काल से ही शिक्षा केन्द्रों को बहुत महत्त्व दिया गया। प्रागैतिहासिक काल में 1000 ई.पू. तक साहित्य और व्यवसाय सम्बन्धी सभी प्रकार की शिक्षा की व्यवस्था परिवार में ही थी। बाद में पण्डितों ने अपने-अपने गुरुकुल स्थापित कर लिए। ईसा की आरम्भिक शताब्दियों तक यही व्यवस्था रही। इसी के आसपास बौद्ध-विहारों में सार्वजनिक शिक्षण-संस्थाओं का जन्म हुआ। बौद्धों का अनुकरण करते हुए बाद में हिन्दुओं ने भी अपने मन्दिरों में पाठशालाएँ स्थापित कीं।

प्राचीनकाल में वाल्मीकि, कण्व, सान्दीपनी आदि के आश्रम (गुरुकुल) निर्जन वनों में थे, परन्तु अधिकांश गुरुकुल गाँवों या नगरों के पास ही किसी एकान्त उपवन में स्थित होते थे। नालन्दा, विक्रमशिला, उदन्तपुरी और वज्रासन के बौद्ध महाविहार उक्त दोनों प्रकार के शिक्षा केन्द्रों से अलग थे। ये चारों महाविहार अपने आप में एक छोटे नगर की भाँति थे, जहाँ हजारों विद्यार्थियों के पठन-पाठन के साथ ही उनके नि:शुल्क भोजन और आवास की भी व्यवस्था थी।

गौतम बुद्ध प्राय: चलते-फिरते ही सैंकड़ों भिक्षुओं को उपदेश दिया करते थे। बाद में बुद्ध ने उपासकों की विधिवत शिक्षा पर बल दिया था। दस साल अध्ययन करने के बाद उपासकों को प्रवज्या दी जाती थी। इस दौरान उन्हें आध्यात्मिक अभ्यासों के साथ ही धार्मिक ग्रन्थों का अध्ययन भी कराया जाता था। शुरू में विहारों में भिक्षुओं-भिक्षुणियों को ही शिक्षा दी जाती थी लेकिन यह अनुभव किया गया कि यदि जनसामान्य के लिए भी यह शिक्षा सुलभ हो जाए तो संघ के लिए योग्य उपासकों की कमी नहीं रहेगी। परन्तु ऐसा करने के बाद विहारों में रहनेवाले युवा भिक्षुओं के लिए शिक्षा का विधिवत प्रबन्ध करना जरूरी हो गया। इसी आवश्यकता की पूर्ति के लिए आगे चलकर बौद्ध महाविहारों की स्थापना हुई और फिर उनको विश्वविद्यालय का रूप दिया गया।

बिहार में चार प्रमुख बौद्ध महाविहार थे—वज्रासन (बोधगया), नालन्दा, उदन्तपुरी और विक्रमशिला। विक्रमशिला महाविहार अंग क्षेत्र में स्थित था, शेष

सभी मगध क्षेत्र में थे। ये महाविहार दुनिया के सबसे पुराने विश्वविद्यालयों में से एक थे। हर्षवर्द्धन के काल तक बौद्ध धर्म पूरे एशिया में फैल गया था। उस समय नालन्दा भारतीय ज्ञान-विज्ञान का सर्वश्रेष्ठ केन्द्र तो था ही, उसको अन्तरराष्ट्रीय ख्याति भी प्राप्त हो चुकी थी।

विख्यात शिक्षा-संस्थान एवं महाविहार के रूप में इसकी पहचान पाँचवी शताब्दी ई. में स्थापित हुई। उस समय चीन सहित कई देशों से बौद्ध भिक्षु ज्ञानार्जन के लिए यहाँ आते थे। चीनी यात्रियों ह्वेनत्सांग एवं इत्सिंग ने अपने यात्रा-वृत्तान्त में नालन्दा के महाविहारों, मन्दिरों तथा भिक्षुओं की जीवनचर्या आदि का विशद वर्णन किया है।

प्राचीन युग के महानतम विश्वविद्यालय के रूप में प्रतिष्ठित नालन्दा महाविहार की स्थापना गुप्त सम्राट कुमारगुप्त प्रथम (415-455 ई.) ने की थी। फाहियान ने 410 ई. में नालन्दा का भ्रमण किया था। लेकिन विद्याकेन्द्र के रूप में इसकी चर्चा उसने नहीं की है। इससे स्पष्ट है कि एक शिक्षा केन्द्र के रूप में नालन्दा का उदय गुप्तकाल में पाँचवीं सदी ई. के मध्य में हुआ। 450 ई. के बाद ही यहाँ मठों और विहारों की स्थापना हुई। सबसे पहले कुमारगुप्त प्रथम ने नालन्दा के बौद्ध महाविहार के निर्माण के लिए दान दिया था। अतः कुमारगुप्त प्रथम को नालन्दा महाविहार का संस्थापक माना गया है। बाद में बुधगुप्त, तथागत गुप्त, नरसिंहगुप्त बालादित्य आदि गुप्तवंशीय राजाओं ने नालन्दा महाविहार के विकास में महत्त्वपूर्ण योगदान किया। नालन्दा महाविहार (450 ई.) की स्थापना के बाद ही भारत में संगठित शिक्षण-संस्थान स्थापित हुए थे। वैसे तक्षशिला नालन्दा से भी पुराना शिक्षा-केन्द्र था।

ह्वेनत्सांग के अनुसार बुद्ध के निर्वाण के बहुत समय बाद मगध में शक्रादित्य नामक एक राजा हुए। (ह्वेनसांग ने सम्भवतः कुमारगुप्त प्रथम को ही शक्रादित्य कहा है।) उसने नालन्दा में एक संघाराम बनवाया, जिसके मध्य में एक विहार था। यह विहार उस समय तक सुरक्षित था और उसमें प्रतिदिन 40 श्रमणों को भोजन मिलता था। शक्रादित्य की राजसभा में एक निर्ग्रन्थ नैमित्तिक (ज्योतिषी) था। उसने विचार (ज्योतिषीय गणना) करके राजा को बताया कि यह स्थान सर्वोत्तम है। यदि यहाँ संघाराम बनाया जाए तो यह एक विद्यापीठ का रूप लेगा, जिसमें दूर-दूर के विद्यार्थी आकर अध्ययन करेंगे। एक हजार साल तक यह स्थान विद्या का केन्द्र बना रहेगा।

शक्रादित्य के बाद उसका पुत्र बुद्धगुप्त मगध का राजा बना। उसने अपने पिता के संघाराम के दक्षिण में दूसरा संघाराम बनवाया। बुद्धगुप्त के बाद उसके

पुत्र तथागत गुप्त ने तीसरा संघाराम बनवाया, जो शक्रादित्य के संघाराम के पूरब में स्थित था। फिर बालादित्य मगध के राजा बने। उन्होंने उत्तर-पूर्व दिशा में चौथा संघाराम बनवाया। बालादित्य के पुत्र वज्रादित्य ने अपने पिता के विहार के पश्चिम और शक्रादित्य के विहार के उत्तर में पाँचवाँ विहार बनवाया। वज्रादित्य के बाद एक राजा ने दक्षिण दिशा में छठा विहार बनवाया। इन छह विहारों के बाहर एक मजबूत चहारदीवारी बना दी गई। विद्यापीठ चहारदीवारी के बीचोबीच में था। इसके किनारे-किनारे दीवार से लगी हुई आठ बड़ी-बड़ी कक्षाएँ थी। इस प्रकार, नालन्दा के विशाल शैक्षणिक प्रांगण में सात विहार और आठ प्रकोष्ठ थे। विद्यापीठ भवन में व्याख्यान के लिए सात बड़े और तीन सौ छोटे-छोटे कक्ष थे।

इस विहार का विशाल मठ ही लम्बे समय तक नालन्दा-संघ का मुख्य उपासना-गृह था। ग्यारहवीं शताब्दी ई. तक हिन्दू और बौद्ध राजाओं ने विहार-निर्माण की इस प्रक्रिया को बनाए रखा। सातवीं सदी ई. में हर्षवर्द्धन ने इस महाविहार को यथेष्ट आर्थिक सहायता दी थी। नालन्दा से प्राप्त एक शिलालेख के अनुसार विपुलश्री मित्र नामक एक बौद्ध भिक्षु ने वहाँ एक विहार का निर्माण करवाया, जो 'धरित्री का भूषणस्वरूप एवं इन्द्रपुरी वैजयन्ती से भी बढ़कर' था।

कन्नौज नरेश हर्षवर्द्धन (606-647 ई.) एवं पूर्वी भारत के पालवंशीय राजाओं के शासनकाल (8वीं-12वीं शताब्दी) में भी महाविहारों को राजाश्रय मिलता रहा। इस शिक्षा संस्थान का क्रमिक ह्रास परवर्ती पाल शासकों के समय से ही शुरू हो चुका था, और लगभग 1200 ई. में बख्तियार खिलजी के आक्रमण के परिणामस्वरूप नालन्दा महाविहार पूर्णतः ध्वस्त हो गया।

'भारतीय पुरातत्त्व सर्वेक्षण' विभाग द्वारा 1915 से 1937 ई. और फिर 1974 से 1982 ई. के मध्य कराए गए उत्खनन के दौरान नालन्दा में ईटों के बने छह मन्दिरों एवं ग्यारह विहारों की सुनियोजित शृंखला मिली, जिनका विस्तार एक वर्ग किलोमीटर से भी अधिक है। लगभग तीस मीटर चौड़े उत्तर-दक्षिण पथ के पश्चिम में मन्दिरों (चैत्यों) की और पूर्व में विहारों की एक शृंखला है। आकार एवं विन्यास में सभी विहार एक समान हैं। सबसे महत्त्वपूर्ण संरचना दक्षिणी छोर पर स्थित मन्दिर संख्या 3 है, जिसमें निर्माण के सात चरण दिखाई देते हैं। इसके निकट छोटे आकार के मनौती स्तूपों का एक विशाल समूह भी है। बौद्ध-परम्परा के अनुसार किसी विहार के गिर जाने के बाद उसके अवशेष को ढक दिया जाता था; और उसके बगल में दूसरा विहार बना दिया जाता था। इस कार्य को बौद्ध-परम्परा में 'परिछादन' कहा जाता था।

नालन्दा के विहार संख्या 06 में एक पूर्ववर्ती विहार के अवशेषों पर दूसरे विहार का निर्माण होने का प्रमाण मिलता है। दोनों कालों के प्रांगण अलग-अलग स्तर पर स्पष्ट देखे जा सकते हैं। उनके चारों ओर बरामदा तथा आवासीय कमरे बने हुए हैं। देवालय, कुआँ एवं पश्चिम में प्रवेश-द्वार से युक्त विहार में प्रत्येक स्तर पर 32 कक्ष हैं। निचले प्रांगण में दो देवालय हैं जबकि ऊपरी प्रांगण में एक देवालय है। दक्षिण-पश्चिम कोने पर बनी सीढ़ी से इसके कम से कम दो मंजिला होने का संकेत मिलता है। इसका विशेष आकर्षण ऊपरी प्रांगण में दोहरे चूल्हों का दो जोड़ा है, जो सामूहिक भोजन बनाने या प्रायोगिक अध्ययन के उद्देश्य से बनाया गया होगा।

नालन्दा के भग्नावशेषों से पता चलता है कि वहाँ के विहार प्राय: एक ही प्रकार के हैं। वे सब आयताकार (Rectangular) हैं। उनके अन्दर चारों ओर कोष्ठ बने हुए हैं और खुला हुआ बारामदा है। उत्खनन के दौरान महाविहारों एवं मन्दिरों के भग्नावशेषों के साथ-साथ पत्थर, काँसे आदि से बनी कई मूर्तियाँ और कलाकृतियाँ प्राप्त हुई हैं। उनमें विभिन्न मुद्राओं में बुद्ध, अवलोकितेश्वर, मंजुश्री, तारा, प्रज्ञापारमिता, जम्भल (बौद्धों के कुबेर) आदि बौद्ध-प्रतिमाएँ; और विष्णु, शिव-पार्वती, महिषासुर-मर्दिनी, गणेश, सूर्य इत्यादि हिन्दू-देव-प्रतिमाएँ प्रमुख हैं। यहाँ की खुदाई में मिले भित्तिचित्र, ताम्रपत्र, पत्थर एवं ईंट पर खुदे अभिलेख, मुद्राएँ, फलक, सिक्के, टेराकोटा, मृद्भाण्ड आदि भी उल्लेखनीय हैं। इन कलाकृतियों को 'भारतीय पुरातत्त्व सर्वेक्षण' द्वारा संचालित स्थानीय संग्रहालय में संरक्षित किया गया है।

हर्षवर्द्धन के शासनकाल (606-647 ई.) में ह्वेनत्सांग भारत आया था। उसके अनुसार नालन्दा के पास राजा शीलादित्य (हर्षवर्द्धन) ने सौ फीट ऊँचा एक विहार बनवाया था, जो बाहर से पीतल की चादरों से मण्डित था। तब तक नालन्दा में कई बौद्ध विहारों का निर्माण हो चुका था। यशोवर्मा के एक अभिलेख के अनुसार नालन्दा महाविहार के भवन गगनचुम्बी थे। इनमें कई जलाशय थे जिनमें सुन्दर कमल खिले रहते थे। यहाँ के सबसे बड़े विहार की लम्बाई 203 फीट और चौड़ाई 164 फीट थी। विद्यापीठ का परिसर लगभग एक मील लम्बा और आधा मील चौड़ा था। परिसर में पकी ईंटों से बने स्तूप, मठ आदि विद्यमान थे। उत्खनन के दौरान 13 मठों के अवशेष प्राप्त हुए हैं, जो दुमंजिले थे। प्रत्येक मठ के कोने में एक कुँआ बना हुआ था, ताकि पानी के लिए विद्यार्थियों को दूर नहीं जाना पड़े; और वे अपना ध्यान पूर्णत: अध्ययन पर ही केन्द्रित रखें।

ह्वेनत्सांग के नालन्दा महाविहार पहुँचने पर वहाँ के कुलपति एवं प्रधान आचार्य शीलभद्र ने उनका स्वागत किया था। ह्वेनत्सांग के जीवनीकार हुइ-लि के अनुसार बीस विद्वान श्रमण ह्वेनत्सांग को साथ लेकर महास्थविर शीलभद्र के पास गए। सभी ने महास्थविर का अभिवादन किया। ह्वेनत्सांग ने शीलभद्र को अपना परिचय देते हुए कहा कि वह चीन देश से आया है और उनकी सेवा में रहकर योगशास्त्र की शिक्षा लेना चाहता है। यह सुनकर शीलभद्र की आँखों में आँसू आ गए। उन्होंने आचार्य बुद्धभद्र को आवाज दी। सत्तर वर्षीय बुद्धभद्र शीलभद्र के भतीजे थे। वे शास्त्रों और सूत्रों के प्रकाण्ड विद्वान थे। महास्थविर ने बुद्धभद्र को अपने तीन वर्ष पहले के रोग की कथा सुनाने को कहा।

तब बुद्धभद्र ने दुखी स्वर में बताना शुरू किया कि "तीन वर्ष पहले महास्थविर को शूल का रोग हो गया। वैसे उन्हें यह रोग पिछले बीस साल से था लेकिन तीन साल पहले वह कष्टकारी हो गया। रोग इतना कष्टप्रद हो गया कि तीन साल पहले महास्थविर ने अनशनव्रत करके प्राण त्यागने का निश्चय कर लिया। उसी रात उन्होंने एक सपना देखा। सपने में एक हिरण्यवर्ण, दूसरे शुद्ध स्फटिक संकाश और तीसरे रजतवर्ण के दिव्य वस्त्र धारण किए तीन देवता आए। वे कहने लगे कि शरीर दुख भोगने के लिए ही मिलता है। देवताओं ने बताया कि पूर्वजन्म में तुम राजा थे। तुमने लोगों को बहुत कष्ट दिए थे। आज उसी का फल भोग रहे हो। उचित यह है कि तुम शुद्ध हृदय से अपने पूर्वजन्म के कर्मों का पश्चाताप करो, उसके परिणाम को शान्तिपूर्वक सहन करो और श्रमपूर्वक शास्त्रों का अध्ययन-अध्यापन करो। इससे तुम्हारे कष्ट दूर हो जाएँगे।

फिर हिरण्यवर्ण पुरुष ने शुद्ध स्फटिक संकाश पुरुष की ओर संकेत करते हुए कहा कि ये अवलोकितेश्वर बोधिसत्व हैं और रजतवर्ण पुरुष की ओर संकेत करके कहा कि ये मैत्रेय बोधिसत्व हैं। अपना परिचय देते हुए कहा कि मैं मंजुश्री बोधिसत्व हूँ। मंजुश्री ने कहा कि तुम धर्म का प्रचार करो। योग शास्त्र आदि ग्रन्थों की शिक्षा उन लोगों को दो, जिन्होंने उसका नाम भी न सुना हो। ऐसा करने से तुम कष्ट-मुक्त हो जाओगे। मंजुश्री ने यह भी कहा कि चीन देश से एक श्रमण धर्म की जिज्ञासा लेकर तुम्हारे पास आएगा। वह तुमसे ज्ञान प्राप्त करना चाहेगा, उसको मनोयोगपूर्वक ज्ञान देना।" इतना कहकर बोधिसत्व तो चले गए, किन्तु उसी समय से महास्थविर की पीड़ा समाप्त हो गई।

यह कथा सुनकर ह्वेनत्सांग शीलभद्र के चरणों में गिर पड़ा। उसने शीलभद्र से पूछा कि "आचार्य, क्या आप मुझे अपना अन्तेवासी बनाएँगे?" शीलभद्र ने स्वीकृति में सिर हिलाया। अचानक उन्होंने पूछा कि यह बताओ कि तुम्हें चीन से

चले कितना समय हुआ है? ह्वेनत्सांग ने कहा—'तीन वर्ष'। यह सुनकर आचार्य निश्चिन्त हुए क्योंकि उनको वह दिव्य स्वप्न तीन साल पहले ही आया था।

"उसके बाद ह्वेनत्सांग को राजा बालादित्य के प्रकोष्ठ[9] में आचार्य बुद्धभद्र के भवन की चौथी मंजिल पर ठहराया गया। सात दिन तक सत्कार करने के बाद धर्मपाल बोधिसत्व के भवन के उत्तर में स्थित एक अतिथिगृह में उनको जगह दी गई। दैनिक आवश्यकता की पूर्ति के लिए उनको प्रतिदिन 120 ताम्बूल (पान), 20 सुपारियाँ, 20 जायफल, एक औंस कर्पूर, घी और एक द्रोण (शाङ्) महाशालि चावल दिया जाता था। इस चावल के दाने काली मूँग की फल्ली से भी बड़े होते थे; और पकाने पर उससे सुगन्ध निकलती थी। यह चावल केवल मगध में ही पैदा होता था। चूँकि यह चावल केवल राजाओं एवं सदाचारी महापण्डित भिक्षुओं को ही दिया जाता था, इसलिए इसको 'महाशालि' कहा जाता था। वह प्रतिदिन इच्छानुसार घी-दूध का सेवन करने के लिए स्वतन्त्र थे। प्रकाश-व्यवस्था हेतु दीये जलाने के लिए प्रतिमाह उनको तीन घड़ा तेल दिया जाता था। महाविहार से बाहर जाने के लिए उन्हें एक सवारी हाथी मिला हुआ था। नालन्दा विद्यापीठ में कुल मिलाकर 10,000 आतिथेय एवं अतिथि भिक्षु थे। वहाँ ह्वेनत्सांग सहित मात्र दस व्यक्तियों को ही उक्त सुविधाएँ मिली हुई थीं।"

ह्वेनत्सांग के जीवनीकार हुइलि के अनुसार "एक के बाद एक छह राजाओं ने छह विहार बनवाए, फिर ईंटों का एक बाड़ा बनाया गया। इस प्रकार सभी भवनों को मिलाकर एक बड़ा विहार बन गया, जिसमें केवल एक प्रवेश-द्वार था। कई प्रकोष्ठ थे और वे आठ विभागों में बँटे हुए थे। उद्यानों में नीचे जल की धाराएँ बहती थीं, चन्दन के वृक्षों के बीच हरे कमल चमकते थे। बाड़े के बाहर एक आम्रकुंज था। अध्ययन करनेवाले भिक्षुओं के लिए विहार के पास ही आवास बने हुए थे। सभी प्रकोष्ठों में भिक्षुओं के आवासीय भवन चार मंजिले थे। छज्जों की कड़ियाँ इन्द्रधनुषी रंगों से रँगी थी। कड़ियों के अन्तिम छोरों पर पशुओं के सिरों की आकृतियाँ उकेरी गई थीं। स्तम्भों को लाल-हरा रंग दिया गया था। स्तम्भ एवं प्रवेश-द्वार सजे हुए थे। पत्थर के स्तम्भों पर पॉलिश की हुई थी। सबसे ऊपर खपड़ैल की छाजन थी।

भारत में हजारों विहार हैं, लेकिन नालन्दा की भव्यता बेजोड़ है। वहाँ 10,000 भिक्षु, आतिथेय एवं अतिथि, निवास करते हैं। ये भिक्षु महायान और हीनयान की अठारह शाखाओं के सिद्धान्तों का अध्ययन करते हैं। 18 बौद्धागमों के अलावा वेद एवं दूसरे पुराने लौकिक ग्रन्थों का भी अध्ययन करते हैं। वे व्याकरण, चिकित्साशास्त्र और गणितशास्त्र का भी अध्ययन करते हैं। विद्यापीठ में 1500

उपाध्याय थे। इनमें से 1000 उपाध्याय ऐसे थे जो 30-30 विविध आगमों का प्रतिपादन करने में समर्थ थे। 10 उपाध्याय ऐसे थे जो 50-50 विविध आगमों का प्रतिपादन करने में समर्थ थे। लेकिन प्रधान उपाध्याय शीलभद्र सभी विद्याओं के पारंगत थे।

नालन्दा बड़े-बड़े विनय सम्पन्न श्रमणों, अर्हतों और बोधिसत्वों का आश्रयस्थल रहा है। जब से यह विद्यापीठ है, यह बात कभी नहीं सुनी गई कि यहाँ के किसी विद्यार्थी या भिक्षु ने विनयपिटक के नियमों का उल्लंघन किया हो।

निर्वाह के लिए राजा (हर्षवर्द्धन) की ओर से उन्हें 100 गाँवों की योगबलि (मालगुजारी) मिली हुई थी, और प्रत्येक गाँव में 200 परिवार थे, जो उन्हें प्रतिदिन पर्याप्त चावल, घी और दूध लाकर देते थे। बिना भिक्षा माँगे ही विद्यार्थियों की चार आवश्यकताएँ (वस्त्र, भोजन, आवास एवं औषधि) पूरी हो जाती हैं। इसी अनुदान के कारण वे विद्या के क्षेत्र में आगे बढ़ पाये हैं।''

ह्वेनत्सांग के अनुसार वेधशालाएँ बहुत ऊँची थीं। उसके ऊपर ऐसे यन्त्र स्थापित थे, जिनसे वायु और वर्षा का ज्ञान होता था। उनसे सूर्य और चन्द्र ग्रहण का निरीक्षण किया जाता था।

जब विद्यार्थियों के नामांकन का समय आता था, तब दूर-दूर के छात्र विद्यापीठ में भर्ती होने के लिए आते थे। परन्तु इस महाविहार में प्रवेश पाना आसान नहीं था। प्रवेशार्थियों की योग्यता, धारणा (बुद्धि) और उनके चरित्र की परीक्षा के लिए योग्य आचार्यों की नियुक्ति की गई थी, जिनको 'द्वारपण्डित' कहा जाता था। प्रवेश पाने के इच्छुक विद्यार्थियों को सबसे पहले 'द्वारपण्डित' द्वारा पूछे जानेवाले कठिन प्रश्नों के उत्तर देने होते थे। अभ्यर्थियों के बुद्धि-विद्या की परीक्षा आर्ष-अनार्ष और प्राचीन-नवीन शास्त्रों के आधार पर होती थी। 20 से 30 प्रतिशत विद्यार्थी ही उस प्रवेश-परीक्षा में उत्तीर्ण हो पाते थे। नालन्दा विद्यापीठ की इस प्रवेश-प्रक्रिया को आधुनिक काल की प्रवेश परीक्षाओं का आदि-रूप कहा जा सकता है।

यहाँ के विद्यार्थियों को भोजन, वस्त्र एवं जीवनोपयोगी वस्तुएँ निःशुल्क दी जाती थीं। विद्यापीठ अपने कृषि क्षेत्र और गौशाला से खाद्य पदार्थ प्राप्त करता था। ह्वेनत्सांग के अनुसार नालन्दा महाविहार के विद्यार्थियों एवं आचार्यों का भरण-पोषण 100 गाँवों के राजस्व से होता था। ये 100 गाँव राजा हर्षवर्द्धन द्वारा महाविहार को भेंट किए गए थे।

ह्वेनत्सांग ने पाँच वर्षों (635-640 ई.) तक नालन्दा महाविहार में रहकर अध्ययन किया था। अध्ययन पूर्ण करने के बाद ह्वेनत्सांग को 'मोक्षाचार्य' की उपाधि दी गई थी। ह्वेनत्सांग ने वहाँ के अध्यापकों के साथ ही शैक्षिक वातावरण

की प्रशंसा की है। उस समय शीलभद्र विहाराधिपति और प्रधान आचार्य थे। गुणमति, स्थिरमति (400 ई.), धर्मपाल और चन्द्रपाल उनके पूर्ववर्ती आचार्य थे। प्रभामित्र, जिनमित्र और ज्ञानचन्द्र ह्वेनत्सांग के समय में नालन्दा के आचार्य थे। रवींद्रनाथ ठाकुर ने लिखा है कि "एक और बात स्मरणीय है--नालंदा में ह्वेनसांग का गुरु एक बंगाली था, उसका नाम था शीलभद्र। पहले यह बंगाल के किसी प्रदेश का राजा था, राज त्यागकर नालंदा जा पहुँचा था। नालंदा के अध्यापकों में केवल शीलभद्र ही ऐसा था जो सभी शास्त्रों और सूत्रों की पूर्ण व्याख्या कर सकता था।"[10] शीलभद्र के बाद धर्मकीर्ति को प्रधान आचार्य नियुक्त किया गया था। वहाँ के अन्य प्रसिद्ध आचार्य थे—-नागार्जुन, आर्यदेव, असंग, वसुबन्धु, शीघ्रबुद्ध, सुविष्णु, शान्तरक्षित और दिङ्नाग। इन सब ने देश के विभिन्न भागों से आकर विद्यापीठ में अध्यापन किया था। आर्यदेव और दिङ्नाग दक्षिण भारतीय थे, धर्मपाल भी कांची के निवासी थे, शीलभद्र समतट (बंगाल) के निवासी थे जबकि गुणमति एवं स्थिरमति वल्लभी के रहनेवाले थे। बौद्ध दार्शनिक नागार्जुन ने नालन्दा के विद्यापीठ में अध्ययन भी किया था और अध्यापन भी।

भारत के अतिरिक्त चीन, तिब्बत, श्रीलंका, कोरिया, मंगोलिया और अन्य मध्य-एशियाई देशों के छात्र यहाँ आकर ज्ञान प्राप्त करते थे। वे अपनी रुचि के अनुसार विभिन्न विषयों की शिक्षा ग्रहण करते थे। नालन्दा में अध्ययनरत विदेशी विद्यार्थी भारतीय संस्कृति से इतने प्रभावित हो जाते थे कि अपना नाम बदलकर कोई भारतीय नाम रख लेते थे।

वहाँ विचार गोष्ठियों में निरन्तर वैचारिक आदान-प्रदान होता रहता था। ह्वेनत्सांग के अनुसार वहाँ के छात्रगण अध्ययन और मनन में इतना व्यस्त रहते थे कि दिन उन्हें छोटा प्रतीत होता था। विद्यापीठ का शैक्षणिक वातावरण उच्च शिक्षा के अनुकूल था। नालन्दा महाविहार में भिक्षुओं की शैक्षिक गतिविधियों के सम्बन्ध में ह्वेनत्सांग ने अपने यात्रा-वृत्तान्त में लिखा है कि "विनय, सुत्त एवं अभिधम्म बौद्ध पिटक ग्रन्थ हैं। जो इन धर्मग्रन्थों में से एक वर्ग की पुस्तकों की पूर्ण व्याख्या कर सके उसे कर्मदान से मुक्ति मिल जाती है। यदि वह दो वर्गों की व्याख्या कर सके तो उसे इसके अतिरिक्त ऊपर का आसन या कक्ष मिलता है। जो तीन वर्गों की व्याख्या कर सके उसे देखभाल एवं आज्ञापालन के लिए सेवक मिलते हैं। जो चार वर्गों की व्याख्या कर सके उसे उपासक सेवक मिलते हैं। जो धर्मग्रन्थों के पाँच वर्गों की व्याख्या कर सके उसे एक अनुरक्षक मिलता है। यदि कोई छात्र परिष्कृत भाषा, सूक्ष्म अन्वेषण, गहन दृष्टि तथा अकाट्य तर्कों से सभा (शास्त्रार्थ) में विजय प्राप्त करता है तो बहुमूल्य आभूषणों से सुसज्जित

हाथी पर बैठाकर उसकी शोभायात्रा निकाली जाती है, जो मुख्य प्रवेश-द्वार पर जाकर समाप्त होती है। इसके विपरीत, यदि कोई शास्त्रार्थ में हार जाता है या अनुचित शब्दावली का प्रयोग करता है या तर्कशास्त्र के नियमों का उल्लंघन करता है, तो उसके शरीर पर मिट्टी और चेहरे पर लाल एवं उजला रंग पोतकर उसको विद्रूप बनाया जाता है।

एक अन्य चीनी यात्री इत्सिंग ने दस वर्षों (670-680 ई.) तक यहाँ रहकर ज्ञानार्जन किया था। उसके समय में वहाँ आठ बड़े शालागृह (हॉल) और 300 कक्ष थे। उस समय लगभग 3000 छात्र नालन्दा महाविहार में रहकर विद्यापीठ में ज्ञान प्राप्त करते थे। छात्र संख्या भले ही घट गई हो, किन्तु इत्सिंग के समय में अनुदान में प्राप्त ग्रामों की संख्या बढ़कर 200 हो गई थी। ये गाँव विभिन्न राजाओं एवं धनाढ्य व्यक्तियों द्वारा विद्यापीठ को दान में दिए गए थे। नालन्दा के पुरातात्त्विक उत्खनन में ऐसे कई गाँवों की मुहरें मिली हैं। महाविहार के प्रबन्धक अपनी भूमि पर दूसरों से खेती करवाते थे और उनके गुमाश्ते वहाँ से लगान वसूलते थे।

इत्सिंग ने नालन्दा में रहकर एक चीनी-संस्कृत कोश तैयार किया था। यह महत्त्वपूर्ण शब्दकोश अब भी उपलब्ध है। नालन्दा महाविहार के आचार्यों के प्रति कृतज्ञता प्रकट करते हुए इत्सिंग ने लिखा है कि ''इस बात से बड़ी प्रसन्नता होती है कि मुझे व्यक्तिगत रूप से उनसे ज्ञान प्राप्त करने का अवसर मिला; जो अन्यत्र मैं कभी नहीं प्राप्त कर सकता था।''

रवींद्रनाथ ठाकुर ने लिखा है कि ''भगवान बुद्ध का धर्म अपने विविध तत्त्वों को लेकर, अनुशासन और साधना की विविध प्रणालियों को लेकर साधारण चित्त के आंतरिक स्तर पर प्रवेश कर चुका था। इस बहुशाखायित, परिव्याप्त जलधारा को सर्वसाधारण के स्नान, पान और कल्याण के लिए किसी सुनिर्दिष्ट केंद्रस्थल की ओर बढ़ाना--यही थी देश की प्रबल कामना।

यह इच्छा कितनी सत्य थी, कितनी उदार और वेगवान थी, इसका प्रमाण हमारे प्राचीन विद्यापीठों के अनुष्ठानों में, उनके अकृपण ऐश्वर्य में मिलता है। विख्यात चीनी परिव्राजक ह्वेनसांग ने विस्मयकारी भाषा में उन विद्या-निकेतनों का वर्णन किया है, वहाँ के ऐश्वर्य का चित्र खींचा है। (नालंदा के) इस शब्दचित्र में हम देखते हैं अलंकारजड़ित स्तंभश्रेणी, अभ्रभेदी प्रासाद-शिखर, धूप-सुगंधित मंदिर, छायादार आम्रवन, नीले कमलों से सुशोभित सरोवर। इन विद्यापीठों के ग्रंथागार तीन बड़े-बड़े भवनों में विभाजित थे--'रत्न सागर', 'रत्नोदधि' और 'रत्नरजक'। 'रत्नोदधि' की नौ मंजिलें थीं। यहाँ प्रज्ञापारमितासूत्र और अन्य शास्त्र

ग्रंथ सुरक्षित थे। बहुत-से राजाओं ने क्रमशः इस सब को विस्तृत बनाया था। चारों ओर उन्नत चैत्य थे, जिनके बीच शिक्षा-भवन और तर्कसभा-गृह थे। प्रत्येक सरोवर के किनारों पर वेदियाँ और मंदिर थे। जगह-जगह शिक्षकों-प्रचारकों के लिए चार मंजिलों के निवास स्थान थे। उस युग के गृह-निर्माण के सम्बन्ध में डॉ. स्पूनर ने लिखा है कि आजकल जिस तरह की ईंटें और गारे का प्रयोग होता है उससे कहीं अच्छे उपकरण उन दिनों प्रयुक्त हुए और उस समय की योजना-पद्धति भी श्रेष्ठतर थी। इत्सिंग ने लिखा है कि एक विद्यालय की जरुरतों को पूर्ण करने के लिए दो सौ से अधिक गाँव अलग कर दिए गए थे। कई हजार छात्रों और अध्यापकों के भोजन का प्रचुर प्रबंध इन गाँवों के अधिवासी नियमित रूप से करते थे।

इन विद्यापीठों में विद्या का केवल संचय ही नहीं होता था--विद्या का गौरव भी प्रतिष्ठित था। ह्वेनसांग कहता है कि यहाँ पढ़ाने वाले आचार्यों का यश दूर-दूर के देशों तक फैल चुका था। उनका चरित्र विशुद्ध और अनिंदनीय था। वे धर्म का अनुशासन अकृत्रिम श्रद्धा के साथ निभाते थे। जिस विद्या के प्रचार का भार उन पर था उसके प्रति सारे देश का और विदेशी छात्रों का आदर था। अध्यापकों का दायित्व था इस आदर और सम्मान को बनाए रखना--केवल बुद्धि द्वारा नहीं, जनश्रुतियों द्वारा नहीं, बल्कि चरित्र द्वारा, कठोर तपस्या द्वारा। यह इसीलिए संभव हो सका कि सारे देश की श्रद्धा को उनसे इस सात्विक आदर्श की प्रत्याशा थी। आचार्यगण जानते थे कि दूर-दूर के देशों तक ज्ञान पहुँचाने का भार उन पर था; समुद्रों और पर्वतों को पार करके कठिन दुःख स्वीकार करके, विदेशी छात्र उनके पास अपनी ज्ञान-पिपासा लेकर आते थे। सारे देश की श्रद्धा जिस विद्या पर हो उसके वितरण करने वाले अपनी योग्यता के प्रति उदासीन नहीं रह सकते थे। देश की कला-प्रतिभा ने भी अपनी श्रद्धा का अर्घ्य इन विद्यालयों में अर्पित किया था। देश की शिल्प-कला का उत्कर्ष इन विद्या-मंदिरों की दीवारों पर अंकित है। यहाँ भारत की कला ने भारत की विद्या को प्रणाम किया है।

उस समय राजाओं ने अपने महलों या विलासभवनों को विशेष समारोहों द्वारा इतिहास में स्मरणीय बनाने का यत्न नहीं किया। साधारणतः देश का ऐश्वर्य और गौरव राजा के जीवन को केंद्र बनाकर ही व्यक्त किया जाता है, प्रजा का सम्मान राजप्रासाद में ही कला-नैपुण्य और शोभा-प्राचुर्य द्वारा उज्ज्वल हो उठता है। कारण जो कुछ भी रहा हो, प्राचीन भारत में हम ऐसी चेष्टा नहीं देखते। शायद राज्यासन के ही अस्थिर होने से यहाँ विनाश के धूमकेतु ने सब-कुछ धो डाला है। लेकिन नालंदा और विक्रमशिला-जैसे स्थानों पर स्मृतिरक्षा का प्रयास बराबर किया गया। उनके प्रति देश की भक्ति थी, देश के हृदय में प्रबल वेदना थी।

अपनी सर्वश्रेष्ठ विद्या के लिए सर्वसाधारण की उदार, अकुंठित, अकृत्रिम श्रद्धा में ही स्वदेशी विश्वविद्यालय का यथार्थ प्राण-स्रोत था।

इस बात की आसानी से कल्पना की जा सकती है कि ज्ञान-साधना की इस विराट यज्ञ-भूमि में मानव-मनों का कैसा निविड़ संपर्क रहा होगा, कैसा संघर्ष चलता होगा। विद्या, बुद्धि और ज्ञान में सर्वश्रेष्ठ लोग दूर-दूर से आकर यहाँ सम्मिलित होते थे। छात्रगण भी तीक्ष्ण बुद्धि, श्रद्धावान और योग्य थे; कठिन परीक्षा के बाद ही उन्हें प्रवेशाधिकार मिलता था। ह्वेनसांग कहता है कि इस परीक्षा में दस छात्रों के बीच दो-तीन ही उत्तीर्ण हो पाते थे। लोग सचेत थे, कहीं अयोग्य छात्रों को प्रश्रय देने से विद्या का अध:पतन न हो, देश को मानसिक क्षति न हो। उस समय पृथ्वी पर और भी बहुत-सी बड़ी सभ्यताओं का उद्‌भव हो चुका था, लेकिन ज्ञान की तपस्या के लिए मानव-मन का ऐसा विशाल समवाय कहीं और संभव हुआ हो, यह बात सुनने में नहीं आती।''[11]

नालन्दा महाविहार के परिसर में **धर्मयज्ञ** नामक एक विशाल पुस्तकालय था। पुस्तकालय तीन भवनों में बँटा हुआ था—रत्नसागर, रत्नोदधि और रत्नरंजक। इस पुस्तकालय में अनेक दुलर्भ ग्रन्थ संरक्षित थे। कई देशी-विदेशी बौद्ध भिक्षु उस पुस्तकालय में संरक्षित बौद्ध ग्रन्थों की नकल तैयार करते रहते थे। स्वयं इत्सिंग ने यहाँ 400 संस्कृत ग्रन्थों की प्रतिलिपियाँ तैयार की थीं, जिनमें लगभग पाँच लाख श्लोक थे।

नागार्जुन, वसुबन्धु, असंग और धर्मकीर्ति जैसे महायानी बौद्ध विचारकों ने नालन्दा के इस शिक्षा केन्द्र को उन्नत करने का भरपूर प्रयास किया। इस शिक्षा केन्द्र का सम्बन्ध बौद्ध धर्म के महायान सम्प्रदाय से था, लेकिन यहाँ हीनयान सम्प्रदाय से सम्बन्धित ग्रन्थ न केवल उपलब्ध थे, बल्कि उनकी पढ़ाई भी होती थी। सर्वास्तिवाद, माध्यमिक आदि बौद्ध दर्शनों के अलावा धर्मशास्त्र, खगोलिकी, तत्त्वज्ञान, दर्शनशास्त्र आदि अध्ययन के प्रमुख विषय थे। यहाँ हेतुविद्या (तर्कशास्त्र), शब्दविद्या (व्याकरण), वेद, वेदान्त, सांख्यदर्शन, योगदर्शन, न्यायदर्शन, ज्योतिष एवं भैषज्य (चिकित्सा शास्त्र) की पढ़ाई भी होती थी। सामाजिक सेवा की दृष्टि से चिकित्सा विषयक शिक्षा उपयोगी मानी जाती थी। विद्यार्थियों को मागधी (पालि) भाषा की शिक्षा अनिवार्य रूप से दी जाती थी। अध्ययन के विषयों से नालन्दा विद्यापीठ के उदार दृष्टिकोण का पता चलता है।

नालन्दा आनेवाले चीनी विद्यार्थियों में मात्र फाहियान, ह्वेनसांग तथा इत्सिंग ही नहीं थे। ह्वेनत्सांग और इत्सिंग के आगमन के मध्य के तीस वर्षों में ही थान-मि, हुवैन-च्यू, ताऊ-हि, ह्वि-निह, आर्यवर्मन, बुद्धधर्म, ताऊसिङ, ताङ, हुइ-लू आदि अनेक विद्यार्थी चीन, कोरिया, तिब्बत, तुखार आदि देशों से अध्ययन के लिए

नालन्दा आए थे। इन्होंने नालन्दा में वर्षों तक अध्ययन किया था और अनेक ग्रन्थों की पाण्डुलिपियों की प्रतिलिपि तैयार की थी।[12]

उत्खनन से मिले अवशेषों से स्पष्ट है कि विहार के कुछ कमरों में एक और कुछ कमरों में दो छात्रों के रहने का प्रबन्ध था। खुदाई में प्रत्येक विहार के प्रांगण के एक कोने में एक कुआँ मिला है। प्रत्येक छात्र को पत्थर की एक-एक चौकी, दीपक आदि दिया जाता था। पुस्तकें या पोथियों को रखने के लिए कमरे में एक आला (ताखा) बना रहता था। कोठरियों का प्रतिवर्ष पुनर्वितरण भी होता था।[13]

8वीं से 12वीं सदी ई. तक उत्तरी भारत के एक बड़े भूभाग पर पाल वंश का शासन रहा। पाल शासनकाल में इस अध्ययन केन्द्र को फलने-फूलने का पर्याप्त अवसर मिला। धर्मपाल (770-810 ई.) का पुत्र राजा देवपाल (810-850 ई.) नालन्दा विश्वविद्यालय का संरक्षक था। उसने भारत के सीमान्त क्षेत्र में स्थित नगरहार (आधुनिक जलालाबाद) के एक विद्वान ब्राह्मण वीरदेव को नालन्दा महाविहार का कुलपति नियुक्त किया। राजा देवपाल के समय में सुवर्णद्वीप (जावा एवं सुमात्रा) के शैलेन्द्र-वंशीय राजा बलपुत्रदेव ने एक दूतमण्डल भेजकर उसके प्रति सम्मान प्रकट किया था। देवपाल की अनुमति लेकर बलपुत्रदेव ने जावा द्वीप के विद्यार्थियों के रहने के लिए नालन्दा में एक विहार बनवाया था। बलपुत्रदेव द्वारा भेजे गए दूतमण्डल के अनुरोध पर राजा देवपाल ने उस विहार की व्यवस्था के लिए पाँच गाँवों का अनुदान दिया था।

महाविहार के प्रबन्ध का प्रधान नियामक भिक्षु महास्थविर होता था। उनके सहयोग के लिए दो परिषदें थीं। एक परिषद शिक्षा-सम्बन्धी व्यवस्था देखती थी और दूसरी परिषद सामान्य प्रबन्ध देखती थी। महाविहार की अपनी निजी मुद्रा थी, जिस पर 'श्री नालन्दा महाविहार आर्य-भिक्षु-संघस्य' लेख उत्कीर्ण था। महाविहार से सम्बद्ध अलग विहार (विद्यालय) भी थे; और उनकी अलग मुद्राएँ हुआ करती थीं। ऐसी ही एक मुद्रा पर 'श्री नालन्दा महाविहार गुणाकर बुद्ध भिक्षुणाम्' लेख अंकित है। इससे स्पष्ट है कि यह गुणाकर नामक संघ या विद्यालय की मुद्रा है। नालन्दा से प्राप्त मुद्राओं पर धर्मचक्र-प्रवर्तन का चिह्न अंकित है, जिसमें चक्र के दोनों ओर एक-एक मृग बैठे हुए हैं। ऐसा प्रतीत होता है कि यह नालन्दा महाविहार के विद्यापीठ का प्रतीक-चिह्न था। यह चिह्न ज्ञान के प्रसार का द्योतक था। निर्भय बैठे मृग शान्ति के सूचक हैं, जबकि उच्च पीठ पर स्थित चक्र ज्ञान के साम्राज्य का द्योतक है। सम्भवतः यह मुद्रा नालन्दा महाविहार की 'मुहर' (Seal) थी, जो प्रमाण-पत्रों पर अंकित की जाती थी। ऐसी मुहरें हजारों की संख्या में मिली हैं।

आठवीं-नौवीं शताब्दी ई. में नालन्दा विद्यापीठ में बौद्ध मत की तन्त्रयान शाखा का प्रभुत्व स्थापित हो गया। 8वीं सदी ई. में तिब्बत के शासक ने यहाँ के आचार्य को बौद्ध धर्म के प्रचार के लिए अपने यहाँ आमन्त्रित किया था। आमन्त्रण को स्वीकार करके आचार्य शान्तिरक्षित तिब्बत गए और वहाँ उन्होंने एक बौद्ध मठ का निर्माण कराया। इससे तिब्बत में बौद्ध धर्म की नींव पड़ी। अंग निवासी आचार्य शान्तिरक्षित ने कई बौद्ध ग्रन्थों का तिब्बती भाषा में अनुवाद किया।

प्राचीन काल में भारतीय बौद्ध संस्कृति ने तिब्बत को बहुत प्रभावित किया। तत्कालीन मागधी लिपि तिब्बती लिपि की जननी है। सोंग-ब्त्सान गम्पो (639 ई.) नामक एक तिब्बती शासक अपनी पत्नियों की प्रेरणा से बौद्ध हो गया। मगध के बौद्ध आचार्य कमलशील (816-842 ई.) के तिब्बत पहुँचने के बाद वहाँ बौद्ध धर्म का प्रभाव बढ़ गया। उन्होंने आचार्य शान्तिरक्षित के कार्यों को आगे बढ़ाया। इसके बाद विग्रहपाल तृतीय के शासनकाल में नालन्दा के बौद्ध-विद्वान दीपंकर श्रीज्ञान अतीश तिब्बत पहुँचे। कमलशील और दीपंकर के तिब्बत पहुँचने के बाद 'अष्टाध्यायी', 'अमरकोश', 'रामायण' आदि प्रमुख संस्कृत ग्रन्थों के तिब्बती अनुवाद की प्रक्रिया आरम्भ हो गई। इसके बाद तिब्बत के कई जिज्ञासु बौद्ध अध्ययन के लिए नालन्दा और विक्रमशिला आए।

693 ई. में बोधिरुचि नामक एक बौद्ध विद्वान चालुक्य राजसभा में नियुक्त चीनी राजदूत के साथ नालन्दा से चीन गए। वहाँ पहुँचकर उन्होंने अपनी अध्यक्षता में एक अनुवादक मण्डल का गठन किया। 727 ई. में अपने देहान्त के पहले उसके द्वारा 53 महत्त्वपूर्ण ग्रन्थों का चीनी भाषान्तर किया गया। नालन्दा के कुमारजीव, परमार्थ, शुभंकर सिंह और धर्मदेव नामक बौद्ध विद्वानों ने चीन में बौद्ध धर्म का प्रचार-प्रसार किया।

नालन्दा महाविहार के विनाश के बारे में ह्वेनत्सांग ने एक दुःस्वप्न देखा था। यह दुःस्वप्न 655 ई. में सच साबित हुआ, जब सम्राट हर्षवर्द्धन के निधन के बाद इस महाविहार को नष्ट करने की कोशिश की गई। परन्तु अगली सदी में पाल राजाओं ने कई नए विहार बनवाए और उनको आर्थिक सहायता देकर नालन्दा महाविहार के बौद्धिक वैभव को पुनर्स्थापित किया। फिर सेन राजाओं ने भी इस परम्परा को आगे बढ़ाया। बौद्ध विहारों की सम्पत्ति को लुटेरों से बचाने के उद्देश्य से उन्होंने महाविहार परिसर की घेरेबन्दी करवाई।

1232 ई. में धर्मस्वामी नामक एक तिब्बती बौद्ध भिक्षु नालन्दा आया था। उसके यात्रा-विवरण के अनुसार नालन्दा में 7 मन्दिर, 14 बड़े बौद्ध विहार और 84 छोटे बौद्ध विहार ध्वस्त हो चुके थे। 1236 ई. में मात्र एक विहार शेष था जिसमें

प्रधान आचार्य राहुलभद्र सत्तर भिक्षुओं के साथ रहते थे। धर्मस्वामी ने भी आचार्य राहुल से ज्ञान प्राप्त किया था। बोधगया के राजा बुद्धसेन से उस विहार को सहायता मिलती थी। इस प्रकार, नालन्दा महाविहार 1236 ई. तक आंशिक रूप से विद्यमान था। मुसलमानों के आक्रमण से त्रस्त होकर बोधगया के राजा बुद्धसेन को भागना पड़ा, तब ओदन्तपुरी के धनाढ्य ब्राह्मण जयदेव ने आचार्य राहुलभद्र की सहायता की। इस बात से क्षुब्ध होकर तुर्कों ने जयदेव को कारागार में डाल दिया। कारागार में ही जयदेव को ज्ञात हुआ कि नालन्दा पर तुर्कों का दूसरा आक्रमण होनेवाला है। उसकी सूचना पाकर नालन्दा विहार के सभी भिक्षु भागकर अन्यत्र चले गए। विहार में अब राहुलभद्र और धर्मस्वामी ही रह गए थे। इस प्रकार, नालन्दा महाविहार उजड़ गया। मुसलमानों के हमलों से त्रस्त होकर उत्तरी भारत के विद्वान मिथिला में एकत्र हो रहे थे। इसके कारण उस समय मिथिला संस्कृत भाषा-साहित्य के अध्ययन का एक प्रमुख केन्द्र बन गया।

12वीं सदी ई. के अन्त में इख्तियारुद्दीन मुहम्मद बख्तियार खिलजी ने उद्दण्डपुर एवं नालन्दा के महाविहार पर हमला किया; और नालन्दा महाविहार के ग्रन्थागार में आग लगा दी। बहुमूल्य ग्रन्थों की हस्तलिखित पाण्डुलिपियाँ करीब छह महीने तक धू-धू कर जलती रहीं। इस प्रकार एक विश्वविख्यात विद्यापीठ का अन्त हो गया। गौरतलब है कि मध्यकालीन मुसलमान इतिहास-लेखकों ने इस घटना का कोई जिक्र नहीं किया है।

उदन्तपुर महाविहार

आठवीं सदी ई. में पाल वंश के संस्थापक गोपाल ने उदन्तपुर को अपनी राजधानी बनाया। उदन्तपुर को ओदन्तपुर और 'उद्दण्डपुर' भी कहा जाता था। राजा गोपाल ने बौद्ध धर्म के सिद्धान्तों के अध्ययन-अध्यापन के लिए उदन्तपुर में एक महाविहार की स्थापना की। वहाँ अध्यापन के लिए नालन्दा महाविहार से विद्वानों को बुलवाया गया। उदन्तपुर महाविहार में महायान शाखा के चरम रूप वज्रयान का बहुत ही उग्र प्रचार होता रहा होगा। सम्भवत: इसीलिए वहाँ सहजयान-जैसे अघोर मत का प्रादुर्भाव हुआ और वाम-मार्ग का उद्दण्ड रूप देखने को मिला। योग में भोग का समावेश हो जाने के कारण स्थानीय लोगों में भी भोगवृत्ति प्रबल हो गई होगी। सम्भव है, वामाचार-जन्य उद्दण्डता के कारण ही उदन्तपुर को उद्दण्डपुर कहा जाने लगा हो।

यहाँ के प्राचीन टीलों की खुदाई में कई मूर्तियाँ मिली हैं। उदन्तपुर में एक विशाल किला था, जो पाल राजाओं का मुख्य स्थान था। एक बार कन्नौज के

प्रतिहारों ने इसे पाल राजाओं से छीन लिया था। परन्तु कन्नौज की गद्दी के लिए संघर्षरत भोज द्वितीय और महिपाल की असावधानी का फायदा उठाकर पाल राजा नारायणपाल ने इस पर पुन: अधिकार कर लिया।

उदन्तपुर का वर्तमान नाम बिहारशरीफ है, जो बिहार के नालन्दा जिले का मुख्यालय है। 'बिहार' या 'बिहारशरीफ' नाम 1200 ई. के बाद का है। बिहारशरीफ नाम का सबसे पहला उल्लेख मिन्हाज द्वारा 1203 ई. में लिखी गई 'तबकात-ए-नासीरी' नामक पुस्तक में मिलता है। मुसलमान लेखकों ने बौद्ध-विहारों की प्रचुरता के कारण उदन्तपुर को 'बिहार' लिखना शुरू कर दिया। प्राचीन संस्कृत, पालि या प्राकृत साहित्य में प्रान्त-वाचक 'बिहार' नाम कहीं नहीं मिलता है। बारहवीं सदी ई. के अन्त में पूर्वी भारत में मुहम्मद गोरी के प्रतिनिधि इख्तियारुद्दीन मुहम्मद बख्तियार खिलजी ने मुसलमान सिपाहियों की एक छोटी-सी टोली के साथ उदन्तपुर पर आक्रमण किया। वहाँ के विहारों को जलाकर नष्ट कर दिया गया। भिक्षुओं की हत्या कर दी गई। कुछ जान बचाकर अन्यत्र भाग गए। अहिंसावादी बौद्ध-भिक्षु और वामाचार-जन्य भोग में डूबे लोग बख्तियार खिलजी के आक्रमणों का सामना करने में असमर्थ थे। बहरहाल, उस क्षेत्र में बौद्ध विहारों की बहुलता के कारण बख्तियार खिलजी ने उदन्तपुर का नाम बदलकर बिहारशरीफ कर दिया। उसके द्वारा उस नव-विजित प्रदेश का प्रशासनिक केन्द्र (राजधानी) बिहारशरीफ को बनाया गया, जिसके कारण इस नगर का महत्त्व बढ़ गया। जल्द ही गंगा के उत्तर और दक्षिण का अधिकांश भूभाग मुसलमानों के अधिकार में आ गया; और यह सम्पूर्ण क्षेत्र बिहार के नाम से प्रसिद्ध हुआ।

तुर्क-अफगान काल के आरम्भ में ही दिल्ली मुसलमान शासकों की राजधानी के रूप में स्थापित हो गई। तब बिहारशरीफ के आधार पर ही वर्तमान बिहार प्रान्त के दक्षिणी भाग (जिसमें झारखण्ड भी शामिल था) का नामकरण 'बिहार' सूबा कर दिया गया। जब शेरशाह सूरी ने हुमायूँ से दिल्ली की गद्दी छीन ली, तब उसने 1542 ई. में अंग और तिरहुत को भी बिहार सूबे में मिला लिया। उसी समय से समग्र बिहार एक प्रशासनिक इकाई के रूप में सामने आया। मुगल बादशाह अकबर के शासनकाल में कुल पन्द्रह सूबे थे, जिनमें बिहार भी शामिल था। बाद में अंग्रेजों ने छोटा-नागपुर को भी बिहार में मिला दिया। फिर 1912 ई. में बंगाल प्रेसीडेंसी से काट करके बिहार को एक अलग प्रदेश बनाया गया। परन्तु उस समय भी बिहार के साथ उड़ीसा को संयुक्त रखा गया। 1937 ई. में उड़ीसा को बिहार से अलग कर दिया गया। 2000 ई. में झारखण्ड प्रान्त का सृजन होने के पहले तक बिहार इसी रूप में सुसंगठित रहा।

विक्रमशिला महाविहार

गोपाल के पुत्र धर्मपाल (770-810 ई.) ने नौवीं शताब्दी ई. के आरम्भ में सम्पूर्ण उत्तरी भारत को जीत लिया। उसने गंगा के दक्षिणी तट पर भागलपुर के पास एक पहाड़ी पर विक्रमशिला महाविहार की स्थापना की। उस दौर में यहाँ का प्राकृतिक वातावरण मनमोहक था। यह विश्वविद्यालय बिहार में सुल्तानगंज और कहलगाँव के बीच में स्थित था। अन्तीचक नामक गाँव में इस महाविहार के अवशेष प्राप्त हुए हैं।

विक्रमशिला महाविहार की भी बड़ी ख्याति थी। यहाँ भी प्रवेशार्थियों की भीड़ को देखते हुए उनकी योग्यता, धारणा (बुद्धि) और उनके चरित्र की परीक्षा के लिए दक्ष आचार्यों की नियुक्ति की गई थी। उदन्तपुर विहार के द्वार-पण्डित रत्नाकर शान्ति को विक्रमशिला महाविहार का द्वार-पण्डित नियुक्त किया गया था। रत्नाकर शान्ति का जन्म मगध के एक ब्राह्मण कुल में हुआ था। वज्रयानी सिद्धों में इनसे बड़ा सिद्ध कोई अन्य न था।[14]

धर्मपाल के समय में बुद्धगुप्त महाविहार के अध्यक्ष थे और अतिश दीपंकर श्रीज्ञान उसके प्रबन्धक थे। **अतिश दीपंकर श्रीज्ञान** (982-1054 ई.) तन्त्रशास्त्र के सबसे बड़े आचार्य थे। वे अंग क्षेत्र के निवासी थे। उन्होंने बौद्ध धर्म के प्रसार के लिए जावा और सुमात्रा की यात्रा की थी। बाद में वे तिब्बत चले गए और मृत्युपर्यन्त वहीं रहे। तिब्बत के न्येतांग नामक स्थान में स्थित मठ में उनका देहान्त हो गया। उन्होंने दर्शनशास्त्र पर 55 और तन्त्र पर लगभग 70 ग्रन्थों की रचना की। 'बोधिपथ प्रदीप' उनकी प्रमुख कृति मानी जाती है। वे एक सुधारवादी बौद्ध थे और उनकी शिक्षा तिब्बती बौद्ध धर्म के एक मत 'काग्युद्पा' का मूल आधार बनी। 'काग्युद्पा' एक तिब्बती शब्द है, जिसका अर्थ है—आदेश से बँधे हुए। इस मत की स्थापना अतिश के एक शिष्य 'ब्रम स्टन' ने की थी।

पाल वंश के परवर्ती शासकों के संरक्षण में विक्रमशिला महाविहार की ख्याति पूरे भारत में फैल गई। यह बौद्ध धर्म की तन्त्रयान और मन्त्रयान शाखा सम्बन्धी ज्ञान का महत्त्वपूर्ण केन्द्र था। इस महाविहार में आठ महापण्डित और एक सौ आठ पण्डित आचार्य थे। इसका प्रबन्ध छह द्वार-पण्डितों के हाथों में था, जिसके प्रधान स्वयं महास्थविर थे। महाविहार के विद्यार्थियों को समावर्तन के अवसर पर पाल राजाओं की ओर से उपाधि-पत्र दिए जाते थे।

हिन्दी और पूर्वी भारत की कुछ अन्य भाषाओं के साहित्य के जन्मदाता के रूप में जिन चौरासी सिद्धों की चर्चा की जाती है, उनमें से कई सिद्ध बिहार की धरती पर ही उत्पन्न हुए थे। उनमें से कई सिद्धों का सम्बन्ध विक्रमशिला महाविहार से था।

वज्रयानी सिद्ध श्रृगालीपाद (या सियारी) का जन्म मगध के एक शूद्र कुल में हुआ था। ये राजा महिपाल (974-1026 ई.) के राज्यकाल में मौजूद थे। इनको और 21वें सहजयानी सिद्ध शलिपा (शीलपा) को एक ही व्यक्ति माना जा सकता है। नाथ सिद्धों में चौथे सिद्ध चामरीनाथ या सहजयानी सिद्धों में से 64वें चँवरिपा को भी एक ही व्यक्ति माना गया है। ये मगध के निवासी थे। घी-विक्रेता बनिया (तेली) जाति में इनका जन्म हुआ था। तेरहवें वज्रयानी सिद्ध तन्तिपा मगधवासी ब्राह्मण थे; और ये जालन्धरपाद के शिष्य थे।

पाटलिपुत्र : पाण्डित्य का गढ़

पाटलिपुत्र प्राचीनकाल से ही पाण्डित्य का गढ़ रहा है। इसकी प्रसिद्धि का अनुमान इसी बात से लगाया जा सकता है कि नन्द-मौर्यकाल से ही पाटलिपुत्र में शास्त्रकारों की परीक्षा आयोजित की जाती थी। उस शास्त्र-परीक्षा में उत्तीर्ण होने के बाद ही संस्कृत विद्या के स्नातकों को आचार्य की उपाधि दी जाती थी। उस परीक्षा में प्रतिभाग करने के लिए देश के कोने-कोने से संस्कृत भाषा के विद्वान पाटलिपुत्र आते थे। उस परीक्षा में सम्मिलित होने के लिए ही व्याकरणाचार्य पाणिनि गन्धार प्रदेश से चलकर पाटलिपुत्र आए थे। प्राचीन भारत के महानतम गणितज्ञ आर्यभट (476-550 ई.) ने स्वीकार किया था कि उनको ज्ञान की प्राप्ति कुसुमपुर (पाटलिपुत्र) में ही हुई थी। ''आर्यभटस्त्विह निगदति सत्यं कुसुमपुरेभ्यर्चितं ज्ञानम्।''

दसवीं सदी ई. के आरम्भ में आचार्य राजशेखर ने अपने ग्रन्थ 'काव्य मीमांसा' में पाटलिपुत्र को विद्या का केन्द्र माना है। उनके अनुसार पाटलिपुत्र में शास्त्रकारों की परीक्षा होती थी। वर्ष, उपवर्ष, पाणिनि, पिंगल, व्याडि, वररुचि और पतंजलि यहाँ की परीक्षा में उत्तीर्ण होकर ही प्रसिद्ध हुए।[15] आचार्य राजशेखर ने संस्कृत के इन वैयाकरणों के नामों का उल्लेख तिथिक्रम के अनुसार किया है। इसके द्वारा नन्द-काल से लेकर शुंग-काल तक पाटलिपुत्र की शास्त्रकार-परीक्षा की निरन्तरता की जानकारी मिलती है।

प्राचीन यूनानी इतिहास लेखकों के वर्णन से पता चलता है कि पाटलिपुत्र की यह विद्वत्-संस्था मौर्य काल में क्रियाशील थी। स्ट्राबो के अनुसार ''संवत्सर के आरम्भ में सम्राट एक विद्वत्-सभा आयोजित करके सभी विद्वानों और दार्शनिकों को बुलाते हैं। जिस विद्वान ने किसी नए विषय पर शास्त्र-रचना की हो या कृषि और पशुओं की नस्ल के सुधार के लिए कोई नया उपाय ढूँढ़ निकाला हो या जनता के हित के लिए कोई नई खोज की हो, वह विद्वान अपनी उस कृति या खोज को

सबके सामने रखता है। देश के सम्राट इस सभा के संरक्षक हैं।''[16] मेगास्थनीज के अनुसार ''जो इन सभाओं में किसी ठोस सत्य का प्रतिपादन करता है, उसको पुरस्कारस्वरूप सब प्रकार के करों से मुक्त कर दिया जाता है।'' इस विद्वत्-सभा का कार्य राजशेखर द्वारा उल्लिखित 'पाटलिपुत्र की शास्त्रकार परीक्षा'-जैसा ही है।

आठवीं शताब्दी ई. में संस्कृत में लिखे गए 'मंजुश्री-मूलकल्प' नामक एक बौद्ध-ग्रन्थ में पुराणों की शैली में कहा गया है कि ''पुष्पपुर (पाटलिपुत्र) में शूरसेन के बाद नन्द राजा होगा। वहाँ मगध की राजधानी में अनेक विचारशील (तार्किक) विद्वान राजा की सभा में होंगे। राजा उनको धन देकर सम्मानित करेगा। बौद्ध ब्राह्मण वररुचि उसका मन्त्री होगा; और पाणिनि नामक एक ब्राह्मण राजा का परम मित्र होगा।''

ह्वेनत्सांग के भारत-यात्रा-विवरण सम्बन्धी ग्रन्थ 'सियुकी' से भी राजशेखर के कथन की पुष्टि होती है। 'सियुकी' में उल्लिखित है कि ''ऋषि पाणिनि ने व्याकरण का एक ग्रन्थ लिखा जिसमें एक हजार श्लोक थे। पूरा करने के बाद उस ग्रन्थ को उन्होंने राजा के पास भेज दिया। राजा उस ग्रन्थ को देखकर बहुत प्रसन्न हुआ। उसने आदेश दिया कि राज्य भर में इस ग्रन्थ का ससम्मान प्रचार किया जाए और विद्यार्थियों को इसकी शिक्षा दी जाए। राजा ने यह घोषणा भी की कि जो भी व्यक्ति इस ग्रन्थ को कण्ठस्थ करेगा उसको पुरस्कार के रूप में एक हजार स्वर्ण मुद्राएँ दी जाएँगी। तब से इस ग्रन्थ को आचार्यों ने स्वीकार कर लिया; और सबके हित के लिए इसको पीढ़ी-दर-पीढ़ी सुरक्षित रखने लगे। यही कारण है कि पाटलिपुत्र नगर के विद्वान ब्राह्मण व्याकरण-शास्त्र के अच्छे ज्ञाता हैं और वे लोग प्रतिभा में श्रेष्ठ हैं।''[17]

ह्वेनत्सांग का यह कथन कि ''पाणिनि ने अपना ग्रन्थ लिखने के बाद उसको सम्राट के पास भेजा; और सम्राट ने उसको सम्मानित किया'' 'मंजुश्री मूलकल्प', राजशेखर कृत 'काव्य मीमांसा', सोमदेव कृत 'कथासरित्सागर' और लामा तारानाथ द्वारा उल्लिखित अनुश्रुतियों से मेल खाता है। इससे स्पष्ट है कि नन्द-मौर्य-शुंग युग में पाटलिपुत्र एक प्रसिद्ध विद्या केन्द्र था।

श्रीशंकर स्वामी के पुत्र उपवर्ष की चर्चा शबर और शंकराचार्य ने की है। आचार्य उपवर्ष को पाणिनि के गुरु वर्ष का भाई कहा गया है। उपवर्ष ने मीमांसा सूत्रों पर वृत्ति लिखी है। उनका एक अन्य नाम बौधायन भी था। बौधायन ने एक स्मृति-ग्रन्थ की रचना की थी, जो 'बौधायन धर्मसूत्र' के नाम से प्रसिद्ध है।

पाटलिपुत्र व्याकरण के अध्ययन-अध्यापन का एक महत्त्वपूर्ण केन्द्र था। संस्कृत व्याकरण के कई आचार्यों ने पाटलिपुत्र में रहकर व्याकरण के सिद्धान्त

प्रतिपादित किए, जिसके फलस्वरूप लोगों ने शुद्ध लिखना और बोलना सीखा। संस्कृत वैयाकरणों में पाणिनि हों या पतंजलि, पाटलिपुत्र ने सबको आकर्षित किया।

पाणिनि का जन्म पश्चिमोत्तर भारत में अटक के पास शालातुर में हुआ था। उनके पिता का नाम दक्षि था। 'कथासरित्सागर' के अनुसार पाणिनि पाटलिपुत्र के आचार्य वर्ष के शिष्य थे। उस समय व्याडि, कात्यायन और इन्द्रदत्त उनके सहपाठी थे। परन्तु पाणिनि अपने आचार्य वर्ष द्वारा प्रदान की गई शिक्षा से सन्तुष्ट नहीं हुए और उन्होंने पाटलिपुत्र में ही रहकर विद्याध्ययन किया। उन्होंने भगवान शिव की उपासना की। शिव ने प्रसन्न होकर पाणिनि को 14 माहेश्वर सूत्र (प्रत्याहार सूत्र) प्रदान किए। पाणिनि ने उन्हीं चौदह सूत्रों को विकसित किया।

सबसे पहले पाणिनि ने ही प्रत्यय, पारिभाषिक शब्द रचना और शब्दार्थ की व्याख्या के नए नियम बनाए। व्याकरणिक सिद्धान्तों के नियमन के लिए उन्होंने लगभग चार हजार सूत्रों की रचना की। पाणिनि द्वारा उन सूत्रों को आठ अध्यायों में वर्गीकृत करने के कारण उस व्याकरण ग्रन्थ को 'अष्टाध्यायी' नाम दिया गया। पाणिनि की विद्वता से प्रभावित होकर मगध सम्राट नन्द ने उनको अपना मित्र बना लिया और उनके शास्त्र (अष्टाध्यायी) का यथोचित सम्मान किया।

पाणिनि ने 'अष्टाध्यायी' में कुल चार प्रकार के शिक्षकों का उल्लेख किया है—आचार्य, प्रवक्ता, श्रोत्रिय और अध्यापक। आचार्य शिक्षकों की सबसे ऊँची पदवी थी। ज्येष्ठता या श्रेष्ठता के क्रमानुसार प्रवक्ता को आचार्य के ठीक नीचे की पदवी माना जाता था। वैदिक साहित्य को कण्ठस्थ करने-करानेवाले शिक्षक को श्रोत्रिय कहा जाता था। ज्येष्ठता क्रम में श्रोत्रिय तीसरे स्थान पर आते थे। लौकिक और वैज्ञानिक साहित्य का अध्यापन कराने वाले शिक्षक को अध्यापक कहा जाता था। यह सबसे नीचे की पदवी मानी जाती थी।

कात्यायन नामक वैयाकरण ने पाणिनि कृत 'अष्टाध्यायी' की व्याख्या के क्रम में गद्य और पद्य में वार्तिकों की रचना की। उन्होंने अष्टाध्यायी में आवश्यक संशोधन और परिवर्द्धन भी किए। कात्यायन को ही वररुचि के नाम से भी जाना जाता है। वररुचि ने लिंगानुशासन, पुष्पसूत्र और वररुचि-काव्य नामक ग्रन्थों की रचना की थी।

150 ई.पू. के आसपास पतंजलि नामक आचार्य हुए। वे मगध नरेश पुष्यमित्र शुंग के यज्ञ-पुरोहित भी थे। उन्होंने 'पातंजलयोगदर्शन' नामक ग्रन्थ की रचना की। लेकिन उनकी कीर्ति का मूल आधार 'महाभाष्य' नामक व्याकरण ग्रन्थ है। पाणिनि पर कात्यायन के आक्षेपों का उत्तर देते हुए पतंजलि ने पाणिनि का समर्थन किया है। उन्होंने व्याडि के संग्रह-ग्रन्थ से सहायता ली थी। पतंजलि के बारे में कहा जाता

है कि उन्होंने योगशास्त्र का प्रणयन करके चित्त के, व्याकरणशास्त्र की रचना करके वाक् के और चिकित्साशास्त्र की रचना करके शरीर के मल को दूर किया था—'योगेन चित्तस्य पदेन वाचा मलं शरीरस्य चै वैद्यकेन'। पतंजलि ने स्पष्ट किया कि 'चित्तवृत्तियों का निरोध ही योग है।'

कुषाण वंशीय सम्राट कनिष्क (78-144 ई.) का साम्राज्य पश्चिम में बुखारा (वर्तमान उजबेकिस्तान) से लेकर पूर्व में पाटलिपुत्र तक फैला हुआ था। अपने मगध अभियान के दौरान कनिष्क यहाँ से दो बहुमूल्य रत्न अपने साथ अपनी राजधानी पुरुषपुर (पेशावर) ले गया था—पहला, वैशाली से महात्मा बुद्ध का भिक्षापात्र और दूसरा, मगध से प्रसिद्ध बौद्ध विद्वान अश्वघोष।

अश्वघोष (80-150 ई.) को संस्कृत नाटकों का जनक माना जाता है। उन्होंने 'चतुर्थ बौद्ध संगीति' में महायान बौद्ध सिद्धान्त पर एक लम्बा व्याख्यान दिया था। उसमें महायान सम्प्रदाय की सूक्ष्म अवधारणाओं की व्याख्या की गई थी। 'बुद्धचरित', 'महायान श्रद्धोत्पाद शास्त्र' 'शारिपुत्र प्रकरण' और 'महालंकार' उनके द्वारा रचित कृतियाँ हैं। 'बुद्धचरित' की गणना संस्कृत के श्रेष्ठ नाटकों में होती है। इससे महात्मा बुद्ध के जीवन पर पर्याप्त प्रकाश पड़ता है। महायान सम्प्रदाय के विकास में अश्वघोष के विचारों का महत्त्वपूर्ण स्थान है।

गणितज्ञ एवं खगोलवेत्ता : आर्यभट

आज पूरी दुनिया में जिस 'दाशमिक स्थानमान अंक-पद्धति' और अन्तर्राष्ट्रीय अंक-संकेतों का प्रयोग किया जाता है, वह भारत की ही देन है। छठी सदी ई. के एक अभिलेख में पहली बार नई भारतीय अंक-पद्धति का प्रमाण मिलता है। संखेड़ा से प्राप्त एक गुर्जर राजा के दानपत्र में दी गई तिथि है—**संवत्सरशतत्रयं (ये) षट्चत्वारिशो (शदु) त्तरके। 346**

यहाँ जिस संवत्सर का प्रयोग हुआ है, वह कलचुरि (चेदि) संवत् है। कलचुरि संवत् का आरम्भ 248-49 ई. से माना जाता है। इस प्रकार कलचुरि संवत् 346 का आशय 594 ई. से है।

साहित्यिक प्रमाणों से यह पता चलता है कि भारत में ईसा की आरम्भिक सदियों में इस नई अंक-पद्धति का जन्म हो चुका था। नई अंक-पद्धति में 1 से 9 तक की संख्याओं के अलावा शून्य-संकेत भी हैं। नई अंक-पद्धति के आविष्कार के समय 1 से 9 तक की संख्याओं के लिए नए संकेत नहीं गढ़े गए। उनके लिए परम्परा से प्रचलित संकेतों को ही स्वीकार कर लिया गया। नई अंक-पद्धति की

सबसे बड़ी विशेषता है—शून्य की अवधारणा और उसका संकेत। शुरू में शून्य को एक बिन्दी (.) के माध्यम से संकेतित किया गया था। वेदों में 'शून्य' शब्द का प्रयोग नहीं किया गया है। भारतीय साहित्य में आगे चलकर 'रिक्त' या 'खाली' स्थान के अर्थ में शून्य शब्द का प्रयोग किया गया। 'अमरकोश' में यही अर्थ बताया गया है—शून्यं तु वशिकं तुच्छरिक्तके।

अन्य देशों की तरह भारत में भी प्राचीन काल में वर्तमान अंक-पद्धति से अलग अंक-पद्धति प्रचलित थी। अशोक के अभिलेखों और गुप्त-वंशीय राजाओं के अभिलेखों में भी पुरानी अंक-पद्धति का ही प्रयोग हुआ है।

ऋग्वेद में एकः, द्वि, त्रि, चतुर्, पंच, षट्, सप्त, अष्ट, नव, दश, सहस्र आदि संख्या-संज्ञाएँ देखने को मिलती हैं। गिनती की सबसे बड़ी इकाई अयुत् (10,000) है; और ऋग्वेद में पाई जानेवाली सबसे बड़ी संख्या 60,099 (षष्टिं सहस्रा नवतिं नव) है। ऋग्वैदिक समाज एक कबीलाई समाज था, इसलिए उनको किसी विकसित अंक-पद्धति की आवश्यकता नहीं थी। उत्तर-वैदिक काल में जब आर्यों ने गंगा-यमुना के दोआब में अपने राज्य स्थापित किए, उनके कृषि-उत्पादन और अन्य संसाधन बढ़ गए, तब उन्हें एक विकसित अंक-पद्धति की आवश्यकता महसूस हुई। यही कारण है कि वेदांग-साहित्य में अपेक्षाकृत विकसित अंक-पद्धति देखने को मिलती है। वेदांग साहित्य के अन्तर्गत शिक्षा, कल्प, व्याकरण, निरुक्त, छन्द और ज्योतिष शास्त्रों का समावेश किया गया है। खेती-बाड़ी के लिए सही समय की जानकारी जरूरी थी। धर्म-कर्म के शुभ मुहूर्त की जानकारी के लिए भी समय का ज्ञान आवश्यक था। अतः काल-गणना यानी पंचांग का विकास हुआ। 'वेदांग ज्योतिष' काल-गणना की सबसे पुरानी किताब है। इसके एक श्लोक में कहा गया है—

यथा शिखा मयूराणां नागानां मणयो यथा।
तद्वद्वेदांगशास्त्राणां गणितं मूर्धनि स्थितम्।।

अर्थात्, जिस प्रकार मोरों की शिखाएँ और नागों की मणियाँ सबसे ऊँचे स्थानों पर रहती हैं, उसी प्रकार वेदांग शास्त्रों में गणित का स्थान सबसे ऊँचा है। यहाँ गणित से आशय काल-गणना यानी ज्योतिष से है। प्राचीन भारत में ज्योतिष-शास्त्र के अन्तर्गत ही गणित का विकास हुआ है। आर्यभट, ब्रह्मगुप्त, वराहमिहिर, भास्कराचार्य आदि ज्योतिषियों ने अपने ज्योतिष-ग्रन्थों में ही गणित का भी विवेचन किया है।

कौटिल्य के 'अर्थशास्त्र' में कहा गया है कि चूड़ाकर्म के बाद विद्यार्थी को लिपि और संख्यान (गणनाशास्त्र) का अध्ययन करना चाहिए। (वृत्तचौलकर्मा लिपिं संख्यानं चौपयुञ्जीत)

कुछ विद्वानों ने आर्यभट (476-550 ई.) को 'हिन्दू-अरबी अंक पद्धति का जनक' माना है। उन्होंने अपने ग्रन्थ 'आर्यभटीयम्' में एक नई अक्षरांक-पद्धति का प्रयोग किया है। दशमलव प्रणाली का सूत्रपात करने का श्रेय भी उन्हें ही दिया जाता है। वे कुसुमपुर (पाटलिपुत्र) के निवासी थे। कहते हैं कि आर्यभट ने विश्वविख्यात नालन्दा महाविहार के कुलपति के रूप में भी कार्य किया था।

आर्यभट अपने समय के बारे में स्पष्ट सूचना देनेवाले भारत के पहले वैज्ञानिक हैं। अन्त:साक्ष्य से पता चलता है कि 499 ई. में मात्र तेईस वर्ष की अवस्था में उन्होंने 'आर्यभटीयम्' नामक ग्रन्थ की रचना की थी। इस ग्रन्थ के दो मुख्य भाग हैं—दशगीतिका और आर्याष्टाशत। दूसरे भाग में आर्या छन्द के 108 पद्य होने के कारण ही इसको आर्याष्टाशत नाम दिया गया है। इस दृष्टि से पहले भाग में गीतिका छन्द के 10 पद्य होने चाहिए थे, जबकि उसमें 13 पद्य हैं। इनमें से पहला पद्य मंगलाचरण है और दूसरे में अक्षरांक-पद्धति के नियम दिए गए हैं। नियम निम्नवत् है—

वर्गाक्षराणि वर्गाऽवर्गेऽवर्गाक्षराणि कात्ङ्मौ यः।
खद्विनवके स्वरा नव वर्गेऽवर्गे नवान्त्यवर्गे वा।।

व्याकरणशास्त्र के पारिभाषिक शब्दों का उपयोग करके आर्यभट ने इस एक श्लोक में ही अपनी नई अक्षरांक-पद्धति के सारे नियम गूँथ दिए हैं।

आर्यभटीयम् में कई क्रान्तिकारी स्थापनाएँ थीं, इसलिए बहुत कम समय में ही इस ग्रन्थ को सार्वदेशिक ख्याति सुलभ हुई। इस पर संस्कृत भाषा में एक दर्जन से अधिक टीकाएँ लिखी गईं। इस पर सर्वश्रेष्ठ टीका वल्लभी के गणितज्ञ भास्कर प्रथम ने 629 ई. में लिखी थी। भास्कर प्रथम ने अपने एक अन्य ग्रन्थ 'लघुभास्करीय' में आर्यभट का गुणगान किया है। उसमें उल्लिखित दो स्तुतिपरक श्लोकों का आशय यह है कि "उन आर्यभट की जय हो, जिनका ज्योतिषशास्त्र बहुत समय तक सुदूर देशों में फल देता रहा है। जिनका सुयश सागर के पार तक पहुँच गया है। आर्यभट के अतिरिक्त कोई दूसरा विद्वान ग्रहों की गति जानने में सक्षम नहीं है। अन्य लोग अन्धकार के सागर में गोते लगा रहे हैं।"

प्राचीन भारत में आर्यभट और उनके ग्रन्थ की प्रसिद्धि के कई कारण थे। वे गणितज्ञ होने के साथ ही खगोलविद् भी थे। उन्होंने आधुनिक पटना के पास खगौल में अपनी वेधशाला स्थापित की थी। आजकल उस स्थान पर 'तारेगना' नामक गाँव बसा हुआ है। आर्यभट ने यहाँ स्थापित वेधशाला के माध्यम से ही आकाशीय पिण्डों का अध्ययन किया था। तारेगना गाँव में हुए उत्खनन के दौरान वहाँ चाँदी के आहत सिक्के मिले हैं। 'तारेगना' एक मगही शब्द है, जिसका अर्थ है—नक्षत्र

या तारा। आर्यभट द्वारा खगोलीय पिण्डों और तारों को देखने-समझने के कारण ही उस गाँव का नाम तारेगना पड़ा होगा। आर्यभट द्वारा खगोलीय पिण्डों के अध्ययन के लिए बनाई गई वेधशाला के कारण वह स्थान खगौल कहलाया।

आर्यभट ने बेबीलोनियाई विधि से ग्रह-स्थिति की गणना की। उन्होंने चन्द्रग्रहण एवं सूर्यग्रहण के वास्तविक कारणों का पता लगाया। भारतीय परम्परा में माना जाता है कि 'राहु' नामक एक असुर द्वारा ग्रसे जाने के कारण चन्द्रग्रहण एवं सूर्यग्रहण लगता है। परन्तु आर्यभट ने कहा कि सूर्यग्रहण के अवसर पर सूर्य को चन्द्रमा ढक लेता है और चन्द्रग्रहण के अवसर पर पृथ्वी की बड़ी छाया चन्द्रमा को ढक लेती है—"छादयति शशी सूर्यं शशिनं महती च भूच्छाया।" इतना ही नहीं, सृष्टि और प्रलय के सिद्धान्त में भी आर्यभट की कोई आस्था नहीं थी। वे काल को अनादि और अनन्त मानते थे। आर्यभट द्वारा प्रतिपादित ये सिद्धान्त भारतीय शास्त्रमत एवं लोकमत के एकदम विपरीत थे। इसलिए समकालीन एवं परवर्ती ज्योतिषियों ने इसका या तो संज्ञान ही नहीं लिया या फिर इस मत का विरोध किया।

आर्यभट ने स्वविकस्ति उपकरणों की मदद से पृथ्वी की परिधि का मान निकाला, जो आज के आधुनिकतम उपकरणों की मदद से निकाले गए मान की भाँति ही शुद्ध हैं। उन्होंने अपने 'सूर्य सिद्धान्त' द्वारा दुनिया को पाँचवीं सदी ई. में ही बता दिया था कि नक्षत्रलोक (भं) स्थिर है और पृथ्वी (भू) गोलाकार है, जो अपनी धुरी पर पश्चिम से पूर्व की ओर घूमती है। पृथ्वी के अपने अक्ष पर पश्चिम से पूर्व की ओर घूमने के कारण नक्षत्र हमें पूर्व से पश्चिम की ओर जाते हुए दिखते हैं। खगोलीय गणना करके उन्होंने बताया था कि पृथ्वी के घूर्णन में 23 घण्टे, 56 मिनट 4.1 सेकेंड का समय लगता है। आधुनिक काल में नवीनतम उपकरणों से जब उसकी गणना की गई तब घूर्णन की अवधि 23 घण्टे, 56 मिनट 4.091 सेकेंड पाई गई। इससे स्पष्ट है कि सीमित साधनों के बावजूद आर्यभट ने कितनी सटीक गणना की थी। उन्होंने समय की गणना की दो पद्धतियाँ बताईं—औदर्यका पद्धति और अर्द्धरात्रिका पद्धति। पहली सूर्योदय से सूर्यास्त तक और दूसरी अर्द्धरात्रि से अर्द्धरात्रि तक।

आर्यभट द्वारा प्रतिपादित भूभ्रमणवाद का सिद्धान्त भारतीय ज्योतिष के इतिहास का ही नहीं, बल्कि सम्पूर्ण भारतीय चिन्तन परम्परा का एक क्रान्तिकारी मोड़ था। यह सिद्धान्त भारत की श्रुति-स्मृति परम्परा के विपरीत था। स्वाभाविक रूप से आर्यभट के जीवनकाल में ही उनका विरोध शुरू हो गया था। उनके समकालीन वराहमिहीर (मृत्यु : 587 ई.) और उनके परवर्ती ब्रह्मगुप्त (597-668 ई.) जैसे

गणितज्ञों और ज्योतिषियों ने आर्यभट के भूभ्रमणवाद सिद्धान्त का विरोध किया। भास्कर प्रथम (सातवीं सदी ई.) ने आर्यभट को 'प्रभु' कहा है, अपने को उनका अनुयायी बताया है, आर्यभटीय की विषयवस्तु का विशद विवेचन किया है, किन्तु उनके भूभ्रमण सिद्धान्त को तारागण-भ्रमण सिद्धान्त में बदल दिया है। ऐसा इसलिए क्योंकि आर्यभट द्वारा प्रतिपादित सिद्धान्त भारतीय पुरोहित वर्ग के सामाजिक हितों के विरुद्ध था। यह सिद्धान्त वेदों (श्रुतियों) एवं धर्मशास्त्रों (स्मृतियों) में वर्णित मान्यताओं के एकदम विपरीत था। अथर्ववेद में पृथ्वी को 'ध्रुव' (यानी अटल) और 'प्रतिष्ठा' (यानी स्थिर) कहा गया है।[18] श्रुति-स्मृति परम्परा पृथ्वी को अचल मानती आई थी। आर्यभट ने पृथ्वी को भ्रमणशील बताकर, प्रकारान्तर से, भारत की श्रुति-स्मृति परम्परा की बुनियाद को हिलाकर रख दिया था।

गुप्तकाल में पुरोहित वर्ग की शक्तियाँ बढ़ गई थीं। पुरोहित वर्ग के सामाजिक वर्चस्व के कारण आर्यभट के किसी भी समकालीन या परवर्ती गणितज्ञ-ज्योतिषी को इतना साहस नहीं हुआ कि वह परम्परा-विरुद्ध इस नवीन सिद्धान्त को स्वीकार कर सके। यही कारण है कि 'आर्यभटीय' जैसे गणित-ज्योतिष के महान ग्रन्थ की हस्तलिखित प्रतियाँ धीरे-धीरे गायब हो गईं। आज तक उत्तरी भारत में उसकी एक भी हस्तलिखित प्रति उपलब्ध नहीं हो पाई है। उसकी तीन हस्तलिखित प्रतियाँ मिली भी हैं, तो दक्षिण भारत के केरल प्रदेश में।

1543 ई. में पोलैण्ड के खगोलविद कोपरनिकस ने कहा कि ब्रह्माण्ड के केन्द्र में सूर्य है, न कि पृथ्वी। आर्यभट्ट ने यह बात कोपरनिकस के 1044 वर्ष पहले ही बता दी थी। आज पूरी दुनिया आर्यभट के अवदान को मुक्तकण्ठ से स्वीकार करती है। उन्होंने त्रिभुज का क्षेत्रफल जानने का नियम निकाला, जिसके फलस्वरूप त्रिकोणमिति का जन्म हुआ। उन्होंने जिस त्रिकोणमितीय विधि को अपनाया वह यूनानियों की विधि की अपेक्षा अधिक उपयुक्त था। उन्होंने वर्ग और घनमूल निकालने के गणितीय नियमों का सूत्रपात भी किया, जो आज भी पूरी दुनिया में प्रयोग में लाए जाते हैं। सबसे पहले उन्होंने ही वृत्त की परिधि और उसके व्यास के अनुपात 'पाइ' का शुद्ध मान (3.1416) निकाला। उन्होंने नई वर्णांक पद्धति का प्रतिपादन करके गणित-ज्योतिष के सिद्धान्तों को सूत्र-शैली में प्रस्तुत किया, जिसको याद रखना आसान था।

800 ई. के आसपास 'जीज अल् अर्जबहर' नाम से 'आर्यभटीय' का अरबी भाषा में अनुवाद किया गया था। यह अनूदित ग्रन्थ उपलब्ध नहीं है। भारतीय अंक पद्धति को अरबों ने अपनाया और उसको पश्चिमी दुनिया में फैलाया। अंग्रेजी में भारतीय अंकमाला को अरबी अंक (अरेबियन न्यूमरल्स) कहते हैं, जबकि अरब

लोग इसको 'हिन्दसा' कहते आए हैं। इस रूप में हिन्दुस्तान के ऋण को अरब के लोग भूले नहीं हैं।

सदियों तक आर्यभट की रचना 'आर्यभटीय' लुप्तप्राय रही। 19वीं सदी ई. के अन्त तक भारत में कहीं भी आर्यभटीय का प्रकाशन नहीं हुआ था। उदयनारायण सिंह ने हेन्द्रिक केर्न द्वारा लाइडेन (नीदरलैण्ड) से प्रकाशित आर्यभटीय की एक मुद्रित प्रति प्राप्त करके उसका हिन्दी अनुवाद 1906 ई. में मधुरपुर (मुजफ्फरपुर, बिहार) से प्रकाशित किया।

आर्यभट एक मागध ब्राह्मण थे। स्वयं ब्राह्मण कुल में उत्पन्न हुए थे, परन्तु वे श्रुति, स्मृति एवं पुराणों की परम्परा के अन्धानुयायी नहीं थे। उन्होंने अपनी मौलिक प्रतिभा के बल पर यथार्थ ज्ञान का उद्धार किया। उन्होंने भारतीय विज्ञान को एक नई ऊँचाई दी। उनके द्वारा रचित 'आर्यभटीय' विशुद्ध विज्ञान का प्रथम भारतीय ग्रन्थ है। अप्रैल, 1975 ई. में अन्तरिक्ष में भेजे गए भारत के पहले उपग्रह को 'आर्यभट' नाम दिया गया था। इसके बाद ही जनसामान्य को प्राचीन भारत के इस महान वैज्ञानिक के बारे में व्यापक रूप से जानने-समझने का अवसर मिला। 1976 ई. में आर्यभट की 1500वीं जयन्ती धूमधाम से मनाई गई थी।

गद्यकवि बाणभट्ट

संस्कृत गद्य के आचार्य बाणभट्ट भी एक मागध ब्राह्मण थे। इस गद्यकवि का मूल नाम था—दक्षभट्ट। उनका जन्म छठी शताब्दी ई. के अन्त में मगध के वात्स्यायन-कुल में हुआ था। उनके पूर्वज बिहार के औरंगाबाद जिले में सोन (शोणभद्र) नदी के किनारे स्थित प्रीतिकूट के रहनेवाले थे। बाण के अनुसार सोन नदी के उस पार दो कोस (एक गव्यूति) हटकर च्यवनाश्रम था। मगध में स्थित होने क बावजूद च्यवन ऋषि का आश्रम पूरे आर्यावर्त में गरिमापूर्ण समझा जाता था। च्यवन के बाद उनके पुत्र दधीचि का आश्रम भी यहीं था। बाणभट्ट ने 'हर्षचरित' में कहा है कि यहीं दधीचि और सरस्वती के पुत्र सारस्वत ने अपने चचेरे भाई वत्स के लिए प्रीतिकूट नामक एक गाँव बसाया था। ब्राह्मणों की बस्ती होने के कारण प्रीतिकूट को ब्राह्मणाधिवास कहा गया है। वात्स्यायन-वंश को ब्रह्मक्षत्र कहा जाता है। 'विष्णु पुराण' में ब्राह्मण और क्षत्रिय के संयोग से उत्पन्न व्यक्ति या कुल को 'ब्रह्मक्षत्र' कहा गया है।

गम्भीर धारणाशक्ति और प्रखर जिज्ञासा बाणभट्ट का जन्मसिद्ध गुण था। इन दोनों गुणों के साथ ही घुमक्कड़ी के समन्वय से उनका व्यक्तित्व निर्मित हुआ था। वे महापण्डित जयन्तभट्ट (अर्थपति) के पौत्र थे। अर्थपति के ग्यारह पुत्रों में से एक

थे पण्डित चित्रभानु भट्ट। बाण इन्हीं चित्रभानु और राजदेवी के पुत्र थे। उनका घर वेदों का अध्ययन करनेवाले विद्यार्थियों से भरा रहता था। कहते हैं कि उनके घर की शुक-सारिकाएँ भी शुद्ध संस्कृत में मन्त्रोच्चारण करती थीं। घर में विद्या अध्ययन के लिए इतना अनुकूल वातावरण होने के बावजूद दक्ष का मन गप्प करने और घुमक्कड़ी में ही लगा रहता था। मात्र चौदह वर्ष की अवस्था में पिता का साया उनके सिर से उठ गया। माँ पहले ही स्वर्ग सिधार गई थीं। तब उनके चचेरे भाई उडुपति भट्ट (तारापति) उनका ध्यान रखते थे। बाणभट्ट के गुरु का नाम भर्वुशर्मा था। 'कादम्बरी' के आरम्भ में उन्होंने अपने गुरु भर्वुशर्मा की स्तुति की है।

किशोरावस्था में अपनी आदत से मजबूर होकर एक दिन वे अपने घर से निकल भागे। दक्ष के साथ उनके गाँव के कुछ अन्य लड़के भी थे। अपने कार्य-व्यवहार के कारण दक्ष अपने इलाके में बहुत बदनाम हो गए थे। लोग उनको 'बण्ड'[19] कहने लगे थे।

घुमक्कड़ी के दौर में वे इधर-उधर भटकते रहे। कभी नट का काम किया, कभी पुतलियों का नाच दिखाया और कभी नाट्य-मण्डली बनाई। इसी दौरान उन्होंने अपने नाम का सुसंस्कार करके बण्ड से 'बाण' कर लिया। अब उनको बाणभट्ट कहा जाने लगा। भटकते-भटकते एक बार वे श्रीकण्ठ जनपद की राजधानी स्थाण्वीश्वर (स्थानेश्वर या थानेसर) पहुँच गए। स्थानेश्वर उस समय शिक्षा, शिल्प और कला का महत्त्वपूर्ण केन्द्र था। उस नगर का वर्णन करते हुए बाण ने लिखा है—"नर्तकों के लिए वह नगर संगीतशाला था। विद्यार्थियों के लिए गुरुकुल, गायकों के लिए गन्धर्व-नगर और वैज्ञानिकों के लिए विश्वकर्मा का मन्दिर था।"[20]

वहाँ के विद्यानुरागी सम्राट हर्षवर्द्धन (590-647 ई.) उनकी प्रतिभा से प्रभावित हुए। बाणभट्ट आगे चलकर हर्ष के दरबार के मुख्य कवि बन गए। ग्यारहवीं शताब्दी ई. के कवि सोड्ढल ने अपने ग्रन्थ 'उदयसुन्दरी कथा' में श्रीहर्ष को महाकवि, 'गीर्हर्ष' (अर्थात वाणी का आनन्द) और महादानी कहा है। उस ग्रन्थ में यह भी कहा गया है कि हर्ष द्वारा बाणभट्ट को पुरस्कारस्वरूप एक सौ करोड़ स्वर्ण मुद्राएँ दी गई थीं-

गीर्हर्ष एष निजसंसदि येन राज्ञा
सम्पूजित: कनककोटिशतेन बाण: ।।

बाण की कृतियों में 'हर्षचरित' और 'कादम्बरी' प्रसिद्ध हैं। ये दो ग्रन्थ भारतीय इतिहास की सांस्कृतिक सामग्री के लिए अमृत के झरने हैं, क्योंकि सौभाग्य से बाण का समय निश्चित है इसलिए यह साक्षी और भी अधिक मूल्यवान है।[21]

'हर्षचरित' से हर्षकालीन भारत (606-647 ई.) के इतिहास और हर्ष के आरम्भिक शासनकाल पर पर्याप्त प्रकाश पड़ता है। हर्षचरित एक भावप्रधान जीवनी है। इसमें सम्राट हर्ष की सेना के अभियान के कारण होनेवाले विनाश और लोगों की दुर्दशा का वर्णन किया गया है। बाण ने अपने समकालीन समाज के बारे में कुछ व्यंग्यात्मक टिप्पणियाँ की हैं—"जिसमें अभिमान न हो ऐसा अधिकारी, जिसमें अभिलाषा न हो ऐसा द्विजाति (ब्राह्मण, क्षत्रिय, वैश्य), जिसमें क्रोध न हो ऐसा मुनि, जिसमें द्वेष न हो ऐसा कवि, जो बेईमान न हो ऐसा वणिक, जो दुष्ट और धोखेबाज न हो ऐसा धनी, जो ब्राह्मणद्वेषी न हो ऐसा पाराशरी भिक्षु, जो भीख न माँगता हो ऐसा परिव्राट (पाशुपत साधु), जो सत्यवादी हो ऐसा अमात्य और जो उद्दण्ड न हो ऐसा राजकुमार संसार में दुर्लभ है।"

संस्कृत साहित्य में बाणभट्ट की गणना कालिदास, भारवि और माघ के साथ की जाती है। संस्कृत साहित्य में बाण अपने 'शब्दाडम्बर' के लिए प्रसिद्ध हैं। 'कादम्बरी' संस्कृत साहित्य का एक श्रेष्ठ गद्य ग्रन्थ है। कादम्बरी इस ग्रन्थ की नायिका का नाम है। कादम्बरी को पूरा करने से पहले ही बाण का निधन हो गया। फिर उनके पुत्र पुलिन्द (या भूषणभट्ट) ने इस अधूरे ग्रन्थ को पूरा किया।

बाणभट्ट के ससुर थे मयूरभट्ट। मयूरभट्ट को भी हर्ष का राजाश्रय प्राप्त था। बाण ने हर्षचरित', कादम्बरी एवं 'चण्डीशतक' की रचना की और मयूरभट्ट ने सूर्यशतक (या मयूरशतक) एवं 'आर्यमुक्तमाल' की।

एक बार मयूरभट्ट अपनी बेटी और दामाद से मिलने के लिए निकले, लेकिन वहाँ पहुँचते-पहुँचते रात हो गई। रात हो गई थी और द्वार बन्द था, इसलिए वे घर के बाहर ही पड़े रहे। संयोगवश उस रात को बाण की पत्नी (मयूर की पुत्री) रूठी हुई थी। बाण अपनी मानवती भार्या को मनाते-मनाते थक गए, लेकिन वह नहीं मानी। बाण ने हाथ जोंड़े, पैरों पड़े, विनती की, लेकिन वह रूठी ही रही। रात बीतने को आई। बाणभट्ट वैसे तो गद्य में निपुण थे, किन्तु जब गद्यात्मक मनुहार से काम नहीं बना तब उन्होंने पद्य में मनाने का प्रयास किया-

गतप्राया रात्रिः कृशतनु शशी सीदत इव।
प्रदीपोऽयं निद्रावशमुपगतः घूर्णितशिराः।।
प्रणामान्तो मानस्तदपि न जहासि क्रोधमहो-

(अर्थात् : हे कृशतनु, रात लगभग बीत गई है, चन्द्रमा भी कष्ट-सा पाने लगा है, इस दीपक को भी नींद आने लगी है और वह ऊँघने लगा है। सुन्दरियों का मान प्रणामान्त होता है, यानी प्रेमी द्वारा प्रिया के पैरों पर पड़ते ही उनका मान खत्म हो

जाता है। परन्तु मेरे द्वारा इतनी खुशामद करने के बावजूद तुम रूठी हुई हो, यह आश्चर्यजनक है।)

बाणभट्ट मूलतः गद्यकार थे। श्लोक को तीन चरणों तक तो निबाह ले गए, किन्तु चौथे चरण में वे अटक गए। बार-बार तीसरे चरण को दुहरा रहे थे। आगे कुछ सूझ ही नहीं रहा था। घर के बाहर पड़े श्वसुर माने हुए कवि तो थे ही, समस्यापूर्ति में निपुण भी थे। जब चार बार प्रयास करने के बाद भी बाण अगला चरण नहीं जोड़ पाये, तो झुँझलाहट में मयूरभट्ट बाहर से बोल उठे-

कुचप्रत्यासत्या कठिनमपि ते चण्डि हृदयम्।।

(अर्थात् : हे क्रोधमयी, चण्डि-रूप-धारिणी, कठोर वक्षस्थल के निकट रहने के कारण तुम्हारा हृदय भी एकदम कठोर हो गया है।)

अवसर पाकर मयूरभट्ट ने समस्यापूर्ति तो कर दी, लेकिन बाण की पत्नी को यह बात बहुत बुरी लगी। किसी पिता द्वारा अपनी पुत्री के लिए कही गई ऐसी बात अशोभनीय थी। स्वभावतः बाण की पत्नी ने अपने पिता को कुष्ठरोगी होने का शाप दे दिया। कहते हैं कि बाद में 'सूर्यशतक' की रचना करने के बाद मयूरभट्ट का कुष्ठ रोग दूर हुआ।

'द्वितीय बुद्ध' : सरहपाद

भारतीय धर्म-परम्परा में शैव योगियों के लिए 'नाथ' और बौद्ध तन्त्र-साधकों के लिए 'सिद्ध' शब्द प्रचलित रहा है। भारतीय परम्परा में नौ नाथ और चौरासी सिद्ध हुए हैं। 'सिद्धों' का सम्बन्ध बौद्ध धर्म की महायान शाखा की वज्रयान परम्परा से रहा है। इन सिद्ध आचार्यों ने साहित्य की साधना भी की। 84 सिद्धों में से सभी योगी मूलतः आचार्य थे; और योगसाधना के बल पर उन्होंने कई प्रकार की अलौकिक शक्तियाँ प्राप्त कर ली थीं। इन तान्त्रिक सिद्धों द्वारा रचे गए साहित्य को भारतीय साहित्य परम्परा में 'सिद्ध साहित्य' कहा गया है। इन 84 सिद्ध आचार्यों में से 15 ब्राह्मण, 20 क्षत्रिय, 6 वैश्य, 2 कायस्थ, 32 शूद्र और 9 तथाकथित अस्पृश्य जातियों में उत्पन्न हुए थे। इससे स्पष्ट है कि सिद्ध-परम्परा के विकास में समाज के सभी वर्गों का योगदान था।

नाथपन्थी योगियों में जो स्थान गोरखनाथ को प्राप्त है, सिद्ध-योगियों में वही स्थान सरहपा (सरहपाद) को प्राप्त है। सरहपाद का जन्म आठवीं सदी ई. में नालन्दा में हुआ था। सरहपाद को 'द्वितीय बुद्ध' कहा जाता है। राहुल सांकृत्यायन ने सरहपाद को 'हिन्दी काव्य का जनक' कहा है। आगे चलकर हिन्दी के निर्गुनियाँ सन्तों ने जातिप्रथा, पुरोहितवाद, ब्राह्मणवाद और बाह्याचार का जो उपहास किया,

उसकी भूमिका सिद्धों ने ही तैयार की थी। सरहपाद ने तत्कालीन सभी प्रमुख धार्मिक सम्प्रदायों--ब्राह्मण, बौद्ध, जैन और पाशुपत--के बाह्याचारों की निन्दा की। उन्होंने किसी धर्म या सम्प्रदाय की नहीं, केवल उनमें प्रचलित बाह्याचारों की निन्दा की। वे कहते थे कि ब्राह्मण परमार्थ का रहस्य जाने बिना वेदों को झूठ-मूठ पढ़ते रहते हैं। दिगम्बर जैनियों को लक्ष्य करके उन्होंने कहा था कि यदि नग्नता से मोक्ष मिलता तो श्वान और शृगाल भी मोक्ष पा जाते। तन्त्र-मन्त्र को उन्होंने भ्रम फैलानेवाला उपकरण कहा। वे जीवन में भोग को त्याज्य नहीं मानते थे, लेकिन आसक्ति के विरोधी थे। उनका मानना था कि चूँकि संसार सहज आनन्द से भरा हुआ है इसलिए नाचने, गाने और विलास करने में कोई हर्ज नहीं है। लेकिन यह चेतावनी भी दी कि विषयों में रमण करने के बावजूद उसमें लिप्त हो जाना अनुचित है। उन्होंने महासुख और भोग में योग (समाधि) की शिक्षा दी थी।

मध्यकालीन धर्म-साधना के उस दौर में सरहपाद के विचार अतुलनीय थे। ''वह ब्राह्मण, फिर शास्त्रों को पढ़कर महान पण्डित, फिर नालन्दा में आचार्य की गद्दी पर बैठे अध्यापक और राजामात्यों द्वारा सम्मानित थे। अपने आसपास का जीवन कृत्रिम मालूम हुआ। इस जाल को तोड़ने में उन्होंने जरा भी दया-माया नहीं दिखाई। काषाय वस्त्र को दूर फेंका—इतना भी पर्याप्त नहीं था। ..... बाण बनानेवाली एक अलग जाति थी, जिसे सरहा कहते थे। एक सरहा की लड़की उन्होंने ली और सरहों की तरह बाण बनाते इधर से उधर घूमने लगे। ... लोग उनको पामर समझते, इससे उन्हें प्रसन्नता थी। उन्होंने कृत्रिम जीवन, जंजाल को तोड़ लिया, पर यह पर्याप्त न था! वह दूसरों को भी जंजाल तोड़कों में शामिल करना चाहते थे। इसलिए अपने सहजयान की घोषणा दोहों और चौपाइयों में करनी शुरू की। वह हरेक क्षेत्र में मनुष्य के जीवन को सहज बनाने के पक्षपाती थे।''[22]

दोहा और चौपाई छन्द सबसे पहले सरहपाद की कृतियों में ही मिलते हैं। उनकी कृतियों में दो-दो, चार-चार चौपाइयों (अर्धालियों) के बाद दोहा लिखने की प्रथा पाई जाती है। सरहपा बाद में आन्ध्र प्रदेश के गुण्टूर जिले में स्थित श्रीपर्वत पर चले गए। उनके प्रधान शिष्य शबरपा थे, जो नौवीं सदी ई. के आरम्भ में विक्रमशिला में रहते थे।

चौरासी सिद्धों में से 35 बिहार की धरती पर ही पैदा हुए थे। ये सभी सहजयानी सम्प्रदाय के बौद्ध थे। इन तान्त्रिक सिद्ध-आचार्यों ने 'सहजयान' नामक एक सामाजिक-धार्मिक आन्दोलन चलाया। यह आन्दोलन पूर्व-मध्यकाल में बहुत विकसित हुआ और इसने एक जन-आन्दोलन का रूप धारण कर लिया। सहजयान आन्दोलन की मुख्य विशेषता यह थी कि इसमें धार्मिक बाह्याडम्बरों का निषेध

किया गया और धर्म को लेकर एक बुद्धिवादी दृष्टिकोण अपनाया गया। अपनी काव्यात्मक प्रतिभा के आधार पर सरहपाद को उन सब में अग्रगण्य माना गया है।

84 सहजयानी सिद्धों के नाम निम्नवत हैं—लूहिपा, लीलापा, विरूपा, डोम्भीपा, शबरीपा, सरहपा, कंकालीपा, मीनपा, गोरक्षपा, चौरंगीपा, वीणापा, शांतिपा, तन्तिपा, चमरिपा, खड्गपा, नागार्जुन, कण्हपा, कर्णरिपा (आर्यदेव), थगनपा, नारोपा, शलिपा (शीलपा), तिलोपा, छत्रपा, दोखन्धिपा (द्विखण्डिपाद), अजोगिपा, कालपा, घोम्भिपा, कंकणपा, कमरिपा, डेंगिपा, भदेपा, तन्धेपा, कुकुरिपा, कुचिपा (कुसूलिपा), धर्मपा, महीपा, अचिन्तिपा, भलहपा (भवपा), इन्द्रभूति, मेकोपा, कुड़ालिपा, कमरिपा, जालन्धरपा, राहुलपा, धर्मरिपा, धोकरिपा, मेदनीपा, पंकजपा, घण्टा (वज्रघण्टा), जोगीपा (अजोगिपा), चेलूकपा, गुण्डरिपा (गोरुपा), लुपिकपा, निर्गुणपा, जयानन्त, चर्पटापा (पचरीपा), चम्पकपा, भिखनपा, भलिपा, चवरि, मणिभद्रा, मेखलापा, कनखलापा, कलकलपा, कन्ताली, धहुलि, उधनि, कपालपा (कमलपाद), किलपा, सागरपा, सर्वभक्षपा, नागबोधिपा, दारिकपा, पुतुलिपा, पनहपा, कोकालिपा, अनंगपा, लक्ष्मीकरा, समुद्रपा और भलिपा (व्यालि)। इस सूची में 63वें सिद्ध का नाम अंकित नहीं है।

सन्दर्भ और टिप्पणी

1. सुयेनच्वांग की भारतयात्रा, अनुवादक : जगमोहन वर्मा, पृ. 111-112
2. डॉ. हीरानन्द शास्त्री, 'नालन्दा', पृ. 4; मैनेजर ऑफ पब्लिकेशन्स, देहली; 1938 ई.।
3. "To the south of the monastery there was a tank in which the dragon or Naga, Nalanda, was said to dwell, and the place was accordingly named after him, Nalanda. There still exists to the south of the ruined monastery a small tank called Kargidya Pokhar, that answers exactly to the position of the Nalanda tank, and which is therefore, in all probability, the identical pool of the Naga.

   I cannot close this account of the ancient Nalanda without mentioning the noble tanks which surrounded the ruins on all sides. To the north-east are the Gidi Pokhar and the Pansokar Pokhar, each nearly one mile in length; while to the south there is the Indrą Pokhar, which is nearly half a mile in length. The remaining tanks are much smaller in size, and do not require any special notice. " (Alexander Cunningham, The Ancient Geography of India, page no. 396-397)
4. डॉ. हीरानन्द शास्त्री, 'नालन्दा', पृ. 1-2; मैनेजर ऑफ पब्लिकेशन्स, देहली; 1938 ई.।
5. डॉ. गोविन्द चन्द्र पाण्डेय, बौद्ध धर्म के विकास का इतिहास, पृ. 106
6. गिरीश चन्द्र सिंह का लेख, 'प्राग्धारा' पत्रिका, अंक 1, 1990-91
7. "Due north from Rajgir and 7 miles distant lies the village of Baragaon, which is quite surrounded by ancient tanks and ruined mounds, and which posseses finer and more numerous specimens of sculpture than any other place I visited. The ruins of Baragaon are so immense, that Dr. Buchanan was convinced it must have been the

usual residence of the king; and he was informed by a Jain priest at Bihar, that it was the residence of Raja Srenika and his ancestors. By the Brahmans these ruins are said to be the remains of Kundilpur, a city famed as the birthplace of Rukmini, one of the wives of Krishna, But as Rukmini was the daughter of Raja Bhishma, of Vidarbha, or Berar, it seems probable that the Brahmans have mistaken Berar for Bihar, which is only 7 miles distant from Baragaon. I therefore doubt the truth of this Brahmanical tradition, more especially as I can show beyond all doubt that the remains at Baragaon are the ruins of Nalanda, the most famous seat of Buddhist learning in all India." (A. Cunningham, The Ancient Geography of India, 1st edition, 1963; page no. 395)

8. प्रो. अनन्त सदाशिव अलतेकर, 'प्राचीन भारतीय शिक्षण पद्धति', पृ. 1; अनुराग प्रकाशन, वाराणसी
9. किसी संस्था में अलग-अलग उद्देश्य से बनवाए गए विशेष कक्ष को 'प्रकोष्ठ' कहते हैं।
10. 'रवींद्रनाथ के निबंध' भाग-1; हिंदी अनुवादक: विश्वनाथ नरवने में 'विश्वविद्यालय का रूप' शीर्षक निबंध; पृ. 311; साहित्य अकादमी, नई दिल्ली; 1964 ई.।
11. 'रवींद्रनाथ के निबंध' भाग-1; हिंदी अनुवादक: विश्वनाथ नरवने में 'विश्वविद्यालय का रूप' शीर्षक निबंध; पृ. 308-311; साहित्य अकादमी, नई दिल्ली; 1964 ई.।
12. प्रो. अनन्त सदाशिव अलतेकर, 'प्राचीन भारतीय शिक्षण पद्धति', पृ. 87; अनुराग प्रकाशन, वाराणसी
13. वही, पृ. 87
14. राहुल सांकृत्यायन, 'गंगा' का पुरातत्त्वांक, पृ. 258
15. श्रूयते हि पाटलिपुत्रे शास्त्रकारपरीक्षा। अत्रोपवर्षवर्षाविह पाणिनिपिंगलाविह व्याडि:। वररुचिपतंजली इह परीक्षिता: ख्यातिमुपग्मु:। (राजशेखर, काव्य मीमांसा)
16. वासुदेवशरण अग्रवाल कृत 'पाणिनीकालीन भारतवर्ष' पृ. सं. 24 पर उद्धृत; चौखम्बा विद्याभवन, वाराणसी; 2014 ई.।
17. वही, पृ. सं. 17 पर उद्धृत
18. ध्रुवेयं विराण्नमो अस्त्वस्यै शिवा पुत्रेभ्य उप मह्यमस्तु। (अथर्ववेद, 12/3/3) अर्थात—यह वरणीय और अखण्डनीया पृथ्वी अटल और विराट है।
19 मगध की बोली मगही में पूँछ-कटे बैल को 'बण्ड' कहते हैं। पूँछ-कटा बैल नंगा दिखता है। नंगे को मगही में लंगटा कहते हैं। लेकिन उस व्यक्ति को भी 'लंगटा' कहते हैं, जो किसी से अकारण उलझ जाए। बहरहाल, यहाँ बाणभट्ट को 'लंगटा' के अर्थ में ही बण्ड कहा गया है। बचपन में वे किसी से भी उलझ जाते होंगे।
20. हर्षचरित, तीसरा उच्छवास
21. वासुदेवशरण अग्रवाल, 'हर्षचरित : एक सांस्कृतिक अध्ययन', पृ. 2; बिहार राष्ट्रभाषा परिषद, पटना; 1953 ई.।
22. राहुल सांकृत्यायन, 'महामानव बुद्ध', पृ. 176

अध्याय 20

मगध में धर्म और आस्था

मगध धर्म और आस्था की पवित्र भूमि है। महाभारत के अनुसार 'गायत्री' का उत्थान मगध में ही हुआ था। गायत्री को वैदिक पूजा पद्धति की आधारशिला माना जा सकता है। पतंजलि के 'महाभाष्य' के अनुसार उस समय कश्यप की मूर्ति की पूजा की जाती थी। इस बात का संकेत 'सरूपाणामेकशेष-एकविभक्तौ' (1/2/64) सूत्र के भाष्य से मिलता है। वरुण और विष्णु को भी कश्यप कहा गया है। कहते हैं कि परशुराम ने क्षत्रियों का संहार करके अश्वमेध करने के बाद यह पृथ्वी कश्यप को दान कर दी थी। इसीलिए पृथ्वी को 'काश्यपी देवी' भी कहते हैं। पतंजलि के समय में वैश्रवण (कुबेर) की पूजा होती थी। (महाभाष्य 2/2/34)

पतंजलि के अनुसार उस समय शिव-भक्ति का सबसे अधिक प्रचार था। शिव के उपासकों का अपना स्वतन्त्र सम्प्रदाय बन चुका था और वे 'शिवभागवत' कहलाते थे। वे लोग शिव-चिह्न के रूप में अपने पास त्रिशूल रखते थे। 'महाभाष्य' में उसको 'अय शूल' कहा गया है। त्रिशूल रखनेवाले 'आय शूलिक' कहे जाते थे।[1] 'महाभाष्य' के अनुसार शिव के साथ ही स्कन्द और विशाख की पूजा भी प्रचलित थी।

देवताओं के स्थान को 'महाभाष्य' के एक उद्धरण में 'प्रासाद' कहा गया है। देवगृह के रूप में 'मन्दिर' शब्द का प्रयोग उसमें नहीं हुआ है। इस अर्थ में 'प्रासाद' शब्द का प्रयोग भी मात्र एक बार हुआ है। इससे प्रतीत होता है कि पतंजलि का काल वैदिक-कर्मकाण्डों का काल था। भक्ति की शुरुआत हो रही थी और यज्ञशालाओं की तुलना में मन्दिरों की संख्या नगण्य थी।[2]

देवमह

पतंजलि के अनुसार देवताओं के उत्सव मनाने की प्रथा थी। उत्सवों को 'मह' कहते थे; और उत्सव मनाने के लिए एकत्र समाज को 'ससद्' कहा जाता था।

'महाभाष्य' में धनपति (कुबेर), राम और केशव के मन्दिर के उत्सव में मृदंग, शंख और पणव बजने का उल्लेख किया गया है। गंगा और इन्द्र के लिए होनेवाले 'मह' का उल्लेख भी किया गया है। इस महों को 'कृत्य' भी कहा जाता था।

पटना की अधिष्ठात्री देवी : पटनदेवी

एक बार दक्ष प्रजापति ने अपनी राजधानी कनखल (हरिद्वार) में एक यज्ञ का आयोजन किया। वे अपने दामाद महादेव शिव से रुष्ट थे। इसलिए जानबूझ कर उन्होंने अपने दामाद को उसमें निमन्त्रित नहीं किया। शिव को यह बात बुरी लगी। परन्तु सती ने शिव को यह कहते हुए मनाया कि घरवालों को निमन्त्रण की क्या आवश्यकता है! सती के आग्रह के बाद शिव बिना निमन्त्रण के ही अपनी ससुराल पहुँच गए। वहाँ प्रजापति ने न तो उनका यथोचित सत्कार किया और न ही उनको उचित आसन ही दिया।

अपने पिता दक्ष प्रजापति द्वारा अपने पति के इस अपमान से आहत होकर सती ने यज्ञकुण्ड में कूदकर अपने प्राण त्याग दिए। चारों ओर हाहाकार मच गया। क्रोध से उन्मत्त होकर शिव ने सती की मृत देह को लेकर ताण्डव करना शुरू कर दिया। उनका क्रोध प्रचण्डतर होता जा रहा था। लगा मानो पूरी सृष्टि ही नष्ट हो जाएगी। विष्णु ने यह सोचा कि जब तक शिव के हाथों में सती की पार्थिव देह है, उनकी क्रोधाग्नि को शान्त कर पाना सम्भव नहीं है। तब उन्होंने अपने सुदर्शन चक्र से सती के शव के अंगों को काटना शुरू किया।

शंकर ताण्डव कर रहे थे और इधर सती के अंग कट-कटकर धरती पर गिर रहे थे। उस दौरान पाटलिपुत्र में सती की दक्षिणी जंघा कटकर गिरी थी। उसी स्थान पर पटनदेवी का मन्दिर स्थित है जो भारत में स्थित 51 शक्तिपीठों में से एक है।

शक्तिपीठों की कुल संख्या को लेकर शास्त्रकारों में मतभेद है। 'कुब्जिकातन्त्र' में 42 पीठों की सूची है, 'ज्ञानर्नवतन्त्र' में 30 पीठों की सूची है और 'तन्त्रसार' में 51 पीठों की सूची है। 'तन्त्रचूड़ामणि' के एक भाग 'पीठनिर्णय' में भी 51 पीठों को सूचीबद्ध किया गया है। यही सूची मान्य है।

पटनदेवी के नाम पर ही पाटलिपुत्र नगर का आधुनिक नाम पटना प्रचलित हुआ है। पटनदेवी पटना नगर की अधिष्ठात्री देवी हैं। 'तन्त्र चूड़ामणि' नामक ग्रन्थ के अनुसार :

मागधे दक्ष जन्घ्या मे व्योमकेशस्तु भैरवः।
सर्वानन्द करी देवी सर्वानन्द फलप्रदा।।

बिहार बौद्ध धर्म की वज्रयान शाखा का गढ़ रहा है। पाल राजाओं का काल बौद्ध धर्म की तन्त्रयान शाखा के लिए महत्त्वपूर्ण था। परन्तु बिहार में वैष्णव मत निरन्तर फलता-फूलता रहा। बौद्धों के मन्त्रयान सम्प्रदाय की अन्तिम शाखा सहजयान ही आगे चलकर 'वैष्णव सहजिया' के नाम से प्रसिद्ध हुई। चैतन्य (या गौड़ीय) सम्प्रदाय के संस्थापक चैतन्य महाप्रभु (1485-1533 ई.) 'वैष्णव सहजिया' परम्परा में ही उत्पन्न हुए थे।

मगध ने कई धार्मिक सम्प्रदायों का पोषण किया है। अपनी आन्तरिक शक्ति और जिजीविषा के अनुसार वे सब फले-फूले और बाद में उनमें से कुछ आन्तरिक ऊर्जा के ह्रास के कारण नष्ट भी हो गए। लोकायतों का अल्पसंख्यक अ-बौद्ध सम्प्रदाय और शाक्य देवदत्त के बौद्धसम अनुयायियों का सम्प्रदाय मगध में कम-से-कम सातवीं सदी ई. तक जीवित रहे।

श्राद्धभूमि गया

गया गौतम बुद्ध के संबोधि-स्थल तथा हिंदुओं के प्राचीन तीर्थ के रूप में सदा से प्रसिद्ध रहा है। विष्णुपुराण में गया को गुप्तवंशीय सम्राटों के राज्याधीन बताया गया है-'अनुगंगां प्रयागं गयायाश्च मागधाः गुप्ताश्च भोक्ष्यन्ति।'' (वि.पु., 4/24/63) 'भागवत पुराण' के अनुसार त्रेता युग में राजा सुद्युम्न के पुत्र गय ने गया नगर की स्थापना की थी। परन्तु वायु पुराण में वर्णित कथा के अनुसार गय एक असुर था, जिसने तपस्या से सिद्धि प्राप्त कर ली थी। प्राप्त सिद्धि के कारण उसको देखने तथा उसका स्पर्श करनेवाले लोग स्वर्ग जाने के अधिकारी बन गए। इसके कारण यमराज और अन्य देवताओं को चिन्ता हुई। भगवान विष्णु के कहने पर गयासुर ने गया नगर में प्राणोत्सर्ग कर दिया। इस बात से प्रसन्न होकर विष्णु ने वरदान दिया कि यह स्थान संसार में सबसे पवित्र होगा, यहाँ देवताओं का वास होगा और यह भूमि गया क्षेत्र के नाम से प्रसिद्ध होगी। विष्णु ने यह भी वरदान दिया कि जो भी यहाँ दाह-क्रिया या पिण्डदान करेगा, वह अपने पूर्वजों के साथ ब्रह्मलोक जाने का अधिकारी होगा। स्वाभाविक रूप से गया हिन्दुओं के एक महत्त्वपूर्ण तीर्थ के रूप में प्रसिद्ध हुआ। महाभारत में एक पावन तीर्थ के रूप में गया का वर्णन किया गया है।

ततो गया समसाद्य ब्रह्मचारी समाहितः।
अश्वमेधमवाप्नोति कुलं चैव समुद्धरेत।। (महा., वनपर्व, 84/82)

अश्वघोष (पहली सदी ई.) ने 'बुद्धचरित' में राजर्षि गय की नगरी के रूप में गया का उल्लेख किया है—

ततो हित्वाश्रमं तस्य श्रेयोऽर्थीकृतनिश्चय:।
भेजे गयस्य राजर्षि नगरी संज्ञमाश्रमम्।। (बु. च., 12/89)

गया हिन्दू धर्मावलम्बियों के पितरों की श्राद्ध-भूमि है। 'वायु पुराण' के अनुसार गया में किया गया श्राद्ध मोक्षदायक होता है। 'वायु पुराण' में यह भी कहा गया है कि जिन पितरों का निधन कीकट आदि (अपावन) देशों में हुआ हो उनके उद्धार के लिए गया तीर्थ में जाकर श्राद्ध करना चाहिए। (कीकटादिमृतानांच पितृणां तारणाय च।) नरक से त्रस्त होकर पितृगण यह अपेक्षा करते हैं कि उनका पुत्र गया तीर्थ जाकर उनका श्राद्ध करे ताकि वे भव-सागर को पार कर सकें।

कांक्षन्ति पितर: पुत्रान्नरकभयाद्भीरव:।
गयां यास्यति य: पुत्र: स नस्त्राता भविष्यति।

(वायुपुराण, 105/8-9)

वायु, ब्रह्माण्ड एवं विष्णु पुराण के अतिरिक्त 'विष्णु धर्मसूत्र' में भी कहा गया है कि पितृगण अपने पुत्रों से गया तीर्थ जाकर पिण्डदान करने की अपेक्षा करते हैं। 'वायु पुराण' में कहा गया है कि गया में विद्यमान वैतरणी में स्नान करके गोदान करने से श्राद्धकर्ता की इक्कीस पीढ़ियों का उद्धार होता है। 'वायु पुराण' के अनुसार गया में श्राद्ध करने से ब्रह्महत्या, मदिरापान, चोरी, गुरुभार्या-समागम और पापात्माओं के संसर्ग से उत्पन्न होनेवाले सभी पाप कट जाते हैं।

हिन्दू शास्त्रों के अनुसार भगवान विष्णु के हजार नाम हैं। वैष्णवों को देश के विभिन्न तीर्थों पर उनके अलग-अलग नामों का जप-ध्यान करना चाहिए। गया में विष्णु के 'गदाधर' नाम का जप-ध्यान अपेक्षित है—

प्रयागे माधवंचैव गयायांतु गदाधरम्।
गंगासागरमे विष्णु चित्रकूटेतु राघवम्।।

गया भारत का एक प्रमुख और मगध का सर्वप्रमुख तीर्थस्थान है। गया को यह महत्त्व विष्णुपद के कारण ही मिला है। 'महाभारत' में 'सावित्र्यास्तु पदम्' का उल्लेख हुआ है। द्वादश आदित्यों में विष्णु भी सम्मिलित हैं। यानी यहाँ प्रयुक्त सावित्री शब्द विष्णु का पर्यायवाची है। 'सावित्र्यास्तु पदम्' अर्थात विष्णुपदम्। यास्क ने 'त्रेधा निदधे पदं' की व्याख्या करते हुए कहा है कि उदय होने पर विष्णु (सूर्य) का एक पद (पैर) गया के विष्णुपद पर रहता था। इससे पता चलता है कि उस समय गया को आर्यावर्त की पूर्वी सीमा माना जाता था।

'रामायण' में सिद्धाश्रम से मिथिला जाने के रास्ते में विश्वामित्र राम को बताते हैं कि पूर्वकाल में कुश नामक एक राजा थे। वे ब्रह्मा के पुत्र थे। कुश का विवाह

विदर्भ की राजकुमारी के साथ हुआ था। कुश के चार पुत्र हुए—कुशाम्ब, कुशनाभ, असूर्तरजस और वसु। असूर्तरजस को अमूर्तिरजस भी कहा गया है। 'महाभारत' के अनुसार इनका नाम 'अमूर्तरयस' या 'अमूर्तरया' था। पिता की आज्ञा के बाद उन चारों ने अपने-अपने लिए एक-एक नगर की स्थापना की। कुशाम्ब ने कौशाम्बी नामक नगर बसाया, कुशनाभ ने महोदय नामक नगर बसाया, वसु ने गिरिव्रज नामक नगर बसाया और असूर्तरजस ने धर्मारण्य नामक नगर की स्थापना की।

कुशस्य वचनं श्रुत्वा चत्वारो लोकसत्तमाः।
निवेशं चक्रिरे सर्वे पुराणां नृवसास्तदा।।

(वा. रामायण; बालकाण्ड, 32/5)

असूर्तरजसो नाम धर्मारण्यं महामतिः।
चक्रे पुरवरं राजा वसुनाम गिरिव्रजम्।।

(वा. रामायण; बालकाण्ड, 32/7)

यह नगर धर्मारण्य नामक तीर्थभूत वन में था, जो गया के आसपास का प्रदेश है। महाभारत में पांडवों की तीर्थ-यात्रा के प्रसंग में गया का उल्लेख है--' 'ततो महीधरं जग्मुर्धर्मज्ञेनाभि संस्कृतम्, राजर्षिणा पुण्यकृता गयेनानुपपद्यते। (महाभारत, वनपर्व, 95/9)।'' इससे यह पता चलता है कि 'अमूर्तरया' के पुत्र राजर्षि गय के नाम पर ही गया का नामकरण हुआ था। महाभारत के अगले श्लोक में गयशिर की पहाड़ी का उल्लेख है, जो विष्णुपद पर्वत है। पुराणों की कथा के अनुसार गया, गयासुर नामक राक्षस का निवासस्थान था। विष्णु ने उसे यहाँ से निकाल दिया था। संभव है इस क्षेत्र में अनार्य लोगों का निवास रहा हो।

'महाभारत' के वनपर्व में गया के ब्रह्मसरोवर को धर्मारण्य से सुशोभित बताया गया है। धर्मारण्य में पितृ-पूजन की विशेष महत्ता बताई गई है। स्कन्दपुराण के धर्मारण्य खण्ड के अनुसार साक्षात धर्म (यमराज) ने यहाँ तपस्या की थी इसलिए यह स्थान धर्मारण्य के नाम से प्रसिद्ध हुआ। जबकि महाभारत में युधिष्ठिर द्वारा चातुर्मास्य यज्ञ किए जाने के कारण इसका नाम धर्मारण्य होने की बात कही गई है। स्कन्द पुराण के अनुसार 'यह धर्मारण्य पृथ्वी रूपी नववधू गृहिणी के ललाट का देदीप्यमान तिलक है।'

गया में फल्गु नदी के किनारे छठी शताब्दी ई. में 'विष्णुपद मन्दिर' का निर्माण हुआ था। विभिन्न समय पर उस मन्दिर का दर्शन करने विशिष्टाद्वैत मत के प्रवर्तक रामानुजाचार्य, मध्वाचार्य, आदि शंकराचार्य, चैतन्य महाप्रभु, रामकृष्ण परमहंस और स्वामी विवेकानन्द जैसे सन्त-महात्मा गया पधारे थे। कालक्रम में जीर्ण-शीर्ण होकर यह मन्दिर मिट्टी के ढेर के नीचे दब गया था। इन्दौर की महारानी

अहल्याबाई होल्कर ने 1787 ई. में उसी स्थान पर एक भव्य विष्णुपद मन्दिर का निर्माण कराया।

'महाभारत' में मृत्यु के बाद श्राद्ध को बहुत ही महत्त्वपूर्ण बताया गया है। पितर सभी लोकों में पूजनीय होते हैं। पितरों को 'देवों का देव' कहा गया है। विष्णुपद मन्दिर के पास ही बरगद का एक पुराना और पवित्र वृक्ष है जिसको 'अक्षयवट' कहा जाता है। यहीं पितरों की मुक्ति के लिए पारम्परिक अनुष्ठान किया जाता है। महाभारत (वनपर्व 84/83) में गया में अक्षयवट का उल्लेख है और उसे पितरों के लिए किए गए सभी पुण्यकर्मों को अक्षय करने वाला वृक्ष बताया गया है। यह अक्षयवट (वट = बरगद या पीपल) संभवत: बौद्धों का संबोधि वृक्ष ही है जिसे हिन्दूधर्म के पुनर्जागरण काल में हिन्दुओं ने अपनाकर अपनी पौराणिक परंपरा में सम्मिलित कर लिया। गया तीर्थ में फल्गु नदी के किनारे पिण्डदान करने देश-दुनिया के लाखों हिन्दू प्रतिवर्ष आते हैं। लंका-विजय के बाद अपने दिवंगत पिता दशरथ के पिण्डदान के लिए श्रीराम और सीता भी यहाँ आए थे।

एक पौराणिक कथा के अनुसार गया में ऋषि मरीचि का आश्रम था। एक दिन ऋषि की पत्नी धर्मवती अपने पति के चरण दबा रही थी। उसी समय ब्रह्मा वहाँ पधारे। उनके सम्मान में धर्मवती पद-सेवन छोड़कर उठ खड़ी हुईं। मरीचि ने इसको पतिसेवा त्याग का अपराध मानकर उनको शिला हो जाने का शाप दे दिया। धर्मवती धर्म की पुत्री थीं। उन्होंने घोर तपस्या की। तपस्या से प्रसन्न होकर नारायण ने वरदान दिया कि उनकी शिलारूपी देह में समस्त देवताओं का वास होगा। उसी समय से गया की धर्मवती-शिला में समस्त देवताओं का वास है।

'महाभारत' के अनुशासन पर्व में अश्मपृष्ठ (प्रेतशिला), निरविन्द पर्वत और क्रौंचपदी को गया का तीन पवित्र स्थल कहा गया है। हिन्दू मान्यता के अनुसार अश्मपृष्ठ में पहली ब्रह्म-हत्या का दोषी शुद्ध हो जाता है। जबकि निरविन्द पर दूसरी ब्रह्महत्या के दोषी का और क्रौंचपदी पर पहुँचकर तीसरी ब्रह्महत्या के दोषी का भी शुद्धीकरण हो जाता है।

महाभारत के वनपर्व के अनुसार जुए में अपना राजपाट हार जाने के बाद पाण्डवों ने नैमिषारण्य और प्रयाग होते हुए गया की यात्रा की थी। वहाँ गयशिर नामक पर्वत और बेंत के वन से घिरी हुई महानदी बहती थी। वहाँ धरनीधर नामक पर्वत भी था। उस पर्वत पर ब्रह्मसर नामक एक तीर्थ था, जहाँ सनातन धर्मराज निवास करते थे। एक बार धर्मराज (यमराज) से मिलने के लिए महामुनि अगस्त्य भी यहाँ आए थे। महाभारत में ऐसा कहा गया है कि महादेव शिव इस तीर्थ में नित्य निवास करते हैं।

महाभारत के वनपर्व के अनुसार इस तीर्थ में हजारों मुनिजन निवास करते थे। युधिष्ठिर के वहाँ पहुँचने पर मुनिगण उनके पास आए और वेदोक्त विधि से चातुर्मास्य यज्ञ कराया। फिर वहाँ उन मुनियों ने धर्म-चर्चा की। उस धर्मसभा में शमठ नामक एक विद्वान ब्रह्मचारी भी था। उसने युधिष्ठिर को अमूर्तरया के पुत्र राजर्षि गय का चरित सुनाया और इस क्षेत्र की महिमा बताई। शमठ ने कहा कि इस ब्रह्मसर तीर्थ में गय ने कई यज्ञ किए थे। उन्होंने एक ऐसा यज्ञ किया था, जिसमें अन्न के ढेर से कई पर्वत खड़े हो गए। कोई ऐसा प्राणी न था जो गय द्वारा दी गई अन्न की दक्षिणा से तृप्त न हुआ हो। 'वामन पुराण' के अनुसार अमूर्तरय गय ने धर्मारण्य में कई अश्वमेध, नरमेध और राजसूय यज्ञ किए थे।

वैदिक संहिताओं में गय का सम्बन्ध असुरों, दासों और राक्षसों के साथ जोड़ा गया है। 'वायु पुराण' में वर्णित कथा के अनुसार गयासुर ने तपस्या करके भगवान से यह वरदान माँगा कि उसकी देह समस्त तीर्थों से अधिक पवित्र हो जाए। गय की तपस्या से देवता आशंकित थे। देवताओं के अनुरोध पर ब्रह्मा ने यज्ञ करने के लिए गय से उसकी देह माँग ली। गय ने यज्ञ के लिए अपनी देह का दान कर दिया। गयासुर के सिर पर शिला रखकर ब्रह्मा ने यज्ञ किया था। इस शिला को 'धर्मवती-शिला' कहा गया है। यज्ञ पूरा होने के बाद गयासुर उठने लगा। तब भगवान विष्णु ने उस शिला के ऊपर अपना दाहिना पैर रख दिया। इसके बाद गय उठ नहीं पाया। उस शिला पर विष्णु के पद-चिह्न अंकित हो गए थे। विष्णु के दाहिने पद के तलवे में शंख, चक्र और गदा सहित नौ चिह्न थे, इसलिए ये चिह्न 'विष्णुपद शिला' पर अंकित हो गए। यह स्थान 'गयशिर' के नाम से प्रसिद्ध है।

विष्णुपद मन्दिर में शिला-खण्ड पर 40 सेंटीमीटर लम्बा पदचिह्न अंकित है, जिसके चारों ओर चाँदी की वेष्ठनी (रेलिंग) बनी हुई है। नागर शैली में बने इस भव्य मन्दिर की ऊँचाई 30 मीटर है। शिखर भाग पिरामिडनुमा है, जिसकी ऊँचाई 100 फीट है। मन्दिर के शिखर पर स्वर्ण ध्वज एवं कलश बने हुए है। यह हिन्दुओं की आस्था का एक महत्त्वपूर्ण केन्द्र है।

उत्तर-वैदिक काल में पितरों के तर्पण-श्राद्ध की परम्परा शुरू हो गई थी। श्राद्ध की प्रथा दत्तात्रेय ऋषि के पुत्र निमि द्वारा शुरू की गई थी। भारतीय परम्परा में गया को सबसे महत्त्वपूर्ण श्राद्ध-भूमि माना गया है। मत्स्य पुराण में गया को पितृतीर्थ कहा गया है। लिखितस्मृति के अनुसार जिस व्यक्ति के नाम से गयशिर में पिण्डदान किया जाता है, वह यदि नरक में हो तो उसको स्वर्ग की प्राप्ति होती है और यदि स्वर्ग में हो तो मोक्ष की प्राप्ति होती है। महाभारत के वनपर्व में फल्गु नदी, गयशिर पर्वत और अक्षयवट को पितरों के पिण्डदान का स्थान बताया गया है। गया में

पितृपिण्ड यज्ञ करने से पितरगण प्रतिष्ठित होते हैं। 'महाभारत', 'विष्णुधर्मसूत्र' और 'वामनपुराण' में गयशिर को ब्रह्मा की पूर्वी वेदी बताया गया है। 'वायुपुराण' में गया के माहात्म्य का सविस्तार वर्णन किया गया है। इसके अन्तिम आठ अध्याय गया-माहात्म्य पर ही केन्द्रित हैं।

'महाभारत' के अनुसार, अपनी सामर्थ्य के अनुरूप शुद्ध तिलों का संग्रह करके उनका ढेर बनाना चाहिए और वहाँ कई प्रकार के रत्न और द्रव्य भी चढ़ाना चाहिए। ऐसी मान्यता है कि तर्पण में जितने तिल होते हैं, उतने वर्षों तक पितरगण तृप्त रहते हैं। तिलों का महत्त्व बताते हुए महाभारत के अनुशासनपर्व एवं दानधर्मपर्व में कहा गया है कि इससे अशुद्ध एवं अपवित्र स्थान भी पवित्र हो जाता है। श्राद्ध के क्रम में आसपास के क्षेत्रों से बड़ी मात्रा में तिल गया नगर मँगवाया जाता था। तिल की बहुलता के कारण ही गया में 'तिलकुट' (तिल एवं गुड़ से बना एक मिष्ठान्न) का कारोबार शुरू हुआ होगा। वहाँ के तिलकुट (गजक) बहुत प्रसिद्ध हैं।

श्राद्धकर्म के लिए माघ, भाद्रपद और आश्विन मास को उपयुक्त माना गया है। मास के दोनों पक्षों में कृष्णपक्ष को उत्तम माना गया है। हिन्दू शास्त्रों में आश्विन मास का कृष्णपक्ष 'पितृपक्ष' के नाम से प्रसिद्ध है। ऐसी मान्यता है कि अमावस्या, त्रयोदशी, नवमी और प्रतिपदा को श्राद्ध का दान करने से पितर अधिक सन्तुष्ट होते हैं।

ह्वेनत्सांग जब भारत आया था, उस समय गया की जनसंख्या बहुत कम थी। वहाँ करीब एक हजार ब्राह्मण परिवार निवास कर रहे थे। इस ब्राह्मण-बहुल नगर को 'बोधगया' से भिन्न दिखाने के उद्देश्य से '**ब्रह्मगया**' कहा जाता था।[3] मगध के राजा उनको अपना सेवक नहीं मानते थे। वहाँ के लोगों को बहुत सम्मान की दृष्टि से देखा जाता था। गया नगर के दक्षिण-पश्चिम में गया-पर्वत था, जिसको आध्यात्मिक शैल माना जाता था। प्राचीन काल से प्रचलित परम्परा के अनुसार सिंहासनारोहण के समय मगध का राजा इस पर्वत पर धार्मिक अनुष्ठान करते हुए अपने राज्यारोहण की विधिवत घोषणा करता था।

सोलहवीं सदी ई. के आरम्भ में गया वैष्णव सम्प्रदाय का एक प्रमुख केन्द्र था। चैतन्य महाप्रभु पिण्डदान के लिए गया आए थे। गया में उनकी भेंट ईश्वरपुरी से हुई थी। उनसे प्रभावित होकर चैतन्य ने उनको अपना गुरु मानकर उनसे दीक्षा ली थी।

गया तीर्थ में परम्परागत रूप से क्षेत्र-पुरोहित का कार्य करनेवाले ब्राह्मणों को गयावाल ब्राह्मण कहा जाता है। उनमें से गोलावर और कोलकट पण्डा-समूह

स्थानीय बाभनों (भूमिहार ब्राह्मणों) के दो वर्ग हैं। कोलकट पण्डों ने चेरों राजाओं के साथ हुए युद्ध में विजय प्राप्त करके अपनी जमींदारी स्थापित की थी। लेकिन एक सदी पहले ही बाभनों ने तीर्थ-पुरोहित के कार्य से अपने को अलग कर लिया। गया के विष्णुपद मन्दिर के पुरोहित मध्वाचार्य द्वारा स्थापित द्वैतवादी वैष्णव सम्प्रदाय में आस्था रखते हैं।

बोधगया के बौद्धस्थल

गया नगर के सात मील दक्षिण में बोधगया है। बुद्ध के समय में गया नगर का विकास नहीं हुआ था। उस समय वर्तमान गया और बोधगया के मध्य निरंजना (वर्तमान फल्गु) नदी का बालुकामय तटवर्ती भाग उरुवेला कहलाता था। उरुवेला एक गाँव-भर था। उरुवेला के पास ही सेनानी गाँव था, जहाँ की सुजाता ने बुद्ध को खीर खिलाया था। आज जहाँ मातंग वापी है, बोधिसत्व ने एक बार वहीं हाथी के रूप में जन्म लिया था। बुद्ध को बुद्धत्व मिलने के बाद ही नगर के रूप में गया का विकास हुआ; और उसे सार्वदेशिक ख्याति मिली। अशोक के एक अभिलेख से पता चलता है कि बुद्ध के ज्ञान प्राप्त करने के बाद गया नगर को सम्बोधि भी कहा जाने लगा था। अशोक ने अपने शासनकाल के दसवें वर्ष में इस पवित्र नगर की यात्रा की थी।

बौद्ध परम्परा में बोधगया को 'वज्रपीठ' कहा गया है। इस पवित्र भूमि का प्राचीन नाम 'बोधिमण्डप' है। वहाँ गंगा की सहायक नदी फल्गु के पश्चिम में बुद्ध का पवित्र सम्बोधिस्थल है। बोधगया में पीपल के वृक्ष के नीचे जिस पत्थर पर बैठकर तपस्या करते हुए बुद्ध ने सम्बोधि प्राप्त किया था, उसको 'वज्रासन' कहा जाता है। उसकी पहचान को स्थायी बनाए रखने के उद्देश्य से तीसरी सदी ई.पू. में अशोक ने बोधिवृक्ष-वाले स्थान पर एक छोटा-सा चैत्य बनवाया था। दूसरी सदी ई.पू. में मगध के शुंग शासकों के समय में इस स्थान को पत्थर के बाड़े से घेर दिया गया। इस अलंकृत घेरे (रेलिंग) को शास्त्रीय शब्दावली में 'वेष्टनी' या 'वेदिका' कहा जाता है। उस घेरे के अवशेष अब भी मौजूद हैं। ह्वेनत्सांग के विवरण के अनुसार बाद में मगध के एक शासक पूर्णवर्मन ने इस वेदिका का विस्तार किया। वर्तमान समय में बोधगया की वेदिका बोधिवृक्ष, वज्रासन और चंक्रम-पथ को घेरे हुए है। इस परिधि के बाहर कई छोटे स्तूप बने हुए हैं।

समतल भूमि पर स्तूप का निर्माण करके स्तूप-पूजन का आरम्भ अशोक ने किया था। बोधगया की वेदिकाओं पर स्तूप-पूजन का बड़े ही सुन्दर ढंग से अंकन किया गया है। बोधगया की वेदिका भरहुत की वेदिका की तुलना में अधिक

कलात्मक है। स्तूपों के अलंकरण की दृष्टि से भरहुत की वेदिका शुंगकालीन कला का आरम्भिक रूप प्रस्तुत करती है। बोधगया के कलाकारों ने वेदिका पर वैदिक प्रतीकों (जैसे—इन्द्र, सूर्य, राशियों के काल्पनिक स्वरूप आदि) को भी स्थान दिया है। इससे वहाँ के निर्माताओं के उदार हृदय का पता चलता है।

श्रीलंका के राजा महामेघवर्ण ने समुद्रगुप्त की अनुमति से बोधगया में सिंहलवासी तीर्थयात्रियों के रहने के लिए 350 ई. में एक विहार बनवाया था। सातवीं शताब्दी ई. के आरम्भ में गौड़ (पूर्वी बंगाल) का राजा शशांक अपनी राजधानी कर्ण-सुवर्ण (मुर्शिदाबाद) से कान्यकुब्ज (कन्नौज) पर आक्रमण के लिए रवाना हुआ। वह शैव मत का अनुयायी और बौद्ध-विरोधी था। अपने कन्नौज-अभियान के दौरान बोधगया से गुजरते समय उसने 'बोधिवृक्ष' को कटवा दिया। ह्वेनत्सांग के अनुसार अशोक के अन्तिम वंशज मगध के राजा पूर्णवर्मन के आदेश पर शशांक द्वारा नष्ट किए गए बोधिवृक्ष की जड़ों को एक हजार गायों के दूध से सींचा गया। इसके फलस्वरूप बोधिवृक्ष फिर से पल्लवित हो गया।

चीनी-यात्री फाहियान चौथी शताब्दी ई. में तथा ह्वेनत्सांग सातवीं शताब्दी ई. में गया आए थे। उन दोनों ने इस स्थान पर अशोक द्वारा बनवाए गए बौद्ध मन्दिर का उल्लेख किया है। अलेक्जेंडर कनिंघम और उनके परवर्ती पुरातत्त्वविदों ने गया में विस्तृत उत्खनन कराया था। लेकिन अशोक द्वारा बनवाया गया मन्दिर अब तक नहीं मिला है। ह्वेनत्सांग के वर्णनों से स्पष्ट है कि सातवीं सदी ई. तक यह मन्दिर विद्यमान था, लेकिन उसके बाद वह नष्ट हो गया। बिहार पर जब मुसलमानों के आक्रमण हुए तब अवश्य ही गया के बौद्ध एवं हिंदू मंदिरों का भी विध्वंस किया गया होगा। वैसे, इससे पहले ही हिंदूधर्म के पुनरुत्थान के समय बौद्ध मंदिर का महत्त्व समाप्तप्राय हो चला था और हिंदू मंदिरों ने उसका स्थान ले लिया था। श्रीलंका के बौद्ध इतिहास से सम्बन्धित ग्रंथ 'महावंश' के अनुसार संभवतः छठी शताब्दी ई. में सिंहल-नरेश महानामन् ने गया के बौद्ध मन्दिर का जीर्णोद्धार कराया था।

तिब्बती इतिहासकार लामा तारानाथ ने लिखा है कि 1450 ई. में चेंगलराज नामक राजा ने गया में एक बौद्ध मन्दिर बनवाया था। वर्तमान महाबोधि मंदिर बाद का बना हुआ है, यद्यपि उसका आस्थान अवश्य ही प्राचीन है। वर्तमान महाबोधि मन्दिर नौ तलों में स्तूपाकार बना हुआ है। इसकी ऊँचाई 160 फुट और चौड़ाई 60 फुट है। प्रसिद्ध कलाविद् फर्ग्युसन के मतानुसार वर्तमान महाबोधि मन्दिर का अनुकरण करके नौतल्ला मन्दिर बनवाने की प्रथा चीन और बौद्ध मतानुयायी अन्य देशों में प्रचलित हुई।[4]

साँची के स्तूप के तोरण-द्वार पर अंकित एक बौद्ध प्रतीक है चंक्रम-पथ। इस प्रतीक से जुड़ी घटना का सम्बन्ध बोधगया से है। बुद्धत्व की प्राप्ति के बाद गौतम बुद्ध यह सोचने लगे कि उन्हें जो दिव्य-ज्ञान प्राप्त हुआ है, उसका उपदेश किसको दिया जाए ? इस उधेड़बुन में कई दिन बीत गए। बोधिवृक्ष के आसपास जिस स्थान पर टहलते-घूमते (चक्रमण करते) हुए इस बात पर विचार कर रहे थे, उसको बौद्ध-परम्परा में 'चंक्रम-पथ' कहा गया है।

तेरहवीं सदी ई. के शुरू में ही मुसलमानों के आक्रमण हुए। लेकिन उसके पहले से ही हिन्दू धर्म का पुनरुत्थान हो रहा था और बौद्ध धर्म पतनोन्मुख था। उस स्थिति में 'बोधगया' का महत्त्व घट रहा था और गया (ब्रह्मगया) का महत्त्व बढ़ रहा था।

बोधगया का विश्व-विख्यात मन्दिर उस स्थान पर है जहाँ महात्मा बुद्ध को परम सत्य का संबोधि द्वारा ज्ञान हुआ था। यह मंदिर जंगलों के बीच निर्जन स्थान पर टूटी-फूटी दशा में पड़ा हुआ था। उस समय घमंडी गिरि नाम के एक गोस्वामी यात्रा करते हुए 1590 ई. में पधारे और उसके निकट उन्होंने शैव मठ की स्थापना की। इस प्रकार यह स्थान पूर्ण रूप से ध्वस्त होने से बच गया और यात्रियों के लिए एक सुरक्षित तीर्थ-स्थान बन गया। उनकी सहायता से समय-समय पर इस मंदिर की मरम्मत होती रही।[5]

आजकल बोधगया में महाबोधि महाविहार के आसपास बौद्ध मतावलम्बी देशों के स्थापत्य की छटा बिखेरने वाले बौद्ध मन्दिर बने हुए हैं।

मगध में सूर्योपासना की परम्परा

पाटलिपुत्र से प्राप्त मौर्ययुगीन एक मृण्मडल पर सूर्य के सारथी अरुण उन्हें चार अश्वों के रथ पर ले जाते हुए दिखाये गए हैं। शुंगकालीन एक मृण्मण्डल पर सूर्य का अंकन किया गया है। बौद्ध ग्रन्थों में 'आदित्यपथ' का उल्लेख सम्भवत: मृण्मण्डल के लिए ही हुआ है। बुद्ध को 'अदितिया पुत्तो' (आदित्य-पुत्र) और 'आदिच्च बन्धु' (आदित्य-बन्धु) कहा गया है; और उन्हें मयूर के रूप में जन्म लेकर सूर्योदय एवं सूर्यास्त की उपासना करते दिखाया गया है। मौर्यकाल में सूर्य के प्रति श्रद्धा का अनुमान इन बातों से भी लगाया जा सकता है। बुद्ध को सूर्य के गौतम गोत्र से सम्बद्ध किया गया है। बौद्धोपासना के विरुद्ध रहनेवाले ब्राह्मणधर्मियों को अधिक से अधिक संख्या में अपनी ओर आकर्षित करने के उद्देश्य से ही ऐसा किया गया होगा।[6] अग्नि और गरुड़ पुराणों में सूर्य की उपासना के उल्लेख हैं। बाणभट्ट के समकालीन मयूरभट्ट के 'सूर्यशतक' से यह पता चलता है कि छठी-सातवीं सदी ई. में सूर्योपासना प्रचलित थी।

बोधगया वेदिका पर वैदिक देवता सूर्य की 'चतुरश्वयोजित' आकृति अंकित है। इस चित्र में सूर्य जिस रथ पर सवार हैं उसमें चार घोड़े जुते हुए हैं। सूर्य के पैर अदृश्य हैं लेकिन कमर में साँप के केंचुल-जैसी एक मेखला (करधनी) है। सूर्य और सर्प दोनों ही काल के बोधक हैं। बोधगया की वेदिका पर सूर्य के बारह राशि-चिह्नों को भी अंकित किया गया है। ये चिह्न हैं—मेष, वृष, मिथुन, कर्क, सिंह, कन्या, मीन, तुला, वृश्चिक, धनु और मकर। इन बारह राशियों की आकृतियाँ ज्योतिष के आधार पर तैयार की गई थीं। इन राशि-आकृतियों के नीचे कुछ लिखा नहीं गया है, लेकिन रूपचित्रों को देखकर उनको आसानी से पहचाना जा सकता है।

वैदिक देव-परम्परा में 'द्वादश-आदित्यों' के अन्तर्गत विष्णु की गणना भी की गई है। गया का विष्णुपद मन्दिर वस्तुत: सूर्योपसना का ही केन्द्र है। सूर्य और विष्णु दोनों ही आदित्य-परिवार के देवता हैं। अत: उन दोनों के समन्वित स्वरूप की पूजा आदिकाल से मगध में होती रही है। यही कारण है कि मगध अंचल के लोग सूर्य देवता को 'सूर्यनारायण' भी कहते हैं। इस 'सूर्यनारायण' सम्बोधन में सूर्य और विष्णु (नारायण) का समावेश हो गया है।

मगध-क्षेत्र में सूर्य की उपासना से जुड़े कई महत्त्वपूर्ण केन्द्र हैं। यहाँ सूर्य मन्दिरों का बाहुल्य है। गया (दक्षिणार्क), देव (देवार्क), पण्डारक (पूर्णार्क), बारुन (वरुणार्क), उलार (एलार्क), उगमा (उमार्क) और ओंगारी या अंगारक (अग्न्यार्क) में प्राचीन सूर्य मन्दिर होने के पुरातात्त्विक प्रमाण उपलब्ध हैं। मगध-क्षेत्र के हँड़िया (हण्डिका ग्राम), अपसड़ (अम्बखण्ड) और चाण्डिलमऊ नामक गाँवों का सम्बन्ध भी सूर्य-पूजन से है।

सूर्य-पुत्र रेवंत की पूजा

मगध में रेवंत की पूजा भी प्रचलित थी। रेवंत सूर्य और संज्ञा के पुत्र हैं। गया के प्राच्य (अब पचार) पर्वत को रेवंत देवता का मुख्य स्थान माना गया है। नालंदा संग्रहालय में घोड़े पर सवार रेवंत की चार दुर्लभ प्रतिमाएँ संरक्षित हैं। रेवंत की पूजा सामान्यत: सैन्य-भूमि-अनुदान वाले गाँवों में प्रचलित थी। रेवंत-पूजा जयस्कंधावार और अश्वशालाओं में भी होती थी। यह पूजा मगध के बाभनों (शुंगनिया, कण्वार, मयूरार, कौत्स-गोत्री, एकसरिया और च्यवनप्रवरीय) में प्रचलित थी। मगध के बाभन-वीर रेवंत देवता का ध्यान करके ही युद्ध-भूमि के लिए निकलते थे। ''रेवन्ताय नम: राजभट्टारकाय: नम: अश्वारूढ़ाय नम:'' जपते हुए लड़ंका-बाभन रणभूमि के लिए रवाना होते थे। युद्ध में घायल

सेनानायक के स्वास्थ्य-लाभ के लिए रेवंत देवता की मूर्ति के समक्ष अश्व की मृण्मूर्ति की प्रतीकात्मक बलि चढ़ाई जाती थी। इस पूजा में अश्वसेना के घोड़ों के स्वास्थ्य की कामना भी की जाती थी। यह पूजा नईन नामक एक वृक्ष के नीचे होती थी। गुप्त-काल के बाद मगध के बाहर भी रेवंत की पूजा का प्रचार हुआ। उल्लेखनीय है कि उत्तर प्रदेश के गाजीपुर जिले से भी रेवंत की प्रतिमाएँ प्राप्त हुई हैं।

श्री विष्णुधाम, सामस (बरबीघा)

बिहार के शेखपुरा जिले में बरबीघा-नवादा रोड पर बरबीघा कस्बे से 5 कि.मी. दक्षिण की ओर सामस नामक गाँव में 'श्री विष्णुधाम मन्दिर' है। यह मन्दिर बिहारशरीफ से 25 कि.मी. दूर है। इस मन्दिर में भगवान विष्णु की 7.5 फीट ऊँची एक भव्य प्रतिमा है। इस विष्णु-प्रतिमा के चार हाथ हैं, जिनमें शंख, चक्र, गदा तथा पद्‌म स्थित है। मूर्ति की वेदी पर प्राचीन देवनागरी लिपि में 'ऊँ उत्कीर्ण सूत्रधारसितदेव:' अंकित है। इसकी लिपि के आधार पर यह प्रतिमा नौवीं सदी ई. के बाद की प्रतीत होती है। इस अभिलेख में मूर्तिकार 'सितदेव' का नाम अंकित है। विष्णु-प्रतिमा के दाएँ-बाएँ दो अन्य छोटी प्रतिमाएँ भी हैं। यह सम्भवत: शेषनाग और उनकी पत्नी की प्रतिमा है। काले पत्थर से बनी यह दुर्लभ मूर्ति जुलाई 1992 में सामस गाँव के तालाब की खुदाई के दौरान मिली थी। उसी स्थान पर मन्दिर बनाकर विष्णु-प्रतिमा को स्थापित कर दिया गया। विष्णु भी द्वादश-आदित्यों में शामिल हैं, इसलिए सामस की इस विष्णु-प्रतिमा को भगवान सूर्य-नारायण का स्वरूप ही समझना चाहिए।

देव का सूर्य मन्दिर : देवार्क

गया को 'आदित्य हृदयक्षेत्र' कहा गया है। वहाँ से लगभग 70 किलोमीटर दूर औरंगाबाद जिले के देव नामक स्थान में सूर्यदेव का प्रसिद्ध मन्दिर है। भगवान भुवन भाष्कर का यह मन्दिर पश्चिमाभिमुख है। ऐतिहासिक साक्ष्यों के अनुसार देव के सूर्य-मन्दिर (देवार्क) को आठवीं सदी ई. में उत्तर-गुप्त वंशीय राजाओं ने बनवाया था।

पौराणिक मान्यता के अनुसार त्रेतायुग में देव-शिल्पी विश्वकर्मा ने इस मन्दिर का निर्माण किया था; इसीलिए इसको 'देव सूर्य मन्दिर' कहते हैं। एक अभिलेख में ब्राह्मी लिपि में उत्कीर्ण एक श्लोक में कहा गया है कि इस मन्दिर को, त्रेतायुग में, इला के पुत्र 'पुरूरवा ऐल' ने बनवाया था। जनश्रुतियों के अनुसार प्रथम देवासुर संग्राम में जब दानवों के हाथों देवता-गण पराजित हो रहे थे, तब देव-माता अदिति

ने तेजस्वी पुत्र की प्राप्ति के लिए देवारण्य में 'छठ मैया' की पूजा की थी। तभी से इस धाम का नाम देव हो गया; और यहाँ छठ पूजन की परम्परा शुरू हो गई।

देवार्क मन्दिर लगभग 100 फीट ऊँचा है। इस भव्य मन्दिर में नागर एवं द्रविड़ स्थापत्य शैलियों का समन्वय देखने को मिलता है। मन्दिर काले एवं भूरे रंग के पत्थरों को खूबसूरती से काट-तराश कर बनाया गया है। उन पत्थरों पर विजय एवं कलश के चिह्न बने हुए हैं। इसकी मूर्तिकला एवं स्थापत्य-कला बेजोड़ है। मन्दिर की बनावट कोणार्क के सूर्य मन्दिर से मिलती-जुलती है। इस मन्दिर की मूर्तियों में सूर्य के सात रथ बने हुए दिखाये गए हैं, जो सप्ताह के सात दिनों के प्रतीक हैं।

'देव' मयूरभट्ट की जन्मभूमि है और वहाँ का देवार्क सूर्य मन्दिर उनकी तपोभूमि है।[7] मयूरभट्ट 'सूर्यशतक' के रचयिता हैं। उनको कहीं बाणभट्ट का ससुर और कहीं उनका साला बताया गया है। देव के आसपास मरयार नामक स्थानीय ब्राह्मणों की बस्तियाँ हैं, जो अपने को मयूरभट्ट का वंशज बताते हैं।

देवार्क सूर्य मन्दिर के सम्बन्ध में एक रोचक किंवदन्ति प्रचलित है। मध्यकाल में 'काला पहाड़' द्वितीय (मृत्यु : 1583 ई.) नामक एक ब्राह्मण धर्मान्तरण करके मुसलमान बनने के बाद हिन्दुओं का दुश्मन बन गया। वह एक धर्मान्ध मूर्तिभंजक के रूप में प्रसिद्ध है। शुरू में वह बंगाल के मुसलमान शासक सुलेमान कर्रानी की सेना में भर्ती हुआ। अपनी सैन्य कुशलता के बल पर कुछ समय बाद ही वह सुलेमान का सेनापति बन गया। पहले उसने उड़ीसा पर आक्रमण करके पुरी के जगन्नाथ मन्दिर को लूटा। वहाँ से आगे बढ़कर उसने 1564 ई. में कूचबिहार-नरेश नरनारायण के सेनापति शुक्लध्वज (चीलाराय) को पराजित किया; और फिर कामरूप (असम) के कामाख्या मन्दिर का ध्वंस किया। बंगाल की ओर से हिन्दू मन्दिरों को ध्वस्त करते हुए वह मगध क्षेत्र में देव आ धमका।

देवार्क के पुजारियों ने उससे कहा कि यह हिन्दू आस्था का केन्द्र है, इसलिए इस मन्दिर को नष्ट न करें। पुजारियों के आग्रह के बाद उसने एक असम्भव-सी शर्त रखी। उसने कहा कि यदि तुम्हारे इस देवता में शक्ति है तो वे मन्दिर का मुख्य दरवाजा पूरब से पच्छिम की ओर कर के दिखाएँ। इस काम के लिए उसने रात भर का समय दिया। यह कहकर वह तो अपने पड़ाव पर चला गया, किन्तु मन्दिर के पुजारी परेशान थे। बहरहाल, अगले दिन जब सूर्योदय हुआ, तब लोगों ने देखा कि मन्दिर का मुख्य द्वार पूरब की बजाय पश्चिम की ओर है। इस जनश्रुति में कितनी सच्चाई है, यह कह पाना सम्भव नहीं है। लेकिन गौरतलब है कि जहाँ भारत के अन्य सूर्य मन्दिरों का मुख्य-द्वार पूर्व दिशा की ओर है, वहीं यह एकमात्र सूर्य मन्दिर है जिसका मुख पश्चिम की ओर है।

दिल्ली सल्तनत के काल में इस मन्दिर को नष्ट कर दिया गया। देवार्क के पुजारी वहाँ से कहीं और चले गए। फिर 15वीं-16वीं सदी ई. में भैरवेन्द्र नामक स्थानीय राजा द्वारा उमार्क के साथ ही देवार्क मन्दिर का भी जीर्णोद्धार कराया गया। सिसोदिया क्षत्रिय राजा भैरवेन्द्र ने उमगा नामक स्थान से अपने राज्य का विस्तार शुरू किया था। उमगा का पुराना नाम उमाग्राम है; और यहाँ उमार्क नामक सूर्य मन्दिर है। यहाँ सूर्य के स्त्री-रूप की उपासना 'उषा', 'सविता' आदि रूपों में की जाती रही होगी। दूसरी मान्यता के अनुसार उमा द्वारा सूर्य की उपासना करने के कारण इस स्थान का नाम उमाग्राम या उमार्क पड़ा। भैरवेन्द्र ने शीघ्र ही देव तक के इलाके पर अधिकार कर लिया। देव को अपनी नई राजधानी बनाने के बाद उन्होंने देवार्क के पुनरुद्धार का निश्चय किया।

विष्णुधर्मोत्तर सहित अन्य पुराणों में मन्दिरों एवं देवमूर्तियों के जीर्णोद्धार की विधि का वर्णन किया गया है। एकसौरिय ब्राह्मण सूर्योपासक थे और उस समय सारण जिले के परसागढ़ के रहते थे। वे पश्चिमोत्तर भारत से आकर सारण जिले (सारण्य जनपद) में भूमि का अग्रहार प्राप्त करके बस गए थे। इनके पितृ-पुरुष पण्डित जगन्नाथ दीक्षित 'सौर-शास्त्र' के विद्वान थे। वे सारण्य के राजा और नेपाल-नरेश के राजपुरोहित थे। अग्रहार में धन-सम्पदा प्राप्त करके ये लोग सामन्तों की तरह रहते थे। एकसौरिय ब्राह्मण लोग स्थापत्य-वेद और अग्निपुराण के आचार्य तो थे ही, मन्दिर जीर्णोद्धार-विधि के विशेषज्ञ भी थे।

राजा भैरवेन्द्र ने उन एकसौरिय ब्राह्मणों को देवार्क मन्दिर के जीर्णोद्धार के लिए आमन्त्रित किया; और जीर्णोद्धार के बाद उनको उस मन्दिर का मुख्य पुरोहित नियुक्त कर दिया। उसी समय से एकसौरिय भूमिहार ब्राह्मणों ने देव के सूर्य मन्दिर में पुजारी के रूप में कार्य करना शुरू किया। इन पुजारियों के वंशज देव से 3 कि.मी. दक्षिण एरकी नामक गाँव में रहते आए हैं। एरकी का प्राचीन नाम एकसारकी है, जो पण्डित जगन्नाथ दीक्षित के पैतृक ग्राम एकसार[8] से व्युत्पन्न है।

18वीं शताब्दी ई. तक भूमिहार ब्राह्मण ही इस मन्दिर के पुजारी रहे। 18वीं शताब्दी के आरम्भ में टेकारी के राजा सुन्दर सिंह, जो स्वयं भूमिहार ब्राह्मण थे, छठ पर्व के अवसर पर देव आए हुए थे। देव के पास पातालगंगा के निवासी शाकद्वीपी ब्राह्मणों ने सूर्यपूजक होने के नाते राजा से याचना की कि उन्हें सर्वाधिकार प्राप्त ब्राह्मणों के स्थान पर देव के सूर्य मन्दिर का पुजारी नियुक्त करें। उन्होंने कहा कि भूमिहार ब्राह्मण साधन-सम्पन्न हैं; और पौरोहित्य उनकी जीविका का एकमात्र साधन नहीं है; जबकि वे लोग आर्थिक दृष्टि से विपन्न हैं, इसलिए देव सूर्य मन्दिर में दैनिक कर्मकाण्ड कराने का अधिकार उन्हें दिला दिया जाए। शास्त्रीय

एवं लौकिक परम्परा के अनुसार शाकद्वीपी ब्राह्मण सूर्यपूजन सम्बन्धी अनुष्ठान कराते रहे हैं। इसलिए टेकारी महाराज ने भूमिहारों से देव मन्दिर के कर्मकाण्डों का दायित्व शाकद्वीपियों को सौंपने को कहा।

महाराज सुन्दर सिंह के कहने पर भूमिहार ब्राह्मणों ने नित्य-पूजा हेतु देव का यह सूर्य मन्दिर शाकद्वीपी ब्राह्मणों को सौंप तो दिया, लेकिन नैमित्तिक पूजा (चैती एवं कतिकी छठ और ब्रह्मोत्सव) एवं पौरोहित्य पर अपना अधिकार बनाए रखा। 1960 के दशक तक एरकी गाँव के भूमिहार ब्राह्मण पुरोहित-गण (पं. रामदेव तिवारी, पं. मुनेश्वर तिवारी और पं. खेदा पाण्डेय) छठ पर्व एवं ब्रह्मोत्सव के पौरोहित्य सम्बन्धी कर्म को यथाविधि सम्पादित करते रहे। 1970 के दशक में बिहार धार्मिक न्यास बोर्ड द्वारा इस मन्दिर को अधिगृहित कर लिए जाने के कारण एरकी ग्रामवासी भूमिहार ब्राह्मण पुरोहितों के पौरोहित्य सम्बन्धी अधिकार का अन्त हो गया; और वहाँ शाकद्वीपी ब्राह्मण पुजारी को सवेतन नियुक्त कर दिया गया।

बड़गाँव

बड़गाँव (वट ग्राम) नालन्दा के भग्नावशेषों के पास ही एक छोटा-सा गाँव है। प्रसिद्ध पुरातत्त्ववेत्ता अलेक्जेंडर कनिंघम ने प्राचीन नालन्दा की पहचान इसी गाँव से की है। बड़गाँव में एक पवित्र सुर्यकुण्ड है। यहाँ के सूर्यधाम मन्दिर में सूर्यदेव की एक सुन्दर प्रतिमा है, जिसमें उनके रथ में सात अश्व जुते हुए हैं। मन्दिर में श्यामादित्य, कल्पादित्य एवं देवमाता अदिति की प्रतिमा भी है। लोक-परम्परा के अनुसार यह मन्दिर द्वापरकालीन है। चैत्र एवं कार्तिक मास में छठ पर्व के अवसर पर यहाँ बहुत बड़ा मेला लगता है, जिसमें भगवान सूर्य को अर्घ्य देने हजारों श्रद्धालु एकत्र होते हैं। यह बिहार का एक प्रमुख 'सूर्य पीठ' है।

भविष्यपुराण की एक कथा के अनुसार श्रीकृष्ण के पुत्र साम्ब ने एक बार देवर्षि नारद का अपमान कर दिया। तब श्रीकृष्ण ने उसको शाप दे दिया जिससे उसको कुष्ठ-रोग हो गया। सूर्य की उपासना के बिना कुष्ठ से मुक्ति सम्भव न थी। अत: साम्ब ने चन्द्रभागा नदी के तट पर मुल्तान (पाकिस्तान) में एक सूर्य मन्दिर का निर्माण करवाया। परन्तु उस मन्दिर में पूजा के लिए उन्हें कोई पात्र पुरोहित नहीं मिला। तब उन्होंने शकद्वीप से मग जाति के ब्राह्मणों को बुलवाकर उन्हें अपना पुरोहित बनाया। मग ब्राह्मणों के पौरोहित्य में साम्ब ने भगवान सूर्य की उपासना की, जिसके परिणामस्वरूप उनका कुष्ठ दूर हुआ। कहते हैं कि बड़गाँव के सूर्य मन्दिर के सामने स्थित सरोवर का निर्माण साम्ब ने ही करवाया था। लोक मान्यता के अनुसार इस सरोवर में स्नान करने से मनुष्य की कई व्याधियाँ दूर हो जाती हैं।

गया का दक्षिणार्क मन्दिर

गया में स्थित सूर्य मन्दिर को दक्षिणार्क कहते हैं। यह मन्दिर सविता को समर्पित है। मन्दिर में कई देवी प्रतिमाओं के अलावा आदित्य (मौलादित्य) की प्रतिमा भी है। यह मन्दिर पालवंशीय राजकुमार यक्षपाल द्वारा ग्यारहवीं सदी ई. में बनवाया गया था। उसने गया के अक्षयवट के पास एक भोजनालय (सत्र) भी बनवाया था। मौलादित्य मन्दिर के निकट ही सूर्य-कुण्ड है। पास ही उत्तर-मानस तीर्थ सरोवर बना हुआ है, जहाँ श्रद्धालु जन अपने पूर्वजों के लिए श्राद्ध एवं पिण्डदान करते हैं। इस सूर्य मन्दिर का निर्माण 1040 ई. के आसपास हुआ था। लोक मान्यता के अनुसार उत्तर मानस तीर्थ पर सूर्य-दर्शन करने से पितरों को सूर्यलोक प्राप्त होता है।

गया के दक्षिणार्क मन्दिर पर 1840 ई. तक भूमिहार ब्राह्मण पुरोहितों का एकाधिकार था। परन्तु टेकारी के राजा मित्रजीत सिंह बहादुर की आज्ञा से शाकद्वीपी मग ब्राह्मणों को दक्षिणार्क का पौरोहित्य मिल गया।

बिहार में बड़गाँव (नालन्दा जिला), औंगारी (नालन्दा जिला), देव (औरंगाबाद जिला), उलार (पाली, पटना जिला), पण्डारक (पटना जिला) और हँड़िया (नवादा जिला) में सूर्यपीठ हैं। ये सब सूर्यपीठ मगध क्षेत्र में ही स्थित हैं। जिस प्रकार बोधगया, नालन्दा, राजगीर और वैशाली को मिलाकर 'बौद्ध-सर्किट' बनाया गया है, उसी प्रकार 'सौर-सर्किट' बनाकर सूर्यपीठों को एकसूत्र में पिरोकर इनका सम्यक विकास किया जाना अपेक्षित है।

सन्दर्भ और टिप्पणी

1. डॉ. प्रभुदयाल अग्निहोत्री, 'पतंजलिकालीन भारत', पृ. 553; बिहार राष्ट्रभाषा परिषद, पटना; 1962 ई.।
2. डॉ. प्रभुदयाल अग्निहोत्री, 'पतंजलिकालीन भारत', पृ. 554; बिहार राष्ट्रभाषा परिषद, पटना; 1962 ई.।
3. "The town was thinly peopled, but it contained about 1000 families of Brahmans. The city is still called Brahma-Gaya, to distinguish it from Baudh-Gaya." Alexander Cunningham, The Ancient Geography of India, p. 386
4. फर्ग्युसन, हिस्ट्री ऑफ इण्डियन ऐण्ड ईस्टर्न आर्कीटेक्चर, जिल्द 1, पृ. 79
5. जदुनाथ सरकार, 'दशनामी नागा संन्यासी', पृ. 138
6. गिरीश चन्द्र सिंह का लेख, 'प्राग्धारा' पत्रिका, अंक 1, 1990-91
7. वासुदेवशरण अग्रवाल, 'हर्षचरित : एक सांस्कृतिक अध्ययन', पृ. 19; बिहार राष्ट्रभाषा परिषद, पटना; 1953 ई.।
8. एकसार नामक गाँव बिहार प्रान्त के सारण जिले में स्थित है। यहाँ भी एक प्राचीन सूर्य मन्दिर के साक्ष्य मिले हैं।

अध्याय 21

मगध में मूर्तिकला और स्थापत्यकला

मगध की धरती पर कला के अद्भुत नमूने बिखरे पड़े हैं। आज मगध का परिवेश प्रायः वृक्षविहीन है, लेकिन प्राचीन काल में यहाँ इमारती लकड़ियों की प्रचुरता थी। यही कारण है कि पाटलिपुत्र नगर की किलेबन्दी इमारती लकड़ियों से हुई थी और उसके ऊपर मिट्टी का लेप लगा दिया गया था। सातवीं सदी ई. में मगध में छीले हुए लट्ठों से मीलों लम्बी सड़कें बना दी जाती थी।[1]

वैदिक काल में श्रेष्ठ लोगों के चिता-भस्म को एकत्र करके एक पात्र में रखा जाता था; और उसके ऊपर एक स्मारक बना दिया जाता था। चिता-भस्म पर बनाए जाने और चिनाई करके बनाए जाने के कारण उन स्मारकों को 'चैत्य' कहा जाता था। चैत्य को 'स्तूप' भी कहते थे। चैत्य या स्तूप का आशय किसी महापुरुष की समाधि से है, जो उल्टी कटोरी के आकार का होता था। 'महापरिनिव्वान सुत्त' नामक बौद्ध ग्रन्थ के अनुसार बुद्ध ने अपने शिष्य आनन्द से कहा था कि जिस प्रकार चक्रवर्ती राजाओं की समाधि पर स्तूप बनाए जाते हैं, उनकी समाधि पर भी वैसे ही स्तूप बनाया जाए, जो चौराहे पर स्थित हो। अतः बुद्ध के मरणोपरान्त उनके चिता-भस्म को लेकर कई स्तूप बनाए गए।

अस्सी वर्ष की अवस्था में 483 ई.पू. में जब कुशीनगर में बुद्ध का देहान्त (महापरिनिर्वाण) हुआ, तब उनके दाह-संस्कार के बाद कुशीनारा के मल्लों ने बुद्ध के चिता-भस्म (धातु) पर अधिकार कर लिया। उनका कहना था कि चूँकि बुद्ध का महापरिनिर्वाण कुशीनगर में हुआ है, इसलिए उनका स्तूप वहीं बनेगा। परन्तु कुशीनगर के मल्लों के अतिरिक्त उस धातु के सात अन्य दावेदार थे—मगध के सम्राट अजातशत्रु, कपिलवस्तु के शाक्य, अल्पकप्प के बुली, रामग्राम के कोलिय, पावा के मल्ल, वैशाली के लिच्छवि और वेठद्वीप के ब्राह्मण। उन आठों में संघर्ष की नौबत आ गई। तब द्रोण नामक एक ब्राह्मण ने धातु को आठ भागों में बाँट देने का सुझाव दिया। इसको सब ने मान लिया; और उन आठों ने अपना-अपना भाग प्राप्त करके अपने-अपने इलाके में स्तूप बनवाए। इस प्रकार आठ धातुगर्भ

स्तूप अस्तित्व में आए। साँची के स्तूप के दक्षिणी एवं पश्चिमी तोरण-द्वार पर जो आकृतियाँ खुदी हैं, उनमें आठ हाथियों के सिर पर भस्मपात्र रखा हुआ है। यह इस बात का द्योतक है कि बुद्ध के चिता-भस्म को आठ भागों में बाँटा गया था।

बौद्ध ग्रन्थ 'महावंश' के अनुसार, सम्राट अशोक ने राजगृह में अजातशत्रु द्वारा बनवाए गए स्तूप तथा कुछ अन्य स्तूपों में सुरक्षित चिता-भस्म का अंश लेकर 84,000 स्तूप बनवाए। अशोक ने स्तूपों का निर्माण कराकर बौद्ध पूजा-प्रक्रिया (स्तूप-पूजन) की शुरुआत की। नालन्दा में ईंटों के बने स्तूप के अवशेष आज भी देखे जा सकते हैं। नालन्दा के स्तूप की मरम्मत पाल राजाओं के समय में की गई थी।

स्तूप, ऊँचे चबूतरे पर, अर्द्धचन्द्राकार आकृति के बनाए जाते थे। स्तूप के अर्द्धगोलाकार भाग को 'अण्ड' कहा जाता था। अण्ड के ऊपरी सिरे पर एक चौकोर घेरा बनाया जाता था, जिसको 'हरमिका' कहते थे। उसी में धातु (चिता-भस्म) को सुरक्षित रखा जाता था। हरमिका के केन्द्र में छत्र का आधारस्तम्भ (छत्र-यष्टि) लगाया जाता था, जिसके ऊपर क्रमशः तीन छत्र का निर्माण किया जाता था-एक के ऊपर एक। चबूतरे के ऊपरी भाग में स्तूप के चारों ओर प्रदक्षिणा के लिए एक पथ बनाया जाता था। बौद्ध-भिक्षु स्तूप की पूजा करने के बाद उस पथ पर प्रदक्षिणा करते थे।

मौर्यकाल में पत्थर के भवन बनाने का कार्य व्यापक स्तर पर शुरू हुआ। चन्द्रगुप्त मौर्य के समय में लगभग 300 ई.पू. में पाटलिपुत्र आए मेगास्थनीज की पुस्तक 'इण्डिका' से प्राप्त विवरण के अनुसार यह नगर एक समानान्तर चतुर्भज के रूप में बसा था। नगर का विस्तार गंगा तट के साथ-साथ पूर्व-पश्चिम लगभग 14 कि.मी. तथा उत्तर-दक्षिण लगभग 3 कि.मी. था। नगर को लकड़ी के विशाल स्तम्भों की सुदृढ़ प्राचीर द्वारा सुरक्षित किया गया था। अतिरिक्त सुरक्षा के लिए प्राचीर के बाहर एक चौड़ी तथा गहरी खाई थी। कौटिल्य के 'अर्थशास्त्र' नामक ग्रन्थ में भी नगर के चारों ओर एक सुरक्षा प्राचीर का उल्लेख है। लोहानीपुर, बहादुरपुर, सन्दलपुर, बुलन्दीबाग, कुम्हरार (कुम्रहार) सहित पटना के कई स्थलों पर किए गए उत्खनन के दौरान काष्ठनिर्मित सुरक्षा प्राचीर के अवशेष मिले हैं। मेगास्थनीज ने चन्द्रगुप्त मौर्य के काष्ठनिर्मित राजभवन का भी उल्लेख किया है, जो ईरान के सूसा एवं एकबताना महलों से भी सुन्दर था।

मौर्यकालीन अस्सी स्तम्भोंवाला सभाभवन

वर्ष 1912-1915 एवं 1951-1955 में पटना के कुम्हरार पुरास्थल की खुदाई के दौरान 80 स्तम्भयुक्त मौर्यकालीन एक विशाल सभागार प्रकाश में आया। इसके भू-विन्यास में स्तम्भों की 10 पंक्तियाँ पूर्व से पश्चिम एवं 8 पंक्तियाँ उत्तर से दक्षिण

हैं। स्तम्भों एवं पंक्तियों के बीच में लगभग 15 फीट का अन्तराल है। सभागार दक्षिणाभिमुख है। पुरास्थल के चारों ओर हुई विकास गतिविधियों एवं भू-जल स्तर में वृद्धि के कारण भग्नावशेष जलमग्न हो गए। स्तम्भों व पुरावशेषों के अस्तित्व पर खतरा उत्पन्न हो गया था। पुरावशेषों की संरक्षा एवं उत्तरजीविता को ध्यान में रखकर एक उच्च स्तरीय विशेषज्ञ समिति की अनुशंसा पर 2005 ई. में उस स्थल को मिट्टी और बालू से भर दिया गया।

कुम्हरार के उत्खनन में पाये गए चिकने, चमकदार और एकाश्मक पाषाण-स्तम्भों के पुरावशेष पाटलिपुत्र के अस्सी स्तम्भोंवाले विशाल मौर्यकालीन सभाभवन के अस्तित्व का प्रमाण देते हैं। इस मौर्य राजभवन की तुलना ईरान के परसोपोलिस महल से की गई है। पाटलिपुत्र के इस सभाभवन में सारनाथ, कौशाम्बी, साँची और चम्पारन के पाषाण-स्तम्भों की तरह चुनार के पत्थर का प्रयोग किया गया था।

पाटलिपुत्र का 'आरोग्य विहार'

पटना के कुम्हरार नामक स्थान में अस्सी स्तम्भोंवाले मौर्य राजभवन के अवशेषों के पास ही 'आरोग्य विहार' (चिकित्सालय) के भग्नावशेष हैं। आरोग्य विहार चौथी-पाँचवी शताब्दी ई. में निर्मित प्रतीत होता है। इसकी पहचान एक अण्डाकार मृण्मय मुद्रांकन (टेराकोटा सीलिंग) पर अंकित अभिलेख के आधार पर की गई है। इस मुद्रांकन के ऊपरी आधे हिस्से में एक पेड़ है, जो सम्भवत: बोधिवृक्ष है। वृक्ष के दोनों ओर शंख है और निचले आधे हिस्से में गुप्तकालीन ब्राह्मी लिपि में 'श्री अरोग्यविहारे भिक्षुसंघस्य' लिखा हुआ है। 'काशी प्रसाद जायसवाल शोध संस्थान', पटना द्वारा 1951 से 1955 ई. के मध्य कुम्हरार पुरास्थल पर किए गए उत्खनन के दौरान मृद्भाण्ड का एक टुकड़ा भी मिला था, जिस पर 'धन्वन्तरेः' अंकित है। यह सम्भवत उस आरोग्यविहार के चिकित्सकाध्यक्ष के नाम का उल्लेख करता है। अत: यह अनुमान लगाया गया है कि गुप्तकालीन प्रसिद्ध चिकित्सक धन्वन्तरि द्वारा इस अस्पताल का संचालन किया जाता होगा।

उत्खनन से प्राप्त पुरासामग्री में ताँबे के सिक्के, आभूषण, अंजन-शलाका, विभिन्न प्रकार के पत्थरों एवं पकी मिट्टी के मनके, हाथीदाँत एवं मिट्टी के बने पासे, मिट्टी की मुद्राएँ एवं मुद्रांकन, पहियेदार खिलौने, त्वचा-मार्जक, पकी मिट्टी के मानव, पक्षी एवं पशु आकृतियाँ प्रमुख हैं।

घोतमुखी सभाभवन

'मज्झिमनिकाय' के अनुसार पाटलिपुत्र का घोतमुख नामक एक ब्राह्मण थेर उदेन से बहुत प्रभावित था। उसको अंग के राजा से प्रतिदिन 500 कार्षापण स्थायी-

भिक्षा (दान) के रूप में मिलता था। एक दिन वह थेर उदेन के पास गया और कहा कि मैं आपको प्रतिदिन 500 कार्षापण दान देना चाहता हूँ। परन्तु बौद्ध-भिक्षुओं के लिए दान-स्वरूप सोना-चाँदी ग्रहण करना वर्जित था। अत: घोतमुख ने उदेन के लिए एक विहार बनाने की इच्छा व्यक्त की। उदेन ने कहा कि यदि वह उसके लिए विहार बनाना चाहता है तो उसको पाटलिपुत्र में एक सभाभवन (उपट्ठानसाल) बनाना चाहिए। तब घोतमुख ने पाटलिपुत्र में एक भव्य सभाभवन बनाया, जो उसके नाम पर घोतमुखी के नाम से प्रसिद्ध हुआ।

रुम्मिनदेई का पाषाणस्तम्भ

शाक्य गणराज्य के गणप्रमुख शुद्धोधन की गर्भवती पत्नी महामाया ने एक रात स्वप्न में देखा कि चाँदी के समान सफेद हाथी उनके गर्भ में प्रवेश कर रहा है। यह बात उन्होंने अपने पति को बताई। सुबह: वैदिक पुरोहितों को बुलाकर इस स्वप्न की व्याख्या करने को कहा गया। ब्राह्मण पुरोहितों ने भविष्यवाणी की कि जो बालक गर्भ में है वह या तो चक्रवर्ती सम्राट बनेगा या फिर बुद्ध।

गर्भधारण के दस चन्द्रमास बाद आसन्नप्रसवा महामाया ने अचानक अपने मायके जाने के लिए देवदह की ओर प्रस्थान किया। परन्तु देवदह पहुँचने के पहले लुम्बिनी वन में ही उन्होंने पुत्र को जन्म दे दिया। बच्चे का नाम रखा गया सिद्धार्थ। इसका शाब्दिक अर्थ है 'जिसने लक्ष्य को प्राप्त कर लिया हो।' यह बालक 'सर्वार्थसिद्ध' था। गौतम गोत्र में उत्पन्न होने के कारण उनको 'गौतम' कहा गया। सिद्धार्थ के जन्म के सात दिन बाद ही उनकी माता का देहान्त हो गया। उनकी मौसी और शुद्धोधन की दूसरी पत्नी प्रजापति गौतमी ने उनका लालन-पालन किया। इसलिए भी वे गौतम कहलाए। मगध के सम्राट अशोक ने बुद्ध के जन्मस्थान—लुम्बिनी को चिह्नित करने के लिए एक पाषाणस्तम्भ लगवाया था। इस स्थान को अब 'रुम्मिनदेई' (लुम्बिनी की देवी) कहते हैं, जो वर्तमान में नेपाल में स्थित है।

अशोक द्वारा बनवाए गए एकाश्मक पाषाण-स्तम्भों के पॉलिश की चमक आज तक बरकरार है। अशोक द्वारा बनवाए गए सारनाथ स्तम्भ के शीर्ष भाग पर धर्मचक्र को अंकित किया गया था। यह इस बात का द्योतक है कि मनुष्य के जीवन में धर्म का स्थान सबसे ऊपर है।

भरहुत के अलावा बोधगया की वेदिका पर कपिलवस्तु के शासक शुद्धोधन की पत्नी महामाया देवी शयन मुद्रा में दिखाई गई हैं। शैय्या के ऊपरी भाग में एक हाथी की आकृति उत्कीर्ण है। यह महामाया देवी के स्वप्न का मूर्तिकरण है। स्तूपों की वेष्टनी तथा विभिन्न गुफाओं की दीवारों पर उत्कीर्ण मूर्तियों में बुद्ध के जीवन की घटनाओं को चार मुख्य प्रतीकों के माध्यम से व्यक्त किया गया है—

(1) हाथी : गौतम बुद्ध के जन्म का प्रतीक है।

(2) बोधिवृक्ष : ज्ञान (बुद्धत्व) प्राप्ति का प्रतीक है।

(3) चक्र : धर्मचक्र-प्रवर्तन यानी सारनाथ में बुद्ध के प्रथम उपदेश का प्रतीक है।

(4) स्तूप : बुद्ध के महापरिनिर्वाण (देहान्त) का प्रतीक है।

इन चारों के अलावा घोड़ा गौतम बुद्ध के गृहत्याग (महाभिनिष्क्रमण) का प्रतीक है। बौद्ध ग्रन्थ 'ललितविस्तर' में वर्णित है कि गौतम बुद्ध अपनी पत्नी यशोधरा और पुत्र राहुल को सोता छोड़कर, 'कन्थक' नामक घोड़े पर सवार होकर आधी रात को कपिलवस्तु नगर से निकले पड़े। प्रातःकाल वे कपिलवस्तु नगर से बहुत दूर अनोमा नदी को पार कर चुके थे। इसके बाद गौतम ने अपने सेवक छन्दक (छन्न) को घोड़ा वापस ले जाने की आज्ञा दी थी। इसीलिए बुद्ध के महाभिनिष्क्रमण की घटना को घोड़े के द्वारा व्यक्त किया जाता है।

हीनयान परम्परा में बुद्ध से जुड़े जिन चार प्रतीकों को प्रमुखता दी जाती है वे चार तीर्थस्थानों से सम्बद्ध किए जाते हैं—(1) लुम्बिनी : जन्मस्थान (2) बोधगया : ज्ञान की प्राप्ति (3) सारनाथ : धर्मचक्रप्रवर्तन यानी पहला उपदेश और (4) कुशीनगर : महापरिनिर्वाण यानी देहान्त। बौद्ध परम्परा में इनके अतिरिक्त चार अन्य स्थानों को भी महत्त्व दिया जाता है, जहाँ बुद्ध ने चार चमत्कारों का प्रदर्शन किया था—(1) राजगृह : नालागिरि नामक हाथी का दमन, (2) श्रावस्ती : जेतवन विहार, (3) वैशाली : महाप्रदर्शन और (4) संकिसा : तुषित स्वर्ग से अवतरण।

राजगृह में देवदत्त ने अपने को संघ-प्रमुख बनाए जाने का बुद्ध से अनुरोध किया। बुद्ध के इनकार के बाद क्षुब्ध होकर उसने एक भारी पत्थर बुद्ध के ऊपर फेंक दिया। बुद्ध के पैरों में चोट लगी, किन्तु वे बच गए। तब दूसरी बार उसने नालागिरि नामक मतवाले हाथी को बुद्ध के सामने छुड़वा दिया था। नालागिरि चिग्घाड़ता हुआ बुद्ध की ओर दौड़ा। लेकिन बुद्ध के सामने आकर स्थिर हो गया। बुद्ध ने स्नेहभाव से उसकी सूँड़ का स्पर्श किया। हाथी ने उनकी चरण-धूल को सूँड़ से उठाकर अपने मस्तक पर धर लिया। इस घटना का चित्रात्मक अंकन बोधगया के स्तूप की वेष्टनी पर किया गया है। इस वेष्टनी पर जेतवन विहार का दृश्य भी अंकित है। साथ ही वैशाली के 'महाप्रदर्शन' का अंकन भी किया गया है। वैशाली में वृज्जियों के अनुरोध पर बुद्ध ने चमत्कार प्रदर्शन करते हुए एक ही क्षण में हजारों बुद्ध प्रकट कर दिया था। इस घटना को बौद्ध-परम्परा में 'महाप्रदर्शन' कहा गया है।

गुहा वास्तुशिल्प

गया से लगभग 15 मील उत्तर की ओर बाराबर की पहाड़ियाँ हैं, जिसको प्राचीन काल में 'स्खलतिक पर्वत' कहा जाता था। यहाँ चार कृत्रिम गुफाएँ हैं। इनमें से एक गुफा में मौखरी राजा अनन्तवर्मन (पाँचवीं सदी ई.) का एक शिलालेख है। शेष तीन गुफाओं में अशोक के शिलालेख हैं। इनमें से दो गुफाएँ अशोक द्वारा अपने राज्याभिषेक के 12 वर्ष बाद आजीवक सम्प्रदाय के भिक्षुओं को दान में दी गई थीं।

बाराबर पहाड़ी के दूसरे भाग को नागार्जुनी पहाड़ी कहते हैं। बाराबर गुफाओं से करीब एक मील दूर नागार्जुनी पहाड़ी में तीन अन्य गुफाएँ हैं। उनमें भी शिलालेख अंकित हैं, जिनको अशोक के पौत्र दशरथ द्वारा खुदवाया गया था। इस शिलालेख में दशरथ को 'देवानांप्रिय दशरथ' कहा गया है। ये गुफाएँ भी आजीवक सम्प्रदाय के भिक्षुओं को दान में दी गई थीं। भारत में यहीं से गुहा वास्तुशिल्प का आरम्भ होता है।

ऋग्वेद में वर्णित एक प्रसंग के अनुसार लकड़ी की सहायता से ही विश्वकर्मा ने सर्वप्रथम इस सृष्टि की रचना की थी-

किम् स्विद वनं क उ स वृक्ष
आस यतो द्यावा पृथिवी।।

अर्थात—यहाँ विश्वकर्मा सोच रहे हैं कि आखिर किस वन की कौन-सी लकड़ी से द्यावा-पृथिवी की रचना की जाए।

मौर्यकाल के पहले भवन-निर्माण के काम में अक्सर लकड़ियों का प्रयोग होता था। जंगलों को साफ करने के बाद भारी मात्रा में लकड़ियाँ प्राप्त होती थी। उन लकड़ियों का उपयोग अधिकतर मकान बनाने के काम में होता था। मेगास्थनीज ने लिखा है कि पाटलिपुत्र नगर के चारों ओर लकड़ी का एक घेरा (लकड़कोट) था।

मन्दिर-निर्माण की शैलियाँ

भारत में मन्दिर-निर्माण की तीन शैलियाँ प्रचलित रही हैं—नागर, बेसर और द्रविड़। उत्तरी भारत में नागर शैली, दक्षिणी भारत में द्रविड़ शैली और विन्ध्यपर्वत से कृष्णा नदी के मध्यवर्ती भाग में बेसर शैली प्रचलित थी। नागर शैली के मन्दिरों के शिखर के आदिम रूप की कल्पना दो प्रकार से की गई थी-

(1) मथुरा से प्राप्त कुषाणकालीन एक वेदिका-स्तम्भ पर अंकित वास्तु के रूप में, जो मथुरा संग्रहालय में संरक्षित है; और

(2) आधुनिक पटना के कुम्हरार मुहल्ले में उत्खनन के दौरान प्राप्त एक टीकरे पर अंकित मन्दिर की आकृति के रूप में।

कुम्हरार से मिले टीकरे (मृण्फलक) को देखने पर ऐसा लगता है कि भवन के कई खण्डों को मिलाकर एक कर दिया गया हो; और कई खण्डोंवाला भवन ही ऊपर की ओर सँकरा होते हुए शिखर की आकृति में बदल गया हो। बोधगया के महाबोधी मन्दिर का स्वरूप ऐसा ही है। इस मन्दिर का पुराना नाम 'वज्रासन गन्ध-कुटी प्रासाद' है। सातवीं शताब्दी ई. में ह्वेनत्सांग की बोधगया यात्रा के समय तक यह मन्दिर अपने मूल स्वरूप में मौजूद था। इस मन्दिर का जीर्णोद्धार 1105 ई. और 1298 ई. में म्यानमार-वासियों द्वारा कराया गया था। पुनः 1880-81 ई. में जीर्णोद्धार के बाद इस मन्दिर को वर्तमान स्वरूप प्राप्त हुआ। यह मन्दिर नौ खण्डवाले मीनार के समान है। प्रत्येक खण्ड में आमलक के कोने बने हुए हैं।[2]

पाषाण, धातु एवं काष्ठ मूर्ति शिल्प

पाषाण-मूर्ति शिल्प की नींव रखने का श्रेय मगध के मौर्य राजाओं को ही जाता है। प्राचीन काल में देवता, महात्मा और पूर्वजों की मूर्तियों को 'प्रतिमा' कहा जाता था। पतंजलि कृत 'महाभाष्य' (5/3/99) में मूर्ति के लिए 'अर्चा' शब्द का प्रयोग किया गया है। 'श्रीमद्‍भागवत पुराण' के अनुसार मिट्‍टी, काष्ठ, पत्थर, धातु, चन्दन, बालुका, मनोमई और मणि नामक आठ पदार्थों से निर्मित देव-प्रतिमाओं द्वारा भगवान की उपासना की जा सकती है।

शैली दारुमयी लौही लेप्या लेख्या च सैकती।
मनोमई मणिमयी प्रतिसाष्टविधा स्मृता।।

सूत्रकाल में यज्ञों का महत्त्व घटने के बाद पूजा का महत्त्व बढ़ गया। स्वाभाविक रूप से बड़ी संख्या में प्रतिमाएँ बनाई जाने लगीं।

पतंजलि ने सामान्य मूर्तियों को 'प्रतिकृति' और पूजा के लिए बनाई गई मूर्तियों को 'अर्चा' कहा है। प्रतिकृति मूलवस्तु का प्रतिरूप होती है। हाथी, घोड़े, गधे आदि के खिलौने उनसे बिलकुल मिलते-जुलते आकार के बनाए जाते थे। ये प्रतिकृति कहलाते थे। अश्व की प्रतिकृति अश्वक, उष्ट्र की उष्ट्रक और गर्दभ की गर्दमक कहलाती थी। प्रतिकृतियाँ खिलौनों या कलाकृतियों के रूप मे प्रचलित थीं। वे खुले बाजार में बिकती थीं।

देवताओं की भी मूर्तियाँ बनती थी। इन्हें शुद्ध अर्थ मे प्रतिकृति नहीं कहा जा सकता, क्योंकि वे किसी विद्यमान कृति का प्रतिरूप नहीं होती थी, अपितु धार्मिक ग्रन्थों में देवविशेष के कल्पित स्वरूप के आधार पर बनाई जाती थी। महाभाष्यकार

पतंजलि ने इन देवमूर्तियों को अर्चा कहा है। उन्होंने तुंगनासिकी और दीर्घनासिकी अर्चाओं का उल्लेख किया है। (महाभाष्य, 1/1/54) अर्चाएँ पूजा की वस्तु थी। वे मन्दिरों या सार्वजनिक स्थानों पर प्रतिष्ठित की जाती थीं।

कुछ लोग अर्चाओं से जीविका भी कमाते थे। जीविका कमाने के दो प्रकार रहें होंगे। कुछ लोग देवमूर्तियों को घर-घर ले जाकर उन पर चढ़ावा प्राप्त करते होंगे। यह चढ़ावा उनकी जीविका का साधन रहा होगा। कुछ लोग घरों में मूर्ति रखकर भक्तजन द्वारा चढ़ाये गए द्रव्य से निर्वाह करते होंगे। सार्वजनिक मन्दिरों में प्रतिष्ठित देवमूर्तियों के पुजारियों की जीविका का साधन भी अर्चाएँ ही थीं। दूसरे प्रकार की अर्चाएँ वे थी, जो लोगों के व्यक्तिगत पूजा के काम आती थी। यह विशुद्ध पूजा की वस्तु थी। पतंजलि ने उक्त दोनों प्रकार की मूर्तियों को 'पूजार्थ' कहा है।

तीसरे प्रकार की मूर्तियाँ वे थीं, जो पूजा के लिए नहीं, बल्कि विक्रय के लिए बनाई जाती थी। पतंजलि द्वारा 'महाभाष्य' में किए गए एक उल्लेख से संकेत मिलता है कि या तो मौर्य राजाओं ने राज्य की आय के लोभ से देवताओं की मूर्तियाँ ढलवाकर उन्हें बाजार में बेचना शुरू कर दिया था या फिर मौर्य नामक एक हीनकर्मा जाति के लोग मूर्तियाँ दिखाकर लोगों से धन माँगते थे।[3] बिक्री के लिए बनाई गई शिव, स्कन्द या विशाख की मूर्तियाँ शिवक, स्कन्दक या विशाखक कहलाती थी। ये प्रतिमाएँ भीतर से पोली रहती थीं।

महाभाष्यकार ने अर्चाओं के प्रसंग में शिव,, स्कन्द, विशाख का ही उल्लेख किया है। इससे यह तो निर्विवाद है कि शुंगकाल में इन तीन देवताओं की मूर्तियों की पूजा प्रचलित थी। स्कन्द और विशाख की मूर्तियाँ युग्म के रूप में पूजी जाती थी।[4]

'अन्तगडदसाओ' नामक ग्रन्थ में मोग्गरपाणि यक्ष की काष्ठ से बनी हुई प्रतिमा का उल्लेख है। यह प्रतिमा राजगृह नगर के बाहर लगी हुई थी। ह्वेनत्सांग के अनुसार गुप्त-सम्राट नरसिंहगुप्त बालादित्य (470 ई.) ने नालन्दा में एक सुन्दर मन्दिर का निर्माण कराया और उसमें ताँबे की 80 फुट ऊँची बुद्ध-प्रतिमा का निर्माण कराया था। पाल-काल (8वीं से 12वीं सदी ई.) में नालन्दा पत्थर और ताँबे की धार्मिक मूर्तिकला के एक बड़े केन्द्र के रूप विकसित हुआ। नालन्दा के संग्रहालय में वहाँ के उत्खनन में प्राप्त बहुमूल्य वस्तुओं को सुरक्षित रखा गया है।

डॉ. आनन्द कुमारस्वामी ने मौर्य कला को दो श्रेणियों में विभाजित किया है—राजकीय कला और लोककला। अशोक के एकाश्मक पाषाणस्तम्भ और उसका अलंकृत शीर्ष राजकीय कला का उदाहरण है, जबकि यक्ष-यक्षिणियों की मूर्तियाँ लोककला के नमूने हैं।

दीदारगंज की चामरग्रहणी यक्षिणी

प्राचीन काल में मगध में यक्ष-यक्षिणियों के पूजन की परम्परा रही है। 'गणरत्नमहोदधि' नामक ग्रन्थ के अनुसार पुरगा पाटलिपुत्र नगर की एक यक्षिणी थी। जिस प्रकार राजगृह में मुद्‌गरपाणि यक्ष की पूजा की जाती थी, पाटलिपुत्र में पुरगा की पूजा होती रही होगी। पाणिनि कृत 'अष्टाध्यायी' (सूत्र 8/4/4) में 'पुरगावण' सहित छह वनों का उल्लेख किया गया है। वासुदेवशरण अग्रवाल का अनुमान है कि पुरगावण पाटलिपुत्र के समीप था, जो उस यक्षिणी के नाम से प्रसिद्ध हुआ होगा।[5]

1917 ई. में पटना के दीदारगंज मुहल्ले के पास गंगा तट से चामरग्रहणी यक्षिणी की काले पत्थर से बनी एक मूर्ति मिली थी। 5 फीट 4 इंच लम्बी यह अनुपम मूर्ति एक ही शिलाखण्ड को काट-तराश कर बनाई गई है। यह मूर्ति नारी सौन्दर्य और भारतीय मूर्तिकला का एक उत्कृष्ट नमूना है। तीसरी शताब्दी ई. पू. में बनी इस मूर्ति की पॉलिश बहुत ही चमकदार है। चामरग्रहणी यक्षिणी की यह मूर्ति पटना संग्रहालय में संरक्षित है।

मौर्य राजप्रासाद और अशोक के पाषाण-स्तम्भों में पाई जानेवाली कला राजतक्षकों द्वारा निर्मित थी, जबकि परखम के यक्ष या दीदारगंज की चामरग्रहणी यक्षिणी लोक-कलाकारों द्वारा निर्मित कला थी। लोककला के अन्तर्गत काष्ठ और मिट्टी की मूर्तियों की परम्परा पहले से चली आ रही थी। मौर्यकाल में इस कला को पत्थरों के माध्यम से व्यक्त किया गया।

ऋग्वेद में यक्ष को रहस्यमय जीव कहा गया है। उसमें यक्ष-पूजन के लिए एक विशिष्ट स्थान निर्धारित होने की बात कही गई है, जिसको 'यक्ष सदन' कहा जाता था। अथर्ववेद में यक्ष की तुलना ब्रह्म से की गई है और उसमें 'यक्ष सदन' का ब्रह्मपुर के नाम से उल्लेख है। महाभारत के शान्तिपर्व में भी यह बात दुहराई गई है।

वाल्मीकि रामायण के अनुसार वनवास के दौरान एक बार राम ने यक्ष एवं राक्षस की उत्पत्ति के सम्बन्ध में जानना चाहा। तब अगस्त्य ऋषि ने बताया कि पृथ्वी की रचना के बाद ब्रह्मा ने कई प्रकार के जीवों को उत्पन्न किया। उत्पन्न होने के बाद जीवों ने पूछा कि अब हम क्या करें ? ब्रह्मा ने कहा कि तुम सब रक्षा करो। रक्षा करने सम्बन्धी दायित्व दिए जाने के कारण वे सब प्राणी 'राक्षस' कहलाए। परन्तु उन जीवों में से कुछ भूखे प्राणियों ने 'यक्षामः' कहकर खाने की इच्छा व्यक्त की, इसलिए उनको 'यक्ष' कहा गया।

यह आख्यान आंशिक परिवर्तन के साथ कई पुराणों में वर्णित है। 'विष्णु पुराण' में कुबेर को यक्षों का राजा कहा गया है। महाभारत में ऐसी कई कथाएँ हैं जिनमें निस्सन्तान स्त्रियाँ वृक्षों के उपदेवता यक्ष के पास सन्तान की कामना लेकर जाती थीं। लोकपरम्परा में यक्ष का पूज्य रूप प्रचलित रहा है। यक्ष और यक्षिणी मूलतः उर्वरता के देवता थे। 'गन्धर्व एवं अप्सरा' और 'यक्ष एवं यक्षिणी' वस्तुतः एकार्थक देवी-देवता हैं।

वेदों में यक्ष शब्द का प्रयोग अनेकत्र मिलता है; और उनसे पूजा, स्तुति एवं यज्ञ का अर्थ प्रकट होता है। 'अमरकोश' में यक्ष-यक्षिणियों को देवयोनि में गिना गया है। कालिदास कृत 'मेघदूत' में भी यक्ष के देवयोनि रूप का वर्णन किया गया है। यक्ष-यक्षिणियों को अर्द्ध देवी-देवता माना जाता रहा है, जो ग्रामीण समाज में पूजे जाते हैं। ग्रामीण अंचलों में यह माना जाता रहा है कि यक्षगण आपत्तिकाल में लोगों की रक्षा करते हैं। एक प्राचीन जैन आख्यान के अनुसार श्रेणिक बिम्बिसार के समय में राजगृह नगर के बाहर मुद्गरपाणि यक्ष का एक पुराना मन्दिर था। स्थानीय लोग उस मन्दिर में जाकर उस यक्ष की पूजा करते थे।

भारतीय परम्परा में यक्ष-यक्षिणियों को विलास और प्रजनन (उर्वरता) के देवी-देवता माना गया है। बोधगया, भरहुत, साँची और मथुरा में उत्कीर्ण मूर्तियों में सन्तान चाहनेवाली स्त्रियों को यक्षों के सानिध्य के लिए वृक्षों के पास जाते हुए दिखाया गया है। इन मूर्तियों में वृक्षों के पास खड़ी स्त्रियाँ अक्सर नग्न दिखाई गई हैं। उन स्त्रियों की कमर में एक मेखला के अतिरिक्त कोई वस्त्र नहीं है।

भानुजी दीक्षित ने यक्ष शब्द की व्युत्पत्ति बताते हुए कहा है—'इः कामः, तस्येवाक्षिणी यस्य इरक्षिषु यस्येति वा'। (इ+अक्षि) अर्थात जिसकी आँखें काम के समान हैं। यानी जिसकी आँखों में काम (सेक्स) भरा हुआ हो। जिसको देखते ही व्यक्ति कामासक्त हो जाए, वही यक्ष या यक्षिणी है। यह व्युत्पत्ति यक्ष-यक्षिणियों के स्वरूप, स्वभाव एवं गुण को व्यक्त करती है। इसलिए यक्षिणियों को काम-भावना को जगानेवाला कहा जा सकता है।

'शतपथ ब्राह्मण' के अनुसार नारी-सौन्दर्य के दो प्रमुख लक्षण माने गए हैं—उसका मन्दोदरी और नितम्बिनी होना। पटना के दीदारगंज की चामरधारिणी यक्षिणी की मूर्ति मन्दोदरी या कृशोदरी भी है और घट-नितम्बिनी भी। मूर्ति का उदर भाग वक्ष की अपेक्षा काफी अन्दर की ओर है, जबकि नितम्ब छोटे घड़े के समान सुड्डौल हैं। महाकवि कालिदास ने 'मेघदूत' में नायिका का अद्वितीय वर्णन किया है—

तन्वी श्यामा शिखरिदशना पक्वबिम्बाधरोष्ठी
मध्येक्षामा चकितहरिणीप्रेक्षणा निम्ननाभिः।

श्रोणीभारादलसगमना स्तोकनम्रा स्तनाभ्यां
या तत्र स्याद्युवतिविषये सृष्टिराद्येव धातुः ।।

(मेघदूत, श्लोक 89)

रामावतार त्यागी ने मेघदूत के उक्त श्लोक का हिन्दी काव्यानुवाद कुछ इस प्रकार किया है—

कृश तन, दाड़िम दशन, कमर है पतली-पतली
और अधर हैं लाल, मृगी से चंचल लोचन
गुरु नितम्ब हैं जो कि भार से झुके कुचों के
ईश्वर ने हो किया प्रथम रचना का सिरजन।[6]

बलुए पत्थर की बनी चामरधारिणी यक्षिणी की आदमकद मूर्ति दैहिक अनुपातों एवं नारी सौन्दर्य का एक आदर्श प्रतिमान है। इस मूर्ति को देखने पर ऐसा लगता है मानो किसी दक्ष मूर्तिकार ने शिलाखण्ड को तराशकर कालिदास की शाब्दिक कल्पना को मूर्त-रूप दे दिया हो। 'बिहार रत्न' से सम्मानित होनेवाली विभूतियों को स्मृति-चिह्न के रूप में चामरग्रहणी यक्षिणी की मूर्ति की प्रतिकृति दी जाती है।

प्रारम्भिक ऐतिहासिक युग में पाटलिपुत्र मूर्तिशिल्प का एक महत्त्वपूर्ण केन्द्र था। पटना के लोहानीपुर मुहल्ले से प्राप्त जैन तीर्थंकर का नग्न धड़ अपने युग की गौरवशाली कला-परम्परा का साक्षी है। पाषाण मूर्तिशिल्प ही नहीं, बल्कि मृण्यमय मूर्तिकला की दृष्टि से भी पाटलिपुत्र बहुत महत्त्वपूर्ण था।

शालभंजिका

3 दिसम्बर, 1978 ई. को पटना के राजेन्द्र नगर स्थित एक पार्क में खुदाई के दौरान 'शालभंजिका' की एक मूर्ति मिली थी। इसी प्रकार की एक मूर्ति पटना के कुम्हरार मुहल्ले से भी प्राप्त हुई। मूर्ति में एक युवती ने अपने दाहिने हाथ से शाल वृक्ष की एक शाखा को पकड़ रखा है। इस शालभंजिका के स्तन चामरग्रहणी यक्षिणी की तरह गोल और उभरे हुए हैं। उसने मोहक श्रृंगार कर रखा है। उसके बाएँ पैर एवं हाथ से लिपटती हुई मोटी-सी लता ऊपर की ओर चढ़ती दिखाई गई है। सुन्दर स्त्रियों की अधिष्ठात्री यक्षिणियाँ स्त्री-अंग के संस्पर्श से वृक्षों में दोहद का संचार करती थीं।

वृक्ष के साथ दोहद शब्द का प्रयोग 'फूल खिलने' के अर्थ में होता है। अशोक नामक वृक्ष में दोहद का संचार करती स्त्रियाँ भारतीय शिल्पकला में प्रसिद्ध हैं। मथुरा संग्रहालय में संरक्षित एक मूर्ति में एक यक्षिणी अशोक वृक्ष की शाखा को

पकड़कर खड़ी है; और अपने पदाघात से उस वृक्ष को कुसुमित कर रही है।

'शालभंजिका' प्राचीन भारत में स्त्रियों की एक प्रकार की क्रीड़ा थी। खिले हुए साल वृक्ष के नीचे एक हाथ से उसकी डाल झुकाकर और उसके फूल चुनकर स्त्रियाँ परस्पर खेलती थीं। मौर्यकालीन मगध में यह क्रीड़ा बहुत लोकप्रिय थी। पाणिनी कृत 'अष्टाध्यायी' में इस खेल का उल्लेख है। जबकि वात्स्यायन की जयमंगला टीका में इस खेल का सविस्तार वर्णन किया गया है। गौतम बुद्ध के जन्म के समय उनकी माता मायादेवी लुम्बिनी वन में इसी प्रकार की शालभंजिका मुद्रा में खड़ी थीं। आगे चलकर इस प्रकार की मुद्रा में खड़ी स्त्री के लिए 'शालभंजिका' शब्द रूढ़ हो गया। प्राचीन काल में मगध क्षेत्र में शालभंजिका और 'अशोक पुष्प प्रच्छायिका'-जैसी कई उद्यान-क्रीड़ाओं का प्रचलन था। शालभंजिका के खेल में युवतियों को जहाँ शाल के फूल चुनने होते थे, वहीं 'अशोक पुष्प प्रच्छायिका' में वे अशोक वृक्ष की शाखाओं से फूल एकत्र करती थीं।

मगधराज अशोक के राज्यकाल में प्रस्तर-प्रतिमा-निर्माण के नए युग की शुरुआत हुई। उस दौर में कला-शिल्प के विषय अक्सर धार्मिक प्रतीक ही हुआ करते थे। मूर्तिकला में जनभावनाओं के अंकन की शुरुआत शुंगकाल में हुई। पुष्यमित्र शुंग और उसके उत्तराधिकारियों के समय में जनसामान्य के जीवन से जुड़ी घटनाओं का अंकन किया जाने लगा। पाटलिपुत्र से प्राप्त 'शालभंजिका' और 'मिथुन युग्म' इस बात के साक्षी हैं। मिथुन-युग्म अर्थात प्रेमी-प्रेमिका के जोड़ेवाली इस मूर्ति में युवक-युवती को एक वृक्ष के नीचे दिखाया गया है। वृक्ष के नीचे एक युवती एक युवक के दाईं ओर खड़ी है। युवक के दाईं ओर खड़ी होने से स्पष्ट है कि वह उसकी विवाहिता न होकर, उसकी प्रेमिका है। उसका बायाँ हाथ युवक के कन्धे पर है जबकि दायाँ हाथ अपनी कमर पर। युवक के हाथ में एक पेयपात्र (प्याला) है, जो युवती के बाएँ स्तन को स्पर्श कर रहा है। युवती का बायाँ पैर उसके दाएँ पैर के ऊपर नृत्य-मुद्रा में मुड़ा हुआ है। उसके दाएँ पैर का तलवा पूरी तरह भूमि का स्पर्श कर रहा है, जबकि बाएँ पैर की केवल पाँच अँगुलियाँ उसको आधार दे रही हैं। दूसरी ओर युवक के खड़े होने की शैली एकदम सपाट है। युवती के गले में हार, कलाइयों में चूड़ियाँ और कमर में तीन लड़ियोंवाली कमरधनी (कटिबन्ध) हैं, जबकि युवक ने अपनी कमर पर एक धोती लपेट रखा है।

इस मूर्ति में एक विशेष बात यह है कि युवती का मुख युवक के मुख की ओर नहीं है। लगता है लज्जा से उसने अपना मुख फेर लिया है। वैसे यह मूर्ति खजुराहो की मूर्तियों के समान सुघड़ नहीं है, लेकिन ध्यान देने की बात यह है कि यह उनके सदियों पहले की रचना है।

दुर्गा की प्राचीनतम मूर्ति

छपरा के निकट चिराँद नामक पुरातात्त्विक स्थल से नर्तकी की एक मृण्मूर्ति मिली है। नर्तकी फूला हुआ घाघरा, विशेष प्रकार का शिरस्त्राण और पैरों में घुँघरू पहने हुए है। मिट्टी की यह मूर्ति मौर्यकालीन है। इसे देखकर न केवल नृत्यांगनाओं की वेशभूषा की जानकारी मिलती है बल्कि यह भी स्पष्ट हो जाता है कि उस काल में नृत्य मनोरंजन का एक साधन बन चुका था। चिराँद से ही मिट्टी का बना भयानक आकृति का एक मुखौटा मिला है। इसके दाँत बाहर निकले हुए हैं, नाक फूली हुई है, आँखें गोल एवं मूँछें खड़ी हैं। यह मुखौटा मौर्य-शुंगकालीन है। इस मुखौटे का विशेष उत्सवों के अवसर पर अथवा नाटकों में प्रयोग किया जाता होगा। पाटलिपुत्र के एन.बी.पी.[7] चरण से प्राप्त मूर्तियाँ हाथ से बनाई गई थीं। यहाँ से अधिकांशतः मिट्टी की पट्टिकाएँ मिली हैं जिन पर आभूषणों और सिर के बाल सँवारने की विभिन्न शैलियाँ दिखलाई गई हैं। कुम्हरार से जो मूर्तियाँ मिली हैं, वे अधिकांशतः साँचे में ढालकर बनाई गई थीं।

बिहार में भागलपुर के पास चम्पा से मिट्टी की एक सुन्दर पट्टिका मिली है जिसमें शक्ति की देवी को आयुध के साथ दिखलाया गया है। यह बिहार से प्राप्त दुर्गा की सम्भवतः प्राचीनतम मूर्ति है। इससे यह निष्कर्ष निकाला जा सकता है कि दुर्गा या शक्ति की पूजा मौर्य काल में ही आरम्भ हो चुकी थी, जिसका उल्लेख बाद में मार्कण्डेय एवं अन्य पुराणों में मिलता है।[8]

नौवीं शताब्दी ई. के आसपास बिहार और बंगाल क्षेत्र में पाल राजवंश के शासनकाल के दौरान नालन्दा और उसके आसपास काँसे की ढलाई की एक नई शैली का विकास हुआ। कुछ ही शताब्दियों के अन्तराल में नालन्दा के पास स्थित कुर्किहार के मूर्तिकारों ने गुप्तकाल की श्रेष्ठ कला-शैली को पुनर्जीवित कर दिया। कुर्किहार नामक यह मूर्तिकला केन्द्र गया जिले के वजीरगंज थाना क्षेत्र में स्थित है। पाल-काल में गया में काले पत्थर की मूर्तियाँ बनाई जाती थीं। कुर्किहार में पाल-कालीन ताँबे की मूर्तियाँ मिली हैं। 'अवलोकितेश्वर' पद्मपाणि की एक मूर्ति 2008 ई में कुर्किहार बड़ी दुर्गा मन्दिर से चोरी हो गई थी। पाल-कालीन प्रतिमाओं में चतुर्भुज अवलोकितेश्वर बुद्ध की काँस्य प्रतिमा विशेष रूप से उल्लेखनीय है। यह प्रतिमा त्रिभंग मुद्रा में पुरुष आकृति का एक उत्कृष्ट उदाहरण है।

बौद्ध धर्म के महायान सम्प्रदाय में 'अवलोकितेश्वर' सबसे लोकप्रिय बोधिसत्त्व हैं। महायान बौद्ध ग्रन्थ 'सद्धर्मपुण्डरीक' में 'अवलोकितेश्वर' बोधिसत्त्व के माहात्म्य का वर्णन मिलता है। 'अवलोकितेश्वर' को अक्सर हाथ में कमल का फूल लिये हुए दिखाया जाता है। हाथ में कमल का फूल लिये होने के कारण

इन्हें 'पद्मपाणि' कहा जाता है। नालन्दा और विक्रमशिला के उत्खनन के दौरान 'अवलोकितेश्वर' की कई मूर्तियाँ प्राप्त हुई हैं। 'अवलोकितेश्वर' की एक मूर्ति देवीस्थान कुण्डलपुर मन्दिर से 2000 ई. में चोरी हो गई थी। सौभाग्यवश फरवरी, 2022 में इटली के मिलान नगर में यह मूर्ति बरामद कर ली गई। 'अवलोकितेश्वर' पद्मपाणि की पत्थर की बनी यह मूर्ति 8वीं से 12वीं सदी के मध्य की है। इसमें बोधिसत्त्व अपने हाथ में कमल लिये खड़े हैं।

मुसलमान मूर्तिपूजा के विरोधी रहे हैं। अत: 13वीं शताब्दी में मुसलमानों की सत्ता स्थापित होने के बाद इस क्षेत्र में मूर्तियों का बनना प्राय: बन्द हो गया।

मुगलकाल में स्थापत्य कला को बढ़ावा मिला। पटना में स्थापित मध्यकालीन इमारतों में 'पत्थर की मस्जिद' प्रसिद्ध है। इसका निर्माण मुगल बादशाह जहाँगीर के पुत्र शाहजादा परवेज़ द्वारा 1626 ई. में करवाया गया था। सासाराम में स्थापित शेरशाह का मकबरा स्थापत्यकला का एक बेजोड़ नमूना है। अलेक्जेंडर कनिंघम ने इसको भारत के सुन्दरतम भवनों में से एक माना है। शेरशाह द्वारा बनवाई गई एक मस्जिद पटना में स्थित है। पटना साहिब स्थित गुरु गोविन्द सिंह के जन्मस्थान पर बना गुरुद्वारा 'तख्त हरमन्दिर साहिब' का स्थापत्य आकर्षक है। इसमें गुरु गोविन्द सिंह द्वारा प्रयुक्त किया गया पालना, जूते, तलवार, बाण आदि संरक्षित हैं।

1786 ई. में भीषण अकाल के दौरान अंग्रेजों ने अनाज के भण्डारण के लिए पटना में ईंटों की 96 फुट ऊँची एक गोलाकार इमारत बनवाई थी, जिसको 'गोलघर' कहा जाता है। संरचना सम्बन्धी दोषों के कारण इस इमारत में अनाज का भण्डारण कभी नहीं हो सका।

शुंग काल में चित्रकला

'विष्णु धर्मोत्तरपुराण' के चित्र-सूत्र में चित्रकला को समस्त कलाओं में श्रेष्ठ कहा गया है। शुंग काल में चित्र-कर्म में और ध्वज पर प्रतिकृतियाँ अंकित की जाती थी। काशिकाकार ने अर्जुन, दुर्योधन आदि के चित्रों का तथा कपि, गरुड़, सिंह आदि की ध्वज-प्रतिकृतियों का उल्लेख किया हैं। गरुड़-प्रतिकृति-मय-ध्वज प्राचीन वैष्णव मन्दिरों में लगाए जाते थे।

सन्दर्भ और टिप्पणी

1. दामोदर धर्मानन्द कोसम्बी, हिन्दी अनुवादक : गुणाकर मुले; 'प्राचीन भारत की संस्कृति और सभ्यता', पृ. 201; राजकमल प्रकाशन, नई दिल्ली; 1993 ई.।
2. भारतीय वास्तुकला में शिखरों के ऊपरी भाग में बनाई जानेवाली आँवले की तरह की आकृति को 'आमलक' कहा जाता है।

3. ''अपण्ये इति उच्यते तत्रैदं न सिद्धयति। शिवः स्कन्दः विशाखाः इति किंकारणं मौर्ये हिरण्यार्थिभिः अर्चा प्रकल्पिताः।'' (पतंजलि, 'महाभाष्य' 5/3/99)
4. डॉ. प्रभुदयाल अग्निहोत्री, 'पतंजलिकालीन भारत', पृ. 552; बिहार राष्ट्रभाषा परिषद, पटना; 1962 ई.।
5. वासुदेवशरण अग्रवाल, पाणिनीकालीन भारतवर्ष, पृ. 47; चौखम्बा विद्याभवन, वाराणसी; 2014 ई.।
6. कालिदास कृत मेघदूत का अंग्रेजी-हिन्दी अनुवाद डॉ. रांगेय राघव एवं रामावतार त्यागी, पृ. 89; आत्माराम एण्ड सन्स, दिल्ली
7. 'नॉर्दर्न ब्लैक पॉलिश्ड वेयर' (NBPW या NBP) अर्थात् 'उत्तरी कृष्ण मार्जित मृद्भाण्ड' संस्कृति भारतीय उपमहाद्वीप की एक लौह-युगीन नागर संस्कृति है। यह वैदिक काल के अन्त में 700 ई. पू. के आसपास विकसित हुई।
8. इतिहास अंक 1, भाग 1 सं. प्रभात कमार शुक्ल में कामेश्वर प्रसाद का लेख 'बिहार में भौतिक संस्कृति का पुरातात्त्विक अध्ययन पृ. 21

अध्याय 22

मगध के बाभन : भूमिहार ब्राह्मण

महाभारत के वनपर्व के अनुसार ब्राह्मणों का उद्भव देविका नदी के तट पर हुआ, इसलिए प्रारम्भ में सभी ब्राह्मण 'दाविक' कहलाते थे।[1] पाणिनि कृत 'अष्टाध्यायी' के 'ब्रह्मणो जानपदाख्यायां' (5/4/104) सूत्र से पता चलता है कि प्राचीन काल में अलग-अलग प्रदेशों में बस जाने के कारण ब्राह्मणों के भेदमूलक अलग-अलग नाम प्रचलित हो गए। पाणिनि-काल में जनपदों के अनुसार ब्राह्मणों के नाम रखे जाने सम्बन्धी प्रवृत्ति के कारण आगे चलकर पंचगौड़ और पंचद्राविड़ नामक ब्राह्मणों के दो मुख्य भेद विकसित हुए। फिर वृत्ति (आजीविका) के आधार पर ब्राह्मणों के याचक और अयाचक दो अन्य भेद भी हुए। पाणिनि के सन्दर्भित सूत्र के आधार पर मगध के ब्राह्मणों को 'मागध ब्राह्मण' कहा जाता था।

ब्रिटिश-लेखक एल. एस. एस. ओ. मैले (L. S. S O'Malley) ने 'पटना जिला गजेटियर' (1907 ई.) में इन मागध ब्राह्मणों को 'बाभन' या 'भूमिहार' कहा है।[2] भूमिहार एक अयाचक ब्राह्मण जाति है, जिसको मगध क्षेत्र में 'बाभन' कहा जाता है। डॉ. सुनीति कुमार चटर्जी, महापण्डित राहुल सांकृत्यायन और जे.एच. हटन--जैसे विद्वानों ने इनके लिए 'मगध के बाभन' नाम का ही प्रयोग किया है। 'मगध के बाभन' दरअसल 'मागध ब्राह्मण' का तद्भव रूप है। प्रसिद्ध लेखक एच. एच. रिज़ले ने अपनी पुस्तक 'द ट्राइब्स एंड कास्ट्स ऑफ बंगाल' में लिखा है कि बाभनों को भूमिहार, ज़मींदार ब्राह्मण, गृहस्थ ब्राह्मण, पश्चिमा ब्राह्मण, मगहिया (मागध) ब्राह्मण, अयाचक ब्राह्मण और ज़मींदार (सामंत) ब्राह्मण भी कहा जाता है। यह एक बड़ी और प्रभावशाली जाति है; और इस जाति के लोग बिहार के प्रमुख भूमिधारक हैं।[3]

राजपूताना गजेटियर के अनुसार 'भूमिहार' का अर्थ है जागीरदार, किन्तु पूर्वी उत्तर प्रदेश और बिहार में यह नाम एक विशेष वर्ग के लिए रूढ़ हो गया है।[4] आमतौर पर यह समृद्ध, समझदार, दबंग और कंजूस मानी जानेवाली एक अयाचक ब्राह्मण जाति है। ब्रिटिश-राज के दौरान अंग्रेज प्रशासक इस जाति के

लोगों को बहुत झगड़ालू और अविश्वसनीय मानते थे।[5] उनका मानना था कि बाभनों में जो सबसे सीधा होता है, वह हँसिये-जैसा टेढ़ा होता है।[6]

यह जाति मुख्यत: बिहार, झारखण्ड, पूर्वी एवं पश्चिमी उत्तर प्रदेश, मध्य प्रदेश के सीमावर्ती भाग और नेपाल की तराइयों में पाई जाती है। पश्चिमी उत्तर प्रदेश के त्यागी ब्राह्मण भी भूमिहार जाति-वर्ग में ही गिने जाते हैं। हरियाणा के पानीपत, सोनीपत आदि जिलों में भी त्यागी उपाधिवाले अयाचक ब्राह्मण मौजूद हैं।

गुप्तकाल में ब्राह्मणों को भूमिदान

भारतीय इतिहास में गुप्तकाल (319-485 ई.) को जातियों के प्रचुर उद्‌भव का काल माना जाता है। अत: हम अपनी बात और पड़ताल यहीं से शुरू करते हैं। गुप्तकाल में भूमि के लगान को वसूल करने की परम्परागत पद्धति में एक बड़ा परिवर्तन देखने में आया। इस परिवर्तन ने जीवन के अन्य पहलुओं को भी प्रभावित किया। राज्य के कुछ पदाधिकारियों और राजाश्रय पानेवाले ब्राह्मणों को वेतन के रूप में किसी गाँव या भूभाग के लगान की वसूली का अधिकार दे दिया गया। लगान के रूप में प्राप्त होनेवाली उपज उस पदाधिकारी के वेतन के बराबर होती थी। यह व्यवस्था चलती रही और शुरुआती दौर में ऐसे पदाधिकारी लगान वसूलने तक ही अपना अधिकार समझते रहे।

गुप्तकाल में शुरू की गई ग्रामदान की यह परम्परा इस अर्थ में एकदम नई थी कि इसके अन्तर्गत ब्राह्मणों को क्षेत्र विशेष में भू-राजस्व वसूलने के साथ ही परोक्षत: शासन सम्बन्धी अधिकार भी दे दिए गए। भारत में सामन्तवाद के प्रसार में इस कदम ने एक निर्णायक भूमिका निभाई। ब्राह्मणों को भूमिदान देने की परम्परा का सूत्रपात दक्कन में सातवाहन राजाओं ने किया था, जो स्वयं ब्राह्मण थे। परन्तु गुप्तकाल में इस व्यवस्था ने व्यापक रूप धारण कर लिया। आठवीं सदी ई. तक आते-आते ऐसे कई पदाधिकारी उस भूभाग पर अपना स्वामित्व भी मानने लगे। प्रो. रोमिला थापर के अनुसार इस प्रकार लगान की वसूली का अधिकार प्राप्त करनेवाले सामन्तों को उस समय 'राय' या 'ठाकुर' कहा जाता था। केन्द्रीय सत्ता के निरन्तर कमजोर होते जाने के कारण मध्यकाल में इसका प्रचलन बढ़ता चला गया।

समुद्रगुप्त ने अपने नालन्दा ताम्रलेख और गया ताम्रलेख के माध्यम से ब्राह्मणों को भूमिदान दिए जाने सम्बन्धी आदेश-पत्र निर्गत किए थे। उन्होंने नालन्दा-ताम्रलेख अपने शासन के पाँचवें वर्ष में आनन्दपुर जयस्कन्धावार से और गया-ताम्रलेख अपने शासन के नौवें वर्ष में अयोध्या से जारी किया था। गुप्तकाल में मध्य भारत

के राजाओं द्वारा ब्राह्मणों को दान-स्वरूप बसे-बसाये गाँव देने के कम-से-कम छह उदाहरण मिलते हैं। इन अनुदानों में राजाओं ने सम्बन्धित ग्रामवासियों को स्पष्ट निर्देश दिया कि वे दान पानेवालों को प्रचलित कर तो दें ही, उनके आदेशों का पालन भी करें। छठी शताब्दी ई. के एक परवर्ती-गुप्त राजा दामोदर गुप्त को 100 अग्रहार स्थापित करने का श्रेय दिया गया है। उसके द्वारा धार्मिक एवं शैक्षणिक केन्द्र चलाने के लिए ब्राह्मणों को 100 गाँव दान में दिए गए थे।

ऐसे ब्राह्मणों को राजाओं से दान-स्वरूप जो भूमि प्राप्त हुई थी, उस पर उन्हें लगान वसूलने का अधिकार प्राप्त था। इस प्रकार के अनुदान को उत्तरी भारत में 'अग्रहार' और दक्षिणी भारत में 'ब्रह्मदेय' कहा जाता था। 'ब्रह्मदेय' शब्द की व्याख्या करते हुए पाँचवीं सदी ई. में आचार्य बुद्धघोष ने कहा था कि ब्रह्मदेय अनुदान में न्यायिक और प्रशासनिक अधिकार भी सम्मिलित हैं। अत: स्वाभाविक रूप से गुप्तकाल में भूमिदान के व्यापक प्रचलन के कारण ऐसे ब्राह्मण सामन्तों के आविर्भाव का मार्ग प्रशस्त हो गया, जो अनुदान-प्राप्त क्षेत्रों का प्राय: स्वतन्त्र होकर शासन चलाने लगे।

हर्षकालीन 'भूमि अग्रहार भोजी ब्राह्मण'

हर्षवर्द्धन के राज्यकाल (606-647 ई.) में गंगा-घाटी में 'भूमि अग्रहार भोजी ब्राह्मणों' का एक नया वर्ग उत्पन्न हुआ। आचार्य हजारीप्रसाद द्विवेदी ने इस नवोदित ब्राह्मण वर्ग को 'भूमि अग्रहार भोजी ब्राह्मण सामन्त' कहा है। सातवीं सदी ई. में काशी और करुष जनपद न तो मगध के गुप्तवंशीय राजाओं के नियन्त्रण में थे, न कान्यकुब्ज (कन्नौज) के पुष्यभूतिवंशीय राजाओं के नियन्त्रण में। हजारीप्रसाद द्विवेदी ने एक प्रसंग में लिखा है कि कान्यकुब्ज के "महाराजाधिराज के ज्येष्ठ ने यहाँ बड़ी कुशलता की नीति बरती थी। उन्होंने उत्तरी तट के कुछ ब्राह्मणों को भूमि का अग्रहार देकर अपने पक्ष में कर लिया है। ये भूमि-अग्रहारभोजी ब्राह्मण समस्त जनपद में प्रधान हो चुके हैं। वे ही इधर के सामन्त हैं। उनमें वैदिक क्रिया लोप होती जा रही है। अब वे खुलकर बौद्ध राजा का समर्थन करने लगे हैं।"[7]

"प्रारम्भिक अनुदानों में जो बात अस्पष्ट तथ्य के रूप में विद्यमान थी, लगभग 1000 ई. से वही बात स्पष्ट रूप से प्रचलित हो गई और तुर्कों की शासन प्रणाली में तो उसे विधिवत स्वीकार कर लिया गया। इन दाताओं की मंशा चाहे जो रही हो, किन्तु ऐसे अनुदानों का परिणाम यही हुआ कि देश में प्रचुर आर्थिक एवं राजनैतिक शक्ति से सम्पन्न एक जबरदस्त मध्यवर्ती वर्ग खड़ा हो गया। जैसे-जैसे भूमिधर ब्राह्मणों की संख्या बढ़ती गई, उनमें से कुछ लोग पुरोहिताई

का काम छोड़कर अपना ध्यान मुख्यत: अपनी भूसम्पत्ति की व्यवस्था पर केन्द्रित करने लगे। ऐसे ब्राह्मणों के लिए सांसारिक कामकाज धार्मिक कर्तव्यों से अधिक महत्त्वपूर्ण हो गए।''[8]

अयाचकों की श्रेष्ठता

स्मृति-ग्रन्थों में ब्राह्मणों के लिए छह कर्मों का विधान है, जिसे षट्कर्म कहा गया है। मनुस्मृति के अनुसार यजन (यज्ञ करना), याजन (यज्ञ कराना), अध्ययन, अध्यापन, दान देना और दान लेना (प्रतिग्रह) ब्राह्मणों के लिए अनुमन्य छह कर्म हैं। (मनुस्मृति, 10/75)[9] 'पराशरस्मृति' में कहा गया है कि ''ब्राह्मण पारम्परिक छह कर्मों (षट्कर्म) के अतिरिक्त खेती का काम भी करवा सकता है। उसे ध्यान रखना चाहिए कि हल में जोते जानेवाले उसके बैल भूखे-प्यासे, थके और बीमार न रहें। लेकिन ब्राह्मण द्वारा स्वयं खेती-बारी के काम करना (जैसे हल जोतना आदि) महापाप है।'' भूमि के अग्रहारों को पराशरस्मृति द्वारा खींची गई इस लक्ष्मण-रेखा के आलोक में ही समझा जा सकता है। 'बाभन' या 'भूमिहार' पुरोहिताई को त्यागकर जीविका के साधन के रूप में कृषि-कर्म को अपनानेवाले भूमिपति एवं अयाचक ब्राह्मण हैं।[10] ब्राह्मण होने के नाते इस जाति के लोग स्वयं हल नहीं जोतते, बल्कि कृषि-मजदूरों की सहायता से खेती-बाड़ी करते हैं।[11]

कुछ धर्मशास्त्रों में ब्राह्मणों को दान-दक्षिणा लेने से मना किया गया है। कहते हैं कि क्षुद्र-दान लेनेवाले का लोक-परलोक दोनों बिगड़ जाता है। मनुस्मृति में कहा गया है कि ब्राह्मण के लिए नीच व्यक्तियों से दान लेना निकृष्ट कर्म है। ऐसा करनेवाला ब्राह्मण मरने के बाद नरक को जाता है। यदि क्षुद्रों को पढ़ाने और उनके लिए यज्ञ करने से भी किसी ब्राह्मण के लिए जीवन-निर्वाह कर पाना सम्भव न हो, तभी किसी क्षुद्र व्यक्ति से दान लेना चाहिए। (मनुस्मृति, 10/109)[12] मनुस्मृति में यह भी कहा गया कि विद्या, तप आदि के कारण दान लेने के अधिकारी होने के बावजूद दान नहीं लेना चाहिए। परिवार के भरण-पोषण के लिए भी यथासम्भव दान लेने से बचना चाहिए; क्योंकि ऐसा करने से ब्रह्मतेज नष्ट हो जाता है। (मनुस्मृति, 4/186)[13] इस दृष्टि से, अयाचक होने के कारण मगध के बाभन (यानी भूमिहार ब्राह्मण कुल के लोग) श्रेष्ठ ब्राह्मणों में गिने जाने योग्य हैं।

धर्मशास्त्रों के अनुसार प्राचीन काल में ब्राह्मणों के लिए दान लेना, वेद पढ़ाना और दूसरों के लिए यज्ञ करना जीविका के आदर्श साधन थे। उत्तर-वैदिक काल में यही उनकी जीविका के मुख्य साधन रहे होंगे, क्योंकि उस समय तक वैदिक यज्ञ बड़े पैमाने पर हुआ करते थे। बौद्ध धर्म के व्यापक प्रसार के बाद वर्ण-व्यवस्था में शिथिलता आ गई। इसके परिणामस्वरूप ब्राह्मणों के उपर्युक्त कार्यों में से कुछ

कार्य अन्य वर्णों के हाथ में चले गए। इसलिए इसमें कोई आश्चर्य की बात नहीं है कि वैदिक यज्ञों की लोकप्रियता में कमी आने के साथ ही ब्राह्मणों ने धर्मेतर व्यवसायों को अपनाना शुरू किया। छठी शताब्दी ई.पू. में बुद्ध द्वारा प्रवर्तित बौद्ध धर्म के प्रचार-प्रसार से वैदिक यज्ञीय परम्परा को आघात पहुँचा। इसलिए वैदिक ब्राह्मणों ने बुद्ध को अपना सबसे बड़ा विरोधी माना। बुद्ध के शरणागत होनेवाले ब्राह्मण भी वैदिक श्रोत्रिय ब्राह्मणों की दृष्टि में काँटे की तरह खटकने लगे।

भारत में प्राचीन काल से ही श्रम को लेकर एक विरोधाभास देखने को मिलता है। यहाँ जो जितना अधिक श्रम करता है, जाति-सोपान में उसको उतनी ही निम्न स्थिति में रखा गया है। यह बात ब्राह्मणों पर भी लागू होती है। तीर्थस्थानों में दान-दक्षिणा लेनेवाले, विवाह एवं उपनयन से लेकर अन्त्येष्टि-जैसे कर्मकाण्ड कराने के बदले में पारिश्रमिक पानेवाले या सामान्य पूजा-पाठ कराकर दक्षिणा पानेवाले ब्राह्मण पुरोहितों को अमात्य, सेनापति आदि धर्मेतर पदों पर आसीन ब्राह्मणों की तुलना में कम प्रतिष्ठा मिलती रही है। इस प्रवृत्ति के कारण भी ब्राह्मणों का एक वर्ग धर्मेतर व्यवसायों की ओर आकृष्ट हुआ।

इसके बावजूद वैदिक श्रोत्रिय ब्राह्मणों ने धर्मेतर व्यवसायों को अपनाने की इस प्रवृत्ति को निन्दनीय माना। हजारीप्रसाद द्विवेदी ने लिखा है कि ''पेशे के हिसाब से वस्तुतः सारी हिन्दू जाति बँटी हुई है। कितनी ही ब्राह्मण जातियाँ खेती का पेशा स्वीकार करने के कारण मर्यादा-भ्रष्ट मान ली गई हैं।''[14] परन्तु समाजिक स्तरीकरण की दृष्टि से ब्राह्मणों को भूमि-अनुदान देने के महत्त्वपूर्ण परिणाम निकले। इस चलन के कारण ब्राह्मणों का सम्बन्ध खेतीबारी से जुड़ा और उनमें भी बहुत सारे लोगों का सम्पर्क जनजातीय, शूद्र या अस्पृश्य श्रमिकों से तो हुआ ही होगा। साथ ही आर्थिक तथा जनसंख्या-सम्बन्धी कारणों से वे स्वयं भी शारीरिक श्रम करने से पूरी तरह बच नहीं पाये होंगे। ऐसे ब्राह्मण उन वैदिक या श्रोत्रिय ब्राह्मणों की दृष्टि में हीन बन गए, जो हालाँकि स्वयं भी भूमि से प्राप्त आय का उपयोग करते थे, लेकिन केन्द्रीय क्षेत्र में राजनैतिक सत्ता से निकट का सम्बन्ध होने के कारण राजनीति तथा प्रशासन में सक्रिय भागीदार बन गए और इस प्रकार अपनी कर्मकाण्डी श्रेष्ठता के दावों को प्रतिष्ठित करने में सफल हो गए।[15] श्रोत्रिय ब्राह्मणों और भूमि-अग्रहार-भोजी ब्राह्मणों के पारस्परिक द्वेषभाव को उपर्युक्त तथ्यों के प्रकाश में ही समझा जा सकता है।

पालवंशीय राजा देवपाल (810-850 ई.) ने बिहार के मुंगेर जिलान्तर्गत 'मेसिक' नामक गाँव एक ब्राह्मण को दान में दिया था। पालकालीन दानपत्रों में अनुदान-भोगियों को चोरों को दण्ड देने का अधिकार दिया गया है, जबकि

गुप्तकाल में यह अधिकार दानदाता के पास ही रहता था। 750 ई. से 1000 ई. के मध्य बंगाल और बिहार में ब्राह्मण, बौद्ध-विहार और शैव-मन्दिर भूस्वामी-वर्ग के रूप में सामने आए। कुल मिलाकर, अग्रहारों और मठारों[16] के कारण ही राजा और किसानों के बीच एक शक्तिशाली भूमिधर वर्ग का जन्म हुआ।

समाजविज्ञानी सच्चिदानन्द सिन्हा के अनुसार "इस बात के कुछ संकेत हैं कि दक्षिण-पूर्वी बिहार में किसी दौर में भुइयाँ लोगों में से कुछ का प्रवेश भूमिहार ब्राह्मणों में हुआ था और ऐसा लगता है कि यह नाम भी उन्हीं से आया है।"[17] यहाँ बहुत खींच-तानकर भुइयाँ जनजाति से भूमिहार शब्द की उत्पत्ति सम्बन्धी निष्कर्ष निकालने की एक नाकाम कोशिश की गई है। प्रसिद्ध लेखक जोगेन्द्रनाथ भट्टाचार्य ने भूमिहारों के सम्बन्ध में ऐसी अनर्गल स्थापनाओं का खण्डन किया है। उन्होंने लिखा कि ऐसा कहा जाता है कि इस जाति की उत्पत्ति निम्न-जातीय लोगों से हुई है, जिन्हें एक राजा के मन्त्री द्वारा ब्राह्मण-पद प्रदान किया गया था। बाभन-द्वेषियों द्वारा दुष्प्रचारित एक किंवदन्ति के अनुसार मगध के राजा जरासन्ध ने एक लाख ब्राह्मणों को भोजन कराने का संकल्प लिया था। लेकिन मगध-क्षेत्र में उतने ब्राह्मण उपलब्ध नहीं हो पा रहे थे। इसलिए राजा जरासन्ध के एक मन्त्री ने निम्न-कुल के व्यक्तियों को जनेऊ पहनाकर, उन्हें ब्राह्मण घोषित करके, भोजन कराया था। इस प्रकार की किंवदन्ति गढ़कर उन निम्नकुलोद्भव लोगों से भूमिहारों की उत्पत्ति सिद्ध करने की कुचेष्टा की गई। इस क्षुद्र प्रयास का खण्डन करते हुए जोगेन्द्रनाथ भट्टाचार्य ने लिखा है कि "इस कल्पित कथा के आधार पर गढ़े गए निष्कर्ष का खण्डन भूमिहारों के आर्य-तुल्य आकृतिविज्ञान से हो जाता है। अपनी आकृति और प्रकृति में भूमिहार जाति के लोग ब्राह्मणों या राजपूतों से कमतर नहीं हैं।[18] जॉन बीम्स ने भी यही बात कहकर इस कल्पित कथा के आधार पर गढ़े गए निष्कर्ष का खंडन किया है।[19]

उत्तरी भारत में भूमि का अग्रहार प्राप्त करनेवाले ब्राह्मणों को 'भूमि अग्रहार भोजी ब्राह्मण' कहा जाने लगा था। किसी भी भाषा में जटिल शब्दों को, लिखने और बोलने की सहूलियत के दृष्टिगत, सरल बनाने की एक स्वाभाविक प्रवृत्ति होती है। सरलीकरण की इसी प्रक्रिया में यह 'भूमि-अग्रहार भोजी ब्राह्मण' पदबन्ध आगे चलकर (या घिस-घिसकर) 'भूमिहार ब्राह्मण' में बदल गया।

मध्यकाल में जिन ब्राह्मणों को भूमि अनुदान प्राप्त था, उन पर राजा का अन्य किसी प्रकार का कोई नियन्त्रण नहीं था। जबकि अनुदान पानेवाले ब्राह्मणेतर व्यक्तियों को लगान का एक भाग राजा को देना पड़ता था; और सैन्य सहायता भी देनी पड़ती थी। अनुदान पानेवाले 'भूमिहार ब्राह्मण' अपने राजा को इस प्रकार की

सेवा देने से मुक्त थे। इस कारण से वे आर्थिक एवं सामाजिक दृष्टि से क्रमशः शक्तिशाली होते चले गए। गुप्त-वंश का आरम्भिक राज्य उत्तर प्रदेश और बिहार में ही फैला हुआ था। यह महज संयोग नहीं है कि भूमिहार ब्राह्मण प्रायः इसी क्षेत्र में आबाद हैं।

बौद्ध प्रभाववाले ब्राह्मण

महामहोपाध्याय पं. हरप्रसाद शास्त्री ने भूमिहारों को बौद्ध प्रभाववाले ब्राह्मण माना है। डॉ. रामशरण शर्मा (1920-2011 ई.) भी इसी मत के पोषक हैं। उनके अनुसार भारत में अलग-अलग धर्मों का प्रभाव बढ़ने से धर्मान्तरण का होना आम बात है। ऐसे में जब रूढ़िवादी हिन्दू धर्म के विरुद्ध गौतम बुद्ध ने बौद्ध पन्थ चलाया, तब बड़ी संख्या में वैदिक मतानुयायी ब्राह्मण उसकी ओर आकर्षित हुए। किन्तु आगे चलकर मुसलमानों के हमलों और मठाधीशों के कुकर्मों के कारण बौद्ध धर्म पतनोन्मुख हो गया। उससे सीख लेकर नाथपन्थ अपनी आत्मरक्षा के लिए अनीश्वरवादी से ईश्वरवादी हो गया। नाथपन्थ में आए इस बदलाव के बाद बौद्ध-धर्म अपना चुके ब्राह्मण-लोग अपने मूल धर्म (वैदिक धर्म) की ओर लौटने लगे। यह प्रक्रिया लम्बी थी। अतः शुरू में वैदिक हिन्दू धर्म की ओर लौटनेवाले लोग तो ब्राह्मण के रूप में स्वीकार कर लिए गए, किन्तु आखिरी दौर में बौद्ध से हिन्दू बने ब्राह्मण लोग एक हद तक बहिष्कृत ही रहे; और यही भूमिहार हैं।

ब्रिटिश-लेखक एल.एस.एस.ओ. मैले ने 'पटना जिला गजेटियर' (1907 ई.) में यही बात कही है। 'बाभन' शब्द ब्राह्मण का पालि रूप है। अशोक के अभिलेखों में यह शब्द अक्सर पाया जाता है। बाभन ऐसे ब्राह्मण थे जो बहुत बाद तक बौद्ध बने रहे। इसी कारण उनके लिए पालि में 'बाभन' शब्द प्रयुक्त हुआ। इन लोगों ने बौद्ध मठों की जमीन हथिया ली। भूमि का हरण कर लेने के कारण ये लोग 'भूमिहर' (भूमिहार) कहे गए।[20] एक अनुमान के मुताबिक बिहार के 80 प्रतिशत मठों पर भूमिहार जाति के भूस्वामी-मठाधीशों का कब्जा है।[21]

महापण्डित राहुल सांकृत्यायन ने कृषिजीवी ब्राह्मणों के वंशजों को 'बाभन' कहा है। उन्हीं के शब्दों में, "यद्यपि बुद्ध और अपने सत्रह शताब्दियों के जीवन में बौद्ध धर्म ने भारत से जातिवाद (वर्ण-व्यवस्था) को हटाने में सफलता नहीं पाई, पर इसका कोई प्रभाव नहीं पड़ा, यह नहीं कहा जा सकता। वर्ण-व्यवस्था के नष्ट न होने पर भी वह बहुत शिथिल हो गई थी। खुद इसके जबरदस्त पक्षपाती ब्राह्मणों पर भी प्रभाव पड़ा था। तभी 10वीं-11वीं शताब्दियों में बंगाल से लेकर पंजाब की सीमा तक ब्राह्मणों में फिर से कुलीनता स्थापित करने का प्रयत्न हुआ। कुछ

ब्राह्मणों को इतना दूर समझा गया कि उन्हें सम्मानित ब्राह्मण-सूची से खारिज कर दिया गया, जैसे मगध के बाभन।''[22]

रामधारीसिंह दिनकर ने लिखा है—''डॉ. काशीप्रसाद जायसवाल और महापंडित राहुल सांकृत्यायन--दोनों यह मानते थे कि भूमिहार वैशाली के लिच्छवी वंश से निकाले हैं। लेकिन लिच्छवी कौन थे? जैन-पुराण के अनुसार भगवान महावीर पहले किसी ब्राह्मणी के गर्भ में आए थे, लेकिन देवताओं ने उन्हें चुराकर क्षत्राणी के गर्भ में पहुँचा दिया। फिर भी भगवान महावीर ज्ञातृकुल के माने जाते हैं, जिससे जत्थरिया शब्द निकला है। वैशाली के अन्तर्गत जत्थरिया भूमिहार बहुत हैं। तो वे ब्राह्मण माने जाएँगे या क्षत्रिय ? ब्राह्मणी का गर्भ चुराकर उसे देवताओं ने क्षत्राणी के पेट में डाल दिया, इस पौराणिक जनश्रुति से कौन-सा अनुमान निकाला जा सकता है !

इससे भिन्न मत मेरे इतिहास-गुरु स्वर्गीय डॉ. सुविमलचंद्र सरकार का था। वे कहते थे कि क्रान्तिकारी वहीं जन्म लेते हैं, जहाँ क्रान्ति का वातावरण मौजूद होता है। बिहार के आर्य मध्यदेशीय-आर्यों के रोब में नहीं थे। वे कट्टर वैदिक धर्म से कुछ दूर जा पड़े थे। इसलिए मध्यदेशीय ब्राह्मण इधर के ब्राह्मणों को हेय दृष्टि से देखते थे। जब भगवान बुद्ध का अवतार हुआ; उनके आदि अनुगामी मगध और वैशाली में ही अधिक संख्या में उत्पन्न हुए। पीछे, जब अशोक ने बौद्ध धर्म को राज्याश्रय दिया, तब उसने उन ब्राह्मणों को जमीन देकर अयाचक बना दिया, जो बुद्ध के अनुयायी हो गये थे। इससे मध्यदेशीय ब्राह्मण और भी चिढ़ गए तथा बिहार के इस अयाचक ब्राह्मण संप्रदाय से उनका द्वेष और भी बढ़ गया।''[23]

वर्द्धमान महावीर लिच्छवियों के ज्ञातृ कुल में पैदा हुए थे। कुछ विद्वान ज़ेथरिया भूमिहारों को उसी ज्ञातृ-कुल से उत्पन्न मानते हैं। 'ज्ञातृ' शब्द से ही जेथरिया शब्द की उत्पत्ति हुई है। राहुल सांकृत्यायन अपने एक निबन्ध में भूमिहारों के सन्दर्भ में एक महत्त्वपूर्ण बात लिखते हैं। उन्हीं के शब्दों में—''एक कहावत को मैंने भी सुना है कि जेथरिया ब्राह्मण लोग नीमसार[24] से किसी कुष्टि राजा को अच्छा करने के लिए आए। पीछे भूमि का दान लेकर वहीं रह गए। नीमसार से आने का मतलब यह है कि वह कान्यकुब्ज ब्राह्मण थे। फिर वह मगह के ब्राह्मणों से ही क्यों सम्बन्ध जोड़ सके, सरवरियों से क्यों नहीं, जो कि अपने को कान्यकुब्ज भी कहते हैं ? मगध के बाभनों (= भूमिहार ब्राह्मणों) को मैं शुद्ध प्राचीन मगध-देशीय ब्राह्मणों की सन्तान मानता हूँ। इस वंश ने बाण जैसे महाकवि को ही नहीं पैदा किया, बल्कि भगवान बुद्ध के सबसे प्रधान तीन शिष्यों (सारिपुत्र, मौद्गल्यायन और महाकाश्यप) को पैदा करने का गौरव भी इसे ही है। सम्राट अशोक के गुरु मौद्गलिपुत्र तिष्य भी इसी कुल के रत्न थे। बौद्ध महापुरुषों और महान दार्शनिकों को पैदा करने में मगध-ब्राह्मण (= बाभन) कुल सबसे आगे रहा;

इसीलिए बौद्धद्वेषी ब्राह्मणों के प्रभुत्व में उन्हें और उनके मगध देश को नीच कहना और लिखना शुरू किया गया।''[25]

असंग, वसुबन्धु, अश्वघोष, महाकाश्यप, मातंग, सारिपुत्र, मौद्गल्यायन, नागार्जुन, धर्मकीर्ति आदि ब्राह्मण बौद्धधर्मी थे। इन सब के वंशज मगध क्षेत्र में बाभन कहे जाते रहे हैं।

भूमिहार आबादी प्राय: उन्हीं चार बौद्ध केन्द्रों--सारनाथ, बोधगया, वैशाली और विक्रमशिला--के आसपास केन्द्रित है, जहाँ बौद्ध धर्म का प्रभाव सबसे अधिक और सबसे अन्त तक रहा। वैसे यदि बसने के स्थान को आधार बनाया जाए तो भूमिहार मुख्यत: उसी भूभाग में आबाद हैं, जो मगध महाजनपद का परम्परागत इलाका है।

भूमिहार ब्राह्मणों का पौरोहित्य

एक प्रबल भूमिधर वर्ग के रूप में प्रतिष्ठित होने के बावजूद सभी भूमिहार ब्राह्मणों ने पौरोहित्य से एकदम किनारा नहीं किया। देव के प्रसिद्ध सूर्य मन्दिर के पुरोहित 1960 के दशक तक 'बाभन' ही रहे हैं। भूमिहार ब्राह्मण अयाचक एवं अप्रतिग्रही ब्राह्मण थे, लेकिन सूर्यपूजा से सम्बद्ध मन्दिरों पर अपनी अधिकारिता को लेकर सजग थे। सूर्य शौर्य एवं वीरता के प्रतीक हैं। मगध की लोक-परम्परा में सूर्यपूजा का सम्बन्ध कार्तिकेय की भाँति योद्धा पुत्र की प्राप्ति से है। यही कारण है एकसरिया भूमिहार ब्राह्मणों ने 1970 के दशक में बिहार धार्मिक न्यास द्वारा देव सूर्य मन्दिर का अधिग्रहण होने तक अपना पौरोहित्य अधिकार बनाए रखा था।[26]

काशी के विश्वनाथ मन्दिर के ध्वंस के बाद महारानी अहल्याबाई होलकर (1725-1795 ई.) ने मन्दिर के जीर्णोद्धार का संकल्प लिया था। परन्तु मन्दिर-निर्माण में कई बाधाएँ थी। लोग मुसलमानों से इतने भयभीत थे कि मन्दिर के निर्माण-कार्य के लिए सहयोग करने को कोई तैयार नहीं था। ''महारानी ने अपने दृढ़-संकल्प को मूर्तरूप देने के लिए जो प्रतिज्ञा की थी, उसे सन् 1777 में जन्माष्टमी के दिन पूरा किया। वे पुराने मन्दिर की विशालता और भव्यता तो नहीं ला सकीं, लेकिन धार्मिक और शास्त्रीय विधि-विधान से मन्दिर की पुनर्स्थापना की। उस समय मन्दिर के पुजारी को लेकर समस्या थी; क्योंकि काशी का कोई ब्राह्मण पुजारी के पद पर कार्य करने को तैयार नहीं था। इसलिए मन्दिर की प्राण-प्रतिष्ठा महारानी अहल्याबाई ने महेश्वर से पण्डित को बुलाकर कराई थी। इसका प्रमाण आज भी इन्दौर राज्य के अभिलेखागार में सुरक्षित है। महारानी अहल्याबाई द्वारा पुनर्स्थापित काशी विश्वनाथ मन्दिर के पहले पुजारी वाराणसी के लंका मुहल्ले के पास स्थित तारापुर गाँव के एक भूमिहार ब्राह्मण थे।''[27]

भूमिहार : एक नवीन संज्ञा

'भूमिहार' शब्द का प्रयोग हमारे प्राचीन संस्कृत साहित्य या अन्य मध्यकालीन साहित्य में नहीं मिलता है। यह एक नवीन संज्ञा है। पं. दुर्गादत्त त्रिपाठी एवं नारायण प्रसाद मुकुन्दराम द्वारा संस्कृत में रचित 'कान्यकुब्ज वंशावली' में हरिप्रसाद भागीरथी कृत 'बृहद् कान्यकुब्ज वंशावली' के आधार पर कहा गया है कि 'संवत् 1585 यानी 1527 ई. में मदारादिपुर के ब्राह्मणों को यवनेन्द्र ने हरा दिया।' इसमें यवनों यानी मुसलमानों के साथ युद्ध में पराजित होनेवाले ब्राह्मणों को 'भूइहार' कहा गया है।[28]

विलियम क्रुक के अनुसार, "भुँइहार शब्द संस्कृत के भूमिहार शब्द का अपभ्रंश है, जिसमें भूमि शब्द का आशय पृथ्वी और हार शब्द का आशय अधिकार करनेवाला है। यह एक जमींदार और खेती करनेवाली प्रसिद्ध जाति है, जो संयुक्त प्रान्त (उत्तर प्रदेश) के पूर्वी जिलों में पाई जाती है। भूमिहार लोग बाभन, जमींदार-ब्राह्मण और पश्चिमा ब्राह्मण भी कहे जाते हैं।"[29] पश्चिमोत्तर प्रदेश की 1865 ई. की जनगणना रिपोर्ट में जिन 68 प्रकार के ब्राह्मणों का उल्लेख किया गया है, उनमें भूमिहार अठावनवें स्थान पर अंकित है।[30]

आचार्य हजारीप्रसाद द्विवेदी ने लिखा है कि, "भूमिहार शब्द का पुराना प्रयोग मुझे नहीं मिला। 12वीं शताब्दी के पहले तो वह शायद ही मिले। मेरे विचार से भूमिहार ब्राह्मणों की वह शाखा है, जो किसी समय अपने विद्याबल के कारण राजवंशों से अग्रहार (भूमि का अनुदान) प्राप्त कर भूमिपति होने का सौभाग्य भोगती रही। अग्रहार शब्द काफी पुराना है और महाभारत में भी मिलता है। मेरा अनुमान है कि प्रतिहारों और गहरवारों के समय तक ये कान्यकुब्ज ब्राह्मण की शाखा ही माने जाते रहे। गहरवारों के बाद मुसलमान शासकों के समय हिन्दुओं की सभी जातियाँ छोटी-छोटी टोलियों में सिमटने लगीं। कई उपजातियों ने स्वतन्त्र जाति का रूप धारण किया और उसी समय भूमिहार भी अपनी अलग सत्ता बनाने लगे।"[31]

1812 ई. में ईस्ट इण्डिया कम्पनी की कार्यवाही की जो रिपोर्ट लन्दन भेजी गई थी, उसमें टेकारी, हथुआ, बेतिया तथा अन्य 'बाभन' कहलाने वाले जमींदारों के सम्बन्ध में मात्र 'ब्राह्मण जमींदार' ही लिखा गया था। इसके आधार पर यह कहा जा सकता है कि उस समय बिहार में भूमिहारों को भी मात्र ब्राह्मण ही कहा जाता था; और लिखने-बोलने में उसके उपभेद को स्पष्ट करने की आवश्यकता नहीं अनुभव की जाती थी। यही कारण है कि प्राचीन संस्कृत, पालि, प्राकृत या अन्य भाषाओं की पुस्तकों में भूमिहार शब्द का प्रयोग नहीं मिलता है।

भूमिहार ब्राह्मणों के मूल को लेकर विदेशी विद्वानों ने बहुत ही भ्रम फैला रखा है। फ्रांसिस बुकानन ने भूमिहारों का मूल ब्रचमानी कबीले से बताया है। बुकानन यह भी कहते हैं कि ये (भूमिहार) हथियार धारण करनेवाले ब्राह्मण महानन्द की सेना के योद्धा हो सकते हैं जिन्होंने क्षत्रियों का नाश किया था। इन योद्धाओं को स्थानीय कबीलों से चुना गया था और बाद में सम्राट ने उनको ऊँची जाति का घोषित किया।[32]

सर हेनरी एच. इलियट के अनुसार ''इन भूमिहार ब्राह्मणों और अन्य ब्राह्मणों के बीच कोई भेद नहीं, सिवाय इसके कि भूमिहार ब्राह्मण अस्त्र-शस्त्र धारण करते और वीरों-जैसा जीवन बिताते हैं। अत: उन्हें सिंह की पदवी मिल गई है और अन्य ब्राह्मणों के साथ खाना-पीना भूल गए हैं। इसी सिंह पदवी के प्रसिद्ध हो जाने से उनकी पुरानी मिश्र, पाण्डेय और उपाध्याय आदि पदवियों का प्रयोग नहीं होता, तथापि अब भी बहुत से स्थानों में ये लोग उन्हीं पुरानी मिश्र आदि पदवियों-वाले पाये जाते हैं।''[33] इलियट की ग्लॉसरी पर टिप्पणी करते हुए जॉन बीम्स ने लिखा है कि ''बनारस के महाराजा (काशीनरेश) इसी भूमिहार जाति के हैं। ये मुख्य रूप से सरवरिया समूह के ब्राह्मण हैं।''[34]

इसके पहले 1872 ई. में प्रकाशित एम.ए. शेरिंग की एक किताब में भी भूमिहारों को कनौजिया कबीले (कान्यकुब्ज कुल) की सरवरिया शाखा का बताया गया है। इसमें आगे कहा गया है कि ''ब्राह्मण के रूप में उनकी शुद्धता को लेकर कुछ सन्देह व्यक्त किए गए हैं। यह कहा जाता रहा है कि वे अंशत: राजपूत और अंशत: ब्राह्मण हैं।''[35] उल्लेखनीय है कि महर्षि परशुराम को अयाचक ब्राह्मण समाज अपना पुराण-पुरुष मानता आया है। परशुराम के पिता ऋषि जमदग्नि ब्राह्मण थे, जबकि उनकी माता रेणुका एक चन्द्रवंशी क्षत्रिय थी। सम्भवत: इस पुराणकथा को आधार मानकर ही एम.ए. शेरिंग ने ब्राह्मण के रूप में भूमिहारों की शुद्धता पर सन्देह व्यक्त किया है और उनको संकर-ब्राह्मण बताया है।

कैम्ब्रिज विश्वविद्यालय में सामाजिक नृतत्त्व-विज्ञान के प्रोफेसर जे.एच. हटन ने भी इस जाति के लिए 'बाभन' शब्द का प्रयोग किया है। उनके अनुसार ''बाभन जमींदार होते हैं। इनका खास सम्बन्ध बिहार से है। ये कहते हैं कि इन्होंने पौरोहित्य का पेशा छोड़कर जमींदारी पेशा अपना लिया है किन्तु इनके सामाजिक-विभाग इस बात की ओर इशारा करते हैं कि इनका ब्राह्मणों की अपेक्षा राजपूतों से कहीं अधिक का सम्बन्ध है।''[36] परन्तु प्रो. हटन का यह निष्कर्ष सही नहीं है।

सैनिक और योद्धा ब्राह्मण

1807 से 1814 ई. के बीच पूर्वी-भारत की परम्पराओं का लेखा-जोखा तैयार करनेवाले फ्रांसिस बुकानन ने भूमिहारों के एक गोत्र 'डोमकटार' के नाम के आधार पर उनको 'हथियार उठानेवाला ब्राह्मण' (मिलिटरी ब्राह्मण) कहा है। 1877-78 ई. में गोरखपुर, सारण और गाजीपुर जिलों के सर्वेक्षण के आधार पर ए.सी.एल. कार्लाइल ने भी इस मत की पुष्टि की है। परन्तु बुकानन और कार्लाइल का यह मत भ्रामक है। डोमकटार दरअसल 'द्रुमटिकार' शब्द का विकृत रूप है। द्रुमटिकार का शाब्दिक अर्थ है—टिकार का वृक्ष। मगध क्षेत्र में गया के समीप टेकारी रियासत का प्रसिद्ध रजवाड़ा भूमिहार ब्राह्मणों के द्रुमटिकार गोत्र से ही सम्बन्धित रहा है। वहाँ के राजाओं के गोत्रनाम के आधार पर ही इस रजवाड़े का नाम 'टेकारी राज' रखा गया था।

यह सच है कि भूमिहार 'हथियार उठानेवाले ब्राह्मण' हैं, लेकिन यह मत उनके एक गोत्र 'डोमकटार' के आधार पर निकालना हास्यास्पद है। 'महाभारत' के कर्णपर्व और शान्तिपर्व में ब्राह्मणों के कृषिजीवी एवं आयुधजीवी होने का उल्लेख है। आवश्यकता पड़ने पर सभी वर्णों को शस्त्र धारण करने का अधिकार दिया गया है।[37] ऐतिहासिक दृष्टि से भी देखें तो मौर्यकाल से ही मगध के ब्राह्मण पुरोहित के साथ ही योद्धा की भूमिका भी निभाते आए हैं। पुष्यमित्र शुंग द्वारा प्रवर्तित शुंग राजवंश और वासुदेव कण्व द्वारा प्रवर्तित काण्व राजवंश का उदाहरण हमारे सामने है।

'हरिवंशपुराण' में कहा गया है कि अश्वमेध यज्ञ का पुनरुद्धार करनेवाला ब्राह्मण सेनानी काश्यप था। यहाँ संकेत पुष्यमित्र शुंग और उनके काश्यप गोत्र की ओर है। पतंजलि कृत 'महाभाष्य' के अनुसार पुष्यमित्र शुंग मौर्यों के सेनापति और कुल-पुरोहित दोनों थे (पौरोहित्यं सेनापत्यं च)। कुल-पुरोहित होने के नाते वे पाटलिपुत्र के आसपास के ही रहे होंगे। आज भी पटना जिले के पालीगंज थानान्तर्गत खपुरा गाँव के आसपास 'काश्यप गोत्रीय सुगनियाँ बाभन' बसे हुए हैं। सुगनियाँ दरअसल 'शुंगायन' शब्द का तद्भव रूप है। ये भूमिहार ब्राह्मण हैं, जो प्राचीन शुंगायन ब्राह्मणों के वंशज हैं; और इनकी परम्परा मगध के राजा पुष्यमित्र शुंग (186-150 ई.पू.) से आरम्भ होती है।

मगध के अन्तिम शुंग राजा देवभूति थे। उनके ब्राह्मण मन्त्री वासुदेव कण्व ने 72 ई.पू. में अपने राजा का वध कर दिया; और काण्वायन ब्राह्मणों के शासन की नींव रखी। इस राजवंश का शासनकाल मात्र 45 वर्षों तक ही सीमित रहा। काण्वायन ब्राह्मण भी पटना जिले के पाली थानान्तर्गत नेरिया, वगाही, धुरियारी

आदि गाँवों में पाये जाते हैं। वर्तमान में ये अपने को कन्न (कण्व) गोत्र का भूमिहार ब्राह्मण बताते हैं।

विद्यापति से भूमिपति

भूमिहार अपने को पुरोहिताई छोड़कर कृषिकर्म को अपनाने वाला ब्राह्मण मानते हैं। फ्रांसिस बुकानन के सर्वेक्षण के अनुसार खेतिहर आबादी में मगध के ब्राह्मणों (भूमिहारों) का बहुत बड़ा हिस्सा था।[38] 1947 ई. में भारत की आजादी के समय बिहार की जनसंख्या में भूमिहार 4 प्रतिशत के आसपास थे, लेकिन बिहार की कुल कृषि-योग्य भूमि में से सर्वाधिक उन्हीं के अधिकार में थी। वैसे, अब स्थिति बहुत बदल गई है।

क्र.	बिहार प्रान्त के तत्कालीन जिलों के नाम	1931 की जनगणना के अनुसार कुल जनसंख्या	1931 की जनगणना के अनुसार भूमिहार ब्राह्मणों की जनसंख्या	भूमिहार ब्राह्मणों की जनसंख्या का प्रतिशत
1	मुजफ्फरपुर	2941025	165446	5.62
2	गया	2388462	164731	6.89
3	पटना	1846474	106743	5.78
4	मुंगेर	2287154	138742	6.06
5	सारण	2486468	95422	3.83
6	शाहाबाद	1993489	61176	3.06
7	चम्पारण	2145687	53161	2.47
8	दरभंगा	3166094	49065	1.54
9	भागलपुर	2234632	16857	0.75
10	पूर्णिया	2186543	3693	0.16
	कुल	23676028	855036	3.61

बिहार के 'बाभन' कृषक-हितों के पोषक रहे हैं। खेती-किसानी से जुड़े होने के कारण किसानों की समस्याओं को लेकर उनका स्वर बहुत मुखर रहा है। उन्होंने ही देश-प्रदेश में किसान-आन्दोलनों का नेतृत्व किया है। इस क्रम में स्वामी

सहजानन्द सरस्वती और कार्यानन्द शर्मा-जैसे प्रसिद्ध किसान नेताओं के उदाहरण हमारे सामने हैं, जो भूमिहार कुल में ही उत्पन्न हुए थे।

भूमिहार : कान्यकुब्ज ब्राह्मणों की एक उपजाति

'भूमिहार ब्राह्मण' कान्यकुब्ज ब्राह्मणों की एक उपजाति है। कान्यकुब्ज ब्राह्मणों के पाँच भेद माने गए हैं—सरयूपारीण, सनाढ्य, भूमिहार, जिझौतिया और कन्नौजिया (प्राकृता:)।

सरयूपारीण सनाढ्यश्च भूमिहारो जिझौतिय:।
प्राकृताश्च पंचभेदास्तस्य प्रकीर्तिता:।।

'कान्यकुब्ज महती सभा' के मुखपत्र 'कान्यकुब्ज' के नवम्बर, 1934 अंक में प्रकाशित पं. लक्ष्मीनारायण दीक्षित शास्त्री 'विनोद' के विस्तृत लेख 'कान्यकुब्जों की उपजातियाँ' के अनुसार ''जो ब्राह्मणदल पृथ्वी के ऊपर अस्त्र-शस्त्रादि के बल से अधिकार कर ले या अन्य उपाय से प्राप्त कर ले उन्हें भूमिहार ब्राह्मण कहते हैं।''

स्कन्द पुराण के ब्रह्मा-खण्ड में धर्मारण्य माहात्म्य के वर्णन के क्रम में कान्यकुब्ज प्रदेश के ब्राह्मणों का महत्त्व बताया गया है। सत्युग में उस स्थान का नाम धर्मारण्य, त्रेता में सत्यमन्दिर, द्वापर में वेदभवन और कलियुग में मोहेरक (मोहार्क) पड़ा। आजकल उसको मदारपुर कहते हैं, जो उत्तर प्रदेश में कानपुर के पास है। मदारपुर के ब्राह्मण भूमिपति होने के कारण भूमिहार कहलाते थे। 1526 ई. में मुगलों की सेना से युद्ध करते हुए वहाँ के प्राय: सभी ब्राह्मण मारे गए। अनुश्रुतियों के अनुसार केवल अनन्तराम की गर्भवती स्त्री अपने परिचारक स्योना नामक नाई के साथ वहाँ से बच निकली; और स्योना की ससुराल पहुँचकर, वहाँ के ब्राह्मणों के शरण में चली गई। वहीं उसने एक पुत्र को जन्म दिया, जिसका नाम गर्भू रखा गया। यह बात अतिशयोक्तिपूर्ण है, क्योंकि किसी युद्ध में क्षेत्र के सभी ब्राह्मणों का एक साथ मार दिया जाना, तर्कसंगत नहीं लगता। सम्भव है उस युद्ध में बड़ी संख्या में ब्राह्मणों के संहार से भयभीत होकर वहाँ के अन्य ब्राह्मण अन्यत्र जाकर बस गए हों। बचे हुए लोगों में से कुछ काशी को सुरक्षित समझकर वहाँ और कुछ उसके भी पूरब आधुनिक बिहार प्रान्त में जाकर बस गए। यही लोग कालान्तर में श्रेष्ठ भूमिहार ब्राह्मण परम्परा के जन्मदाता हुए। इसका विस्तृत वर्णन स्वामी सहजानन्द सरस्वती (1889-1950 ई.) ने 'ब्रह्मर्षिवंश विस्तर' नामक ग्रन्थ में किया है।

पं. लक्ष्मीनारायण दीक्षित शास्त्री 'विनोद' के अनुसार ''...पूर्वोक्त मदारपुर वाले भूमिहार ब्राह्मण युद्ध में पराजित होकर कन्नौज प्रान्त से काशी के आसपास

और बिहार के अनेक जिलों में फैल गए। और भी अयाचक ब्राह्मणों के दल इनमें मिल गए। धीरे-धीरे इनकी संख्या बढ़ने लगी। उसी समय से अयाचक ब्राह्मण बड़े-बड़े जमींदार, शक्ति-सम्पन्न और अस्त्र-शस्त्रधारी होकर भूमिहार नाम से प्रसिद्ध हुए। यद्यपि ये बढ़ते-बढ़ते तिरहुत प्रान्त, मुजफ्फरपुर, दरभंगा प्रभृति जिलों में चले गए, किन्तु मिथिला देशवासी ब्राह्मण अपने से पृथक रखने के लिए उनको 'पश्चिमा ब्राह्मण' कहने लगे, जिसका अर्थ है पश्चिम प्रदेश के रहनेवाले। आज तक मिथिला प्रान्त में 'पश्चिमा ब्राह्मण शब्द' इन्हीं अयाचक कान्यकुब्ज भूमिहार ब्राह्मणों के लिए उपयोग किया जाता है।''

उपजातियाँ और उपनाम

''ब्राह्मण 600 ई. से 1000 ई. तक भिन्न-भिन्न जातियों में बँटे हुए मालूम नहीं होते। उस समय तक ब्राह्मणों का भेद शाखा और गोत्र का उल्लेख करके ही किया जाता था, जैसा कि 1050 ई. के चन्देलों के ताम्रपत्र में भारद्वाज गोत्र, यजुर्वेदीय शाखा के विप्रवर ब्राह्मण का उल्लेख है। 1077 ई. के कलचुरि लेख में, जो गोरखपुर जिले के कहन नामक स्थान से प्राप्त हुआ, ब्राह्मणों के नामों के साथ शाखा गोत्रादि के अतिरिक्त उनके निवास के ग्रामों का नामोल्लेख है। इसी तरह कई अन्य शिलालेखों में ब्राह्मणों के वासस्थान का ही उल्लेख मिलता है। बड़नगर की कुमारपाल प्रशस्ति (1151 ई.) में नागर ब्राह्मण का उल्लेख है, कोंकण के बारहवीं सदी के एक लेख में 32 ब्राह्मणों के नाम दिए गए हैं, जिनके गोत्र तो हैं शाखा नहीं, परन्तु उनमें ब्राह्मणों के उपनाम भी दिए गए हैं, जो उनके पेशे या स्थानों या अन्य विशेषताओं के कारण बने हुए प्रतीत होते हैं। बारहवीं शताब्दी में ऐसे उपनामों का बहुत प्रयोग होने लगा था, जिनमें से कुछ नाम ये हैं—दीक्षित, राउत, ठाकुर, पाठक, उपाध्याय, पट्टवर्धन आदि। इस समय तक भी गोत्र और प्रवर प्रचलित थे, परन्तु इन उपनामों की प्रधानता बढ़ती जाती थी। शिलालेखों में हम पण्डित, दीक्षित, चतुर्वेदी, आवस्थिक, माथुर, त्रिपुर, अकोला, डेंडवाण आदि नाम पाते हैं, जो स्पष्ट ही उनके कार्य और वासस्थान से निकले हुए प्रतीत होते हैं। पीछे इनमें से कितने उपनाम भिन्न-भिन्न जातियों में परिणत हो गए।''[39]

ब्राह्मण की मूल उपाधि शर्मा है, जबकि क्षत्रिय की वर्मा, वैश्य की गुप्त और शूद्र की दास। परन्तु जन्मना ब्राह्मण होने और कर्म राजन्यों के समान करने के कारण भूमिहारों की कई उपाधियाँ (टाइटल) प्रचलित हैं। उनमें से कुछ ब्राह्मणों की उपाधियाँ हैं, जबकि कुछ क्षत्रियों की। जैसे—शर्मा, राय, सिंह, मिश्र,

पाण्डेय, शाही, ठाकुर, झा, ओझा, कुमर, कुवँर, चौधरी, तिवारी, उपाध्याय, याजी, पाठक, शुक्ल, द्विवेदी, त्रिवेदी, दीक्षित, देव इत्यादि। गाहड़वाल वंशीय महाराजा गोविन्दचन्द्रदेव (1110-1154 ई.) के समय से ब्राह्मणों के लिए ठाकुर और राउत उपाधियों का प्रयोग होने लगा था। मिश्र, पाण्डेय, शुक्ल आदि हिन्दू समाज द्वारा प्रदत्त उपाधियाँ हैं, जबकि राय, सिंह आदि उपाधियाँ शासन द्वारा दी गई हैं।

राजे-रजवाड़ों की बहुल संख्यावाली जाति

भूमिहार ब्राह्मणों ने 'विद्यापति' से लेकर 'भूमिपति' तक की अर्थपूर्ण यात्रा की है। यह राजे-रजवाड़ों की बहुल जनसंख्या वाली जाति है। बिहार के टेकारी राज (जिला गया), हथुआ राज (जिला गोपालगंज), रामनगर राज (जिला पश्चिमी चम्पारन), बेतिया राज (जिला पश्चिमी चम्पारन), सुरसण्ड राज (जिला सीतामढ़ी), अमाँवा राज (जिला नालन्दा), नौलागढ़ राज (जिला बेगूसराय) आदि से लेकर उत्तर प्रदेश में तमकुही राज (जिला कुशीनगर) बराँव राज (जिला इलाहाबाद) और काशी राज तक सब इसी वंश-मूल से नाभिनालबद्ध रहे हैं। सलेमगढ़, लालगोला, शिवहर और सुरसुर के राजवंश भी भूमिहार ब्राह्मणों के ही रहे हैं।

अखिल भारतवर्षीय 'भूमिहार ब्राह्मण सभा' का 26वाँ अधिवेशन काशी-नरेश महाराजा आदित्य नारायण सिंह के सभापतित्व में 25 से 28 दिसम्बर, 1924 ई. तक गोरखपुर में हुआ था। उसके आमन्त्रण-पत्र के साथ संलग्न एक पर्चे में 'भूमिहार-ब्राह्मण-पत्र' के संरक्षकों की सूची अंकित थी। उक्त सूची में अंकित नामों से राजे-रजवाड़ों की बहुल जनसंख्या वाली इस जाति के आन-बान की एक झलक मिलती है। तत्कालीन 'भूमिहार-ब्राह्मण-पत्र' के संरक्षकों की सूची शब्दश: इस प्रकार है—

1. श्रीमान महाराजाधिराज द्विजराज काशिराज कैप्टन आदित्य नारायण सिंहजी बहादुर, काशीनरेश।

2. श्री माननीय राजाधिराज श्री इन्द्रजीत प्रताप बहादुर साही, एम.एल.सी., तमकुहीनरेश, गोरखपुर।

3. श्री माननीय राजाधिराज श्री गुरु महादेवाश्रम प्रसाद साही, एम.एल.सी., हथुआनरेश, हथुआराज, सारन।

4. श्री माननीय राजा हरिहर प्रसाद नारायण सिंह, एम.एल.सी., अमावाँधीश, अमावाँ राज, मुंगेर।

5. श्री माननीय राजा गिरीश नन्दन सिंहजी बहादुर, शिवहरनरेश, शिवहरराज, मुजफ्फरपुर।

6. श्री माननीय लेफ्टिनेंट कुमार माधवेश्वरेन्द्र प्रसाद नारायण साही बहादुर, आइ.डी.एफ., माझा राज्य, सारन।

7. श्री माननीय सर गणेशदत्त सिंहजी साहिब, मिनिस्टर बिहार गौवर्नमेण्ट, पटना।

8. श्रीमान लेफ्टिनेंट राजा गोपालशरण प्रसाद नारायण सिंहजी बहादुर, टिकारी राज्य, गया।

9. श्रीमाननीय राजा चन्द्रेश्वर प्रसाद नारायण सिंहजी बहादुर, मकसूदपुर हाउस, गया।

10. श्रीमाननीय राजा सिद्धेश्वरी प्रसाद नारायण सिंहजी बहादुर, सलेमगढ़ राज्य, गोरखपुर।

11. श्रीमान राजा साहब, बराँव राज्य, प्रयाग।

12. श्रीमान बाबू कामेश्वर नारायण सिंहजी साहेब, नरहन राज्य, दरभंगा।

13. श्रीमती महारानी साहिबा बेतिया राज्य, बेतिया कोठी, प्रयाग।

14. श्रीमती रानी साहिबा औसानगंज, औसानगंज इस्टेट, बनारस।

15. श्रीमती रानी साहिबा, आनापुर, आनापुर इस्टेट, प्रयाग।

16. श्रीमान राजा चेतसिंह वंशधर रानी साहिबा, शिवालाघाट काशी।

17. श्रीमती रानी साहिबा सुरसुर, सुरसुर राज्य, मुजफ्फरपुर।

18. श्रीमती रानी बहुरिया साहिबा, करमघण्टा, काशी।

19. श्रीमती महारानी साहिबा टिकारी, टिकारी राज्य, गया।

20. श्रीमान रायबहादुर कुँवर कवीन्द्रनारायण सिंहजी बहादुर, जगतगंज, काशी।

21. श्रीमाननीय बा. विन्ध्येश्वरी शरण सिंहजी साहिब, आनापुर इस्टेट, प्रयाग।

22. श्रीमाननीय बा. भगवती शरण सिंहजी साहिब, एम.एल.सी., मकसूदपुर हाउस, गया।

23. श्रीमाननीय बा. श्रीनन्दन प्रसाद नारायण सिंहजी साहिब, एम.एल.सी., छितौनी इस्टेट, सारन।

24. श्रीमान बा. हरिवंश सिंहजी साहिब, रियासत शंकरपुर, शिवपुर सकरा, सारन (बिहार)

25. श्रीमान बा. बेनीप्रसाद सिंहजी साहिब, सराय गोवर्धन, काशी।

26. श्रीमान बा. तिलक सिंहजी साहिब, मारीशस, साउथ अफ्रीका।

27. श्रीमान बा. चन्द्रेश्वर प्रसाद नारायण सिंहजी, सुरसण्ड, मुजफ्फरपुर।

भूमिहार राजे-रजवाड़ों की इस कड़ी को और दृढ़ करते हुए जोगेन्द्रनाथ भट्टाचार्य ने अपनी पुस्तक 'हिन्दू कास्ट्स एंड सेक्ट्स' में लिखा है—चूँकि प्राचीन काल से भूमिहार एक योद्धा-प्रवृत्ति की सबल जाति रही है, इसलिए इस बात में कोई आश्चर्य नहीं है कि उनमें, राजपूतों के समान ही, बड़े-बड़े भूमिपति और सामन्त हुए हैं। भूमिहार जाति के राजाओं के नाम निम्नलिखित हैं :—(1) काशी-नरेश, (2) उत्तरी बिहार के चम्पारण में बेतिया के राजा, (3) गया में टिकारी के राजा, (4) उत्तरी बिहार के सारण में हथुवा के राजा, (5) गोरखपुर में तमकुही के राजा, (6) शिवहर के राजा, (7) बंगाल के मिदनापुर में महिषादल के राजा, (8) बंगाल (अब झारखंड) के सन्थाल परगना में पाकुड़ के राजा और (9) बंगाल के सन्थाल परगना में महेशपुर के राजा।[40] प्रसिद्ध अंग्रेज लेखक एच. एच. रिज़ले ने उपर्युक्त के अतिरिक्त बिहार के चंपारण में मधुवन राज (स्टेट) के राजकुमार बाबू का नामोल्लेख भी किया है।[41]

भूमिहारों के ब्राह्मणत्व का सवाल

भूमिहारों के ब्राह्मणत्व को लेकर समय-समय पर कई प्रकार के आक्षेप किए गए। जोगेन्द्रनाथ भट्टाचार्य ने 1896 ई. में प्रकाशित अपनी पुस्तक 'हिन्दू कास्ट्स एण्ड सेक्ट्स' में बहुत ही तर्कपूर्ण ढंग से भूमिहारों को सामान्य ब्राह्मणों से अभिन्न सिद्ध किया है।[42] इसी कड़ी में स्वामी सहजानन्द सरस्वती ने 1916 ई. में 'भूमिहार ब्राह्मण परिचय' नामक एक पुस्तक लिखकर न केवल भूमिहार-द्वेषियों के आक्षेपों का सप्रमाण खण्डन किया, बल्कि मैथिल, कान्यकुब्ज और सरयूपारीण ब्राह्मणों के साथ हुए भूमिहार ब्राह्मणों के पारस्परिक वैवाहिक सम्बन्धों का एक विस्तृत विवरण भी प्रकाशित किया। इसमें उनके अन्तर्सम्बन्धों को उद्घाटित करनेवाले कई प्रकार के पारस्परिक पत्र-व्यवहार का उदाहरण भी दिया गया है। लगभग 400 पृष्ठोंवाली इस महत्त्वपूर्ण पुस्तक की समीक्षा आचार्य महावीरप्रसाद द्विवेदी ने 'सरस्वती' में प्रकाशित की थी। इस पुस्तक के प्रकाशन के बाद भूमिहारों के ब्राह्मणत्व को अस्वीकार करने पर आमादा लोगों में खलबली मच गई। यद्यपि 'भूमिहार ब्राह्मण परिचय' में यह स्पष्ट कर दिया गया था कि दान लेना और पुरोहिताई करना, ब्राह्मणों के लिए अनिवार्य नहीं है, तथापि विरोधियों ने यही प्रश्न खड़ा किया कि भूमिहार यदि ब्राह्मण हैं तो वे पौरोहित्य क्यों नहीं करते?

स्वामी सहजानन्द सरस्वती अपनी आत्मकथा में लिखते हैं कि ''इसीलिए मैंने सोचा कि इसका भी समुचित उत्तर कार्य रूप में ही देना चाहिए। इसी दृष्टि से मैंने एक तो यह पता लगाना शुरू किया कि भूमिहार ब्राह्मण भी कहीं पुरोहिती करते

हैं या नहीं, क्योंकि यह मेरी धारणा थी कि कहीं न कहीं जरूर दान लेते होंगे और पुरोहिती करते होंगे। आखिर ब्राह्मणों का ही तो यह धर्म है और अगर सोलहों आने इसे छोड़ ही दिया, तो ब्राह्मणता कैसी? अनुसन्धान करने पर पता लगा कि प्रयाग की त्रिवेणी के सभी पण्डे भूमिहार ही तो हैं। उनका सम्बन्ध भूमिहारों से ही तो है। साथ ही हजारीबाग जिले के चतरा सबडिवीजन के इटखोरी और चौपारन थानों में ऐसे भूमिहार ब्राह्मण मिले, जो माहुरी वैश्यों तथा औरों की पुरोहिती बार-बार करते आए हैं। यही इनका पेशा है। गया के देव के सूर्य मन्दिर के पुजारी भूमिहार ब्राह्मण ही मिले।''[43]

1960 के दशक में अयोध्या के आनन्द बिहारी जी मन्दिर के उत्तराधिकार के प्रश्न पर विवाद उठ खड़ा हुआ। प्रतिवादियों का कहना था कि भूमिहार जाति के लोग अब्राह्मण हैं, इसलिए इस जाति का कोई व्यक्ति उस मन्दिर का उत्तराधिकारी नहीं हो सकता। इस मुद्दे के आधार पर भूमिहार जाति को संगठित करने के लिए पं. परमेश्वर प्रसाद शर्मा, पं. कुलदीप नारायण राय 'झड़प', पं. सूर्यनारायण शर्मा और दण्डिस्वामी विमलानन्द सरस्वती की अगुवाई में 'ब्रह्मर्षि परिषद' नामक एक संगठन की स्थापना की गई। इन सब के प्रयास से जुटाये गए साक्ष्यों को माननीय इलाहाबाद उच्च न्यायालय की लखनऊ खण्डपीठ ने स्वीकार करते हुए इनके पक्ष में निर्णय दिया था।

'भूमिहार' एक विशेषण मात्र है, मूल संज्ञा 'ब्राह्मण' है। प्रसिद्ध निबन्धकार कुबेरनाथ राय ने लिखा है—'''भूमिहार-ब्राह्मण' शब्द में 'भूमिहार' तो विशेषण है। अतः उपाधि है, माया है और इसका विशेष्य 'ब्राह्मण' शब्द ही असल है, सत्य है। परन्तु यह जाति विशेषण की माया को ही सब कुछ मान बैठी थी और पूरी तरह आत्मविस्मृत हो चुकी थी। स्वामी जी ने इस जाति की आत्म-विस्मृति को भंग करने के लिए सामाजिक आन्दोलन चलाया, संस्कृत पाठशालाएँ स्थापित कीं, जगह-जगह शास्त्रार्थ किया, 'ब्रह्मर्षि वंश विस्तर' और 'कर्ममलाप'-जैसे मोटे-मोटे ग्रन्थों की रचना की।''[44]

भूमिहार : अर्थ और व्युत्पत्ति

जोगेन्द्रनाथ भट्टाचार्य की पुस्तक 'हिन्दू कास्ट्स एण्ड सेक्ट्स' के अनुसार, ''भूमिहार ब्राह्मणों की सामाजिक स्थिति का परिचय उसके नाम से ही मिल जाता है। इसका शाब्दिक अर्थ है, भूमिग्राही ब्राह्मण। भारतीय सामन्तवादी व्यवस्था की शब्दावली में 'भूमि' मुस्लिमकाल के ईनाम या जागीर-जैसी वृत्ति का समानार्थक है। राजपूताना गजेटियर के अनुसार 'भूमि' एक प्रकार का जमीन पर हक था, जो पुस्त-दर-पुस्त चलता रहता था। इस भूमि का लगान नहीं देना पड़ता था, यह छीनी

नहीं जाती थी और न बेची जाती थी। यह भूमि युद्ध में वीरोचित कार्य करने, सीमा की रक्षा करने या गाँव की परिरक्षा करने के लिए दी जाती थी।'' इसी पुस्तक में उन्होंने बहुत सटीक बात लिखी है कि भूमिहार ब्राह्मणों को कई बार केवल भूमिहार कहा जाता है, ठीक उसी प्रकार जैसे राजमिस्त्री को बहुधा केवल 'राज' कहकर सम्बोधित किया जाता है।

भूमिहार शब्द के अर्थ और उसकी व्युत्पत्ति-सम्बन्धी विभिन्न धारणाओं का समाहार करते हुए काशी नागरीप्रचारिणी सभा के 'हिन्दी विश्वकोश' में लिखा गया है कि—''सहजानन्द सरस्वती और हंसानन्द सरस्वती भूमिहार का अर्थ भूमि छीनने या स्वीकार करनेवाला, स्वामी लक्ष्मणाचार्य, पं. अयोध्यादास भूमिभूषण, पं. योगेन्द्रनाथ भट्टाचार्य, डॉ. सुनीति कुमार चटर्जी और डॉ. रामप्रसाद चन्दा जागीरदार और मजहर हसन जमींदार करते हैं। पं. किशोरीदास वाजपेयी ने भूमिहार की व्युत्पत्ति 'भूमिधर' से तथा पाण्डेय सूर्यनारायण शर्मा ने 'भूमिसुर' से की है। डॉ. हजारीप्रसाद द्विवेदी भूमिहारों को राजाओं द्वारा अग्रहार पानेवालों की वैदिक परम्परा में मानते हैं। यह बात अनेक ताम्रपत्रों से भी सिद्ध है। श्री इलियट और डॉ. राजेन्द्रलाल मित्र भूमिहारों को कान्यकुब्जों की शाखा, श्री शेरिंग अधिकांश सरवरियों की और कुछ कान्यकुब्जों की शाखा, श्री दुर्गादत्त लाहिड़ी मैथिलों की शाखा तथा श्री दुर्गादत्त जोशी सारस्वतों की शाखा मानते हैं। श्री ओल्डहम, बीम्स, शेरिंग, इलियट और बुकानन के कथनानुसार इनमें शुद्ध आर्य रक्त है।''[45]

प्रसिद्ध भाषा-वैज्ञानिक डॉ. सुनीति कुमार चटर्जी भूमिहारों को कान्यकुब्जों की शाखा नहीं मानते हैं। उनका मत है कि भूमिहार यानी 'बाभन' मगध का प्राचीनतम ब्राह्मण समुदाय है। अशोक के पूर्वी अभिलेखों में 'बाभन' शब्द का प्रयोग किया गया है। अशोक के अभिलेख तत्समय प्रचलित लोकभाषा मागधी प्राकृत में अंकित किए गए हैं। अशोक के काल (तीसरी शताब्दी ई.पू.) में स्थानीय ब्राह्मणों को 'बाभन' कहा जाता था। मगध के सन्दर्भ में 'बाभन' शब्द 'ब्राह्मण' शब्द से अधिक पुराना है; और भूमिहार के अर्थ में यह 'बाभन' शब्द मगध में आज भी प्रचलित है। डॉ. सुनीति कुमार चटर्जी के मतानुसार 'भूमिहार' शब्द का 'अग्रहार' से कोई सम्बन्ध नहीं है; बल्कि यह 'भूमिधर' या 'भूमिधारक' शब्द से निकला प्रतीत होता है, जिसका अर्थ है 'भू-स्वामी' या 'जमींदार'।[46]

भूमिहारों की सामासिक चेतना

'भूमिहार' ब्राह्मणों की एक ऐसी शाखा है, जो 'अग्रहार भूमि' और 'मठार भूमि' को पाकर 'विद्यापति' से 'भूमिपति' बना बैठी। इसके सामाजिक वर्चस्व से प्रभावित होकर समय-समय पर विभिन्न धाराओं के ब्राह्मण समुदाय आकर इनमें मिलते और

समाते रहे हैं। भूमिहारों की जातीय अन्तर्धारा में कान्यकुब्जों का दायभाग अधिक है कि सरवरियों का, मैथिलों का कि सारस्वतों का, यह निर्णय कर पाना आसान नहीं है। उनमें जेजाजभुक्ति (बुन्देलखण्ड) के जुझौतिया ब्राह्मणों का दायभाग भी कम नहीं है। भूमिहार जिन स्वामी सहजानन्द सरस्वती पर सर्वाधिक गौरव करते हैं, उनके पूर्वज जुझौतिया ब्राह्मण ही थे। राजनीति के क्षेत्र में भूमिहार बड़े गर्व के साथ जिन 'बिहार-केसरी' डॉ. श्रीकृष्ण सिंह का नाम लेते हैं, उनके पूर्वज कान्यकुब्ज ब्राह्मण थे। श्रीकृष्ण सिंह के पूर्वज बड़े वीर, साहसी और तिवारी उपाधिवाले कान्यकुब्ज ब्राह्मण थे। ये लोग अकबर के जमाने में दिल्ली के निकट शेरपुर नामक स्थान से बिहार आए थे और मुंगेर जिले के शेर नामक मौजे में बस गए थे। इसी कारण ये शिरियार भूमिहार ब्राह्मण कहलाए। ऐसे ही तमाम श्रेष्ठ ब्राह्मण कुलीन धाराएँ भूमिहार ब्राह्मण धारा में आ-आकर मिलती रही; और उसको सबल बनाती गईं।

परन्तु व्यक्ति और समाज के जीवन में हमेशा एक समान गति सम्भव नहीं होती। कई बार अवरोध भी आते हैं। उन्हीं अवरोधों के क्रम में स्थानीय परिस्थितियों के दबाववश भूमिहार धारा के कुछ लोग अन्य धाराओं में वापस भी चले गए। गोरखपुर-बस्ती क्षेत्र के कुछ भूमिहार परिवारों ने अपने को सरवरिया शाखा में विलीन कर लिया, तो इलाहाबाद क्षेत्र के कुछ भूमिहार परिवारों ने अपने को कान्यकुब्ज शाखा में विलीन कर लिया।

पिछले पाँच दशकों से भूमिहार ब्राह्मण जाति के लिए बिहार में 'ब्रह्मर्षि' शब्द का प्रयोग भी किया जाने लगा है। कई पत्र-पत्रिकाओं में इनको 'भूमिहार ब्राह्मण' न कहकर इनके लिए 'भूमिहार' शब्द का प्रयोग ही किया जाता है। वर्धा हिन्दी शब्दकोश में 'भूमिहार' को "मध्य प्रदेश, बिहार और उत्तर प्रदेश की एक हिन्दू जाति कहा गया है।"[47] गौरतलब है कि 'भूमिहार ब्राह्मण' को केवल 'भूमिहार' बहुधा अज्ञानतावश कहा जाता है या फिर जानबूझकर इनको ब्राह्मणों से अलग करने के लिए।

काशी-नरेश महाराजा ईश्वरी नारायण सिंह (1835-1889 ई.) द्वारा 1885 ई. में 'भूमिहार ब्राह्मण सभा' की स्थापना और 1892 ई. में काशी-नरेश महाराजा प्रभुनारायण सिंह (1889-1931 ई.) द्वारा विधिवत घोषणा किए जाने के बाद से ही 'भूमिहार ब्राह्मण' नाम का व्यापक प्रयोग शुरू हुआ। स्वामी सहजानन्द सरस्वती भी इसी नाम के पक्षधर थे। 1916 ई. में स्वामी सहजानन्द द्वारा लिखित 'भूमिहार ब्राह्मण परिचय' नामक पुस्तक का प्रकाशन हुआ। इस पुस्तक का परिवर्द्धन करके बाद में 'ब्रह्मर्षि वंश विस्तर' नाम से इसका प्रकाशन हुआ। स्वामी सहजानन्द द्वारा अपनी पुस्तक का शीर्षक 'ब्रह्मर्षि वंश विस्तर' कर देने के बावजूद उन्होंने इस बहुमान्य जाति-नाम 'भूमिहार ब्राह्मण' को ही बनाए रखा।

1885 ई. से लेकर 1929 ई. तक **भूमिहार ब्राह्मण सभा** ने ब्रह्मर्षियों और अयाचक ब्राह्मणों के आत्मगौरव की रक्षा और उनकी देशव्यापी एकता के लिए महत्त्वपूर्ण प्रयास किए। दिसम्बर 1914 में काशी के एक संन्यासी स्वामी पूर्णानन्द सरस्वती और उनके साथियों के आमन्त्रण पर स्वामी सहजानन्द सरस्वती 'भूमिहार ब्राह्मण सभा' के बलिया अधिवेशन में सम्मिलित हुए। भूमिहारों की इस जातीय सभा से जुड़ने के बावजूद स्वामी सहजानन्द ने अपना मूल ध्येय प्रकट कर दिया। उन्होंने दबे-कुचले भूमिहारों के प्रति अपनी पक्षधरता तो दिखाई ही, संस्कृतज्ञ होने के कारण प्रसिद्ध जर्मन विद्वान मैक्समूलर की प्रशंसा भी कर दी। वह प्रथम विश्व-युद्ध का दौर था; और उस समय जर्मनी और ब्रिटेन में संघर्ष चल रहा था। राजे-रजवाड़े प्राय: ब्रिटिश-राज के समर्थक हुआ करते थे। स्वभावत: सभा में उपस्थित राजभक्त लोग स्वामीजी की बातों से तिलमिला गए। बलिया की 'भूमिहार ब्राह्मण सभा' में स्वामी सहजानन्द का उद्बोधन, दरअसल, किसान आन्दोलन की पूर्वपीठिका थी।

बीसवीं शताब्दी के चौथे दशक तक भूमिहार ब्राह्मण समाज के दो लोकप्रिय महानायक थे—**स्वामी सहजानन्द सरस्वती** (1889-1950 ई.) और **सर गणेशदत्त सिंह** (1868-1943 ई.)। स्वामी सहजानन्द कांग्रेस के बड़े नेता होने के साथ ही किसानों के सबसे बड़े राष्ट्रीय नेता थे। जबकि सर गणेशदत्त सिंह तत्कालीन बिहार में अभिजात वर्ग के प्रतिनिधि थे। स्वामी सहजानन्द किसानों और वंचकों के महानायक थे, जबकि सर गणेशदत्त जमींदारों और समृद्धिशाली वर्ग के प्रति सहानुभूतिशील थे। स्वभाविक रूप से सामाजिक सुधार और राजनैतिक हस्तक्षेप के मुद्दों पर इन दोनों के बीच गहरे मतभेद थे। भूमिहार ब्राह्मण महासभा के 1929 ई. में आयोजित मुंगेर अधिवेशन के दौरान इन दोनों के मतभेद सतह पा आ गए। क्षुब्ध होकर स्वामी सहजानन्द सरस्वती ने 'भूमिहार ब्राह्मण महासभा' को भंग करने की घोषणा कर दी। उसके बाद 1983 ई. में राजगीर में और 1997 ई. में पटना में भूमिहार ब्राह्मणों के सम्मेलन आयोजित हुआ। फिर 'भूमिहार ब्राह्मण एकता मंच फाउण्डेशन' के तत्त्वावधान में फाउण्डेशन के अध्यक्ष आशुतोष कुमार के नेतृत्त्व में 7 नवम्बर, 2019 को पटना के गाँधी मैदान में ब्रह्मर्षि सम्मेलन का आयोजन किया गया। परन्तु सच तो यह है कि 1929 ई. के बाद भूमिहार ब्राह्मणों का वैसा कोई सर्वमान्य संगठन स्थापित नहीं हो सका।

इतिहासकार सुमित सरकार ने लिखा है कि—''1947 के पूर्व ब्रिटिश भारत में होनेवाले सबसे बड़े किसान आन्दोलन के स्रोत स्वामी सहजानन्द सरस्वती की गतिविधियों में थे। गाजीपुर (पूर्वी संयुक्त प्रान्त) के एक छोटे जमींदार परिवार में जन्मे सहजानन्द 1907 में संन्यासी हो गए थे। असहयोग आन्दोलन के दिनों में वे

कांग्रेस की राजनीति में सक्रिय रहे और उन्होंने 1927 में पटना के निकट बिहटा में एक आश्रम खोला। इनका आरम्भिक उद्देश्य भूमिहारों की सामाजिक प्रगति को बढ़ावा देना था। फिर वे किसानों के बीच संगठनात्मक कार्य करने लगे। नवम्बर 1929 में उन्होंने अत्यन्त मामूली स्तर पर बिहार प्रादेशिक किसान सभा की स्थापना की (कौंसिल में कांग्रेस के नेता श्रीकृष्ण सिंह इनके प्रथम सचिव थे)। किन्तु सहजानन्द और उनके द्वारा अनुप्राणित आन्दोलन इस मामूली शुरुआत से कहीं आगे बढ़ गए।''[48] 1929 ई. में 'भूमिहार ब्राह्मण महासभा' का विघटन करने के बाद वे जातीय सभा की संकीर्णताओं से ऊपर उठ गए; और फिर अपने समग्र जीवन को बृहत्तर उद्देश्यों की पूर्ति में लगाया। यही कारण है कि किसानों के मसीहा के रूप में उनको सार्वदेशिक ख्याति मिली।

सैनिक, शासक, याजक एवं अयाचक ब्राह्मण

'मगध के बाभन' (भूमिहार) दरअसल सैनिक, शासक एवं अयाचक ब्राह्मण हैं। अपनी सहजात शाखाओं के साथ मिलकर उन्होंने अपने देश और समाज के गौरव की रक्षा की है। परन्तु उनकी समृद्ध जीवन-शैली ने बहुतों के मन में ईर्ष्या का भाव भी जगाया है। आक्रामक एवं विद्रोही स्वभाव के कारण ब्रिटिश लेखकों ने इनके प्रति पूर्वाग्रह-युक्त दृष्टिकोण अपनाया है। परन्तु अपनी आन्तरिक शक्ति और अदम्य जिजीविषा के बल पर यह जाति सदा आगे बढ़ती रही है।

सन्दर्भ और टिप्पणी

1. अर्द्धयोजनविस्तारा पञ्चयोजनमायता।
   एतावती देविका तु पुण्या देवर्षिसेविता।।
   तस्यां सर्वे समुत्पन्ना ब्राह्मणाः द्विजसत्तमाः।
   अनेन हेतुना विप्राः दाविकाख्या प्रकीर्त्तिताः।। (महाभारत, वनपर्व, अ. 82/107)

   कालिका पुराण के अनुसार देविका नदी सरयू और गोमती नदियों के मध्य बहती थी। देविका को सरयू की दक्षिणी धारा भी कहा गया है। सरयू, घाघरा और देविका के एक साथ प्रवाहित होने के कारण सरयू को कहीं घाघरा और कहीं देवहा (देविका का अपभ्रंश) भी कहा गया है। लेकिन अन्यत्र देविका को पश्चिमोत्तर भारत की नदी माना गया है।
2. Bengal District Gazetteers : Patna; L. S. S O'Malley (ICS); Page no. 51-52; The Bengal Secretariat Book, Calcutta; 1907
3. H. H. Risley, 'The Tribes and Castes of Bengal', Ethnographic Glossary, Vol. 1 ; Page 28; Bengal Secretariat Press, Calcutta; 1892.
4. काशी नागरीप्रचारिणी सभा हिन्दी विश्वकोश, खण्ड 9, प्रधान सं. रामप्रसाद त्रिपाठी, पृ. 61
5. "It is said, indeed, that the title Bhuinhar, a term which Babhans never apply themselves, has passed into a by-word for sharpness and cunning." H. H. Risley, 'The Tribes and Castes of Bengal', Ethnographic Glossary, Vol. 1 ; Page 34; Bengal Secretariat Press, Calcutta; 1892.

6. As a class, they are very quarrelsome and litigious, and are generally credited with beind deceitful and untrustworthy. The general estimation in which their character is held is expressed by a local proverv : "The straightest Babhan is as crooked as a sickle." {Bengal District Gazetteers : Patna; L. S. S O'Malley (ICS); Page no. 52; The Bengal Secretariat Book, Calcutta; 1907}

7. हजारीप्रसाद द्विवेदी, 'बाणभट्ट की आत्मकथा', पृ. 125

8. रामशरण शर्मा, 'भारतीय सामन्तवाद', पृ. 14

9. अध्यापनं अध्ययनं यजनं याजनं तथा।
दानं प्रतिग्रहश्चैव षट् कर्माण्याग्र जन्मनः।। (मनुस्मृति, 10/75)

10. The Babhans constitute the greater portion of the zamindars, agricultural-thikedars and well-to-do cultivators of this (Patna) district. {Bengal District Gazetteers : Patna; L. S. S O'Malley (ICS); Page no. 51; The Bengal Secretariat Book, Calcutta; 1907}

11. They claim to be descended from Brahmans; like Brahmans will not hold the plough, but employ labourers for the purpose; and some have Brahmanical names, such as Pande, Misr and Tewari. {Bengal District Gazetteers : Patna; L. S. S O'Malley (ICS); Page no. 52; The Bengal Secretariat Book, Calcutta; 1907}

12. प्रतिग्रहाद्याजनाद्वा तथैवाध्यापनादपि
प्रतिग्रहः प्रत्यवरः प्रेत्य विप्रस्य गर्हितः। (मनुस्मृति, 10/109)

13. प्रतिग्रह समर्थोऽपि प्रसङ्गं तत्र वर्जयेत्।
प्रतिग्रहेण ह्यस्याशु ब्राह्मं तेजः प्रशाम्यति।। (मनुस्मृति, 4/186)

14. हजारीप्रसाद द्विवेदी, 'संकलित निबन्ध'; सम्पादक : नामवर सिंह; पृ. 78; नेशनल बुक ट्रस्ट, इण्डिया, नई दिल्ली; 1993 ई.।

15. इतिहास; अंक 2, जनवरी-दिसम्बर, 1993 में सुवीरा जायसवाल का लेख 'प्राचीन भारत के सामाजिक इतिहास के अध्ययन : प्रवृत्तियाँ और सम्भावनाएँ' पृ. 21

16. बौद्ध मठों को दान में मिली हुई भूमि या ग्राम क्रमशः मठार भूमि और मठार ग्राम कहलाते थे।

17. सच्चिदानन्द सिन्हा, 'जाति व्यवस्था : मिथक, वास्तविकता और चुनौतियाँ', पृ. 117; राजकमल प्रकाशन, नई दिल्ली; 2009 ई.।

18. It is even said that the class was formed by the promotion of low cast men under the orders of a minister to a Raja who wanted a very large number of Brahmans to celebrate a religious ceremony, but for whom his minister could not procure the required number of true Brahmans. But this legendary theory is very strongly contradicted by the Aryan physiognomy of the Bhuinhars who, in respect of personal appearance, are in no way inferior to the Brahmans and the Rajputs. (Jogendra Nath Bhattacharya, 'Hindu Castes and Sects'; page no. 109; Thacker, spink and co., Calcutta; 1896)

19. "They are, says Mr. Beams, a fine manly race, with the delicate Aryan type of feature in full perfection." (H. H. Risley, 'The Tribes and Castes of Bengal', Ethnographic Glossary, Vol. 1 ; Page 28; Bengal Secretariat Press, Calcutta; 1892.)

20. Local traditions has it that they are descended from a number of persons collected by the Diwan of Jarasandha, a king of Magadha, as a feast given by his master. Jarasandha has ordered him to secure the attendance of 100,000 Brahmans, but he could not find so many and by driven to bring in a number of men of other castes

whome he invested him the sacred thread and palmed off as genuine Brahmans.

The legend was probably invented to explain the claim of the Babhans to be Brahmans. They now constitute a separate caste, and their degradation probably dates back to the time when Buddhism was overthrone. It has been pointed out that Babhan is merely the Pali form of Brahman, and that the word is often found in Asoka's edicts. It has therefore been conjectured that those now known as Babhans remained Buddhists after the Brahmans around them has reverted to Hinduism, and so the Pali name continued to be applied them; while the synonym Bhumihar or Bhumiharaka is explained as referring to their having seized the lands attached to the old Buddhist monasteries. This theory is borne out by the Brahmanical titles which are used along with the Rajput titles of Singh, Rai and Thakur, and by the fact that in this Province they are practically confined to the area covered the ancient kingdom of Magadha, which along remained the centre of Buddhism. {Bengal District Gazetteers : Patna; L. S. S O'Malley (ICS); Page no. 52; The Bengal Secretariat Book, Calcutta; 1907}

21. उर्मिलेश, बिहार का सच, पृ. 54
22. राहुल सांकृत्यायन, 'महामानव बुद्ध', पृ. 157
23. मेरा गाँव-मेरे लोग (बड़हिया का वृत्त); लेखक: विश्वनाथ सिंह; भूमिका-लेखक: रामधारीसिंह दिनकर, भूमिका, पृ. 1-2; अरुणोदय प्रकाशन, बड़हिया, मुंगेर; 1972 ई.।
24. नैमिषारण्य हिन्दुओं का एक महत्त्वपूर्ण और प्राचीन तीर्थस्थान है। इसको आम बोलचाल की भाषा में 'नीमसार' कहा जाता है। नीमसार, दरअसल, नैमिषारण्य का तद्भव रूप है। यह तीर्थस्थान उत्तर प्रदेश के सीतापुर जिले में स्थित है।
25. राहुल सांकृत्यायन, 'पुरातत्त्व निबन्धावली', पृ. 91; किताब महल, इलाहाबाद; 1958 ई.।
26. 'गौरवशाली भारत' मासिक पत्रिका के नवम्बर 2021 अंक में डॉ. आनन्द वर्द्धन का लेख 'देवार्क सूर्य मन्दिर एवं भूमिहार ब्राह्मण', पृ. 23
27. 'काशी : नगरी एक, रूप अनेक'; सं. ओम प्रकाश केजरीवाल, पृ. 130; प्रकाशन विभाग, सूचना और प्रसारण मन्त्रालय, भारत सरकार, नई दिल्ली; 2017 ई.।
28. मदारादिपुराख्यस्य भूइहारा द्विजास्तु ये:।
तेभ्यश्च यवनेन्द्रैश्च महद् युद्धमभूतपुरा।।
29. संयुक्त प्रान्तीय जाति विवरण, भाग 2, पृ. 34
30. विलियम क्रुक; द ट्राइब्स एंड कास्ट्स ऑफ द नॉर्थ वेस्टर्न इंडिया
31. ब्राह्मण समाज : परिचय एवं योगदान; लेखक : डॉ. रामेश्वरदत्त शर्मा, पृ. 25 पर उद्धृत; आर्ष प्रकाशन, भिवानी; 1995 ई.।
32. सच्चिदानन्द सिन्हा, 'जाति व्यवस्था : मिथक, वास्तविकता और चुनौतियाँ', पृ. 102; राजकमल प्रकाशन, नई दिल्ली; 2009 ई.।
33. सप्लीमेंटरी ग्लॉसरी ऑफ इण्डियन टर्म्स, पृ. 85
34. सरवार शब्द सरयूपार का प्राकृत रूप नहीं है, अपितु सरयूपार ही सरवार का अशुद्ध संस्कृतिकरण है। उल्लेखनीय है कि गाहडवाल अभिलेखों में सरयू-क्षेत्र, गोरखपुर-देवरिया के लिए सरवार शब्द का प्रयोग किया गया है। सरयू नदी के दोनों तटवर्ती (पार और अवार) क्षेत्रों में रहनेवालों को 'सारव' कहा जाता था। सारवक्षेत्र का प्रचलित नाम सरयूपार है। 'अवार' शब्द पार का विपरीतार्थक है। पार का आशय है उस पार जबकि अवार का

आशय है इस पार। केवल अवार क्षेत्र से सम्बन्धित को सरवावारीण कहा जाता है। सरवरिया दरअसल सरवारीण का देशज रूपान्तरं है।

35. हिन्दू ट्राइब्स एण्ड कास्ट्स : एज रिप्रेजेण्टेड इन बनारस खण्ड-1, पृ. 39
36. जे.एच. हटन, हिन्दी अनुवादक : मंगलनाथ सिंह, 'भारत में जाति-प्रथा : स्वरूप, कर्म और उत्पत्ति'; पृ. 32; मोतीलाल बनारसीदास, दिल्ली; 2007 ई.।
37. "प्राणत्राणे वर्णसंकरे वा ब्राह्मणवैश्यौ शस्त्रमाददीयताम्।" (वशिष्ठस्मृति, अ. 3)
38. सच्चिदानन्द सिन्हा, 'जाति व्यवस्था : मिथक, वास्तविकता और चुनौतियाँ', पृ. 102 पर उद्धृत; राजकमल प्रकाशन, नई दिल्ली; 2009 ई.।
39. गौरीशंकर हीराचन्द ओझा, मध्यकालीन भारतीय संस्कृति, पृ. 43; हिन्दुस्तानी एकेडेमी, प्रयागराज; 2008 ई.।
40. On the view that the Bhuinhars were anciently a fighting caste, it is not at all a matter of wonder that there are among them, as among the Rajputs, many big landholders. The Rajas named below are of the Bhuinhar caste :—(1) Raja of Benaras (2) Raja of Bettia in Champaran, North Behar (3) Raja of Tikari of Gaya (4) Raja of Hatwa in Saran, North Behar (5) Raja of Tamkhi in Gorakhpur (6) Raja of Sheohar (7) Raja of Mahisadal in Midnapore, Bengal (8) Raja of Pakour in Sonthal Pergunnahs, Bengal (9) Raja of Maheshpore in Sonthal Pergunnahs, Bengal. {Jogendra Nath Bhattacharya, 'Hindu Castes and Sects'; page no. 112(Thacker, spink and co., Calcutta; 1896}
41. H. H. Risley, 'The Tribes and Castes of Bengal', Ethnographic Glossary, Vol. 1 ; Page 34; Bengal Secretariat Press, Calcutta; 1892.
42. One of the most important points of difference between the Bhuinhar Brahmans, and the majority of the ordinary Brahmans is, that while the latter are divided into only those exogamous clans called Gotra, the former have among them, like the Rajputs, a twofold division based upon both Gotra and tribe. From this circumstance Mr. Risley has been led to conclude that the Bhuinhar Brahmans are an offshoot of the Rajputs, and not true Brahmans. But as there are similar tribal division among the Maithila Brahmans of Tirhoot and the Saraswat Brahmans of the Panjab, it might, on the same ground, be said that the Saraswats and Maithilas are offshoots of the Rajputs. (Jogendra Nath Bhattacharya, 'Hindu Castes and Sects'; page no. 109&110(Thacker, spink and co., Calcutta; 1896)
43. स्वामी सहजानन्द सरस्वती; 'मेरा जीवन संघर्ष', सं. अवधेश प्रधान, पृ. 94; ग्रन्थ शिल्पी, दिल्ली; 2000 ई.।
44. 'पुनर्जागरण के शलाकापुरुष स्वामी सहजानन्द सरस्वती'; कुबेरनाथ राय; पृ. 3-4
45. काशी नागरी प्रचारिणी सभा हिन्दी विश्वकोश, खण्ड 9; पृ. 61-62
46. डॉ. सुनीति कुमार चटर्जी ने मगध के बाभनों के बारे में अपना मत सूर्य नारायण शर्मा को 1957 ई. में लिखे एक पत्र में व्यक्त किया था। वह पत्र इस पुस्तक के परिशिष्ट में अंकित है।
47. वर्धा हिन्दी शब्दकोश, पृ. सं. 905; भारतीय ज्ञानपीठ, नई दिल्ली; द्वि. सं. 2015 ई.।
48. सुमित सरकार, आधुनिक भारत, पृ. 316; राजकमल प्रकाशन, नई दिल्ली; 1992 ई.।

अध्याय 23

मध्यकाल में मगध

सल्तनत काल (1206-1525 ई.) में ममलूक वंश के दूसरे सुल्तान इल्तुतमिश (1210-1236 ई.) का पूरा ध्यान साम्राज्य के उत्तर-पश्चिमी भाग को सुरक्षित करने में लगा हुआ था। इसका फायदा उठाते हुए इवाज ने विद्रोह करके बंगाल और बिहार में अपनी स्वतन्त्र सत्ता स्थापित कर ली। बंगाल और बिहार की सत्ता सँभालने के बाद इवाज ने सुल्तान गयासुद्दीन की उपाधि धारण की। वह योग्य प्रशासक था। उसने सार्वजनिक निर्माण सम्बन्धी कई कार्य करवाए। 1227 ई. में लखनौती (बंगाल) के पास इल्तुतमिश के बेटे के साथ हुए युद्ध में इवाज मारा गया। इसके बाद बंगाल और बिहार दुबारा दिल्ली सल्तनत के अधीन हो गए। इल्तुतमिश की मृत्यु के बाद बंगाल का सूबेदार परिस्थितियों के अनुसार कभी स्वतन्त्रता की घोषणा करता और कभी दिल्ली सल्तनत के अधीन रहता था। इस दौरान बिहार प्रायः लखनौती के अधीन रहा। यानी तेरहवीं सदी ई. में लम्बे अरसे तक बंगाल और बिहार दिल्ली सल्तनत के प्रत्यक्ष नियन्त्रण में नहीं रहे।

सल्तनत-काल के बाद शेरशाह सूरी (1486-1545 ई.) के नेतृत्व में बिहार ने अपने पुराने गौरव को पुनः हासिल किया। वह साधारण सिपाही से बादशाह के पद तक पहुँचा था। 26 जून, 1539 ई. को चौसा की लड़ाई में मुगल बादशाह हुमायूँ को हराने के बाद उसने दिल्ली सल्तनत पर अधिकार कर लिया। सूर्यगढ़ा की लड़ाई ने उसको बिहार का असली मालिक बना दिया। पटना के सामरिक एवं व्यापारिक महत्त्व को समझते हुए शेरशाह ने 1541 ई. में एक किले का निर्माण कराया था।

वह वीर योद्धा होने के साथ ही कुशल प्रशासक भी था। पाँच वर्ष के अपने संक्षिप्त शासनकाल में उसने कई महत्त्वपूर्ण प्रशासनिक सुधार किए। ये सुधार उसने भारतीय परम्परा से प्रेरित होकर किए थे। उसने हिन्दू प्रशासनिक ढाँचे की इकाई 'प्रतिजागरणक' या 'परिगणक' को परगना के नाम से पुनर्जीवित किया। उसने अपने साम्राज्य को 47 सरकारों (यानी जिलों) में विभक्त किया। इन सरकारों

को परगनों में बाँटा गया। परगनों के अन्तर्गत ग्राम पंचायतें थीं। ग्राम पंचायतों की आन्तरिक स्वतन्त्रता को उसने अक्षुण्ण बनाए रखा।

उसने कई सुधारात्मक कार्य किए। किसानों के हित के लिए जमीन की पैमाइश कराई। भूमि सर्वेक्षण करवाकर कर-व्यवस्था में व्यापक सुधार किए। किसानों से सीधे कर वसूलने की व्यवस्था लागू की; और कई अनुचित करों को हटा दिया। उसने राजस्व प्रशासन को व्यवस्थित किया। सैनिकों को नियमित रूप से नकद वेतन देना सुनिश्चित किया। उसने वाणिज्य एवं व्यवसाय को भी बढ़ावा दिया। राजमार्गों का विस्तार करके व्यापक स्तर पर सड़कों का निर्माण करवाया। घोड़ों द्वारा डाक पहुँचाने की एक नई व्यवस्था शुरू की। मुख्य मार्गों पर धर्मशालाएँ बनवाईं, जिनमें ठहरने और भोजन का प्रबन्ध होता था।

वह एक अपवाद को छोड़कर धर्मसहिष्णु बना रहा। उसके द्वारा चलाए गए सिक्कों पर स्वस्तिक का चिह्न भी अंकित किया गया था। वह एक न्यायप्रिय शासक था। उसने कानून-व्यवस्था को शरियत के प्रभाव से मुक्त रखा। एक बार एक सामान्य महिला की फरियाद पर उसने अपने पुत्र को दण्डित किया था। उसके राज्य में हिन्दी भाषा को भी प्रोत्साहन मिला। इन रचनात्मक प्रयासों के कारण शेरशाह की प्रसिद्धि पूरे भारत में फैल गई। उसके द्वारा शुरू किए गए कुछ प्रशासनिक सुधारों को आगे चलकर मुगल बादशाह अकबर ने भी अपनाया।

सूरवंश का शासनकाल (1540-1556 ई.) बहुत सीमित रहा। मुगलों ने दिल्ली पर अपना नियन्त्रण पुनः स्थापित कर लिया। बिहार पर स्थायी नियन्त्रण के उद्देश्य से बादशाह अकबर ने बिहार को एक अलग सूबा (प्रान्त) बनाया, जिसमें मगध, तिरहुत और अंग शामिल थे। अकबर के राज्यकाल में बिहार सात सरकारों में बँटा हुआ था—रोहतास, बिहार, मुंगेर, सारन, चम्पारण, हाजीपुर और तिरहुत। तिरहुत पूरे भारत की सबसे बड़ी सरकार थी।

मुगल काल में, शाहजहाँ के बीमार पड़ने के बाद, उत्तराधिकार के लिए संघर्ष शुरू हुआ। उस समय शुजा बिहार में अपनी शक्ति बढ़ाने में लगा रहा। सामूगढ़ की लड़ाई (29 मई, 1658 ई.) में दारा शिकोह को हराने के बाद औरंगजेब ने शुजा को बिहार का सूबेदार नियुक्त किया। गौरतलब है कि औरंगजेब के समय में ही बिहार पर मुगलों का वास्तविक नियन्त्रण स्थापित हो सका।

मुगलकाल में बिहार में एक प्रसिद्ध इतिहासकार हुआ, जिसका नाम था गुलाम हुसैन। उसने 'सियरुलमुतेखिरीन' नामक एक किताब लिखी, जिससे तत्कालीन इतिहास पर प्रकाश पड़ता है। उसकी विद्वता से प्रभावित होकर बंगाल के नवाब मीर कासिम (1760-1763 ई.) ने उसको मुंगेर में एक जागीर दी थी।

उल्लेखनीय है कि मुगल बादशाह अकबर ने 1575-1576 ई. में बंगाल और बिहार को अपने साम्राज्य में मिला लिया था। आगे चलकर 1733 ई. में बिहार को बंगाल सूबे का एक भाग मान लिया गया। यही स्थिति 1911 ई. तक बनी रही। 22 मार्च, 1912 ई. को बिहार-उड़ीसा को बंगाल से अलग करके स्वतन्त्र प्रान्त बनाया गया।

गया-तीर्थ के मुक्तिनायक

18वीं शताब्दी में जब गया के विष्णुपद मन्दिर पर आक्रमणकारियों ने हमला किया, तब दक्षिणार्क मन्दिर के प्रांगण में भयंकर युद्ध हुआ था। टेकारी-नरेश त्रिभुवन सिंह (1729-1735 ई.) ने स्थानीय बाभन वीरों की मदद से आक्रमणकारियों के दाँत खट्टे कर दिए थे। उस समय यदि राजा त्रिभुवन सिंह ने अपना दृढ़बल न दिखाया होता तो काशी और मथुरा की तरह ही गया के मन्दिर-परिसर में भी कोई मस्जिद बना दी गई होती। सच पूछा जाए तो राजा त्रिभुवन सिंह गया-तीर्थ के मुक्तिनायक थे।

राजा त्रिभुवन सिंह के निधन के बाद उनके छोटे भाई सुन्दर सिंह उनके उत्तराधिकारी बने। राजा सुन्दर सिंह (1736-1758 ई.) टेकारी-राजवंश के सबसे प्रतापी राजा थे। उन्होंने मराठा लड़ाकों और मुगल फौजदारों को पराजित करके मगध के गौरव की रक्षा की। नरहट परगना का जागीरदार कामदार खाँ राजा सुन्दर सिंह का प्रबल विरोधी था। कामदार खाँ ने राजा सुन्दर सिंह के अंगरक्षक गुलाम गौस को अपने पक्ष में कर लिया; और फिर गुलाम गौस ने अपने स्वामी के साथ विश्वासघात किया। ऐसे समय जब महाराज कसरत करने में व्यस्त थे, गुलाम गौस ने उनका सिर काट लिया। राजा सुन्दर सिंह की हत्या के साथ ही मगध के रणपण्डित वीरों का एक गौरवशाली-युग समाप्त हुआ।

मगध में सूफीमत

मध्यकाल में मगध सूफीमत का एक केन्द्र बन गया था। इस्लाम के इतिहास में दसवीं सदी ई. का विशेष महत्त्व है। इस काल में दर्शन के क्षेत्र में तर्क-बुद्धिवादी इस्लामी दर्शन (मुताज़िल) का वर्चस्व समाप्त हुआ और एक पुरातनपन्थी विचारधारा की नींव पड़ी, जो कुरान और हदीस (मुहम्मद साहब और उनके सहयोगियों की परम्परा) पर आधारित थी। लगभग इसी समय एक अध्यात्मवादी और रहस्यवादी इस्लामी विचारधारा का जन्म हुआ, जिसको 'सूफी मतवाद' कहा जाता है।

सूफीवाद एक ऐसा पन्थ है जिसमें ईश्वर की प्रत्यक्ष अनुभूति के माध्यम से मुसलमान अलौकिक प्रेम एवं ज्ञान के सच को समझने की कोशिश करते हैं।

सूफी-साधक सन्त प्रवृत्ति के भक्त थे। वे वैभव-प्रदर्शन के विरोधी और सरल-सहज जीवन-पद्धति के पक्षधर थे। इस्लामी साम्राज्य की स्थापना के बाद पैदा हुए नैतिक अधोपतन ने सूफियों को निराश कर दिया था।

इस्लामी अध्यात्मवाद को अरबी भाषा में 'तसव्वुफ' कहते हैं, जिसका शाब्दिक अर्थ है—ऊनी कपड़े पहनना। तसव्वुफ का प्रचलित नाम सूफीवाद है। 'सूफी' शब्द अरबी भाषा के शब्द 'सूफ' से बना है, जिसका अर्थ है—ऊन। इस्लामी फकीर ऊनी कपड़े पहनते थे, इसीलिए उनको सूफी कहा जाने लगा। सूफियों को अरबी भाषा में सामान्यतः 'फुकरा' (अरबी भाषा में फकीर का बहुवचन) और फारसी भाषा में 'दरवेश' कहा जाता है।

पटना से मात्र 25 कि.मी. दूर मनेरशरीफ की ख़ानक़ाह और दरगाह है।[1] 1180 ई. (576 हिजरी) में ताज फकीह द्वारा मनेर में 'बड़ी दरगाह' की मस्ज़िद की नींव रखी गई। इसको पूर्वी भारत की सबसे पुरानी मस्ज़िद माना गया है। मध्यकाल में यह ख़ानक़ाह सूफी सन्तों का एक महत्त्वपूर्ण ठिकाना हुआ करता था। गंगा, सोन और सरयू नदियों के संगम पर स्थित यह दरगाह भारत में सूफी सिलसिले (परम्परा) की शुरुआत का गवाह है। ताज फकीह के बाद इस ख़ानक़ाह की गद्‌दी उनके पुत्र हज़रत शाह एमादुद्‌दीन इसराइल मनेरी को मिली। परन्तु यहाँ के सूफी सन्तों में सबसे प्रसिद्ध ताज फकीह के पोते 'मखदूम शाह कमालुद्‌दीन याहिया मनेरी' हुए। वे अजमेर के ख्वाजा मोइनुद्‌दीन चिश्ती के समकालीन थे। मनेरशरीफ में कई सूफी सन्तों की दरगाह है, लेकिन उनमें से 'मखदूम शाह कमालुद्‌दीन याहिया मनेरी' की दरगाह सबसे प्रसिद्ध है। मुगल बादशाह जहाँगीर के समकालीन और इस परम्परा की नौवीं पीढ़ी के सूफी सन्त सैय्यद दौलत मनेरी का मनेर स्थित मकबरा मुगल स्थापत्य-कला का एक अच्छा उदाहरण है।

दरिया साहेब बिहारवाले (1734-1780 ई.) एक प्रसिद्ध सन्त हुए हैं। इनके पूर्वज क्षत्रिय थे और मूलरूप से उज्जैन के निवासी थे। इनका परिवार बिहार में आकर बस गया। इनके पिता का नाम पहले पृथुदास था। परिस्थितिवश इनके पिता को औरंगजेब की बेगम की दर्जिन की बेटी से दूसरा विवाह करना पड़ा। मुसलमान कन्या से विवाह के बाद इन्होंने अपना नाम बदलकर पीरन शाह रख लिया। वे अपनी ससुराल धरकन्था में जाकर रहने लगे। वहीं दरिया साहेब का जन्म हुआ।

दरिया साहेब का विवाह मात्र नौ वर्ष की उम्र में ही हो गया था। परन्तु अल्पायु में ही वैराग्य भाव के जागने के कारण वे गृहस्थी के पचड़े में नहीं फँसे। मात्र पन्द्रह

वर्ष की उम्र में घर-बार त्यागकर वे वैरागी हो गए। बीस वर्ष की उम्र में उनको 'सहज ज्ञान' की प्राप्ति हुई। तीस वर्ष की अवस्था में उन्होंने सत्संग करना और लोगों को जाग्रत करना आरम्भ कर दिया। दरिया साहेब के पन्थ के अनुयायी बैठने की बजाय, खड़े होकर और थोड़ा झुककर प्रार्थनाएँ करते थे। प्रत्येक साधु के पास मिट्टी का एक हुक्का होता है, जिसको 'रखना' कहा जाता था। पानी पीने के लिए एक बर्तन रखते थे, जिसको 'भरुका' कहा जाता था।

दरिया साहेब पर कबीरदास का बहुत प्रभाव पड़ा। वे कबीर द्वारा बताए गए मार्ग पर चलने की कोशिश करते थे। कबीरदास की तरह उन्होंने भी अवतारवाद, मूर्तिपूजा, जातिभेद, तीर्थ-व्रत आदि का खण्डन किया। हिन्दी सन्त-काव्य परम्परा में दरिया साहेब को एक ऊँचा मुकाम हासिल है। उनकी बीस रचनाएँ सुलभ हैं। उनकी काव्यकृतियों में 'ज्ञान स्वरोदय', 'दरियानामा', 'दरिया सागर', 'ज्ञान रत्न', 'विवेक सागर', 'शब्द', 'ज्ञानदीपक' और 'सहजयानी' उल्लेखनीय है। दरिया साहेब की रचनाओं में प्रत्यक्ष अनुभूति की स्पष्ट झलक दिखाई देती है। उन्होंने बाहरी और भीतरी जगत् को एक पारदर्शी दृष्टि से देखा है।

गुरु नानक और गुरु तेगबहादुर की मगध-यात्रा

गुरु नानक अपने शिष्य मरदाना के साथ 1496 ई. में ननकाना से अपनी धार्मिक-यात्रा पर निकले। वाराणसी होते हुए वे गया पहुँचे। गया के पंडों ने उन्हें अपने पितरों की मुक्ति के लिए पिंडदान करने के लिए कहा। लेकिन गुरु नानक ने उन्हें बताया कि मृतात्मा की स्मृति में दिए जलाने और उनके नाम पर दान-दक्षिणा देने से उन्हें मुक्ति नहीं मिलेगी; मुक्ति के लिए ईश्वर के प्रति सच्ची श्रद्धा अपेक्षित है।

गया से बोधगया और राजगीर होते हुए गुरु नानक पटना पहुँचे। वहाँ वे अपने एक अनुयायी जैतामल के घर पर ठहरे। वे चार माह तक पटना में रहे। पटना में जिस स्थान पर गुरु नानक ठहरे थे, उसी स्थान पर आगे चलकर गुरुद्वारा गायघाट का निर्माण हुआ। उनके उपदेशों से प्रभावित होकर पटना के एक धनाढ्य जौहरी सालिस राय ने सिक्ख धर्म को अपना लिया; और फिर अपना आलीशान महल गुरु को दान कर दिया।

गुरु नानक के बाद अन्य सिक्ख-गुरुओं ने यात्राएँ नहीं कीं। नौवें गुरु तेगबहादुर (1621-1675 ई.) सासाराम और गया होते हुए पटना पहुँचे। दंतकथाओं के अनुसार पटना के एक उजाड़ बगीचे में जैसे ही गुरु तेगबहादुर के चरण पड़े, वह हरा-भरा हो गया। इस चमत्कार से प्रभावित होकर उस बाग के मालिक करीम

बख्श और रहीम बख्श ने वह बाग गुरु को दान कर दिया। यह बाग अब 'गुरु का बाग' कहलाता है।

पटना : गुरु गोविन्द सिंह की जन्मभूमि

गुरु तेगबहरादुर के सम्मान में पटना के सिक्खों ने सालिस राय द्वारा दिए गए महल के स्थान पर हरमंदिर गुरुद्वारे का निर्माण कराया। गुरु तेगबहरादुर सपरिवार उसी में रहने लगे। 1666 ई. में पटना में इसी स्थान पर गुरु तेगबहादुर के पुत्र और अंतिम सिक्ख-गुरु गोविन्द सिंह का जन्म हुआ था। उस स्थान को अब 'पटना साहिब' या पटना सिटी कहते हैं। उनके जन्मस्थान पर ही तख्त हरमन्दिर साहब नामक गुरुद्वारा बना हुआ है। इसका निर्माण महाराजा रणजीत सिंह ने करवाया था। यह गुरुद्वारा सिक्खों के पाँच प्रमुख तख्तों में से एक है। अमृतसर के स्वर्ण मन्दिर के बाद सिक्खों का यह दूसरा सबसे महत्त्वपूर्ण तीर्थस्थान है। गुरु तेगबहादुर के मरणोपरान्त गोविन्द सिंह उनके उत्तराधिकारी हुए। वे सिक्खों के दसवें और अन्तिम गुरु थे। पटना के तख्त हरमन्दिर साहब गुरुद्वारे में गुरु गोविन्द सिंह के बचपन का पालना (पंगुरा), लोहे के चार तीर, तलवार, पादुका और उनका हुक्मनामा संरक्षित हैं।

गुरु गोविन्द सिंह के बचपन का नाम था—गोविन्द राय। उनके बचपन का अधिकांश समय पटना स्थित गंगा नदी में नाव खेने, साथियों के साथ कुश्ती लड़ने और घुड़सवारी करने में बीता। उनके पिता गुरु तेगबहादुर ने जब अपने प्राणों की आहुति दी, उस समय गोविन्द सिंह की उम्र मात्र नौ वर्ष थी। उस छोटी-सी अवस्था में उन्होंने मुगलों से अपने पिता की मृत्यु का बदला लेने के लिए ग्यारह वर्ष तक तप, साधना और भगवद्‌भजन किया। उसके बाद शक्ति के संचय में जुट गए। उनको संघर्षमय सैन्य-जीवन के प्रति लगाव की प्रेरणा अपने पितामह और आठवें सिक्ख गुरु हरगोविन्द राय में मिली थी।

मुस्लिम आततायियों का सामना करने के लिए उन्होंने सिक्खों का सैन्य संगठन किया। उन्होंने 'पाहुल' (दीक्षा) की प्रथा शुरु की, जिसमें सभी सिक्ख एक ही कटोरे में 'अमृतपान' करते थे। पाहुल प्रथा के फलस्वरूप सिक्खों के बीच का जातिभेद खत्म होने लगा। उन्होंने सभी सिक्खों को अपनी जातिसूचक उपाधियों को त्यागकर नाम के बाद 'सिंह' उपाधि जोड़ने का आदेश दिया। धूम्रपान और तम्बाकू-सेवन को वर्जित करके उन्होंने 'पंच ककार' का नियम बनाया। इस नियम के अनुसार प्रत्येक सिक्ख के लिए केश, कंघा, कड़ा, कृपाण और कच्छा धारण करना अनिवार्य कर दिया गया। इन प्रयासों से सिक्ख एक धार्मिक समूह के साथ ही एक प्रबल राजनैतिक शक्ति के रूप में संगठित हो गए।

उन्होंने खालसा नामक पवित्र पन्थ चलाया। खालसा को सिक्ख सेना का मार्गदर्शक बनाकर सिक्खों के शत्रुओं के विरुद्ध कड़े कदम उठाये। उनके दुश्मनों में मुगल मनसबदारों के अलावा कुछ पहाड़ी जनजातियाँ भी शामिल थे। गुरु गोविन्द सिंह की सैन्य टुकड़ियाँ सिक्ख आदर्शों के प्रति पूर्णतः समर्पित थीं। समर्पण ऐसा कि वे सिक्खों की धार्मिक और राजनैतिक स्वतन्त्रता के लिए अपना सर्वस्व दाँव पर लगाने के लिए तैयार रहती थीं।

गुरु गोविन्द सिंह के चार पुत्र थे। अम्बाला के पास हुए एक युद्ध में उनके चारों पुत्र शत्रुओं के हाथों मारे गए। दो पुत्रों को तो सरहिंद के शासक वज़ीर खाँ ने जिन्दा ही दीवार में चुनवा दिया। उनकी पत्नी और माँ भी संघर्ष की बलिवेदी की भेंट चढ़ गए। वे आजीवन संघर्षरत रहे। औरंगजेब की मृत्यु के बाद उसके उत्तराधिकार के लिए हुए संघर्ष में गुरु गोविन्द सिंह ने बहादुरशाह का पक्ष लिया। अब वे शान्तिपूर्ण जीवन जीना चाह रहे थे। परन्तु 1708 ई. में महाराष्ट्र के नान्देड में एक विश्वासघाती पठान द्वारा छिपकर किए गए वार के फलस्वरूप उनकी मृत्यु हो गई।

गुरु गोविन्द सिंह धर्मधीर योद्धा होने के साथ ही बहुभाषाविद् और अच्छे कवि भी थे। उनको फारसी, अरबी, संस्कृत और अपनी मातृभाषा पंजाबी का अच्छा ज्ञान था। 'दशमग्रन्थ', 'गोविन्दगीत', 'प्रेम प्रबोध', 'जाप साहब', 'अकाल उस्तुता', 'चौबीस अवतार', 'नाममाला' आदि उनकी प्रमुख काव्य-कृतियाँ हैं। उपर्युक्त सभी रचनाएँ हिन्दी भाषा में रचित हैं। पंजाबी भाषा में उनकी एक ही रचना है, जिसका शीर्षक 'चण्डी दीवार' है। उन्होंने सिक्ख कानून को व्यवस्थित और सूत्रबद्ध किया। उनकी रचनाओं में हिन्दी काव्य-ग्रन्थ 'दशम ग्रन्थ' का विशेष महत्त्व है।

एक दिन प्रातःकालीन प्रार्थना के बाद गुरु गोविन्द सिंह अपने अनुयायी सिक्खों के सामने समाधि लगाकर बैठ गए। थोड़ी देर बाद अचानक उठ खड़े हुए और कहा कि "मेरे कृपाण को एक शीश चाहिए। कौन आगे बढ़कर अपने पन्थ के लिए अपना बलिदान देगा ?" इस चुनौतीपूर्ण आह्वान को सुनकर उपस्थित सिक्ख समुदाय में घबराहट छा गई। परन्तु एक आदमी भीड़ से उठकर सामने आया। गुरु उसको लेकर तम्बू के अन्दर चले गए। कुछ देर बाहर आकर उन्होंने दुबारा वही चुनौती दी। फिर दूसरा स्वयंसेवक सामने आया। यह प्रक्रिया कुल पाँच बार दुहराई गई। पाँचवाँ स्वयंसेवक भी तम्बू के अन्दर ले जाया गया। सभी लोग साँसे रोके गुरु के इस रहस्यमय कृत्य के बारे में सोच रहे थे। परन्तु कुछ देर बाद गुरु जब अपने तम्बू से बाहर निकले तो वे पाँचों स्वयंसेवक सकुशल उनके साथ थे। गुरु गोविन्द सिंह ने उपस्थित सिक्ख समुदाय को बताया कि वे तो अपने

स्वयंसेवकों की आस्था की परीक्षा ले रहे थे। उन पाँचों को 'पंज पियारा' (पाँच प्रिय) की उपाधि दी गई। ये 'पंज पियारे' 1699 ई. में स्थापित खालसा पन्थ के केन्द्रबिन्दु बने।

इस सैनिक सन्त ने सिक्खों के मन में वीरता का एक नया आदर्श स्थापित किया। उन्होंने परम्परागत धार्मिक शिक्षा को अक्षुण्ण रखते हुए, सिक्ख संगठन में प्राण फूँक दिए।

कबीरपन्थी महात्मा रामरहस्य साहेब

कबीर-सम्प्रदाय को दार्शनिक और बुद्धिवादी रूप देने का श्रेय मगध के महात्मा रामरहस्य (राम रहेस) साहेब को प्राप्त है। रामरहस्य साहेब, कबीरचौरा शाखा के पन्द्रहवें गुरु महात्मा शरणदास के शिष्य थे। वे टेकारी राज (गया, बिहार) के मन्त्री पं. भगवान दुबे के पुत्र थे। उनका जन्मकालीन नाम 'रामरज' था, लेकिन विरक्त होने पर उन्होंने 'रामरहस्य' नाम ग्रहण किया। 1762 ई. के बाद से ये गया नगर में ही रहने लगे। 1810 ई. में इनका देहान्त हो गया। इनकी लिखी हुई सबसे महत्त्वपूर्ण पुस्तक 'पंचग्रन्थी' है, जिसे कबीर-पन्थ में सम्मानपूर्वक 'सद्ग्रन्थ-पंचग्रन्थी' कहा जाता है। 'अक्षरखण्ड की रमैनी' भी इन्हीं की लिखी हुई है।

रामरहस्य साहेब का शास्त्रों पर बड़ा अच्छा अधिकार था। पंचग्रन्थी की रचना के बाद कबीरपन्थ का झुकाव अधिकाधिक शास्त्रीय होता गया। सम्प्रदाय के सिद्धान्तों को नियमबद्ध और तर्कसंगत बनाने में इनका महत्त्वपूर्ण योगदान है।

सल्तनत-काल से मुगलकाल तक पटना

तुर्क-अफगानकाल से लेकर मुगलकाल तक दिल्ली और आगरा भारत में राजनैतिक और आर्थिक सत्ता के केन्द्र बने रहे। सोलहवीं सदी में भारत में कई बड़े नगर विकसित हुए। शेरशाह सूरी के समय में पटना शहर का पुनरुद्धार हुआ। भारत की यात्रा करनेवाले ब्रिटिश व्यापारी राल्फ फिच (1550-1611 ई.) के अनुसार आगरा और फतेहपुर-सीकरी लन्दन से भी बड़े थे, जो उन दिनों यूरोप के सबसे बड़े नगरों में से एक था। सत्रहवीं सदी में आगरा नगर का दुगुना विस्तार हो गया। 1656 ई. में भारत आनेवाले फ्रांसीसी यात्री फ्रांस्वा बर्नियर के अनुसार आगरा नगर दिल्ली से भी बड़ा था। उन दिनों पश्चिमी भारत में अहमदनगर और बुरहानपुर, उत्तर-पश्चिम में मुल्तान और पूरब में पटना, राजमहल और ढाका बड़े नगरों में शामिल थे। यदि बिहार के सन्दर्भ में बात की जाए तो मध्यकाल में पटना, बिहारशरीफ और सासाराम प्रसिद्ध नगर थे।

मुगल बादशाह औरंगजेब का पौत्र और बहादुरशाह प्रथम का पुत्र अज़ीमुश्शान अपने शासनकाल में पटना को हिन्दुस्तान की राजधानी-जैसा नगर बनाना चाह रहा था। उसने अपने नाम पर पटना का नाम अज़ीमाबाद रख दिया था। 1712 ई. में अपने पिता के मरने के बाद अज़ीमुश्शान ने स्वयं को बादशाह घोषित किया। लेकिन जल्द ही उसकी हत्या हो गई। अजीमाबाद को हिन्दुस्तान की राजधानी-जैसा बनाने का अज़ीमुश्शान का सपना अधूरा रह गया, लेकिन पटना के कुलीन एवं शासक वर्ग के बीच अज़ीमाबाद नाम 18वीं-19वीं शताब्दी तक प्रचलित रहा। जब तक बंगाल प्रदेश मुगलों के अधीन रहा तब तक यह शहर अज़ीमाबाद कहलाता रहा, लेकिन मुगल साम्राज्य के पतन और अंग्रेजों का शासन शुरू होते ही नगर का नाम पुन: पटना प्रचलित हो गया।

मुगलकाल में पटना शहर की आबादी करीब दो लाख थी, जो उस दौर के लिहाज से बहुत अधिक है।[2] मध्यकाल में पटना की यात्रा करनेवाले पुर्तगाली पर्यटक बारबोसा के अनुसार वह एक बड़ा और भव्य शहर था। वहाँ चीनी और अफीम का उत्पादन होता था। आज से 200 साल पहले तक वहाँ अफीम की एक बहुत बड़ी मंडी थी। रेशम और सूती के कपड़े सुदूर क्षेत्रों में भेजे जाते थे। बर्नियर के अनुसार पटना में आठ सरकार (जिले) और 245 परगने थे। उसके अनुसार पटना एक प्रमुख व्यापारिक केन्द्र था। परन्तु अक्तूबर 1670 ई. से नवम्बर 1671 ई. तक पटना में भीषण अकाल रहा, जिसके फलस्वरूप पटना और उसके आपपास का इलाका उजड़ गया था। उस दौर में प्रशासनिक भ्रष्टाचार और व्यापारियों की जमाखोरी के कारण जन-सामान्य का जीना दूभर हो गया था। इस दौरान पटना और उसके आसपास के इलाकों में लगभग 135000 लोग मारे गए थे।

सन्दर्भ एवं टिप्पणी

1. मुस्लिम सन्तों के निवास-स्थान को फारसी भाषा में ख़ानकाह कहा जाता है। जबकि दरगाह का अर्थ है—समाधि या मकबरा।
2. एक अनुमान के अनुसार सत्रहवीं सदी के आरम्भ में भारत की जनसंख्या लगभग 12.5 करोड़ थी।

अध्याय 24

आधुनिक काल में मगध

मुगलकाल में पटना में ब्रिटिशों और डचों की कोठियाँ स्थापित हुईं। 1763 ई. में एलिस ब्रिटिश कोठियों का एजेंट था। बंगाल के नवाब मीरकासिम अली खाँ से उसकी मुठभेड़ हो गई और एलिस ने पटना पर अधिकार कर लिया। मीरकासिम की सेना पुनः पटना पहुँची और उसने एलिस को पराजित करके पटना पर दुबारा अधिकार कर लिया। उसकी आज्ञा से समरू नामक अधिकारी द्वारा करीब 200 ब्रिटिश कैदियों की बर्बरतापूर्वक हत्या कर दी गई। भारतीय इतिहास में यह घटना **पटना जनसंहार** के नाम से जानी जाती है। मेजर नॉक्स के नेतृत्ववाली ब्रिटिश सेना ने 1763 ई. में पटना पर पुनः अधिकार कर लिया। 1765 से 1789 ई. तक वहाँ द्वैध-शासन रहा।

ब्रिटिश शासन के शुरुआती दौर में ही बिहार को बंगाल प्रान्त का अंग बना दिया गया। 1911 ई. तक यह बंगाल का एक भाग बना रहा। 12 दिसम्बर 1911 ई. को दिल्ली दरबार में बिहार को बंगाल से पृथक करके एक अलग प्रान्त घोषित किया गया। तत्क्रम में 22 मार्च, 1912 ई. को बिहार प्रान्त के गठन की औपचारिक घोषणा हुई; और 01 अप्रैल, 1912 ई. को बिहार ने प्रान्त के रूप में विधिवत कार्य करना प्रारम्भ किया। उन दिनों उड़ीसा बिहार प्रान्त का ही एक भाग था। 1774 ई. में तत्कालीन बंगाल प्रांत में रोहतास नामक एक नए जिले का गठन किया गया, जिसमें चैनपुर, सासाराम, टिकारी एवं शेरघाटी के इलाके शामिल थे। जुलाई 1787 ई. में जिलों का पुनर्गठन किया गया। सोन के पश्चिम क्षेत्र को लेकर शाहाबाद जिले का गठन किया गया; और रोहतास को भी उसमें मिला दिया गया। सोन नदी के पूरब के क्षेत्रों को मिलाकर बिहार जिले का गठन किया गया। बिहार जिले में पटना, गया, जहानाबाद, औरंगाबाद, नवादा और नालंदा का संपूर्ण भूभाग शामिल था। किऊल नदी के पश्चिम के परगनों को मिलाकर मुंगेर जिले का गठन किया गया; लेकिन उस समय मुंगेर का जिला मुख्यालय भी गया में ही था। 1812 ई.

में मुंगेर में कार्यपालिका केन्द्र की स्थापना हुई। 1814 ई. में मुंगेर जिले में पाँच थाना-क्षेत्र थे- मुंगेर, तारापुर, सूर्यगढ़ा, मल्लेपूर और गोगरी। 1832 ई. में शेखपुरा, बरबीघा, अरिअरी और बड़हिया थानों के गठन के बाद मुंगेर जिले के थानों की संख्या बढ़कर 9 हो गई।

विदेशी यात्रियों की नज़र में पटना

शाहजहाँ के शासनकाल में प्रसिद्ध ब्रिटिश-यात्री पीटर मंडी ने आगरा से पटना की यात्रा की थी। 16 सितंबर, 1632 ई. को वह नौबतपुर पहुँचा, जहाँ उसने सड़क के दोनों ओर आम के लाखों पेड़ देखे थे।[1] अगले दिन 17 सितंबर, 1632 ई. को वह पटना पहुँचा। उसने अपने यात्रा-वृत्तांत में लिखा है कि "यहाँ कोई बड़ा मैदान नहीं दिखा, बल्कि आम और नारियल के पेड़ों की भरमार दिखाई दी; और गन्ने, कपास एवं अन्न के खेत दिखाई पड़े। नगर के चारों ओर मिट्टी का एक पहाड़-सा था, जिस पर 4-5 गज ऊँची एक दीवार थी। यह गंगा नदी के किनारे स्थित था और इसकी चौड़ाई लगभग आधा मील थी।" अपना कार्य-व्यापार पूरा करने के बाद गंगा नदी को पार करके वह हाजीपुर तक गया था। नदी पार करने के बाद वह वहाँ से 3 मील आगे तक फैले रेतीले भूभाग तक गया था। उन दिनों वहाँ पानी बहुत कम था, लेकिन वर्षाकाल में वह पूरा इलाका जलमग्न हो जाता था। उसने लिखा है कि प्राचीन काल में हाजीपुर (वैशाली) का व्यापक महत्त्व था, लेकिन उन दिनों पटना के आगे उसका महत्त्व गौण हो गया था।[2]

निकोलाओ मनूची (1639-1717 ई.) नामक एक इतालवी यात्री 1654 ई. में भारत आया और 1708 ई. तक यहीं रहा। उसने पटना की यात्रा भी की थी। उसने अपने यात्रा-वृत्तांत में पटना को एक बहुत बड़ा शहर बताया है। उसने लिखा है कि पटना में बहुत अच्छी किस्म के सूती और रेशमी वस्त्र तैयार किए जाते थे। उसके अनुसार पटना में बने मिट्टी के आकर्षक प्यालों की दुनिया-भर में माँग थी।

ब्रिटिश यात्री थॉमस ट्विनिंग 1850 ई. में भारत आया था। वह बंगाल से मुंगेर होते हुए जलमार्ग से प्रयागराज जा रहा था। मौसम खराब हो जाने के कारण उसको चार दिन पटना में रुकना पड़ा। अपने संस्मरणों की पुस्तक 'ट्रैवल्स इन इंडिया : ए हंड्रेड इयर्स अगो' में उसने लिखा है कि "गंगा नदी के किनारे बसे तीन लाख की जनसंख्या-वाले पटना नगर की सड़कों पर बहुत भीड़ रहती है। शाम के समय मुख्य मार्गों और गलियों में स्थित छोटी-बड़ी दुकानें लैम्पों की रोशनी में जगमगाती हुई बहुत सुंदर प्रतीत होती हैं। लोग वहाँ से कपड़े, मोती-मनके, जेवर-गहने,

चावल, दाल, अन्य अनाज, घी इत्यादि खरीदते हैं।" उसने लिखा है कि पटना की सड़कों पर लोग बैलगाड़ियों और पालकियों की सवारी करते हैं।

उल्लेखनीय है कि 1790 ई. में पटना में कपड़े की 11000 दुकानें थीं। उनमें गद्दे-रजाई के लिए रुई धुनने का काम करनेवाले धुनियों की 153 दुकानें थीं। 50 दुकानों में कपड़े पर छपाई का काम होता था। वहाँ कालीन बनानेवाले 71 कारखाने थे। 1810 ई. में डॉ. बुकानन ने अपने सर्वेक्षण में पाया कि पटना जिले में बुनकरों के 175 गाँव और मुहल्ले हैं। उन गाँवों में भारी मात्रा में कपड़े तैयार किए जाते थे। लेकिन 1830 ई. तक आते-आते स्थानीय हथकरघा उद्योग दम तोड़ने लगा; और फिर मैनचेस्टर नगर के मशीन-निर्मित वस्त्रों का आयात शुरू हो गया।

ब्रिटेन से आयातित कपड़ों का प्रभाव पटना के निकट बाढ़ नामक कस्बे के बुनकरों पर भी पड़ा। उन दिनों बाढ़ के बुनकरों द्वारा उत्पादित वस्त्र बख्तियारपुर, फतुहा और नवादा के बाजारों में भी बेचे जाते थे। वहाँ के बुनकरों को सूती तौलिया, सूती चादर और मेजपोश बनाने में महारत हासिल थी। वे लोग इन कपड़ों को दानापुर ले जाकर बेचते थे, जहाँ से इन्हें कानपुर भेजा जाता था।[3]

हथकरघा उद्योग के पतन के कारण पटना और उसके आसपास के इलाकों के मुस्लिम जुलाहों और हिंदू बुनकर जातियों का पारंपरिक रोजगार छिन गया।

पटना : आज से सौ साल पहले

20वीं सदी के तीसरे दशक में पटना नगर की लम्बाई करीब दस मील और औसत चौड़ाई महज एक मील थी। वहाँ की कचहरियाँ नगर के पश्चिमी छोर पर स्थित थीं। पहले पटना म्युनिसिपैलिटी के चेयरमैन प्रायः नवाब घरानों के लोग ही हुआ करते थे। 1924 ई. में हुए पटना म्युनिसिपैलिटी के चुनाव के बाद राजेन्द्र प्रसाद उसके चेयरमैन और अनुग्रह नारायण सिंह उसके वाइस-चेयरमैन नियुक्त हुए। प्रसंगवश उल्लेखनीय है कि जिस समय डॉ. राजेन्द्र प्रसाद पटना म्युनैसिपैलिटी के चेयरमेन थे, जवाहरलाल नेहरू इलाहाबाद म्युनैसिपैलिटी के तथा वल्लभभाई पटेल अहमदाबाद म्युनैसिपैलिटी के चेयरमैन थे और देशबन्धु चित्तरंजन दास कलकत्ता म्युनिसिपल कॉरपोरेशन के मेयर पद पर आसीन थे।

उस समय सर गणेशदत्त सिंह बिहार सरकार के स्थानीय स्वशासन विभाग के मन्त्री थे। उन्होंने राजेन्द्र बाबू और अनुग्रह बाबू को वहाँ का अच्छा इन्तजाम करने में प्रोत्साहन दिया। डॉ. राजेन्द्र प्रसाद के शब्दों में—"शहर की लम्बाई की वजह से, निगरानी के अलावा, और कामों में भी काफी अड़चन पड़ती थी, जिसका अनुमान आसानी से लगाया जा सकता है। पटना कोई नया बसता हुआ शहर नहीं

है। वहाँ व्यापार विशेषकर स्थानीय काम के लिए ही है। पहले जब नदियों द्वारा ही माल का आयात-निर्यात हुआ करता था तब पटना विशेष महत्त्व रखता था; क्योंकि यहाँ गंगा बहती है। गंगा-गण्डक-संगम तो यहाँ है ही, सोनभद्र तथा सरयू का संगम भी यहाँ से बीस-पच्चीस मील के अन्दर ही है। पर रेल हो जाने से वह बात अब न रही। इसलिए अब यह व्यापार का केन्द्र भी न रह गया। नए कल-कारखाने भी कम ही हैं, कोई विशेष वृद्धि उनकी अभी तक नहीं हुई है। 1924 में तो वे और भी कम थे। यहाँ प्रान्तीय राजनीतिक केन्द्र होने से कुछ लोग सरकारी दफ्तरों में और कुछ वकील-बैरिस्टर, हाइकोर्ट से सम्बन्ध रखनेवाले, अवश्य रहते हैं। इसलिए, जहाँ ये सब रहते हैं उस पश्चिमी हिस्से में कुछ रौनक है। पूर्वी हिस्सा पुराना मुहल्ला है जो अब अपनी रौनक बहुत कुछ खो चुका है।''[4]

पटना नगर की तत्कालीन नारकीय स्थिति का वर्णन करते हुए उन्होंने यह भी लिखा है कि—''आधुनिक समय के साधनों का भी प्राय: अभाव-सा ही यहाँ था। खुले पनाले होने के कारण मच्छरों की भरमार है। नाले भी साफ नहीं रखे जा सकते; क्योंकि पानी का कोई अच्छा निकास नहीं है। पहले यहाँ हर घर में कुएँ की शक्ल के पाखाने हुआ करते थे, जो कभी साफ नहीं किए जाते थे। जब वे बहुत दिनों के बाद कभी पट जाते होंगे तो उनके बगल में दूसरे कुएँ बना लिए जाते होंगे। इस कारण, शहर का स्वास्थ्य बहुत खराब रहा करता था। हम लोगों के समय के पहले से म्युनिसिपैलिटी ने इन कुएँ वाले पाखानों को बन्द कर दिया था। तो भी ये जहाँ-तहाँ रह गए थे। उनको हमने बन्द कराया। प्राय: ऐसे कुओं के निकट ही प्रत्येक घर में पानी के कुएँ भी हुआ करते थे। पानी प्राय: सभी जगहों में खारा हुआ करता था। कहीं-कहीं मीठा पानी भी मिल जाया करता था। इसलिए लोग अधिकतर पीने के लिए गंगाजल ही काम में लाया करते थे। बरसात में गंगाजल भी गँदला हो जाया करता है। तब लोगों की दिक्कतें बढ़ जाया करती थीं। इसलिए यहाँ पानी-कल (हैंड-पम्प) की आवश्यकता लोग महसूस करते थे।''[5]

मगध में गीत-संगीत

नृत्य और संगीत प्राचीन काल से ही भारतवासियों के मनोरंजन का प्रमुख साधन रहा है। संगीत के क्षेत्र में बिहार में विकसित विभिन्न रागों में 'नचारी', 'लगनी', 'फाग', 'चैता' और 'पूरबी' बहुत प्रसिद्ध हैं। नचारी और लगनी गीत मैथिल-कोकिल विद्यापति की रचनाओं पर आधारित हैं। नचारी भगवान शंकर की स्तुति में गाए जानेवाले प्रार्थना गीत हैं; जबकि लगनी गीत उत्तरी बिहार में विवाह के अवसर पर गाए जाते हैं। मध्यकाल में नचारी राग का इतना प्रचार-प्रसार था

कि उसकी ओर अबुल फजल का ध्यान गया और उसने अपनी किताब 'आईने अकबरी' में उसकी चर्चा की।

बिहार में पटना, गया, भागलपुर, मुंगेर, दरभंगा और शाहाबाद संगीतशास्त्र की दृष्टि से महत्त्वपूर्ण केन्द्र थे। 1813 ई. में पटना के प्रसिद्ध गायक मोहम्मद रज़ा शाह ने भारतीय राग-रागिनियों का नए ढंग से पुनर्विभाजन किया था। वे हिन्दुस्तानी संगीत की ठाट पद्धति के जनक थे। उन्होंने 'ठाट' नामक एक नए वाद्य-यन्त्र का आविष्कार भी किया था। गायन और संगीत के बारे में उनके द्वारा लिखी गई किताब 'नग़मात-ए-आसफी' (1813 ई.) बहुत प्रसिद्ध है। मो. रज़ा ने राग-वर्गीकरण की पुरानी परम्परा को त्यागकर बिलावल को बेसिक स्केल के रूप में अंगीकार किया। बाद में आधुनिक भारतीय शास्त्रीय संगीत के प्रमुख व्याख्याता पण्डित विष्णु नारायण भातखण्डे (1860-1936 ई.) ने भी इसी पद्धति को स्वीकार किया।

बिहार का सारण जिला 'पूरबी' गायन शैली की जन्मभूमि है। पहले इस राग के गीतों को 'बिरहनी' कहा जाता था। इसके अन्तर्गत मुख्यतः उन बिरहनी स्त्रियों की दयनीय दशा का वर्णन किया जाता था, जिनके पति पूरब देश में, यानी कोलकाता (तत्कालीन कलकत्ता) आदि शहरों में नौकरी की तलाश में चले जाते थे।

गया जिले के कुछ गाँवों में पहले 'खेलड़िन' नामक नाचने-गानेवाली पेशेवर औरतें हुआ करती थीं। ये नर्तकियाँ अपने खेलड़िन नाच के लिए प्रसिद्ध थीं। शादी-ब्याह के मौके पर इनको बुलाया जाता था। उस अवसर पर नाचनेवाली दर्जन-भर औरतों की टोली मोहक अन्दाज में गा-गाकर 'गारी' (गाली) देती थीं।

जोहराबाई पटनावाली प्रसिद्ध ठुमरी गायिका थीं। पटना की गायिकाओं में रमजो छुट्टन प्रसिद्ध है। पटना सिटी की रोशनआरा बेगम अपने समय की मशहूर गायिका थी। रोशनआरा की माँ चन्दाबाई भी नामी गायिका रही हैं। 19वीं सदी में गया नगर संगीत का एक महत्त्वपूर्ण केन्द्र था। मशहूर गायिका बेगम अख्तर (1914-1974 ई.) ने गया-निवासी प्रसिद्ध हारमोनियम-वादक और ठुमरीनवाज गुलाम मोहम्मद खाँ से तालीम हासिल किया था। अख्तरीबाई, जद्दनबाई, काशीबाई, सिद्धेश्वरी, बड़ी मोती, रसूलनबाई आदि उस दौर की तमाम ठुमरी गायिकाओं ने गया में वर्षों रहकर अपनी गायकी को माँजा-तराशा था।

18वीं और 19वीं सदी में भारत की यात्रा करनेवाले यूरोपियन यात्रियों के वृत्तान्तों से पता चलता है कि तत्कालीन बिहार के जनसामान्य में नृत्य और संगीत का व्यापक प्रचलन था। पूर्व की भाँति इस कालखण्ड में भी धार्मिक और सामाजिक उत्सवों में नृत्य-संगीत की महत्त्वपूर्ण भूमिका हुआ करती थी।

पटना की चित्रकला

मुगल साम्राज्य के पतन के दौर में बहुत से शिल्पकारों, कलाकारों और चित्रकारों ने दिल्ली छोड़कर लखनऊ और पटना का रुख किया। पटना पहुँचकर उन चित्रकारों ने चित्रकला की एक संश्लिष्ट और नई शैली का विकास किया, जो 'पटना कलम' या 'पटना की चित्रकारी' नाम से प्रसिद्ध हुई। 'पटना कलम' के चित्रकारों ने राजदरबार के चित्रांकन के अतिरिक्त जनसामान्य के जीवन से जुड़ी विविध घटनाओं को अपनी तूलिका से उकेरने का प्रयास किया। तत्कालीन परिवेश में यह एक नया कलात्मक प्रयोग था। 'पटना कलम' के कलाकार खास ढंग से रंग तैयार करते थे। पटना कलम की चित्रकला सम्बन्धी यह नई शैली 1850 से 1880 ई. के बीच में अपने चरमोत्कर्ष पर रही। इस दौर के चित्रों के उदाहरण 'पटना संग्रहालय' और राजकीय शिल्पकला विद्यालय, पटना की संग्रहशाला में संरक्षित है। इनमें से अधिकांश चित्र सामाजिक जीवन को प्रतिबिम्बित करते हैं। इस शैली में व्यक्ति-चित्रों की प्रधानता है।

19वीं सदी ई. में पटना के हरेक मुहल्ले में चित्रकारों का बसेरा था। इस शैली के दो श्रेष्ठ कलाकारों लालचन्द और गोपालचन्द को काशीनरेश ईश्वरी नारायण सिंह (राज्यकाल 1835-1889 ई.) का राज्याश्रय प्राप्त हुआ। काशीनरेश ने इन दोनों चित्रकारों से कई चित्र बनवाए, जिससे उस कालखण्ड के रहन-सहन पर पर्याप्त प्रकाश पड़ता है। पटना कलम में अन्तिम प्रसिद्ध चित्रकार प्रो. ईश्वरीप्रसाद वर्मा थे। पटना के एक प्रसिद्ध चित्रकार उपेन्द्र महारथी ने प्राचीन भारतीय चित्रकला के पुनरुद्धार की दिशा में विशेष प्रयास किए।

मगध में शिल्प की गौरवशाली परम्परा रही है। नौवीं से बारहवीं शताब्दी ई. के बीच में बिहार में हस्तलिखित पोथियों को सुसज्जित करने की एक विशेष कला का व्यापक प्रचलन था। शिल्प की उस गौरवशाली परम्परा की पुनर्स्थापना और आधुनिक बिहार में हस्तशिल्प के विकास के लिए 1956 ई. में पटना में 'उपेन्द्र महारथी शिल्प अनुसन्धान संस्थान' की स्थापना की गई।

पटना के 'खुदाबख्श ओरियंटल पब्लिक लाइब्रेरी' में अरबी और फारसी भाषाओं के हस्तलिखित बहुमूल्य एवं दुर्लभ ग्रन्थ संगृहीत हैं। इसकी स्थापना 1888 ई. में हुई थी। तुर्क-अफगान काल से लेकर मुगलकाल तक के समग्र मुस्लिम शासनकाल सम्बन्धी भारतीय इतिहास के अध्ययन के लिए इतनी सामग्री अन्यत्र दुर्लभ है। 1969 ई. में भारतीय संसद द्वारा पारित एक विधेयक द्वारा इसको राष्ट्रीय महत्त्व का संस्थान घोषित किया गया।

'कॉलेज ऑफ आर्ट एंड क्राफ्ट, पटना' की स्थापना 25 जनवरी, 1939 ई. को श्री राधामोहन द्वारा की गई थी। डॉ. राजेन्द्र प्रसाद इस कॉलेज की प्रबन्धन समिति के प्रथम सदस्य थे। 1939 ई. में कांग्रेस के रामगढ़ अधिवेशन के अवसर पर डॉ. राजेन्द्र प्रसाद के निर्देशानुसार बिहार के गौरवशाली अतीत को 26 चित्रों के माध्यम से दिखाया गया था। उन चित्रों की विशेषता यह है कि जो चित्र जिस काल का है, उसमें उसी काल के वस्त्र, आभूषण और वास्तु को प्रदर्शित किया गया है। इन चित्रों को पटना के उपेन्द्र महारथी, दिनेश बख्शी, राधामोहन और ईश्वरी प्रसाद वर्मा जैसे ख्यातिलब्ध चित्रकारों ने बनाया था। ये सभी 26 चित्र 'कॉलेज ऑफ आर्ट एंड क्राफ्ट' में संरक्षित हैं।

पलासी की लड़ाई

1652 ई. से ही अंग्रेजों ने पटना में अपना व्यापार आरम्भ कर दिया था। छपरा में डच लोग व्यापार करते थे। मुगल बादशाह औरंगजेब की मृत्यु के बाद केन्द्रीकृत सत्ता कमजोर पड़ने लगी। बंगाल के नवाब सिराजुद्दौला के सेनापति मीरजाफर के साथ षड्यन्त्र करके अंग्रेज-सेना के कमाण्डर-इन-चीफ रॉबर्ट क्लाइव ने सिराजुद्दौला को 1757 ई. में पलासी की लड़ाई में हरा दिया। इस लड़ाई के बाद ही भारत में ब्रिटिश शासन की नींव पड़ी। बंगाल और बिहार में अंग्रेजों का राजनैतिक आधिपत्य स्थापित हो गया। उस समय नवाब सिराजुद्दौला और मीरजाफर में अक्सर मतभेद रहता था। बिहार में मीरजाफर के विरुद्ध एक प्रभावशाली गुट था। परन्तु लार्ड क्लाइव की मदद से मीरजाफर ने उन सबको दबा दिया।

पलासी की लड़ाई के बाद बिहार का राजनैतिक महत्त्व बहुत बढ़ गया। पटना में मीरजाफर के खिलाफ षड्यन्त्र का दौर जारी था। अपनी अयोग्यता के कारण मीरजाफर अंग्रेजों की नज़रों में गिर चुका था। इसी बीच मीरकासिम के साथ अंग्रेजों का समझौता हो गया। 1760 ई. में मीरकासिम को बंगाल का प्रशासक बनाया गया। शुरू में तो सब कुछ ठीक-ठाक रहा, किन्तु मीरकासिम स्वच्छन्द प्रवृत्ति का प्रशासक था। उसने मुंगेर को अपनी राजधानी बनाकर राजकाज आरम्भ किया। मुंगेर में बन्दूकों के निर्माण का काम होता था। मीरकासिम ने उसको आगे बढ़ाया। उसने मुगल बादशाह, अवध के नवाब और मराठों से सहायता लेनी चाही। उसकी मुक्ति-चेतना के कारण अंग्रेज उससे बहुत रुष्ट हुए। अब उन दोनों का संघर्ष अवश्यम्भावी था।

डकरानाला की लड़ाई में हारने के बाद मीरकासिम ने मुगल बादशाह और अवध के नवाब के साथ मिलकर एक संघ बनाया; और अंग्रेजों से लड़ने की तैयारी

की। 1764 ई. में बक्सर में ब्रिटिश ईस्ट इण्डिया कम्पनी की सेना और इस त्रिगुट का मुकाबला हुआ। अंग्रेज विजयी हुए और भारत में ब्रिटिश दासता का दौर शुरू हो गया। पलासी और बक्सर की लड़ाई के बाद बिहार और बंगाल ईस्ट इण्डिया कम्पनी के कब्जे में चले गए। आधुनिक काल में बक्सर की लड़ाई के बाद पटना, गया और भोजपुर के लोगों ने ब्रिटिश साम्राज्य के विरुद्ध जैसा संघर्ष किया उसका समुचित मूल्यांकन होना अभी बाकी है।

1857 का विद्रोह

गवर्नर जनरल लॉर्ड वैलेज़ली (1798-1805 ई.) ने यह प्रस्ताव किया कि मुगल बादशाह शाह आलम (1759-1806 ई.) और उनके दिल्ली दरबार को दिल्ली के लाल किले से हटाकर मुंगेर के किले में स्थानांतरित कर दिया जाए। बूढ़ा बादशाह इस प्रस्ताव को सुनते ही क्रोध से भर गया था। स्थिति को बिगड़ता देखकर वैलेज़ली ने अपना प्रस्ताव वापस ले लिया; लेकिन दिल्ली दरबार के शुभचिंतकों के मन में तभी से खटका पड़ गया। दिल्ली के लोग उसी समय से अंग्रेजों की नीयत को लेकर आशंकित हो गए। कहते हैं कि दिल्ली में सन् 1857 के विप्लव का बीजारोपण इस अमर्यादित प्रस्ताव के कारण ही हुआ था।

1857 ई. में पटना के मुसलमानों ने ब्रिटिश सत्ता के खिलाफ विद्रोह कर दिया। दानापुर छावनी के सिपाहियों ने भी इसमें सक्रिय भागीदारी की। उधर आरा के पास जगदीशपुर के जमींदार बाबू कुँवर सिंह ने ब्रिटिश सत्ता के सामने गम्भीर चुनौती पेश की। वे भारत के प्रथम स्वाधीनता संग्राम के महानायकों में से एक थे। कुँवर सिंह का संघर्ष करीब तीन महीने तक जारी रहा। जगदीशपुर की यह घटना इतनी महत्त्वपूर्ण थी कि इसने कार्ल मार्क्स का ध्यान भी अपनी ओर खींचा। उस समय पटना और आरा विद्रोहियों के गढ़ थे। गया और तिरहुत में भी यह आन्दोलन तीव्र था। बिहार में किसानों ने भी इस विद्रोह में बढ़-चढ़ कर हिस्सा लिया था। उस समय बिहार में भागलपुर से लेकर राजमहल तक ब्रिटिश सत्ता की चूलें हिल गई थीं।

बिहार में यह आन्दोलन 12 जून, 1857 ई. को शुरू हुआ। कुँवर सिंह के अतिरिक्त ढोली, छोटानागपुर, सिंहभूम, पलामू, राँची, पटना सहित कई जगह के जमींदारों ने इस आन्दोलन का नेतृत्व किया। अंग्रेज इस आन्दोलन के कारण इतना परेशान हुए कि उन्होंने स्थानीय अधिकारियों को यह हुक्म दिया कि सरकारी नौकरियों में ब्राह्मण, बाभन (भूमिहार ब्राह्मण), राजपूत आदि जातियों के लोगों को प्रवेश न करने दें। 28 अगस्त, 1858 ई. तक बिहार में यह आन्दोलन उग्र रूप धारण किए रहा। थानों में आग लगा दी गई। डाक-व्यवस्था ध्वस्त कर दी

गई। अंग्रेज बहुत डर गए। लेकिन दमनात्मक कार्रवाइयों के बल पर अन्ततः इस आन्दोलन को दबा दिया गया।

स्वामी विवेकानन्द की मगध यात्रा

मगध की भूमि ऋषियों-मनीषियों को अपनी ओर आकर्षित करती रही है। गौतम सिद्धार्थ कपिलवस्तु छोड़कर ज्ञान के लिए मगध में भटकते रहे; और यहीं उनको बुद्धत्व की प्राप्ति हुई।

आधुनिक काल में मगध की माटी ने स्वामी विवेकानन्द को आकर्षित किया। उनके जीवन की पहली तीर्थयात्रा गया (बोधगया) की थी, जो 1886 ई. में रामकृष्ण परमहंस के लीला-संवरण के ठीक पाँच माह पहले हुई थी। बोधगया में बुद्ध की मूर्ति के दर्शन करने के बाद वे वहीं ध्यानस्थ होकर बैठे रहे। जिस वृक्ष के नीचे बुद्ध को सम्बोधि प्राप्त हुई थी, उसके बगल में एक दूसरा पेड़ उग आया था, विवेकानन्द ने उसको भी देखा। वे बोधगया में अधिक दिनों तक रुकना चाहते थे, परन्तु दिक्कत यह थी कि वहाँ भिक्षा में मिलने वाली मडुए की रोटी उनको पचती नहीं थी। अत: तीन-चार दिन बाद ही वे काशीपुर (कलकत्ता) लौट गए। बोधगया से लौटने के बाद रामकृष्ण परमहंस ने विवेकानन्द से बुद्ध और बौद्ध धर्म के बारे में समुचित जानकारी प्राप्त की थी।

विवेकानन्द के जीवन की अन्तिम तीर्थयात्रा भी गया होते हुए वाराणसी में सम्पन्न हुई थी। यह यात्रा उनके देहत्याग के पाँच माह पहले हुई थी। अपनी महासमाधि के पाँच महीने पहले 28 जनवरी, 1902 ई. को जापानी विद्वान तेनसिन ओकाकुरा, अपनी शिष्या जोसेफिस मैक्लाउड, स्वामी निर्भयानन्द और स्वामी बोधानन्द के साथ वे बाँकीपुर (पटना) होते हुए गया गए थे। उन्होंने सबसे पहले विष्णुपद मन्दिर पहुँचकर दर्शन-पूजन किया था और फिर 29 जनवरी, 1902 को बोधगया जाकर भगवान बुद्ध के प्रति भक्ति निवेदित किया था।

पटना में उच्च न्यायालय और विश्वविद्यालय

मार्च 1916 ई. में पटना में हाइकोर्ट की स्थापना हुई। डॉ. राजेन्द्र प्रसाद ने लिखा है—''सभी बिहारी वकील, जो कलकत्ता हाइकोर्ट में काम करते थे, और बहुतेरे बंगाली वकील भी--जिनको बिहार में मुकदमें मिला करते थे—-पटना चले आए। मैं भी पटना चला आया। उन दिनों पटने में मकान मिलना कठिन हो गया। भाड़े का एक मकान लेकर मैं रहने लगा।''[6]

कुछ महीने बाद पटना में विश्वविद्यालय की स्थापना के लिए दिल्ली की केन्द्रीय कौंसिल में एक बिल पेश किया गया। बिल में कुछ खामियाँ थीं। उसमें कहा

गया था कि पटना के मुख्य नगर के बाहर फुलवारीशरीफ के पास विश्वविद्यालय का निर्माण किया जाए। दिसम्बर, 1916 में कांग्रेस के लखनऊ अधिवेशन में राजेन्द्र प्रसाद ने सुरेन्द्रनाथ बनर्जी-जैसे नेताओं को विश्वास में लेकर 'पटना युनिवर्सिटी बिल' के विरुद्ध प्रस्ताव पारित कराया। उल्लेखनीय है कि कांग्रेस के राष्ट्रीय अधिवेशनों में राष्ट्रीय महत्त्व के विषयों पर ही विचार किया जाता था, जबकि 'पटना युनिवर्सिटी बिल' का सम्बन्ध एक प्रान्त विशेष से था। इस प्रकार, बिल के विरुद्ध एक राष्ट्रीय आन्दोलन-सा उठ खड़ा हुआ। आखिरकार, 1 अक्टूबर, 1917 ई. में पटना विश्वविद्यालय की स्थापना हुई।

किसान आन्दोलन

ईस्ट इण्डिया कम्पनी ने अपने शुरुआती दिनों से ही नील को अपने कारोबार का मुख्य मुद्दा मान रखा था। उस समय तक सिन्थेटिक नील का आविष्कार नहीं हुआ था। इसलिए वे भारत में नील का उत्पादन करके उसको पूरी दुनिया में भेजते थे। शुरू में बंगाल के नदिया और जैसोर क्षेत्र में नील की खेती होती थी। तभी दीनबन्धु मित्र ने 'नीलदर्पण' नामक पुस्तक में बंगाल के नील-उत्पादक किसानों की दुर्दशा का वर्णन किया। इसके कारण अंग्रेजों पर ऐसा मनोवैज्ञानिक दबाव बना कि 1860 ई. में उन्हें एक आयोग का गठन करने के लिए बाध्य होना पड़ा। इस आयोग की रिपोर्ट के आधार पर बंगाल के नदिया और जैसोर में नील की खेती बन्द कर दी गई। परन्तु शीघ्र ही यह संकट चम्पारण के किसानों के गले आ पड़ा।

उस समय बिहार बंगाल का ही एक भाग हुआ करता था। चम्पारण में तीन प्रमुख राजपरिवार थे—बेतिया राज, मधुबन राज और रामनगर राज। चम्पारण के अधिकांश भाग पर बेतिया राज की ही मिल्कियत थी। राज की आर्थिक स्थिति अच्छी नहीं थी। अत: बेतिया राज के अंग्रेज मैनेजर ने ब्रिटिश व्यापारिक कम्पनियों से 'राज' को कर्ज दिलवाया और उसके बदले में उन अंग्रेजों को नील की खेती की सुविधा मुहैय्या कराई। स्वाभाविक रूप से स्थानीय किसानों के दमन और शोषण का एक अन्तहीन क्रम आरम्भ हो गया।

लखनऊ अधिवेशन में बाबू ब्रजकिशोर प्रसाद ने 'चम्पारण मामले' का प्रस्ताव रखा। श्रीकृष्ण सिंह ने इस प्रस्ताव का समर्थन किया जबकि राजकुमार शुक्ल ने इसका अनुमोदन किया। 1915 ई. के आरम्भ में ही महात्मा गाँधी दक्षिण अफ्रीका से स्वदेश लौटे थे; और एक जननायक के रूप में राष्ट्रीय राजनीति के शिखर की ओर बढ़ रहे थे। राजकुमार शुक्ल चम्पारण के एक किसान थे, जिन्होंने गोरे

निलहों के हाथों स्वयं दुख भोगा था। वे चम्पारण के किसानों की स्थिति सुधारने और निलहे साहबों के अत्याचारों से किसानों को बचाने के लिए प्रयत्नशील थे। उनको लगा कि गाँधी से निलहों के प्रश्न पर मदद लेनी चाहिए। राजकुमार शुक्ल उनसे मिले और चम्पारण का हाल कह सुनाया। गाँधी ने कुछ दिलचस्पी दिखाई। राजकुमार चाहते थे कि महात्मा गाँधी काँग्रेस कार्यकारिणी समिति में एक प्रस्ताव लाएँ। लेकिन उन्होंने इनकार कर दिया; और कहा कि वस्तुस्थिति को स्वयं देखे-परखे बिना प्रस्ताव प्रस्तुत करना मुनासिब नहीं है। जोर देने पर उन्होंने कहा कि वे चम्पारण जाकर वहाँ की स्थिति देखने को तैयार हैं। बाद में राजकुमार शुक्ल ने महात्मा गाँधी को निमन्त्रण दिया; और उसे स्वीकार करके 15 अप्रैल, 1917 को वे चम्पारण गए।

चम्पारण संघर्ष के कुछ समय बाद 1936 से 1938 के बीच गया, बड़हिया, रेवड़ा और मँझियावाँ में बकाश्त की जमीन को लेकर किसानों के संघर्ष का एक दौर चला। 1936 ई. में बड़हिया टाल के कई गाँवों में विद्रोह का दावानल भड़क उठा। बाद में बेगूसराय, पटना, गया और मुंगेर के कई गाँवों में किसान-आन्दोलन की आग जलने लगी। वंचितों का मनोबल कुछ ऐसा बढ़ा कि मँझियावाँ में लाठी-पैना लिए महिलाओं ने टेकारी महाराज के लठैतों को खेतों से खदेड़ दिया। बिहार के मगध सहित अन्य क्षेत्रों में किसानों के स्वत:स्फूर्त आन्दोलन के कुछ समय बाद ही स्वामी सहजानन्द सरस्वती और उनके सहयोगियों ने किसान आन्दोलन का एक सांगठनिक ढाँचा खड़ा किया।

1917 में 'लॉर्ड साउथ बैरो कमीशन' भारत आया। कमीशन की कार्यवाहियों में केवल जमींदारों को ही शामिल किए जाने की बात कही जा रही थी। मुजफ्फरपुर के अरिक्षण सिंह ने इसका विरोध किया। उन्होंने रायबहादुर द्वारकानाथ के सहयोग से मुजफ्फरपुर में किसानों की एक सभा बुलाकर आनन-फानन में 'बिहार प्रान्तीय किसान सभा' का गठन किया। फिर उन्होंने बिहार के प्रान्तीय गवर्नर सर एडवर्ड गेट को एक पत्र लिखकर किसानों के प्रतिनिधित्व की माँग की। तत्कालीन दरभंगा महाराज सर रामेश्वर सिंह और नील उत्पादकों ने इस माँग का विरोध किया। किन्तु एडवर्ड गेट ने उनके विरोध को दरकिनार करते हुए दोनों पक्षों को तीन-तीन प्रतिनिधि भेजने का आदेश दिया। 1917 ई. में बैरो कमीशन का पहला दौरा पटना में हुआ। कमीशन में जमींदारों की ओर से सर गणेशदत्त सिंह, महाराजा गिद्धौर एवं आदित्य नारायण सिंह (दरभंगा) और किसानों की ओर से अरिक्षण सिंह, जानकी प्रसाद सिंह और माधवलाल सम्मिलित हुए। इसको किसान सभा की पहली आधिकारिक स्वीकृति माना जा सकता है।

द्वैध शासन प्रणाली

भारत में जुलाई 1918 ई. में मांटेग्यू-चेम्सफोर्ड सुधारों की घोषणा की गई। मांटेग्यू-चेम्सफोर्ड रिपोर्ट के क्रम में भारत सरकार अधिनियम, 1919 बनाया गया। इसके आधार पर प्रान्तों में द्वैध शासन प्रणाली की योजना लागू की गई। इसमें सीमित उत्तरदायित्व के आधार पर प्रान्तीय व्यवस्था में भारतीयों को भागीदार बनाने का प्रावधान किया गया था। इस प्रणाली के अन्तर्गत सरकारी प्रशासनिक विभागों की दो श्रेणियाँ बनाई गई थीं। इसमें महत्त्वपूर्ण विभागों को 'आरक्षित' कहकर गवर्नर के अधीन रखा गया था, जबकि कम महत्त्ववाले 'स्थानान्तरित' विभागों को ब्रिटिश या भारतीय काउंसलों को दिया जाना था। शिक्षा, स्वास्थ्य, स्थानीय-स्वशासन, वन, कृषि आदि कम बजटवाले विभागों को 'स्थानान्तरित' श्रेणी में रखा गया था, जबकि पुलिस, न्याय, वित्त, भू-राजस्व, सिंचाई जैसे विभाग आरक्षित श्रेणी में रखे गए थे। स्वाभाविक रूप से काँग्रेस ने निराशाजनक और असन्तोषप्रद कहकर इस योजना को ठुकरा दिया; और उसने प्रभावकारी स्वराज्य की माँग की।

इसी समय ब्रिटिश सरकार ने राष्ट्रवादियों के दमन के लिए मार्च 1919 में सेंट्रल लेजिस्लेटिव कौंसिल में रॉलेट ऐक्ट पास करा दिया। इस अधिनियम को 'न अपील, न वकील और न दलील' के जुमले के माध्यम से समझा जा सकता है। इस ऐक्ट से सरकार को किसी भी भारतीय को बिना मुकदमा चलाए और बिना दोष-सिद्ध किए गिरफ्तार करने की छूट मिल गई।

दमनकारी रॉलेट एक्ट का देशव्यापी विरोध हुआ। इसी के विरोध में 13 अप्रैल, 1919 को अमृतसर के जलियाँवाला बाग में एक सभा हो रही थी, जहाँ निहत्थे लोगों की नृशंस हत्या की गई। परन्तु विरोध की धारा थमी नहीं। श्रीकृष्ण सिंह ने मुंगेर, बेगूसराय और जमालपुर में सभाएँ करके रॉलेट ऐक्ट के विरुद्ध व्यापक जनजागरण किया।

गया काँग्रेस (1922 ई.)

1920 में कलकत्ता काँग्रेस में कौंसिल-बहिष्कार सम्बन्धी प्रस्ताव पारित किया गया। परन्तु सत्याग्रह जाँच कमिटी का काम आगे बढ़ने के साथ ही मतभेद स्पष्ट हो गए। एक पक्ष महात्मा गाँधी के बताए हुए रचनात्मक कार्यों पर बल देकर देश को सत्याग्रह के लिए तैयार करना चाहता था। जबकि दूसरा पक्ष यह देखकर कि देशवासी अभी सत्याग्रह के लिए तैयार नहीं हैं इसलिए कलकत्ता काँग्रेस में पारित उक्त प्रस्ताव को वापस लेकर कौंसिलों में प्रवेश करने का पक्षधर था। देशबन्धु चित्तरंजन दास, हकीम अजमल खाँ और मोतीलाल नेहरू दूसरे पक्ष में थे। जबकि

चक्रवर्ती राजगोपालाचारी, राजेन्द्र प्रसाद, वल्लभभाई पटेल, जमनालाल बजाज आदि नेता गाँधी के मत के पक्षधर थे। कलकत्ता कांग्रेस में मामला तय नहीं हो पाने के कारण कौंसिल प्रवेश के मुद्दे को गया काँग्रेस के लिए छोड़ दिया गया। स्वाभाविक रूप से दोनों पक्षों के लोग अपने-अपने मत के पोषकों को ही प्रतिनिधि चुनकर भेजने का प्रयास कर रहे थे। गया काँग्रेस का मुख्य मुद्दा कौंसिल में प्रवेश से जुड़ा था।

संयोगवश गया काँग्रेस (1922 ई.) के सभापति देशबन्धु चित्तरंजन दास थे। ब्रजकिशोर प्रसाद स्वागताध्यक्ष थे। आचार्य बदरीनाथ वर्मा स्वयंसेवक दल के प्रधान थे और प्रबन्ध का कार्यभार मुख्य रूप से अनुग्रह नारायण सिंह को दिया गया था। सभापति के रूप में देशबन्धु का भाषण बहुत ओजस्वी था। उन्होंने कौंसिल-प्रवेश पर बल दिया। इस पर कई दिनों तक बहस होती रही। श्रीनिवास अयंगर ने कौंसिल-प्रवेश के समर्थकों और विरोधियों के बीच समझौते के लिए एक संशोधन प्रस्तुत किया, लेकिन उसको स्वीकार नहीं किया गया। अन्ततः काँगेस कार्यसमिति ने कौंसिल-प्रवेश सम्बन्धी इस प्रस्ताव को अस्वीकार कर दिया। इस बात से क्षुब्ध होकर चित्तरंजन दास और मोतीलाल नेहरू ने स्वराज पार्टी का गठन करके कौंसिल-प्रवेश सम्बन्धी कार्यक्रम को आगे बढ़ाया।

काँग्रेस के गया अधिवेशन में "एक बड़े महत्त्व का दूसरा प्रस्ताव यह पास हुआ कि उस दिन के बाद ब्रिटिश गवर्नमेंट, स्वयं अथवा भारतीय व्यवस्थापिका सभा की मंजूरी से, जो कुछ कर्ज लेगी उसका देनदार स्वतन्त्र भारत नहीं होगा; क्योंकि ब्रिटिश सरकार मनमाना खर्च करके भारत के नाम पर कर्ज लेती है और व्यवस्थापिका सभाएँ भारत का प्रतिनिधित्व नहीं करतीं। इस प्रस्ताव में उस तिथि के पूर्व के कर्जों को स्वीकार कर लिया गया था। इस प्रस्ताव के सम्बन्ध में भी मतभेद था; पर यह भी बहुमत से पास हुआ था। यह विषय नया था और प्रस्ताव रखे जाने के पहले इस पर देश में कोई चर्चा नहीं हुई थी।"[7]

सर गणेशदत्त सिंह : ऐसो को उदार जग मांहीं

गणेशदत्त सिंह 1921 ई. में बिहार-उड़ीसा की प्रान्तीय कौंसिल के लिए निर्वाचित हुए; और द्वैध शासन प्रणाली के अन्तर्गत 1923 ई. में उनको बिहार-उड़ीसा प्रान्त के 'स्थानीय स्वशासन' विभाग (लोकल सेल्फ-गवर्नमेंट डिपार्टमेंट) का मन्त्री बनाया गया। 1923 से 1937 ई. तक वे बिहार-उड़ीसा के स्थानीय स्वशासन विभाग के मन्त्री रहे। भारत के सम्पूर्ण ब्रिटिश शासन के दौरान किसी भी भारतीय को इतनी लम्बी अवधि (14 वर्षों) तक मन्त्रिपद पर आसीन रहने का

अवसर नहीं मिला। स्वाभाविक रूप से 1920 से 1937 तक वे बिहार के राजनैतिक क्षितिज पर छाए रहे।

प्रान्तीय कौंसिल के चुनाव में काँग्रेस ने सर गणेशदत्त सिंह का विरोध किया था। काँग्रेस के विरोध के दृष्टिगत वे चार जगहों से उम्मीदवार थे। डॉ. राजेन्द्र प्रसाद ने लिखा है—"बेगूसराय के इलाके से भी सर गणेशदत्त उम्मीदवार थे। वहाँ भूमिहार ब्राह्मणों की, जिस जाति के सर गणेशदत्त भी हैं, बहुत अच्छी आबादी है। वह उसी उम्मीद पर वहाँ से खड़े हुए थे। किन्तु काँग्रेसी उम्मीदवार भी भूमिहार ब्राह्मण ही थे। फिर भी सर गणेशदत्त की ख्याति अपनी जाति में कई कारणों से बहुत थी। मैं चुनाव के सिलसिले में वहाँ गया। एक बड़ी सभा हुई। उसमें सर गणेशदत्त के मददगार भी आए। उन्होंने मुझसे प्रश्न किया, सर गणेशदत्त के विरोध में काँग्रेस क्यों उम्मीदवार खड़ा कर रही है? उन्होंने सर गणेशदत्त की सभी बातें कहीं, जिनमें मुख्य यह थी कि वह जब से मन्त्री बने हैं तब से उन्होंने अपने वेतन का थोड़ा ही अंश अपने खर्चे के लिए लिया है, अधिकांश रुपए परोपकार के लिए दान कर दिए हैं। बात सच थी। उन्होंने कई लाख रुपयों का ट्रस्ट कायम करके एक बहुत अच्छा आदर्श पेश किया था, जिसके लिए हम सब उनके बड़े प्रेमी और प्रशंसक थे। पर यह सब होते हुए भी वह काँग्रेस के कार्यक्रम से सहमत नहीं थे और केवल इसी कारण से उनका विरोध करना पड़ा था। मैंने सभा में यही कहा कि काँग्रेस देश-भर की संस्था है, यदि सर गणेशदत्त उनके नियन्त्रण में काम करना स्वीकार कर लें तो काँग्रेसी उम्मीदवार हटा लिए जाएँगे ...।"[8] सर गणेशदत्त स्वाभिमानी थे। वे किसी भी स्थिति में झुकने को तैयार न थे। अत: बेगूसराय की सीट छोड़कर उन्होंने अपनी लोकप्रियता के बल पर गया सीट से निर्विरोध चुने जाने का प्रबन्ध कर लिया।

सर गणेशदत्त सिंह (1868-1943 ई.) मगध की गौरवशाली परम्परा के श्रेष्ठ प्रतिनिधियों में से एक रहे हैं। वे एक महान प्रशासक और शिक्षाविद् थे। 19वीं सदी के अन्त में ही उन्होंने समझ लिया था कि विकास का रास्ता शिक्षा से होकर गुजरता है। उनको 'बिहार में उच्च शिक्षा का जनक' कहा गया है। नालन्दा, विक्रमशिला, उदन्तपुरी जैसे प्राचीन विद्याकेन्द्रों के ध्वंस के बाद आधुनिक बिहार में शिक्षाकेन्द्रों की पुनर्स्थापना के लिए सर गणेशदत्त सिंह द्वारा किया गया प्रयास सबसे उल्लेखनीय है। पराधीन भारत में बिहार और उड़ीसा में शिक्षा और स्वास्थ्य सम्बन्धी सेवाओं के विकास के लिए भी उन्होंने बहुत ही सार्थक प्रयास किए। उनके समस्त राजनैतिक एवं सामाजिक कार्यकलापों को द्वैध-शासन प्रणाली के कालखण्ड में देखा-समझा जा सकता है।

गणेशदत्त सिंह का जन्म 13 जनवरी, 1868 ई. को नालन्दा जिले के छतियाना गाँव के एक भूमिहार ब्राह्मण परिवार में हुआ था। सामाजिक क्षेत्र में उनके महत्त्वपूर्ण योगदान के दृष्टिगत ब्रिटिश शासन द्वारा 5 जून, 1928 को उन्हें 'सर' की उपाधि प्रदान की गई। आगे चलकर 1933 ई. में पटना विश्वविद्यालय द्वारा इनको डॉक्टरेट की मानद उपाधि प्रदान की गई।

सर गणेशदत्त सिंह बहुत ही दानशील व्यक्ति थे। बीसवीं सदी के तीसरे दशक में पटना विश्वविद्यालय को उन्होंने लगभग छह लाख रुपए दान में दिए थे। अपने देहान्त के पूर्व उन्होंने अपना निजी मकान 'कृष्ण कुंज' भी पटना विश्वविद्यालय को दान कर दिया था। कृष्ण कुंज भवन में ही पटना विश्वविद्यालय का मनोविज्ञान संकाय स्थित है।

14 अप्रैल, 1933 ई. को उन्होंने 'सर गणेशदत्त न्यास कोष' का गठन किया। इसके लिए लगातार 14 वर्षों तक उन्होंने अपने वेतन का तीन-चौथाई भाग एकत्र किया था। 1923 से 1937 ई. तक बिहार-उड़ीसा का मन्त्री रहने के दौरान उनका मासिक वेतन 4000 रुपए था। इसमें से 3000 रु. प्रतिमाह उन्होंने न्यास के लिए जमा किए थे। इस न्यास (ट्रस्ट) के गठन का मुख्य उद्‌देश्य पटना विश्वविद्यालय में पढ़नेवाले वैसे छात्र-छात्राओं की मदद करना था, जो धनाभाव के कारण विज्ञान, प्रौद्योगिकी एवं उद्योग विषयक उच्चतर शिक्षा ग्रहण करने में असमर्थ थे। इस ट्रस्ट के माध्यम से उन्होंने शिक्षण-संस्थाओं की स्थापना करने के साथ ही गरीबों, असहायों और विधवाओं की यथेष्ट आर्थिक सहायता की। उन्होंने अपने निजी धन से विधवा आश्रम और अनाथालयों की स्थापना की। पटना विश्वविद्यालय की एम.बी.बी.एस. की परीक्षा में प्रथम स्थान पानेवाले डॉक्टर-छात्र को 'व्हीलर गोल्ड मेडल' दिए जाने के लिए उन्होंने धन की व्यवस्था की। पटना मेडिकल कॉलेज में शल्य चिकित्सा में प्रथम स्थान प्राप्त करनेवाले छात्र को 'स्टिफेंसन गोल्ड मेडल' दिए जाने के लिए भी उन्होंने धन की व्यवस्था की थी।

सार्वजनिक धन से भी उन्होंने कई संस्थानों की स्थापना की। रेडियम इंस्टिट्यूट, राँची की स्थापना 1922 में की गई। 1928 में इसको पटना स्थानान्तरित कर दिया गया। 1 अगस्त, 1925 को दरभंगा मेडिकल स्कूल की स्थापना की गई, जिसे अब दरभंगा मेडिकल कॉलेज कहा जाता है। 1 सितम्बर, 1925 को भारतीय मानसिक रोग अस्पताल, काँके (राँची) की स्थापना की गई। अगस्त, 1926 में आयुर्वेदिक स्कूल, पटना की स्थापना की गई, जिसे अब राजकीय आयुर्वेदिक कॉलेज, पटना कहा जाता है। 1926 में तिब्बी स्कूल, पटना की स्थापना की गई, जिसे अब राजकीय तिब्बी कॉलेज कहा जाता है। 2 अप्रैल, 1927 को वेटेरिनरी कॉलेज,

पटना की स्थापना की गई। सर गणेशदत्त सिंह द्वारा निजी एवं सार्वजनिक धन से स्थापित शैक्षिक एवं लोककल्याणकारी संस्थाओं की फेहरिश्त इतनी लम्बी है कि गिनते-गिनते उँगलियाँ थक जाएँ।

बिहार-केसरी डॉ. श्रीकृष्ण सिंह

भारत सरकार अधिनियम 1935 के अधीन प्रान्तीय स्वायत्त शासनाधिकार प्राप्त होने के बाद 1937 ई. में बिहार प्रान्त में चुनाव हुए, जिसमें काँग्रेस पार्टी को बहुमत मिला। नए विधान के अनुसार 1 अप्रैल, 1937 से मन्त्रिमण्डल का गठन होना था। बिहार में नेता के चयन के लिए पार्टी और प्रान्तीय कमिटी की बैठक एक ही दिन हुई। डॉ. राजेन्द्र प्रसाद पार्टी की ओर से पर्यवेक्षक थे। तय हुआ कि राजेन्द्र बाबू हर जिले के प्रमुख लोगों से अलग-अलग बात कर लें; और लोगों की राय के आधार पर अन्तिम निर्णय ले लें ताकि उस सभा में मतदान की नौबत नहीं आए।

डॉ. राजेन्द्र प्रसाद के शब्दों में—"मैंने सब बातों पर विचार कर अपनी राय निर्धारित कर ली थी कि श्री श्रीकृष्ण सिंह ही पार्टी के नेता बनाए जाएँ। यह निश्चय करने में मुझे इस बात से काफी मदद मिली थी कि दूसरे व्यक्ति श्री अनुग्रह नारायण सिंह भी--जिनके सम्बन्ध में कुछ लोग बातें कर रहे थे---मुझे निजी तौर पर कह चुके थे कि वह इस पद को नहीं चाहते; और जो लोग उनके बारे में औरों से कह रहे हैं वे उनकी इच्छा के अनुसार काम नहीं कर रहे हैं। ... इन दोनों में भी बाबू श्रीकृष्ण सिंह अपनी वक्तृत्व-शक्ति के द्वारा अपने को अधिक लोकप्रिय बना सके हैं। त्याग की मात्रा और निर्भीकता में भी वह लासानी हैं। ... इन्हीं कारणों से मेरा विचार श्रीकृष्ण बाबू के पक्ष में था।"[9] श्रीकृष्ण सिंह और अनुग्रह नारायण सिंह--दोनों ही बिहार के शिखर-व्यक्तित्व थे। श्रीकृष्ण सिंह 'बिहार-केसरी' थे, तो अनुग्रह नारायण सिंह 'बिहार-विभूति' थे; और संयोगवश बिहार के ये दोनों जननेता मगध की माटी में ही पैदा हुए थे।

डॉ. श्रीकृष्ण सिंह (1887-1961 ई.) को कांग्रेस विधान दल का नेता चुना गया। लोग उनको सश्रद्धा 'श्रीबाबू' कहकर सम्बोधित करते थे। दल का नेता चुने जाने के फलस्वरूप एक नाटकीय घटनाक्रम के बाद तत्कालीन अंग्रेज गवर्नर द्वारा उनको मन्त्रिमण्डल के गठन के लिए आमन्त्रित किया गया। जुलाई 1937 में डॉ. श्रीकृष्ण सिंह बिहार के प्रथम काँग्रेस सरकार के प्रीमियर (प्रधानमन्त्री) बने।[10] बिहार के पहले मन्त्रिमण्डल में प्रधानमन्त्री श्रीकृष्ण सिंह के अलावा तीन मन्त्री बनाए गए--अनुग्रह नारायण सिंह, डॉ. सैय्यद महमूद और जगलाल चौधरी। इनके साथ ही आठ संसदीय सचिव नियुक्त किए गए--कृष्णवल्लभ सहाय, विनोदानन्द

झा, जगजीवन राम, शारंगधर सिंह, जिमूतवाहन सेन, शिवनन्दन मण्डल और सदीदुल हक। रामदयालु सिंह प्रान्तीय विधानसभा के स्पीकर नियुक्त किए गए, जबकि डॉ. अब्दुल बारी को डिप्टी-स्पीकर बनाया गया। (इसके पहले भी प्रान्तों में चार ही मन्त्री हुआ करते थे। उनमें से दो गवर्नर के एग्जिक्यूटिव कौंसिल-मेम्बर हुआ करते थे और दो मिनिस्टर।)

मन्त्रिमण्डल के गठन के पहले गवर्नर की कौंसिल में जमींदारों द्वारा एक बिल प्रस्तुत करके लगान-कानून में संशोधन का प्रस्ताव किया गया। स्वामी सहजानन्द सरस्वती ने किसान सभा का संगठन करके इस बिल का विरोध किया। इसलिए किसानों के हित में उसमें कुछ संशोधन भी हुए। परन्तु मामला पूरी तरह सुलझ नहीं पाया। उस समय (1930-1934 में) कौंसिल में कांग्रेस का कोई प्रतिनिधि नहीं था। इसलिए वह उस समय तो कुछ कर पाने की स्थिति में नहीं थी। बहरहाल, अपने घोषणा-पत्र में काँग्रेस ने किसानों की दशा सुधारने पर बल दिया। लेकिन किसानों और जमींदारों का समझौता एक जटिल काम था।

बिहार के पटना, गया और आंशिक रूप से मुंगेर (यानी मगध क्षेत्र) में 'भावली बटाई' की प्रथा प्रचलित थी। इसमें उत्पादित खाद्यान्न के आधे भाग के रूप में नकद लगान वसूल किया जाता था। इसमें आधी पैदावार जमींदार को और आधी किसान को मिलती थी। बँटवारे के दो तरीके थे—

क) खेत में पैदा हुए अनाज को खलिहान में जमींदार के प्रतिनिधियों के सामने ही दौनी-ओसौनी करके तैयार कर लिया जाता था। फिर उसको वहीं तौल करके आधा-आधा बाँट लिया जाता था। इसको **भावली बटाई** कहा जाता था।

ख) जब फसल पककर तैयार हो जाती थी, तब जमींदार का गुमाश्ता खेत के एक टुकड़े की फसल स्वयं काटकर देख लेता था कि कितनी उपज हुई है; और उसी के आधार पर कुल उपज का अनुमान कर लिया जाता था। तदनुसार अनुमानित कुल उपज का आधा हिस्सा जमींदार का होता था, जिसको समय आने पर किसान से वसूल लिया जाता था। इसको **दानाबन्दी बटाई** कहा जाता था।

दानाबन्दी बटाई में मनमानी की जाती थी, जिससे किसानों को कष्ट होता था। जमींदारों के कारिन्दे एक तो पैदावार का मनमाना दानाबन्दी करते थे, दूसरे दानाबन्दी करने में देर करते थे; और दानाबन्दी की प्रतीक्षा करके ऊबे हुए किसान यदि दानाबन्दी के बिना गल्ले को अपने खलियान या घर लेकर चले गए, तो उनके कारिन्दे किसानों पर दबाव डालकर उनसे मनमाना गल्ला वसूल करते थे। कानून में एक धारा थी जिसके अन्तर्गत जमींदार और रैयत को अधिकार दिया गया था कि यदि वे भावली बटाई न चाहें तो भावली को नकदी करवा सकते हैं।

प्रथम विश्वयुद्ध (1914-1918 ई.) के बाद मँहगाई का दौर शुरू हुआ; और गल्ले की कीमतें बहुत बढ़ गईं। तब किसानों को गल्ले का आधा हिस्सा जमींदार को देना भारी महसूस हुआ। इसलिए अनेक किसानों ने नकदी लगान मुकर्रर करा लिया। परन्तु 1929-30 में अनाज की कीमतों में ठहराव आ गया। ऐसे में नकद लगान नुकसानदेह साबित होने लगा। अब उपज की कम कीमत के कारण लगान का नकद भुगतान घाटे का सौदा साबित हुआ। इस परिस्थिति में किसानों ने लगान कर दरें घटाने की माँग की। लगान कानून में संशोधन की माँग का मुख्य आधार यही सब था।

1937 ई. के बाद, एक अन्तराल को छोड़कर, श्रीकृष्ण सिंह जीवनपर्यन्त बिहार मन्त्रिमण्डल के मुखिया रहे। अचानक एक नई स्थिति पैदा हुई। काँग्रेस ने अपने चुनाव घोषणा-पत्र में राजबन्दियों को मुक्त कराने का वायदा किया था। इसी बीच अंग्रेजी-राज में कालापानी की सजा पाकर अण्डमान के सेल्युलर जेल में बन्द स्वतन्त्रता-संग्राम सेनानियों ने 1939 ई. में अनशन शुरू कर दिया। भारी जद्दोजहद के बाद ब्रिटिश सरकार इस बात पर सहमत हुई कि राजबन्दियों को अण्डमान द्वीप से हटाकर उनके अपने-अपने प्रान्त के बन्दीगृहों में भेज दिया जाए। प्रान्तों में आने के बाद वे सभी बन्दी प्रान्तीय सरकार के अधीन हो गए। श्रीबाबू उन बन्दियों को मुक्त कराना चाहते थे, लेकिन अंग्रेज गवर्नर उन बन्दियों की मुक्ति के लिए सहमत नहीं थे। मुक्ति के प्रश्न पर बिहार के प्रीमियर और अंग्रेज गवर्नर में वैचारिक टकराव हो गया। स्थिति का जायजा लेने मौलाना अबुल कलाम आजाद पटना आए। पटना से लौटकर उन्होंने वल्लभभाई पटेल और महात्मा गाँधी से भेंट की। अन्ततः राय यह बनी कि यदि गवर्नर सहमत न हों तो मन्त्रियों को त्यागपत्र दे देना चाहिए। श्रीबाबू अपनी बात पर अड़े हुए थे और गवर्नर अपनी बात पर। क्षुब्ध होकर नवम्बर 1939 ई. में श्रीकृष्ण सिंह के नेतृत्ववाले मन्त्रिमण्डल ने त्यागपत्र दे दिया। तभी संयुक्त प्रान्त के मन्त्रियों ने भी त्यागपत्र दे दिया। यद्यपि गवर्नर ने त्यागपत्र को स्वीकार नहीं किया, तथापि त्यागपत्र देकर श्रीकृष्ण सिंह काँग्रेस कार्य-समिति की बैठक में भाग लेने के लिए वर्धा (महाराष्ट्र) चले गए। वहाँ उनको देखते ही महात्मा गाँधी ने भावविह्वल होकर गले से लगा लिया। श्रीबाबू के सात्विक हठ के आगे अंग्रेज सरकार को अन्ततः झुकना पड़ा और काँग्रेस-शासित सभी प्रान्तों में राजबन्दियों को मुक्त करने का निर्णय लेना पड़ा।

डॉ. राजेन्द्र प्रसाद के शब्दों में "जब 1939 के नवंबर में काँग्रेसी मन्त्रिमण्डल ने इस्तीफा दे दिया तो बिहार में लगान घटाकर खतियान (रिकाड्र्स ऑफ राइट) दुरुस्त करने का काम प्रायः पूरा हो चुका था और नया 'कर' भी जमींदारों पर लग

चुका था। ऐसा और किसी सूबे में नहीं हो पाया।''[11] दरअसल, भू-राजस्व सम्बन्धी सुधारों के मामले में श्रीकृष्ण सिंह बहुत ही अग्रगामी सोचवाले राजनेता थे।

ब्रिटिश साम्राज्यवाद का विरोध करते हुए उन्होंने छह बार जेल-यात्राएँ की और कुल मिलाकर लगभग आठ साल जेलों में बिताए। अनुग्रह नारायण सिंह ने लिखा है कि '1921 के बाद बिहार का इतिहास श्रीबाबू के जीवन का इतिहास है।' यह कोई अतिश्योक्ति नहीं है क्योंकि 1921 से लेकर 1961 ई. में अपने देहावसान तक वे बिहार की शासन-सत्ता की धुरी बने रहे। उनके निधन पर शोक व्यक्त करते हुए डॉ. राजेन्द्र प्रसाद ने कहा था कि ''पिछले 40 वर्षों तक श्रीबाबू बिहार के सबसे महत्त्वपूर्ण व्यक्ति रहे।''[12] वे प्रखर राष्ट्रवादी, विद्यानुरागी, दक्ष प्रशासक और जननेता थे। रामधारीसिंह दिनकर ने लिखा है कि ''जब बादशाह पंचम जार्ज पटना पधारे थे तब उनकी सवारी एक दिन गंगा की सैर को भी निकली। तमाशा देखने को छात्रगण भी गंगातट पर खड़े हो गए। लेकिन श्रीबाबू मिंटो छात्रावास के कमरे से बाहर नहीं निकले, बल्कि उन्होंने कमरे की खिड़कियाँ भी इस भय से बन्द कर लीं कि कहीं मेरी दृष्टि उसके जुलूस पर न पड़ जाए, जो हमारे देश को गुलाम बनाए हुए है।''[13]

15 जनवरी, 1934 ई. को बिहार में भयंकर भूकम्प आया। इस विनाशकारी भूकम्प में 20,000 से अधिक लोग मारे गए। मकान-दुकान, रेल की पटरियाँ और सड़कें--सभी ध्वस्त हो गईं। मुंगेर में सर्वाधिक नुकसान हुआ था। संयोगवश भूकम्प आने के कुछ घण्टे पहले ही राजेन्द्र प्रसाद की जेल से रिहाई का आदेश हुआ था। उन्हीं के नेतृत्व में 'बिहार सेंट्रल रिलीफ कमिटी' नामक एक संस्था बनाई गई। राजेन्द्र प्रसाद, श्रीकृष्ण सिंह, अनुग्रह नारायण सिंह, जयप्रकाश नारायण आदि नेताओं के नेतृत्व में लोगों ने भूकम्प-पीड़ितों की अहर्निश सेवा की। बंगाल से सतीशचन्द्र दासगुप्त 'संकट त्राण समिति' की ओर से धन और राहत-सामग्री लेकर बिहार आए। देश के अन्य प्रान्तों से भी राहत-साम्रग्रियाँ आने लगीं। उस समय महात्मा गाँधी, जमनालाल बजाज और जवाहरलाल नेहरू भी पीड़ितों की मदद के लिए बिहार आए थे। ब्रिटिश सरकार ने उस परिस्थिति को देखते हुए तमाम बन्दियों को रिहा कर दिया। ब्रिटिश सरकार ने भूकम्प राहत-कार्य के दौरान सिविल सर्विस के एक योग्य अफसर मि. ब्रेट को रिलीफ कमिश्नर बनाया था।

1942 का जनविद्रोह और मगध

8 अगस्त, 1942 को अखिल भारतीय काँग्रेस कमेटी के अधिवेशन में '**भारत छोड़ो' प्रस्ताव के द्वारा अहिंसक** और व्यापक जन-संघर्ष का आह्वान किया गया।

'अगस्त क्रान्ति' की शुरुआत के महज एक सप्ताह पहले मुजफ्फरपुर में एक विशाल जनसमूह को सम्बोधित करते हुए डॉ. श्रीकृष्ण सिंह ने कहा था कि "जिस महाक्रान्ति की आराधना इतने वर्षों से कर रहे हो, उसका आगमन समीप है। समय आ गया है कि जिसके हृदय में देशसेवा का अरमान हो, वह पूरा कर ले। पीछे पछताने से कुछ हाथ नहीं लगेगा।" 'बिहार केसरी' के सिंहगर्जन से पूरे बिहार में 'अगस्त क्रान्ति' की भूमिका तैयार हो गई थी।

द्वितीय विश्व-युद्ध के दौरान पराधीन भारत में आवश्यक वस्तुओं की कीमतें आसमान छू रही थी। "पूर्वी संयुक्त प्रान्त में अप्रैल और अगस्त 1942 के बीच खाद्यान्नों में 60 अंकों की वृद्धि हुई थी और विशेष रूप से चावल और नमक की कमी हो गई थी (बर्मा से चावल का आयात रुक गया था)। अंग्रेज स्वदेश में कठोर समतामूलक खाद्य-वितरण की अत्यन्त सक्षम युद्धकालीन अर्थव्यवस्था चला रहे थे, परन्तु अपने उपनिवेशों में फैली हुई कालाबाजारी और भोज्य-सामग्री की अन्धाधुन्ध मुनाफाखोरी को रोकने के लिए कोई विशेष प्रयास नहीं कर रहे थे, जिसका सीधा परिणाम बंगाल का भयंकर अकाल था। खाद्यान्नों की कीमतों के बढ़ने के साथ ही उनकी कमी और देश में मित्र-देशों की सेनाओं के विशाल जमाव को देखते हुए आम जनता की यह आशंका निर्मूल नहीं थी कि देश के खाद्यान्न-भण्डार को सेना चट कर रही थी।"[14]

ऐसे आर्थिक एवं राजनैतिक वातावरण में 9 अगस्त, 1942 की सुबह काँग्रेस के तमाम राष्ट्रीय नेताओं को गिरफ्तार कर लिया गया। इस खबर ने जनाक्रोश की एक राष्ट्रव्यापी लहर पैदा कर दी। प्रथम-पंक्ति के नेताओं की गिरफ्तारी के बाद आन्दोलन की कमान युवा और संघर्षशील लोगों के हाथों में आ गई।

भारत में 1942 का जनान्दोलन स्वतःस्फूर्त था। इस जन आन्दोलन के कई केन्द्र थे, जो बिहार से लेकर पूर्वी संयुक्त प्रान्त, मिदनापुर (बंगाल), उड़ीसा और महाराष्ट्र-कर्नाटक तक फैले हुए थे। बिहार में यह जनान्दोलन तीव्र और व्यापक था। दरअसल, 1930 के दशक से ही बिहार के मगध और भोजपुर क्षेत्र में 'किसान सभा' का मजबूत आधार था। 'किसान सभा' के अधिकतर कार्यकर्ता कम्युनिस्टों एवं स्वामी सहजानन्द सरस्वती के नए युद्ध-समर्थक रवैये के बावजूद समाजवादियों के पक्ष में हो गए थे। कुछ समय के लिए बिहार के सभी जिलों से गया और राजधानी पटना का सम्पर्क टूट गया था। लगभग अस्सी प्रतिशत थानों पर आन्दोलनकारियों का कब्जा हो गया; और उत्तरी एवं मध्य बिहार के दस जिलों में थानों को अस्थायी रूप से खाली कराना पड़ा। इस आन्दोलन के दौरान बिहार के 1761 आन्दोलनकारियों को अपने प्राणों की आहुति देनी पड़ी थी।

विद्रोह की यह लहर भोजपुरी-भाषी पश्चिमी बिहार होते हुए संयुक्त प्रान्त के वाराणसी कमिश्नरी में फैल गई। चित्तू पाण्डे के नेतृत्व में बलिया में दस पुलिस थानों पर कब्जा कर लिया गया। बलिया के साथ ही गाजीपुर में भी कुछ समय के लिए राष्ट्रीय सरकारों की स्थापना कर दी गई। बंगाल के मिदनापुर और उससे सटे उड़ीसा के बालासोर जिले में भी आन्दोलन की चिंगारी भड़क गई। महाराष्ट्र के सतारा, खानदेश और गुजरात के भड़ौच तक किसान-विद्रोह की आग फैल गई।

भूतपूर्व विदेशमन्त्री श्यामनन्दन मिश्र ने लिखा है—"मुझे वह दिन याद है जब फिटन पर खड़े होकर पटना कॉलेज और साइंस कॉलेज के बीच उन्होंने (डॉ. श्रीकृष्ण सिंह ने) यह सन्देश दिया था और विद्यार्थियों के बड़े-बड़े जत्थे विदेशी हुकूमत के दमन का मुकाबला करने के लिए क्रान्ति की मशाल लेकर चारों तरफ निकल पड़े थे और चाहे जितनी भी शहादत देनी पड़ी हो, पटना के विद्यार्थियों तथा नौजवानों ने सचिवालय-शिखर पर तिरंगा झण्डा फहराकर ही दम लिया था। मैं भी उस जत्थे में शरीक था जो सचिवालय की तरफ बढ़ रहा था, लेकिन हम लोग गाँधी मैदान में उस जगह के करीब गिरफ्तार कर लिए गए, जहाँ आज श्रीकृष्ण स्मारक भवन सीना तानकर खड़ा है; और उनके प्रेरणापूर्ण जीवन और सन्देशों की याद दिला रहा है। और यहीं उसके सामने गाँधी मैदान है जहाँ 1941 के व्यक्तिगत सत्याग्रह में बिहार के प्रथम सत्याग्रही के रूप में श्रीबाबू गिरफ्तार हुए थे; और विद्यार्थियों-नौजवानों के जोश के कारण आत्मनियन्त्रण और पूर्ण अनुशासन की लक्ष्मण-रेखा टूटी थी जिसे गाँधीजी ने उस विशेष सत्याग्रह के लिए निश्चित किया था। इसके बाद राजेन्द्र बाबू ने नाराज होकर सत्याग्रह को स्थगित कर दिया था और प्रमुख कांग्रेस जनों के आश्वासन देने पर दो दिनों बाद ही उसे पुनः जारी करने की अनुमति दी थी।"[15]

यह सच है कि 1942 का अन्त होने तक अंग्रेज इस आन्दोलन को बल-प्रयोग की बदौलत नियन्त्रित करने में सफल रहे, लेकिन इसके साथ ही ऐसे बल-प्रयोग की सीमाओं का बोध भी उन्हें हो गया था। तत्कालीन ब्रिटिश प्रधानमन्त्री विंस्टन चर्चिल को 31 अगस्त, 1942 को भेजे गए एक तार में तत्कालीन गवर्नर जनरल लॉर्ड लिनलिथगो ने इस आन्दोलन को "1857 के बाद का सबसे गम्भीर विद्रोह" कहा था। तार में यह भी कहा गया था कि "इस विद्रोह की गम्भीरता एवं विस्तार को हम सैन्य सुरक्षा की दृष्टि से अब तक दुनिया से छिपाए हुए हैं।" इसके बाद ही ब्रिटेन की लेबर सरकार सुलह-समझौते का रास्ता अपनाने को बाध्य हुई, जिसके कारण भारतीय स्वतन्त्रता का पथ प्रशस्त हुआ।

किसानों के संघर्ष के सन्दर्भ में खास बात यह है कि पराधीन भारत में बिहार के किसान दो मोर्चों पर अपनी लड़ाई लड़ रहे थे। वे अंग्रेजी दासता के साथ ही जमींदारों के शोषण-चक्र से भी मुक्त होना चाहते थे। ऐसे वातावरण में स्वामी सहजानन्द सरस्वती, यदुनन्दन शर्मा और कार्यानन्द शर्मा जैसे किसान नेता उनकी आकांक्षाओं को स्वर दे रहे थे।

नीति और नीयत

मगध बीसवीं सदी के आठवें दशक से लेकर 21वीं सदी के आरम्भ तक सामन्ती उत्पीड़न, जातीय तनाव और ग्रामांचलों में जारी हिंसा-प्रतिहिंसा को लेकर चर्चित रहा है। स्वाधीनता के बाद भूमि-सुधार कानून बनानेवाला पहला राज्य बिहार ही था। परन्तु विडम्बना यह है कि आजादी के साढ़े सात दशक बाद तक इस प्रदेश में उसका क्रियान्वयन नहीं हो पाया है। उद्योग-धन्धों के मामले में यह क्षेत्र शुरू से ही दरिद्र रहा है। कभी बाढ़ और कभी सूखे की विभीषिकाओं ने यहाँ के आम आदमी की कमर तोड़ दी है। यहाँ का किसान मानसून का मुखापेक्षी है। सिंचाई के साधनों के विकास, बाढ़-नियन्त्रण और कृषि-सम्बन्धी आधारभूत संरचना के विकास की ओर बिहार के शासक-वर्ग ने अपेक्षित ध्यान नहीं दिया है। इसीलिए हरित क्रान्ति का कोई विशेष लाभ बिहार के गाँवों को नहीं मिल सका। स्वाभाविक रूप से मगध का किसान-मजदूर निरन्तर गरीब होता चला गया है। ऐसी सामाजिकार्थिक पृष्ठभूमि में कहीं एक ओर बड़े भूस्वामियों और शासन-सत्ता का ध्रुवीकरण हुआ, तो दूसरी ओर वामपन्थियों के लाल-झण्डे के नीचे दीन-हीन लोग भी गोलबन्द हो गए। वर्गीय हित और जातीय अन्तर्विरोध इतने मुखर हो गए कि सामाजिक तनाव अपनी पराकाष्ठा पर पहुँच गया। फिर होना क्या था! परम्परागत ग्रामीण-ढाँचे को नेस्तनाबूद करने के लिए निजी सेनाएँ स्वार्थ-समर में डट गईं।

एक तरफ कुर्मियों की भूमिसेना, भूमिहारों की ब्रह्मर्षि सेना, राजपूतों की कुँवर सेना और यादवों की लोरिक सेना, तो दूसरी तरफ नक्सलवादी संगठनों के लड़ाके समय-समय पर हिंसा-प्रतिहिंसा का खूनी खेल खेलते रहे। 19 अप्रैल, 1986 को मगध के अरवल में पुलिस द्वारा की गई गोली-बारी में 23 लोग मारे गए थे। सरकारी पक्ष की नज़र में मारे गए सभी लोग नक्सलवादी थे, जबकि वामपन्थियों की दृष्टि में यह भूमिहीनों के विरुद्ध पुलिस-सामन्त गठजोड़ की एक दमनात्मक कार्रवाई थी। वामपन्थी विश्लेषकों द्वारा पुलिस की इस कार्रवाई को 'दूसरा जलियाँवाला हत्याकाण्ड' बताने की कोशिश की गई। जबकि 7 अक्टूबर,

1986 को औरंगाबाद के दरमियां गाँव में एम.सी.सी. नामक नक्सली गुट ने राजपूत जाति के 11 लोगों की हत्या कर दी। फिर 29 मई, 1987 को औरंगाबाद जिले के दलेलचक बघौरा में एम.सी.सी. के नक्सलियों ने राजपूत जाति के 42 लोगों की हत्या कर दी। बेलछी हत्याकाण्ड (1977), पारसबीघा हत्याकाण्ड (1980), दमुहां-खगड़ी हत्याकाण्ड (1988), बथानीटोला हत्याकाण्ड (1996) लक्ष्मणपुर बाथे हत्याकाण्ड (1997) और सेनारी हत्याकाण्ड (1999) की हिंसा-प्रतिहिंसा ने तीन-चार दशकों तक मगध की माटी को रक्तरंजित बनाए रखा। इन सभी हिंसात्मक घटनाओं के मूल में भूमि सम्बन्धी विवाद ही है।

मगध के भूमिहीन किसान-मजदूरों का सवाल उत्तर प्रदेश या महाराष्ट्र या कहीं और के किसानों के सवालों से एकदम जुदा है। मराठवाड़ा के शेतकारी संगठन के शरद जोशी या पश्चिमी उत्तर प्रदेश के महेन्द्र सिंह टिकैत ने समृद्ध किसानों को फसलों के लाभकारी मूल्य दिलाने के लिए संघर्ष किया था। परन्तु मगध या सम्पूर्ण बिहार में किसानों की समस्याएँ मूलगामी हस्तक्षेप की अपेक्षा करती है। यहाँ चकबन्दी, हदबन्दी आदि भूमि-सम्बन्धी सुधार हमारे प्रस्थान-बिन्दु होने चाहिए। भूमि-सुधारों को प्रभावी ढंग से लागू किए बिना मगध के लाखों शोषित, वंचित, उपेक्षित भूमिहीनों और कृषि-श्रमिकों के दुख और दरिद्रता को दूर कर पाना सम्भव नहीं है। बिहार में भूमि-सम्बन्धी सुलगते सवालों को लम्बे अरसे से दफनाया जाता रहा है। परन्तु ये अनसुलझे सवाल पहले भी ज्वलन्त थे और आज भी ज्वलन्त हैं। स्पैनिश कवि अर्नेस्तो कार्देनाल के शब्दों में-

तुमने उन्हें दफनाया किसी गुमनाम जगह
और बेफिक्र हो गए,
पर सोचा नहीं तुमने कि तुम दफना रहे हो जिन्हें
वे तो बीज हैं।

मगध सहित सम्पूर्ण बिहार में भूमि हदबन्दी कानून का माखौल उड़ता रहा है। यहाँ गंगा घाटी के उपजाऊ मैदान में एक तरफ छोटी-छोटी जोतों-वाले हजारों गरीब किसान हैं और लाखों भूमिहीन हैं, तो दूसरी तरफ 500 एकड़ से भी अधिक भूमि के धारक चन्द बड़े भूस्वामी भी हैं। इन बड़े भूस्वामियों में कुछ पुराने राजे-रजवाड़े भी हैं, संस्थाएँ भी हैं और मठ भी। दुनिया में हर हाथ को काम और हर पेट को अन्न की दरकार है। बहरहाल, आर्थिक विषमता की इस खाई को पाटे बिना मगध में (या दुनिया में कहीं भी) सुख-शान्ति की कल्पना सम्भव नहीं है। लेकिन इसके लिए अच्छी नीति के साथ ही अच्छी नीयत की भी दरकार है।

सन्दर्भ और टिप्पणी

1. 'The Travels of Peter Mundy in Europe and Asia 1608-1667', vol. 2; Edited by Richard Carnac Temple; Page 134, Printed for the Hakluyt Society, London; 1914
2. 'The Travels of Peter Mundy in Europe and Asia 1608-1667', vol. 2; Edited by Richard Carnac Temple; Page 135, Printed for the Hakluyt Society, London; 1914
3. अरुण सिंह; 'पटना : खोया हुआ शहर'; पृ. 65, वाणी प्रकाशन नई दिल्ली; 2021 ई.।
4. डॉ. राजेन्द्र प्रसाद, आत्मकथा, पृ. 264-265; नेशनल बुक ट्रस्ट, इण्डिया; नई दिल्ली; 1994 ई.।
5. वही, पृ. 265
6. वही, पृ. 90
7. वही, पृ. 231
8. वही, पृ. 348
9. वही, पृ. 544
10. उस समय प्रान्तों के निर्वाचित प्रमुखों को 'प्रीमियर' यानी प्रधानमन्त्री कहा जाता था। आजादी के बाद उसके लिए मुख्यमन्त्री पदनाम प्रचलित हुआ।
11. डॉ. राजेन्द्र प्रसाद, आत्मकथा, पृ. 569; नेशनल बुक ट्रस्ट, इण्डिया; नई दिल्ली; 1994 ई.।
12. बिहार-केसरी डॉ. श्रीकृष्ण सिंह स्मृति-कलश; सं. राधावल्लभ शर्मा, पृ. 213; श्रीकृष्ण सिंह जन्म-शताब्दी समारोह समिति, पटना; 1987 ई.।
13. वही, पृ. 219
14. सुमित सरकार, आधुनिक भारत, पृ. 439; राजकमल प्रकाशन, नई दिल्ली; 1992 ई.।
15. बिहार-केसरी डॉ. श्रीकृष्ण सिंह स्मृति-कलश; सम्पादक : राधावल्लभ शर्मा में 'जब मगध की मिट्टी फिर बोली' शीर्षक लेख, पृ. 83; श्रीकृष्ण सिंह जन्म-शताब्दी समारोह समिति, पटना; 1987 ई.।

परिशिष्ट 1

मगध की लोकभाषा : मगही

मगही प्राचीन मगध देश की भाषा रही है। वर्तमान में यह बिहार प्रान्त की एक प्रमुख लोकभाषा है। मगध क्षेत्र की बोली को मगही कहते हैं। मगही 'मागधी' का तद्भव रूप है। मागधी प्राकृत से मागधी अपभ्रंश का और फिर उससे मगही बोली और लोकभाषा का विकास हुआ है। लोकभाषा मगही का स्वतन्त्र रूप में विकास आठवीं शताब्दी ई. से ग्यारहवीं शताब्दी ई. के दौरान हुआ। "1400-1500 ई. के आसपास उत्तरी भारत में कम से कम पंजाबी, लहँदा, सिन्धी, राजस्थानी, गुजराती, मराठी, खड़ी बोली, ब्रज, अवधी, छत्तीसगढ़ी, पहाड़ी, भोजपुरी-मगही-मैथिली, उड़िया, असमी तथा बंगाली—ये तेरह रूप पर्याप्त विकसित हो चुके थे।"[1]

बिहार के पटना, गया, जहानाबाद, औरंगाबाद, अरवल, नालन्दा, नवादा, जमुई, लक्खीसराय, शेखपुरा, मुंगेर (आंशिक) और झारखण्ड प्रान्त के हजारीबाग, देवघर, कोडरमा, गिरिडीह, धनबाद आदि जिले तक मगही का विस्तार है। पूरे मगध क्षेत्र में मगही बोली-बानी का स्वरूप एक-जैसा नहीं है। इसकी कई उपबोलियाँ हैं, जिनमें पूर्वी, टलहा, सोनतटी ओर जंगली प्रमुख हैं। आदर्श मगही पटना, गया और हजारीबाग जिले में बोली जाती है। मगही के ये उपभेद उच्चारणगत विशिष्टताओं और भिन्नताओं के कारण है, इन सबमें कोई भाषागत भेद नहीं है।

अपनी पूर्वी सीमा पर मगही बांग्ला से मिलती है। दोनों ने एक दूसरे को प्रभावित भी किया है। बांग्ला से प्रभावित मगही के इस रूप को डॉ. ग्रियर्सन आदि विद्वानों ने 'पूर्वी मगही' कहा है। पूर्वी मगही हजारीबाग जिले के दक्षिण-पूर्वी भाग में, धनबाद, मयूरभंज (उड़ीसा) में, राँची जिले के दक्षिण-पूर्वी भाग में, सरायकेला, खरसावाँ और छत्तीसगढ़ के बामरा में बोली जाती है। बांग्ला भाषी मालदा जिले के पश्चिमी भाग पर भी मगही का थोड़ा-बहुत प्रभाव है। पूर्वी मगही के कई रूपों में से एक है—कुड़माली, जो मयूरभंज और बामरा में बोली जाती है। दूसरी है—खोण्टाली, जो पश्चिमी मालदा में बोली जाती है।[2]

पश्चिम चम्पारण में भिखनाठोरी के उत्तर नेपाल की तराई में चितावन का इलाका है। यहाँ चितवनियाँ थारू जाति के लोग निवास करते हैं। यहाँ थारुओं पर नेपालियों का अधिक प्रभाव है। बरहगाँवाँ आदि के थारू भी चितावन की भाषा को ही शुद्ध थारू भाषा मानते हैं। राहुल सांकृत्यायन के अनुसार, "चितावन के थारुओं की भाषा स्वर, शब्द आदि में गया जिले की मगही (मागधी) भाषा से बिल्कुल एक है। हलई, गेलही, लनलही आदि सभी शब्द शुद्ध मगही के हैं। गेलसुन में सिर्फ 'थ' को 'स' से (गेलथुन) बदल दिया गया है। सम्बोधन में 'रे', 'हे' का प्रयोग होता है, और मगही का 'गे' भी कम प्रयुक्त नहीं होता है। छोड़ गे, चल गे साधारण प्रयोग हैं। चितवनियाँ अपने को चित्तौड़गढ़ से आया बताते हैं, और भाषा उन्हें खींचकर मगध में और चेहरा और आँखें उत्तर की ओर खींच रही हैं।[3]

मगही की प्रथम कवि : सरहपाद (7वीं-8वीं सदी ई.) को मगही का पहला कवि माना गया है। वे चौरासी सिद्धों में से एक थे। इनके द्वारा रचे गए ग्रन्थों की संख्या बत्तीस बताई गई है, जिनमें से 'दोहाकोष' मगही साहित्य की अक्षय-निधि है।

मगही गद्य का विकास : 13वीं शताब्दी ई. में राजगीर के पण्डा द्वारा लिखित पत्र को मगही गद्य का सबसे पुराना उदाहरण माना गया है। 1784 ई. में चेरों राजा का पत्र भी मगही गद्य का एक पुराना नमूना है।

मगही की व्याकरणिक संरचना : मगही मैथिली की अपेक्षा भोजपुरी से अधिक साम्य रखती है। अब इस पर खड़ी बोली का प्रभाव बढ़ता जा रहा है। भोजपुरी से भिन्न इसमें निम्नलिखित तत्त्व हैं-

क) सम्प्रदान में 'ला', 'लेल' और अधिकरण में 'मों' अतिरिक्त परसर्ग हैं।

ख) 'रौआ' सर्वनाम की जगह 'अपने' का प्रयोग होता है, जो खड़ीबोली के 'आप' के नजदीक है।

सहायक क्रिया खड़ीबोली की तरह ह-रूप है, परन्तु उसका रूपान्तर भोजपुरी 'बाटे' और 'भइल' की तरह होता है। इन रूपों में क, ख, और थ विकल्प-रूप में जोड़े जाते हैं। जैसे-

1) ही या हकी या हियै (मैं हूँ।)

2) हलीख, हलथिन या हलखिन (वे थे।)

3) हलक या हलै (था)

4) हम हली या हलियै (मैं था।)

5) भौजी कहाँ रहऽहथूँ? (भाभी कहाँ रहती हैं?)

अन्य व्याकरणिक विशेषताएँ :

1) मगही में कई स्वर ध्वनियों में अकारण अनुनासिकता की प्रवृत्ति मिलती है। जैसे—अठंतर (अठत्तर), गहींड़ (गहरा), पँतकोबी (पातगोभी, पत्तागोभी), सोंच (सोच)

2) इसमें श या ष के स्थान पर स (शरबत--सरबत), ष के स्थान पर ख (विष--बिख, षष्ठी--खस्ठी), ल के स्थान पर र (हल--हर, साला--सारा), ण के स्थान पर न (गुण--गुन), य के स्थान पर ज (यशोदा--जसोदा), य के स्थान पर ह (चाय--चाह) और क्ष के स्थान पर क (राक्षस--राकस) मिलता है।

3) कहीं अकारण द्वित्व की प्रवृत्ति मिलती है। जैसे—नद्दी (नदी), सुक्खल (सूखा), भुक्खल (भूखा)

4) मगही आकार-बहुला बोली है। जैसे—हावा (हवा), जनौआ (जनेऊ), ऐंटा (ईंट)

5) इसमें निर्विभक्तिक प्रयोग की प्रवृत्ति भी मिलती है। जैसे—अढ़यमनमाँ बोरबा सल्लग उठा लेलकै (अढ़ाई मन के बोरे को एकबार में ही उठा लिया।)

विशेषण : पूर्वी हिन्दी और बिहारी हिन्दी की बोलियों में विशेषण प्राय: आकारान्त नहीं होते। अत: विशेषण लिंग-वचन-कारक में अपरिवर्तित रहते हैं। मगही इसका अपवाद नहीं है। इसके अकारान्त विशेषण निम्नलिखित हैं—मीठ (मीठा), नोनछाह (नमकीन), जरल (जला हुआ), सड़ल (सड़ा हुआ), छोट (छोटा), बड़ (बड़ा), गोर (गोरा), पातर (पतला)। वैसे मगही में कुछ आकारान्त विशेषण भी मिलते हैं। जैसे—टटका (ताजा), मोटका (मोटा)

मगही में संख्यावाची विशेषणों का उच्चारण अवधी और भोजपुरी के समान ही होता है। जैसे—पनरह (पन्द्रह), एकैस (इक्कीस), उनैस (उन्नीस), चउठ (चौथा)

अव्यय : फेर या फेन (फिर), आव या अ (और), काहेकि (क्योंकि), एजो (यहाँ), अबरी (इस बार), तबरी (उस बार), त (तो), बाकी (किन्तु)

क्रिया :

1) संज्ञार्थक क्रिया : अैलै (आया), गेलै (गया), कैलकै (किया)

2) आज्ञार्थ क्रिया : चल, चलें, चल्हो, चलो

3) प्रेरणार्थक क्रिया : उठावल, जगावल

4) भूत कृदन्त : देखल, सुत्तल (सोया)

5) संयुक्त क्रिया : जाय दहीं/जाय दऽ/जाय दिहऽ (जाने देना)

खायके चाही (खाना चाहिए), आल करिहें/आल करिहऽ (आया करना)

मगही की शब्द-सम्पदा : मगही में अन्य बोलियों-भाषाओं के शब्दों के मगहीकृत रूप धड़ल्ले से प्रयुक्त हो रहे हैं। जैसे—बोडिस (ब्लाउज), टिसनी (ट्यूशन), रोसगद्दी (रुख़सती), लम्फ (लैम्प), बरियाती (वरयात्री)। कुछ रोचक शब्दों ने मगही के लालित्य को बढ़ाया है। जैसे—लमघोड़ी या लमगोड़ी (बहुत लम्बी; लम्बे पैरोंवाली), हदसिराहा (लालची), बौध (बुद्धू) बौड़म (बेवकूफ), अनकट्ठल (अरुचिकर), कथक्कड़ (वाचाल), छुच्छे भात (अकेले चावल), लुच्चा (झूठा), लिक-लिक (एकदम पतला), हाली-हाली (जल्दी-जल्दी), रसे-रसे (धीरे-धीरे), भिनसहरे (सबेरे), लदबोरस या धिमाँठ (सुस्त), पुच्छी (पूँछ), पुच्छा-पुच्छी (पूछताछ), जन्नी (यह जननी शब्द का विकृत रूप लगता है, लेकिन मगही में इसका प्रयोग माँ के अर्थ में न करके औरत के अर्थ में किया जाता है।) इन शब्दों की अर्थ-व्यंजना अपार है।

मगही साहित्य : मगही मूलतः लोकभाषा है। इसमें लोकगीतों की एक समृद्ध परम्परा है। ये लोकगीत लोककण्ठ में ही जीवित हैं; और बहुत कम प्रकाशित हो पाये हैं। मगही के आरम्भिक प्रकाशनों में जान क्रिश्चियन अधमजन का 'सत्यशतक' (1831 ई.), चतुर्भुज मिश्र का 'अवधूत नाटक' (1883 ई.) और जवाहर राम का 'मगही रामायण' उल्लेखनीय है। जयनाथपति कृत 'सुनीता' मगही का प्रथम प्रकाशित उपन्यास है। इसकी प्रशंसात्मक समीक्षा डॉ. सुनीति कुमार चटर्जी ने 'मॉडर्न रिव्यू' में लिखी थी। डॉ. रामनन्दन कृत 'आदमी आ देवता', बाबूलाल मधुकर कृत 'रमरतिया' और डॉ. श्रीकान्त शास्त्री कृत 'गोदना' मगही के श्रेष्ठ उपन्यास हैं।

अश्विनी कुमार पंकज द्वारा लिखे गए मगही उपन्यास 'खाँटी किकटिया' (2018 ई.) ने यह सिद्ध किया है कि मगही में भी स्तरीय उपन्यास लिखा जा सकता है। ध्रुव गुप्त के शब्दों में "इस उपन्यास की कथावस्तु में प्राचीन भारत की संस्कृतियों का जो अन्तर्संघर्ष और गाम्भीर्य है उसके साथ एक देशज भाषा में न्याय कर लेने की बात सोचना भी असम्भव लग सकता है, लेकिन पंकज ने सम्भव कर दिखाया है। इस उपन्यास को संस्कृत के अलावा किसी भी भारतीय भाषा के किसी क्लासिक उपन्यास के समक्ष रखा जा सकता है।"

'खाँटी किकटिया' बुद्ध और महावीर के समकालीन मक्खलि गोसाल के जीवन और दर्शन पर आधारित है। मक्खलि गोसाल मगध क्षेत्र के निवासी थे जिसे पुरातन काल में कीकट के नाम से जाना जाता था। उनको आजीवक सम्प्रदाय के प्रवर्तक और तत्युगीन सामाजिक विसंगतियों के खिलाफ संघर्ष छेड़नेवाले विचारक के रूप में जाना जाता है। पुरातन काल से लेकर उनके समय (यानी छठी शताब्दी

ई.पू.) तक कीकट प्रदेश (अर्थात मगध) के लोग वैदिक साहित्य के रचयिताओं की दृष्टि में घृणा और उपहास के पात्र थे। सामाजिक, आर्थिक और धार्मिक उथल-पुथल के उस दौर में बुद्ध और महावीर के पास इन समस्याओं का कोई लौकिक हल नहीं था। वे लोक से बाहर जाकर निर्वाण और मोक्ष में उससे मुक्ति खोज रहे थे, जबकि मक्खलि गोसाल इस संघर्ष का जमीनी हल खोजने के पक्षधर थे।

उपन्यासकार ने मक्खलि गोसाल के जीवन, विचार और उनके नेतृत्व में आजीवकों की लड़ाई की जैसी जीवन्त तस्वीर खींची है, उससे गुजरना एक दुर्लभ अनुभव है। विषय की गरिमा के अलावा उनकी इस कृति में मगही भाषा और उसकी लोकोक्तियों का सौन्दर्य अपने पूरे निखार पर है।

1934 ई. में राजा जगन्नाथ प्रसाद सिंह का 'मगही गीत संग्रह' प्रकाशित हुआ था। इस गीत-परम्परा को रामनरेश पाठक और मृत्युंजय मिश्र करुणेश ने समृद्ध किया। 1945 ई. में 'तरुण तपस्वी' और 1950 ई. में 'मागधी' नाम की पत्रिकाओं का प्रकाशन शुरू होने के बाद ही मगही रचनाओं का प्रकाशन आरम्भ हुआ। मगही साहित्य के विकास में इन दोनों पत्रिकाओं का वही स्थान है, जो आधुनिक हिन्दी साहित्य के विकास में 'सरस्वती' का है। मगही साहित्य की विकास-यात्रा में 'मगही व्याकरण-कोश' (1965 ई.) का अपना महत्त्व है। इस शोध-प्रबन्ध पर डॉ. सम्पत्ति आर्याणी को डी.लिट्. की उपाधि मिली थी। डॉ. आर्याणी ने मगही का गम्भीर विवेचन-विश्लेषण करके मगही का प्रथम वैज्ञानिक व्याकरण प्रस्तुत किया। इसके पहले डॉ. जार्ज ग्रियर्सन ने अपने प्रसिद्ध ग्रन्थ 'लिंग्विस्टिक सर्वे ऑफ इण्डिया', भाग-2-5 में और 'सेवेन ग्रामर ऑफ द डायलेक्ट हैंड सब-डाइलेक्टस ऑफ द बिहारी लंग्वेजेज', भाग-3 में मगही भाषा का संक्षिप्त व्याकरण प्रस्तुत किया था।

मगही कविता को लोकजीवन की धड़कन से जोड़नेवाले कवियों की सूची बड़ी लम्बी है। राजेन्द्र यौधेय, मथुरा प्रसाद नवीन, बाबूलाल मधुकर, मृत्युंजय मिश्र करुणेश, रामनरेश पाठक, डॉ. योगेश्वर सिंह योगेश, अनिल विभाकर आदि। मथुरा प्रसाद नवीन को 'मगही का कबीर' कहा गया है। नैतिक मूल्यों के क्षरण और गाँधीवाद की अधोगति पर टिप्पणी करते हुए मथुरा प्रसाद नवीन कहते हैं-

"महजिद में अल्ला अकबर नञ, मन्दिर में भगवान बिक गेलो।
गाँधीजी के दुधिया चद्दर में चौतरफा भूर हो गेलो।"

वर्ग-भेद, शोषण और अन्याय के प्रतिकार में निर्द्वन्द्व खड़े होकर वे कहते हैं—

जेकरे बल पर तोंद फुलयले ओकरे हड्डी झोल रहल हे,
इहे पाप के मारल सगरे धरती डगमग डोल रहल हे।

बाबूलाल मधुकर दलित-चेतना के कवि हैं। इसलिए गाँव-गिराँव के खेतिहर मजदूरों के मन में भूस्वामियों के प्रति दशकों से उफनते आक्रोश को स्वर देते हुए वे कहते हैं-

बड़ी सहलियो, मालिक-मालिक खूब कहलियो,
अब तो खइनी के पिरकी नियन थूक देबो। (हमरो हाथ में भाला हो)

मगही का प्रचार कार्य : मगही की परम्परा को जीवित रखने के लिए प्रो. केसरी कुमार, डॉ. एस. ए. मज़ीद और ललिता प्रसाद विद्यार्थी के प्रयास से 1949 ई. में 'मगही परिषद, पटना की स्थापना हुई। फिर हरिश्चन्द्र प्रियदर्शी ने बिहारशरीफ में 'मगध संघ' की स्थापना की। 1952 ई. में 'बिहार मगही मण्डल' की स्थापना हुई। इसके संस्थापकों में रामगोपाल शर्मा 'रुद्र', डॉ. बी. पी. सिन्हा, डॉ. के. पी. अम्बष्ठ, डॉ. नर्मदेश्वर प्रसाद, डॉ. शिवनन्दन प्रसाद और श्रीकान्त शास्त्री प्रमुख थे। मगही के प्रचार-प्रसार के लिए 'बिहार मगही मण्डल' का प्रथम अधिवेशन 7 जनवरी, 1957 ई. को डॉ. श्रीकान्त शास्त्री के प्रयास से एकंगरसराय में हुआ। इस सम्मेलन के एक प्रस्ताव के अनुसार प्रतिवर्ष बुद्ध पूर्णिमा के अवसर पर 'कौमुदी महोत्सव' मनाए जाने की परम्परा शुरू की गई, जो वस्तुतः 'मगध उत्सव' का पर्याय था। मगही का दूसरा महासम्मेलन 1964 ई. में हरिश्चन्द्र प्रियदर्शी के नेतृत्व में नालन्दा के जिला मुख्यालय बिहारशरीफ में हुआ। फरवरी, 1978 ई. में गया शहर में एक विशाल मगही सम्मेलन हुआ। 1995 ई. में पटना के पास दानापुर में दो-दिवसीय मगही सम्मेलन हुआ। मगही के उत्थान के लिए अप्रैल, 1981 ई. में 'बिहार मगही अकादमी' की स्थापना की गई। परन्तु यह सरकारी संस्था शुरू से ही निष्क्रिय रही है।

मगही और मीडिया : मगही के उत्थान के लिए 1978 ई. में आकाशवाणी पटना से 'मागधी' कार्यक्रम का प्रसारण शुरू हुआ। इसके कुछ साल पहले काफी जद्दोजहद के बाद मगही रुपहले पर्दे तक पहुँची। मगही में बनी पहली फिल्म थी—'भइया'। नालन्दा चित्र प्रतिष्ठान द्वारा निर्मित यह फिल्म 1964 ई. में प्रदर्शित हुई। निर्देशक थे फणी मजूमदार, संगीतकार चित्रगुप्त और संवाद-लेखक थे ब्रजकिशोर। विन्ध्यवासिनी देवी ने गीत लिखे और गाए थे। 1965 ई. में दूसरी मगही फिल्म 'मोर मन मितवा' आर. डी. बंसल ने बनाई। इसके लेखक और निर्देशक थे गिरीश रंजन और संगीतकार शंकर-जयकिशन। इस फिल्म का एक गीत 'कुसुम रंग लँहगा मँगा दे पियवा' बहुचर्चित रहा था। तीसरी फिल्म मितवा 1966 ई. में प्रदर्शित हुई। इसके गीतकार थे शैलेन्द्र और संगीतकार थे सी. रामचन्द्र। लेकिन आगे चलकर यह धारा एकदम रुक-सी गई।

अवधी, ब्रजभाषा, भोजपुरी या मैथिली भाषा-भाषियों में अपनी बोली-भाषा को लेकर जैसा गौरव-बोध देखने को मिलता है, मगही भाषा-भाषियों में उसका अभाव है। मगही भाषी जनता में अपनी बोली-भाषा को लेकर प्रबल अनुराग के बिना मगही को वह गौरव मिल पाना सम्भव नहीं है, जिसकी वह अधिकारिणी है।

सन्दर्भ और टिप्पणी

1. डॉ. भोलानाथ तिवारी, भाषा विज्ञान, पृ. 142।
2. जनपदीय भाषाओं का साहित्य, सं. रमण शाण्डिल्य, में त्रिभुवन ओझा का लेख 'मगही भाषा और साहित्य' पृ. 102।
3. राहुल सांकृत्यायन, पुरातत्त्व-निबन्धावली, पृ. 96-97।

परिशिष्ट 2

प्रभावती गुप्त का पूना ताम्रलेख

प्राप्ति स्थान : पूना

काल : यद्यपि यह ताम्रलेख तिथिरहित है, तथापि इसमें प्रभावती गुप्त के शासन के तेरहवें वर्ष का उल्लेख है।

भाषा : संस्कृत

लिपि : कीलशीर्षक प्रकार

यह ताम्रलेख पूना में बलवन्त भाऊ नगरकर नामक कसेरे के घर पर मिला था। महाराष्ट्र के वर्धा जिले की हिंगणघाट तहसील के गाँवों के नामों के आधार पर इस ताम्रलेख में उल्लिखित कई स्थानों की पहचान सम्भव हुई। प्रो. मिराशी के मतानुसार यह ताम्रलेख पूना से प्राप्त हुआ है, लेकिन यह मूलतः हिंगणघाट तहसील का है। इस ताम्रलेख से ही पहली बार यह पता चला कि वाकाटक नरेश रुद्रसेन द्वितीय की अग्रमहिषी प्रभावती गुप्त गुप्तवंशीय सम्राट चन्द्रगुप्त द्वितीय और उनकी रानी कुबेरनागा की पुत्री थी। इस ताम्रपत्र में प्रभावती गुप्त ने वाकाटकों के स्थान पर अपने पितृकुल की वंशावली दी है।

प्रभावती गुप्त का पूना ताम्रलेख (हिन्दी भावानुवाद)

1. देखा। सिद्धि हो। भगवान के द्वारा विजय प्राप्त कर। कल्याण हो। नन्दिवर्धन (नगर) से गुप्तकुल में उत्पन्न महाराज
2. श्री घटोत्कच के सुपुत्र महाराज श्री चन्द्रगुप्त, उनके पुत्र
3. अनेक अश्वमेध करनेवाले, लिच्छिवि-दौहित्र महादेवी कुमारदेवी से उत्पन्न
4. महाराजाधिराज श्री समुद्रगुप्त, उनके पुत्र, उनके ही मार्ग का अनुसरण करनेवाले
5. पृथ्वी पर अप्रतिरथ, सभी राजाओं के उच्छेदक, चारों समुद्रपर्यन्त विस्तृत

6. यशवाले, कई हजार करोड़ गायें और स्वर्ण दान करनेवाले परमभागवत महाराजा-
7. धिराज श्री चन्द्रगुप्त की पुत्री, धारण गोत्रवाली, नागकुल में उत्पन्न
8. महादेवी कुबेरनागा से उत्पन्न, दोनों कुलों की अलंकार, अत्यन्त भगवद्भक्ता
9. वाकाटकों के महाराज श्रीरुद्रसेन की प्रधान-महिषी युवराज
10. श्री दिवाकरसेन की माता प्रभावती गुप्त सुप्रतिष्ठ आहार में
11. विलवणक (ग्राम) के पूर्व दिशा में, शीर्ष ग्राम के दक्षिण दिशा में, कदापिंजन के पश्चिम दिशा में,
12. सिदिविवरक के उत्तर दिशा में स्थित दंगुण ग्राम में ब्राह्मण आदि ग्राम कुटुम्बियों का कुशल
13. पूछकर घोषणा करती है। आप लोगों को मालूम हो कि यह ग्राम हमारे द्वारा अपने पुण्य-वृद्धि हेतु
14. कार्तिक शुक्ल द्वादशी को भगवान के चरणों में निवेदन करके भगवद्भक्त आचार्य चनालस्वामी को, जो पहले नहीं दिया गया था
15. देकर, जल से अभिषिक्त किया। अतः आप लोगों को उचित मर्यादा के साथ राजकीय आदेशों का पालन करना चाहिए। पूर्व-
16. घोषित राजाज्ञा के अनुसार यहाँ चातुर्विद्या अग्रहार में सैनिकों (भट) तथा सरकारी अधिकारियों (छत्रवाहकों) का प्रवेश
17. तथा चारा, आसन, शरण, क्रय, परम्परानुसार बलि के पशु और पशुओं का दूध तथा
18. निधि और गुप्त निधि का निर्धारित कर और उपकर निषिद्ध है। इसलिए (इस दान) का भावी शासकों द्वारा रक्षण और परिवर्द्धन
19. किया जाए। जो कोई भी हमारे इस आदेश (शासन) की अवहेलना कर यहाँ बाधा उत्पन्न करता या कराता है,
20. उसको ब्राह्मणों के आवेदन पर दण्डित करते हुए नियन्त्रित किया जाएगा। व्यास द्वारा एक श्लोक में कहा गया है कि
21. स्वदत्त या परदत्त भूमि को जो हरता है वह एक लाख गायों के वध के पाप का भागी होता है।
22. यह शासन (आदेश-पत्र) तेरहवें संवत् में लिखा गया। इस आदेश-पत्र को चक्रदास ने उत्कीर्ण किया।

परिशिष्ट 3

आदित्यसेन का अपसड़ अभिलेख

भाषा : संस्कृत प्राप्तिस्थान : अपसड़ (जिला नवादा, बिहार)
लिपि : कुटिल काल : सातवीं सदी ई. (627 ई.)

यह अभिलेख बिहार प्रान्त के नवादा जिले के अपसड़ नामक गाँव में मेजर मारखम किट्टो को 1850 ई. में प्राप्त हुआ था। इसका विवरण पहली बार 1863 ई. में अलेक्जेंडर कनिंघम द्वारा बंगाल एशियाटिक सोसाइटी की पत्रिका में प्रकाशित किया गया। 1866 ई. में डॉ. राजेन्द्रलाल मित्र ने इस लेख का पाठ तथा अनुवाद प्रकाशित किया। 1871 ई. में कनिंघम ने इस अभिलेख को आर्क्योलॉजिकल सर्वे ऑफ इण्डिया में पुनः प्रकाशित किया। इसके बाद ही फ्लीट ने इस अभिलेख को अपने अभिलेख सम्बन्धी ग्रन्थ 'कार्पस' में स्थान दिया।

इस प्रस्तर अभिलेख की अन्तिम पंक्ति में कहा गया है कि "यह (प्रशस्ति) गौड़ (देशवासी) तथा विष्णुहरि के पुत्र लक्षादित्य नामक लेखक द्वारा लिखी गई, जो मुड़े हुए अक्षरों (कुटिलाक्षराणि) के विशेषज्ञ हैं।"

इस अभिलेख का उद्देश्य जनसामान्य को यह बताना है कि मगध के परवर्ती-गुप्त वंशीय राजा आदित्यसेन द्वारा एक विष्णु मन्दिर का निर्माण कराया गया, राजा की माता श्रीमती द्वारा देवलोक के भवन के समान एक विद्यालय (मठ) बनवाया गया और राजा की पत्नी श्रीकोणदेवी द्वारा एक सरोवर खुदवाया गया।

इस अभिलेख में परवर्ती-गुप्त वंश के निम्नलिखित राजाओं के नाम मिलते हैं-

1. कृष्णगुप्त
2. हर्षगुप्त
3. जीवितगुप्त प्रथम
4. कुमारगुप्त
5. दामोदरगुप्त
6. महासेनगुप्त

7. माधवगुप्त (और उनकी पत्नी श्रीमती)
8. आदित्यसेन (और उनकी पत्नी श्रीकोणदेवी)

इस अभिलेख से पता चलता है कि राजा आदित्यसेन के पिता माधवगुप्त कनौज के महाराजाधिराज श्रीहर्षवर्द्धन के मित्र थे (श्रीहर्षेदेवनिजसंगमवांछया च)। बाणभट्ट कृत 'हर्षचरित' से भी यह बात प्रमाणित होती है—''विनीतौ विक्रान्तावभिरूपौ मालवराजपुत्रौ भ्रातरौ भुजाविव मे शरीरादव्यतिरिक्त कुमारगुप्त माधवगुप्त नाम्ना।''

इस लेख से परवर्ती गुप्त और मौखरी राजवंशों के राजनयिक सम्बन्धों पर प्रकाश पड़ता है।

आदित्यसेन का अपसड़ अभिलेख (हिन्दी भावानुवाद)

1. ओम। श्रीकृष्णगुप्त नामक राजा पर्वत के समान था; क्योंकि (उसके) नगर पर्वत की ढलान के समान हजारों हाथियों के झुण्ड से भरे रहते थे। जैसे पर्वत विद्याधरों का निवासस्थान होता है उसका दरबार विद्वानों का आश्रयस्थल था। जैसे पर्वत उत्तम बाँसों से युक्त होता है वह भी अच्छे वंश में उत्पन्न हुआ था। वह दृढ़ (तथा) उन्नत था।
2. जिस प्रकार समुद्र से कलंकरहित अन्धकार-नाशक पूर्णचन्द्र उत्पन्न हुआ था; उसी प्रकार उसके शोभा-सम्पन्न श्री हर्षगुप्त नामक पुत्र उत्पन्न हुआ था; वह (अपने) दृढ़ धनुष से घोर बाण-वर्षा करता था; भाग्यलक्ष्मी का वासस्थान था; शत्रुओं की अश्रुधारा का कारण था।
3. (वह) (अपने) वक्षस्थल पर अनेक शस्त्रों के घावों से बनी गाँठों की पंक्तियों के रुप में भयंकर युद्धों के लिखित-पत्र के समान प्रशंसनीय विजय का प्रदर्शन करता था। उसका पुत्र राजाओं में श्रेष्ठ श्री जीवितगुप्त हुआ जो अभिमानी शत्रुओं की पत्नियों के मुखरुपी कमलों (को कुम्हला देने) के लिए शीतल किरणोंवाले (चन्द्र के समान) था।
4. जल की लहरों से शीतल हुए तथा; तालीवन के बीच विचरण करते हुए; हाथियों द्वारा तोड़ी गई कदली वृक्षों की शाखाओं से ढँके समुद्रतट पर रहनेवाले भी (या) हिमयुक्त, तेज बहती हुई एवं लहरोंवाली जलधाराओं से शीतल (हिमालय) पर्वत पर निवास करनेवाले भी (उनके) अभिमानी शत्रुओं को (भय का) भयंकर तीव्र-ज्वर नहीं छोड़ता था।
5. कोशवर्द्धन (पर्वत) के तट से लगाई गई पवन-पुत्र (हनुमान) की छलांग के समान, जिनके कार्य आज भी आश्चर्य के साथ देखे जाते हैं। उस राजा को

शक्तिशाली और युद्ध में अग्रणी श्रीकुमारगुप्त नामक एक पुत्र उसी प्रकार हुआ।

6. (भगवान) शिव के पुत्र रूप में कार्तिकेय उत्पन्न हुए थे।
7. ऐसे उसके द्वारा लक्ष्मी की प्राप्ति के लिए; मन्दर पर्वत के समान, राजाओं में चन्द्रमा के समान श्री ईषानवर्मन की सेना रुपी क्षीरसागर शीघ्रतापूर्वक मथ दिया गया। शौर्य सम्पन्न वह सत्यव्रती प्रयाग गया। (तथा) (वहाँ) पुष्पों से अलंकृत हो मानों जल में (केवल स्नान करने के लिए गोता लगा रहे हों) वह गोबर के उपलों से (प्रज्जवलित) अग्नि में निमग्न हो गए।
8. उस राजा का पुत्र दामोदरगुप्त था जिसके शत्रु उसी प्रकार मारे गए जिस प्रकार (भगवान) दामोदर द्वारा राक्षस मारे गए थे।
9. युद्ध में (कुचलकर मार डालने के उद्देश्य से) हूणों की सेनाओं को ऊपर उछालनेवाले मौखरियों के मदमत्त आगे बढ़ते हुए शक्तिमान हाथियों के व्यूह का विघटन करते हुए वह मूर्छित हो गया (लड़ाई में मारा गया तथा पुनः स्वर्ग में चेतना प्राप्त कर तथा अमुक-अमुक) मेरी है, ऐसा कहता हुआ देव-पत्नियों के बीच चयन करता हुआ, वह उनके कमलरूपी हाथों के सुखद स्पर्श द्वारा चेतना में आया। राजा (होने के समय) उसने गुणवान ब्राह्मणों की सैकड़ो नाना अलंकारों से अलंकृत तथा युवती, सैकड़ों कन्याओं का विवाह
10. किया (और) उन्हें दहेज स्वरुप अग्रहारों का दान दिया। उससे शूरों में अग्रणी श्रीमहासेनगुप्त नामक पुत्र उत्पन्न हुआ। जिसने सभी वीरों के समाज में उच्चतम ख्याति प्राप्त की। युद्ध में श्रीमद् सुस्थितर्मन
11. के ऊपर श्लाघनीय विजय प्राप्त करने के फलस्वरुप उत्पन्न उसके महान यश का, जो कि पूर्ण प्रस्फुटित कमल या कुन्द पुष्प के समान धवल वर्ण था। लौहित्य नदी के दोनों तटों पर उगे हुए नागदुरम की शीतल छाया में सोकर उठने पर सिद्ध —मिथुनों के द्वारा आज भी गाया जाता है।
12. जिस प्रकार वसुदेव से (देवी) श्री की सेवाओं से सुशोभित चरणोंवाले (भगवान) माधव (उत्पन्न हुए थे) उसी प्रकार उससे केवल पराक्रम में आनन्द लाभ करनेवाले तथा भाग्य देवी की सेवाओं से सुशोभित चरणोंवाले श्रीमाधवगुप्त (पुत्र रुप में) उत्पन्न हुए। वह—की प्रथम श्रेणी में अनुस्मृत, युद्ध में यश-लाभ करनेवालों में अग्रणी, अच्छाई के कोषस्वरुप, धन के संग्रह
13. तथा दान में उत्कृष्ट लोगों में श्रेष्ठः धन, सत्य तथा सरस्वती के सहज निवास-स्थान; (तथा) धर्म के दृढ़ सेतु पृथ्वी पर ऐसा कोई नहीं है—जो

श्रेष्ठ जनों द्वारा इतना सराहनीय हो (जितना कि वह था)। चक्रपाणि के समान वे भी (अपने) हथेली पर चक्र वहन करते थे।

14. उसके पास भी (अपने) शत्रुओं के विनाश के लिए तथा मित्रों की प्रसन्नता के लिए (प्रयुक्त) सींग निर्मित धनुष तथा आनन्द प्रदान करनेवाली तलवार थी। (तथा अपने) शत्रुओं का नाश करने के बाद उसके द्वारा -—हटाया गया। लोगों ने प्रणाम किया --। "(मेरे) शक्तिशाली शत्रु मारे जा चके है।

15. मेरे लिए और कुछ करना शेष नहीं है।" उस वीर ने मन में ऐसा निश्चय किया। (और पुनः) श्री हर्षदेव से अपना सम्बन्ध स्थापित करने की इच्छा से

16. उसका आदित्यसेन नामक राजाओं में श्रेष्ठ श्रीमान पुत्र हुआ जिसका चक्र दलित शत्रुओं के श्रेष्ठ हाथियों के कुम्भस्थलों से प्राप्त मुक्ताओं रुपी धूल के मोटे लेप से मलिन रहता था --—यह उत्कृष्ट प्रसिद्धि बताते हुए कि --—से प्राप्त (तथा अपने) शत्रुओं के नाश से उत्पन्न

17. (उसकी) श्रेष्ठ प्रशंसा सभी धनुर्धरों के सम्मुख प्रशंसनीय है। आशीर्वाद की एक अनवरत परम्परा ---। युद्ध में पसीना (पोंछने) के बहाने (प्रयुक्त होनेवाली) अपनी ध्वजा के

18. वस्त्र के किनारे से (अपने द्वारा मारे गए) हाथियों के मद-पंक से सनी हुई (तथा) (उनके कुम्भस्थलों से निकली हुई) मुक्ता-कणों रुपी बालुका से बालुकामई हुई तलवार को साफ करते हुए --—जो खण्ड-खण्ड टूट गया था --। मदमत्त हाथियों का वध से; उनके बहते हुए सुगन्धित मद से भ्रमित भ्रमर-पंक्तियाँ सुगन्ध से आकृष्ट होती थीं।

19. भयंकर तथा कठोर भृकुटि से युक्त युद्ध में (वह) (अपने) प्रियजनों तथा अनुचरों के समाज में सर्वदा हँसनेवाला है।

20. उसकी तपस्वी पत्नी सत्यरुपेण पतिव्रता थी। सभी शत्रुओं के विनाश का कारण-स्वरुप

21. (तथा अपनी) तलवार को (इसके कोश से) खींचने तथा (उससे) प्रहार (करने) के श्रम से उत्पन्न थकान से युक्त होने पर भी प्रबल शक्ति का स्वामी। युद्ध में मत्त हाथियों के कुम्भस्थलों --—विश्व का संरक्षक है जिसके शुभ छत्र से सम्पूर्ण पृथ्वी-मण्डल आवृत्त है।

22. युद्ध में मत्त हाथियों के कुम्भस्थलों के विदारण से उस राजा की दोनों प्रकाशमान भुजाएँ पुष्ट है; वह बहुसंख्यक शत्रुओं की शक्ति के विनाश द्वारा (प्राप्त) यश-मण्डल से सम्पन्न है; उसके चरण की प्रबल प्रतापाग्नि

23. (अन्य) राजाओं के मस्तकों की चूड़ाओं से न्यस्त है; वह श्रीसम्पन्न है; (तथा) वह युद्ध में सम्मानपूर्ण व्यवहार द्वारा (प्राप्त) निर्मल तथा प्रख्यात यश से युक्त है। शरद-चन्द्रमण्डल के सदृश धवल (तथा) पृथ्वी-मण्डल पर प्रख्यात (उपरिवर्णित) यह सुकीर्ति, उसके लक्ष्मी के साथ सहवास की इच्छा के कारण; दीर्घकाल तक कुपित की गई और फिर;

24. और भी विलक्षण होती हुई; मानों सपत्नियों की स्थिति में विद्यमान सहज विरोध के कारण (दूर रहने के उद्देश्य से) समुद्र के पार चली गई। उसी राजा के द्वारा (भगवान) विष्णु का यह सर्वोत्कृष्ट मन्दिर बनवाया गया। उसकी माता महादेवी श्रीमती द्वारा देवलोक के घर के समान यह मठ बनवाया गया; तथा स्वयं उनके द्वारा धार्मिक जनों को दिया गया।

25. उसी राजा की प्रिय पत्नी रानी कोणदेवी द्वारा अपनी तपस्या के सम्पादन में; एक अद्भुत सरोवर बनवाया गया है—जिसका जल प्रजा के लिए पीने योग्य है जिसका शीकर शंख, चन्द्रमा अथवा स्फटिक की प्रभा के समान चंचल तथा चमकीली प्रभावाला है; (तथा) मगरमच्छों की गति से आगे-पीछे होनेवालीं जिसकी लहरों में पक्षी क्रीड़ा करते हैं तथा बड़ी मछलियाँ नाचती हैं।

26. जब तक चन्द्रकला (भगवान) हर के मस्तक पर (सुशोभित है) (तथा) (देवी) श्री विष्णु के वक्षस्थल पर (तथा देवी) सरस्वती ब्रह्मा

27. के मुख में -—जब तक पृथ्वी शेषनाग के फण पर (स्थित है); तथा जब तक मेघ के भीतर विद्युत विद्यमान है—तब तक राजा आदित्यसेन (इन कार्यों से) अपनी धवल कीर्ति प्रकाशित करते रहेंगे। गौड़ देश के निवासी सूक्ष्मशिव द्वारा यह प्रशस्ति रुचिर अक्षरों में लिखी गई।

28. (जो) पूर्ण धार्मिक (तथा) अत्यन्त बुद्धिमान व्यक्ति था।

परिशिष्ट 4

मगध के बाभनों के बारे में प्रसिद्ध भाषा-वैज्ञानिक डॉ. सुनीति कुमार चटर्जी के विचार

Sabhapati,	Chairman,
Vidhana Parishad,	Legislative Council,
Pascima Vanga,	West Bengal,
Kalikata.	Calcutta.

August 26, 1957 Camp : Sanskrit Common Poo 4.

Sri Surya Narayan Sharma
Village : Simri, P.O. Simri
Distt. Shahabad (Bihar State)

Dear Sri Sharma,

I do not know whether the Bhumihar Brahmans are a branch of the Kanya Kubjas. But I am inclined to think that they are not. We in Bengal regard ourselves—Radhi and Varendra Brahmans—as being connected with the Kanya Kubjas but I have grave doubts about to matter. All that I know is that the Bhumihar Brahman community, which is known also as a very old community in Bihar and in all likelihood they represent the earliest group of Brahmans who were established in the province. In Ashoka's eastern inscriptions, the word Brahman occurs in the form Babhana, which was pronounced in Ashoka as time as Babhana in the eastern regions the sanskrit combination became transformed in to Brahman (compare sanskrit sushma=subha). The form Babhana, which was a local vernacular form current in Magadha over 2000 years ago has gradually given rise to the word Babhan in modern Bihar. The Babhan community which is also called Bhumihar, I would think are the descendents of the ancient Brahmans of Magadha, who were known in the vernacular of Magadha of that day as Babhana. The name Bhumihars would seem to be a sanskritised form of the current vernacular or prakritic Bhumihar, and would suggest that the word comes from an expression like Bhumi-dhara or Bhumi-dharaka, meaning land-lord or Zamindar. The Babhanas or Babhans of Magadha (or Bihar) were a landed class who had agriculture as their main profession, and in ancient times whether they actually held the plough or tilled the land with the help of hired labour or tenet we do not know. I do not think the word Bhumihar or Bhuminhar has anything to do with the word Agrahara, which is a word specially used in south India and means a village inhabited exclusively by brahmans, who keep up veadic studies. In any case, Bhuminhar cannot be regarded as a modified form of Bhumi-Sura, as you suggest.

Yours sincerely,
Sd-
(Suniti Kumar Chatterjee)

(डॉ. सुनीति कुमार चटर्जी का यह पत्र स्वामी विमलानन्द सरस्वती कृत 'ब्राह्मण कौन' शीर्षक पुस्तक की पृष्ठ-संख्या 148-149 पर उद्धृत है।)

परिशिष्ट 5

बालिका विद्यापीठ

महात्मा गाँधी की प्रेरणा से ब्रजनन्दन शर्मा और विद्यादेवी ने 1946 ई. में बालिका विद्यापीठ, लक्खीसराय की स्थापना की थी। मगध क्षेत्र में बालिकाओं को भारतीय आदर्श के अनुरूप ढालने के उद्देश्य से इस आवासीय शिक्षण संस्थान की नींव रखी गई थी। 1935 ई. में राजस्थान के टोंक जिले में स्थापित 'वनस्थली विद्यापीठ' की तरह लक्खीसराय के बालिका विद्यापीठ का मूल ध्येय बालिकाओं का सर्वांगीण विकास था। बालिका विद्यापीठ बिहार में अपने ढंग की अकेली शिक्षण संस्था है। 1946 ई. में ताड़ के पत्तों से झोंपड़ी बनाकर और गाँव-गाँव से अन्न माँगकर इस विद्यापीठ की स्थापना की गई। शुरू में गाँव-गाँव जाकर अन्न माँगने के साथ ही शिक्षित करने के लिए परिवार की बेटियाँ भी माँगी जाती थीं। 80 एकड़ में फैले विद्यापीठ में अब प्रारम्भिक कक्षा से लेकर स्नातक कक्षा तक की पढ़ाई होती है। डॉ. राजेन्द्र प्रसाद, बाबू गंगाशरण सिंह, नन्द कुमार सिंह, राजेश्वरी प्रसाद सिंह, ब्रजनन्दन शर्मा, श्रीमती प्रभावती देवी और श्रीमती लक्ष्मी एन. मेनन जैसे विशिष्ट लोग इसके आरम्भिक निधि-संचालक रहे हैं।

विद्यापीठ की संस्थापिका श्रीमती विद्यादेवी का आरम्भिक जीवन संघर्षमय रहा। स्वतन्त्रता-सेनानी और किसान नेता कार्यानन्द शर्मा के अभिभावकत्व में लक्खीसराय के चित्तरंजन आश्रम में रहकर उन्होंने स्वतन्त्रता-संग्राम का ककहरा सीखा। जेल गईं और बाद में महात्मा गाँधी के कहने पर अपने पति ब्रजनन्दन शर्मा के साथ आन्ध्र प्रदेश जाकर राष्ट्रभाषा का प्रचार-प्रसार किया। स्त्री-शिक्षा के क्षेत्र में उनके महत्त्वपूर्ण योगदान के दृष्टिगत विद्या देवी को 'जमनालाल बजाज अवार्ड' से सम्मानित किया गया था।

सन्दर्भ-ग्रन्थ सूची

1. 'भारत ज्ञानकोश' (खण्ड 1 से 6) एन्साइक्लोपीडिया ब्रिटैनिका के सम्पादकों की प्रस्तुति
2. 'हिन्दी विश्वकोश' (खण्ड 1 से 12) नागरी प्रचारिणी सभा, वाराणसी
3. 'हिन्दू धर्म कोश', डॉ. राजबली पाण्डेय (उत्तर प्रदेश हिन्दी संस्थान, लखनऊ)
4. 'पुराण विमर्श', आचार्य बलदेव उपाध्याय (चौखम्बा विद्याभवन, वाराणसी) 1987 ई.।
5. 'भारत सावित्री', वासुदेवशरण अग्रवाल (सस्ता साहित्य मण्डल प्रकाशन, नई दिल्ली)
6. हिन्दू राज्य-तन्त्र (भाग 1-2) काशीप्रसाद जायसवाल (विश्वविद्यालय प्रकाशन, वाराणसी)
7. 'भारतीय सिक्कों का इतिहास', गुणाकर मुले (राजकमल प्रकाशन, नई दिल्ली) 2010 ई.।
8. 'पाणिनीकालीन भारतवर्ष', वासुदेवशरण अग्रवाल (चौखम्बा विद्याभवन, वाराणसी)
9. 'पतंजलिकालीन भारत', डॉ. प्रभुदयाल अग्निहोत्री, (बिहार राष्ट्रभाषा परिषद, पटना) 1962 ई.।
10. भारतीय इतिहास की रूपरेखा (2 जिल्द) : जयचन्द्र विद्यालंकार ((हिन्दुस्तनी एकेडेमी, प्रयाग)
11. 'प्राचीन भारत की संस्कृति और सभ्यता', दामोदर धर्मानन्द कोसम्बी; हिन्दी अनुवादक : गुणाकर मुले (राजकमल प्रकाशन, नई दिल्ली) 1993 ई.।
12. 'संस्कृति के चार अध्याय', रामधारी सिंह दिनकर (लोकभारती प्रकाशन, इलाहाबाद)
13. 'महाभारत' (खण्ड 1 एवं 2) गीता प्रेस, गोरखपुर
14. 'बिहारवासियों का जीवन और उनकी चिन्ताधारा', कालिकिंकर दत्त (बिहार हिन्दी ग्रन्थ अकादमी, पटना) 1987 ई.।
15. 'महामानव बुद्ध', राहुल सांकृत्यायन (भारतीय बौद्ध समिति, बुद्ध विहार, लखनऊ)
16. 'भारत का इतिहास', रोमिला थापर (राजकमल प्रकाशन, नई दिल्ली)
17. 'अशोक के धर्मलेख', जनार्दन भट्ट (प्रकाशन विभाग, सूचना और प्रसारण मंत्रालय, भारत सरकार)
18. 'भगवान बुद्ध : जीवन और दर्शन', धर्मानन्द कोसम्बी (लोकभारती प्रकाशन, इलाहाबाद)
19. 'श्रीमद्वाल्मीकीय रामायण' (भाग 1 एवं 2) गीता प्रेस, गोरखपुर
20. पालि साहित्य का इतिहास : राहुल सांकृत्यायन (उत्तर प्रदेश हिन्दी संस्थान, लखनऊ)
21. 'बिहार : एक सांस्कृतिक वैभव', सम्पादक : शंकरदयाल सिंह (पारिजात प्रकाशन, पटना) 1986 ई.।
22. 'मगध : इतिहास और संस्कृति', बैजनाथसिंह विनोद (जैन संस्कृति संशोधन मण्डल, वाराणसी) 1954 ई.

23. 'अशोक और मौर्य साम्राज्य का पतन', रोमिला थापर (ग्रन्थ शिल्पी, दिल्ली)
24. 'अशोक', डी. आर. भण्डारकर; एस. चन्द एण्ड कम्पनी, दिल्ली; 1960 ई.।
25. 'प्राचीन भारतीय स्तूप, गुहा एवं मन्दिर', प्रो. वासुदेव उपाध्याय (बिहार हिन्दी ग्रन्थ अकादमी, पटना); 1989 ई.
26. 'प्राचीन भारतीय शिक्षण पद्धति', प्रो. अनन्त सदाशिव अलतेकर (अनुराग प्रकाशन, वाराणसी)
27. 'कौटिल्य अर्थशास्त्र'; सम्पादक : प्रो. इन्द्र (राजपाल एण्ड सन्स, दिल्ली)
28. मध्यकालीन भारतीय संस्कृति: महा. गौरीशंकर हीराचन्द ओझा (हिन्दुस्तनी एकेडेमी, प्रयाग) 2018 ई.।
29. 'पाटलिपुत्र की कथा', सत्यकेतु विद्यालंकार (हिन्दुस्तानी एकेडेमी, प्रयाग) 1949 ई.।
30. राजेन्द्र प्रसाद : आत्मकथा (नेशनल बुक ट्रस्ट, इण्डिया) 1994 ई.।
31. ब्रह्मर्षि वंश विस्तर : स्वामी सहजानन्द सरस्वती (श्रीसीतारामाश्रम ट्रस्ट प्रकाशन, पटना) छ. सं., 2004 ई.।
32. पुरातत्त्व निबन्धावली, राहुल सांकृत्यायन; (किताब महल, इलाहाबाद); 1958 ई.।
33. भारत के प्रमुख अभिलेख, खण्ड 2; डॉ. परमेश्वरीलाल गुप्त (विश्वविद्यालय प्रकाशन, वाराणसी) 2013 ई.।
34. पटना : खोया हुआ शहर; अरुण सिंह (वाणी प्रकाशन, नई दिल्ली) 2021 ई.
35. इतिहास (भारतीय इतिहास अनुसन्धान परिषद की शोध पत्रिका) अंक 2 और 3
36. परिषद-पत्रिका (अक्टूबर, 1984 अंक): सम्पा. श्रीरंजन सूरिदेव (बिहार राष्ट्रभाषा परिषद, पटना)
37. The Glories of Magadha : J.N. Samaddar (Patna Law Press, Patna) 2nd Edition, 1927
38. The Ancient Geography of India : Alexander Cunningham; (Indological Book House, Varanasi); 1st Edition, 1963
39. Bengal District Gazetteers : Patna; L. S. S O'Malley (ICS); (The Bengal Secretariat Book, Calcutta); 1907
40. Hindu Castes and Sects : Jogendra Nath Bhattacharya; (Thacker, spink and co., Calcutta); 1896

●●●